思想的・睿智的・獨見的

經典名著文庫

學術評議

策劃　楊榮川

五南圖書出版公司 印行

經典名著文庫

學術評議者簡介（依姓氏筆畫排序）

經典名著文庫 213

作爲意欲和表象的世界 第二卷

Die Welt als Wille und Vorstellung: Zweiter Band

(德)亞瑟・叔本華 著
(Authur Schopenhauer)
韋啟昌 譯　苑舉正 推薦

經典永恆・名著常在

五十週年的獻禮・「經典名著文庫」出版緣起

總策劃 楊榮川

閱讀好書就像與過去幾世紀的諸多傑出人物交談一樣——笛卡兒

五南，五十年了。半個世紀，人生旅程的一大半，我們走過來了。不敢說有多大成就，至少沒有凋零。

五南忝爲學術出版的一員，在大專教材、學術專著、知識讀本出版已逾壹萬參仟種之後，面對著當今圖書界媚俗的追逐、淺碟化的內容以及碎片化的資訊圖景當中，我們思索著：邁向百年的未來歷程裡，我們能爲知識界、文化學術界做些什麼？在速食文化的生態下，有什麼值得讓人雋永品味的？

歷代經典・當今名著，經過時間的洗禮，千錘百鍊，流傳至今，光芒耀人；不僅使我們能領悟前人的智慧，同時也增深加廣我們思考的深度與視野。十九世紀唯意志論開創者叔本華，在其〈論閱讀和書籍〉文中指出：「對任何時代所謂的暢銷書要持謹慎的態度。」他覺得讀書應該精挑細選，把時間用來閱讀那些「古今中外的偉大人物的著作」，閱讀那些「站在人類之巔的著作及享受不朽聲譽的人們的作品」。閱讀就要「讀原著」，是他的體悟。他甚至認爲，閱讀經典原著，勝過於親炙教誨。他說：

「一個人的著作是這個人的思想菁華。所以，儘管一個人具有偉大的思想能力，但閱讀這個人的著作總會比與這個人的交往獲得更多的內容。就最重要的方面而言，閱讀這些著作的確可以取代，甚至遠遠超過與這個人的近身交往。」

爲什麼?原因正在於這些著作正是他思想的完整呈現，是他所有的思考、研究和學習的結果；而與這個人的交往卻是片斷的、支離的、隨機的。何況，想與之交談，如今時空，只能徒呼負負，空留神往而已。

三十歲就當芝加哥大學校長、四十六歲榮任名譽校長的赫欽斯（Robert M. Hutchins, 1899-1977），是力倡人文教育的大師。「教育要教眞理」，是其名言，強調「經典就是人文教育最佳的方式」。他認爲：

「西方學術思想傳遞下來的永恆學識，即那些不因時代變遷而有所減損其價值的古代經典及現代名著，乃是眞正的文化菁華所在。」

這些經典在一定程度上代表西方文明發展的軌跡，故而他爲大學擬訂了從柏拉圖的《理想國》，以至愛因斯坦的《相對論》，構成著名的「大學百本經典名著課程」。成爲大學通識教育課程的典範。

歷代經典·當今名著，超越了時空，價值永恆。五南跟業界一樣，過去已偶有引進，但都未系統化的完整舖陳。我們決心投入巨資，有計劃的系統梳選，成立「經典名著文庫」，希望收入古今中外思想性的、充滿睿智與獨見的經典、名著，包括：

- 歷經千百年的時間洗禮，依然耀明的著作。遠溯二千三百年前，亞里斯多德的《尼各馬科倫理學》、柏拉圖的《理想國》，還有奧古斯丁的《懺悔錄》。
- 聲震寰宇、澤流遐裔的著作。西方哲學不用說，東方哲學中，我國的孔孟、老莊哲學，古印度毗耶娑（Vyāsa）的《薄伽梵歌》、日本鈴木大拙的《禪與心理分析》，都不缺漏。
- 成就一家之言，獨領風騷之名著。諸如伽森狄（Pierre Gassendi）與笛卡兒論戰的《對笛卡兒沉思錄的詰難》、達爾文（Darwin）的《物種起源》、米塞斯（Mises）的《人的行爲》，以至當今印度獲得諾貝爾經濟學獎阿馬蒂亞・森（Amartya Sen）的《貧困與饑荒》，及法國當代的哲學家及漢學家朱利安（François Jullien）的《功效論》。

梳選的書目已超過七百種，初期計劃首爲三百種。先從思想性的經典開始，漸次及於專業性的論著。「江山代有才人出，各領風騷數百年」，這是一項理想性的、永續性的巨大出版工程。不在意讀者的眾寡，只考慮它的學術價值，力求完整展現先哲思想的軌跡。雖然不符合商業經營模式的考量，但只要能爲知識界開啓一片智慧之窗，營造一座百花綻放的世界文明公園，任君遨遊、取菁吸蜜、嘉惠學子，於願足矣！

最後，要感謝學界的支持與熱心參與。擔任「學術評議」的專家，義務的提供建言；各書「導讀」的撰寫者，不計代價地導引讀者進入堂奧；而著譯者日以繼夜，伏案疾書，更是辛苦，感謝你們。也期待熱心文化傳承的智者參與耕耘，共同經營這座「世界文明公園」。如能得到廣大讀者的共鳴與滋潤，那麼經典永恆，名著常在。就不是夢想了！

二〇一七年八月一日　於

五南圖書出版公司

目錄

推薦序

《作爲意欲和表象的世界》，是德國哲學家亞瑟・叔本華（一七八八—一八六〇）的主要著作，甚至可以說是作者一生著作之精華。叔本華年僅三十歲的時候，一八一八年出版本著作第一卷，無人問津。然後在一八四〇年，依照原著，增加內容，出版第二卷，也依然乏人注意。直到一八五一年，在一個很偶然的情況下，配合《附錄和補遺》上下兩卷出版，叔本華的哲學開啟人們的注意，從默默無聞，變成聲名大噪。

在讀者閱讀本書之前，我們必須先認知，叔本華的著作並不容易閱讀，但值得深讀。叔本華寫作的方式，主軸明確，但或許與他浩瀚的學問相關，發揮很任意，對讀者而言卻是一種挑戰。著作的篇幅很長，內容繁多，所以必須針對叔本華的哲學主軸作個說明。在這之前，先說明「意志」這個名詞，有大陸版本將此名詞翻譯爲「意欲」。這涉及兩岸用語不同，但我個人覺得「意欲」比較符合作者原意。

叔本華在《作爲意欲與表象世界》裡的內容，是要延續康德在《純粹理性批判》的思想。康德的思想很清晰，就是現象世界與「自在之物」的二分原則：我們在世界中看到的現象與世界的本質不同。人可以透過經驗認知我的世界，這似乎是再簡單不過了，但如果仔細分析這個認知的過程就會發覺，這過程其實有非常多部分並不是屬於我們的經驗，甚至超越了我們的經驗。

例如說，空間與時間，就是使得我們的經驗成爲可以認知外在世界的前提；沒有哪一經驗不是在發生在某個特定的地點或是一個時間裡。另外，因果關係也是經驗能夠認知外在世界的重要條件，因爲認知對象，例如事件發生總有個先後次序，有因才有果，不可能沒因沒果地發生。

然而這些時空條件與因果關係所認知的經驗結果，不是我們在經驗中可以感覺到的，甚至我們不能透過經驗，解釋什麼是時間，空間，也不知道爲什麼事件有因果關係。我們只是「相信」，經驗必然發生於時空，事物發生一定有因果，卻沒有辦法證明這個信念爲眞。因此我們經驗得到的，只是經過各種先於經驗的條件，加上我們對外在世界的感覺，兩者相加的綜合結果。

我們認知的世界，包含其中的一切，並非眞實的，而是我們在各種先於經驗的認知條件下所建構的表象。因此我們往往都誤以爲認知的一切就是眞實的世界，其實它們都是建構的現象。現象世界只是事物表象，來自認知主體，並不是由事物本身之「自在之物」所組成的。這也就是說，沒有我們這個認知主體，這個經驗中的世界根本就不會存在。

事物的本身在康德的哲學中就叫做「自在之物」，意思是自然存在之物。實際上，我們根本不知道，「自在之物」是不是「物」？因爲「自在之物」的一切都是不可知的。我們只知道，「自在之物」是所有認知事物的內在本質，無法透過時空條件認知，是非意識的，甚至沒有任何能夠被認知的可能。很重要的是，「自在之物」與透過經驗建構的表象無關。

叔本華認爲，「自在之物」是重點，但對於它誤解，卻是所有哲學問題的起源。我們以爲世界可以透過意志，連續認知一連串的事件，並經由意識掌握認知。然而，認知所掌握的，是現象，是概念，是建構的，不是眞實的。在表象之外的「自在之物」卻是最眞實的，因爲它的存在沒有任何人爲的部分。問題是，我們一直以爲代表客觀事實的表象才是眞實的，從而依戀這不眞實的表象，導致我們活在虛假的世界中。

叔本華對於康德的「二分論」要求至爲嚴格。他認爲，人的意志就是「自在之物」，它是最眞實的。從當代一個很流行的名詞講，叔本華的哲學企圖「解構」所有西方哲學長期以來，認爲意識中的一切才是哲學討論的範圍。他的哲學就是將哲學長期所建構的結果，當成幻覺，甚至是人所面對一切悲慘與痛苦的來源，就是對於虛假信以爲眞。

叔本華認爲，表象就是意識中的認知世界。在這個世界中最明顯的部分就是個體化。個體化是屬於個人的，正如同名字代表個人一般。名字雖然屬於個人，可以代表個人。這聽起來合理，甚至有知識性，然而用一個名字代表個人是幻覺，甚至是錯誤的，原因很明顯，名字是他人取的，不是「自在之物」，而人爲的一切，都是虛幻的。

我們習慣於透過分離的方式，將意志追求現實的想法，理解成一個個獨立的事件，並且將理解的結果，當作是意識的部分。事實上，意志是一個整體，它包含了一切，是不可分離的，並不屬於意識，也沒有個體化的可能。意識中包含我們以因果關係加以區別的認知，但這只是我們針對於表象所做的區分。事實上生命沒有因果，沒有目的，而用理性呈現表象的這個世界，並不眞實。

意志的力量具有四種特徵：第一，它的力量是統一的，沒有生理與心理的區分，從小草之長大到人的向善驅力，都是同一種力量；第二，意志的力量絕對勝過意識的力量；第三，意志力量的發揮沒有原因，沒有背景，沒有緣由，沒有目的；第四、意志的展現，沒有出生與滅亡，任何改變與移動都是幻覺。我們需要體會意識中的一切都是幻覺，而這個經由幻覺所構成的，就是個虛假世界。

叔本華哲學的重點在於說明，人的世界，就是意志所展現的世界。這個重點有三層意義：首先，所謂人的自然世界就是展現欲望（意志）的結果；其次，展現意志的結果並非世界本身（「自在之物」）；第三，活在虛假世界的結果，必然是苦難。所以我們可以說，苦難之來源就是那貪心的意志，也就是我們的欲望。

這個觀點聽起來是不是很熟悉呢？沒錯，叔本華對於欲望與苦難的解釋，像極了我們比較熟悉的佛教思想。的確，佛教思想中對於各個人欲望所導致無窮無盡的苦難，很像叔本華所講的。追求生命的意志，實現各式各樣的欲望，結果是一場空。叔本華認為，冥想才能超越苦難，禁慾才能避免悲慘，否則終身無法逃脫苦難。

叔本華有一個非常悲觀的想法，因為他認為，即使眼前的苦難可以因為暫時之愉悅而取代，但苦難總是會反撲而來。人生之苦來自於因意志而產生的欲望，而這就是人一生的寫照：「人生即苦難」是執迷不悟的結果。不過，千萬不要認為叔本華的思想就是悲觀主義，因為他的哲學主要方向就是，我們要如何超越這個苦難的人生？如何能夠更真實地認識到事物的本質？

對於叔本華來講，美學的思考可以讓我們更好的認識事物本質，因為當我們沉浸在美的經驗中，個人的感覺完全從欲望的追求中掙脫出來，成為一個純粹的，沒有透過意志認知的主體。換句話說，在美學經驗中，我們暫時脫離追求生命欲望的苦難，離開了意識中那種分離的認知，獲得了解放。

天才所作之藝術品超越一般人的認知，而透過天才們的美學感受，向一般人溝通純粹的感覺。美學經驗之所以有這種特殊效果的原因是，透過美的事物有助於我們思索那純粹的經驗，而這是直接的感覺，沒有鼓動或是抑制欲望的超越理念。正像人道主義一般，它是超越個人經驗的，也是整體的、統一的、眞實的。叔本華經常將美的事物與超越的事物做對比，並在後者中不斷地克服欲望，並因此克服而自我提升。

對於叔本華來講，這就是道德，而道德的起源就是超越個人欲望，感受到別人的苦難，也就是同情他人的遭遇，壓抑自己分離的欲望。世界本身是一個整體，不能夠被個人意志區分爲屬於這個人或是屬於那個人的世界，因此人若是想要消除苦難，就是要理解這個道理，拒絕所有伴隨意志而生的虛幻欲望。如果不超越個人生命，反而因意志的展現而活，充其量也只是一個幻覺。

第二卷的主要目的是在於延伸幾個在第一卷中發展的題目，其中最重要的題目是叔本華對於死亡的反省以及對於性愛的理論。叔本華特別在第二卷中處理這兩個題目的主要目的在於展示，意志必然整體地持續存在，而在欲望面前，理性與明智會失去作用，微不足道。比較重要的一點是，他在第二卷中對於德國觀念論中的幾位重要的哲學家，例如說費希特、謝林、黑格爾提出了批判。

叔本華對於德國觀念論的批判與他對於康德思想的理解息息相關。康德告訴我們，變幻莫測的現象是我們所僅有的認知，但固定不變的「自在之物」，卻是我們不可知的，是超越經驗世界的。那麼對於人作爲求眞的動物而言，我們該怎麼辦呢？如何才能活得眞實呢？面對這個問題，德國觀念論者認爲，透過概念，建構系統，就可以理解一切，包含「自在之物」。

叔本華認爲，活在現象中的虛無與悲慘還不是最嚴重的，更嚴重的是在康德的思想中，出現了像費希特、謝林、黑格爾，這種獨斷哲學家。這些自詡爲「哲學家」的人認爲，現象與「自在之物」

之間的關係，就像是，「蓮花被拖起來的梗」，透過「蓮花」，可以理解「梗」。這些獨斷哲學家認爲，透過概念，可以理解現象。實際上，這是一個錯誤的比喻。蓮花與梗之間沒有任何的連接，它們的關聯是理解範圍之外的。

叔本華認爲，問題出在直觀與抽象的認知。先驗的直觀進入意識的時候，受到悟性的理解。悟性以形式產生規律，而理性以概念產生認知。這個認知就是聯繫「蓮花」與「梗」的關係。叔本華認爲，「獨斷哲學家」會認爲，想要了解蓮花是什麼，就要透過概念理解「梗」（「自在之物」）。然而，叔本華堅持現象與「自在之物」的絕對區別，認爲「獨斷哲學家」的想法是錯誤的。

我們所認識的這個世界，只是對我們的認識而存在，因此就只是在表象的層面，從來不存在這表象之外。「自在之物」獨立於我們因建構而存在的認知，是與表象及其所有特性完全有別的東西。然而如同看到美麗的風景，意志反應腦髓的活動，所以視覺反應並不僅取決於客體（風景），也取決於主體（腦髓），也就是取決於生理的組織及其活動。

這裡所談論的是意志行爲與身體行動之間的關係，並非因果關係。如果這兩者爲原因和結果，那它們的關聯就不會像實際情形那樣無法理解。因爲我們從結果的原因所理解到的回答，讓我們理解事物，然而這只是由意志發生的行爲，而這是每天都會發生的，以至於我們視若無睹；一旦我們把注意力轉到理解這邊，就鮮明地進入意識了。

一般人對於死亡的看法就是明顯的例子。叔本華認爲，對於死亡這件沒有人經歷過的事情，所有人的意識裡針對死亡都是恐懼與悲哀。爲什麼？因爲這種認知是表象，是錯誤的，是虛假的。對於叔本華而言，意識中的價值不是眞的價值，因此對於與死亡的恐懼也是虛的。價值屬於倫理規範，而最高的倫理就是達到個人的道德自由，而個人自由的達成，必須來自拒絕追求表象生存的意志。

死亡對所有人的感覺而言是痛苦的，但這痛苦的感覺到底是什麼，卻怎麼也說不清楚，甚至無法表達。當我們面對一個朋友死亡的時候，只感覺到這個朋友是絕對消失了，然而這個感覺是錯誤的，因爲沒有哪一粒灰塵，或是哪一顆原子會眞正的消失。人們卻相信死亡就是存在的終結。

實際上，死亡後與出生前是一樣的，而離散與相聚的感覺如同死亡與復活的縮影。甚至每一天從睡夢中醒來，如同重生，而昏睡過去，正如同死亡。我們對於死亡有失去什麼的感覺，而無知於，死亡因爲失去什麼而顯現其價值。正是因爲這種「失去」的感覺，讓我們覺得自殺不對，活著比較好，同時所有的人都名正言順地認爲，我們應該維持生命。

既然要維持生命，那就追求生生不息吧！對於叔本華而言，這就是性慾的目的，更是生理的本能。至於說那偉大的浪漫愛情，各種羅曼蒂克的傳說，都是爲繁延後代存在的，跟人那講求因果的邏輯認知一點關係都沒有。這與叔本華的觀點一致，因爲意志的最高層次，展現於人身上就是透過愛，追求生殖的意志，生生不息。

叔本華對於性愛的認知，屬於達爾文式的演化理論。他認爲，人的「自在之物」，就是意志，是盲目的，是無意識的，是一種存在於自然之中的追求。他認爲意志是自然的力量，以不同程度來表現在所有事物上。從無生命的事物，到有生理反應的植物、動物，以及人都有。對人而言，意志就是求生或是維持生存，而性愛就是維持生殖的本能。叔本華因此認爲，傳說中的戀愛，無論有多偉大，其實主要的功用就是綿延下代。

叔本華在《作爲意欲和表象的世界》中所表達的思想非常豐富，前面介紹的內容只是冰山的一角。在介紹的部分裡，我們的目的，就是希望從對叔本華思想的核心作清楚的說明，讓讀者更容易閱讀，開啟對叔本華哲學那深邃思想的理解以及興趣。尤其重要的是，叔本華哲學是東西哲學的橋梁，他的著作參考許多印度思想，並因此而展現其宏偉的氣度以及哲學應有的方向。

最後，我坦承閱讀叔本華的著作深具挑戰性，但也覺得面對這個挑戰是一個機會，因為深讀叔本華，甚至精讀叔本華是值得的。當我個人閱讀本書的時候，總是覺得內容是如此的原創，寫作的方式如此的篤定，讓我深深感覺到叔本華的啟發，必然是長期伴隨我心靈的好朋友。

苑舉正
國立臺灣大學哲學系教授

譯者序

《作爲意欲和表象的世界》第一卷和第二卷，是德國哲學家亞瑟．叔本華（一七八八－一八六〇）傾其一生心血的哲學巨著，被他稱爲「主要著作」。第一卷是在一八一八年叔本華年僅三十歲時出版的，自出版之日起就一直無人問津，大部分書都靜靜地躺在倉庫裡幾十年。一八四四年，叔本華出版了第二卷，第一卷也修訂再版，但仍然乏人注意。直到一八五一年，《附錄和補遺》上下兩卷出版時，這部增補性的「第二大作」才開始透過一篇英國人的文章吸引了人們的注意。由此，叔本華就一夜間戲劇性地從完全的默默無聞變得名聲大振。

《作爲意欲和表象的世界》第二卷在叔本華去世前一年（一八五九年），經增補更多的內容以後第三次再版。在後來的兩次再版時，當初的第一卷都沒有多少改動。可見，叔本華在出版了第一卷以後，餘下的時間都在深化、多方面闡明和印證他的天才思想的結晶，而這些作爲增補就成了內容更豐富、範圍更廣泛的第二卷。其中，部分內容輯錄爲《附錄和補遺》。

叔本華不止一處說過他的主要著作就是一個單一的思想，用叔本華的話說：「這世界就是我的表象」，這是以人們先驗具備的智力（認識）形式，即以時間、空間和因果律構建起來的世界，但這並不是本來之物或自在之物（Ding an sich）；這本來之物或自在之物，據康德認爲，是人的智力所無法探究的，但叔本華認爲這自在之物就是意欲。「這意欲，純粹就其自身考察，是沒有認識力的，只是一種盲目的欲望和衝動，正如我們在無機的和植物的大自然及其規律，以及在我們自身生命的植物部分，仍能看見其呈現出來；這意欲透過所添加的、爲意欲服務而產生的表象世界，對其意欲活動和對其所要意欲的獲得了認知，那也就不是別的，恰恰是這所存在的世界。所以，我們稱這現象的世界爲意欲的鏡子、意欲的客體性；既然意欲所要意欲的始終是生命，恰恰因爲生命不是別的，而是展現給我們的頭腦表象的意欲活動，那假如我們不說『意欲』，而非要說『求生意欲』的話，那意思是一樣的，只是詞義堆砌而已。」（《作爲意欲和表象的世界》，第一卷，§54）

在向讀者表達這個單一思想的時候，叔本華所用的方式是：「把我們這個單一的思想分割爲許多方面來考察，雖然這是表達的唯一手段，但對於這思想本身卻不是關鍵的，而只是人爲的形式。爲了更容易地表述和理解，這著作分成了四個主要視角，分爲四篇，同源的、相近的和同一的東西都極爲精心地連接了起來。——只有反覆閱讀這書，各個部分之間的關聯才會清晰，然後所有的部分才會互相充分闡明。」（同上書）

那麼，叔本華所說的這四篇（「四個視角」）就是從第一卷開始的四篇：認識論、本體論、美學和倫理學。

第一篇討論爲意欲而配備的智力及其產物，亦即認識的方式和認識的結果，也稱認識論。所以，第一篇是人在認識世界的過程中的一切智力活動及其方式，包括唯心論、唯物論，先驗的感覺知識（如時間、空間及因果律）和後驗的其他知識，等等。

第二篇闡述所謂意欲的客體顯現，在無機的和有機的大自然的顯現，動物和人的現象，所涉及的是以意欲爲核心的種種大自然和人的現象。

第三篇再度和進一步討論第一篇所闡釋的人的智力認識方式和成果，涉及的是智力更高一級的、客觀的，亦即擺脫了意欲以後的認識活動，包括審美、藝術、音樂、造型藝術、建築藝術、天才的實質，等等。

第四篇再度和進一步闡釋意欲的世界，而人是意欲的最高一級的客體化現象，各個個體中的生存意欲都在各自地爭取和奮鬥，這就構成了人性、個體性格、道德和倫理學的內容，而又因爲人是意欲的最高級的客體化現象，其運作雖然與別的大自然現象一樣，都是既定的性格透過由因果律所帶來的動因而必然活動起來，但由於人有了更高的智力的照明，在有了更多的行動選擇之下，人的行爲似乎就比簡單的大自然現象顯得複雜和難以把握。所以，倫理學的眞理比一般的自然現象的眞理有更多的涵義。而盲目的意欲的發展到了人的級別，就有了解救的可能。由此話題所衍生的宗教、肯定和否定生存意欲的學說，則在此篇展開。

叔本華在這部著作中四篇連成一體的整個論述，一氣呵成，各個部分都是其中的有機組成部分，其根本原因就是叔本華所說的（《作爲意欲和表象的世界》，第一卷，§54）：

> 既然這整部作品只是一個單一的思想展現開來，那麼，由此得出的結論是：所有部分互相之間都有著最密切的關聯，而不僅與緊接著之前的部分處於必然的關係，並因此以讀者還記得的前一部分為前提條件，就像所有的哲學那樣——這些哲學只是由一連串的推論組成的；相反，我的這整部著作的

各個部分都與其他部分同源、相近和互為前提條件。

另外：

我的命題大部分都並非建基於連環推導，而是直接以直觀世界本身為基礎；我的體系嚴格地前後連貫一致，一如任何其他體系，但我的這種連貫一致通常並不只是透過邏輯的途徑而獲得。更準確地說，我的各個命題之間那種自然的協調一致是不可避免的，因為全部的命題都以直觀認識為基礎，亦即以對同一個客體持續地從不同方面的直觀把握為基礎；因此也就是在考慮到意識的情況下（因為現實世界就顯現在意識裡），以對現實世界的所有現象的直觀把握為基礎。所以，我從不擔心我的命題之間是否連貫一致，就算有時候在一段時間裡，在我看來某些命題似乎並不一致。這是因為只要那些命題是全部一起到來的，之後的確就會自動出現協調一致，因為這些協調一致恰恰是現實自身的協調一致，而現實自身是永遠協調一致的。這就類似於我們有時候在首次和從某一個方向觀看一處建築物時，並不會明白這個建築物各部分之間的關聯。但我們相信這之間是不會沒有關聯的，只要繞過了這部分建築，其中的關聯就會顯現出來。這種協調一致，由於其原初性，也因為其總是經受得住實際經驗的檢驗，所以是相當確切的。（《附錄和補遺》，第一卷）

也正因爲這樣，叔本華說：「人們閱讀我的著作，就會發現我的哲學猶如有一百個門的城邦底比斯：人們可以從任何一處進入，從每一個門都可以直達中心。」（《倫理學的兩個根本問題》，「前言」）

第二卷共五十篇文章，也都從上述四個視角，亦即四篇的基本內容和話題作了更專門、更深、更廣泛的增補闡述和證明。雖然如此，叔本華仍一再強調「並沒有妄稱從根本上解釋了這世界；相反，我的哲學只停留在每個人都接觸到的外在和內在經驗的事實，說明這些事實之間眞正的和至深的關聯，但又不會眞的超越這些事實而說起某些外在世界的事情及其與這世界的關係。因此，我的哲學不會對超出所有可能的經驗之外的事情做結論，而只是對在外在世界和自我意識中已有、已知的東西給予解釋；因而也就是滿足於根據這世界自身的種種內在關聯而理解這一世界。所以，我的這哲學是康德意義上**內在的**、**固有的**，在經驗和知識範圍之內」。

叔本華說：「我的哲學議論的特色就是要對事情一究到底，因爲我不窮追到最終的現實根由是不會罷休的。這是我的天性所致，讓我滿足於某些泛泛的、抽象的，因此是不確定的知識，或滿足於純粹只是概念，甚至只是字詞，對我是幾乎不可能的。受這種天性的驅使，我會深究至所有概念和命題的最終基礎，直到這些永遠是直觀的東西赤裸裸地呈現在我的眼前爲止。然後，我要麼以這些作爲所要審視的最原初的現象；要麼如果可能的話，就把這些原初現象分解爲基本組成部分，但不管怎麼樣，我都最大限度地追求事情的本質。」

《作爲意欲和表象的世界》第二卷德文版（一八四四年）出版了一百七十七年後，中文版終於出版了。雖然遲了點，但總算讓這部著作完整地與中文讀者見面了。

本譯本根據萊比錫 Insel 出版社的《叔本華著作全集》（五卷本，威廉·恩斯特大公版本，一九二〇年）第二卷翻譯。書中的拉丁文、希臘文、法文、義大利文等引語都沒有附上相應的德文

（英文除外），其中法文和英文引文，譯者直接根據原文譯出，其他語言的引文，則根據瑞士蘇黎世第歐根尼出版社《作爲意欲和表象的世界》第二卷（蘇黎世版，一九七七年）中所附的德文翻譯。

韋啟昌

二〇二一年中秋夜於澳大利亞雪梨

對第一篇「世界作爲表象初論」的增補

「為什麼你要疏遠我們所有人和我們的看法？」

我不是為了取悅你而寫作，而是希望你們學到一些東西。

——歌德

第一部分　有關直觀表象的理論　對第一卷§§1-7的增補

第一章　觀念論的根本觀點

在有無數發光球體的無限空間裡，圍繞著其中一個發光球體旋轉的是十來個更小一些的反射著光亮的球體，裡面是熾熱的，覆蓋著凝固了的冰冷的外皮；在這外皮上面，某一黴菌層孕育出了有生命的和有認知的生物。這些就是源自經驗的眞理、現實和世界。但站在那無邊無際的空間中自由旋轉的無數星球中的一個，既不知道從何處而來也不知道往何處而去，就只是成爲那無數相似的生物中的一個，在那互相推搡、擁擠、忙碌、煩惱、受苦，不息地和快速地長成和消失，處於並沒有開始也沒有結束的時間裡面：與此同時，沒有任何東西是長駐不變的——除了物質及其反覆出現的同樣是各自不一的、有機的形狀，而這些是經由某些一次性既定下來的渠道和途徑所致——面對這樣一個處境，對一個思想者來說是相當糟糕的。經驗科學所能教導我們的一切，就只是有關這過程的更精確、細緻的特性、狀態和規律而已。但現代哲學，尤其是透過**貝克萊和康德**，終於意識到所有的那一切都首先只是一道**奇特的腦髓**現象，並且帶有如此之大、如此之多和如此不同的**主體**條件，以致人們誤以爲那一切所具有的絕對現實性就消失了，就爲某一完全別樣的世界秩序騰出空間；這別樣的世界秩序就會是那腦髓奇特現象的基礎、根據，也就是說，那別樣的世界秩序相對於那奇特的腦髓現象，就好比自在之物相對於僅僅是現象。

「世界是我的表象」——這一定理，就像歐幾里得的定理一樣，每個人一旦明白了其涵義就必然會認識到這是眞的，雖然這一定理並不是每一個人一聽就能明白。把這一定理引入意識之中，把觀念的與現實的關係的難題，亦即把頭腦中的世界與頭腦之外的世界的關係的難題，與這一定理結合起來，連帶那有關道德上的自由的難題——這些就構成了現代哲學的鮮明特徵。這是因爲只有在人們僅僅在客體哲學方面嘗試了數千年之久以後，才發現在眾多讓這世界如此疑竇重重的東西當中，最接近的和最首要的就是這一點：這世界儘管是那樣的宏大、無法測量，其存在卻懸於這唯一的一線：而這就是這世界表現在其中的意識。這一條件是這世界的存在所帶有的、無法挽回和無法更改的；這一條件給這世界的存在打上了**觀念性**和因此就只是**現象**的印記——儘管這存在具有了一切**經驗**的現實性。這樣，這世界的存在，至少從一方面看來，就必須被認定爲與睡夢相類似，並且的確與睡夢列爲同一類別。這是因爲在睡眠中魔術般變幻出一個完美客觀的、直觀的並的確是明顯清楚的世界的那同一種腦髓功能，在描繪清醒時的客體世界時，必然有著同樣多的參與。也就是說，這兩個世界，雖然由於其材料而有所不同，但卻明顯從一個形式鑄造而成。這一形式就是智力、腦髓功能。笛卡兒很有可能是第一個達到了要認識那個基本眞理所需要的知覺程度，並因此把那基本眞理當作是他的哲學的出發點，雖然那暫時只是懷疑論的異議形式。在笛卡兒把**我思故我在**當作是唯一確實的，把世界的存在暫時視爲有疑點的時候，他的確找到了一切哲學關鍵的和唯一正確的出發點和眞正的支點。也就是說，這一支點本質上和必然的就是**主體的**、**自己的意識**。因爲這是且始終是唯一直接的，所有的其他，不管是什麼，都要以主體的意識爲媒介和條件，所以，都依賴於這主體的意識。因此，人們有理由把現代哲學視爲從作爲現代哲學之父的笛卡兒開始。在這不久以後，沿著這條路子繼續往前，**貝克萊**就達到了眞正的**觀念論**，亦即達到了這樣的認識：在空間裡伸展的，亦即客體的、物質的這樣一個世界，絕對地只存在於我們的**表象**之中；認爲這樣一個世界是歸因於在一切表象之外的和獨立於認識主體的一個存在，也就是歸因於一種絕對現存的、自在存在的物質，是錯誤的，甚至荒謬的看法。這相當正確和深刻的觀點，其實構成了**貝克萊**的整個哲學；貝克萊哲學就僅限於這觀點的範圍。

據此，眞正的哲學無論如何都必然是**觀念主義**的；確實，只要是正直誠實的話，也必然是這樣。這是因爲沒有什麼比這一點更確切的了：任何人任何時候都無法脫離自身而直接投身到與他有別的事物中去；其實，對一切他有著更確切的、因而更直接了解的，那都在他的意識範圍之內。所以，超出了這一範圍，就不會有任何直接確切的東西，但一門學科的基本公理卻必須具有這樣確切的東西。對其他學科的經驗立場而言，把客體世界視爲絕對現存的是相當適宜的，但對哲學立場而言可不是這樣，因爲哲學必須追溯那首要的和原初的東西。只有意識才是直接已有的，所以，**哲學**的基礎就侷限在意識中的事實，也就是說，哲學從本質上就是**觀念論**的。現實論則因爲給了自己一副實事求是的樣子而適合理解力粗糙的人，而這現實論恰恰是從一個主觀任意的假設出發的，並因此就是一個空中樓閣，因爲它跳過或者否認這最首要的事實：一切我們所知道的都在意識的範圍之內。這是因爲：事物的**客體**存在是以某一反映出和表象出這客體存在的東西爲條件的，因此，這客體世界就只是**作爲表象**而存在——這樣的說法並不是什麼假設，更不是某一絕對格言，甚至不是一個爲了爭論而提出來的自相矛盾的言論，而是最確切和最簡樸的眞理，認識這一眞理的難度加大了，就是因爲這眞理實在太過簡樸了，並不是所有人都有足夠的縝密思考以追溯到他們對事物意識的首要組成部分。從來沒有也永遠不會有某一絕對的和自在本身的客體存在；確實，這樣一種存在簡直是無法想像的，因爲如此這般的客體，永遠和本質上在主體的意識中有其存在，因此是主體的表象，所以，是以主體爲條件的，而且還以主體的表象形式爲條件，因爲那些表象形式是與主體而不是與客體聯繫在一起的。

就算存在根本不具有認識力的生物，客體世界也是存在的——這一說法乍聽起來似乎是確實的，因爲這在抽象中是可以想像的，並不會暴露裡面所包含的矛盾。但假如我們想要把這抽象的想法化爲現實，亦即把這還原爲直觀的表象——也只有從直觀的表象，那抽象的想法（正如一切抽象的東西）才可具有內涵和眞理——並因此嘗試想像出一個並沒有認識主體的客體世界，那我們就會察覺到我們所想像的，其實就是與我們的預期相反的東西；也就是說，那不是別的，恰恰就只是在一個認知者的智力當中所發生的過程：這認知者正在直觀和察看那客體的世界；因此，那也恰恰就是我們想要排除的東西。這是因爲這直觀的和眞實的世界顯然就是腦髓的一個奇特現象，因此，設想這樣一個存在可以獨立於一切腦髓而存在，包含著自相矛盾。

一切客體都有其不可避免的、本質性的觀念性——面對這一說法，在每一個人那裡清楚或者不清楚地刺激起來的首要反對意見，無疑是就算我自己對某一別人是客體，亦即他的表象，但我卻知道得很確切：就算他沒有看到我和意識到我，我也是照樣存在著的。所有其他的客體與他的智力也處於**我**與他的智力那同樣的關係，所以，其他的客體也是存在的——儘管那個人並沒有看到和意識到它們。對此的回答就是：那一個他人，我現在視我自己爲他的客體的人，並不絕對是主體，而首要是一個有認知的個體。因此，假如他並不存在，甚至假如除了我自己以外，並沒有其他任何有認知的人存在，那也一點都不會就此取消了主體——而所有的客體唯獨就存在於其表象之中。這是因爲我自己就是這一主體，正如每一個認知者就是主體一樣。所以，在那假設的情形裡，我自己本人當然是仍在那裡，但還是作爲表象，也就是仍在我自己的認知裡。這是因爲就算是我自己看來也始終只是間接認識，而永遠不會是直接認識，因爲一切表象的存在都是間接的存在。也就是說，我就只是在我的腦髓直觀中認識到我的身體是廣延的、塡充這空間的和發揮著作用效果的客體：這是透過感官感覺的媒介而達成，透過感官感覺的材料，那直觀的理解力就發揮其功能，就從效果轉到原因；因爲眼睛看到身體，或者雙手觸摸到身體——這樣，就構建起了那立體的形態，在空間中就展現爲我的身體。但在我對這身體的總體感覺中，或者在內在的意識裡面，我卻一點都不曾直接有與我的本質本身相吻合的這某一廣延的、有形體的和活動的東西。據此，要存在的話，是不需要任何其他認知並在那認知中表現出來的。其實，那種總體感覺和自我意識，只是直接與意欲有關，也就是作爲愉快的抑或不愉快的和作爲意欲行爲的活動——這些對外在的直觀來說，就表現爲身體的活動。由此得出結論：我這個人或者我的身體的存在，作爲某一廣延的和活動的東西，始終以某一與其不一樣的認識者爲前提，因爲這本質上是在領會中、在表象中的一種存在，因而是對他者的一種存在。事實上，那是腦髓的一種奇特現象，無論其表現的腦髓屬於我自己抑或屬於其他人。在第一種情形裡，自己本人就分爲認知者和被認知者，分爲客體和主體，而這些在此就一如在任何情況下，都是難以分離和難以調和地相對立。假如我自己爲了作爲這樣的人而存在的話，就始終需要一個認知者，那這起碼就同樣適用於其他客體，而要求歸還獨立於認知及其主體的存在，就是上面的反對意見的目的。

但是，不言自明，那以某一認知者爲前提條件的存在，唯獨就只是在空間的存在，因此，是某一廣延的和產生效果的存在：這就始終只是某一被認知之物，所以也就是對某一別的存在而言的一種存在。而每一個以此方式存在的東西，也可能還有對其自身而言的存在——對此，他是不需要任何主體的。但這一自爲的存在卻不可以是廣延的和產生效果的（共同地充塞了空間），而必然是另一種存在，亦即一種自在本身的存在，並且恰恰是這樣的存在，就永遠不可能是客體。這因而就是對上述的主要反對意見的回答。上述的主要反對意見據此是不會推翻這一基本眞理的：客觀存在的世界就只是在表象之中，因而就只能是對主體而言的存在。

在此還要說的是，康德也無法在他的自在之物的名下設想任何客體（只要他保持前後一致的話，就至少是這樣）。這是因爲既然他證明了空間一如時間，都只是我們直觀的形式，這些因此並不屬於自在之物，那由此就已經得出了上述結論。那既不存在於時間也不存在於空間的東西，也就不可能是客體；那自在之物的存在因而不會是客體，而只能是某種完全別樣的、形而上的東西。所以，康德的定理已包含這一定理：客體世界就只是作爲表象而存在。

不管人們都說了什麼，沒有哪樣東西像觀念論那樣持續不斷地和一再重新遭到人們的誤解，因爲觀念論甚至被解釋爲人們否認外在世界的經驗現實性。因爲這樣，就有人持續反覆呼喚健康的理解力，並以五花八門的式樣和外衣出現，例如，蘇格蘭學派的「基本確信」，或者雅各比對外在世界現實性的信仰。外在世界一點都不是像雅各比所描述的那樣，僅是「基於信用」表現出來的，讓我們本著誠和信接受它：外在世界表現出來的就是它眞實的樣子，直接履行的是它許諾的東西。我們必須記得：那建立了有關這世界的如此一個信用體系的雅各比，幸運地以此誆騙了一些哲學教授，在長達三十年間就此美滋滋地、海闊天空地重複其哲學論辯。雅各比就是曾幾何時公開譴責萊辛是斯賓諾莎主義者，在後來譴責謝林爲無神論者的同一人。他從謝林那裡得到了眾人皆知和應得的責罰。秉承這股熱情，雅各比在把外在世界貶低爲誠信的事情時，就只是想打開信仰的小門，準備好那信用，以便在以後眞的就成了能取信於人的東西，好比爲了引入紙幣就援引說，那叮噹作響的硬幣，其價值只是由於國家在那上面打上了印記。雅各比在關於因信而認定外在世界的現實的哲學論題方面，就酷似康德（《純粹理性批判》第一版，第三六九頁）所批評的「扮演經驗觀念論者的超驗現實論者」。

相比之下，眞正的觀念論卻恰恰不是以經驗爲依據的，而是超驗的。這觀念論不會觸及這世界的經驗現實，但卻斷定：所有的客體，因而也就是總體的經驗現實，都雙重地以主體爲條件：首先是物質上的，或說總體上作爲客體的，因爲一個客觀存在只能在與一個主體對照之下，作爲這主體的表象才可想像得出來；其次則是形式上的，因爲客體存在的方式、方法，亦即那成爲表象的方式（空間、時間、因果律）是發自主體的，是在主體那裡預先就安排好的。所以，與涉及總體上客體的簡樸或貝克萊式的觀念論直接相接的是康德的觀念論，後者涉及了客體存在的專門既定的方式、方法。康德的這套觀念論證明了：那全部的物質世界及其在空間中廣延的物體和透過時間在互相之間有著因果關係及與之相關的東西——這所有的一切，並不是獨立於我們的頭腦而存在的，而是以我們的腦髓功能爲根本的前提；借助於這腦髓功能和唯獨就在這腦髓功能，事物的一個如此這般的客體秩序才成爲可能，因爲構成了所有那些眞實的和客觀事情的基礎的時間、空間和因果律，本身除了腦髓功能以外，就什麼都不是了；因此，那爲經驗現實提供了準則和指引的事物那種不變的秩序，本身就只是出自腦髓，並唯獨從這腦髓得到其憑證。這些康德都予以詳細和透澈的闡述，只不過他並沒有說出腦髓，而是說了「認知能力」而已。康德甚至嘗試去證明：現實世界的一切事情的最終基礎，那在時間、空間、因果律和物質等當中的客體秩序，在精確考察之下，甚至根本無法想像為一種自為的秩序，亦即自在事物的秩序；或者想像為某種絕對客體的和不折不扣存在的東西，因為假如我們試圖對此一究到底，那就會引致自相矛盾。闡明這一點就是二律背反的目的，但在我的著作*的附錄裡，我證明了這種嘗試是不會成功的。相比之下，康德的學說，就算是沒有二律背反，也引往這樣的認識：事物及其存在的整個方式與我們的意識不可分離地聯繫在了一起，所以，誰要是清楚地明白了這一點，很快就會確信：設想事物就算是在我們的意識之外和獨立於我的意識也是以如此這般的樣子存在，的確是荒謬的。也就是說，我們是如此深陷於時間、空間、因果律以及在這基礎上那經驗的整個符合規律的過程，我們（甚至動物）在這當中是那樣的熟悉、自如，從一開始就如魚得水——那假如我們的智力是一樣東西，而事物又是另一樣東西，上述情形就是不可能的；相反，這情形只能以此解釋：這兩者構成了一個整體，智力本身就創造了那秩序，並只是對事物來說是存在的，而事物也只是對智力來說是存在的。

但就算撇除了只有康德哲學才透露出來的深刻見解，人們所頑固堅持的絕對現實主義的看法，其不可行也可直接得到證明，或者起碼是可以感覺得到的，方式就是透過大約以下的考察，僅僅是釐清現實主義看法的涵義。依照這現實主義，這世界據稱就像我們對其所認識的那樣，是獨立於這認知而存在的。那現在，就讓我們從這世界那裡拿掉所有有認知的生物，因而就只留下無機的和植物的大自然。岩石、樹木和溪流還在，還有蔚藍的天空：太陽、月亮和行星一如從前照亮了這世界，但當然

*即《作為意欲和表象的世界》第一卷。——譯者注

都是徒勞的，因爲並沒有眼睛看到這些。但現在，讓我們事後安排進去一個有認知的生物。那世界此刻就再一次展現在這生物的腦髓中，在那裡面的重複展現就精確一如在這之前這世界在腦髓之外的樣子。因此，除了第一個世界以外，現在加上了第二個世界，而這第二個世界，雖然是與第一個世界完全分開的，但卻與其相似得毫髮不差。正如客體（客觀）的世界就建構於客體（客觀）上無盡的空間，那同樣，現在這直觀的主體（主觀）世界就建構於主體（主觀）的、被認識到的空間。但主體（主觀）世界優於客體（客觀）世界之處是認識到：那外在的空間是無盡的，甚至能夠預先就可以非常詳盡和精確地說出：在那空間中可能有的，但還不是實際存在的所有關係都有其完整的規律性，並不需要先去查驗一番；關於時間的運行所能預先說出的，與關於外在世界那主導著變化的原因和結果所預先說出的，是同樣之多。我想，所有這一切在仔細考察之下會得出足夠荒謬的結果，並因此會導致人們確信：那個絕對的客體世界，處於頭腦之外、獨立於頭腦和先於所有認知，那個我們一開始誤以爲是想像出來的世界，其實不是別的，恰恰就是第二個、主體（主觀）上認識到的世界，表象的世界，是唯一我們眞有能力想像的東西。因此，我們就自動有了這一假設：我們所認識的這一世界，就只是對我們的認知而存在，因此就只是在表象的層面，從來不曾在這表象之外。❶與此假設相應，那

❶ 我在此特別推薦利希滕貝格的《合集》（哥廷根，一八〇一，第二卷，第十二頁以下）中的一段話：「歐拉在談論自然科學（第二卷，第二二八頁）的不同內容的信件中說：就算是沒有人在那裡被閃電擊中，仍然也會打雷和閃電。這是一個相當慣常的說法，但我必須承認我始終不是那麼容易完全理解這一說法。我總是覺得這存在的概念是某些從我們的思維那裡借來的東西；假如不再有能感覺的和能思維的生物，那也就不再有任何東西了。」

自在之物，亦即那獨立於我們和每一個認知而存在的東西，可被確定爲與表象及其所有特性和特質，亦即與那客體性完全有別的一樣東西。這到底是什麼，是稍後我們第二部分的主題。

在另一方面，我在第一卷 §5 所考察過的那些就外在世界的現實性的爭論，就是因爲上面所批評過的假定了一個客體的世界和一個主體的世界，兩者也都在空間裡面；是因爲由於這一前提假定，所以在這兩個世界之間就不可能有一個過渡，有一座橋梁。就那些爭論，我想還要補充下面的論述。

主體的世界和客體的世界並不就是組成了連續的統一體。那被直接意識到的就由皮膚，或者由從大腦系統出發的神經最末端畫定了界限。對在這之外的世界，我們並沒有任何資料——除了透過我們頭腦中的圖像所獲得的以外。那麼，至於這些是否和在多大程度上與一個獨立於我們而存在的世界相吻合，就是個問題。這兩者的關係就只能透過因果法則來達成，因爲只有這因果法則是從某一既有的東西引向某一與其相當不一樣的東西。但這法則本身卻不得不首先證明其有效性。那麼，這因果法則必然具有要麼是客體的，要麼是主體的源頭：但在這兩種情況下，那都是不在這一邊就在那一邊，因而並沒有給出這之間的橋梁。假如那是後驗的，就像洛克和休謨所假設的那樣，因而是從經驗中抽取出來的，它就有了客體的源頭，其本身也就屬於正成疑問的外在世界，因此就不可以保證其眞實性，因爲那樣的話，根據洛克的方法，那因果法則就由經驗去證明，而經驗的現實性則由因果法則去證明。但假如，正如康德所更正確地教導我們的，那是先驗給予的，那就有了主體的源頭，那就很清楚了：我們連同這因果法則就始終在主體的範圍。這是因爲在直觀時，那唯一眞正在經驗上已有的就是在感覺器官那裡出現的某一感覺，而假定這一感覺——哪怕只是在總體上——必然有某一個原因，就是因爲那扎根於我們的認知形式，亦即扎根於我們的腦髓功能的一條法則；這條法則的源頭因此恰恰就是主體的，一如那感官感覺的源頭本身。由於這一法則，根據所出現的感覺即可假定其必然會有的原因，馬上就在直觀中顯現爲客體、物體，這客體的出現有空間和時間的形式。但這些形式本身卻又完全源於主體（主觀），因爲它們是我們的直觀能力的方式和方法。從感官感覺過渡到其原因——而這就是我反覆說明了的，是一切感覺直觀的基礎——雖然足以向我們顯示在空間和時間中的某一經驗客體的、以經驗爲依據的存在，因此對實際的生活已是完全足夠了，但要爲我們就存在和以這樣的方式爲我們生成的現象的自在本質提供說明，或者更準確地說，就這些只能以智力了解的基質提供說明，卻又是一點都不夠的。因此，至於在某些感覺誘因出現在我的感覺器官以後，在我的頭腦中就產生了對在空間中延伸的，在時間上持久的、經原因而產生效果的事物的直觀，那完全不會讓我有理由設想這些事物連帶那些全然屬於這些事物的特性，也是自在地，亦即獨立於我的頭腦和在我的頭腦之外而存在。這就是康德哲學的正確結果。這結果也與洛克更早時候所得出的、同樣是正確的，但卻容易理解得多的結果連接了起來。也就是說，雖然外在的事物完全被視爲感官感覺的原因，正如洛克的理論所接受的那樣，但在感覺（效果也就由此構成）與引起了這些感覺的原因的客觀本質之間，卻沒有任何的相似之處，因爲感覺作爲機體的功能，首先是由我們的感覺工具那異常巧妙和複雜的構成所決定的，因此只是受到外在原因的刺激，但卻完全依照其自身的法則而運作，也就是完全主體（主觀）的。洛克的哲學就是對感官功能的批判，但康德哲學卻提供了對腦髓功能的批判。但除了所有這些以外，還有呈上經我更新了的貝克萊的結果：所有的客體，不管其源頭爲何，都是客體，是以主體爲條件的，也就是說，本質上就是主體的表象而已。現實主義的目的恰恰就是沒有主體的客體，但這樣一種東西，就算只是清晰的想像，都是不可能的。

從所有這些描述，就可穩妥和清晰地得出這樣的結論：要把握事物的自在本質，僅僅只是透過認知和表象的途徑是絕對無法達成目的的，因爲這些途徑始終從外在著手了解事物，因此必然永遠停留在外面。要達成上述目的，唯一的方式就是我們本身處於事物的內在，這樣，事物就可以直接爲我們所知。這在多大程度上眞的是這樣，就看看我的第二部分吧。但只要我們仍只是停留在把握客體的方面，就像在這第一部分那樣，亦即停留在認知的方面，那這世界對於我們仍然且繼續只是表象，因爲在此並沒有任何可能的途徑可以超越表象的世界。

但除此之外，牢牢把握住觀念論的觀點是相對於唯物論的一個必要的平衡。也就是說，關於現實的和觀念的爭議也可被視爲涉及物質的存在。這是因爲所爭議的，歸根到底就是物質的現實性或者觀念性。這樣的物質，就只是存在於我的表象，抑或也是獨立於我們的表象而存在？如果是後者，那它就是自在之物了，而誰要是假定了一種物質是自在地存在，就必然順理成章地也是一個唯物論者，亦即必須把物質作爲解釋所有事物的本原。相比之下，誰要是否認物質就是自在之物，那就是一個觀念論者。直截了當地、毫不拐彎抹角地宣稱物質的現實性的，在當代人中只有洛克，因此，洛克的理論，經過孔狄亞克的介紹和傳授，發展成了法國人的感覺論和唯物論。直截了當地和不加修飾地否認物質的就只有貝克萊。這種對立也就是觀念論和唯物論的對立，這兩者的極端就由貝克萊和法國的唯物論者（霍爾巴赫）所代表。費希特在此就不要提了，他在眞正的哲學家，在這些天之驕子當中不應占有一席之地。眞正的哲學家極其認眞地尋求眞理，而不是一心想著自己的事情，因此不應與那些儘管口口聲聲尋求眞理，但眼裡卻只是盯著自己個人晉升的人相混淆。費希特是假冒哲學和不誠實方法之父，其方法就是試圖以運用字詞時的歧義，以不知所云的話語和透過詭辯來欺騙，同時，以某種高雅的口吻給別人造成深刻印象，亦即想要耍弄好學、求知的人。在謝林也運用了這手法以後，到了黑格爾那裡，眾所周知，這些法子已是登峰造極，因爲這些手法已成熟爲事實上的江湖騙術了。但誰只要是相當認眞地把費希特與康德列在一起，那就證明了他對康德這個人並沒有一絲半毫的了解。在另一方面，唯物論也有其根據和合理性。認知者是物質的結果和物質就只是認知者的表象——這兩種說法都是同樣眞實的，但也同樣都是片面的。這是因爲唯物論是主體在計算時忘記了把自己算進去的哲學。這就是爲什麼針對「我就只是物質的某種變體」的宣稱，必須提出這一說法：「一切物質就只存在於我的表象」，並且在道理上毫不遜色。對這一關係仍認識模糊，似乎讓柏拉圖說出了這一看法，物質是眞正的謊言。

正如已說過的，現實論必然會導致唯物論。這是因爲假如源自實踐的直觀提供了自在之物，因爲那並不依賴於我們的認知，那經驗也提供了自在之物的秩序，亦即眞正的和唯一的世界秩序。但這樣的推論會引導出這一假定：其實就只有一種自在之物——物質；其他所有的一切就只是物質的變體而已，因爲在此，那自然的發展就是絕對的和唯一的世界秩序。爲了回避這些後果，當現實論無爭議地受到認可時，唯靈論也就伴隨著被提了出來，那也就是設想除了物質以外，與物質並排的還另有第二種物質，某種非物質性的實體。這同樣非常缺乏經驗、證據，讓人無法理解的二元論和唯靈論也遭到了斯賓諾莎的否認，也被康德證明爲錯誤的，而康德敢這樣做，是因爲他在這同時賦予了觀念論權利。伴隨著現實論一併自動倒塌的是唯物論（唯靈論是作爲唯物論的平衡互補而被發明出來的），因爲現實論一旦倒塌，物質和大自然的過程也就只是現象而已，是以智力爲條件的，因爲那只在智力的表象中存在。因此，唯靈論是針對唯物論的貌似的和虛假的解救手段，但眞正和眞實的解救手段卻是觀念論：觀念論透過表示客體世界有賴於我們，爲我們有賴於客體世界給出了所需的平衡互補，而這有賴於客體世界，是大自然的進程所致。我透過死亡就要離開的世界，在另一方面就只是我的表象。存在的重心就退回到了主體。所證明的並不像唯靈論那樣，是認知者獨立於物質，而一切物質都是有賴於認知者的。當然，這並不是那麼容易理解和輕鬆運用的，就像那唯靈論及其兩種實體，但高貴的也就是困難的。

也就是說，與主體的出發點，「這世界是我的表象」形成對照的，確實就是暫時地有著同樣的合理根據的客體出發點「這世界就是物質」，或者「只有物質才是絕對的」（因爲只有物質才不受制於形成和消逝），或者「所有存在的都是物質」。這是德謨克利特、留基伯和伊比鳩魯的出發點。但經更仔細的考察，從主體出發卻始終有著一個眞實的優勢：它搶先走了完全合理的第一步。也就是說，意識才唯一是直接的：但假如我們馬上直達物質，把物質作爲出發點的話，那我們就跳過了這意識。在另一方面，以物質和物質被正確、全面和詳盡無遺地認識到的特質（但距離這一點我們還差得遠呢），必然有可能建構起這一世界。這是因爲一切形成了的東西，都的確是經由原因而實際存在的，這些只是由於物質的基本力才得以發揮作用和走到了一起：但這些必然起碼在客觀上是完全能夠證實的，雖然在主體（主觀）上我們永遠不會達到認識它們的地步。但對世界的這樣一種解釋和建構不僅有著物質是一種自在的存在這一前提假設作爲依據（其實，那是以主體爲條件的），而且還必須同意在物質裡面的一切原初特質是絕對不可解釋的，因而接受其爲「隱祕的特質」（參見第一卷，§26、§27）。這是因爲物質就只是這些基本力的載體，正如因果律就只是其現象的維持秩序者。所以，對世界的這樣一種解釋始終就只是一種相對的和有前提條件的解釋，實際上就是一種物理學方面的工作，在其邁出的每一步都渴望著某一形上學。在另一方面，主體的出發點和公理——「這世界是我們的表象」——也有其不足之處，一是因爲那是片面的，因爲世界除了是我的表象以外，還是更多其他東西（自在之物，意欲），並且那成爲了表象在某種程度上對其而言，只是偶然而已；二是因爲那只是表達了客體是以主體爲條件的，而與此同時卻沒有表明：主體也是以客體爲條件的。這是因爲這一說法，「主體就算沒有客體，亦即沒有表象，主體仍然是一個認知者」，與理解力粗糙的人的這一說法，「這世界，這客體，就算是沒有主體，也仍然會在那裡」，兩者同樣都是錯誤的。一個意識沒有了意識的對象物就不是意識了。一個思維的主體有其概念作爲對象，一個感覺的直觀者，其對象是連帶著與這直觀的結構相吻合的特質和特性。那麼，假如我們拿走主體的所有更詳細的限定和認知的形式，那客體的所有特性也就消失了，所留下來的不過就是沒有形式和沒有特質的物質，而這在經驗中是不會發生的，一如一個沒有認知形式的主體不會發生一樣，但這樣沒有形式和特質的物質與這樣的赤裸的主體相比對時，就猶如那主體的映像，只會與其同時消失。雖然唯物論誤以爲其假設和認定的不過就是這物質而已，例如原子一類，但唯物論卻在無意識中不僅補充了主體，而且還補充了空間、時間和因果律——而這些都是以主體的特性爲基礎的。

這作爲表象的世界，客體的世界，因此就好比有著兩極：亦即沒有認知形式的不折不扣的認知主體，還有就是沒有形式、形狀和特質的粗糙物質。這兩者都是完全不可認識的：主體不可認識，因爲那就是認知者；物質不可認識，因爲物質沒有了形狀、形式和特性是無法被直觀到的。但這兩者卻是任何經驗直觀的根本條件。這樣，那粗糙的、沒有形狀和形式的、全然是死的（亦即沒有意欲的）物質，那在任何經驗中都不會有的，但卻在每一經驗中都作爲前提而預設了的物質，與認知主體，與那同樣是作爲一切經驗的前提預設的、如此這般的認知主體，兩者就是純粹的對立面。這主體並不在時間之中，因爲時間首先是認知主體的所有表象的更爲細緻的形式；與其相對立的物質相應的就是歷經一切時間的、永恆的、不朽的，但眞正說來卻不是廣延的，因爲廣延就給予了形狀，因此，這種物質不是空間性的。所有其他東西都是處於持續的生成和毀滅，而上述兩者則表現爲作爲表象的世界的靜止兩極。因此，我們可以把物質的恆久性視爲純粹主體的無時限性的映像，而主體則被理解爲一切客體的條件。這兩者屬於現象而不屬於自在之物，但卻是現象的基本框架。這兩者只能透過抽象去發現，但卻不會直接純粹和自爲地展現出來。

所有體系的根本錯誤就在於沒有能認識到這一眞理：**智力與物質是相關的**兩者，亦即其中之一只是爲另一者而存在，兩者共存亡，一者只是另一者的映像，甚至可以說這兩者其實就是同一樣東西，只是從相反的兩個側面審視而已；而這同一樣東西——這就是我在此預測的——就是意欲的現象，或者自在之物的現象；所以，這兩者都是次級的，因此，世界的本原是不應在這兩者當中尋找的。但由於所有的體系都無法認識到這一點，所以，它們（或許除了斯賓諾莎以外）在這兩者之一裡面去尋找萬物的本原。也就是說，它們假定某一智力就是絕對第一的東西和造物主，因此認爲在這一智力那裡，那對事物和這世界的某一表象是先於那實際的事物和世界的，所以，這些體系把眞實的世界與表象的世界區分開來，而這種做法是錯的。因此，**物質**現在就登場了，成爲了以此區分開那兩者的東西，成爲了自在之物。由此就產生了這樣的尷尬困境，即搞出了個物質，給那世界的表象補充這物質，就給予了這世界現實性。那就必然是要麼上述原初的智力就現成地發現這物質；那樣的話，這物質與那原初的智力就不遑多讓，都是一樣絕對第一的東西，我們也就有了兩樣是絕對第一的東西：造物主和物質。或者那造物主從無中生成了這物質，而這樣的設想是與我們的理解力格格不入的，因爲我們的理解力只是有能力把握物質方面的變化，但卻無法理解物質的生成或者毀滅，而這歸根到底恰恰就是因爲物質是智力的本質上相關的另一方。在另一方面，反對這些體系的，亦即把相關雙方的另一者——也就是物質——當成是絕對第一者，假定物質就算是沒有得到反映也是照樣存在的。而這一假定，上面所說的已足以解釋清楚就是自相矛盾的，因爲物質的存在，我們始終就只是設想爲物質在頭腦中的反映、表象。但相應地產生了這樣的困境：如何在那對它們而言是唯一絕對的第一物質，加進那據說是終於知悉到物質的智力。唯物論的這一弱點，我在第一卷 §7 已經講述了。相比之下，我認爲物質和智力是不可分離的相關的兩者，兩者只是爲對方而存在，其存在因此就只是相對的；物質是智力的表象；智力就是那在其表象中唯一有物質存在的東西。這兩者一起組成了表象的世界，而這恰恰就是康德所說的現象，所以是次要的東西。首要的是產生現象者，那自在之物本身是我們在後來認識爲意欲的東西。這本身既不是那表象者，也不是被表象者，而是與其表現方式完全不一樣的東西。

爲給這篇如此重要、如此困難的考察作一有力的結尾，我想仿照《智力之月的升起》一劇的方式，把那兩個抽象的東西擬人化，以進行對話的形式出現。我們也可以把這比之於拉蒙·柳利《哲學的十二原則》第一和第二章中物質與形式所進行的相似對話。

主體　我存在，在我以外就是無。因爲這世界是我的表象。

物質　大膽放肆的臆想！我，我存在：在我以外就是無。因爲這世界就是我的匆匆即逝的形狀和形式。你就只是一部分這些形狀、形式的結果而已，並且完全是偶然的。

主體　多麼傻笨的自負！沒有了我，你和你的形狀、形式根本就不會存在：你們是以我爲條件的。誰要是設想去掉了我，然後仍相信能夠思維，那就是處於嚴重的幻覺之中，因爲在我的表象之外的你們的存在，正好就是一個矛盾的說法、一樣「鐵木」的東西。「你們的存在」就只是意味著你們反映在我的頭腦中，成了我的表象。我的表象就是你們的存在的地方。因此，我是這裡的首要條件。

物質 幸運的是，你那放肆大膽的宣稱很快就會遭到眞實的、而不僅是字詞的駁斥。用不著多少瞬間，你——就眞的不再存在了，你就會與你那些大言不慚一道全部化爲烏有，如同影子般一晃而過，遭受我的那些短暫的形態都要遭受的命運。但我呢，我仍然不滅和不損，一個千年接著一個千年，以至在時間上無窮無盡，無動於衷地觀看我的各式形態、形式變換著遊戲和花樣。

主體 你吹牛說你所歷經的無盡時間，就像你所充塞的無盡空間一樣，都只是存在於我的表象之中，並的確就僅是我的表象的形式：我這身上現成帶著這形式，你就在其中展現，這表象的形式接納了你，你也就是這樣才首先存在的。但你所威脅我的毀滅，卻與我無涉，否則，你也就一同毀滅了。更準確地說，那涉及的僅是個體，而那些個體在短暫的時間裡是我的載體，是我的表象，一如所有的其他。

物質 假如我承認你這一點，並同意把你的存在，亦即與這短暫的個體不可分離地結合在一起的存在，視爲自爲存在的東西，那它也仍然有賴於我的存在。這是因爲你只能在有某一客體的情況下才是主體，而我就是這一客體。我是其中的內核和內涵，是把那連接在一起的持久存在的東西；沒有了我，那就變得如此支離分散，那樣的虛幻不眞，一如你那些個體的夢和幻想，而那些夢幻甚至也還要從我這借去其虛假的內容。

主體 因爲我的存在是與個體連在了一起，所以，你不想跟我爭論我的存在是做對了，因爲我是那樣不可分離地與這個體連在了一起，就如同你與你的姊妹——形態和形式——連在一起一樣。你還從來不曾脫離了形態而出現呢。從來沒有任何眼睛看見過你或者我是赤裸和分離的，因爲兩者都是抽象的東西。那能直觀其自身、也能被自身直觀到的東西，根本上就是一個實體，其自在的存在並不在於直觀或者被直觀，因爲這些是在我們兩者當中分攤的。

主體和物質　那我們就是不可分離地結合在了一起，就像是一個整體的必要的組成部分；這一整體包括了我們兩者，透過我們而存在。只有某種誤解才會把我們分成敵意的雙方，並誘使我們認爲：其中之一者與另一者是勢不兩立、有你無我的；其實，兩者是共同進退的。

這包括了兩者的整體就是作爲表象的世界，或說現象。在這個被拿走以後，就只留下純粹的形而上的東西，自在之物，而我們在第二部分就可以認識到這就是意欲。

第二章　關於直觀認識或理解力認識的理論

儘管那種種超驗的觀念性說法，客體世界仍保留著來自經驗的眞實性：那客體雖然並不是自在之物，但它作爲經驗之物卻是眞實的。雖然空間就只是在我的頭腦裡，但在經驗上，我的頭腦卻在空間中。那因果律的確永遠無法讓我們排除掉觀念論，也就是說，因果律是在自在之物與我們對其認知之間架起了一座橋梁，並因此保證了那由此因果法則的實施而表現出來的世界具有絕對的眞實性，但這卻一點都不曾消除客體與客體之間的因果關係，因而也不曾消除在每一個認識者自身與其他物質客體之間毫無爭議地發生的因果關聯。但因果律只是聯繫起各個現象，而無法超越於現象。我們連同這些因果律就停留在客體的世界，亦即現象的世界，因而本就是停留在表象的世界。但這樣的整個經驗世界首先卻是透過一個主體的認知作爲其必要的前提而存在的，然後以我們的直觀和理解的特殊形式爲條件，因而必然地只屬於現象，並沒有任何權利要被視爲自在之物的世界本身。甚至那主體本身（只要那只是有認識力的主體）也只是屬於現象，它就是補充完全這現象的另一半。

沒有這因果律的實施，就永遠不會有對一個客體世界的直觀，因爲這直觀，就正如我多次分析過的，本質上是智力的，而不僅僅只是感覺的。感官只是給予我們感受，但這些感受還遠遠不是直觀。洛克把感官的感受在直觀方面的參與區分開來，名之爲第二性質，並有理由地否認其就是自在之物。但康德發揚了洛克的方法，還另把屬於對那些材料（感官的感受）經由腦髓而進行的處理區分開來，也否認其就是自在之物；結果就是在這些區分開來的東西裡，包括了所有洛克認爲是第一性質並歸入了自在之物的東西，亦即外延、形狀、牢固等性質。這樣，在康德那裡，自在之物就成了一個完全未知的X。在洛克看來，自在之物雖然是某一無色、無聲、沒有氣味、沒有滋味的，既不溫暖也不寒冷，既不柔和也不堅硬，既不光滑也不粗糙的東西，但卻還是某一廣延的、有形狀的、不可穿透的、靜止的或者運動的、有尺度和數量的東西。相比之下，康德甚至把這後一類的性質全都去掉，因爲這些性質只是透過時間、空間和因果律才成爲可能，但時間、空間和因果律卻出自我們的智力（腦髓），就正如顏色、音聲、氣味出自感覺器官的神經一樣。康德認爲，自在之物是某一沒有空間、沒有廣延、沒有形體的東西。因此，那感官爲直觀——而客體世界就在這直觀中呈現——所提供的，與腦髓功能爲直觀所提供的（時間、空間、因果性），兩者之間的關係就如同感官神經的組織與腦髓的組織的關係——在扣除了後者的那另外消耗在眞正的思維，亦即消耗在抽象表象的、因此是動物所沒有的部分以後。這是因爲，正如感官神經賦予那所出現的物體以顏色、聲響、滋味、氣味、溫度，等等，同樣，腦髓賦予了那些物體以外延、形狀、不可穿透性、靈活性，等等，亦即所有的那些只有透過時間、空間和因果性才可設想的東西。在直觀過程中，感官感覺所參與的部分，與智力所參與的部分相比是多麼的微小——這也可透過把接收印象的神經裝置與處理印象的神經裝置做比較而得到證明，因爲全部感覺器官裡的感覺神經質量，與腦髓的質量相比是相當微小的；就算在動物那裡也是如此，因爲動物的腦髓並不是眞正地，亦即抽象地思維，而只是服務於產生出直觀，但假如這直觀是完美的，亦即在哺乳動物那裡，那牠們的腦髓就會有顯著的質量，就算扣除了那主要功能是協調指揮運動的小腦也是如此。

湯瑪斯．里德的出色著作《按常識原理探究人類心靈》（一七六四年第一版，一八一〇年第六版），作爲從否定的路徑對康德的眞理的證明，可以讓我們澈底確信：感官感覺是不足以產生對事物的客觀直觀的，時間和空間直觀的起源並非經驗。這部著作反駁了洛克的直觀是感官感覺的產物的理論，因爲里德以洞察力透澈地闡明了：所有的感官感覺與直觀認識的世界並沒有絲毫的相似之處，尤其是洛克的五種第一性質（廣延、形狀、硬度、運動、數量），絕對不可能是由感官感覺提供給我們的。因此，他就放棄追問直觀的產生方式和源頭，認爲那是完全無法解答的。這樣，雖然他完全不知道康德的理論，就好比是依照試位法而給出了一個透澈的證明，證明了直觀的智力性（這其實是由我根據康德的理論最先闡明的）和康德所發現的直觀基本要素的先驗源頭，亦即空間、時間和因果性，而洛克的那些第一性質就由此而出，但透過時間、空間和因果性，那些第一性質就很容易構建起來。湯瑪斯．里德的書很有教育意義和很值得一讀，十倍於康德以後的那些哲學方面的寫作累積在一起。對這理論的另一個間接證明——雖然那是從錯誤的途徑——由法國的感覺哲學家所提供。這些感覺哲學家自孔狄亞克以來就跟隨洛克的步子，竭盡全力要確實證明：我們的整個表象和思維都可還原爲感官的感覺（感覺即思維）。仿效洛克的例子，他們就把這些感官的感覺命名爲「簡單的理念」，把這些感官的感覺湊在一起和相互比較，那整個的客體世界據說就在我們的頭腦中建構起來了。這些先生們的確有著相當「簡單的理念」。好笑的是，看到他們既沒有德國哲學家的深度，也沒有英國哲學家的誠實，把感官感覺的那些可憐的素材翻過來倒過去，試圖讓其變得重要，目的就是以此構建起表象和思想世界的富有意涵的奇特現象。但由他們建構起的人卻必然是一個無腦畸形者，僅有感覺工具而沒有腦髓。從那無數這方面的努力者中挑出幾個較好的作爲例子，那就是孔多塞在《人類精神進步史表綱要》的開首部分，圖爾圖阿在《兒童眼科》（尤斯圖斯．拉迪烏斯編，一八二八）第二卷《論視覺》。

僅僅以感覺並不足以解釋直觀——對此的感覺，也同樣反映在康德哲學快要出現之前的這種宣稱：我們不只是透過感官感覺的刺激得到事物的表象，而是直接感知到事物本身，雖然這些事物存在於我們的身外。這一點當然是無法理解的。這種宣稱並沒有大概的觀念論的涵義，而是從一般的現實主義的立場出發表達的。這種宣稱由著名的歐拉在《致一個德國公主的信》（第二卷，第六十八頁）中簡明扼要地表達了出來：「因此，我相信：（感官的）感覺包含了比哲學家所能想像的還要多的東西。那些感覺並不只是空洞地感知某些在腦髓中造成的印象，它們給予靈魂的不僅僅是關於事物的理念，而且是把存在於靈魂之外的事物眞實地擺在靈魂的面前，雖然我們無法理解這其實是如何發生的。」這看法可以用下面所說的說明和解釋。正如我已充分證明了的，儘管運用那爲我們所先驗意識到的因果律而達成了直觀，但在觀看的過程中，理解力所做的——以此我們從作用效果找到原因——卻根本不曾進入清晰的意識，因此，感官感覺並沒有與出自這些感覺，出自這些粗糙的素材、首先由理解力造成的表象截然分開。對象物與表象的那一種總的來說並不會有的差別就更不會進入到意識裡面；我們是相當直接地感知事物本身的，甚至在我們身外的事物，雖然這一點是確實的：直接的只能是感覺到的，而這感覺到的卻侷限在我們的皮膚的範圍。這一點可以此說清楚：在我們的身外是某一專有的空間的限定，但空間本身卻是我們的直觀能力的一種形式，亦即我們腦髓的一種功能。因此，「在我們的身外」——在有了視覺功能感覺的原因以後，我們就安排對象物在這地方——本身就是在我們的頭腦之中，因爲那就是它們的整個舞臺。大約就正如我們在劇院裡看見山岳、森林和大海，但所有這些都在劇院之內。由此可以明白：我們是帶著「在……的外面」的限定，但卻相當直接地直觀事物，而不是在我們裡面有一個與在外面存在的事物不一樣的表象。這是因爲事物是在空間，因此是在我們之外——只要我們是在反映著、設想著它們。因此，我們以這樣的方式直接直觀的這些事物，而不僅是它們的寫照和反映，其本身也僅僅是表象，並且作爲這些就只是在我們的頭腦中存在。所以，我們並不是如歐拉所說的，直接直觀到在外面存在的東西本身，其實，那些被我們直觀到的存在於外面的東西，就只是我們頭腦中的表象，並因此是一樣被我們直接感知到的東西。上面透過歐拉的話給出的完整正確的看法，因而提供了某一新的證明，證實了康德的超驗美學和我的建基於此的直觀和觀念主義理論。上面所說的我們在直觀時從感覺轉到原因的那種直接性和無意識性，可以透過在抽象表象或者在思維過程中的一個類似過程加以說明。也就是說，在閱讀和傾聽別人說話時，我們接收的只是字詞，但這些字詞是如此直接地轉換到透過這些字詞所標示的概念，以致就好像是我們直接接收了那些概念，因爲我們一點都沒有意識到從字詞到這些概念的轉換過程。因此，我們有時候並不知道昨天是以哪一種語言閱讀了現在想起來的東西。但這樣的轉換卻是每次都在發生的；假如這轉換有一次不曾發生，那每一次都在轉換的事實就可明顯地看出來，亦即當我們心不在焉、不加思考地閱讀的時候，就會意識到我們雖然讀到了字詞，但卻並不曾接收到概念的意思。只有在我們從抽象概念轉換到想像中的圖像時，我們才會意識到那種轉化和轉換。

此外，在經驗的感知過程中，從感覺轉到原因時伴隨著的無意識性，其實也只有在最狹隘意義上的直觀，亦即在觀看時才會發生。而在其他所有的感官感知時，都或多或少地伴隨著清楚的意識，因此，在運用四種較粗糙的感官理解時，那眞實發生的轉換就可以直接得到確認。在黑暗中，我們要從多方觸摸一樣東西，直至從手上那多方面的效果能夠建構起這些效果的原因，亦即那確定的形體。再者，假如某些東西感覺上是光滑的，那我們有時候就會想我們手上的是脂肪抑或油類；還有，假如某樣東西感覺上是冰冷的，我們就會想我們的手是否太熱了。當聽到某一聲響時，我們有時會懷疑那到底是聽覺受到的內在的刺激，抑或確實得到了某一來自外在的聲音的刺激；然後，這聲音是近的和微弱的，抑或遠的和強烈的；然後，聲音又從何方而來；最後，那到底是一個人、一隻動物的聲音，抑或某一種樂器發出的樂音。我們因而是在有了某一效果以後要去探究其原因的。至於氣味和滋味，對所感覺到的效果無法確切知道其客體原因則是司空見慣的：在此，效果和客體原因是清楚分離的。至於**觀看**時，從效果轉到原因是相當無意識地發生的，因而就產生出假象，似乎這種感知就是完全直接的，就只在感官感覺那裡發生，並沒有理解力參與運作——其中的一個原因是視覺器官高度完美，另一個原因則是光亮獨有的直線作用方式。由於這後者的緣故，那印象本身就引向了原因的地點；並且因爲眼睛有能力極爲精細地，從第一眼就接收光、影、顏色和輪廓的所有細微差別，以及理解力據以評估距離的事實材料，所以，在給這感官造成印象的過程中，理解力的運作是如此快捷和準確，並沒有多少進入意識，就像在閱讀時，字母的拼寫不怎麼進入意識一樣。由此也就產生了假象，似乎那感覺本身就已經直接給出了對象物。但恰恰在觀看的過程中，**理解**力的運作，也就是從作用效果認知其原因是至爲顯著的：借助於這理解力的運作，那以兩隻眼睛接收到的、雙重的東西，是被單一直觀的；借助於這理解力的運作，那光線由於在瞳孔的交叉而造成的在視網膜上上下顛倒的印象，在同樣方向的回程追查原因中再次被調整正確，或者就像我們所說的，我們看到的事物是端正直立的，雖然它們在眼裡的圖像是顛倒過來的；最後，借助於理解力的運作，**湯瑪斯**·**里德**清晰和優美地描述的五

727

種不同的事實材料，其大小和距離，在直接的直觀中就得到了我們的評估。我早在一八一六年就已經在我的論文《論視覺和顏色》（第二版，一八五四）中分析了所有這些，也給出了證明，無可辯駁地闡明了直觀中的智力性；在這十五年以後，在這修訂了的論文拉丁文版中（題目是“*Theoria Colorum Physiologica Eademque Primaria*”，收錄在《兒童眼科》第三卷中，由**尤斯圖斯・拉迪烏斯**在一八三〇年編輯出版）有了重要的增補；但對這些最詳細和最透徹的討論，是在我的論文《充足根據律的四重根》（第二版，§21）中。所以，就此重要的話題，我建議讀者閱讀我的那些著作，這樣，我就不用無謂地拖長這方面的解釋。

另一方面，在此也適宜說出這一條本屬於美學方面的簡短意見。借助於那已被證明了的直觀中的智力性，那美麗對象物的景象和畫面，例如，某一美麗的風景也是**腦髓的奇特現象**。所以，這腦髓現象的純粹和完美並不僅僅取決於**客體**，而且取決於腦髓的性質，也就是說，取決於腦髓的形式和體積、腦髓的精細組織和其透過腦髓動脈脈搏能量的活動刺激。據此，那同樣風景的圖像反映在各個不同的頭腦，哪怕眼睛同樣地銳利，結果都會不一樣，就大約類似一個使用得太多的銅板所印出的第一張和最後一張圖片是不一樣的。這就是爲什麼各人享受優美大自然的能力很不一樣，因此，各人複製出這優美大自然的能力也很不一樣，亦即透過一個完全不一樣的原因，也就是在一塊亞麻布上的色彩痕跡，以產生出那同樣的腦髓奇特現象的能力。

此外，因爲直觀中的智力特性而造成直觀似乎就是直接的，而因爲這似乎的直接性，正如**歐拉**所說的，我們就理解那事物就是其本身和在我們身外存在——這種情形就類似於我們對自己身體部分的感覺方式，尤其是這些身體部分是疼痛的話，而當我們感覺到這些身體部分時，那大多數就是疼痛的了。也就是說，正如我們誤以爲感知到事物直接就在它們所在的那裡，而其實這些是在腦髓中發生的，同樣，我們相信某一肢體的疼痛是在那一肢體感覺到的，而其實，那疼痛卻是在腦髓中感覺到的，是神經把那受影響部分的疼痛傳導到腦髓。因此，只有那些有神經通往腦髓的部分患病才會被感覺得到，而那些神經屬於神經節系統的部分則不會，除非那部分所受到的異常強烈的病痛，以迂迴的途徑滲進腦髓裡面——但在此，這通常也只是被認知爲朦朧的不適感，始終沒有確切的位置。因此，假如肢體的神經切開或者中斷了，那肢體的受傷是不會被感覺到的。因此，最後，誰要是失去了某一肢體但卻仍然不時感受到那肢體上的疼痛，就是因爲那通往腦髓的神經仍在。所以，在這相互比較的兩種奇特現象裡，在腦髓裡發生的情形都被理解爲在腦髓外發生：在直觀過程中，透過那把感覺線索伸展至外在世界的理解力；在感覺我們的肢體時，則透過神經的中介。

第三章　論感覺、感官

重複別人說過的話並不是我寫作的目的，因此，在這裡我就只給出一些零散的、屬於我自己的關於感覺、感官的思考。

感覺、感官只是腦髓的延伸管道：透過這些管道，腦髓從外面接收材料（以感受的形式），把這些材料加工和處理成直觀的表象。那些感受，那些首要是爲**客觀**理解外部世界而服務的東西，必須就其本身而言既不是令人愉快的，也不是讓人不快的。這其實就是說：那些感受必須是完全不會觸動意欲的。否則，那感受**本身**就會拴住我們的注意力，我們就會停留在**作用效果**上，而不是馬上過渡到**原因**，而這樣做才是這裡的目的；在吸引我們的注意力方面，那就會帶來**意欲**相對於只是設想、概念（表象）所時時處處擁有的決定性優勢，而我們也就只有在意欲沉默的時候，才會轉爲關注設想和概念。據此，顏色和音聲就其本身而言和只要它們所造成的印象不會超過正常的程度，那感受到這些就既不是讓人痛苦的，也不是令人愉快的，而是無關痛癢的，適合成爲純粹客觀直觀的材料。也就是說，只要就其本身而言這完完全全就是意欲的身體，那就盡可能的是這樣的情形，也正是在這方面，這情形是值得贊賞的。在生理學上，這是因爲在更高貴的感覺器官中，亦即視覺和聽覺器官，那些要接收特定的外在印象的神經，是一點都不會感受到疼痛的，而且除了接收那些專門的、獨特的、僅爲聽看服務的感受以外，它們不會接收任何其他感受。據此，那視網膜和視覺神經對任何傷害都是感覺不到的，聽覺神經也是如此：在這兩種器官中，苦痛只在它們的其他部分，在爲它們所獨有的感覺神經周圍才會被感覺到，但卻永遠不會在這些感官神經本身感覺到：在眼睛那裡，首先是在**結膜**感到苦痛；在耳朵那裡，則是在耳**道**。甚至腦髓也是一樣的情形，因爲當腦髓被直接，亦即被從上切下，腦髓對此是沒有感覺的。因此，就只是由於這些爲它們所獨有的、在涉及意欲方面是無關痛癢的特性，**眼睛**的感覺才會靈巧地爲理解力提供如此多種多樣、差別如此微妙和細膩的材料——以這些材料，透過運用因果法則和在空間和時間的純粹直觀的基礎之上，理解力就在我們的頭腦中建構起奇妙的客體世界。也正是那顏色的感覺對**意**欲不起作用，讓顏色的感覺，當其能量由於透光度而提高之時，例如在看到晚霞、有色玻璃等，很容易就把我們置於純粹客觀、沒有意欲的直觀狀態之中。正如我在第三部分所證明了的，這樣的狀態，構成了美感印象的首要組成部分對**意**欲來說，這恰恰是無關痛癢的特性，使聲音能夠給出材料以標識那無限多樣的理性概念。

因爲**外在**的感覺，亦即對外在印象、對作爲理性的純粹材料的敏感性分爲**五種**，所以，這些感覺因應著那四種要素，亦即那四種積聚狀態和那無法估量的積聚狀態。這樣，對固體（土）的感官就是觸覺；對液體（水）則是味覺；對氣體，亦即蒸發、揮發的東西（霧氣、香氣）是嗅覺；對永遠有彈性的是聽覺；對無法計量的（火、光）是視覺。第二種無法計量的東西，溫熱，其實並不是感官的對象，而是一般感覺的對象，因此是直接作用於**意**欲的，讓人愉快或者讓人不愉快。從這一分類也就得出了各個感官相對的級別順序。視覺是排在最前的級別，因爲其抵達的範圍至爲廣泛，其敏感性也是至爲細膩的。這是因爲刺激起視覺的是某一無法計量的東西，亦即某一幾乎不是實體性的東西，某一類似精神性的東西。聽覺則排在第二位，對應的是空氣。與此同時，觸覺則是一個透澈的和有著多方學識的感覺。這是因爲其他每一種感覺給予我們的只是客體的某一相當片面的情況，例如它的聲音，或者它與光亮的關係，而觸覺——這與一般感覺和肌肉力量緊密連在一起的感覺——則爲我們的理解力同時提供了就那物體的形狀、體積、硬度、光滑度、質地、堅固性、溫度和重量有關的材料，而所有這些在假象方面的可能性是最小的，而所有其他感覺會更容易受到假象的影響和欺騙。兩個最低級的感官，嗅覺和味覺，再也擺脫不了意欲的某種直接的刺激，亦即它們始終受到了愉快的或者不愉快的影響，因此是主觀的更甚於客觀的。

聽覺的聽到唯獨在於時間，因此，音樂的整個本質就在於時間的數值，因爲無論是透過震動而成的音聲的質量或者高低，還是透過節奏拍子而成的音聲的數量或者維持的時間，都以這時間數值爲基礎。相比之下，視覺所看到的卻首先和主要在空間；其次，透過其持續性也在時間。

但視覺是理解力的感官，作直觀之用；聽覺則是理性的感官，作思維和聽聞之用。字詞由可視的符號所代表，但並不完美，因此我懷疑一個會閱讀但卻對字詞的音聲一無所知的聾啞人，在只是以可視的概念符號作思考方面，與我們運用眞正的，亦即可聽的字詞作思考，是否眞的一樣。假如他是無法閱讀的，那眾所周知，他幾乎就與一隻沒有理性的動物差不多，而天生的盲人，從一開始就是一個相當有理性的生物。

視覺是主動的，聽覺則是被動的。因此，聲音對我們的精神思想起著擾亂和破壞的作用，而精神思想越活躍和進化，那種擾亂和破壞的作用就越厲害：它會撕碎一切思想，暫時破壞思想能力。相比之下，透過眼睛的擾亂和破壞卻是沒有的，眼睛所看到的東西對思維活動並沒有像這樣的直接影響（在此當然並不是談論所看到的東西對意欲的影響），相反，我們眼前看到的五光十色、各種各樣的事物，會允許完全不受障礙的、寧靜的思維。所以，思想與眼睛是和平相處的，但與耳朵卻是永遠爭鬥的。這兩種感官的對立也由此得到了證明：假如聾啞人經流電療法治癒以後，在第一次聽到聲音時，會嚇得臉色死白（吉爾伯特的《物理學年鑑》，第十卷，第三八二頁），而做了手術的盲人則與此相反，是帶著陶醉看到初次的光亮，並且不情願地讓人給眼睛蒙上紗布。但所有這些可以以此作解釋：聽是由於聽覺神經的某種機械性震動而進行的，這機械性震動馬上傳到了腦髓；而看則是視網膜的某一眞正的**活動**，這活動只是經由光線及其變化被刺激和引發出來，就正如我關於顏色的生理學方面的理論所詳細展示的。但我這理論與現在那不知羞恥地到處推出的顏色—以太—擊鼓理論是完全對立的，後者想把眼睛對光線的感受貶低爲某一機械性的震動，例如聽覺的感受就的確是這樣的震動。但事實上，沒有任何差異會更甚於光線的寧靜、柔和作用與聽覺的擊鼓之間的差異。假如我們再聯繫這獨特的情形，即我們雖然以兩隻耳朵聽音，兩隻耳朵的敏感性也常常差異很大，但卻從來不會聽到雙重的聲音，就像我們以雙眼經常看到重影那樣——那我們就會這樣猜測：聽的感受並不是從耳朵的**迷路**或**耳蝸**中產生的，而是在**腦髓**深處的兩條聽覺神經的交會處，由此造成的印象是單一的。但這是在腦橋包裹著延髓之處，因此是在絕對致命的地方。一旦此處受傷，每一隻動物都會瞬間斃命。而從這裡，聽覺神經只有很短的路徑即可抵達耳中的迷路，即音響震動的位置。恰恰是聽覺神經的這個源頭，在這所有肢體運動都由此而出的危險地方，就造成我們聽到突然的爆破聲會嚇一大跳的原因。但我們突然看到光亮時，例如看到閃電，卻一點都不會嚇一大跳。相比之下，視覺神經是從**丘腦**（雖然視覺神經或許最初的源頭是這丘腦的後面）走出，向前走遠得多的距離；在其前進中都是由腦前葉遮蓋著，雖然始終是與它們分開的。視覺神經直至完全伸出了腦髓以後才延伸到視網膜。受到光線刺激時，感覺是先在視網膜那裡產生，那裡也的確就是感覺的位置，就正如我在《論視覺和顏色》中證明了的。以這聽覺神經的源頭就可以解釋爲何聲音給思維能力會造成很大的擾亂；也因爲這樣，喜歡思考的、精神思想豐富的人，都無一例外地絕對無法忍受任何噪音。這是因爲噪音會擾亂他們的思想持續地流動，打斷和癱瘓他們的思維，恰恰因爲聽覺神經的震動如此深入地擴展到腦髓裡面，腦髓的全部組織都因此一併感受到了聽覺神經所刺激起來的轟隆隆的震動，也因爲這些人的腦髓比常人的腦髓更容易運動起來。由於他們的腦髓那同樣了不起的靈活性和傳導能力，對於這些人，每一個想法都如此容易地就呼喚出所有相關的、相類似的東西，也正因此，他們是那樣迅速和輕易地就會想到事情的相似、相關、相通之處，以致那千萬人眼看過同一件事情，會讓他們想到、會發現其他人不會想到和發現的東西，因爲其他人當然會事後頭頭是道，但卻無法有先見之明，所以他們事後才會嘖嘖稱奇。因此，太陽照在了所有的巨像上，但只有門農的巨像會發出聲響。據此，康德、歌德和約翰·保羅對每一嘈雜聲都極爲敏感，正如他們的傳記作者所證明了的。❷歌德在最後的歲月買了他的住所附近一處失修的住宅，目的只是他不用被迫聽到這住宅維修時所發出的噪音。那他早在年輕時跟著鼓聲走，以鍛鍊自己對抗噪音，就是白費勁了。這並不是習慣的問題。在另一方面，普通常人面對噪音的那種眞正斯多噶派的無所謂態度卻讓人驚嘆：任何噪音都不會擾亂他們的思想、閱讀、寫作，等等，但優

❷ 利希滕貝格在「有關利希滕貝格本人的報導和評論」（《合集》，哥廷根，一八〇〇，第二卷，第四十三頁）中說：「我對任何噪音都異常敏感，但只要那聲音與某一理性的目的結合在一起，那噪音的相當惡劣的印象就全消失了。」

秀的頭腦卻被噪音搞得完全喪失了能力。但恰恰是那讓他們對任何噪音都沒有感覺的東西，也讓他們對造型藝術之美，對在文辭藝術方面的深刻思想或者優美表達也是一無所感的，一句話，對一切並不觸及他們的個人利益的事情都是無感的。關於噪音對有思想的人所造成的癱瘓性作用，利希滕貝格下面的話是很適用的：「如果一個藝術家會因爲小事而無法恰當地發揮他的藝術，那是一個很好的信號，F君在演奏鋼琴時會把他的手指插進硫黃裡面。——這些事情卻不會妨礙一般的頭腦——那些頭腦就好比是粗眼的篩子。」（《合集》，第一卷，第三九八頁）我的確很久以來就持這樣的看法：一個人可以心安理得承受的噪音量與這個人的精神思想能力成反比，因此也可以被視爲檢測其思想能力的大致的尺度。所以，假如我聽到一條狗在一處屋子的庭院裡長達一小時地狂吠而沒遭制止，對這屋子的住客的思想能力，我已經知道要如何評估了。那習慣性的不是用手合上房門，而是砰地甩關房門的人，或者讓這樣的事情在他家裡發生的人，不僅沒有教養，而且也是個粗糙和狹隘的人。在英語裡，*sensible** 一詞也有「明智的」意思，因此這是基於正確的和細膩的觀察。我們要變得相當文明的話，那就只有等到某一天，當耳朵不再受法律保護，當人們不再有權透過吹哨、呼喊、咆哮、敲打、打響鞭、聽任狗吠等來打斷有思想的人的意識。錫巴里斯的居民把所有嘈雜的營生和行業都趕到城外；北美顫派一個令人尊敬的分支不允許在村子裡有任何不必要的聲響，而據報導，基督教亨胡特兄弟會也有這樣的做法。關於此話題的更多討論，讀者可閱讀《附錄和補遺》第二卷第三十章。

從這所說的聽覺的被動特性，也可以解釋音樂對心靈和精神的那種穿透性的、直接的、肯定的作

734

* 原意為「可感覺的」、「感覺得到的」。——譯者注

用效果，以及有時候在音樂之後所產生的後續作用：某種特別的崇高心境。也就是說，樂音以那組合的、有理性數字關係的連貫震動也帶動腦髓纖維本身作相同的震動。相比之下，從視覺那與聽覺相當對立的主動特性，就可明白為何對眼睛來說並不可能有類似於音樂的東西，而色彩鋼琴就是一個荒唐的謬誤。也恰恰由於視覺的主動特性，在那些獵食動物那裡，視力異常出色，而反過來，在那些被獵食的、要逃跑的、膽怯害怕的動物那裡，那被動的感官，聽覺就特別地靈敏——這樣才好自動及時地告訴牠們追獵者正向牠們奔來或者悄悄向牠們接近。

就正如我們在視覺那裡認出了理解的官能，在聽覺那裡認出了理性的官能，同樣，我們可以把嗅覺名爲記憶的官能，因爲嗅覺比起任何其他感覺官能都更直接地讓我們回憶起遙遠過去的某一往事或者某一場景的特定印象。

第四章　論先驗的知識

從這一事實——即我們不需要有經驗、從我們自身可以說出和確定空間的比例規則——柏拉圖（《美諾篇》，第三五三頁，比朋蒂尼版）就得出結論：一切學習只是某種回憶。而康德給出的結論則是：空間是以主體爲條件的，只是認知能力的一種形式而已。在這方面，康德高於柏拉圖實在太多！

我思，故我在是一個分析判斷。巴門尼德甚至把它視爲一個同一性判斷：思維和存在是同一樣東西（亞歷山大的克羅門特，《雜綴集》，六，二，§23）。但作爲這樣的判斷，或者即使只是作爲分析的判斷，這句話也沒有包含什麼特別的眞理；假如我們想要更澈底一些，把這作爲一個結論從這個大前提本身並不是的東西，也就在判斷中沒有什麼中推論出來，也是如此。但笛卡兒的這句話其實是要表達這一偉大的眞理：只有自我意識，亦即主體的東西，才有直接的確切性；而客體的東西，亦即所有其他的東西，作爲首先經由那主體意識傳達的東西，則只有間接的確切性。因此，這後者，作爲二手的東西，是被視爲有疑問的。那如此著名的定理，其價值就是基於這個道理。與這句話對立的觀點，我們可以在康德哲學的意義上這樣提出來，我思，故它在，亦即一如我就事物所想到的某些關係（數學的關係式），事物必然在一切可能的經驗中始終精確顯現出同樣的關係——這是一個重要的、深刻的和遲來的察覺，是裹著先驗的綜合判斷是否可能的難題外衣出現的，也的確打開了通往更深的認識之路。這個難題是康德哲學的警語，正如「我思，故我在」是笛卡兒哲學的警語一樣，並且展示了這一希臘句子由此及彼的意思。

康德把對時間和空間的探究置於對所有其他探究之首，是非常合適的做法。這是因爲對於有思辨頭腦的人，首先不得不面對的是這些問題：時間是什麼？這全然由運動、移動所組成的東西，卻又沒有哪一樣東西是在移動這一切，這是怎麼一回事？而空間又是什麼？這無所不在的虛無：由此而出的事物，都最終免不了不再是某樣東西。

至於時間和空間是與主體連在一起的，是客觀感知在腦髓中完成程序的模式和方法，在這一點上已可獲得足夠的證據：我們完全不可能在思想中去掉時間和空間，但我們卻可以相當輕鬆地在思想中去掉在時間和空間中出現的一切東西。手可以放開一切東西——除了手自身。但我還是想就康德對那眞理所提供的更詳細的證明，透過一些例子和闡述加以說明。這並不是爲了駁斥幼稚可笑的異議，而是爲了方便將來要陳述康德學說的人。

「一個直角等邊三角形」並不包含任何邏輯上的矛盾，因爲述詞並沒有取消任何主詞，它們之間也並非不一致。只是在把那對象物在純粹的直觀中建構時，那種不一致性才會顯現出來。那麼，假如我們就因爲這樣把這視爲一個矛盾之處，那每一個自然的和只有經過多個世紀才被發現的不可能的事情，也一樣是矛盾之處了，例如，以其成分構成某一金屬，或者某一多於或少於七塊頸椎的哺乳動物，❸或者在同樣的動物身上的角和上門牙。但只有邏輯上不可能的事情才是矛盾之處，而自然方面不可能的事情則不是，數學上不可能的事情也同樣不是。等邊和直角並不互相構成矛盾（在正方形中，它們就同在一起），其中之一也不會與一個三角形相矛盾。所以，以上概念的不相一致永遠不會

❸ 至於那三隻腳趾的樹懶科動物有九隻腳趾，應被視為錯誤，但歐文（《比較骨學》，第四〇五頁）仍提及這一點。

只是透過**思維**認識到的，而只是在直觀中才呈現出來，而這樣的直觀既不需要任何經驗，也不需要任何現實的對象物，就只是一種思想智力的直觀。**布魯諾**的命題也是這麼說的，這命題在**亞里士多德**的著作中也可找到，「一個無限大的物體必然是不會移動的」——這一命題既不可能基於經驗，也不可能基於矛盾律，因爲那說的是不會在任何經驗中出現的事情，「無限大」的概念與「移動」的概念並不矛盾；只是純粹的直觀表明：移動需要除物體以外的空間，而這物體的無限大就不會留下任何空間了。那麼，假如有人針對第一個數學例子提出反駁：問題只是在於那判斷的人對三角形的概念有多麼充分而已；假如那概念是相當充分的，那這概念就會包含這三角形是直角的同時又是等邊的是不可能的。那對此的回答就是：就算這人有關三角形的概念不是那麼的充分，但他仍用不著求教於經驗，只是透過擴展在想像中構建起的三角形，就會確信這兩個概念合併起是永遠不可能的。但這一過程是**一個先驗的**綜合判斷，亦即在這樣判斷時，我們並沒有任何經驗，但卻根據適用於一切經驗的東西而形成和完善我們的概念。這是因爲總的來說，一個判斷是分析性的抑或綜合性的，在個別情況下，只有根據作出判斷者的頭腦中對此主題的概念，其充分性是多還是少才能確定。「貓」的概念在居維爾的頭腦裡所包含的內容，比其僕人頭腦裡的內容多百倍；所以，對此概念的同樣判斷對這僕人是綜合判斷，對居維爾則只是分析判斷。但假如我們客觀地看待這概念，並想要判定某一判斷是分析的抑或是綜合的，那我們就必須把那概念的述詞變爲其矛盾的相反東西，然後把這加在沒有述詞的主詞上。假如這是在形容詞上**相互矛盾**的判斷，那這一判斷就是分析性的，否則就是綜合性的。

至於**算術**是基於對**時間**的純粹直觀，並不像幾何學基於空間那樣的明顯可見。❹但我們可以以下面的方式加以證明。一切計數都在於重複確定某一單位：只是為了知道我們有多少次已經記錄下那單位，我們才每一次都以另外的字詞標示。這些就是數字。那麼，重複就只有透過接續才有可能，但這接續，亦即按先後一個接著一個，卻直接依靠對**時間**的直觀，是一個只有借助於這直觀才理解得了的概念；因此，計數也只有借助於時間才有可能。一切都依靠於**時間**，也透過這一事實暴露了出來：在所有的語言裡，乘法都用"Mal"*，亦即用一個時間概念標示：*sexies*、*ἑξάκις*、*six fois*、*six times***。但簡單的計數就已經是以1相乘了，這就是為什麼在裴斯泰洛齊的教育機構裡，孩子們必

❹ 但這並不就可以原諒一個哲學教授坐在康德的椅子上說出這樣的話：「這樣的數學包括算術和幾何——這樣的說法是對的；但把算術理解為時間的科學則是不對的，事實上，算術就只是為給作為空間的科學的幾何學而提供某一對稱物。」（羅森克蘭茲，《德意志博物館》，一八五七年五月，第二十期）這是黑格爾的貨色得出的結果：頭腦一旦被黑格爾的那些無意義的混亂廢話澈底敗壞了，那嚴肅的康德哲學就再無法進入其中：從其師傅那裡，人們就承繼了侃侃而談自己並不理解的東西的放肆膽量；到最後，人們就發展至毫不猶豫地以一種毋庸置疑的、斬釘截鐵的語氣去給一位偉大思想家的基本學說作出定論，就好像這些是黑格爾式的胡說八道似的。我們卻不應容忍他們，不要讓這些小人物試圖帶著偏離了偉大思想家的足跡。所以，他們還是不要攻擊康德為妙，就只滿足於給予他們的聽眾和讀者更詳細的有關上帝、有關靈魂、有關意欲的事實上的自由，以及相關的那些信息吧，然後，就在他們的昏暗後店裡，在那些哲學期刊中自娛自樂好了。在那裡，他們可以無所顧忌、隨心所欲，因為沒有人會向其看上一眼。

* 「乘」、「次」的意思。——譯者注

** 「6乘以——」或「6次——」。——譯者注

須始終這樣乘數：「2乘以2就是4乘以1」。**亞里士多德**已經認識到數與時間的密切關係，並在《物理學》第四部第十四章闡述。時間對他而言就是「運動的數」。他思想深刻地提出疑問：假如靈魂不存在的話，時間是否還會存在，並對此給予了否定的回答。❺

雖然**時間**，與空間一樣，是主體的認知形式，但是，時間就表現得與空間一樣，就好像是獨立於主體和完全客觀似的。時間在違反我們的意願或者在我們不知情的情況下，匆匆而過或者緩慢流逝。我們問幾點鐘了，然後查看一下時間，就好像是查看一樣完全客觀的東西。而這客觀的東西是什麼？並不是日月星辰的前行，或者鐘錶的運行，因爲這些不過只是用以量度時間運行本身，而是某樣有別於所有的事物，但卻與所有的事物那樣獨立於我們的意欲和所知的東西。時間就只存在於認知生物的頭腦之中，但時間均勻的運行和獨立於意欲給了它具有客觀性的理由。

時間首先是**內在**感官的形式。我搶在第二部分之前在此說出看法：內在感官的唯一對象就是認知者的自身**意欲**。因此，時間是一種形式——借助此形式，那原初和本身並沒有認識力的個體意欲才有了自我認識的可能。也就是說，在這時間裡，意欲那本身是簡單的和同一的本質就顯現爲拉長了的一段生命歷程。但正是由於那如此展現自身者的原初簡單性和同一性，所以，它的**性格**就始終是精確同一的；也因爲這樣，那生命歷程本身也自始至終保持著那同一個基調；的確，那生命歷程中的多樣事件和場景從根本上就只是同一個主旋律的變奏而已。

---

❺ 假如算術沒有這對時間的純粹直觀作基礎，那算術就不會是**先驗**的科學了，其命題也就不會具有那不會出錯的可靠性。

740 對**因果法則的先驗性**，英國人和法國人當中，部分地還壓根兒不曾認識到，部分地並沒有正確理解，因此，他們當中的一些人還在繼續以前那樣的嘗試，試圖爲因果法則找出來自**實踐的源頭**。**邁納·德·比朗**認爲那源頭就在於經驗：緊隨意欲行爲的原因，是身體運動的結果。但這一事實本身卻是錯誤的。我們根本就無法認出眞正的、直接的意欲行爲與身體行動的分別，也完全看不出這兩者有因果性的紐帶；其實，這兩者是同一樣東西，是不可分割的。這兩者之間是沒有任何接續次序的，它們是同時的。它們是我們以雙重的方式感知到的同一樣東西。也就是說，那由內在的感知（自我意識）宣告爲眞正的**意欲行爲**的同一樣東西，在**外在**的直觀（在直觀那裡，身體就處於客觀的狀況）就馬上表現爲身體的**行動**。至於在生理上，神經活動先於肌肉活動，在此是不需考慮的，因爲那不會進入自我意識之中，而在此所談論的，不是肌肉與神經的關係，而是意欲行爲與身體行動之間的關係。而這關係可並沒有表明是因果關係。假如這兩者表現爲原因和結果，那它們的聯繫就不會像實際情形那樣的確無法理解，因爲我們從結果的原因中所理解到的，會達到讓我們總的來說理解事物的程度。然而，只是由於意欲行爲而發生的我們肢體的運動，雖然是某種每天都在發生的奇蹟，以致我們已熟視無睹了，我們一旦把注意力轉到這事情，其不可理解就相當鮮明地進入我們的意識，恰恰就是因爲在此我們眼前所見的某樣東西，並不是可以理解爲從其原因所得出的結果。因此，這種感知永遠不會引導我們看到因果性，因爲那因果性的表象根本不會在感知中出現。**邁納·德·比朗**自己看出意欲行爲與意欲的運動完全是在同一時間的（《對身體與道德關係的新思考》，第三七七、三八八頁）。在英格蘭，湯瑪斯·里德（《論偶然眞理的首要原則》，第四篇文章，第五節）已經說了，對因果關聯的認識，其原因是在我們的認知能力的本質構成之中。就在不久前，**湯瑪斯·布朗**在寫作極其冗長的 741

《對原因與結果關係的探究》一書（第四版，一八三五）時說出了同樣的話，即上述對因果關聯的認識出自一種與生俱來的、本能的和直覺的確信。布朗基本上走對了路子。但不可原諒的卻是那種極度的無知——由於這種無知，在這部厚達四百七十六頁的書裡，其中一百三十頁用於反駁休謨，但早在七十年前就已經澄清了這樁事情的康德，卻隻字不曾被他提到。假如拉丁語繼續是學術界唯一採用的語言，那這樣的事情就不會發生了。儘管有了布朗那整體上正確的探討，邁納·德·比朗所提出的因果法則的基本認識的經驗起源學說在作了某種修正以後，仍然在英格蘭得以通行，因爲這種學說看上去並不是沒有幾分可能性的。那是我們從實踐中感知到的我們自己的身體對其他物體所發揮的作用，並從中抽象出因果性法則。休謨已經反駁了這一點。但我卻在我的《論大自然的意欲》（第二版，第七十五頁）中證明了這是站不住腳的，所根據的就是：爲讓我們在空間直觀中既客觀感知到我們自己的身體，也客觀感知到其他物體，我們必須已經具備因果性的認識，因爲這是如此直觀的前提條件。那唯一眞正的證據，證明因果性法則是先於一切經驗就被我們意識到了，確實就是某種在實踐經驗上才有的感官感覺，必然會過渡到這感官感覺的原因，好讓這感官感覺成爲對外在世界的直觀。因此，我以這個證明替換了康德的證明——對康德的證明的不準確性我已經闡述過了。在此只是對觸及的整個重要話題，亦即對因果性法則的先驗性和經驗直觀的智力性質至爲詳盡和澈底的闡述，就在我的《充足根據律的四重根》第二版§21。我建議讀者閱讀，以免我在此重複一切我在那裡已說過的東西。在那裡，我已證實了僅僅只是感官感覺與對客體世界的直觀的巨大差別，並闡明了這兩者之間的鴻溝；只有因果性法則才唯一跨越了這鴻溝，但要運用這因果性法則，那與其相關的另兩種形式，空間和時間，則是前提條件。只有借助於這三者聯合起來，才會達致客觀的表象。那麼，至於那

感覺——我們由此可達致感知——的產生是經由我們的肌肉力量外現所承受的阻礙，抑或經由光線在視網膜上的印象，抑或經由聲音對聽覺神經所造成的印象，在本質上都是一樣的：**感覺**始終就只是**理解力**的**素材**，只有理解力才有能力把那些感覺理解爲某一有別於那些感覺的**原因**的**結果**，而現在這原因在理解力看來就是某一外在之物，亦即置於那同樣是先於一切經驗而存在於智力的**空間**形式，占據和塡充著空間。沒有了這些智力運作——其運作的形式也必然已現成存在於我們的自身——那從僅僅只是我們的皮膚之內的**感覺**，是永遠不會成爲對一個**客觀的外在世界**的直觀的。我們又怎麼可能想像在某一想要進行的運動中，僅僅只是某一受阻的感覺就已經足夠成爲對一個客觀世界的直觀呢？那種受阻的感覺在癱子那裡也能感受到。此外，我要對外在事物發揮作用的話，這些外在事物必然是在這之前已經作爲動因對我產生了作用。但這已經是以感知外在世界爲前提條件的。根據那正被談論的理論，那個生來就沒有手腳的人肯定（正如我在上面所提過的地方已經說過的）就永遠無法達到因果性的看法，因此也就無法達致感知這個外在的世界了。但情況並不如此，證明這一點的是由《弗羅里普筆記》（一八三八年七月，第一三三期）報導的一個事實，亦即一篇詳盡並伴有一張畫像的報導，關於一個時年十四歲的、生下來就沒有手和腳的愛沙尼亞女孩，**伊娃·勞克**。這篇報導的結尾是這樣的：「根據母親的證詞，勞克的思想發育速度與她的兄弟姊妹是一樣的，尤其是這一點：她同樣可以快速地對可見物體的體積和距離有一個準確的判斷，而並不需要借助於雙手。——多爾帕特，一八三八年三月一日。A·胡埃克博士。」

同樣，**休謨**的學說，即**因果性**的概念只是出自我們習慣看到兩種狀態經常不斷地彼此接續，也遭到最古老的接續，亦即白天與黑夜的接續的**事實**反駁，而這白天與黑夜的接續，不會有人認爲就是這彼此的原因和結果。也恰恰是這一接續反駁了康德這一錯誤的宣稱：只有當我們明白了接續的兩者彼此是原因和結果的關係，我們才會認識到這兩者是接續的客觀事實。就康德的這一理論，其實反過來說才是眞的：也就是說，在相連的狀態中，哪個是原因和哪個是結果，我們在經驗中只有在其接續次序中才可認出。在另一方面，針對我們今天好些哲學教授的荒謬宣稱——即原因和結果是同一時間的——那可以這一點反駁：在由於速度很快而無法感知其接續的情形裡，我們卻先驗肯定地假定了這一接續以及伴隨著走過了某段時間。例如，我們知道，在扣動火槍扳機與子彈發射出去之間，肯定是走過了某些時間，雖然我們不會感知到這一點；這一時間段也肯定可以分爲多個嚴格確定了的接續次序，亦即分爲扣動扳機、迸發火花、點燃、火的散開、爆炸和子彈射出。這些接續情況是任何人都無法感知到的，但因爲我們知道是哪種情形引發或造成了哪種情形，所以，我們也就正因此知道哪種情形必然在時間上先於其他情形，因此，在整個一連串情形發生的過程中，必然走過了某些時間段，雖然那些時間段是那樣的短暫，以至逃過了我們經驗的感知，因爲不會有人宣稱那子彈的射出與扣動扳機的確就在同一時間。由此可見，我們不僅先驗地知道因果法則，而且還先驗地知道其與時間的關係和從原因到結果接續的必然性。假如我們知道在兩種狀態和情形中何者爲原因和何者爲結果，那我們也就知道何者在時間上先於何者；假如相反，我們並不知道何者爲原因、何者爲結果，但卻知道它們的因果關係，那我們就會在經驗中識別其接續，並據此確定這兩者中何者爲原因和何者爲結果。宣稱原因與結果是同一時間的，其錯誤也可從下面的思考中顯現出來。一條不間斷的因果鏈充塞著這整個時間（這是因爲假如這鏈條中斷了的話，那這世界就會靜止不動了，或者爲了讓其再次運動起來，就必須出現沒有原因的某一結果）。那麼，假如每一結果都與其原因在同一時間，那在時間上的每一結果就會向上挪至其原因，而一條如此之多環節的因果鏈就不會充塞任何時間，更加不會充塞無盡的時間，而是所有一切就齊集在某一個瞬間。因此，假定原因與結果是在同一時間的，那世界的進程就會縮水爲一刹那間的事情。這一證明就類似於證明每一張紙都必然有一定的厚度，因爲否則的話，那整本書就不會有任何厚度了。要說出原因什麼時候停止和結果什麼時候開始，在幾乎所有的情形裡都是困難的，經常是不可能的。這是因爲變化（亦即狀態或說情況的接續）是一個連續體，就像變化所充塞的時間，所以也像時間一樣可以無窮細分。但它們的排列次序卻是必然確定了的和不可逆轉的，就像時間瞬間本身的排列次序一樣：其中的每一個與其之前走過的關係是「結果」，與其後面的關係是「原因」。

物質性世界的每一個變化，只是在有了另一個直接在其之前的變化以後才會出現，這是因果法則眞正和全部的內涵。但在哲學裡，沒有什麼概念比原因更遭濫用了：人們由於弄巧或者錯用而在抽象思維中太過廣義地表達和太過泛泛地理解這一概念。自經院哲學之後，事實上，應該是自柏拉圖和亞里士多德以後，哲學就大都是不間斷地濫用普遍的概念。這些概念就是，例如，實質、理由、原因、好、至善、必然性、可能性以及許許多多其他概念。幾乎在任何時期，人們都表現出喜歡採用此類抽象的和太過廣義的概念。這或許最終都是因爲人的智力的某種懈怠，因爲隨時都要透過直觀以控制和檢驗思維對智力而言是太過累人了。然後，此類太過廣義的概念就會逐漸變得幾乎與幾何符號一樣，隨意拋出使用——這樣，哲學思考就變成了只是概念組合，只是某種推演把戲，而這（就跟所有的計算一樣）就只發揮和需要低級的能力。確實，從這樣的概念和字詞推演最終就會生成詞語垃圾，其中一個最令人噁心的例子就是那敗壞思想的黑格爾貨色——在此，那種手法發展到了純粹胡說八道的程度。但經院哲學早就經常淪爲字詞垃圾。的確，甚至亞里士多德的《論題篇》——這些理解得相當空泛、非常抽象的原則，被人們應用於各種不同的題材，總是投放在戰場，以便贊成或者反對地爭論一番——其源頭就已是上述對普遍概念的濫用和誤用。經院哲學家的這種搬弄抽象字詞的手法，我們在他們的著作中就可發現無數的例子，尤其是湯瑪斯．阿奎那的著作。哲學其實就是沿著經院哲學家所開闢的路徑前行，直到洛克和康德爲止：洛克和康德他們終於想到了概念的源頭。的確，我們可見到康德本人在早年仍然走在上述路徑，在《證明上帝存在唯一可能的證據》（羅森克蘭茲版，第一卷，第一九一頁）中，那些實質、理由、眞實性概念的應用方式就永遠不可能發生了——假如康德對那些概念的源頭及由這些源頭所確定的概念的眞正內涵做了正本清源的功夫的話，因爲他就會發現作爲實質的源頭和內涵唯獨只有物質，作爲理由的源頭和內涵（假如談論的是眞實世界的事物）則只有原因，亦即那導致了後面變化的之前的變化，等等。當然，在此，這並不就會導致所要預期的結果。但是，無論哪裡，都一如這所說的情形，這些理解得太過空泛的概念，亦即在這些概念的名下，也就納入了其眞正內涵所能允許的內容——就會產生出錯誤的定理，從這些錯誤的定理就產生出錯誤的體系。斯賓諾莎的整個論證方法就是基於這些未經探究的和太過空泛的概念之上。洛克的傑出功績就在於：他爲了抵制所有那些教條主義的胡鬧，堅決要求探究概念的源頭，並由此溯源至直觀的東西和經驗。在洛克之前，培根也在這同樣的意義上，但更多是在物理學方面而不是形上學方面發揮了作用。康德追尋著由洛克開闢的路徑，但卻是在更高的意義上且走得更遠，正如上文所說的。相比之下，對於那些徒有其表、成功地把公眾的注意力從康德轉移到他們自己身上的人來說，洛克和康德所得出的結果卻是很累人、很不利的。不過，在這種情況下，他們卻懂得如何既無視死了的人也無視活著的人。所以，他們毫不猶豫地捨棄了那些智者終於發現了的唯一正確的道路，興之所至、無所顧慮的哲學論辯，亂用所撿到的各式各樣的概念，絲毫不理會那些概念的源頭和眞正內涵，以致黑格爾的僞智慧最終造成了這樣的結果：概念根本就沒有源頭，更準確地說，概念本身就是事物的源頭。但康德卻在這方面犯了錯：他偏重於純粹的直觀而太過忽視經驗的直觀——關於這一點，我在對康德哲學的批評中已詳細討論了。在我的哲學裡，直觀絕對是一切認識的源泉。抽象東西的難纏和狡詐特性是我很早就認識到的。一八一三年，在我討論充足根據律的文章中，我就指出了在這一概念下，可以想到的不同關係和情形。普遍的概念雖然是哲學用以放置和存放其認識材料的，但不是哲學能從中汲取認識的源泉，是「終點」，而不是「始發點」。哲學並不是如康德所定義的一門出自概念的學科，而是一門以概念構成的學科。因此，我們在此所談論的因果性概念，也總是被哲學家理解得太過廣義，因爲這樣做對他們的教義有利；這樣的話，這概念本來根本沒有的東西就進入了這一概念，由此就有了例如這些命題：「所有存在的都有其原因」，「結果不會包含比原因更多的東西，亦即不會包含原因裡沒有的東西」，「原因要高於其結果」及許多其他同樣沒有合理根據的命題。下面這出自乏味的嘮叨者普羅克魯斯的貌似理性的詭辯，就提供了一個更詳盡的和尤其明白易懂的例子。這出現在他的《神學導論》（§76）中：出自一個不動的原因的一切都有一種不動的存在；而出自一個動的原因的一切都有一種動的存在。這是因爲那導致結果的東西是在每一意義上不動的話，那就不會透過某一運動，而只是透過其單純的存在從自身那裡產生出另一存在。很好！但給我展示一個不動的原因吧。這恰恰就是不可能的事情嘛。不過，抽象在此一如在許多情形中，在思維中把所有的限定去掉了，只剩下人們想要應用的那一個限定，完全不考慮這個限定在沒有了被去掉的限定的情況下是不存在的。對因果性法則唯一正確的表達就是：每一個變化的原因就是另一個直接在這變化之前的變化。假如某些事情發生了，亦即某一新的狀態出現了，亦即某些事情變化了，那就在這之前別的某些事情必然已經發生了變化；而在這變化之前，別的某些事情又必然已經發生了變化，就這樣上溯直至無窮，因爲第一個原因是無法想像的，一如時間的開始或者空間的邊界無法想像一樣。因果性法則所表明的，除此以外，再無其他。因此，也只有在發生了變化的時候，這因果性法則才可以主張其權利。只要不曾發生變化，那就沒有任何原因可探究，因爲並沒有任何先驗的根據，可以從現有的生物存在，亦即從物質的狀態推論出這之前的非存在，並從這非存在推論出那存在的形成，亦即推論出某一變化。因此，從一樣事物僅僅只是存在，並不就可以合理地得出結論：這事物的存在是有某一原因的。但我們卻可以有後驗的根據，亦即從更早時候的經驗所汲取的根據，以假定目前的狀態並非一直以來存在的，而是由於另一狀態的緣故，因此是透過某一變化而形成的，然後，造成那一變化的原因就是我們要去找出來的，而造成這一所找出的原因的原因，也是一樣要去尋找的。在此，我們就處於無窮無盡的回溯之中，而運用因果法則就總是引導我們這樣做。我在上面說了，「事物，亦即物質的狀態或狀況」，因爲變化和因果性只涉及狀態（或狀況）。這些狀態或狀況，就是我們在廣泛意義上理解的形式所包含的內容：只有形式是變化的，物質則持久不變。因此，也只有形式是受制於因果法則的。但形式也構成了事物，亦即奠定了事物的差別，而物質則必須被理解爲在所有事物中都是同一樣的。所以，經院哲學家說形式給予事物以存在；這句話這樣說就更精確了，形式給予事物以本質，材料給予物質以存在。因此，對一樣事物的原因的發問恰恰就始終只涉及事物的形式，亦即涉及事物的狀態、特性和狀況，而沒有涉及其物質，並且也只是在我們有根據認爲那事物的狀態和特性並不是一直以來就存在的，而是透過變化所產生的，上述發問才會涉及事物的狀態和特性。形式與物質的結合，或說本質與存在的結合，產生了具體之物，而這始終就是單個的東西，因此就是事物；是形式——其借助於某一變化，與物質結合，亦即形式在物質那裡出現——受制於因果法則。由於這概念在抽象中太過廣泛的理解，對這概念的濫用和誤用混雜其中了，人們就把因果性擴展至絕對的事物，因而擴展至事物的整個本質和存在，所以也就是擴展至物質，並最終認爲自己有合理理由，甚至詢問這世界的原因。由此就產生了宇宙的證明。這種證明的由來其實是這樣的：在沒有任何合理理由的情況下，人們就從這世界的存在推論其是從這之前的非存在而來的；但到了其端點的時候，這種推論卻可怕地不相一致，因爲那完全取消了因果法則，而這推論唯獨是從因果法則那裡取得其所有的證明力的。這是因爲這種推論就止步在那第一個原因，不想再往前走了，因而就像好比以殺父爲終結，如同雌蜂在雄蜂完成了服務以後就把這些雄蜂殺死。所有那些關於絕對之物的空話都可回溯到某一難爲情的和因此蒙上一副面具的宇宙起源的證明，而這種證明，儘管有了《純粹理性批判》，自六十年來仍然在德國被認爲就是哲學。那絕對之物又是什麼意思呢？就是某樣一旦存在了以後，我們就不敢問（以免受到懲罰）這是從何而來、爲何會存在的東西。是哲學教授的一個特別有價值的孤品！在誠實地闡述宇宙起源證明的時候，如果那是透過假定了某個第一原因，因而也就假定了在那絕對沒有開始的時間裡有某一個開始，那這一個開始就會由於這一問題——爲何不是比這更早一些呢——而一再地上移，並且是那樣的早，以至人們永遠不會從那時候往下走到現在；假定了時間中的某一個開始的話，我們就會始終感到奇怪：爲何這現在不是早在數百萬年之前就已經存在抵達了呢。因此，總的來說，因果法則適用於這世界的一切事物，但卻不適用於這世界本身，因爲這法則對這世界而言是內在的，是在經驗和知識的範圍內，而不是超驗的：這法則與這世界一起定了下來，也與這世界一起被取消。這歸根到底是因爲這法則只屬於我們理解力的形式，連同那客觀世界——這客觀世界因此就只是現象而已——都以理解力爲前提條件。所以，因果法則得以全面應用在這世界上的所有事物，不會有任何例外——這當然是就這些事物的形式而言；是應用於這些形式的變換，因而是應用於其變化的。這法則適用於人的行爲，也適用於石頭的撞擊，但就正如已說的，那始終只涉及事情，涉及變化。但假如我們在理解中不要考慮這些變化的起源，純粹客觀地理解這些變化，那這些變化從最根本上就取決於：每一作用物都是由於其原初的和因此是永恆的，亦即脫離了時間的力而產生作用，因此，它現在所產生的作用效果必然是在無限早之前，也就是在每一可想像到的時間之前就已經出現了，假如對此不是缺乏這時間上的條件的話：即機會和場合，亦即原因。唯獨由於這一原因，那作用效果現在才、並且是現在才必然地出現：原因給予了這作用效果在時間上的位置。

不過，由於上面已經討論過的在抽象思維中對原因的概念理解得太過空泛，人們就把原因的概念與力的概念混淆了：力與原因是截然不同的，但卻給予每一個原因以因果性，亦即給予原因以產生作用的可能性。我在第一卷第二部分，然後在《論大自然的意欲》，最後在《充足根據律的四重根》（第二版，§20，第四十四頁）詳盡和透徹地闡明了這一點。這種混淆的至爲笨拙的例子，是在上述邁納·德·比朗的書裡，對此，我在《充足根據律的四重根》的上述地方作了更詳細的敘述。但除此之外，這種混淆是頻繁出現的，例如，在人們詢問某一原初的力——例如重力——的原因時。康德本人（《證明上帝存在的唯一可能的證據》，第一卷，第二一一、二一五頁，羅森克蘭茲版）就把自然力稱爲「作用的原因」，並說「重力是一種原因」。但只要在其表述裡力與原因不是清晰分爲完全不一樣的東西，那就不可能清楚地知道他的思想。但運用抽象的概念時，假如對這些概念的源頭的考察置之不理，那就很容易造成這種混淆。人們捨棄了建基於理解力的形式、始終是**直觀**的對原因和結果的認識，而只相信那抽象的**原因**。純粹就是因爲這樣，這其實很簡單的因果性概念就被如此頻繁地錯誤理解。因此，我們發現甚至在**亞里士多德**（《形上學》，第四，二）那裡，原因就被分爲四類，而這樣分類根本上就是錯誤的，並且研究得的確粗糙。我們只需比較一下這分類與我對原因的劃分——這在《論視覺與顏色》一文第一章首先提出，在這著作第一卷（第一版，第二十九頁）§6 簡短提及，但在我的有獎徵文〈論意欲的自由〉第三十—三十三頁中很詳細地闡述了。在這大自然中，有兩樣存在物是不會被無論向前還是向後都是延綿無盡的因果鏈所觸及的：物質和自然力。也就是說，這兩者是因果性的條件，而所有其他的都是以因果性爲條件。這是因爲其中之一者（物質）就是這樣的東西：狀態及其變化就在這當中出現；另一者（自然力）則是這樣的東西：**唯獨**由於這些自然力，那些狀態和變化才得以出現。但在此必須留意：在第二部分及之後，在《論大自然的意欲》中則更爲透澈地證明了：自然力與我們身上的意欲是同一的；但物質則顯示爲只是**意欲的可見性**，以致物質最終也在某種意義上可被視爲是與意欲同一的。

在另一方面，我在第一卷 §4，尤其是在《充足根據律的四重根》（第二版，§21）第七十七頁結尾處的細緻分析，也同樣地眞實和正確，即物質就是客觀理解的因果性本身，因爲物質的整個本質總的來說就在於**作用**，物質本身因此總的來說就是事物的**作用性**，就猶如對事物的一切各種不同的作用和活動的抽象。據此，既然物質的本質總的來說就在於**作用**（*Wirken*），事物的**眞實性**（*Wirklichkeit*）、存在恰恰就在於其物質性，而物質性又與作用是同一的，那麼，關於物質，我們就可以說：在物質那裡，存在和本質是合二爲一的，因爲物質除了**存在本身**並沒有其他的屬性，脫離了對物質的所有更詳細的限定。相比之下，每一在實踐中出現的物質，亦即材料（材料被我們今天那些無知的唯物主義者混淆爲物質）已經進入了形式的外殼，並唯獨透過其特性和偶性而展現自身，因爲在經驗中，每一種作用都是相當明確和特別的，絕不會只是泛泛的。因此，純粹的物質只供思維之用，而不是直觀的對象，而這讓普羅提諾（《九章集》，二，圖書，四，第八、九章）和布魯諾（《論原因、本原與太一》，對話四）作出了非常離奇的聲稱：物質並沒有任何的延伸性，因爲延伸性是與形式（形狀）不可分離的；所以，物質是無實體的。但亞里士多德早已教導說：儘管是實體性的東西，也並不就是物質（斯托拜烏斯，《文選》，圖書一，第十二章，§5）。的確，所謂純粹的物質，讓我們想到的只是抽象中的作用，而不會考慮到其作用的特性和方式，因而想到的是純粹的因果性本身；這樣的物質並不是經驗的對象，而是經驗的條件，正如時間和空間一樣。這就是爲什麼在這附加的有關我們純粹的先驗基本知識的表格中，物質可以占據因果性的位置，並與時間和空間一道，作爲第三個純粹的形式和因此與智力緊連在一起的東西而出現。

這張表（表一）包含了所有先驗地根植於我們的直觀認知的基本眞理，是首要的、彼此獨立的基本原則。但在這裡，我並沒有列出專門的、構成了古老算術和幾何內容的東西，也沒有給出把那些形式方面的知識結合與應用以後才會得出結果的東西，因爲這些構成了康德所闡述的《自然科學的形上學的基礎》的題材，而這張表在某種程度上爲康德整個著作提供了入門介紹和引導知識，因此是與那著作直接相關的。我在這張表裡首先著眼於我們的先驗知識所構成的相當奇特的平行關係，而這些先驗的知識形成了一切經驗的基本框架；但我也尤其注意到，正如我在第一卷 §4 分析過的，物質（還有因果性）可被視爲空間與時間的結合，或者也可說是空間與時間融爲一體。與此相應，我們可發現幾何之於對空間的純粹直觀，算術之於對時間的純粹直觀，就是康德的運動學之於對這兩者連接在一起的純粹直觀，因爲物質首先是在空間中運動的東西。數學的點甚至不能想像爲運動的，正如亞里士多德已經闡明的（《物理學》，六，十）。這個哲學家本人也爲這學科提供了第一個例子，因爲在他的《物理學》第五、六部，他先驗地確定了靜止和運動的法則。

現在，這張表可根據喜好被視爲要麼是這世界的永恆基本法則的一覽表，所以就是一套本體論的基礎；要麼就是從腦髓生理學中取出的一章——這視乎我們是採取現實主義（實在論的）的抑或唯心主義（觀念論的）的視角，雖然後者最終是對的。對此問題，雖然我在第一章已經作了闡述，但我還想用一個例子特別說明。亞里士多德的《論色諾芬》是以色諾芬的這些有分量的話語開始的：他宣稱假如有某些東西存在的話，那肯定是永恆存在的，因爲從無是不可能生有的。在此，色諾芬是就事物的起源和根據其可能性作出判斷；對此起源，他不可能有任何的經驗，甚至沒有任何類似經驗的東西，他也沒有援引任何的經驗。他絕對肯定地、因此先驗地作出判斷。假如他是從外在和以陌生的眼光看一個純粹客觀的，亦即獨立於他的認知而存在的世界，那他又怎麼可以得出這樣的判斷？他這樣一個曇花一現的人，向這樣一個世界只投去了匆匆一瞥，他又如何能對這世界的存在和起源的可能性，在事先，在沒有經驗的情況下絕對肯定地作出判斷？對此謎團的解答就是這只涉及人自己的表象看法——這些表象看法是人的腦髓的產物，其合乎規律性因此就只是其腦髓功能唯獨得以展開的方式，這些表象看法也就是腦髓表象的形式。他因而只是對他自己的腦髓感知的現象作出判斷，說出的是什麼會進入和什麼不會進入其形式、時間、空間和因果性。在這方面，他可是駕輕就熟，可以絕對肯定地發話。因此，下面有關時間、空間、物質的先驗屬性的表格，可以在這同樣的意義上理解。

表一　時間、空間、物質的先驗屬性

時間	空間	物質
1. 只有一種時間，所有不同的時間都是這時間的部分。	1. 只有一種空間，所有不同的空間都是這空間的部分。	1. 只有一種物質，所有不同的材料都是這物質的不同狀態：這樣的物質也稱為實體物質。
2. 不同的時間並不是同時的，而是逐次的。	2. 不同的空間並不是逐次的，而是同時的。	2. 各種不同的物質（材料）之所以是不同的物質，不是由於實體物質，而是偶然所致。
3. 時間是無法在思維中去掉的，但一切出自時間的都可以在思維中去掉。	3. 空間是無法在思維中去掉的，但一切出自空間的都可以在思維中去掉。	3. 物質的毀滅是無法想像的，但物質的所有形式和性質的毀滅卻是可以想像的。
4. 時間有三截：過去、現在和將來，這些構成了兩個方向連帶著一個中性點。	4. 空間有三維：高度、寬度和長度。	4. 物質是向著空間的所有維度和時間的整個長度而存在，亦即作用的；因此，物質就結合和填充了時間和空間：物質的本質就在於此：物質因此完全、澈底的就是因果性。
5. 時間是無限可分的。	5. 空間是無限可分的。	5. 物質是無限可分的。
6. 時間是同類、同質的，是一個連續的統一體，亦即其中任何一部分都不會與其他部分不同，也不會被某種不是時間的東西所割裂。	6. 空間是同類、同質的，是一個連續的統一體，亦即其中任何一部分都不會與其他部分不同，也不會被某種不是空間的東西所割裂。	6. 物質是同類、同質的，是一個連續的統一體，亦即既不是由原初是不同的東西也不是由原初分開的部分所組成；因此，並不是由在本質上可以被某種不是物質的東西所分開的部分組合而成。
7. 時間既沒有開始也沒有結束，相反，一切開始和結束都在時間裡面。	7. 空間沒有邊界，相反，一切邊界都在空間裡面。	7. 物質既沒有起源也不會毀滅，相反，一切形成和消逝都在物質裡面。

時間	空間	物質
8. 借助於時間，我們得以計數。	8. 借助於空間，我們得以測量。	8. 借助於物質，我們得以稱量。
9. 節奏就只在時間中。	9. 對稱就只在空間中。	9. 均衡就只在物質中。
10. 我們是先驗地認識到時間的規律的。	10. 我們是先驗地認識到空間的規律的。	10. 我們是先驗地認識到一切偶然的實體物質的規律的。
11. 時間是先驗地、雖然只是在某一線性的圖像之下為我們所直觀。	11. 空間是先驗直接地為我們所直觀。	11. 物質只是先驗地被思維。
12. 時間並沒有任何的持久性，而是一旦存在就會消逝。	12. 空間是永遠不會消逝的，空間會持久存在。	12. 偶然會變化，實體物質則持續存在。
13. 時間是不止息的。	13. 空間是不動的。	13. 物質對靜止和運動是漠然無所謂的，亦即對這兩者中的任何之一均沒有原初的傾向性。
14. 時間中的所有一切都有其持續期限。	14. 空間中的所有一切都有其地點。	14. 一切物質性的東西都有某種作用性。
15. 時間並沒有持續的期限，相反，所有的持續期限都在時間之中，那持久長駐者的堅持與時間的不息運行恰成對照。	15. 空間並沒有任何的運動，相反，所有的運動都在空間之中，那運動者的地點變化與空間不可動搖的靜止恰成對照。	15. 物質是時間中持久的東西和在空間中運動的東西：我們透過比較靜止與運動以測量持續期限。
16. 一切運動只是在時間中才有可能。	16. 一切運動只是在空間中才有可能。	16. 一切運動只有對於物質才是可能的。

時間	空間	物質
17. 速度在同樣的空間裡與時間成反比。	17. 速度在同樣的時間裡與空間成正比。	17. 運動的量在同樣的速度裡，與物質（質量）成正幾何比例。
18. 時間不可以直接以其自身測量，而是間接地以運動來測量，因為運動是同時在空間和時間中的，所以，太陽和鐘錶的運動就用以測量時間。	18. 空間可以直接以其自身測量，也可以間接地以運動來測量，因為運動是同時在空間和時間中的，因此，例如就有了這說法：一小時的路程；那些恆星之間的距離是那許多的光年。	18. 物質作為這樣的塊頭和質量，只能間接地測量，亦即根據其一定的量以確定，也就是唯獨只有透過其在排斥或者吸引時所受到的和給出的動量。
19. 時間是無所不在的，每一部分時間都是無處不在，亦即同時在整個空間。	19. 空間是永恆的：其每一部分在任何時候都存在。	19. 物質是絕對的，亦即既不可以生成，也不可以消滅，其定量既沒有增多也沒有減少。
20. 只是在時間自身的話，那一切東西就都是逐次的。	20. 只是在空間自身的話，那一切就都是同時的。	20. 物質把時間非固定的流動與空間固定的非運動性結合了起來，因此，物質是變化著的偶然的持久實體。
21. 時間讓偶然的變化成為可能。	21. 空間讓實體的持久成為可能。	21. 這種變化，在每一地點和每一時間，是由因果性所決定的，而因果性則恰恰以此方式把時間和空間聯繫了起來，並構成了物質的整個本質。

時間	空間	物質
22. 時間的每一部分都包含了空間的所有部分。	22. 空間的任何一部分都不包含與其他部分一樣的物質。	22. 物質既是持久的，也是不可穿透的。
23. 時間就是個體化原理。	23. 空間就是個體化原理。	23. 個體是物質性的。
24. 特定的現在是不持久的。	24. 特定的地點是不延伸的。	24. 原子或微粒是沒有現實性的。
25. 時間本身是空的和不具有確定性。	25. 空間本身是空的和不具有確定性。	25. 物質本身是沒有形式（形狀）和特質的，也是惰性的，亦即對靜止抑或運動是無所謂的，因此不具有確定性。
26. 每一瞬間都是以之前過去了的瞬間為條件的，也只有在之前的瞬間停止了才存在（時間中的存在根據律。——參見我的《充足根據律的四重根》）。	26. 透過在空間的相對其他邊界的每一邊界的位置，其相對於其他邊界的可能的位置也就完全嚴格確定了（空間存在的根據律）。	26. 物質上的每一變化的出現，只能是由於某一其他的、在這變化之前所發生了的變化，因此，某種第一個變化，因而也就是物質的第一種狀態，就正如時間的開始和空間的邊界一樣是無法想像的。
27. 時間讓算術成了可能。	27. 空間讓幾何學成了可能。	27. 物質，作為在空間中運動的東西，讓運動學成了可能。
28. 算術的簡單之處就在那單位。	28. 幾何學的簡單之處就在那點。	28. 運動學的簡單之處就在那原子或微粒。

對表一的注釋：

⑴關於物質的第四項。

物質的本質在於作用：它就是抽象中的作用本身，因而就是總體而言的作用，作用的各式各樣的方式在此是不予考慮的。物質就是完全徹底的因果性。也正因此，物質本身，根據其存在，就不會受制於因果法則，即不生也不滅，因爲否則的話，因果法則就將應用在自己的身上了。那麼，既然因果性是我們先驗就意識到的，那物質的概念，作爲所有存在之物的不滅基礎，只是某一先驗給予我們的認知形式的實現而已，所以，在這方面而言，概念就可以在先驗知識中取得一席位置。這是因爲一旦我們直觀到某一作用性的東西，那這作用性的東西就僅僅因爲那事實本身而顯現爲物質性的，正如反過來，某一物質性的東西就必然顯現爲作用性的。事實上，它們是可互換的概念。因此，「眞實的」*一詞可作「物質性的」（materiell）一詞的同義語使用；同樣，希臘詞 *κατ' ενεργειαν*（根據其眞實性）與 *κατα δυναμιν*（根據其可能性）相對照，表明有同樣的詞源，因爲 *ενεργεια* 意指作用。還有就是 *actu*（事實上）與 *potentia*（可能的），以及英語表示「眞實地」**（*actually*）。我們所稱的填塞空間性或者不可穿透性，並且提出就是一切物體的（亦即物質性的）本質性標記的，就只是作用方式而已，無一例外地屬於一切物體；這些也就是力學的作用方式。由於這些力學作用方式的普遍性，這些作用方式就隸屬於對一種物體的概念，並可從這概念先驗地推論出來，因此也是無法

---

* 原文 "wirklich"，詞源為 "wirken"，即「作用」。——譯者注

** 意為「事實上」、「在真實方面」，詞根為 "act"，即「作用」。——譯者注

在思維中去掉的東西——除非把那概念本身也一併去掉。正是這上述的普遍性把塡塞空間性或不可穿透性與其他的作用方式區別開來，例如，電力的、化學的、光的、熱的作用方式。康德把這種塡塞空間性或力學的作用方式，很準確地分爲排斥力和吸引力，就如我們把某一既定的力學的力透過力的平行四邊形而分解爲另外兩種力。但康德的這種細分只是從根本上把現象愼重地細分爲成分。兩種力聯合起來就顯現了物體有其界線，亦即有確定的規模和總量，而一種力僅僅把這物體無限地散開，另一種力則僅僅把這物體向著一個點收縮。雖然有這種互相的平衡或中和，物體還是以第一種力排斥性地作用於與其爭取空間的其他物體，而第二種力則在萬有引力那裡吸引性地作用於所有的物體——這樣，這兩種力就沒有在其產物——物體——那裡熄滅，例如像兩個朝著相反方向同樣作用的推力，或者像 $+E$ 和 $-E$，或者像水的氧和氫。至於不可穿透性和重力的確是精確地聯繫起來的，可透過其在經驗中的不可分離而予以證明，因爲儘管我們可以在思想中將其分離，但它們是從來不會擺脫另一者而單獨出現的。

但我卻不可以不提到這一點：在此所援引的康德的理論，即構成了康德的《自然科學的形上學基礎》第二主要部分，亦即動力學的基本思想，在康德之前，就已經由普利斯特里詳細地在出色的《論物質和精神》第一、二節闡述清楚了。而這本書是在一七七七年出版的，第二版則是一七八二年，而康德的《自然科學的形上學基礎》則出現在一七八六年。在枝節的思想、某一奇思妙想和巧妙比喻等方面，或許可以設想是出於無意識的回憶，但在首要的和基本的思想方面，則是不可能的。那我們要相信康德靜悄悄地把另一個人的如此重要的思想據爲己有嗎？並且這是從一本當時還是新出的書，抑或這本書並不爲康德所知，那同一個思想短時間內在兩個人的頭腦中產生？康德在《自然科學的形上學基礎》（第一版，第八十八頁；羅森克蘭茲版，第三八四頁）所給出的液體與固體的眞正區別，基本上在卡斯帕．費里德里希．沃爾夫的《發生的理論》（柏林，一七六四，第一三二頁）中已可找到。但我們又會說些什麼呢，假如我們發現康德最重要的和最閃亮的基本理論，即空間只是觀念、物體世界的存在只是現象，已經在三十年前由莫佩爾蒂表達了出來？關於這一點更詳盡的，可以參看弗勞恩施泰特論述我的哲學的信件（第十四封信件）。莫佩爾蒂如此明確地說出了這一怪誕的理論，但卻沒有補充一樣證明，以致人們必然會猜想莫佩爾蒂也是從別處得到這一思想的。假如人們進一步探究這事情，那將會讓人非常渴望；因爲這種事情要求費勁的和不厭其詳的探究功夫。所以，某一德國學院倒是可以就此提出一個有獎問題。一如康德在此與普利斯特里，或許也是與卡斯帕．沃爾夫、與莫佩爾蒂或者其先行者的關係，拉普拉斯與康德也處於同樣的關係，因爲拉普拉斯在《宇宙體系論》第五部第二章所闡述的讓人讚歎的和肯定是正確的有關太陽系的起源的理論，就其主要方面和基本思想而言，大概在五十年之前，亦即在一七五五年，就已由康德在《自然通史和天體論》中陳述出來，而一七六三年在《證明上帝存在唯一可能的證據》第七章則得到了更完整的表述。還有，康德在後面的著作中透露蘭伯特在《宇宙論通信》（一七六一）中悄悄地借用了康德的上述理論，而在同一時間，那些信件也以法語出版（《有關宇宙組成的宇宙論通信》），所以，我們就不得不設想拉普拉斯是知道康德那個理論的。雖然拉普拉斯把這一理論表述得比康德更透澈、更令人信服、更詳盡和更簡樸，而這是與他的更深厚的天文學知識相吻合的，但是，這理論的主要部分已經在康德那裡清楚地存在了，並且由於這理論的高度重要性，僅僅只是這一理論就足以讓他名垂千古。假如我們發現頂級頭腦的人有不誠實的嫌疑，那會讓我們相當地苦惱，因爲那種行爲就算是對頭腦墊底的人而言也夠得上是醜聞了，而我們覺得一個富有的人偷竊的話，會比一個窮人偷竊更難以原諒。但我們不應對此保持沉默，因爲在此，我們是後世者，必須保持公正，就正如我們冀望後世的人在將來也會公正地對待我們一樣。所以，我願意給這些情形再援引第三個對應例子。歌德的《植物變形記》中的基本思想，早在一七六四年就已由卡斯帕·沃爾夫在《發生的理論》第一四八、二二九和二四三頁等表達出來了。事實上，引力體系難道不也是一樣的情形嗎？這引力體系的發現在歐洲大陸仍舊歸功於牛頓，而在英格蘭，有學問的人起碼已知道這個發現是屬於羅伯特·虎克的：虎克早在一六六六年就在一篇〈致皇家學會的通訊〉中，相當清楚地闡述了引力體系——雖然那只是作爲還沒有證明的一種假說。這篇通訊的主要段落刊載在《杜格爾德·斯圖爾特的人類心靈的哲學》第二卷第四三四頁，並且很可能取自羅伯特·虎克死後出版的著作。這事情的來龍去脈和牛頓如何在這過程中陷入尷尬的境地，都在《世界傳記》的牛頓條目中。虎克在時間上先發現引力體系，在《季刊》一八二八年八月刊載的〈天文學簡史〉中被視爲定案。更詳細的細節，讀者可閱讀我的《附錄和補遺》第二卷 §86。蘋果掉下的故事是一個沒有根據和流行的童話故事，沒有任何的權威性。

(2) 關於物質的第十八項。

動量（即早在笛卡兒那裡的 *quantitas motus*——動量）就是質量乘以速度的產物。

這一法則不僅在力學中奠定了衝擊力的理論，而且在靜力學中奠定了平衡的理論。從兩個物體所展現的同樣速度的衝擊力，可以確定它們的質量相互之間的關係；所以，在兩個以同樣速度砸下的錘子中，那質量更大的錘子把釘子更深地砸進牆壁，或者把柱子更深地打進土裡。例如，一個重量六磅的錘子以六的速度，會產生一個重三磅、以十二的速度的錘子同樣多的作用，因爲在這兩種情形裡，

運動的量就等於三十六。在兩個以同樣速度滾動的球體中，其中更大質量的球體會比另一個更小質量的球體把第三個靜止的球體推開更遠的距離，因爲第一個球體的質量乘以同樣的速度得出了更大的動量。炮彈能比子彈抵達更遠的距離，因爲同樣的速度傳給一個大得多質量的物體，會提供大得多的動量，而這動量能夠更長時間地抗拒重力的妨礙性作用。出於同樣的理由，同一隻手臂把一粒鉛的子彈投擲得比一粒同樣大小的石頭子彈更遠，或者把一塊質量更大的石子投擲得比一粒質量相當小的石子更遠。因此，霰彈射擊並不如單個子彈射擊達到那麼遠的距離。

這同樣的法則是槓桿理論和平衡理論的基礎，因爲在此，更小的質量在更長的槓桿臂和更長的秤桿那裡，在下落的時候有更大的速度；在乘以這速度後，這更小的質量就與處於更短的槓桿臂和秤桿的更大質量在**動量**上相等了，甚至超過了。在透過平衡而取得的靜止狀態中，這速度卻只是虛擬的、潛在的，而不是現有的，但卻就像現有的那樣發揮著作用，而這是很值得注意的。

在重溫了這些眞理以後，下面的解釋就容易明白了。

某一既有物質的量，總的來說只能根據這物質的**力**加以衡量，這力也只能在其**表現**時才能認識。假如我們考慮物質只是根據其量而不是質，那麼，這力的表現就只能是力**學**方面的，亦即只在於這力所傳達給其他物質的運動。這是因爲只有在**運**動中，物質的力才猶如活潑起來，因此就有了**活力**這個詞語，以形容在運動中的物質的力的表現。據此，衡量某一物質的量的唯一標準就是其**動**量。但在動量中，假如這是既定的，那物質的量就仍與這物質的其他因素——**速度**——混合在一起而出現；所以，假如我們想要了解物質的量（質量），那我們就必須把其他因素排除掉。雖然**速**度是直接就可知道的，因爲速度就等於 S/T，不過，對排除掉這速度以後還餘下的其他因素，亦即那質量，我們卻

758

759

始終只是**相對地**認識，也就是在與其他質量相比較的時候認識，而那些其他的質量本身又只能透過其動量，亦即只能與那速度混合才可以被認識。所以，我們必須把一個**動量**與另一個**動量**做比較，然後把速度從這兩者中扣除，以便看清這每一個動量中有多少是歸功於其質量的。這就是透過把質量相互衡量，也就是說，把在那兩種質量中刺激起了與其量相應的地球吸引力的**動量**做相互比較。所以，這有兩種衡量的方法：即要麼我們給予做比較的兩者以**同樣**的速度，以便看出這兩者中何者把運動**傳給**另一者，亦即何者本身具有更大的動量，而因爲速度對這兩者是一樣的，所以，這更大的動量可以歸因於**動量**中的另一個因素，亦即質量（手秤）；要麼我們的衡量方式就是探究某一質量比另一質量**多**接受了多少**速度**，以便與另一個質量在動量上等同，並因此不會允許另一者向其自身**傳達**運動，因爲那樣的話，與其速度必然超過另一者成一比例，其質量，亦即那物質的量就相應地比另一者爲小（臺秤）。這種用衡量以評估質量的方式，取決於這有利的情形：那運動的力，就其自身而言均衡地作用於兩者，而兩者之一是可以把其多餘的**動量**直接**傳達**給另一者的，並以此變得可見。

這些理論中本質的東西，**牛頓**和**康德**早就說過了，但透過這裡連貫的和清晰的描述，我相信讓這些東西變得更容易明白了，而這就讓每個人都可掌握爲命題第十八辯護所需的認識。

第二部分　有關抽象表象或者思維的理論

第五章　論缺乏理性的智力❻

對動物的意識獲得充分的認知必然是可能的——只要我們能夠去掉我們意識中的某些素質，以建構起動物的意識。但在另一方面，動物的本能直覺卻介入了其意識，而所有動物的本能直覺都比人的本能知覺更發達，在某些動物那裡，那本能直覺甚至進展成了技藝本能。

動物有理解力，但卻沒有理性，因此就是只有直觀但卻沒有抽象的知識：牠們領悟準確，也把握住直接的因果關聯；高等的動物甚至能把握那因果鏈的多個環節，但牠們卻無法在眞正意義上思維。這是因爲動物缺乏概念，亦即抽象的表象。但這首要的後果就是缺乏眞正的記憶，甚至最聰明的動物也是如此。正是這一點首要奠定了動物的意識與人的意識的差別。也就是說，充分、周密的思考是建基於對過去和可能的將來本身的清晰意識，並把現在聯繫起來的。爲此所要求的眞正的記憶，因此就是一種有序的、互相關聯的、思考性的回憶。但這樣一種回憶只有借助普遍概念才有可能；甚至處理

❻ 本章及後面幾章與第一卷 §8、§9 相關。

完全個體的東西也需要借助普遍的概念，以便回憶起這個體的次序和關聯。這是因爲在我們的人生歷程中，那一望無盡的眾多相似的事物和事情，不會直接允許我們對每一個別的事情都有一直觀的和個別的回憶，因爲對此，我們既沒有囊括一切的記憶力能量，也沒有足夠的時間，因此，要保存所有這些，就只能透過歸納爲普遍的概念和由此而來的歸因於相對爲數很少的定律；然後，透過這些定律，對我們的過去，我們就隨時可有某一有序的和足夠的總覽。我們能夠直觀想像出來的只是過去的個別場景；但自那以後過去了的時間及其內容，我們就只能透過由年和日及其內容所代表的有關事物和數目的概念，在抽象中有所意識。相比之下，動物的記憶一如牠們的全副智力，都侷限於直觀所見，那記憶首先不過就是宣告某一重複出現的印象是曾經有過的，因爲此刻的直觀所見翻新了之前的直觀的痕跡，那回憶始終是由現在的確在場的東西所促成的。但正因爲這樣再次激發起了之前的現象所造成的感受和情緒。因此，狗輕易就重又認出熟人、分辨出朋友與敵人、找到從前走過的路徑和曾經去過的屋子，看到那盤子或者棍子，就會馬上進入與之相關的情緒。所有訓練動物的方法都有賴於利用這種直觀記憶能力和動物超強的習慣力量。這些方法因此有別於人的教育，正如直觀有別於思想。在個別的情況下，在真正的記憶拒絕提供其服務時，我們也就侷限於那僅僅是直觀的回憶——這樣，我們就可以從自己的經驗檢測出這兩者的區別，例如，當看到一個看上去是我們認識的人，但我們卻不記得是在何時與何地曾見過他；同樣，我們在幼年時，亦即在理性還不曾發育起來的時候，曾到過一個地方，這地方因此是我們忘記得差不多的了，那麼，現在踏足這一地方時，此刻的印象就是已經感受過的。這一類就是動物的所有回憶。但我們還需加上這一點：對於那些最聰明的動物，這僅僅只是直觀的記憶會提升至某種程度的想像，而這又助了記憶一把，並且由於這想像的緣故，例如，不見了的主人的圖像就會在那狗的頭腦中浮現，刺激起那狗對主人的盼望，因此，主人長時間不在的話，那狗就會到處去找他。牠所做的夢也以此想像為基礎。動物的意識因此就僅是連串的現時此刻，這些不會在其出現之前作為將來，也不會在其消失以後作為過去而展現，因為這是人的意識的突出之處。正因此，動物比我們少受很多很多的痛苦，因為動物除了現時直接帶來的苦痛以外，不會知道其他的苦痛。但現時是不會伸延的，而包含了我們痛苦的大多數原因的將來和過去，卻伸延得既深又廣，除了其真實的內容以外，還增加了僅僅只是可能會有的內容，而這就為願望和恐懼開闢了一望無際的地盤。但動物則不受這些打擾，安靜、開朗地享受每一個哪怕只是還可忍受的現時。頭腦異常狹隘的人在這方面與動物大概是很接近了。再者，那些純粹屬於現時的痛苦只能是身體上的痛苦。動物甚至不會真正感受到死亡：動物只是在死亡出現的時候才會知道這事情，但到了那時候，牠也已經不在了。所以，動物的一生就是某一持續的現時。動物就這樣沒有知覺、沒有回想地活著，意識到的始終是現時。甚至大部分的人，也只是以甚少的知覺生活著。我已闡述過的動物智力性質的另一個後果，就是動物的意識與牠們的環境密切相關。在動物的意識與外在世界之間不存在任何東西，但在我們與外在世界之間卻始終有著我們關於外在世界的想法，這些想法經常讓我們難以接近這外在世界，也經常讓這外在世界難以接近我們。只有在小孩和非常粗糙的人那裡，這外牆才會有時候是那樣的單薄，以致人們要知道在這些人的意識裡發生了什麼的話，就只需看看他們的周圍發生什麼就可以了。因此，動物也都是既沒有能力懷有決心和意圖，也不會偽裝：牠們不會保留任何東西。在這方面，狗與人就像是玻璃杯子與金屬杯子，而這讓我們大為珍愛狗的價值，因為看到我們常常是隱藏起來的那些傾向和衝動在牠們那裡坦蕩、赤裸地暴露出來，會給予我們巨大的愉快。總的來說，動物就好比是以「翻開了的牌」打牌，因此我們是帶著很多的樂趣看著牠們之間的所作所爲，不管那是在牠們同類之間，抑或在不同種類的動物之間。相對於人類的行爲，牠們的行爲都帶著天真無邪的某種印記，因爲人類的行爲由於理性及連帶著的知覺和回想的出現而脫離了大自然的天真無邪。但爲此，人的行爲就無一例外地帶上了計畫、打算的印記，而缺少這計畫和打算，因此聽任眼前暫時的衝動，則構成了所有動物行爲的根本特徵。也就是說，沒有動物能有真正意義上的計畫和打算。訂出和遵循某一計畫打算是人的特權，並且是一個極富成果的特權。雖然候鳥或者蜜蜂的直覺本能，還有某種持久的願望、某種眷念，例如，狗對不在身邊的主人的那種眷念，會產生出計畫和打算的假象，但兩者是不可以混淆的。其中最根本的原因就在於人的智力與動物的智力之間是這樣一種關係：動物僅有直接的認知，而我們除了直接的認知以外，還有一種間接的認知；間接的認知在很多事情方面相比直接的認知所擁有的優勢，例如，在三角學和解析中，在透過機器工作而不是手工操作方面，等等，也在這裡發揮了出來。據此，我們又可以這樣說：動物僅有某一單一的智力，我們則具有某種雙重的智力；也就是說，在直觀的智力以外，還有思維的智力。而這兩者經常是互相獨立運作的：我們察看一樣東西，但思想的是另一樁事情；兩者則經常又是相互交織在一起的。如此形容這事情可以讓上面所談到的動物的那種坦蕩和天真——相對於人的隱藏性——尤其容易讓人明白。

但是，「大自然不會跳躍性發展」的法則即使在動物的智力方面也不是完全被廢除了，雖然從動物的智力到人的智力確實是大自然在創造其生物時邁出的最大一步。在最高級的動物種屬中，在某些最出類拔萃的個體那裡，確實有時候會出現反省思考、理性、明白字詞、思維、計畫、思慮的微弱痕跡，每一次都會讓我們大爲詫異。這一類最讓人印象深刻的例子是由大象所提供的。大象那相當發達的智力更由於有時是長達二百年壽命的練習和經驗而得到了提高和支持。大象經常給出了不容置疑的跡象，顯示其是有預謀的，而這一點在動物那裡，始終讓我們最為驚訝。這些跡象因此就保留在我們眾所周知的軼事裡面。裁縫師的故事就屬於這一類：大象因為裁縫師用針扎它，就對裁縫師實施了報復。我還想從人們的遺忘中搶救出一個對應的事例，因為這事例好在經過了法庭調查證實。在一八三〇年八月二十七日英格蘭的莫佩斯，舉行了一場關於一個被大象殺死的看守者巴蒂斯特·伯恩哈德的驗屍調查報告。證人證詞顯示：伯恩哈德在兩年前曾嚴重冒犯了大象，現在，這大象在沒有起因的情況下，抓住了一個有利的機會，突然攫住了這人並把他擊斃（參見《旁觀者》及當天的其他報紙）。關於動物的智力的專門知識，我建議大家閱讀勒羅伊的傑出著作《論動物的智力》（一八〇二年新版）。

第六章　論抽象的或理性的知識的理論

對感官所造成的外在印象，以及就這外在印象本身在我們的內在所喚起的情緒，會隨著現實此刻的事物而一道消失。所以，這兩者本身不會構成真正的經驗，可以其教訓指導我們將來的行爲。那印象在想像中所保留的圖像，與那印象本身相比，已馬上減弱了，並且日漸減弱，直到隨著時間而完全消失。只有一樣東西，概念，既不會像印象一樣馬上消失，也不會像印象所留下的圖像那樣逐漸消失，因此，不會受制於時間的威力。所以，那有教訓作用的經驗必須存放在概念裡面，概念唯獨適合可靠地指揮我們生活中的步伐。所以，塞內卡說得很對：如果你想一切都受你控制，那你就受理性的控制吧（《書信集》，第三十七篇）。我補充這一句：要在真實生活中出類拔萃（*überlegen*），那就深思熟慮（*überlegt*）吧，亦即根據概念行事是必不可少的條件。像概念這樣重要的一個智力工具，很明顯並不可以等同於字詞——字詞只是音聲，作爲感官印象是與現時、作爲聽覺印象是與時間一道而逐漸消失的。但概念是一個表象，其清晰的意識和保存，是與字詞連接在一起的。因此，希臘人命名字詞、概念、關係、思想和理性時，都是用字詞（ὁ λογος）。但是，概念與維繫著概念的字詞是完全不同的，一如概念與概念所出自的表象是完全不同的。概念與這些感官印象有相當不一樣的性質。但概念可以容納直觀的所有結果，然後就算經歷了長時間，也能不變、不減地再度給出這些直觀結果。只有這樣才會產生出經驗。但概念所保存的不是所直觀到的，也不是所感受到的，而是其本質性的、換上了相當不同形式的，但卻足以代表那些直觀和感受的東西。就正如鮮花是無法保存的，但其香油、精華以及同樣的氣味和同樣的效果卻可以。有正確概念作爲行事的準則，在結果上會與所計畫的眞實情形相吻合。假如我們放眼那無數之多、各有不同、彼此緊接或並存的事物和狀況，然後想一想：口語和文字（概念的符號）卻都可以把每一樣事物和每一種狀況——不管其在何時、何地——的精確訊息帶給我們，因爲相對很少的概念就可以處理和代表無數之多的事物和狀況——那我們就可衡量出**概念**和因此**理性**那無可估量的價值。在我們的思考中，**抽象**就是爲了更容易地操作那些要做比較的和因此要多方翻過來倒過去的知識而去掉無用的東西。也就是說，我們去掉眞實事物中許多非本質性的、因此只是引起混亂的東西，而只是以爲數不多的，但卻是本質性的、在抽象中思維的限定而構思。但正因爲普遍的概念就只是透過去掉那些現有的限定而產生出來的，因此，概念越普遍就越空洞，所以，這種手法的好處就侷限於對我已經獲得的知識的**加工處理**；從已包括了結論的前提中得出結論也屬於此類加工處理。相比之下，新的根本觀點卻只能是借助於判斷力從直觀知識中汲取的，而唯獨直觀知識才是完整的和豐富的知識。再者，因爲概念的內容與範圍成反比，也就是說，一個概念**涵括**得越多，那所思維的就越少；因此，概念組成了一個等級秩序，一個等級制度，從最專門的一直到最普遍的，在其最下一端的實在論和在最上一端的唯名論幾乎都是對的。這是因爲最專門的概念已經幾乎就是個體了，因而是幾乎眞實、實在的；而最普遍的概念，例如，“Seyn”（「是」、「存在」等，亦即繫詞的不定式），就幾乎什麼都不是，就是一個字詞而已。所以，一個哲學體系，假如裡面就是諸如此類非常普遍的概念，而不是接觸到下面的現實，那幾乎就是字詞垃圾而已。這是因爲既然一切抽象不過就是在思維中去掉東西，那抽象得越廣泛，所剩給我們的也就越少。所以，假如我讀到這樣一些現代哲學命題和觀點，這些在純屬非常空泛的抽象概念中遊走的東西，那我很快就以此幾乎想不到任何東西——哪怕我集中了全副精神——因爲我得不到任何可供思考的材料，而是以那些純粹的空殼，據稱就可以運作了。這給了我類似在試圖投擲非常輕盈的東西時的感覺：力量有了也用上了，但就缺少能接收這力量的客體以造成另一個運動力矩。誰要想體驗這是怎麼回事，那就讀一下謝林學派信徒的著作，或者假如是黑格爾學派信徒的著作就更好。**單一**的概念就必然是無法再細分的概念；據此，它們永遠不會是一個分析判斷的主體——這，我認爲是不可能的，因爲假如我們想到一個概念，那也就必須給出這概念的內容。往往我們所舉出的單一概念的例子，一點都不再是概念，某些僅僅只是感官感覺，例如對某一特定顏色的感覺，某些則是我們先驗意識到的直觀的形式，因而本來就是**直觀**知識的最終成分。但這本身對所有我們的思想體系而言，猶如花崗岩之於地質學，因爲那是承載一切和我們無法超越的最終的堅固地板。要達到概念清晰，不僅要求我們分解這概念的特性和特徵，而且倘若這些特性和特徵是抽象的，我們也能分析它們，一直達到**直觀**知識爲止，並因此指向了具體的事物——透過對此清楚的直觀，那最終的抽象的東西得到了證實；並且以此方式，這抽象的東西以及建基於此的所有更高的抽象的東西，其現實性就得到了保證。所以，那常規的解釋——即只要我們能說出概念的特性和特徵，那概念就是清晰的——卻是不足夠的，因爲把這些分解爲特性和特徵或許又只會不斷地引往概念中去，這裡面並沒有最終的直觀做基礎，而直觀是賦予所有那些概念以現實性的。例如，我們可以拿「鬼」的概念作例子，並分析其特性和特徵：「一個能思維的、有意願的、非物質的、單一的、不占空間的、不會消滅的生靈」，但這裡面還是沒能讓人想到任何清晰的東西，因爲這概念的成分無法經由直觀而得到證實：一個能夠思維但卻沒有腦髓的生靈就猶如一個能夠消化但卻沒有胃部的生靈。只有直觀才是眞正清楚、明確的（Klar），概念卻不是，概念頂多是清晰的（deutlich）。這就是爲什麼在人們把直觀知識宣稱爲只是某一混亂的抽象知識時，人們就會說「清楚和混亂」，兩個詞連在一起並作同義詞用——雖然這聽上去是荒謬的——因爲只有抽象的知識才是清晰的。首先採用這種用法的是鄧斯·司各脫，但萊布尼茲從根本上也持此觀點，因爲他的「不可分的事物所具有的同一性」就以此爲基礎。人們可參見康德對此的駁斥（《純粹理性批判》，第一版，第二十七章，第一、三節）。

上文所提及的概念與字詞的緊密結合，因而也就是語言與理性的緊密結合，歸根到底是以下面所說的爲基礎的。我們的整個意識及其內在和外在的感知，無一例外地以時間爲形式。而概念作爲經抽象而成的、相當普遍的、與所有的單個事物都有所不同的表象，以這樣的身分雖然具有某種程度的客觀存在，但這客觀存在卻不屬於任何時間序列。所以，爲了進入某一個體意識的直接現時，亦即能夠被插入一個時間序列中，那概念就必須在某種程度上再度被拉下來、回到單個事物的自然狀態和被個體化，並因此與某一感官表象連接在一起：這就是字詞。據此，字詞就是概念的感官標誌，作爲這樣的標誌就是把概念固定下來的必要手段，亦即把這概念呈現給與時間形式連在一起的意識，亦即在理性——其對象物就只是泛泛的、既不知道地點也不知道時間點的普遍概念——和與時間形式連在一起的、感官的和在這方面而言僅僅只是動物性的意識之間，建立起一種聯繫。只是得益於這一手段，那概念的隨意複述，也就是回憶和保存，才成爲可能和可供利用；也只有透過這手段，那以概念所進行的構思，亦即判斷、推論、比較、限定等才成爲可能。雖然有時候，概念甚至在沒有標誌的情況下就占據著我們的意識，因爲我們間或如此快速地完成推論的鏈條，以致我們在這時間內無法思考字詞。

不過，這類情形是例外的，是以理性得到過大量的練習爲前提，而這又只有透過語言才可做到。理性的運用是多麼緊密地與語言聯繫在一起的，我們可以從聾啞人那裡看得出來：假如他們不曾學得任何語言，那所顯示出的智力，不會超出一隻猩猩和一頭大象，因爲他們的理性幾乎就只是**潛在**的，而不是**實際上**的。

字詞和語言因此是清晰思維必不可少的手段。但正如每一個手段、每一件器械都會同時加重負擔和起妨礙作用，語言也同樣如此，因爲語言把有著無窮細微差別的、流動性的和可變動的思想，強行置入某種堅固的、規範的、持久的形式，在固定了這些思想的同時，也就捆綁了它們。要在某種程度上擺脫這種障礙，可以透過學習多種語言。這是因爲在這多種語言裡面，思想從一種形式被澆鑄到另一種形式，但這思想在每一種形態中都多少改變了一點點，它也就越來越脫掉了每一種形式和外衣；這樣，思想自身的實質就越清晰地進入意識之中，也重新獲得了其原初的可變性。但古老的語言所提供的這種服務比現代語言好得多，因爲得益於古老語言與現代語言的巨大不同，那同樣的思想現在就以相當不一樣的方式表達出來，因而就必須採用一種相當不一樣的形式。除此之外，古老語言更完美的語法讓一種更藝術的和更完美的思想結構和關聯成爲可能。因此，一個希臘人或者一個羅馬人有可能已滿足於自己的語言。但誰要是就只明白某一現代方言，那他很快就會在其寫作和談話中暴露出他是捉襟見肘的，因爲他的思維與那如此貧乏、老套的形式牢牢地結合在一起，必然就會顯示出笨拙、單調的結果。天才當然可以彌補這一點，就正如天才可以彌補所有其他，例如，莎士比亞在其著作就做到了這些。

關於我在第一卷 §9 所闡述的一點，即在頭腦中不曾產生直觀表象、圖像的情況下明白某種話語中的字詞，伯克在《對崇高感與優美感之起源的哲學探討》（第四和五章，第五頁）中，給出了一個相當正確和非常詳盡的分析；不過，他由此卻得出了完全錯誤的結論，即我們聽到、感知和運用字詞，卻不曾將字詞與任何表象聯繫起來。其實，伯克應該得出的是這樣的結論：並不是所有的表象都是直觀到的圖像，而恰恰是那些必須用字詞標示的東西就僅僅只是概念而已；而概念，根據其本質並不是直觀的。正因爲字詞傳達的僅僅只是與直觀表現完全不同的普遍概念，所以，例如，在聽到一件事情的敘述時，雖然所有聽者得到的是同樣的概念，但假如他們在以後想要形象、直觀地回想起這件事情時，每一個人在想像中的圖像，都會與目擊證人所獨有的準確圖像有很大的出入。這也就是爲什麼每一個事實在傳播時都必然會走樣的最首要原因（但除此原因以外，還有其他原因）。也就是說，第二個敘述者傳達的是從他自己的思想圖像中抽象出來的概念；從這些概念中，第三個敘述者現在又再度勾畫出一幅更有出入的圖像，並把這轉換成概念。事情就這樣一直演變下去。誰要是足夠乾巴乏味，謹守傳達給他的概念並如實傳達出去，那他就將是最忠實的報告者。

我所能找到的對概念的實質最好的和最理性的分析，是在湯瑪斯·里德的《關於人類思維能力的文章》（第二卷，第五篇文章，第六章）中。後來，杜格爾德·斯圖爾特在《人類心靈的哲學》中對此大加撻伐。爲了不要浪費紙張在這個人的身上，我就只簡短說這些：有很多他這一類的人：透過給好處和透過朋友而獲得名不副實的名聲，因此，我只能建議不要浪費哪怕是一個小時給這膚淺傢伙瞎寫一氣的東西。

至於理性是抽象表象的能力，理解力則是直觀表象的能力，那經院哲學家王公皮科·德·米蘭多拉早就看了出來，因爲他在《論想像》第十一章裡，把理解力和理性仔細地區別開來，把理性解釋爲論述的、爲人類所獨有的能力，但把理解力解釋爲直覺的，與天使，甚至與神祇的認知方式相關的能力。**斯賓諾莎**也相當正確地把**理性**定義爲營造普遍概念的能力（《倫理學》，第二，命題四十，注釋第二）。諸如此類的事實本來就不用提起了——假如不是因爲在過去的五十年中，德國所有的那些假冒哲學家就理性的概念所搞出的種種鬧劇，因爲他們膽大無恥地想要在這名下走私一種完全杜撰出來的、有關直接的、形而上的和所謂超感覺認知的能力，眞正的理性則被名爲「理解力」，而那本來的理解力，則因爲對他們來說相當地陌生，所以就遭到完全的忽略，並把理解力的直觀功能歸爲感官的敏感性。

正如這世界所有的事物那樣，每一個解救辦法、每一個好處、每一個優點，都馬上帶上了新的不好之處，那給予人們相對於動物的如此巨大優勢的理性，也有其特別的不好之處，並爲人們敞開了歧路，而這些歧路是動物永遠都不會誤入的。由於理性，人們獲得了一種全新的、動物所沒有的對其意欲的動因、力量；也就是**抽象**的動因、僅僅只是想法而已——這些東西並不總是汲取自身的經驗，而經常只是透過別人的談話和榜樣、透過傳統和文字而獲得。一旦接觸到了**思想**，人們也就馬上隨時有了**犯錯**的可能。每一個錯誤或早或遲都會造成損害，錯誤越大，傷害就越大。個人的錯誤必讓懷有這錯誤的人受到懲罰，這人經常要付出昂貴的代價，這同樣的道理也在大的程度上適用於整個民族所共同犯下的錯誤。所以，無論怎麼重複這一點都不爲過：每一個錯誤，不管我們在哪裡發現，都要視爲人類之敵，要窮追猛打；並沒有什麼特許的或者批准了的錯誤。思想家應該攻擊它，雖然人們會大喊大叫，就像一個病人在醫生觸摸其潰瘍時大喊大叫那樣。動物永遠不會遠遠地偏離自然之道，因爲動物的動因就只在**直觀的世界**——在此，只有可能的東西，甚至只有眞實的東西才可找到空間。相比之下，走進抽象的概念之中，所有走進思想和字詞裡面的只是想像出來的東西，因此也有虛假的東西、不可能的東西、荒謬的東西、沒有意義的東西。那麼，既然所有人都被分配了理性，但很少人獲得判斷力，結果就是人們很容易產生妄想，因爲他們任憑別人告訴他的所有能想出來的幻想的擺布，這些幻想就作爲動因作用於他們的意欲，能夠鼓動他們做出各種各樣顛倒和愚昧的事情、聞所未聞的豪奢，以及有違他們的動物性本質的行爲。眞正的薰陶和教育，即認知與判斷力攜手共進，只可施之於少許的人，而具有能力接受這些薰陶和教育的人則又更少。對大部分人來說，他們受到的卻是某種訓練：其手段就是榜樣、習慣，以及在經驗、理解力和判斷力還沒出現以擾亂其工作之前，在早年就紮實印下某些概念。思想就這樣移植進去，往後就會根基紮實，不管是什麼樣的教訓、建議都無法讓其動搖，就像是與生俱來似的。這些東西甚至也常常被哲學家當作是與生俱來的。以此方式，我們可以花費同樣的功夫向他們灌輸正確的和理性的道理，或者荒謬絕倫的東西。例如，我們讓他們習慣於懷著神聖的敬畏接近這個或者那個神祇，在提及其名號時，不僅把身體，而且還以整副的情感匍匐在塵土裡，心甘情願地把他們的財產和生命投放於字詞，投放於名號，投放於保衛最離奇的怪想，隨意地把最大的榮譽和最深的恥辱與這一點或者那一點聯繫起來，並據此懷著最眞誠的信念予以高度的評價或者鄙視；讓其戒吃一切肉食，就像在印度那樣，或者讓其啃吃從活著的動物身上割下的仍還溫熱的肉，就像在阿比西尼亞（衣索比亞）那樣；讓其吃人，就像在紐西蘭那樣，或者讓其把他們的孩子奉獻給摩洛；讓其自我閹割，自願一頭扎進焚燒死人的木柴堆裡——一句話，讓其做出我們想要其做出的事情。因此，就有了十字軍東征、偏激教派的放蕩行爲，就有了千禧年說信徒和自鞭贖罪者、對異教徒的迫害、信仰審判，以及人類顛倒、變態行爲的長篇紀錄所呈現的種種其他。爲免人們誤以爲只是黑暗世紀才會有的這些事例，我就補充一些現代的例子。在一八一八年，七千個千禧年說信徒從符騰堡出發到亞拉臘山附近，因爲上帝的新國，特別是經容·施蒂林宣稱以後，就要在那裡降臨。❼戈爾敘述說，在他那時代，一個母親會殺死和煎烤她的孩子，以用其脂肪治療她丈夫的風溼病。❽謬誤和定見的悲劇性一面是在實際方面，滑稽的一面則留給了理論方面。例如，我們只需有力地說服三個人：太陽並不是日光的原因，那我們就可期望這很快就會作爲普遍的信念而奠定下來。一個讓人噁心的、沒有思想的騙子和史無前例地亂寫出一些荒唐話語的人，如黑格爾，可以在德國被人們聲嘶力竭地尊爲有史以來最偉大的哲學家，在這二十多年來，成千上萬的人頑固、堅決地相信這一點，甚至在德國以外，丹麥科學院爲了他的名聲而反對我，並要把他尊爲「最偉大的哲學家」（參見我的《倫理學的兩個根本問題》的「前言」）。這些就是由於判斷力的罕有和理性的存在結合在了一起所帶來的不好之處。在此還得加上瘋癲的可能性：動物是不會瘋癲的，雖然肉食動物可能會有暴怒，草食動物可能會有某種大發脾氣。

---

❼ 伊爾根編輯的《歷史神學雜誌》，一八三九，第一期，第一八二頁。

❽ 戈爾和斯布茨海姆，《靈魂和精神與生俱來的素質》，一八一一，第二五三頁。

第七章　論直觀知識與抽象知識的關係❾

正如我所展示了的，既然概念是從直觀認識那裡借得素材，因此，我們的思想世界的整個大廈就是建立在直觀世界之上，那我們就必然可以從每一個概念溯源到原先的直觀——雖然這經過中間環節；從這些直觀中就直接提取出現在的概念本身，或者從這些直觀中所提取的概念，在再度抽象以後就是現在的概念。也就是說，我們必須能夠以直觀來證實每一個概念，這些直觀與那些抽象概念的關係就是例子的關係。這些直觀因而提供了我們一切思維的現實內容，一旦缺少了這些直觀，那我們頭腦中擁有的就不是概念，而只是空洞的字詞。在這一方面，我們的智力就像是一個貨幣發行銀行：假如這銀行要有紮實的資金保證，那就必須在錢箱裡有現金，以便在需要的時候能夠兌付它所發行的紙幣。直觀就是現金，概念則是紙幣。在這一意義上，直觀可被貼切地稱爲**第一表象**，而概念則稱爲**第二表象**，而學院派仿效亞里士多德（《形上學》，第六，二；第十一，一）所開始的把眞實的事物稱爲第一實體，把概念稱爲第二實體，則並不那麼準確。書籍傳達的只是第二表象和想法。僅僅是關於某一種事情的概念而沒有直觀，所給出的就只能是有關這事情的泛泛的知識。只有當我們能夠在十足清晰的直觀中，不需借助詞語就設想到事物及其關係，我們才算是對這些事物及其關係有了完全、

❾ 本章與第一卷 §12 相關。

澈底的理解。用字詞解釋字詞，用概念比較概念——大多數的哲學思考和討論都是如此——從根本上就是玩耍般地在概念涵義圈之間移過來挪過去，目的就是看看哪一個概念涵義圈進入了另一個概念涵義圈，哪一個概念涵義圈卻並不曾進去。要是碰上最幸運的情形，人們會以此方式推導出結論，但就算是推出了結論也不會給出全新的認識，而只是展示給我們那些已經包含在現有知識裡面的東西，和現有知識裡面那些可大概適用於每一個別情形的東西。相比之下，直觀、注視，讓事物本身向我們發話，把握這些事物之間的新的關係，然後把所有這些放置於概念之中以更穩妥地擁有它們——這才可以給出新的知識。不過，雖然把這個概念與另一個概念做比較幾乎是每一個人都有能力做的事情，但把概念與直觀所見相比較卻是天之驕子的稟賦：根據這稟賦的完美程度，其前提條件是機智、判斷力、洞察力和天才。而把概念與概念做比較的能力所得出的則永遠不會遠甚於大概的理性考察。每一眞正和眞實的認識的最內在核心都是某一直觀看法；每一嶄新的眞理都是從這樣一個直觀看法得出的成果。一切原初的思維都是以圖像進行的，所以，想像力是思維的一個如此必不可少的工具，而沒有想像力的頭腦永遠不會成就任何偉大的東西——除非在數學方面。相比之下，僅僅只是抽象的思想而沒有直觀的內核，就像是沒有眞實性的浮雲一樣的東西。甚至文章和演講，不管那是學說理論還是詩歌文學，其最終的目的都是把讀者引往那同一個的、作者的直觀認識；假如這文章或演講並沒有這一目的，那這些東西就是拙劣的。這也正是爲什麼考察和觀看每一眞實的東西——只要這給觀察者呈現某些新的東西——其教育性和啟發性將更甚於任何閱讀和聽聞。這是因爲假如我們探究到底，那在每一個眞實的東西裡都包含了所有的眞理和智慧，甚至包含了事物的最終祕密；當然，那只是在「實際上」如此，就正如黃金藏在金沙之中，關鍵在於把它提取出來。相比之下，從一本書那裡，最好的情形不過就是得到了僅僅只是二手的眞理，但更常有的情形則是連這樣的眞理都不曾得到。

就大部分書籍而言——那些很拙劣的完全除外——假如它們並不完全是經驗方面的內容，其作者雖然作過思考，但卻並不曾直觀：他們只是寫下了他們的反思，而不是他們的直觀所見；而恰恰是這點使得這些書籍如此的平庸和乏味。這是因爲那些作者所能想到的，讀者稍作努力或許也能想到。也就是說，那些不過就是理性的想法，對一些已經暗含在主題裡面的思想更詳細的闡述而已。但這樣的寫作並不會爲這世界帶來眞正嶄新的知識，這些新的知識只有在直觀的瞬間，在直接把握事物新的一面的時候才會產生。因此，假如是相反的情形，假如作者思維的基礎是某一感知、某一體驗，那作者就好像是在寫讀者並不曾去過的某一國度，一切都是新鮮、新穎的，因爲那是從所有認識的源泉直接汲取來的。我想舉一個相當容易和簡單的例子以說明在此所提及的差別。任何一個庸常的作家輕易就會這樣形容深深地凝視或者一動不動地驚呆了的樣子：「他就像塑像一樣地站在那裡。」但塞萬提斯卻說：「就像一個穿著衣服的塑像：因爲風掀動了他的衣服。」（《堂吉訶德》，第六部，第十九章）所有偉大的頭腦都以這樣的方式，始終伴隨著直觀所見而思維，在其思想時，目光專注地盯著直觀所見。這一特徵，人們可以從眾多事情中的一個事實認得出來：就算是這些人很不一樣，但在詳盡的細節上卻常常是一致的和重合的，恰恰因爲他們說的都是他們眼前那同樣的事情：這世界，那直觀、生動的現實。的確，在某種程度上，他們說的甚至就是同一樣東西，而其他人卻從來不相信他們。我們也可以更進一步地從他們那些一語中的的、原初的和與所說的事情總是精確吻合的表達用語中，認出上述特徵，因爲直觀和體驗促使他們用上了這些表達用語；還有就是那種質樸的陳述、新穎的形象和恰到好處的比喻——所有這些，都無一例外地讓偉大頭腦的作品鶴立雞群，但這些卻是其他人的作品中永遠缺少的；這就是為什麼其他作品所能用的只是乏味的套話和老掉牙的形象，他們也永遠不敢放任自己質樸起來，生怕這樣就會可悲地、赤裸裸地暴露出他們的平庸。他們不會這樣做，而只會忸怩作態。這就是為什麼布豐說：寫作的風格就是作者本人。*假如頭腦平平的人寫作文學作品，那他們會寫出一些傳統的、習俗的，亦即在抽象中傳承過來的觀點、態度、激情、高貴的情操，等等，把這些賦予他們筆下的主人公；那些主人公也就成了那些觀點、態度的擬人形象，因而在某種程度上就成了抽象的東西，並因此是單調和乏味的。假如他們做哲學思考和論辯，那他們就會接過一些太過廣泛的抽象概念，視它們為代數方程式一樣地翻過來倒過去，希望由此炮製出一些東西。我們頂多看到了他們都讀了同樣的東西。這樣的依照代數方程式的模式把抽象的概念移過來挪過去，亦即人們今天所說的辯證法，卻並不像眞正的代數學那樣提供可靠的結果，因為在此，那以字詞所代表的概念並不是固定和精確規定了的數值，諸如以幾何學中的字母所標示的那種，而是某一搖擺不定的、多重意思的、可以延伸和壓縮的東西。精確地說，所有的思維，亦即組合抽象的概念，不過就是把早些時候直觀所見的回憶作素材，並且還是間接地這樣做——也就是說，假如這些回憶構成了一切概念的基礎。而一個眞正的，亦即直接的認識唯獨就只是直觀，只是那新穎、鮮活的直觀本身。但由理性所塑造、由記憶所保存的概念，卻從來都不會同一時間在意識中出現，而是某一個時間裡只有概念非常小的一部分留在意識裡面。相比之下，在領會那直觀的現在的時候（這直觀的現在實際上包含和代表了所有事物中本質性的東西），那所伴隨著的能量，在那一瞬間以其全部力度充滿著我們的意識。

* 見布豐，《論風格》，一七五三年八月二十五日。——譯者注

天才者相對於博學多聞之人的無限優勢正是基於這一點，這兩者之間就好比是古老經典著作的原文與對其評論的關係。確實，所有的眞理和所有的智慧從根本上都在**直觀**那裡。但不幸的是，這些直觀既無法記錄下來，也無法傳達：要達到這一目的的**客體**條件頂多可以透過造型藝術和透過已是間接許多的文學純淨地和清楚地爲他人準備妥當，但這種事情可是相當依賴於**主體**條件的，而這主體條件卻不是任何人都可以有的，也不會有人在任何時候都有這條件。的確，高度完美的這主體條件也只是極少數人所得到的眷顧。可以無條件傳達的只是那些最糟糕的知識，那些抽象的、次級的、概念性的東西，那些眞正知識的影子。假如直觀見解是可以傳達的，那就會有某一辛勞得到回報的傳達，但每一個人最終都只能活在自己的皮囊和自己的腦殼之內，任何人都無法幫助另一個人。充實出自直觀的概念，是詩歌、文學和哲學不懈努力的事情。與此同時，人的奮鬥目標本質上是**實際**方面的，爲了這樣的目標，只要直觀掌握的東西在他那裡留下痕跡，而得益於這些痕跡，在接下來的相似情形裡，他就會重又認出他直觀所掌握的東西，那就足夠了。這樣，人就有了世俗的智慧。因此，一般來說，一個精於世故的人無法教導別人他所積累的眞理和智慧，而只是運用它們：他準確地理解每一件事情，並因應這事情而決定。書本並不能代替經驗，博學多聞並不能代替天才——這是兩種相關的現象，其共同的根據理由就是抽象的東西永遠不可以取代直觀的見解。書本因此永遠取代不了經驗，因爲**概念**始終是**普遍**的，因此不會涵蓋個別的東西，而個別的東西卻恰恰就是在生活中要處理的。此外，所有的概念都是**從**單個的和在經驗中直觀到的東西抽象出來的，因此，我們必然是了解了這些以後才會恰如其分地明白書本所傳達的普遍的概念。博學多聞代替不了天才，因爲博學也僅僅只是提供了概念，但天才的認知卻在於把握事物的（柏拉圖式的）理念，因此，從本質上是直觀的。據此，在上述第一種現象那裡，欠缺了直觀認知的客體條件；在第二種現象裡，則缺少了直觀認知的主體條件：客體條件是可以達到的，但主體條件卻不可以。

智慧和天才，人類認知的帕納斯山的這兩座高峰，並不是根源於抽象的和推理的能力，而是以直觀能力爲根基。眞正的智慧是某些直觀的東西，而不是某些抽象之物。眞正的智慧並不在於一個人在頭腦中塞滿了現成的定理和思想，亦即塞滿了別人或者自己所探索的結果，而是這世界在他的頭腦中的整個表現方式。這些方式是如此的不一樣，以至因此緣故，一個智者與一個傻瓜各自生活在一個不一樣的世界，而一個天才所看到的世界與一個蠢人所見到的迥然有別。至於天才的作品與其他人的東西有著天壤之別，那只是因爲天才所看到的、他的思想內容所出自的世界，比起其他人腦中的世界要清晰得多，就好像更明顯、更突出；而其他人的頭腦當然包含了同樣的對象物，但與天才頭腦中的世界相比，就猶如一幅沒有陰影和透視的中國畫與完美的油畫相比。素材在所有人的頭腦中都是一樣的，但這些素材在每個人的頭腦中所呈現的形式的完美卻有差別，而多個級別的智力最終就取決於這些差別；這些差別因而早就存在於根子那裡，存在於直觀的把握那裡，而不是從抽象的東西那裡產生出來的。也正因此，那原初的精神思想的優勢一有機會就如此輕易地展現出來，並會馬上讓別人感覺得到和招人怨恨。

在實際生活中，理解力的直觀知識會直接指導我們的行爲和做事，而理性的抽象知識只有在記憶的幫助下才可以做到這一點。由此產生了在沒有時間反覆思考的情況下那直觀知識的優勢，因而也就是在日常交往中的優勢。在這些場合，女人也正因此發揮出優勢。只有那些直觀地了解人的一般本質的人，也正因此把握此刻所面對的個人的個性，才會確切明白如何正確地與之打交道。另一個人就算對格拉西安的三百條精明格言背得滾瓜爛熟，但假如他並沒有直觀知識的話，那就仍不會讓他免於愚蠢的言行和做出失策的事情。這是因爲所有的抽象知識給予我們的首先只是泛泛的原則和規則，但單個的情形卻幾乎永遠不是準確地按照規則所剪裁的；然後，記憶要及時回憶起這規則，而這卻是甚少準時發生的事情；然後，要就目前的情形弄出個小前提，最後還要得出結論。在所有這些都發生以後，機會大都已經離我們而去了。然後，那些極好的原則和規則頂多幫我們在事後衡量犯下的失誤的大小和程度。當然，隨著時間、經驗和練習，由此就慢慢形成了處世的學問。所以，與這些結合一道，那些抽象的規則在大多數情況下可以是滿有成果的。相比之下，那始終只是抓住單個事物的直觀認識，是與現在的情形直接相關的：規則、情形和應用對於直觀認識是同一的，行動緊隨情形而至。由此可以解釋爲什麼在現實生活中，那些在抽象知識的王國擁有優勢的學者，會遠遠落後於老於世故的人，老於世故者的優勢就在於完美的直觀知識——這是原初的氣質賦予他們的，而豐富的經驗使之完善起來。這兩種認知方式的關係永遠是紙幣與金幣的關係。但正如在不少的情形和事務中，人們寧願用紙幣更甚於金幣，同樣，對一些事物和情境來說，抽象知識會比直觀知識更有用。也就是說，假如那是一個概念，用以指導我們處理一件事情，那這概念的優勢就是一旦這概念被掌握了，就是不變的；因此，在其指導下，我們就滿懷信心堅定地投入到工作中去。但概念所給予主體方面的信心，卻被與概念相伴的在客體方面的不確定性所壓倒；也就是說，那整個概念可以是錯誤的和沒有根據的，或者那所要處理的客體並不屬於這概念的範圍，因爲那並不是或者不完全是這概念一類的事物。那麼，假如我們在單個情形裡突然意識到類似這些情況，那我們就會迷惘、不知所措；假如我們不曾意識到這些，那事情的結果會告訴我們。所以，沃夫納爾格說過：人們容易犯下的錯誤，無過於根據想法**所做出的事情**。相比之下，如果指導我們行事的，是對所要處理的事情及其關係的直觀看法，那我們輕易就會在每一步都搖擺不定，因爲直觀無例外都是可更改的，是模稜兩可的，裡面有著無盡的細節，展示出接連不斷的各方面。我們因此就不會充滿信心地行事。但這主體方面的不確定性卻得到了客體方面的確定性的補償，因爲在此，並沒有概念擱在客體與我們中間，我們的眼睛對那客體不會視而不見：所以，只要我們看得準確我們面前的是什麼和我們做的是什麼，那我們就會中的。據此，我們的做事只有在一個完整的、有著正確基礎的、肯定可以應用在目前的情形的概念的指引下，才是完全實在、可靠的。根據概念行事可以流爲照本宣科，根據直觀的印象行事會逐漸變得輕浮草率和做出傻事。

直觀不僅是一切知識的**源泉**，而且也是**不折不扣**的知識本身，唯獨直觀知識才是絕對眞實、地道、完全名副其實的知識：因爲唯有直觀才能獲得眞正的見識，是**唯一**讓人們眞正吸收和融合到人的本質、可以以充分的依據稱爲「他的」東西；概念只是黏附之物而已。在第四篇，我們甚至看到美德其實是發自直觀的認識，因爲只有那些直接由直觀認識呼喚出來的、因而是發自我們自己本質衝動的行爲和行動，才是眞實的徵象，所表現的是我們眞正的和不變的性格，而那些出自盤算及其規條、經常是強迫自己違反性格而做出來的行爲——這些行爲因此在我們的內在並沒有任何不變的根據和基礎——卻不是那些眞實的徵象。**智慧**也是如此，那眞正的人生觀，那獨到的眼光和準確的判斷，是發自人們理解這直觀世界的方式，而出自他的不僅僅只是知識，亦即不是出自抽象的概念。正如每一門學科的底子或者基礎內容並不是證據、證明或者被證明了的東西，而是未被證明的東西，是證據或證明所建基的東西，這些東西最終也只能以直觀把握，同樣，每一個人的眞正智慧和眞正見識，其底子也並不在於**抽象之物**和抽象的知識，而是直觀的了解和這個人把握直觀東西的銳利、準確程度和深度。在這方面的佼佼者也就認識到了這世界和生活的（柏拉圖式的）理念：他所見過的每一個情形，對他來說就代表了無數的情形；他就越發根據一個人的本質來把握一個人，他的行爲、做事就像他的判斷一樣，與他的見識相吻合。他的容貌也逐漸表現出了精準的眼神、眞正的理性，如果更進一步的話，就帶上了智慧的特徵。這是因爲只有那直觀認識的優勢，甚至會在這人的容貌上留下印記；而抽象的知識卻無法做到這一點。與這所說的相應，我們在各個階層裡面都可找到具有傑出智力的人，並且不少是沒有多少書本知識的。這是因爲天然的理解力可以代替幾乎每一級教育，但沒有哪一級教育可以代替天然的理解力。與這些人相比，學者們或許對事件、事實（歷史知識）和因果性規定（自然學說）有著豐富的了解，一切都掌握得有條有理，各自的聯繫也都清楚明瞭；但光憑這些，學者們並不就對所有的那些事件、事實和因果性的眞正本質性的東西有更準確和更深刻的洞察和了解。那些沒有多少書本知識但卻有著銳利目光和穿透性理解力的人，懂得如何省掉上述豐富的知識：錢多節約用，錢少也能過。他自身經歷過的一樁事例所能教會他的，甚於一個學者所**知道**但卻並不眞正**明白**的一千個事例所教給這個學者的，因爲那些沒有多少書本知識的人，他們不多的所知是**活的**知識：每一個爲他們所知的事實都得到過準確的和深刻把握了的直觀的證明——這樣的話，一個事實就可以代表一千個相似的事實。相比之下，平庸學者的許多所知卻是**死的**，因爲就算他們那些所知並不是慣常的、只是字詞而已，那也是由純粹抽象的知識所組成的。但這些抽象的東西卻只有透過與之相關的對個體的**直觀**知識才獲得其價值，對個體的直觀知識最終必須把所有的概念變爲現金。那麼，假如這些直觀知識少得可憐，那這樣的頭腦就像是一個簽發了超出自己的黃金儲備十倍的匯票的銀行，最終這銀行就會因此而破產。所以，正確把握這直觀的世界會在不少缺少書本知識的人的額頭上打下見識和智慧的印記，但不少學者臉上帶著的只是其諸多苦學所留下的筋疲力盡的痕跡，那是過度和強迫運用記憶力以違反自然地聚積死板概念所致。此外，諸如此類的人看上去常常是那樣的頭腦簡單、無聊和呆笨，以致人們不得不相信：過度地消耗那投入抽象東西的間接認識力，會導致直接削弱那直接的和直觀的認識力，那自然的、準確的目光會由於書本的光線而越發失明。確實，別人的思想的持續灌輸，必然會阻礙和扼殺掉我們自己的思想，長此以往，還會癱瘓思考的能力——假如沒有高度的彈性以抗衡那非自然流入的外來思想的話。所以，不停的閱讀和學習會直接傷害我們的頭腦；此外，這也是因爲我們自己的思想和認識系統會喪失整體性和持續的關聯——如果我們如此經常隨意地打斷這些，就只是爲了給完全陌生的思路騰出空間。趕走自己的思想，好爲一本書的思想騰出位置，那就正如莎士比亞對他們那時代的旅遊者的批評：他們賣掉了自己的田地去看別人的田地（《皆大歡喜》，第四幕，第一場）。但大多數學者的閱讀癖是某種逃離空虛的方法，是他們自己頭腦中的思想空虛所致——這種思想空虛就強行把別人的思想生拉硬拽進他們的頭腦中去：爲了要有思想，他們就必須閱讀一些這樣的東西，就正如死物只能從外在獲得運動。而自爲思考的人則酷似自己就可以活動起來的生物。在我們自己對某一對象物做過思考之前，過早地閱讀關於這一對象物的東西，甚至是危險的事情。這是因爲別人對這對象物的觀點和處理，隨著新的素材一起躡手躡腳地走進我們的頭腦裡面，尤其是惰性和麻木不仁會勸我們省去思考的功夫，照搬和承認現成、既定的想法。這種做法現在就會固定下來，長此以往，關於此對象物的想法就像引往溝渠的溪流：始終循著慣常的路徑。要找到我們自己的、新的思路，就會有雙倍的困難。這就是學者們缺乏原創性的一個很大原因。但除此之外，他們誤以爲，就像其他人一樣，必須把他們的時間在娛樂和工作之間分開。那麼，他們就把閱讀當作他們的工作和理應的職業，所以就過量地閱讀直至無法消化所讀之物。閱讀已不再僅僅是在思考之前，而是完全取代了思考，因爲他們只有在閱讀那相關的話題的時候才會想到那一話題，因而就是以別人的頭腦而不是以自己的頭腦思考那一話題。但一旦放下書本，完全別的事情就會強烈得多地吸引他們的興趣，亦即個人的事務、看戲、打牌、保齡球、每天發生的事情和八卦閒聊。有思想的人之所以有思想，就是因爲他對諸如此類的事情沒有興趣，而只感興趣於他的難題。因此，他時時處處都自發地、不需借助書本地沉浸於那些難題。假如我們並沒有這些興趣，那給予自己這些興趣是不可能的。這就是關鍵所在。也同樣是因爲這一關鍵所在，那些學者就只會談論他們讀過的東西，但有思想的人卻談論他們想過的東西；前者就像波普說的：

> 永遠地閱讀，但卻從來不會有人閱讀他們。

精神思想就其本質而言是自由的，而不是奴隸：只有其自發和樂意去做的事情才會成功。相比之下，強迫性地絞盡腦汁去研究、學習他並不能勝任的東西，或者在他變得疲倦時仍這樣做，或者太過持續不斷地和違反智慧女神意願地用功，都會讓腦髓麻木、遲鈍，就正如在月光下閱讀會讓眼睛遲鈍一樣。尤其是在童年，在腦髓還沒成熟的時候過分地消耗，就屬於這裡所說的情形。我相信從六歲到十二歲學習拉丁語和希臘語的語法，給大多數學者以後的遲鈍打下了基礎。的確，精神思想是需要從外在得到養分、素材的，但正如並不是我們吃的所有東西都會馬上被機體吸收，而只有那被消化了的東西才會被吸收，這樣的話，也只有其中一小部分被眞正吸收了，其餘的也就同時被排泄出去了，這就是爲什麼我們吃得比所能吸收的要多是沒有用處的，甚至對機體是有害的——同樣，我們所閱讀的東西也是如此：只有當所閱讀的東西爲我們的思考提供了素材，那才會增加我們的見識。所以，赫拉克利特早已說過：知道得太多，無助於理解力。但在我看來，博學多聞可以比之於一件沉重的鎧甲，這鎧甲確實讓一個強力的人如虎添翼，但對一個虛弱的人來說，這鎧甲卻是壓倒他的重負。

我們的第三篇解釋和闡述了對（柏拉圖式的）理念的認識，是人類所能達到的最高知識，同時也完全是直觀的認識。對此一個證據是，眞正智慧的源頭並不在於抽象的知識，而在於對這世界正確和深刻的直觀理解。因此，有智慧的人可以活在各個時代，那些遠古時代的智者對所有後代的人也仍然是智者，而博學多聞則是相對的：遠古時代的博學者與我們相比，大部分就是小孩而已，需要的是寬容。

但對於那些爲了獲得見識而學習的人，書本和研究就只是梯子的橫檔——他就踩在上面以登上知識的高峰：一旦一個橫檔讓他升上了一個臺階，他就會捨其而去。相比之下，許多爲了塡滿自己的記憶而學習的人，卻不是利用這橫檔以攀升，而是把它們拆下來，帶上它們，目的就是拿走這些東西，爲那日益加重的負擔而高興。這些人始終停留在下面，因爲他們背負著那本來是要承載他們的東西。

正是基於在此所闡明的眞理，即一切認識的核心就是直觀的理解，愛爾維修說出了這準確和深刻的看法*：一個具有天賦的人所能有的眞正獨特的和原創性的基本觀點，只有到了這個人生命中的三十五歲或者最遲到四十歲才會形成，並且的確就是在他青春早年所做的組合的結果；而對這些基本

* 參見《論精神》，第三講，第八章。——譯者注

觀點的處理、發展和多方運用就成了他所有的、雖然是很遲以後的作品。這是因爲那些觀點並不僅僅是抽象概念連在了一起，而是他自己對客觀世界和事物本質的直觀理解。那麼，至於這直觀理解到了那所說的年紀就必然已經完成其工作，部分原因在於到了那個時候，所有（柏拉圖式的）理念的複製品已經展現給這人了，因此，以後再不會還有理念的複製品能以初次印象的強度出現；另一部分原因則是要得到這所有知識的精華，要得到那理解的新鮮熱乎乎的印記，需要有腦髓活動的最高能量，而這種能量又是以新鮮的和有彈性的腦髓纖維以動脈血液強勁流進腦髓爲條件；但這只有在動脈系統相對於靜脈系統明顯占優的情況下才會達致最強，而這種優勢在進入三十歲的前幾年就減弱了，直至最終在四十二歲以後，靜脈系統就取得了優勢，一如卡班尼出色的和富啟發性的分析。因此，二十歲到三十出頭的時間之於智力，猶如五月之於樹木：只有到這時候，花朵才開始綻放，後來結出的所有果實都是從這些花朵發展而來的。那直觀的世界已造成印象，並以此奠定了這個人所有接下來的思想的基礎。這個人可以透過思考讓所把握的更清晰，他可以取得更多的知識爲那已開始的果實作養料，他可以拓展他的觀點、校正他的概念和判斷，透過無盡的組合而成爲這所掙得的素材的主人；的確，他的最好的作品通常會很遲才產生出來，[10]但他無法再希望從那直觀的唯一活的源泉那裡獲得新的原初認識了。有感於此，拜倫才會發出他的這些優美的感嘆：

> 沒有了，啊，再沒有了！

---

[10] 正如白天已開始縮短的時候，才是最熱的時候。

新鮮的心再不會露水般降臨，
從我們見到的一切可愛事物
它提取了美麗和嶄新的感情，
就像蜂蜜一樣貯存在我們的胸中：
你認為那蜂蜜是與那些事物一道生成？
哎呀！並不在於那些事物，而在於你那
讓鮮花加倍甜美的能力。*

以上所說的一切，我希望已清晰地說明了這一重要的眞理：所有抽象的知識，就正如它們出自直觀的知識，它們具有價值也唯獨就是由於其與直觀知識的關係，也就是說，是因爲抽象知識的概念或者部分概念和看法是由直觀所實現的，亦即由直觀所證明；同樣，大多數的抽象知識都取決於這些直觀知識的性質。最終並不引往直觀的那些概念和抽象，就像森林中沒有出口的路徑。概念的極大用處就在於透過概念，知識的原初素材就可以更容易地操作、運用、概覽和整理，但儘管針對概念可能有多樣的、邏輯性的和辯證性的運用，由此運用卻永遠產生不了完全原創性的和嶄新的認識，亦即其素材並不是早已存在於直觀之中的，或者從自我意識中汲取素材的認識。據說這就是亞里士多德的這一學說的眞正涵義：**在智力裡，沒有什麼東西是之前不曾在感官認知那裡的**。這也同樣是洛克的哲學的涵

* 參見《唐璜》，一，二一四。——譯者注

義，因爲洛克的哲學最終嚴肅地討論起我們認知的源頭問題，並因此在哲學上做出了永遠的劃時代的貢獻。這也主要是《純粹理性批判》所教導的東西。也就是說，《純粹理性批判》也想要我們不要停留在概念那裡，而是返回到那些概念的源頭，因而就是返回到直觀，只不過還另加了這一重要的補充：適用於直觀的，也擴展適用於這直觀的主體條件，亦即適用於在直觀的和思維的腦髓中作爲其天然的功能預先安排好的形式，雖然這些功能至少是潛在地先於那眞正的感覺直觀，亦即是先驗的，因而並不依賴這些感覺直觀，而是感覺直觀要依賴它們，因爲這些形式除了在受到刺激以後，就在感官神經那裡產生出源自實踐的直觀以外，並沒有其他目的，也沒有其他用途，正如其他形式在這之後特定地把這些直觀的素材塑造成抽象的思想一樣。因此，《純粹理性批判》與洛克哲學的關係就猶如無窮小分析之於基本幾何學，但前者卻絕對可被視爲洛克哲學的延續。據此，每一套哲學的既定素材不是別的，而正是經驗的意識，而這經驗的意識又分爲對自己的意識（自我意識）和對其他事物的意識（外在的直觀）。這是因爲這經驗的意識唯獨是直接的、眞實現有的東西。每一套哲學，假如不是以此爲出發點，而是從某一任意選擇的概念出發，諸如絕對、絕對的物質、上帝、無限、絕對的自我、存在、本質，等等，那就會沒有根據地在空氣中飄浮，因此，永遠不會引向某一眞實的結果。但各個時期的哲學家都嘗試過以這些東西爲出發點，因此，甚至康德有時候也依照通常的做法，更多的是由於習慣而不是出於前後一致把哲學定義爲僅由概念組成的學科。那如此定義的這樣一門學科就理應從只是不全的表象（因爲抽象就是不全的表象）提取出在完整表象（直觀）裡面所沒有的東西，而上述不全的表象則是經省略而提取出來的。這三段論的可能性誤導了人們犯下這一錯誤，是因爲在此，那些判斷的結合給出了一個新的結果——雖然那更多的是貌似如此，而不是眞的這樣。那三段論只是突出了在所列出的判斷裡已經存在的東西，因爲眾所周知，結論不可能包含比前提所包含的更多的東西。概念當然是哲學的材料，但那只是猶如大理石是雕塑家的材料。哲學並不是要著力於從概念中**發掘出**東西，而是要把哲學的結果放到概念中去；哲學並不應把概念視爲已有的和既定的東西並從這些概念出發。誰要想看看這樣顛倒地從只是概念出發的刺眼例子，那就仔細看看**普羅克魯斯**的《神學要義》吧，好讓自己清楚明白那整個方式方法是多麼地沒有實質內容。抽象的詞語被撿了起來，諸如**一體**、**多樣性**、**善良**、**創造者和創造物**、**自足的**、**原因**、**更好的**、**運動的**、**不運動的**、**被運動起來的**，等等，等等，但人們對這些概念的源頭、概念內涵的出處——直觀——卻不屑一顧；然後，一套神學就由那些概念構建而成，而那目標，上帝，卻是隱藏不見的；這做法因此看上去像完全不帶偏見似的，就好像從第一頁開始，無論是讀者還是作者都不知道所有這一切會引向什麼結果似的。我在上面已經引用了其中的某一片段。**普羅克魯斯**的這一作品確實尤其適合清楚地展示類似這些組合的抽象概念是多麼的無用和虛幻，因爲由此組合可以隨心所欲地炮製出作者想要的東西，尤其是如果作者還另外利用不少字詞的模糊、多個涵義之處，例如「更好」一詞。假如現場碰到這樣一個概念建構者，那人們只需天眞地問他：他娓娓道來的所有東西到底在哪裡？他就這些東西所作的推斷和結論，所根據的規則又是從哪裡知道的？他很快就不得不指出以經驗爲依據的直觀，因爲眾所周知，那眞實的世界就唯獨展現在這直觀裡面，那些概念也就是從直觀中產生的。然後，我們就只需再問一句：爲什麼他不老老實實地從這一世界既有的直觀出發——因爲這樣做的話，他每走一步，他的宣稱都會得到直觀的證明——而是以概念運作，而概念則是唯獨從直觀中抽取的，因此，除了直觀所賦予的效力以外，不會還有更多的效力。但當然，那恰恰就是他們的伎倆：在某些概念裡面，因爲抽象的原因，把那不可分的東西當作是分開的，把那無法結合起來的看成是結合的——他們就透過玩弄這些概念，遠遠地脫離了這些概念的源頭——直觀——並因此超出了概念的適用範圍，進入了完全有別於原來那提供其建築材料的另一個世界，但也正是因爲這一點而進入了一個虛幻的世界。我在這裡提到了普羅克魯斯，因爲在他那裡，那種做法因爲其肆無忌憚而變得尤其清晰明顯。但在柏拉圖的著作裡，我們也發現一些雖然並不那麼刺眼的例子，而總體上，各個時代的哲學文獻都提供了大量類似的例子。我們這時代的哲學作品在這方面就有著豐富的例子。例如，我們考察一下謝林學派的文字作品，看看那些建構是如何以類似的抽象詞語組裝起來的，例如，有限的、無限的；存在、非存在、他在；活動、阻礙、成果；確定、被確定、確切性；界限、限定、侷限；同一性、眾多性、各式各樣性；思維、存在、質，等等，等等。以上所說的不僅適用於以諸如此類的材料組裝而成的建構，而且因爲**透過**這類廣泛的抽象詞語可想到的東西無窮之多，所以只有極少的東西可以運用這些詞語思考。這些詞語就是空殼而已。但這樣的話，那整個哲學論辯的素材內容就少得可憐和讓人吃驚，所有諸如此類文字作品所獨有的、那種說不出的、折磨人的乏味和無聊也就由此而來。假如我要回憶起黑格爾及其門徒是如何濫用那些廣泛和抽象的東西的，那我就不得不擔心讀者和我都會感到噁心，因爲這討厭的假冒哲學家的空洞字詞垃圾，籠罩著至爲令人作嘔的無聊氣息。

至於在**實踐**哲學裡面，從僅僅只是抽象的概念也同樣無法發掘出智慧——這是我們從神學家施萊爾馬赫的倫理學文章中大概唯一學到的東西。施萊爾馬赫以倫理學的講座課沉悶了柏林科學院多年之久，這些東西不久前結集出版了。在他的那些作品裡，純抽象的概念，諸如責任、美德、至善、道德準則等成了出發點，而對此卻沒有更進一步的引論——除了這些概念常常在倫理體系中出現以外；現在這些概念就被當成既定的現實。然後，施萊爾馬赫就對這些概念鑽牛角尖式的來來去去地討論，而永遠不會朝著那些概念的源頭，朝著那事情本身的方向探討，不會討論那眞實的人的生活，而那些概念唯獨與人的生活相關聯，那些概念應該是從其中汲取出來的，倫理學本來也就是與人的生活有關。恰恰就是這一原因，這些學者的文章是那樣的無益、無用，味如嚼蠟——這一形容已道出了很多東西。我們發現，與這位太過喜歡討論哲學的神學家相類似的人，無論在任何時期，在世時都是有名聲的，之後就很快被人忘記。我則更樂意建議大家閱讀那些遭遇與此相反情形的人的作品，因爲時間是短暫和寶貴的。

那麼，根據在此所說的，雖然泛泛的、抽象的、無法在任何直觀中實現的概念，永遠不可以是認識的源泉、哲學探討的出發點或者眞正的素材，但有時候，哲學探討的結果卻只能在抽象中想像，而無法得到某一直觀的證明。這一類知識當然就只是一半的知識，它們就好比只是顯示了那所要認識之物的所在之處，但它可是掩藏著的。因此，在最極端的情形和當人們抵達了我們可能有的知識的界限時，我們就只能滿足於這一類的概念。這方面的一個例子或許就是有關時間之外的某一存在的概念；還有類似這樣的命題：我們的眞正本質不會因死亡而消滅，並不就意味著這本質得以延續。處理這一類概念的時候，那承載我們的全部知識的土地（那直觀所見）就彷彿在那搖晃。所以，雖然有時候和在迫不得已的情況下，哲學探討的結果可以是這些知識，但卻永遠不能以這些概念知識作爲開始。

上面所批評的做法，即操作涵義廣泛的抽象概念，完全拋棄了那些概念所出自的直觀知識和概念的、持久的、合乎自然的檢驗者與駕馭者——就是各個時期的教條哲學所犯錯誤的主要根源。由僅僅只是比較概念，亦即比較泛泛的、普遍的定理而建構起來的學科，也只有在所有的那些定理都是先天綜合的情況下才是確實、確切的，例如在數學的情形中，因爲只有這樣的學科才不會允許例外。而假如定理具有某些經驗根據的材料，那我們就必須隨時掌握這些材料，以檢驗和駕馭那泛泛的、普遍的定理。這是因爲任何以某種方式從經驗中取得的眞理，從來都不是無條件地確定的，因此就只具有大約的普遍有效性而已，因爲在此，沒有什麼規律是無一例外都有效的。那麼，假如我透過各個概念的涵義圈的互相嚙合，把諸如此類的定理連接起來，那一個概念很容易就恰恰是在例外之處切入另一個概念。但這種情況在長串的推論過程中哪怕只發生一次，那整個大廈就會折斷了基礎而飄浮在空氣中了。例如，假如我說「反芻的動物是沒有門牙的」，並把這說法和由此的推論套用到駱駝那裡，那一切就都是錯的了，因爲這說法只適用於帶角的反芻動物。這也屬於康德所說並經常批評的「貌似理性但卻是無法把握眞正涵義的抽象推論」，因爲這也恰恰就在於把概念納入概念而不會考慮到概念的起源，也不曾檢驗這樣把概念納入概念的正確性和排他性——這樣，人們經過了或長或短的迂迴以後就可達致幾乎是任何一個目標預先設定了的結果；因此，這種貌似理性的抽象推論也只是在程度上與事實上的詭辯推論有別。在理論方面，詭辯推論恰恰就是在實際生活中的挑剔、找碴兒。但甚至柏拉圖本人也相當頻繁地允許自己做出這些貌似理性的純抽象推論；普羅克魯斯也正如上面所說的依照所有模仿者的樣子，把他模仿的對象的缺點更進一步地發揮。亞略巴古的狄奧尼修斯，《論上帝的名號》也同樣明顯帶著這一缺點。但甚至在愛利亞學派哲學家麥里梭的殘篇，我們也發現了這種純抽象推論的清晰例子（尤其是在布蘭迪斯的《愛利亞學派文集》從 §2 到 §5）。麥里梭推論所用的概念，永遠不會觸及這些概念內容所出自的現實，而是在抽象普遍性的氛圍裡飄浮，超離現實而去；就像發出了一擊，但卻永遠不會擊中目標。有關這類貌似理性的純抽象推論更多的一個地道樣本就是哲學家撒路斯提烏斯的小書《關於神祇和世界》，尤其是第七、十二和十七章。但說明哲學方面貌似理性的純抽象推論並進而發展爲明確的詭辯的一個極品，卻是柏拉圖主義者，推羅的馬克西姆斯所做的以下推論。因爲這比較短小，所以，我就放到這裡：「每一樁不正義的行爲，都是奪走某一好的東西；除了美德以外，並沒有其他好的東西；但美德卻是無法被奪走的，所以，有美德的人是不可能受到壞人的非正義侵害的。那麼，所剩的結論要麼是沒有人會受到任何不正義行爲的侵害，要麼是只有壞人才會遭受不正義行爲。但壞人也不會擁有任何好的東西，因爲只有美德才是好的東西。所以，從壞人那裡也不會被奪走任何好的東西。也就是說，壞人也不會遭受不正義行爲。所以，不正義的行爲是不可能的。」原文因爲重複而沒有那麼簡明扼要。原文是這樣的：每一樁不正義行爲就是奪走某一好的東西，但我們所理解的好的東西，除了美德以外，還能是別的什麼東西？但美德是無法奪走的。所以，要麼是有美德的人不會遭受不正義的行爲，要麼我們就只能假設：不正義的行爲並不就是奪走某一好的東西。這是因爲好的東西是不會被奪走、搶走或者失去的。那結果就是：要麼沒有人會遭受不正義的行爲，要麼就是只有壞人才會遭受壞人的不正義行爲，但壞人卻沒有任何好的東西，而不正義的行爲就是奪走某一好的東西。那麼，沒有任何東西可被奪走的人，也就不會遭受不正義的事情（推羅的馬克西姆斯，《演講》，二，第二）。我還想再補充屬於這一類證據的一個現代例子：那是透過抽象的概念，把一個明顯荒謬的命題奠定爲眞理。這例子出自喬爾丹諾·布魯諾這個偉大人物的著作。在《論宇宙和星球的無限》（華格納版，第八十七頁）中，布魯諾作了一個亞里士多德式的（採用和誇大了亞里士多德的《論天》一，五中的一段話）證明：這世界之外，是不可能有任何空間的。也就是說，這世界被八個天穹包裹著，這些之外是再不可能有空間的。這是因爲假設在這些天穹之外還有一個星體，那這星體要麼是簡單的，要麼是組合而成的。現在從那純粹是假設的規則已經詭辯地證明：在天穹之外不可能有簡單構成的物體；那同樣也不可能有組合而成的物體，因爲後者必然是由簡單構成的物體組合而成。所以，在那裡並沒有物體；那樣的話，那也就沒有空間。這是因爲空間被定義爲「物體可能存在之處」，現在恰恰就證明了在那裡並不可能有任何的物體。因此，那裡也就不可能有任何空間。這最後一句是這種出自抽象概念的證明的關鍵之處。這證明的根本基礎就是把這一命題，沒有空間之處，就沒有物體當作一個普遍否定性的命題，並據此絕對地轉換爲，不可能有物體之處，就沒有空間。仔細考察前一個命題，其實是一個普遍肯定性的命題，亦即「一切沒有空間的，也就沒有物體」，所以，是不可以絕對地轉換的。但不是每一個出自抽象概念的證明，連帶其與直觀明顯相矛盾的結論（正如此處的空間的有限性），都可以還原爲邏輯上的謬誤。這是因爲詭辯之處並不總是在形式方面，而且也經常在素材方面，在那前提和概念的不確定性和外延。我們在斯賓諾莎那裡發現這方面的無數例證。斯賓諾莎的方法的確就是從概念出發以做出證明的。例如，我們看看在他的《倫理學》第四部分第二十九至三十一的命題中，利用協調和共有這搖擺不定的概念的多義性所做的可憐詭辯。但這並不妨礙我們這時代的新斯賓諾莎主義者把斯賓諾莎所說的一切都當成某種福音。在這些人當中，那的確還存在的一些黑格爾門徒則尤其可笑：他們對斯賓諾莎的命題一切規定都是否定，懷著傳統上的敬畏，因爲這些人依照其學派的江湖騙子精神，面對這一命題會做出鬼臉，就好像這世界可被這命題徹底改變似的。其實，這命題根本就吸引不了人們的興趣，因爲就算是頭腦最簡單的人也自然會明白：假如我透過規定給某樣東西畫定界限，那我也就以此把這界限以外的東西排除，亦即否定了。

因此，從上述一類貌似理性的純抽象推論可以很清楚地看出：僅僅只是以並沒有得到直觀檢驗的概念所作的代數式的運作，會隨時進入何種歧途；因此，對我們的智力而言，直觀就是立足之地，就正如堅實的大地對我們的身體：假如我們捨棄了直觀，那一切就都是我們無法站立的土地，我們無法游泳的水流。*讀者請原諒對這一點所作的解釋說明和詳盡例子。我這樣做是要凸顯和證明直觀與抽象（或說反省）認識之間那巨大的、迄今爲止太少人注意到的差別，甚至對立，而查明和確定這種差別就是我的哲學的一個根本特徵，因爲我們精神生活的許許多多的現象只能由此得到解釋。這兩種如此不同的認識方式的連接環節就形成了判斷力，正如我在第一卷 §14 所闡明的。雖說這判斷力也僅在概念的領域活動，把概念與概念相互比較，因此，得出的每一個判斷，在這字詞的邏輯意義上，確實就是判斷力的作品，因爲那始終就是把更狹隘的概念隸屬於更廣的概念之下——但是，判斷力的這種活動，即只是把概念與概念相互做比較，與從完全是單個的、直觀的過渡到本質上是普遍的、過渡到概念相比，卻是更低級、更容易的。也就是說，在前一種活動中，透過分析概念的關鍵述詞，以純粹邏輯的途徑必然可以決定它們的一致性或者不一致性，每一個只要具備了理性的人都可以勝任。所以，判斷力在此就只是忙於縮短那個中的程序，因爲有判斷力天賦的人很快就可看到其他人經過一系列思考才會弄清楚的事情。但狹隘意義上的判斷力的活動，卻只是在直觀上認識的東西，亦即現實的、經驗的東西，要轉爲清晰的、抽象的認識的時候，在要被歸併於精確對應的概念之下和沉積爲思考過的知識的時候才會出現。因此，是這一功能要去奠定一切學科的紮實基礎，因爲所有的學科始終

* 參見奧維德，《變形記》，一，十六。——譯者注

是由直接認識到的東西，而不是由進一步推導出來的東西所組成的。所以，在此，學科的困難之處在於根本的判斷，而不在於從這些判斷推導出結論。推論是容易的，判斷則是困難的。推導出錯誤的結論是很少有的，但錯誤的判斷始終是家常便飯。在實際生活中，對一切根本的決定和關鍵的決策，判斷力也同樣發揮著決定性的作用；在主要事情方面，其工作就像法官判決。在判斷力活動的時候，智力必須就某一事情的所有事實情況緊湊地集中起來，就像凸透鏡以相似的方式把太陽光線集中在一個焦點，好讓智力能夠一目了然；現在，智力就準確地盯著這些，然後審慎地理出清晰的結果。此外，做判斷的巨大困難在大多數情況下是因爲我們要從結果回到原因，而這條路卻總是不確定的；事實上，我已證明：所有的謬誤都出在這一過程。但在所有的經驗學科中，一如在現實生活的事務裡面，這條路在大多數情況下就是唯一之路。實驗也就是試圖朝相反的方向再走一遍這條路，因此，實驗是很關鍵的，起碼能夠暴露出謬誤——但前提是這實驗是精確選定和誠實實施的，而不是像牛頓在顏色方面所做的實驗。但同時，對實驗也必須評定。先驗科學的確定性，亦即邏輯學和數學的確切性，首要是因爲在這些科學中，從根據回到原因的途徑是爲我們敞開的，這途徑始終是確定的。這讓它們有了純粹客觀的科學的特性，亦即對它們的眞理，任何懂的人都必然會得出一致的判斷；這一點尤爲引人注目，因爲這些恰恰是建基於智力的主觀形式的科學，而經驗的科學則唯獨與明顯是客體的東西有關。

機智和敏銳也是判斷力的表現，表現在機智那裡，判斷力是反射性的；表現在敏銳那裡，判斷力則是歸納性的。在大多數人那裡，判斷力只是名義上存在。諷刺的是，判斷力被人們看作是正常的思想能力，而不是被歸爲「非自然的例外現象」。一般頭腦的人就算在最小的事情方面，都顯示出對自己的判斷力缺乏信心，恰恰就是因爲他們從經驗中知道他們的判斷力不值得信任。在他們那裡，先入之見、偏見和跟隨他人的判斷取代了判斷力的位置。這樣，他們也就處於某種持續的未成年狀態，而數以千百計的個人中，幾乎沒有一個得以脫離這種狀態。當然，人們不會坦率承認這一點，因爲他們對自己也做出獨立判斷的樣子，但其實是豎著耳朵聽取別人的看法——那才是他們的瞄準點。每個人都羞於穿戴一件借來的上衣、帽子或者大衣到處走動，但他們的看法和意見卻都是借自別人的；人們一有機會就貪婪、急忙地撿起別人的意見，然後就把這些當作是自己的東西，並引以爲豪。其他人向他們再度借來這些東西並做出同樣的事情。這解釋了爲何謬誤迅速和廣泛地傳播，拙劣者爲何得到名聲，因爲以租賃看法和觀點爲職業的人，諸如記者，等等，一般都只給出假貨，就像假面服裝出租者就只租出假的珠寶一樣。

第八章　有關「可笑」的理論⑪

我的有關可笑的理論也是以之前的章節爲基礎的——在那裡，我說明和強調了直觀表象和抽象表象之間的差別。所以，把還可進一步幫助說明那些差別的論述放在此處是適宜的，儘管根據文本的編排要求，這些論述本應安排在更後面的一些地方。

笑的源頭到處都是同樣的，有關這笑的源頭和笑的本來涵義的難題，早就爲西塞羅所知，但西塞羅馬上就放棄了這一難題，因爲他認爲笑是不可解的（《論演說家》，二，五十八）。據我所知，最早嘗試對「笑」做心理學解釋的，是在《哈奇森的道德哲學導論》（第一部，第一章，第十四節）中。在那稍後的一篇匿名作品，《論笑的生理和倫理原因》（一七六八），對這話題的思考和看法是不無成績的。普拉特納把從休謨一直到康德那些試圖解釋這是人性所獨有的奇特現象的哲學家的看法，收集在他的《人類學》（§894）中。康德和約翰·保羅關於笑的理論是人們都知道的，其不正確在我看來是不需證明的，因爲誰要是試著溯源那具體的發笑的情形，在絕大多數情形裡都會馬上確信他們所說的是有缺點的。

根據我在第一卷所給出的解釋，滑稽、可笑的源頭始終就是那種似是而非地和因此讓人意想不

---

⑪ 本章與第一卷 §13 相關。

到地把某一東西或事情，置於一個在其他方面與這東西或事情很不一樣的概念、觀念或想法之下；據此，笑的現象始終表示了突然察覺到，這樣一個概念或想法與透過這概念或想法所想到的現實東西或事情，亦即在抽象的與直觀的之間是不相協調的，是互相矛盾的。發笑之人所理解的這種不相協調越巨大和越讓人意想不到，那這人的笑聲就越厲害。據此，在一切引人發笑之處，都必然可證明有某一概念和某一單個的事物（或者事情）：這後者雖然是納入那一概念之下，並因此可透過這一概念思維，但在另外別的和更主要的方面，卻根本不屬於這一概念，而是與除此以外透過那概念所想到的一切東西明顯有別。假如就像在機智妙語中尤其經常發生的那樣，所出現的不是一個這樣直觀的現實東西，而是一個隸屬於更高的或屬的概念、種的概念；那這要引人發笑的話，想像力就要眞實化這概念，亦即由一個直觀代表所代替，這樣，那所想到的與所直觀到的矛盾衝突才會發生。確實，假如人們想要明確地認清這事情，就可以把每一滑稽、可笑的事情還原爲第一格的三段論，連帶一個無可爭議的大前提和一個意想不到的、在某種程度上只是透過詭辯才可提出的小前提；由於這些結合，結論就帶有了滑稽、可笑的特性。

在第一卷，我認爲舉例說明這一理論是多餘的，因爲每個人稍稍回想一下所記得的滑稽情形，自己就可輕易說明這一道理。但爲了幫助那些思想懈怠、寧願堅持完全被動狀態的讀者，我在此就遷就一下他們。在第三版裡，我甚至要增加好些例子以無可爭議地表明：經過前人許多沒有結果的嘗試以後，在此終於給出了有關滑稽的眞正理論；那早就由西塞羅所提出的但也被他放棄了的難題終於得到了解決。

假如我們知道，一個角需要由兩條相交的直線所組成，假如這兩條直線延長，那就會彼此切斷；而切線只接觸到圓圈的一個點，但在這個點上，這切線與這圓其實是平行的，因此，我們腦海中就抽象地確信不可能有一個由圓周和圓圈的切線組成的角；但假如這樣的角就明顯畫在我們面前的紙上，那這就輕易會讓我們發笑。這裡面的滑稽成分雖然是很弱的，但恰恰在此情形當中，那由所想的和所直觀到的不相一致所構成的滑稽源頭，就異常清晰地顯現出來了。我們發現這種不相一致的時候，是從現實的，亦即直觀的東西到概念，抑或反過來，是從概念到現實的東西，那由此產生的滑稽就相應要麼是某一俏皮妙語，要麼是某一荒謬的想法或事情，而荒謬程度更高的話，尤其是在實際生活當中，那就是某一荒唐的蠢事，正如在第一卷所分析的那樣。要考察第一類情形的例子，亦即俏皮妙語，那我們就首先拿來人們都知道的吹牛者加斯科尼人的軼事：國王看見他就笑了，因爲他在冬天的嚴寒中還穿著夏天輕薄的衣服；這個加斯科尼人就對國王說：「假如國王陛下穿著我身上所穿的，那您就會覺得很暖和。」在被問到他到底身上穿了什麼時，他回答說：「我的整個衣櫥。」也就是說，這最後的說法，讓人想到的既是國王的衣櫥中看不到盡頭的衣服，也指一個可憐的人唯一一件夏天的衣服，而那冰凍身體上的單件衣服的樣子，就展示了與所想到的相當不一致。巴黎一家劇院的觀眾有一次要求演唱《馬賽曲》，而這要求沒有得到滿足，觀眾就大喊大叫，以致一個身著制服的警長登上舞臺宣布：這劇院舞臺上，除了招貼廣告上寫的以外，不允許還有其他東西。然後，一個聲音就喊道：**那先生您，也是在招貼廣告上的**嗎？這突然的念頭和說法引起了哄堂大笑。這是因爲在此，把不同的東西歸納在一起是直接清楚和毫不牽強的。這首箴言詩：

　　巴夫是《聖經》所說的忠誠牧人：

> 他的羊群睡著了，他仍獨自醒著。

把那無聊的布道者，把那全體教徒都弄睡著了、在沒人聽的情況下仍在那獨自叫嚷的人，納入一群睡著的羊和一個醒著的牧者這樣的概念之下。與此類似的還有給一位醫生的墓誌銘：「他英雄般地長眠在此，周圍盡是他所殲滅之敵」——「周圍盡是他所殲滅之敵」之於一位英雄，是飽含敬意的，但這概念現在卻納入了本應是要保護生命的醫生。俏皮妙語相當常見地僅由一個字詞組成。透過這字詞所給出的涵義可以包括當時的情形，但這當時的情形卻是與這字詞平時所指的一切都相當不同。所以，在《羅密歐與茱麗葉》中，活潑愛開玩笑但剛剛受了致命重傷的莫枯修，對那位保證明天就會拜訪他的朋友回答說：「要是你明天找我，我就是個嚴肅的人了。」*——*a grave man* 包含了死人的意思：但在英語裡，這裡還是一語雙關，同時兼有「嚴肅的人」和「墳墓中人」的意思。屬於這一類俏皮話的還有演員恩澤爾曼的一件著名軼事。柏林劇院嚴禁即興表演。在這之後，恩澤爾曼要騎著馬現身舞臺。就在他上前臺之時，那馬因拉了泡糞便而引起觀眾的笑聲；但恩澤爾曼對馬兒所說的話更讓觀眾哄堂大笑：「你在幹麼？你還不知道我們被禁止即興表演嗎？」在此，把不同的東西或事情納入了更廣泛的概念是非常清楚的，因此，那俏皮話就相當巧妙，由此造出的滑稽效果就異常強烈。這一類俏皮話還包括下面這出自《霍爾》一八五一年三月的報導：「我們曾提及的猶太騙

---

* 這句話也可譯為「要是你明天找我，我就是個墳墓中人了」。參見莎士比亞，《羅密歐與茱麗葉》，第三幕，第一景。——譯者注

子集團（Gaunerbande）在必要的陪伴下（obligater Begleitung）再度被送交（eingeliefert）給了我們。」*這把警察押送用音樂的術語表達是很俏皮的，雖然那已接近文字遊戲了。在另一方面，當薩菲爾與演員安格里筆戰時，把安格里說成是「那無論是在精神上還是肉體上都同樣偉岸的安格里」也完全是這裡所說的一類，因爲把那全城人都知道的矮小身材的演員用「偉岸」的概念形容，就會直觀凸顯安格里非常矮小的身材。同樣，在那同一個薩菲爾把一齣新歌劇的詠嘆調稱爲「不錯的老相識」時，也就是把該受責備的東西納入一個在另外的情形下用於讚揚的概念。還有，假如我們想這樣形容一個可以用禮物換取其青睞的女人：她懂得把實用和趣味結合起來，那我們就把倫理學上讓人不快的東西納入賀拉斯在美學方面所推薦的規則之下。同樣，要暗示那是個妓院的話，就把它大概描述爲一個「安靜快活的簡樸去處」。教養良好的社交聚會，爲了要保持完全平庸而禁止了一切明確的表示和因此所有強烈的用語，在講述一些駭人聽聞的或者讓人反感的事情時，爲了減弱那效果而習慣於採用泛泛的概念和意思的表達。但這樣的話，這些泛泛的概念就納入了多多少少與之並不一樣的東西，這因此就在相應的程度上造成了滑稽的效果。所以，上述把實用和趣味結合起來就屬於此類情形，還有諸如此類的表達，「他在舞會上遭遇不愉快的事情」——意思就是他被人棒打和被趕了出去；或者「他做得太過了」——意思是他喝醉了；另外，「那女人據說有軟弱的時候」——意思是她讓她丈夫戴了綠帽子，等等。曖昧、多義的字詞也屬於此類。也就是說，一些詞語本身並不包含任何不正經的東西，但被納入了這些詞語概念之下的當時的情形，卻暗示了某一不正經的想法。這些詞語在社交中

* 這句話也可譯為「我們曾提及的猶太騙子樂隊，在伴奏之下再度被送交給了我們」。——譯者注

很常見。但這樣連貫和出色使用**多義詞的完美典範**就是申斯通給一個治安法官所寫的無與倫比的墓誌銘，因爲申斯通以誇張、精煉的風格，似乎是在談論高貴、崇高的事情，而其實在那字裡行間，隱含的是某些很不一樣的東西，而這些只是在最後的字詞出現，是對全部所說的一個出人意料的結局。讀者大笑之餘才發現其實是讀了一個很葷的多重涵義的段子。把這墓誌銘放在這裡，在這油頭粉面的時代絕對是不允許的，就更別提把它翻譯出來了。我們可以在《申斯通詩歌集》中找到它，標題是《墓誌銘》。模糊的雙關語有時候會流於文字遊戲，而對這所要說的，我在第一卷已經說了。

每一滑稽之事的根源，即把在某一方面不一樣的東西納入一個在其他方面都與之吻合的概念，也可以有違初衷地發生。例如在北美，一個在各個方面都極力模仿白人的自由黑人，爲他最近死去的孩子寫的「墓誌銘」是這樣開始的：「親愛的夭折了的百合」。相比之下，帶著笨拙的目的，把某一眞實的和直觀的東西置於與其相反事物的同一概念之下，就會產生平淡無奇、很一般的諷刺效果。例如，在下著暴雨的時候，我們說「今天的天氣眞好」，或者說一個樣貌醜陋的新娘，「他可是找到了一件美麗的珍寶」；或者說一個小偷或騙子，「這個誠實正直的人」，等等。也只有小孩子和沒有受過什麼教育的人才會覺得這些是好笑的，因爲在此所想到的與所直觀到的不相一致是完全澈底的。但恰恰是在這種引人發笑的笨拙誇張裡面，那根本的特徵，那所說的不相一致，就非常清晰地凸顯出來了。這一類的滑稽，由於誇張和清楚的目的性而變得有點類似於**模仿性的滑稽作品**。後者的手法就是把嚴肅的詩歌或者戲劇中的事件和字詞用在低級、微不足道的人物，或者那些渺小的動機和行爲中。那些滑稽作品因此就把所描述的平庸無奇的現實納入在主題中給出的崇高思想概念之下，而那些平庸的現實在某些方面必須是與那些思想概念相稱的，但在其他方面，現實與思想概念之間卻是格格不入的——經這樣的處理，那所直觀到的與所想到的之間的矛盾就相當刺眼地展現出來了。在此並不缺乏熟悉的例子，我也就只需從卡洛．戈齊的《祖貝德》第四幕第三景援引一個例子。在那一景裡，兩個小丑剛剛在那用鞭子互毆對方，累了以後，他們就靜靜地並排躺在那裡，作者就讓他們的嘴巴原封不動地說出阿里奧斯托的著名的八行詩節（〈瘋狂的羅蘭〉，一，二十二），**啊！古老騎士的偉大優點**……。屬於這一類的還有在德國非常流行的做法，即把嚴肅的，尤其是席勒式的詩句應用在很渺小的事情上，而這就明顯是把不同的東西納入那些詩句所表達的泛泛概念之下。所以，例如，當某一個人被人看出了某一典型花招，就會有人說出這話，「由此我知道了我的巴本赫姆伯爵」。*但假如一個人對一對剛剛結婚的、其中的新娘又是他喜歡的年輕夫婦，說上席勒的〈擔保〉的結尾句子（我不知道說的聲音有多大），那就相當的有創意和非常地巧妙：

請允許我，成為
你們的結合的第三方。

在此，那滑稽的效果是強烈和肯定的，因爲席勒所用的概念，讓我們想到某種道德高尚關係的概念，卻也確切和原封不動地包括了、因而讓人想到了某一遭禁止的和不道德的關係。在此所引用的各個巧妙例子裡，在一個概念或者一個抽象的想法之下，都直接或者透過某一更狹隘的概念納入了某一眞實

＊ 意思是「我知道了是在與什麼人打交道」。——譯者注

的東西，而這眞實的東西雖然嚴格來說隸屬於這一概念，但卻與那想法本來的、原初的目的和方向有著天壤之別。據此，機智作爲思想的能力，完全在於輕而易舉地爲每一個出現的對象找到一個這樣的概念：雖然這一對象確實可以運用這概念思維，但卻與這概念所包括的所有其他東西有別。

第二種滑稽，正如所述是從相反的方向，從抽象的概念到那以這些概念思維的眞實的，亦即直觀的東西，而這直觀、眞實的東西就把其與概念的、被忽略了的某些不相一致的地方暴露出來。某種前後不一的荒謬、在「實際」中是某種怪誕的行爲，也就以此方式產生出來了。由於戲劇需要行爲和行動，所以，這種滑稽是喜劇的關鍵要素。也正因此，伏爾泰說了這樣的話：**我在劇院觀察到普遍的笑聲幾乎都是因誤會而起**（《天才兒童》，「前言」）。下面的例子可以說明這種滑稽。在某個人表示喜歡獨自一個人散步的時候，一個奧地利人就對他說：「您喜歡一個人散步；我也喜歡一個人散步。那我們就一起散步吧。」他從這一觀念出發：「兩個人都喜愛的某一樂趣，就可以一起享受」，並把那恰恰是排除了「一起享受」的情形納入這觀念之中。還有，僕人把他主人箱子裡面磨刮舊了的海豹毛皮塗抹馬卡髮油，好讓其再長出毛髮。他也就是從「馬卡髮油可讓頭髮生長」這一觀念出發。警衛室的士兵們允許剛被帶進了警衛室的羈押犯參與一同打牌，但又因爲那犯人在打牌過程中惡意刁難，所以引起爭吵，然後就把那犯人攆出了警衛室。他們聽任這普遍觀念的指引，即「要把壞傢伙攆走」，但卻忘記了這傢伙可是個犯人，亦即一個要羈押不放的人。兩個年輕農民給他們的火槍上了粗鉛彈。爲了換上精細的鉛彈，他們就想把粗鉛彈取出來而又不會失去那些火藥。其中一人就把槍口放進他夾在兩腿間的帽子裡，然後跟另一個人說：「現在你就輕輕地、輕輕地、輕輕地扣動扳機，那鉛彈就會首先出來。」他就是從這一觀念出發，「延長那原因，就會延長那效果。」堂吉訶德的大多數行爲也是這方面的證明，因爲那些行爲都是把所碰到的、與源自騎士文學的概念很不一樣的眞實情形，一概納入那些概念之下。例如，爲了保護受壓迫者，他釋放了在櫓艦上划槳的奴隸。眞正說來，所有明希豪森式的故事都屬於這一類，只不過這些故事並不是實施了的怪誕行爲，而是不可能的事情，只是讓聽者信以爲眞而已。在這一類型的滑稽中，人們所把握的事實，假如僅僅只是在抽象中、因而是比較先驗地理解，那看上去是可能和可信的，但之後，假如我們具體直觀檢視那些個別的情形，因此是後驗地查看，由於其所想的與直觀所見的明顯不相一致，那不可能的事情和荒謬的想法就會凸顯出來，就會引發笑聲。例如，凍結在驛車號角的樂音一旦到了溫暖的房間就融化了；當明希豪森在嚴寒中坐在一棵樹上，用他尿在刀柄上的那泡尿所凝成的冰凌撿起了掉在地上的小刀，等等。屬於這同一性質的還有兩隻獅子的故事：牠們晚間衝破了隔離牆，在狂怒中互相呑吃了對方，以致到了早晨，人們就只發現兩條尾巴。

此外，還有這樣的滑稽情形：那概括了直觀情形的概念，既不需要表示出來，也不需要暗示，而是經聯想自動進入意識之中。加里克在悲劇表演的中途爆發出笑聲，因爲在劇場正廳前面的一個屠夫，爲了抹汗而暫時把他的假髮戴在他那條把前爪搭在正廳欄杆上、面向這舞臺的大狗頭上，原因就在於加里克從另外一個屬於觀眾的概念想法出發。這就是爲什麼某些動物形態，例如猿猴、袋鼠、跳兔，等等，有時候在我們看來會顯得滑稽，因爲牠們的某些東西讓我們把牠們納入人的形態概念之下，而再從這一概念出發，我們就看到了牠們與人不一致的地方。

與直觀不相一致而引我們發笑的概念，要麼是其他人的，要麼就是我們的。如果是其他人的概念，那我們就會笑其他人；如果那些是我們自己的概念，那我們就會感到某種很多時候是愜意的、至少是滿有趣的詫異。因此，小孩子和粗人會因很微小的事情而發笑，甚至那些討厭的變故也是好笑的——假如那些是意想不到的話，亦即假如那些向他們證明了他們先入爲主的概念、想法是錯的。一般來說，發笑是一種令人愉快的狀態：據此，察覺到所思維的與直觀所見的，亦即與眞實的不相一致會讓我們高興，我們會很樂意放任由於這一發現所刺激起的抽搐式的顫動。個中的原因如下。在直觀所見到的與概念所思維的之間突然出現矛盾、衝突時，直觀所見就始終是對的和毫無疑問的，因爲直觀根本不會有錯，並不需要來自外在的認證，而是自己就可提出和維護自己的主張。直觀的與所思維的，兩者之間的矛盾說到底就是源自所思維的及其抽象概念，並不能落實到直觀的那些無窮的多樣性和細微差別。這直觀認識對思維、想法的勝利讓我們愉快。這是因爲直觀是原初的認識方式，是與我們的動物本性分不開的，一切直接取悅於意欲的東西都會表現在這裡面：那是現時、享受和高興的媒介；這直觀也不與努力、辛勞緊密相連。但思維則相反：那是認知的第二種能力，要進行思維就總是需要某些且常常是艱苦的努力，而正是思維概念經常反對我們滿足直接的願望，因爲那些概念，作爲過去、將來和嚴肅事情的媒介，是承載和傳達我們的恐懼、我們的悔恨和我們一切憂心的工具。所以，看見這嚴格的、不知疲倦的、諸多要求和麻煩的皇子太傅——理性——現在這一次就被證明能力並不足夠，對我們來說必然是愉快、有趣的。因此緣故，笑的表情與高興的表情是相當近似的。

由於缺乏理性，因而就是缺乏普遍的概念，動物是不會笑的，正如牠們也不會言語一樣。笑，因此是人的特權和特徵。但是，在此順便一說，人的唯一的朋友——狗——與所有其他動物相比，卻有著某一類似的和爲狗所獨有的、表現出性格的行爲，亦即那如此富於表情、善良和至誠的搖尾撒歡。但這種發自本性的對人的歡迎、示好，與人們的哈腰鞠躬、堆起笑容的禮貌表示相比，形成了多麼鮮

807

808

明的對照；前者比人的那些內在的友誼和忠誠的保證，至少在那當下，要可靠千百倍。

笑和戲謔的反義則是**嚴肅**。與此相應，這種嚴肅就是意識到概念或者想法與直觀所見或者現實是和諧、一致的。嚴肅的人確信：他是按照事物的樣子思考的，事物也就是他所想的樣子。正是因爲這樣，從一臉嚴肅到發出笑聲是尤其容易的事情，一點點小事情就可辦到，因爲嚴肅的人所認爲的那種和諧、一致越顯得完美，那就越容易甚至被某一微小的、意想不到暴露出來的矛盾和不一致所取消。因此，一個人越完全嚴肅，他就越從心底裡笑出來。那些總是笑得造作、不自然的人，智力和道德的內涵都是不足道的，就正如一個人發笑的性質和引起發笑的原因很能表明這個人的特性。至於兩性間的關係爲我們開玩笑提供了最容易的、最現成的、就算是頭腦智力最不濟的人也一樣可以理解的材料，正如如此之多的黃色段子所證明了的，假如這裡面沒有至深的嚴肅做基礎，那是不可能的。

至於別人對我們所做的或者對我們認眞所說的而發出的笑聲，如此容易地讓我們生氣，原因就在於這笑聲表明我們的概念想法與客觀現實很不一致。出於同樣的理由，被論斷爲「可笑的」是侮辱性的、讓人生氣的，那眞正嘲諷的笑聲就是高興地大聲向那遭受了挫敗的對手表示：他所持有的概念想法與現在向他暴露出來的現實是多麼的不相協調。在可怕的眞相顯露給我們的時候，在那些死死抱有的期待由此被證明就是騙人的時候，我們自己發出的苦澀笑聲就生動地表示我們現在已發現：我們在愚蠢地信任別人或者命運的時候所持有的想法，與現在被揭穿了的現實很不一致。

故意引人發笑就是**開玩笑**：那就是要把他人的概念與現實之間的不相一致，透過改變其中之一的位置而指示出來。而開玩笑的相反，亦即嚴肅，就在於以上兩者間至少要儘量找到精確吻合。但假如那玩笑是掩藏在嚴肅的背後，那我們就有了**諷刺**。例如，如果我們似乎認眞嚴肅地領會那與我們相反的看法，假裝與對方有著共同的看法，直至最後，那結果才讓其知道他錯看我們和那些看法了。這就是蘇格拉底應對希庇亞斯、普羅塔哥拉、高爾吉亞及其他詭辯者的方法，也常常是應對他的談話對手的方法。據此，把諷刺反過來，那就是玩笑的背後掩藏著嚴肅，而這就是幽默。我們可以把這名爲諷刺的雙重對位。對幽默諸如此類的解釋，「幽默就是有限和無限的互相滲透」，不過就是說出了那些人並沒有思維的能力，類似的空話就可讓他們滿足。諷刺是客體的，亦即著眼於他人；但幽默是主體的，亦即首要只是爲自己而存在。與此相應，我們在古人那裡發現諷刺的傑作，但在現代人那裡則是幽默的傑作。這是因爲，仔細考察一下，幽默是建基於某一主體的但卻是嚴肅和崇高的心境——這會不由自主地與那與之很不一樣的、讓人惱火的外在世界發生衝突，而面對這外在世界，既無法逃避也無法放棄自己而隨波逐流。因此，爲了取得協調，這人就試圖把自己的觀點和那個外在的世界透過同樣的概念思維，那這些概念與透過這些概念所思維的眞實東西也就有了某種雙重的、一會兒在這方面一會兒又在那方面的不相一致。那有意造成的滑稽印象，亦即那玩笑，也就由此產生，而在這滑稽、可笑的背後，隱藏著的、不時透露出來的卻是至深的嚴肅。諷刺以嚴肅表情開始，以笑容結束；幽默則相反。上面所引莫枯修的話就是這方面的例子。在《哈姆雷特》中同樣的例子就是，波洛涅斯說：「殿下，我要至爲謙卑地跟你道別了。」哈姆雷特：「你不會盜走任何我很樂意與之告別的東西——除了我的性命，除了我的性命，除了我的性命。」（第二幕，第二景）再就是，在宮廷戲開始之前，哈姆雷特對歐菲利亞說：「人難道不就是只求快樂嗎？你看，我母親看上去多高興，而我父親才死去了兩個小時。」歐菲利亞說：「不對，那已是兩個月的雙倍了，殿下。」哈姆雷特：「那麼久了？那就讓魔鬼去穿那黑衣喪服吧，我可要去穿黑貂皮大衣了！」還有，在約翰·保羅·費里德里希·里希特的《泰坦》中，變得情緒低落、陷入沉思的肖普，不時看著記筆記的手自言自語：「一位有血有肉的先生就坐在那裡，我也坐在他那裡，這位先生到底是誰呢？」海因里希．海涅在《羅曼采羅》中表現為一個眞正的幽默家。在他所有的玩笑和戲謔背後，我們注意到了某種深切的嚴肅：這種嚴肅羞於不加掩飾地顯現出來。據此，幽默是基於某種特別的心境〔Laune，這心境一詞很可能出自 *Luna*（月亮）〕，透過幽默這一概念，連帶其所有的變化，讓人想到的是在理解和把握外在世界時，主體的東西明顯壓倒了客體的東西。此外，對於每一滑稽，甚至鬧劇式場景的詩意或藝術表現，因為這藝術表現的背後都透露出某一嚴肅的思想，所以就都是幽默的產物，也就是幽默、詼諧的。例如，蒂施拜恩的這樣一幅著色的素描畫就屬於這類幽默：那是一個空蕩蕩的房間，其照明唯獨來自壁爐中熊熊燃燒的火堆。在這爐火前面，站著一個穿著背心的男人；影子從他的足部開始，覆蓋了整個房間。蒂施拜恩對此評論說：「這是一個在這世上一無所成的人；現在他很高興可以留下如此巨大的一個影子了。」那麼，假如我要說出這玩笑背後的嚴肅意思，那下面用波斯詩人安瓦里．蘇哈里的詩句最能表達出來：

如果你失去了一個世界，
不要為此悲傷，這是微不足道的；
如果你得到了一個世界，
不要為此而高興，這是微不足道的。
苦樂得失都會過去，

都會離開這個世界，這都是微不足道的。

至於今天在德國文學中，「幽默的」（humoristisch）一詞普遍用作了「滑稽」的意思，那是因爲人們出於可憐的癖好，要給予事物一個比它們應得的更高雅的名字，亦即一個比它們高一級的事物的名字：這樣，每一家旅舍都叫賓館，每一個兌換貨幣業者都叫銀行家，每一個馬術戲臺都叫馬戲雜技團，每一場演奏會都叫音樂文藝表演，商販的帳房都叫辦公室，每一個陶工都叫陶土藝術家——所以，每一個小丑都稱幽默家。「幽默」一詞是借自英國人的，用以分清和標示某種爲他們首先注意到的、相當獨特的滑稽，並且這種滑稽，就正如上面所述是與崇高相關的。**幽默**一詞並不是表示那些玩笑和惡作劇，正如現在在德國普遍流行而不曾遭到文化人和學者反對的那一類，因爲關於那變種，關於那種精神思想方向，關於那滑稽和崇高的產兒的概念，對公眾來說，是太過微妙和高級了，而爲了討好公眾，他們極力把一切都膚淺化、大眾化。既然「高貴的字詞，低俗的涵義」就是這高貴的「當代今天」的流行格言，那順理成章，過去被稱爲「小丑」的，今時今日就被稱爲「幽默家」了。

第九章　論邏輯學⓬

邏輯學、辯證法、雄辯術同屬一個整體，因爲它們組成了一整套的**理性技術**，也應該在理性技術的名義下一併予以教授；邏輯學是自己思維時的技術，辯證法是與別人辯論時的技術，雄辯術則是對許多人演講時所用的技巧，因而與此相應的就是單數、雙數和多數，以及獨白、對話和演講。

對所謂的**辯證法**（或**辯論法**），我的理解與亞里士多德（《形上學》，三，第二；《後分析篇》，一，第十一）是一致的，就是旨在共同探究眞理，尤其是探究哲學眞理的談話技巧。但這種談話必然會逐漸變得或多或少有爭議，所以，也可以說，**辯證**法就是辯論的技巧。辯證法的範例，我們可在柏拉圖的對話中找到，但就辯證法的眞正理論，亦即辯論技術的理論而言，迄今爲止卻很少人做出成就。我曾寫了這方面的一篇習作，並在《附錄和補遺》第二卷給出了樣品；因此，在這裡，我就略過對這學科的探討。

雄辯術裡所用的修辭手段，大約就是邏輯學中的三段論，但卻無論如何都是值得考察的。在亞里士多德時期，它們似乎還不是理論性探究的對象，因爲亞里士多德並沒有在任何雄辯術、修辭學著作中討論過它們，在這方面，我們要求助於魯提利烏斯·路配斯——高爾吉亞的著作的摘錄者。

⓬ 本章及其後面的與第一卷 §9 相關。

這三個學科的共同之處，就是人們沒有學過它們也會遵守其規則，那些規則本身甚至是首先從自然運用中抽象出來的。所以，這些規則儘管很有些理論性趣味，但只具有少許實際的用處。一是因爲它們雖然給出了規則，但卻不曾給出運用規則的具體情形；二是因爲在實際運用當中，一般都沒有時間回想起這些規則。具體地說，這些規則就只是教授一些每個人都已經自動知道和運用的東西；儘管如此，關於這些抽象知識是有趣的和重要的。邏輯學並不容易給予我們實際的用處，起碼對我們自己的思維是這樣。這是因爲我們自己理智思考的錯誤幾乎從來不是在推論方面，也不是在其形式，而是在於判斷，亦即在於思維的素材。相比之下，我們卻在爭議的時候有時可以從邏輯學中得到一些實際的用處，因爲我們可以把對手出於清晰或者不曾清晰意識到的目的的欺騙性議論，把這些在滔滔不絕的語詞外衣掩護之下提出來的東西，還原爲合乎規則推論的嚴格形式，然後，依據邏輯學而指出其謬誤，例如，把普遍肯定的判斷簡單地顚倒過來，三段論中用了四項，從結果推論出根據，從只是肯定前提中做出第二格（否定格）的推論，等等。

在我看來，思維法則的理論可以此方式得到簡化，即只是定出其中的兩條法則，亦即排中律和充足根據律。排中律就是這樣：「就任何一個主詞，要麼是認爲，要麼是否認這主詞有一個述詞。」在「要麼」這樣、「要麼」那樣裡面，已經包含了兩者不能同時發生的意思，所以也就包含了同一律和排斥律；後兩條法則因而可以作爲第一條法則的補充和推論附加上去，因爲第一條法則其實表明了每兩個概念的涵義圈，要麼可以被想成是聯合一致的，要麼被想成是分開的，但永遠不會是同時既聯合一致又分開；因此，表達了分開的概念涵義的字詞就算組合起來，這些字詞所給出的思想過程也是不可行的。意識到這種不可行的話，就感覺到了矛盾。第二條思維法則，充足根據律表明，上面的認爲或者否認必須是由某些與判斷本身有別的東西所決定的，而這可以是某一（純粹的或者經驗方面的）直觀看法，或者僅僅只是另一個判斷：這些其他的和別的東西就稱爲判斷的根據。只要一個判斷滿足了第一條思維法則，就是**可思想或可想像**的；只要這判斷滿足了第二條法則，就是**眞實**的，至少在邏輯上或形式上是眞實的——亦即如果判斷的根據只是判斷而已。但物質方面的或者絕對眞理，最終也只是某一判斷與某一直觀體驗之間的關係，因而也就是抽象的看法與直觀的看法之間的關係。這關係要麼是直接的，要麼是間接地透過其他判斷，亦即透過其他抽象的看法。由此輕易就可看出：一個眞理是永遠不可以推翻另一個眞理的，歸根到底，所有的眞理都必然是協調一致的，因爲在直觀的、在這些眞理共同的基礎上，相互矛盾是不可能的。因此，任何眞理都不需害怕另一個眞理。相比之下，欺騙和謬誤會害怕每一個眞理，因爲由於各個眞理之間的邏輯連接，就算是最偏遠的眞理也必然會在某一天傳遞出對每一個謬誤的打擊。據此這第二條思維法則就是一個連接點，把邏輯的東西與不再是邏輯的，而是思維的素材的東西連接起來。所以，概念之間的協調一致，亦即抽象看法與在直觀體驗中存在的東西的協調一致，從客體一面看就是**眞理**，從主體一面看就是**知識**。

要表達出兩類概念涵義圈上述的聯合或者分開，就是連接詞、繫詞的使命：「是」或者「不是」。透過這繫詞，每個動詞都可以借助分詞表達出來。所以，所有的判斷都在於運用一個動詞，反之亦然。據此，繫詞的涵義是在主詞那裡與謂詞一併思考——除此以外，就再沒別的了。現在，讓我們考慮一下繫詞“Seyn”不定式的內涵會是什麼樣的結果。但這卻是當今時代教授們的哲學的首要課題。然而，我們卻不可以如此嚴格對待他們。也就是說，大部分哲學教授不過就是想以此描述物質事物、物體世界而已，而他們這些全然無害的現實主義者從心底裡把這些認定是至高的現實。但直接就談論物體，在他們看來太庸俗了，所以，他們就說“das Seyn”（「存在」），因爲那聽起來會響亮一些，並在這過程中想到了擺在他們面前的桌子和椅子。

「因爲、由於、爲何、所以、因而、既然、儘管、雖然、但卻、而是、如果、這樣、要麼……要麼……」和更多其他類似的詞，本來就是**邏輯虛詞**，因爲這些詞的唯一目標是表達思維過程中形式的部分。因此，它們是一門語言中很有價值的財產，並且不是所有語言都有同樣數目的這些詞。特別是**雖然**（zwar）（「確實如此」的意思的凝縮），是德語所特有的，總是連接著、緊跟著或者補充想到的「但是」，正如**如果**的後面接的是**這樣**。

這樣一條邏輯規則，就數量而言是**單個**判斷，具體地說，也就是以某一**單個概念**爲主詞的判斷，當作**普遍的**判斷處理——這個規則是因爲單個判斷事實上就是普遍判斷，其特徵是單個判斷的主詞是只能得到唯一一個眞實客體證明的概念，所以，這概念只涵括唯一的一個客體，也就是這一概念要以一個專有名詞標示。但這一點只有在我們離開抽象的表象和想法而進入到直觀的表象和想法時，亦即想要實現那概念時才會眞正考慮。在思維本身，在以判斷運作時，這其實是沒有區別的，因爲在單個概念與普遍概念之間是沒有邏輯上的區別的：「伊曼努爾·康德」在邏輯上就意味著「所有的伊曼努爾·康德」。據此，判斷的數量其實只是雙重的：普遍的和個別的。**一個單個的**表象根本不可以是一個判斷的主詞，因爲那不是抽象的東西，不是思考過的東西，而是一個直觀的東西。相比之下，每個概念本質上就是普遍的，每個判斷都必須有一個**概念**作主詞。

特殊判斷與普遍判斷的區別經常只在於這外在的和偶然的情形：這語言並沒有自己的字詞以表達在此從普遍的概念岔開的部分，而這一部分構成了這樣一個判斷的主詞。假如是這樣的情形，那不少特殊判斷就會變成普遍判斷。例如，特殊判斷「某些樹會結出五倍子」成了普遍判斷，因爲對於這樹的概念的岔開部分我們有一個特有的句子：「所有的橡樹都會結出五倍子」。這一判斷「某些人是黑色的」與「所有的黑種人都是黑色的」，也與上述是同樣的情形。或者特殊判斷與普遍判斷的區別是：在判斷者的頭腦裡，那構成了他的特殊判斷的主詞的概念並沒有清晰地與普遍概念分開，而他現在所描述的只是這普遍概念的一部分，否則，他就不會說出這一特殊判斷，而是表達出一個普遍概念，例如，他不會給出這樣的特殊判斷，「某些反芻動物有上門牙」，而只會給出一個普遍判斷：「所有的沒有角的反芻動物都有上門牙。」

假言三段論和**選言三段論**就是對兩個（如果是選言三段論，那就不止兩個）斷言判斷的彼此關係的陳述。**假言三段論**表明：在此連接在一起的其中第二個斷言的眞實性取決於第一個斷言的眞實性，而第一個斷言的非眞實性則取決於第二個斷言的非眞實性；也就是說，這兩個句子在眞實性和非眞實性方面是直接聯繫在一起的。相比之下，**選言三段論**則表明：在此連接在一起的其他斷言的非眞實性取決於這所連接的其中一個斷言的眞實性，反之亦然。也就是說，這些命題在眞實性和非眞實性方面是互相對立的。所謂的**問題**，就是在一個判斷的三個部分中，有一部分是懸而未決的，亦即要麼在繫詞方面，「蓋阿斯是羅馬人嗎？——抑或不是？」要麼在述詞方面，「蓋阿斯是羅馬人嗎？——抑或是其他人？」要麼在主詞方面，「蓋阿斯是羅馬人嗎？——抑或某一個其他人是羅馬人？」那未決的概念部分也可以是完全空白的，例如，「蓋阿斯是什麼人？——誰是蓋阿斯？」

從結果推論出根據，在亞里士多德那裡，是與**從假設的根據推論出結果**相反的。後者透過展示由此推論的結果並不是眞實的證明某一命題是錯的，亦即透過「相反的例子證明」。**從結果推論出根**

據則透過展示所推論的爲眞實而證明某一命題是眞實的。據此，這方法透過例子促使我們接受某一假設；從假設的根據推論出結果則以例子促使我們排除某一假設。所以，前者是歸納法，是從結果推論出根據，甚至是肯定前件，因爲這透過許多事例得出規律，而由此規律這些事例又再度成了結果。恰恰因爲這樣，這規律永遠不會是完全確切的，而頂多達至相當大的可能性。但是，這種形式的不確切性卻可以透過所列舉的大量結果而爲某一物質性的確切性給出了空間；以相似的方式，正如在數學裡，那無理數透過小數切分而變得無限接近有理數。相比之下，從假設的根據推論出結果則首要從根據推論結果，但隨後則是否定後件，因爲它證明了某一必然的結果並不存在，並以此取消了那假設的根據的眞實性。也恰恰因爲這樣，這種推論總是完全確切的，爲證明所提出的一個命題，所採用的一個確切的相反的例子，勝過採用無數例子的歸納法。要否定、推翻比要證明、提出或奠定容易得多。

第十章　論三段論

雖然對一個自兩千多年來已被無數人探討過了，並且也無法透過經驗而增加的題材，很難再提出某一全新的和正確的基本觀點，但這並不應妨礙我把下面的嘗試呈現給喜歡思考的人檢驗一番。

一段邏輯推論就是我們理性的運作，我們以此從兩個判斷透過比較這兩者而得出了第三個判斷，而在這過程中，並不借助在其他別處所獲得的知識。爲此所需的條件是：這樣兩個判斷都有**一個**共同的概念，因爲如果不是這樣的話，它們彼此陌生和沒有任何共同之處。一旦達到這條件，它們就成了父親和母親，所生的一個孩子自身有來自雙親的某些東西。上述的理性運作並不是隨心所欲的胡來，而是理性的行爲：在投入考察、思考這些判斷的時候，依照自身的規律而自動進行。就此而言，這運作是客觀的而不是主觀的，因此受制於最嚴格的規則。

有人可能會問：進行邏輯推論者透過新得出的道理，是否就知悉了一些的確是新的、他之前並不知道的東西？並不絕對如此，但在某種程度上是這樣。他所知悉的已在其之前就知道的東西裡面了，所以，他是一併知道這些了。但之前他並不知道他自己知道這些東西，就像一個人擁有某樣東西，但他卻不知道自己擁有這樣東西——在這情形裡，這個人就像不曾擁有這樣東西一樣。也就是說，他之前只是**含蓄**地知道這些東西，現在，他**明確**地知道了這些東西。但這種區別卻可以如此之大，以至推出的結論好像嶄新的眞理一樣。例如：

所有的鑽石都是石頭；
所有的鑽石都是可燃的；
所以，某些石頭是可燃的。

所以，邏輯推論的本質在於：我們把在前提中已經一併想到的結論陳述，引進我們清晰的意識之中，據此，這是一種手段，讓我們更清晰地意識到自己的所知，更詳細地認識到自己本來知道的東西。那推導出的結論所提供給我們的知識只是潛在的，因此並不發揮作用，一如潛在的熱並不對溫度計發揮作用一樣。誰要是有了鹽也就有了氯，但情形就好像他並沒有這氯似的，因爲只有當這氯在化學上分離出來才會發揮作用，亦即只有到了那時候，他才眞正擁有了氯。從已知的前提進行邏輯推論得出的結論也是一樣的情形：一個之前受束縛的或者潛在的知識以此方式被解放了出來。這些比較雖然看上去會有點誇張，但其實並非如此。這是因爲我們從我們的知識中很快、很迅速和不曾拘泥形式地推斷出許多可能的結論，所以對此沒有留下任何清晰的回憶；這樣看上去似乎不會還有什麼前提長久不曾利用和不曾由此推出可能的結論；從所有那些在我們知識範圍內的前提，我們似乎已經有了現成的結論。不過，情形可不是始終如此，更準確地說，在一個人的頭腦中，兩個前提可以長時間孤零零地存在，直至最後一個機會讓其走到了一起，然後，結論才突然顯現出來，就猶如只有在鋼和石相互撞擊在一起時才會迸出火花。確實，那從外在取得的、既可導致理論性的觀點也可成爲引發決定的動因的前提，經常長時間就在我們那裡，並部分地透過沒有清楚意識到的，甚至不曾形諸文字的思維，與我們其他儲存的知識相互比較、斟酌，就好比是混在一塊搖晃直至最終那合適的大調碰上了合適的小調——這樣的話，這些隨即各就各位，而結論一下子就有了，猶如某一光芒突然照亮，並且不需我們的參與，就似乎那是一個靈感，因爲我們無法明白爲何我們和其他人竟然這麼久了都看不出這一點。當然，在結構巧妙的頭腦裡，這過程會比在一般頭腦中進行得更快捷和更容易，也正因爲這是即興發生的，並的確在沒有清晰意識的情況下進行的，所以，這是無法學到的。因此，歌德說過：

只有那發現了和達到了目標的人，
才知道那是多麼的容易。

對這所描述的思想過程打一個比喻，我們可以看看那些帶有字母環圈的掛鎖：掛在旅行車的箱子上，經過長時間的搖晃以後，最終那些字母恰好碰到了一塊，掛鎖也就打開了。但此外，我們要記住三段論就在於思路本身，而人們表達這思路所用的字詞和句子，標示的就只是這思路所留下的痕跡：這些字句與思路的關係，猶如用沙子標識的樂音旋律和節奏圖形與這圖形所表示震動的音聲。當我們想要好好考慮一些事情時，那我們會把我們的事實集中在一起來判斷，而所作出的判斷都被快速放在一起並相互對照——這樣，有可能從這些判斷中得出的結論，借助三段論中的那三個格，就馬上沉積下來了；但在這過程中，由於這些運作極爲快速，只應用了很少，有時候根本就沒有應用字詞，僅僅只有結論確實說了出來。這樣的話，有時候就會出現這樣的事情：我們透過這一途徑，或者透過只是直覺，亦即透過某一巧獲的洞察，把某一新穎的眞理引入了我們的意識之中——現在，我們就爲這結論性的眞理尋找前提，亦即想要提出對此結論的證明，因爲認識一般都早於對它的證明。然後，我們就在我們的知識庫存中翻找，看看是否可以找到某一個眞理其實已經隱含了那新發現的眞理，或者找出兩個命題，透過合乎規則的拼合而引出這一結果（這一眞理）。在另一方面，每一道法律程序都提供了最正式的和最讓人印象深刻的三段論，而且是第一格。所控告的民事和刑事違法行爲是小前提，這是由控告者提出的。對這些行爲的法律則是大前提。判決則是結論，而這作爲必然得出的東西，只是由法官所「宣判」的。

但我現在想就邏輯推論的實際原理給出最簡單和最準確的描述。

做判斷是思維基本的，也是最重要的程序，做判斷就在於比較兩個概念；推論就在於比較兩個判斷。但一般在教科書裡，推論也被還原爲對兩個概念的比較——雖然那其實是對三個概念的比較，因爲從這兩個概念與第三個概念的關係，就可知道這兩個概念之間的關係。對這樣的觀點，也是不可以否認其眞確的；並且因爲這觀點得以讓三段論的關係借助畫出的概念涵義圈而直觀展示出來——而這是我們曾在第一卷裡讚揚過的——所以，這觀點的優勢就是讓事情一目了然。不過，在我看來，在此，一如在不少情形中，做到一目了然是要以透澈明白爲代價的。那在推論時的眞正的思維程序，那與此精確相連的三段論的三個格及其必然性，就不會透過這一方式讓人認識到。也就是說，在推論時，我們並不僅僅以概念運作，而且運用了整個判斷，而對判斷來說，那唯一只是在繫詞而不是在概念那裡的性質，以及數量都是絕對關鍵的，甚至還要加上那模態。上述把推論表現爲三個概念的關係，其錯處就在於這說法把這些判斷馬上就分解爲最終的成分（概念）；這樣處理的話，這些概念的連接手段也就失去了，而這些判斷本身和在整體中特有的東西，亦即造成從這些判斷中必然引出結論的東西，也就脫離了我們的視線。那就犯下了與有機化學所犯下的相似的錯誤，例如，有機化學在分析植物時，馬上就會把植物分解爲最終的成分。這樣，在所有的植物中，有機化學都得到了碳、氫和氧，但就會失去特有的、具體的差別，而要得到這些差別，我們就必須止步在更專門、特別的成分，止步在那些所謂的生物鹼，必須注意不要再度解析這些。從三個給出的概念，還不能引出任何結論。那人們當然就會說了：這裡的兩個概念與第三個概念的關係必然會在這裡同時給出了。但表達出這關係的，恰恰是把那些概念連接起來的判斷，因而也就是判斷，而不僅僅是概念，是推論的素材。據此，推論從根本上就是對兩個判斷的比較；我們頭腦裡的思維程序就是處理這些判斷和以這些判斷所表達的思想，而不只是處理三個概念；就算這思維程序是不完整的，或者一點都不曾透過語言標示出來，情形也是一樣的；我們必須把思維程序視爲這個樣子，視爲把整個的、不曾肢解的判斷集合在一起，以便眞正理解推論時的技術過程，然後，由此就可看出那三個眞正合乎理性的三段論的格的必要性。

正如我們在闡述三段論時所借助的概念範圍，會被想像爲圓圈圖形，在闡述時所借助的整個判斷則要被想像爲棍子的圖形。這些棍子的圖形，爲了比較的目的，一會兒是以這一頭、一會兒是以另外一頭放在一起相互比較：根據這不同方式做比較，就有了三個的格。既然每一個前提都包含了主詞和述詞，那這兩個概念就要被想像爲在每一根棍子的兩端。現在，兩個判斷就在它們當中兩個不同的概念那裡做比較，因爲正如已經說過的，第三個概念必然是在兩個判斷中相同的一個，因此，這第三個概念是不被比較的；但在這第三個概念中，亦即在與這概念相關的方面，另兩個概念互相做比較。這第三個概念也就是中介概念。這中介因此永遠只是手段，而不是首要的東西。相比之下，那兩個不一樣的概念卻是思考的對象，弄清楚那兩個概念之間的關係——所借助的就是那些已經包含了這關係的判斷——就是三段論的目的；也正因爲這樣，得出的結論就只談論那兩個概念，而不是那中介，因爲那中介僅僅只是一個手段、一個標準，用完即棄。如果在這兩個命題中的同一個概念，亦即中介概念是一個前提的主詞，那與之相比較的概念就必須是述詞，反之亦然。在此，就馬上先驗地證實了出現三種情形的可能性：也就是說，要麼是一個前提的主詞與另一個前提的述詞相比較，或者一個前提的主詞與另一個前提的主詞相比較，或者最後，一個前提的述詞與另一個前提的述詞相比較。由此就產生了亞里士多德的三個三段論中的格；那有點畫蛇添足加進去的第四個格，是不眞確和謬誤的，人們把這歸咎於蓋倫，但這只是聽信阿拉伯的權威而已。這三個格中，每一個都表現了在推論中全然不同的、正確的和自然理性的思路。

也就是說，如果在兩個要相互比較的判斷裡，其中一個判斷的述詞與另一個判斷的主詞的關係就是比較的目的，那就產生了第一格。這一格獨有的優勢就是：在結論中是主詞和述詞的概念，在前提裡已經以同樣的身分出現了，而在其他兩個格中，其中一個概念在結論中始終必須改變其角色。但這樣的話，在第一格中，那結果比起其他兩格就始終少了點新的和讓人驚奇的東西。那第一格的優勢也只能以此方式所達致：把大前提的述詞與小前提的主詞相比較，而不是反過來——因此這一點在這裡是關鍵的，並導致了中介占據了兩個不同名稱的位置，亦即在大前提的主詞和在小前提的述詞；而由此又產生了它的次要的涵義，因爲它只是作爲一個平衡物出現，人們可以隨意地一會兒將之放在天平的這一邊、一會兒放在另一邊。這一格的思路就是：大前提的述詞屬於小前提的主詞，因爲大前提的主詞是小前提的述詞；或者在否定的情形裡，出於同樣的理由而倒轉過來。在此，某一特性也就給予了透過一個概念進行思維的事物，因爲這特性是與我們在這些事物那裡已認識到的另一特性連在一起的，或者反過來。因此，在這裡是這樣的指導原則：一個屬於述詞的特性，也屬於其主詞；一個不屬於述詞的特性，也不屬於其主詞。

而如果我們比較兩個判斷，目的是要找出這兩者的主詞互相可能有的關係，那我們就必須把這些判斷的述詞作爲共同的標準，而這述詞據此就是中介，因而在那兩個判斷中必須是同樣的東西。由此就產生了第二格。在此，兩個主詞互相的關係是透過它們對那同一個述詞的關係而確定的。但這種關係只有在那同一樣述詞被給予了一個主詞而又不給予另一個主詞時才有意義，因爲這樣的話，那就會成爲兩者根本的差別根據。這是因爲假如把這述詞都給予兩個主詞，那就無法決定這兩個主詞互相的關係，因爲幾乎每一個述詞都可屬於無數的主詞。如果這述詞不屬於那兩個主詞的話，那就更難決定這兩個主詞之間的關係了。由此就有了第二格的根本特徵，即兩個前提都必須有彼此對立的性質，一個必須是肯定的，另一個則必須是否定的。因此，就有了這最高的規則：其中的一個前置句必須是否定性的，其推論就是：從只是肯定性的前置句，不會引出任何東西。在一些鬆散的、被很多插入句遮掩了的論證中，這條規則被人們違反了。這一格所表現的思路，上述就清楚地顯現出來了：那是對兩種事物的探討，目的是要把它們區分開來，亦即確定它們並不是同一個種類——而這在此是以這種方法決定的：其中一種具有某一本質性的特性，而另一種則沒有這一特性。至於這種思路完全是自然而然地自動採用了第二格，並只在第二格才清楚地凸顯，則由這個例子顯示出來：

所有的魚都有冷的血，
任何鯨魚都沒有冷的血：
所以，鯨魚不是魚。

而這樣的想法以第一格表達是無力、生硬的，最終就顯得是拼湊而成的：

　　有冷血的魚都不是鯨魚，
　　所有的魚都有冷血；
　　因而任何魚都不是鯨魚，
　　所以，任何鯨魚都不是魚。

還有這帶肯定性小前提的例子：

　　沒有伊斯蘭教徒是猶太人
　　一些土耳其人是猶太人，
　　所以，一些土耳其人不是伊斯蘭教徒。

據此，我所提出的這一格的指導原則就是：對於帶否定的小前提的形式，**不適用於述詞的**，也就**不適用於主詞**；對於帶肯定的小前提的，則**不適用於主詞的**，也就**不適用於述詞**。合併起來翻譯成德文，就是：兩個主詞如與一個述詞是完全相反的關係，那這兩個主詞之間是否定的關係。

第三種情形就是我們把兩個判斷排列在一起，以探究它們的述詞之間的關係；由此就產生了第三格。在第三格裡，中介相應在兩個前提裡作為主詞出現。這中介在此也就是**做比較的兩者都共有的東**

西，是應用在兩個要被探究的概念上的尺度，或者就好比是一種化學試劑，人們以此檢驗兩者，以便從它們與這的關係去了解它們兩者之間到底是什麼關係。因此，結論就告訴我們，在這兩者之間是否存在一種主詞與述詞的關係，這關係擴展至多大的程度。據此，在這一格所展示的是對兩種特性的思考，我們傾向於把這兩種特性視爲要麼是不協調一致的，要麼是不可分的；爲了定奪這一點，我們試著把這些特性以兩個判斷的形式作爲同一個主詞的述詞。這樣得出的結果就是：要麼兩個特性屬那同一個東西，因此，這兩個特性是協調一致的；要麼就是一個東西雖然有這一個特性，但卻沒有另一個特性，因此，這兩個特性是可分的。前者在所有的模式中都帶有兩個肯定的前提，後者在所有的模式中都帶有一個否定的前提：例如，

一些動物會說話；
所有的動物都是非理性的：
所以，一些非理性的動物會說話。

根據康德（《四個三段論格的錯誤牛角尖》，§4），這種推論只有在我們的思想中補充這一句才可以有說服力的：「所以，一些非理性的是動物。」在此，在我看來完全是多餘的，一點都不是自然的思路。但爲了直接借用第一格以完成這同樣的思路，我就說：

所有的動物都是非理性的，

一些能說話的是動物。

而這明顯不是自然的思路；的確，那得出的結論「一些能說話的動物是非理性的」就必須倒轉過來，以獲得第三格自動得出的、整個思路都著眼於得到的結論。我們就再舉一個例子吧：

所有的鹼金屬都浮在水裡；
所有的鹼金屬都是金屬：
所以，一些金屬浮在水裡。

把這換成第一格的話，那小前提就必須倒轉過來，成了這樣，即「一些金屬是鹼金屬」——這也只是表明：一些金屬處於「鹼金屬」的範圍，亦即圖一：

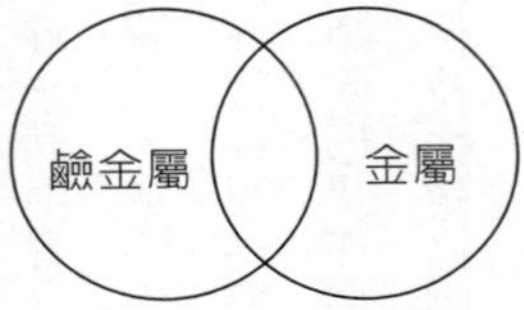

圖一

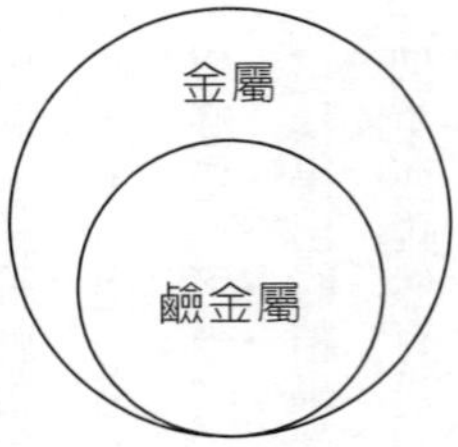

圖二

而我們的眞正知識就是：**所有的**鹼金屬都處於「金屬」的範圍（圖二），所以，假如第一格據說眞的是唯一正常的，那我們爲了合乎自然地思考，就必須思考得比我們所知的更少，並且與我們確切知道的相比，就必須思考得並不確切。這一假設有太多反對它的東西。所以，總的來說，可以否認我們在用第二格和第三格推論的時候，是在私下裡把一個命題翻轉過來的。其實，第三格乃至第二格也表現了與第一格同樣的一條符合理性的思路。現在，讓我們考察一下第三格的另一種例子——在此，得出的結果就是兩個述詞是可分開的，這就是爲什麼在此一個前提必須是否定性的：

> 沒有佛教徒是信上帝的，
> 一些佛教徒是理性的，
> 所以，一些理性的人是不相信上帝的。

就正如在上面的例子裡，兩種特性的**協調一致性**是思考的問題，現在思考的則是兩個特性的**可分性**，而在此，判定此問題的方法就是把這兩個特性與**一個**主詞做比較，並證明在這主詞中有其中的**一個特性**，但卻沒有**另一個特性**。這樣，人們就直接達到了目的，而如果透過第一格的話，那就只能間接地達到目的。這是因爲要把邏輯推論還原爲這第一格的話，那我們就必須把小前提翻轉過來，因此就要說「一些理性的人是佛教徒」，而這就將是原本意思的不準確表達而已，而原本的意思是「一些佛教徒的確是理性的」。

因此，我提出這一點作爲這一格的指導原則，對肯定性的模式，是 *ejusdem rei notae, modo sit*

altera universalis, sibi invicem sunt notae particulares：對否定性的模式，則是 *nota rei competens, notae eidem repugnanti, particulariter repugnat, modo sit altera universalis*。翻譯成德文就是：如果兩個述詞得到了一個主詞的肯定，而且至少一個述詞是普遍的，那它們也就互相得到個別的肯定；而一旦其中一個與主詞相矛盾，而另一個述詞得到這主詞的肯定，那它們會互相個別地否定——但無論是否定還是肯定，都必須是普遍的。

在*第四格*中，大前提的主詞應與小前提的述詞做比較，不過，在結論中，這兩者必須再度調換其價值和位置，讓原本在大前提中的主詞作爲述詞出現，而原本在小前提中的述詞作爲主詞出現。以此將看出：這一格就只是故意倒轉過來的*第一格*，但這種表達卻完全不是眞實的和自然符合理性的思路。

相比之下，那前三個格卻是三種眞實的、根本上有所不同的思維運作的複製品。這三種格的共同之處就在於把兩個判斷做比較，但這樣的比較也只有在它們*共有*一個概念的時候才會產生出結果。如果我們把兩個前提形象化地理解爲兩根棍子的圖形，那我們就可以把這共有的概念想像爲把兩個前提結合起來的一個鉤子；在作報告的時候，我們甚至可以用上這樣的棍子。在另一方面，要區分那三個格，就是看對那些判斷所做的比較是有關其主詞方面，抑或有關其述詞方面，抑或有關其中一個主詞和另一個述詞方面。那麼，既然每一個概念，只要它已是一個判斷的部分有了成爲主詞或者述詞的特性，那就證實了我們的這一觀點：在邏輯三段論裡，首要做比較的就只是判斷，概念只有是判斷的一部分時才會被比較。但在比較兩個判斷時，最關鍵的是在*什麼方面*做比較，而不是以*何方式*做比較：前者就是不同類的、相矛盾的概念，後者則是中介，亦即在兩個判斷中共同的概念。所以，*蘭伯特*，甚至*亞里士多德*和幾乎所有現代人，都採取了並非正確的視角，在分析邏輯三段論時都是從中介出發，把中介作爲首要的事情，把中介的位置當成了三段論的本質特徵。其實，中介的角色是次要的，其位置是在三段論中眞正要做比較的概念的邏輯值的結果。這些要做比較的概念可以比之於在化學上接受檢驗的兩種物質，而中介則可比之於用來檢驗這兩種物質的試劑。所以，中介始終占據了做比較的兩個概念空出來的位置，在結論中也就不再出現了。這中介被選用是根據其與兩個概念的關係的已知程度，並且這中介適合那所占據的位置。所以，我們在許多情況下可以隨意地將之變換，而不影響那三段論。例如，在這個三段論裡：

所有人都要死的；
蓋尤斯是一個人：

我們可以把中介「人」換成「動物性生物」。在這個三段論中：

所有的鑽石都是石頭；
所有的鑽石都是可燃的：

我可以把中介「鑽石」換成「無煙煤」。中介作爲外在的標誌讓我們可以馬上就認出一個三段論的格，它當然是很有用的。但我們對一件要解釋的事情，必須抓住本質性東西作爲這事情的根本特徵，而這本質性的東西在此卻是：我們是否把兩個命題放在一起比較述詞主詞，或者比較一個命題的述詞與另一個命題的主詞。

所以，爲了要作爲前提而產生出一個結論，兩個判斷就必須有一個共同的概念；此外，兩者不能都是否定性的，也不能兩者都是個別的；最後，假如在它們那裡要做比較的兩個概念是主詞，那它們也不能都是肯定性的。

我們可以把伏打電柱視爲邏輯三段論的一個象徵：其中間的中性點表現了中介部分——這是聯繫兩個前提的東西；借助於這一中介，這兩個前提才有了得出結論之力。而兩個不同類的、眞正要被比較的概念，則由電柱的兩個不同的極來表示：只有在這兩極透過兩者的導線（這是對兩個判斷的繫詞的形象表達）而聯繫起來，才會在接觸時迸發出火花——那結論所帶來的新的光明。

第十一章　論雄辯術⓭

所謂辯才，就是這樣一種能力：把我們對某件事情的觀點，或者我們就這事情的所思、所信，也在別人那裡引發出來，在別人那裡燃起我們對這事情的感覺，也就是讓他們與我們產生同感；做出這一切所用的辦法就是：我們借助字詞把我們的連串思想有力地引入他們的頭腦，以致讓別人的思想偏離了自己既定的路向，強行讓別人的思想跟上自己的思路。別人的思路在這之前越是與我們的思路不一致，那所取得的成功就越是了不起。由此可輕易明白爲什麼對事情的確信和激情會讓我們雄辯，而辯才總起來說是天生的才能更甚於技巧的產物，但在此，技巧也助了天生一臂之力。

要讓別人相信一個眞理，而這個眞理又是與他們所固守的錯誤觀點針鋒相對的，那第一條要遵從的規則就是容易遵循和自然而然的：**我們要讓前提先走，隨後才得出結論**。但這條規則卻極少得到遵循，人們其實是反其道而行之，因爲熱情、急切和自以爲是鼓動著我們對持相反錯誤觀點的人大聲地和刺耳地喊出結論。這輕易就會讓這人驚慌和茫然，這樣，他就會卯足意欲（意願）抗拒一切根據和前提，因爲他已經知道這些根據和前提將會導致什麼樣的結論。因此，我們更應該完全隱藏起結論，就只是清楚地、完整地和從各個角度及方面給出前提。如可能的話，我們甚至不要把結論說出來，因

⓭ 本章與第一卷 §9 結尾相關。

爲這結論會必然地和合乎規則地自動在聽者的理性中出現，並且他們自己所產生的確信會更加地由衷和眞誠；此外，還伴隨著自尊而不是羞愧。在遭遇棘手的情形時，我們甚至還可以裝出樣子，似乎就是想要得出一個與自己其實眞正想要得出的完全相反的結論。這一類做法的範例就是莎士比亞的《尤里烏斯·凱撒》中安東尼的著名演說。

在爲某樣東西辯護時，許多人所犯下的錯誤就是他們自信地把一切可以想像出來的、能爲這東西說話的都搬了出來，不管那是眞的，抑或一半是眞的，抑或只是看上去是眞的東西。但假的東西很快就會被認出，或起碼被感覺到了，而與這些東西連在一起被搬出來的、有其充分理據的和眞實的東西，也就會一併遭受懷疑。所以，我們唯一和純粹地給出有充分依據的和眞實的東西；並且在爲眞理辯護時，不要採用任何不充分的東西，因爲這些不充分的東西如作爲充分的東西提出來，那也就成了詭辯性的東西，而對手在推翻了這些東西以後，就會得到一個假象，似乎對手也推翻了得到這些東西支持的眞理，亦即對手把**針對人的理據**變成了**針對事的理據**。中國人在另一方面或許又走得太遠了，因爲他們有這樣的說法：「善辯者，總是留下一半的話並沒有說完；占理者可以自信地只講出十分之三的話。」

第十二章　論科學理論⑭

從之前的章節所給出的有關我們智力的不同功能的分析，可以看出要符合規則地運用智力，不管是做理論上的探討，還是爲了實際的目的，都需要做到下面這些：(1)對所要思考的現實事物及其一切關鍵的特質和關係，亦即對所有的**事實**，有一準確的直觀把握；(2)透過這些事實形成準確的**概念**，具體地說，就是以準確的抽象，從那些特質**總結**出概念，而這些概念現在就成了後續思維活動的材料；(3)這些概念一方面與直觀所見做比較，另一方面則與這些概念相互間做比較，再就是與我們的其他概念做比較，以致由此產生出準確的、與事情相吻合的、充分包含和窮盡了這事情的**判斷**，準確地**評估**和**論斷**事情；(4)把這些判斷組織起來或者**組合**起來，成爲**推論**的前提：這些前提會根據所選擇和安排的判斷而相應得很不一樣，但整個運作的眞正結果卻首要取決於這些前提。在這過程中，關鍵就在於自由的思考能夠從那些各種不一的、與事情判斷相吻合的判斷中，從許許多多可能的組合裡面，恰恰選中那合乎目的的和決定性的組合。但如果在第一個功能中，亦即在對事物及其關係的直觀把握中疏漏了某一關鍵之處，那接下來的思想運作就算全都正確，也無法避免得出錯誤的結果，因爲那些都是事實，是那整個探究的素材。假如無法確保這些連在一起的是正確的和完整的，那我們就要克制自己

⑭ 本章與第一卷 §14 相關。

不要在重要的事情上做最終定論。

一個概念是正確的，一個判斷是眞確的，一個物體是眞實的，一種關係是顯然的。一個有著直接確切性的命題就是公理。只有邏輯原則，從直觀中先驗獲得的數學原則，還有因果法則，才有直接的確切性。一個具有間接確切性的命題也就是一個定理，而奠定此定理的就是證明和證據。要把直接的確切性給予一個並沒有直接確切性的命題，那就是請求根據。一個直接建基於經驗直觀的命題，就是一個斷言：以經驗直觀與這斷言對質和比較，需要的是判斷力。經驗直觀奠定的只能是單個的眞理，而不是普遍的眞理，雖然這些單個的眞理透過多方的重複和證實也獲得了普遍性，但那卻只是某種相對的和不確定的普遍性，因爲這確定性始終是有爭議的。但如果某一命題有絕對的普遍有效性，那其所依靠的直觀就不是經驗的，而是先驗的。據此，那完全可靠的科學就只有邏輯學和數學：但這些科學教導我們的也確實就只是我們預先已經知道的東西。這是因爲它們就只是解釋清楚我們先驗意識到了的東西，亦即我們的認知形式，其中之一是關於思維的科學，之二則是關於直觀的科學。因此，我們完全是從我們自身得出了這些科學，所有其他的知識都是源自實踐經驗的。

一個證明（或證據）如果擴展至一些事物和情形，而那所要證明的東西明顯並不適用於這些事物和情形，那這證明（或說證據）就證明了太多的東西，因此由於這些間接證明而遭駁斥。歸謬法其實就是我們把所提出的錯誤聲稱作爲大前提，然後補充一個正確的小前提，得出了一個與經驗事實或者毫無疑問的眞理互相矛盾的結論。但運用一個迂迴的方法，每一個錯誤的學說都必然有可能得出這樣一個與眞理相矛盾的結論——只要這錯誤學說的辯護者肯定認識和承認點點的眞理，因爲那樣的話，由這些眞理和由那錯誤的聲稱所各自得出的推論必然就會推進至產生出兩個直接互相矛盾的命題。在柏拉圖的著作中，我們可發現眞正辯論法的這些美妙技巧的許多例子。

一個**正確的假設**不過就是對我們眼前的事實的眞實和完整的表達，其提出者直觀地把握了這事實的眞正本質和內在的關聯。這是因爲這假設只是向我們說出了在此所眞正發生的事情。

分析方法與綜合方法的相反對立，我們在亞里士多德的著作中發現已經有所提及，但或許只是在普羅克魯斯的著作中首次描述清楚，因爲普羅克魯斯完全正確地說過：在**那些傳統的方法中，最好的方法就是以分析的方法把所要證明的事情引到某一已知的定理**。人們說**這一方法是柏拉圖傳給拉俄達瑪斯**的〔《普羅克魯斯對歐幾里得（原本）第一編的評述》，L.3〕。當然，分析的方法就在於把既有的東西還原爲某一已獲承認的定理；而綜合的方法則在於從這樣的定理做推論。所以，這兩種方法類似於在第九章中所討論的「歸納」和「演繹」，只不過「演繹」的目的並非要奠定命題，而是要推翻命題。分析的方法是從事實，從獨特的個別情形出發而達到定理，達到普遍性的東西，或者從結果出發而達到原因；綜合的方法則相反。因此，描述其爲**歸納和演繹**的方法將會更加地準確，因爲傳統的名稱並不貼切，其表達是糟糕的。

假如一個哲學家想要一開始就想好他在哲學論辯時所要遵循的方法，那就像一個詩人先要寫下一套美學，然後就據此而寫作詩歌。這兩者都像一個先唱完一首曲子，然後據此而跳舞的人。思想者必須憑著自己原初的本能而找到自己的路子，規則和運用、方法和成效必須不可分離地出現，就像物質和形式那樣。但在達到目標以後，我們可以考察所走過的路。就其本質而言，美學和方法學比詩歌和哲學要年輕，就正如語法學比語言年輕、通奏低音比樂曲年輕、邏輯學比思維年輕一樣。

但在此適宜順便說上幾句，我希望以此制止一樁蔓延開來的壞事——假如還來得及的話。拉丁語已經不再是一切學科探究的語言，所帶來的壞處就是整個歐洲不會再有直接的共同學科文獻了，而只有各自國家的文獻。這樣，每一個學者就首先侷限於一個小得多的，並且囿於國家的偏見和定見的公眾群。並且他現在就得學會兩種古老語言以外的四種歐洲主要語言。假如那各種學科的術語（礦物學的除外），作爲我們的先行者留下的遺產，就是拉丁語或者希臘語，那會減輕學者們多大的負擔。因此，所有的國家都慎重地保留著這些東西。只有德國人才會有那不幸的想法，想要把各種學科的術語翻譯成德語。這樣做有兩個壞處。首先，外國的甚至德國的學者就被迫要學兩遍他那學科的所有術語。如果這些術語眾多的話，例如，像解剖學那樣，就會特別的費勁和繁瑣。假如其他國家不是在這問題上更加地聰明，那每一個術語我們都得學習五遍。如果德國人繼續這樣做，那外國的學者就不會閱讀他們的那些大都寫得冗長，文體馬虎拙劣，很多時候甚至是造作和毫無趣味的、常常罔顧讀者需要的書籍。其次，把術語翻譯成德語字詞，就幾乎都是長長的、胡亂挑選和拼湊起來的、拖拉緩慢、發音沉悶，與這語言的其他字詞並不能清楚地分開。所以，這些德語術語很難在記憶中留下印象，而由學科的古老和難忘的創造者所選用的希臘和拉丁語字詞，卻有著所有的相反的優良特質，透過響亮的音聲而容易留下印象。例如，不說 Azot，而說 “Stickstoff”（「氮」），那不是一個醜陋的、聲音刺耳的詞嗎！“Verbum, Substantiv, Adjektiv”（「動詞、名詞和形容詞」），比起相對應的德語詞 Zeitwort, Nennwort, Beiwort 更讓人記得住，也更容易分清差別；或者以 “Umstandswort”（「副詞」）代替 Adverbium 也是一樣的情況。在解剖學中，那完全讓人難以忍受，並且還是粗俗和就像理髮匠的學徒一般。“Pulsader und Blutader”（「動脈和靜脈」）就已經比 Arterie und Vene 更容易讓人混淆，但諸如 “Fruchthläter, Fruchtgang, Fruchtleiter”（「子宮、女性陰道、輸卵管」）並不是每一個醫生都必須認識的，並且在所有的歐洲語言都行得通的 *uterus*、*vagina*、*tuba Faloppii*，那就完全是讓人迷惘的。類似的還有“Speiche”和“Ellenbogenröhre”（「橈骨」和「尺骨」），而不是全歐洲自多個世紀以來都明白的 *radius* 和 *ulna*。也就是說，爲什麼要用那些笨拙的、混亂的、拖拉的，並的確是乏味的德語譯詞呢？邏輯學中的術語翻譯同樣讓人噁心。我們的那些天才哲學教授就是新的術語的創造者，幾乎每一個人都有他自己的術語。例如，在G．E．舒爾策那裡，「主詞」稱爲「基本概念」，「述詞」則是「附加概念」；還有那「附加推導、假定推導、對立推導」，判斷則有“Größe, Beschaffenheit, Verhältniß und Zuverlässigkeit”，亦即 Quantität, Qualität, Relation und Modalität（數量、質量、關係和模式）。那種德意志狂熱所造成的同樣令人反感的結果，人們在各個學科中都可發現。拉丁語和希臘語的字詞還有這樣的優勢：給科學的概念打上這樣的印記，把這些概念從日常交往的詞語和從與這些詞語密切相關的聯想中分離出來。例如，說“Speisebrei”（「食糜」）而不是 Chymus，似乎就是在說小孩的食品；“Lungensack”（「胸膜」）而不是 *pleura*，連帶那“Herzbeutel”（「心包」），而不是 *pericardium*，就好像是出自屠夫之口多於出自解剖學。最後，與運用古老術語相關的是學習古老語言的最直接的必要性，而由於人們運用當今的語言在學術探究方面，古老語言的學習越來越有了被取消的危險。眞到了這地步的話，那與語言相連的古人的精神就從學術的課程中消失了；然後，粗野、膚淺和庸俗就會占據整個文獻世界。這是因爲古人的著作是指引每一藝術或者文學追求的北極星：這北極星下沉了的話，你們也就完了。從大多數的寫作者那可憐和幼稚的文體，人們已經可以看出他們是從來不曾寫過拉丁文的。⓯人們把研究古代作家稱爲人文學習或研究是相當適宜的，因爲透過這樣的學習和研究，人們才首先再度成爲了人，因爲人們所進入的那個世界，還沒有中世紀和浪漫主義時期的鬼臉——這些東西在那以後如此深刻地影響了歐洲人，甚至時至今日，每個人仍然帶著這些東西來到這世上，而先要擺脫了它們，才可以實現再度成爲一個人。你們可不要以爲你們的現代智慧就可以取代那成爲人的聖潔儀式：你們並不像希臘人和羅馬人那樣是生而自由、不帶偏見的自然之子。你們首先是野蠻的中世紀及其胡扯，是那可恥的教士欺詐和半殘忍半愛慕虛榮的騎士氣質的兒子和繼承人。這兩者現在逐漸終結了，但你們卻因爲那樣的緣故而仍無法自己獨立站起來。缺少了古人的薰陶，你們的文學就會退化爲庸常的空話和枯燥無味的俗物。根據所有的這些理由，我給出這發自好意的建議：馬上結束上面所批評的德意志愚蠢的狂熱。

我還想更進一步，利用這次機會指責一番多年來在德語正確寫法方面所發生的一些聞所未聞的惡劣情況。那各種爲生計而寫作的人都聽說過表達簡練，但卻不知道要做到這一點，就在於小心去掉一切多餘的東西，而他們長篇累贅的瞎寫當然就屬於多餘的東西。他們誤以爲要簡潔的話，就是剪除字詞的部分，就像騙子修剪硬幣一樣，以及毫不猶豫地省去每一個在他們看來多餘的音節，因爲他們感

⓯ 學習古老著作的一大用處就是避免寫得冗長、囉嗦，因為古人始終致力於寫得簡潔、言簡意賅，而現代人幾乎人人都有的毛病就是冗長、不著邊際，而試圖彌補這一點的最新手法就是去掉字詞中的音節和字母。所以，我們應該一輩子都要堅持學習古老的著作，儘管這免不了要為此耗費時間。古人們知道不應該像說話那樣寫作，但現代人呢，竟然毫無羞恥地把他們的口頭講座印刷出來。

覺不到其價值。例如，我們的先輩得體地說“Beweis”（「證據」）、“Verweis”（「責備」）和相比之下的“Nachweisung”（「證明的行動」）：這裡面的細膩差別就類似於“Versuch”（「試驗」）和“Versuchung”（「引誘」、「誘惑」）、“Betracht”（「方面」）和“Betrachtung”（「考察」）之間的差別，是那些糙耳朵和厚頭骨所感覺不到的。所以，他們就發明了“Nachweis”一詞，這詞也就馬上被廣泛應用了，因爲這只需要那想法確實夠笨，那錯誤確實夠明顯。因此，無數的字詞已經遭受了同樣的肢解，例如，人們不再寫“Untersuchung”而是寫“Untersuch”了；“allmälig”被“mälig”、“beinahe”被“nahe”取而代之了；不再是“beständig”而是“ständig”了。假如一個法國人竟敢寫 *près* 而不是 *presque*，一個英國人寫 *most* 而不是 *almost*，那他就會被一致認爲是傻子而受到嘲笑。但在德國，一個人做出類似的事情則會被視爲有原創的頭腦。化學家已經寫“löslich und unlöslich”而不是“unauflöslich”（「不可溶解的」）了，假如語法學家不敲他們的手指，德語就會被偷走一個很有價值的字詞：可解開的、分開的（*löslich*）是結子、鞋帶，還有那黏結物變軟以後的礫岩及所有類似的東西；而 *aufröslich*（可溶解的）則屬於完全消失、變爲液體的東西，就像在水中的鹽。“Auflösen”是一個表達特定意思的專門術語，是清楚界定出來的一個確切概念。但這些，我們的精明的語言改造者卻想要鑄成“Lösen”這樣一個洗滌盆子。爲了連貫一致，他們之後就一律以“lösen”取代“ablösen”（von Wachen）（「換崗」）、auslösen（鬆開）、einlösen（贖回），等等。用上這詞以後，就像之前的那種情形，語言就被奪去了字詞的確切性。但讓語言少了一個字詞，就等於讓民族的思維少了一個概念。這就是自從這十幾二十年來，幾乎我們所有的書籍寫作者聯合一致努力的方向，因爲我在此透過一個例子所展示的，會得到一百個其他例子的證明。那種最卑鄙的吝嗇音節就像瘟疫般地蔓延開來。那些可憐的人眞的在那數著字母，只要能賺上兩個字母，他們就會毫不猶豫地致殘一個字詞，或者用上一個意思錯誤的字詞。無法有新的思想的人，就想著至少帶來新的字詞。每一個搖筆桿子的人都視改良語言爲己任。報紙的寫手在這方面則至爲無恥，他們的報紙由於內容都是陳詞濫調和瑣碎的事情而擁有最大量的讀者，這些讀者絕大部分甚至不會閱讀報紙以外的其他東西，所以，他們透過這些報紙對德語構成了巨大的威脅。因此，我嚴肅地建議對這些報紙實行正字檢查，或者對這些報紙離奇地使用或者肢解了的每一個字詞，都要交出一筆罰金，因爲還有什麼比語言的變動是出自文學中最低級的分支更不光彩的？語言，尤其是相對原初的、像德語那樣的語言，是一個民族最昂貴的遺產，是一件極其複雜、輕易就會毀壞並再也無法復原的藝術品，所以，**不要碰**我。其他的民族感覺到了這一點，對其語言表現出了巨大的虔誠，雖然他們的語言遠沒有德語那樣完美。所以，但丁和佩脫拉克的語言與今天的相比，只是在小地方有所差別；蒙田的著作仍然讓人讀得明白，莎士比亞的那些最老的版本也是如此。對德國人來說，嘴裡有那些長的單詞甚至是好事，因爲他們思想緩慢，那些單詞給了他們時間去意識和琢磨。但那種傳播開來的省略語言仍出現在多個典型情形中：例如，他們違反所有的邏輯和語法，以未完成時取代完成時和過去完成時；他們常常把助動詞收起不用；他們運用離格而不是第二格；他們爲了省掉個把的邏輯分詞，就造出如此交織在一起的複合句，以致人們得讀上四遍才可以看出到底是什麼意思，因爲他們想要節省的只是紙張，而不是讀者的時間。在處理專有名詞時，他們完全就像霍屯督人一樣，既不用詞形變化也不透過冠詞來標示專有名詞的格，就由讀者自行去猜吧。他們尤其喜歡模糊帶過雙重元音字母和延長了音調的h，而這些字母本來就是爲韻律而設置的。這種做法恰恰就像人們想除掉希臘語中的η和ω，以ε和o取而代之。

838

839

誰要是寫出 Scham、Märchen、Maß、Spaß，那他也應該寫 Lon、Son、Stat、Sat、Jar、Al 才是。* 因爲文字就是說話的複製品，所以，後世的人就會誤以爲人們應該如同他們所寫的那樣發音，這樣的話，德語留下來的就是一門剪頭去尾、尖嘴發出呆滯輔音音聲的語言，所有的韻律也將失去。爲了省下一個字母，“Literatur” 的寫法也很受歡迎，而不再是正確的 “Litteratur”。爲了給這做法辯護，人們搬出了這詞是源自動詞 *linere* 的分詞。但 *linere* 的意思是塗抹，因此對絕大多數的德國濫出書籍製造者而言，那受歡迎的寫法可能的確是準確的，以致人們可以區分爲數很少的文學（Litteratur）和非常泛濫的塗抹式文學（Literatur）。要寫得簡潔，人們就要精煉其文體，避免所有誤用的饒舌廢話，這樣，就用不著因爲寶貴的紙張而含混帶過音節和字母。但寫出那麼多無用的書頁、無用的書籍，然後就想以無辜的音節和字母來重新彌補揮霍掉的時間和紙張，這的的確確就是英國人說的小事聰明大事糊塗的極致。遺憾的是，並沒有任何學士院以庇護德語免遭文學上的「法國長褲革命黨」的侵害，尤其是在這樣一個就算對古老語言一無所知也敢從事報刊和出版業的時期。就時至今日人們對德語那些不可原諒的胡作非爲，我在《附錄和補遺》第二卷 §23 更詳細地談論了。

我在《充足根據律的四重根》§51 已經建議，在這本書第一卷 §7、§15 也再度提及了科學的至高分類，其根據就是在這科學中占主導地位的充足根據律的形態。我想把我的小小的試探性設想放在這裡，這設想毫無疑問還可以得到若干完善。

* 後者的正確寫法是：Lohn、Sohn、Staat、Saat、Jahr、Aal。——譯者注

一、純粹的先驗科學

1. 關於存在的根據的學說

a. 空間的：幾何學

b. 時間的：算術和代數

2. 關於認知的根據的學說：邏輯學

二、經驗的或後驗的科學

全都是根據演變的根據，亦即根據因果法則，確切地說，是根據因果法則的三種模式，即：

1. 關於原因的學說

a. 一般的：機械學、流體動力學、物理學、化學

b. 特別的：天文學、礦物學、地質學、工藝學、藥物學

2. 關於刺激的學說

a. 一般的：植物和動物的生理學，及其附屬科學的解剖學

b. 特別的：植物學、動物學、動物解剖學、比較生理學、病理學、治療學

3. 關於動機的學說

a. 一般的：倫理學、心理學

b. 特別的：法學、歷史學

哲學或形上學，作爲關於意識及其內容的學說，或關於整體的經驗的學說，並沒有排列在上面，因爲哲學並不會自動追隨根據律所強求的考察方式，而是首先把這根據律本身作爲考察的對象。哲學要被視爲所有科學的基本低音，但哲學卻具有比這些科學更高的特性，它與藝術有著幾乎與科學同樣密切的關聯。正如在音樂中，每一樂段都必須吻合那基本低音所進展到的音調，同樣，每一個作者都會依照其專業而帶有其時代流行的哲學的印記。但除此之外，每一門科學都還有自己專門的哲學，因此，人們會說植物學的哲學、動物學的哲學、歷史哲學，等等。這裡所說的哲學，從理性上看不過就是從最高的，亦即從最普遍的、在這一科學中所能有的角度對這門科學的主要成果本身加以審視，把它們聯繫起來。這些至爲普遍的成果是與普遍的哲學緊密地直接聯繫在一起的，因爲這些成果給哲學提供了重要的事實資料，爲其省去了勞作，無需在專門科學中那些還未經哲學處理的素材裡尋找這些成果。這些專門的哲學因此是專門的科學與眞正的哲學之間的傳達者。這是因爲眞正的哲學是要就整體的事物給出最普遍的解釋和說明，所以，這些解釋和說明也必然是可以往下應用於那整體中各種類的單一事物。與此同時，每一門科學的哲學的形成是獨立於普遍哲學的，也就是說，是出自自己學科的事實資料本身，所以，它不需要等待普遍哲學終於得以發現，而是在這之前就已經準備好，並將無論如何都會與眞正的普遍哲學相符合。而這眞正的普遍哲學必須能夠從單個科學的哲學中得到證實和闡釋，因爲普遍的眞理必須能夠透過特殊的、專門的眞理而得到證明。歌德就達爾頓和潘德爾的嚙齒目動物骨架（形態學冊子，一八二四）的思考給出了動物哲學的一個漂亮例子。基爾邁爾、德拉馬克、若夫華．聖．伊萊爾和居維爾等人也爲這動物科學做出了相似的功績，因爲他們都凸顯了動物形態那普遍的相似之處、內在的淵源、持久的類型和合乎規律的關聯。那些純粹因其自身而被研究的、沒有哲學傾向的經驗科學，就酷似一張沒有眼睛的臉。但這些經驗科學卻適合於有著不錯潛力但卻欠缺最高的能力的人，而那些最高的能力對這樣細緻入微的探究反倒構成某種妨礙呢。這些人把自己的全副精力和全部所知集中在某個單一畫定的領域，所以，在對所有其他都一無所知的條件下，能夠對這領域達致接近完美的認識。相比之下，哲學家必須綜覽所有的領域，並的確在某種程度上要對這些相當地熟悉。但那種只有透過細節才能達致的完美認識，則必然是不可能的。但在這方面，第一種人則可以比之於日內瓦的工匠，一個只做輪子，另一個則只做彈簧，第三個則只做鏈子；而哲學家則是鐘錶製造者：他從所有這些弄出個有運動、有意義的整體。我們也可以把第一種人比之於樂隊中的樂器手：他們每一個人都是其樂器的大師，而哲學家則是樂隊的指揮：他必須了解每一件樂器的特性和處理方法，但卻不會很完美地演奏所有的樂器，甚至一件也不行。司各特·愛留根納把所有的科學都列在 *Scientia* 的名下，與哲學相對應，而哲學則被他名爲 *Sapientia*（智慧）。⑯但古人如此經常地重複對這兩種精神追求的關係下面這一個異常美妙和辛辣的比喻，我們已經不知道這比喻是誰提出來的。第歐根尼·拉爾修認爲是亞里斯提卜，斯托拜烏斯（《文選》，第四卷，一一〇）則說是阿里斯頓，亞里士多德的注疏者（柏林版，第八頁）則認爲是亞里士多德，普魯塔克（《孩子的教育》，第十章）卻把這歸於彼翁：彼翁說過，就像潘妮洛普的那些追求者，因爲無法得到她，所以就以她的女僕爲樂；同樣，那些在哲學上無法有所作爲的，就把精力消耗在價值稍遜的其他知識領域。在我們這個經驗和歷史具有壓倒性的時期，回想起這句話是沒有壞處的。

⑯ 但畢達哥拉斯門徒早就做了同樣的劃分，正如我們可在斯托拜烏斯的《文選》第二卷，第二〇〇頁看出來。這種區分在那裡是非常清楚和優雅的。

第十三章　論數學的方法學⓱

歐幾里得的證明方法從自己的子宮就生出了這樣一個最讓人印象深刻的諷刺，那就是有關**平行線**理論的著名激辯和人們每年都重複試圖證明那第十一條公理。也就是說，這公理表明，而且透過一條橫切的第三條線的間接標記：兩條彼此靠近的直線（也就是「少於兩個直角」的意思），如果足夠地延長，就必然相交。這一眞理據說是太過複雜了，以致無法不證自明，所以，它需要一個證明，但這證明卻是拿不出來的，恰恰就是因爲再沒有比這更直接的證明了。這種內心的躊躇讓我想起了席勒的法律和權利問題：**多年來我把鼻子作嗅覺之用，但我眞的對此有可證明、可查實的權利嗎**？

確實，在我看來，邏輯的方法經此方式最終成了愚蠢、無聊的事情。但也正好透過對這些問題的激辯，連帶人們徒勞地試圖把直接眞確的東西表現爲只是**間接**眞確的東西，那直觀的顯而易見所特有的獨立性、自主性和清晰性，就**與**邏輯證明的無用和困難形成了對照，既可笑又有啟發性，且啟發性不亞於可笑性。也就是說，人們在此之所以並不承認那種直接的眞確性，是因爲這種眞確性並不是邏輯的眞確性，並不是從概念中得出的，因此並不是唯獨建立在屬性與主體的關係之上，依照的是矛盾律。但上述那條公理卻是一個先驗的綜合性定理，而作爲這樣的綜合性定理有純粹直觀而非經驗直觀

⓱ 本章與第一卷 §15 相關。

的保證；而純粹直觀是直接的和眞確的，一如矛盾律本身，而所有的證明都先從這純粹直觀那裡得到其眞確性。從根本上說，這一點適用於每一個幾何學定理，而要在哪裡畫上直接眞確與先要得到證明之間的界線，則是人爲任意的。我覺得奇怪，爲何人們不對這第八條公理提出質疑：「彼此能夠重合的形體是相等的。」這是因爲彼此重合要麼只是語義重複，要麼是某些完全來自經驗的東西，而這就不屬於純粹直觀，而只屬於外在的感覺經驗。也就是說，它假設了形體是會移動的前提。但只有物質才是在空間中移動的。所以，提及這彼此重合也就是爲了進入物質的和經驗的範圍，而離開了純粹的空間——這幾何學的唯一元素。

在柏拉圖的教室門楣上，據稱有這樣的題詞：沒學過幾何的人不要進來。這讓數學家很爲之驕傲，但之所以說出這句話，毫無疑問是因爲柏拉圖把幾何形體視爲永恆理念與個別事物之間中間的東西，就正如亞里士多德在《形上學》中所經常提到的（尤其是在第六章，第八八七、九九八和八二七頁的注釋，貝羅爾編）。此外，那些自爲存在的、永恆的形式或理念，與轉瞬即逝的個別事物的對照，在幾何形體那裡是最容易讓人一目了然的，並因此奠定了理念學說的基礎。而這就是柏拉圖哲學的中心點，並的確是他的唯一認眞和明確的理論性教義；所以，在陳述他的哲學的時候，柏拉圖就先從幾何學開始。在這同一意義上，人們告訴我們說：柏拉圖把幾何學視爲一種預先的練習，好讓在實際生活中只跟實體的東西打過交道的學生，透過這練習也習慣於處理非實體的東西（亞里士多德著作注釋，第十二、十五頁）。這就是柏拉圖建議哲學家學習幾何學的用意，因此我們就沒有理由把幾何學誇大。我寧可建議大家閱讀一篇討論透徹、充滿識見的文章：這篇文章探究了數學對我們的精神思想力的影響及對科學教育的用處。這本來是對威維爾的一本書的書評，登在一八三六年一月《愛丁堡評論》上。這篇文章的作者，W．**漢密爾頓**，蘇格蘭的邏輯學和形上學教授，稍後把這篇文章與一些其他文章一道在自己的名下出版了。這篇文章也由一個譯者從英文翻譯成了德文，以《論數學的價值和無價值》的題目在一八三六年單獨出版。這篇文章的結論就是數學的價值只是間接的，也就是只在於應用其達到唯有透過數學才可以達到的目標。但就其自身而言，數學不會讓精神思想有任何的進步，一點都不會有助於對精神思想的一般性訓練和發展，甚至反過來會有明確的妨礙作用。這一結論不僅透過對數學的思維活動所做的透澈的思維學方面的探究得到證明，而且還透過所累積的有學問的例子和權威，加強和鞏固了這一結論。數學剩下的唯一直接的用處，就是數學可以讓頭腦飄忽不定的人習慣於固定其注意力。甚至那以數學家聞名的笛卡兒，也是這樣評價數學的。在巴耶的《笛卡兒的一生》（一六九三）第二部第六章第五十四頁是這樣寫的：**他的經驗讓他確信數學並沒有多大的用處，尤其是如果人們就因爲這數學的緣故而學習數學。在他看來，沒有什麼比沉浸在簡單的數字和想像中的形態更欠缺踏實的了**，等等。

第十四章　論聯想

表象和思想在我們的意識中出現，嚴格受制於根據律的不同形態，一如身體的運動嚴格受制於因果律。正如一樣物體不會沒有原因就活動起來，同樣，一個想法沒有因由就進入意識也是不可能的。那麼，這因由要麼是外在的，亦即給感官留下的某一印象；要麼是內在的，亦即本身也有一個想法，現在由於聯想而帶來了另一個想法。這聯想又是要麼取決於這兩種想法的原因和結果的關係，要麼取決於這兩者的相似性，甚至只是類似性；又或者是因為在同一時間有了這些想法，而這又可以是因為這些想法的對象在空間上是接近的。最後兩種情形可用 *à propos** 來標示。這三種聯想紐帶中到底哪一種占據了主導，是頗能典型表明一個人的智力價值的：第一種在深思和縝密的人那裡占據著主導，第二種則見之於機智、風趣、富有詩意的人，第三種則在那些頭腦思想狹隘的人那裡為主。同樣具有典型性的，是一個想法引起另一個在任何關係方面的想法的便捷程度：這構成了思想的活躍性。但某一思想沒有足夠的因由是不可能出現的，就算有最強烈的意欲要呼喚其出現也是無濟於事的——這一點，可由所有這樣的情形來證明：我們無論怎麼絞盡腦汁，就是無法回想起某樣東西；把我們的思想庫存挨個去試，就是為了找到任何某一念頭與所要尋找之物是有所關聯的，因為找到了前者的

* 法語，意思是「對了，想起來了……」。——譯者注

話，也就會找到後者。想要喚起某一回憶，人們總是首先要找到某一線索，而那回憶就是透過聯想與此線索連接在一起的。記憶術所憑藉的就是這一點：記憶術旨在為所有要保存下來的概念、思想或者字詞提供輕易就可找到的因由。但記憶術的糟糕之處是，首先就要回想起這些因由本身，這樣就又再度需要某些因由。至於在記憶中因由發揮出很大的作用，可由下面的例子證明。一個人在一本軼事書裡讀到了五十件軼事，然後就把這書放一邊去了。隨後，有時候很快就會連一件軼事都無法回想起來。但假如出現了某一起因，或者頭腦中有了某一個念頭或想法，與某一軼事有某些相似之處，那隨即就會回憶起那件軼事；那所有五十件軼事也是這樣偶然和順便地回憶起來的。這對於我們讀過的所有東西也是同樣的道理。我們直接的，亦即不需借助記憶方法的字詞記憶，以及連帶著我們的整個語言能力，從根本上建基於直接的聯想。這是因為學習語言就在於我們一次性地把一個概念與一個字詞連接在一起，想到這概念時就總會馬上想到這一字詞，想到這一字詞就總會想到這一概念。我們在以後學習每一種新的語言時，會重複這一過程。但假如我們學習一種語言只是要被動地而不是主動地應用它，亦即只是用於閱讀而不是說話，例如學習希臘語的大多數情形，那這種連接是單方面的，因為字詞會讓我們想起概念，但概念卻並不總是讓我們想到字詞。這在語言方面的程序，在個別學習每一個新的專有名詞的情形裡，就是顯而易見的。但有時候我們沒信心把這人，這城市、河流、山岳、植物、動物等名字與這些東西直接地如此緊密地連結起來，以至彼此自動就喚起另一方。這樣，我們就借助於記憶法，把這人或者事的圖像與某一可直觀的特質——這特質的名字就包含在那人、事的圖像之中——連接起來。但這只是暫作支撐用的腳手架；遲些時候，我們就會捨棄不用了，因為聯想是直接的支撐。

對記憶中的某一線索的追尋會以某一奇特的方式展現出來——假如那是我們醒來的時候就已忘記

的夢，因爲我們就會徒勞地尋找在幾分鐘以前，還以最栩栩如生的力度占據我們的頭腦，但現在卻已完全逃跑了的東西；所以，我們就去捕捉某些遺留下來的印象，看是否還連帶著小小的線索，能借助於聯想把那夢境拉回到我們的意識中去。甚至那些被催眠的睡眠，據說有時候也可以透過某一在醒後發現的感官跡象而喚回睡眠中的回憶——根據基澤的《動物磁性體系》（第二卷，§271）。同樣是由於某一想法沒有原因是不可能出現的，所以，假如我們準備在某一特定的時間做某樣事情，那就必須要麼到那時爲止不要想著任何其他事情，要麼就是到了那特定的時間，會有某些東西讓我們**想起**要做的事情——這可以是某一外在的、預先爲此而準備的印象，也可以是某一本身再要以合乎規律的方式引起的想法。兩者都屬於動因一類。每個人在早上醒來的時候，意識就是「一塊白板」，但這白板很快就會再度被塡滿。也就是說，首先是前一個晚上的周圍環境現在再度出現，讓我們回想起我們也就在這環境下所想到的東西；與此相連的是前一天的事情，這樣，一個想法很快就喚出另一個想法，直至我們昨天所做的所有事情都再度回憶起來了。精神健康就有賴於這些恰如其分地發生，而與此相對立的則是瘋癲，就正如在第三部分所指出的那樣。瘋癲就在於對過去的記憶的關聯性中有巨大的缺口。但至於睡眠是如何完全打斷了記憶的線索，以致這線索在每一個早上又必須再度連接起來，我們在這種操作的個別不完美之處就可看得出來，例如，某一首樂曲晚上在我們頭腦中反覆迴蕩到了厭煩程度，但在第二天早上我們有時候卻無法回憶起這首樂曲。

有些例子則似乎提供了上面所說的例外情形，即我們突然地和在沒有意識到原因的情況下有了某一念頭、想法，或者某一想像中的圖像。但這通常都是錯覺而已，只是因爲那因由是如此地細微，那念頭本身卻如此的強烈和有趣，以至在那一刻把那因由從意識中擠掉了。但有時候，一個表象這樣突然出現，可能是內在身體的印象所致，這些印象要麼是由腦髓部分相互之間造成的，要麼是機體神經系統給腦髓造成的。

總起來說，我們內在的思想過程在實際上並不是有關這方面的理論所說的那樣簡單，因爲在此多種多樣的因素相互交纏在了一起。爲形象地說明這事情，我們可以把我們的意識比之於一定深度的水：那清楚意識到的思想就只是水的表面，而大部分的水體則是不清晰的思想，是直觀和經驗之後的感覺反響，其中混雜著我們的意欲自己的情緒，而這意欲就是我們本質的核心。這整個意識的總量或多或少依照智力的活力程度而持續活動；由於這些活動，那上升到表面的就是想像中的清晰圖像，或者清楚的、有意識的，以字詞表達出來的思想和意欲的決定。我們思維和決定的整個過程甚少在表面那裡，亦即甚少表現爲環環相扣的思考清楚的判斷，儘管我們力爭做到這樣，以便能夠向我們和他人做出解釋。但通常，考慮和琢磨從外在所接收的素材——這些就因此整理爲思想——是在昏暗的深處，這些考慮和琢磨幾乎是無意識進行的，就與食物轉化爲身體的汁液和物質一樣。這就是爲什麼我們常常無法解釋我們最深刻的思想的由來：這些思想是我們神祕內在的產物。判斷、想法和決定出其不意地和讓我們感到驚訝地從我們那內在深處浮現出來。一封信爲我們帶來了意想不到的、重要的消息，因此，就出現了我們思想、動因的某種混亂；我們暫時打發掉這事情，不再想它；但在這之後第二天或者第三、第四天，整件事情和我們就此應該做的事，有時就會清楚地呈現在我們眼前。意識就只是我們的精神思想的表層，對這精神思想就像對這地球一樣，我們並不了解其內在，而只知道其表皮。

但讓聯想本身活動起來的——聯想的規律在上面已闡明了——最終或者在我們祕密的內在就是意•欲：它驅使其僕人，智力，依照其能力把各個想法串連起來，回憶起相似的和在同一時間產生的想法，認出原因和結果，因爲從總體上考慮事情，以便人們盡可能地針對所出現的各種情形做準備，是符合意欲的利益的。因此，那控制著和維持著聯想活動的根據律形式，到最後也就是動因規則，因爲那指揮感知能力和決定朝著這個還是那個方向，追隨類似的東西還是其他聯想，是思維主體的意欲。正如在此，理念之間的連接規律仍只是以意欲爲基礎的，同樣，在現實世界中的物體的因果聯繫，其實也只是以表現在現象中的意欲爲基礎的；所以，從原因中得出的解釋永遠不是絕對和詳盡、透澈的，而是都返回到作爲其先決條件的自然力，這些自然力的本質也就是作爲自在之物的意欲。在這樣說的時候，我當然是在預期接下來的一部分內容了。

但因爲引致我們的表象出現的**外在的**（感官的）因由和**內在的**（聯想）因由都同樣地，並且兩者彼此獨立地持續作用於我們的意識，由此就造成了我們的思路經常中斷，而這就給我們的思維帶來了某些肢解和混亂。這屬於我們思維那無法消除的不完美特性。我們會在特別的一章裡考察這個問題。

850

第十五章　論智力的本質性缺陷

唯一只有時間但沒有空間作爲我們的自我意識形式。這就是爲什麼我們的思維不像我們的直觀那樣朝著三個維度進行，而只是向著一個維度展開，亦即只是沿著一條線路而沒有寬度和深度。我們智力的最大的本質性不足就由此而來。也就是說，我們只能逐次認識所有的東西和一次只能意識到一樣東西，並且要這樣做的前提條件是在這同時忘記——亦即一點都沒有意識到——所有其他東西，所以，其他東西對於我們也就暫時停止存在了。我們這有如此特性的智力，可以與視野相當狹隘的望遠鏡相比，恰恰就是因爲我們的意識並不是靜止的，而是流動不居的。也就是說，智力只能逐次去感知，要抓住一樣東西的話，就必須放走其他東西，除了一些痕跡以外，所留下的別無其他，而那些痕跡也越來越弱。現在還活生生地占據著我的頭腦的想法，經過短暫的時間之後，必然就會完全遺忘；假如睡了一個好覺，那就有可能我以後永遠不會找回這一想法了——除非那是與我的個人利益，亦即與我的意欲有關，因爲意欲始終不依不饒地堅守其陣地。

由於這種智力上的缺陷，所以就有了我們不連貫的和經常是碎片式的思路——這我在上一章的結尾處已經談及，而由此又無法避免地產生了我們思維的分散。也就是說，有時候是外在的感官印象侵入、干擾和中斷了我們的思維，隨時把極爲奇怪、異樣的東西強加給我們的思想；有時候，一個想法以聯想的線繩拉來了其他想法，然後，原先的想法就被擠走了；最後就是有時候，智力本身也無力很長時間地和持續地盯住一個思想，而是就像眼睛一樣，在長時間凝視一個對象物以後，那眼睛很容易就不再看得清楚，因爲那輪廓就會交會在一起而變得混亂，最終一切都變得昏暗、模糊。同樣，長時間持續地反覆考慮一樁事情以後，思維就逐漸變得混亂、遲鈍和最終完全陷入渾噩之中。因此，我們對一些事情的思考，雖然有幸不曾受到打擾但卻還沒完成，並且哪怕所思考的事情是最重要的，也與我們有著切身的利害關係，但在過了一段時間以後——其中的尺度因人而異——這思考就必須暫時停止；也必須把那如此引起我們興趣的對象物逐出我們的意識之外，儘管這些東西讓我們憂心忡忡。這樣做的目的，就是現在要去關注一些不重要的和無所謂的事情。在這個時間裡，那重要的事情對於我們就不再存在了，就像冷水中的熱一樣潛藏起來了。那麼，我們在另一個時間裡重又撿起這一事情的時候，我們就像是在檢視一樁新的事情，我們就會重新——雖然是很快地——了解情況，它給我們的意欲所造成的或好或壞的印象也就重新出現。同時，我們回來的時候本身也不是完全不曾改變的。這是因爲與那根據季、日、時而隨時起變化的混合的體液和綳緊的神經一道，我們的情緒和看法也在改變。再者，在這期間有過的奇特、異樣的表象會留下某種迴響，其音調會對接下來的表象產生影響。因此，同樣的事情在不同的時候，在早上、下午、晚上或者在另外一天，看上去經常都會非常不一樣，現在對這事情就不禁產生了與原先相反的看法和增加了我們的疑慮。這就是爲什麼我們會說：對一件事情，睡一覺後再做決定；對於重大的決定，我們會要求考慮較長的時間。那麼，雖然我們智力的這種特質源自智力的弱點，有其明顯的缺陷，但是，在另一方面，這所造成的好處就是：在思想分散和身體重新定調以後，我們就當作是比較另外的人、以新鮮的和陌生的眼光回頭審視我們的事情，並可以多次在相當不同的光亮中察看這事情。從所有這些可以看出：人的意識和思維依照其本質，必然是支離破碎的，所以，透過把這些碎片組合起來而獲得的理論或實際成果，就大都是帶有缺陷的。在此，我們的思維意識就酷似一盞「幻燈機」，在其焦點處每一次就只能顯現一張圖片，而每一張圖片哪怕是表現了最高貴的東西，也必須很快消失以讓出位置給至爲不一樣的，甚至特別粗俗的東西。在實際事務中，最重要的計畫和決定是在大體上作出的，在這些之下，是作爲服務於目標的手段的其他計畫和決定，而在這些後者之下的，又是其他的計畫和決定——就這樣一直到那要「實際上」實施的個別計畫和決定。但這些計畫和決定並不是根據其尊貴高低排列而實施的，而是在我們想著那大體上的和空泛的計畫時，我們必須著力解決個別的小事和操心眼前的問題。這樣，我們的意識就更加地雜亂、不連貫。總的來說，理論性的思想工作和活動讓我們無法勝任實際的事務，反之亦然。

由於我們所有的思維都無法避免分散性和碎片性，以及由此所造成的相當不同的表象混雜在了一起，就算是最高貴的人的頭腦思想也擺脫不了這些特質——這些我已描述過了——所以，我們其實也就只是具有**一半**的知覺意識；我們就是以這樣的意識在我們迷宮般的人生中和在昏暗的探索中四處摸索，而明亮的瞬間在這過程中就像閃電一樣照亮了我們的路徑。但總體上，對於這樣的頭腦，我們又能期待些什麼呢？也就是說，這些頭腦當中哪怕是最睿智的，在每一個晚上都是最離奇的和最荒唐的夢幻的遊戲場，從這些夢幻回過頭來就又再度恢復其冥想。很明顯，受制於如此巨大侷限的意識，並不適合於探究世界之謎，這樣的探究努力，在更高一類的生物看來，即在智力並不以時間爲形式、思維因此是眞正完整和統一的生物看來，顯得既古怪又可憐。的確，這一點甚至是讓人奇怪的：那些各種各樣如此大相徑庭的表象在我們的頭腦中持續地縱橫交貫，我們卻並未因此而完全混亂，而是始終可以在其中重又找到頭緒和門路，讓一切都互相配合適宜。很明顯，這裡肯定有一條更簡單的線繩，所有的一切就在此依次排列。但這線繩到底是什麼呢？僅僅只是記憶力對此是不夠的，因爲記憶力有本質性的侷限——這我很快就會談到；此外，記憶力是極其不完美、不忠實的。那**邏輯上的我**，或者甚至那**統覺的超驗綜合統一體**——這些用語和說明，並不輕易幫助理解這事情，其實反倒讓不少人想到：

雖然你的鬍子是彎曲的，但卻無法提起那門閂。

康德的命題，「那『我想』必須伴隨著我的所有表象」並不夠，因爲那「我」是某一未知的量值，亦即本身就是一個祕密。那給予意識統一性和連貫性的——因爲貫穿了那所有的表象，是意識的根基，是意識的永遠承載者——其本身是不會以意識爲條件的，所以不會是表象，而必須是早在意識之前，是樹的根部，而這樹的意識就是果實。這就是**意欲**：這是唯一不變的和絕對同一的，並且爲了服務於意欲的目標而產生了意識。因此，也是意欲給予了意識以統一性和把意識的所有表象與思想連貫了起來，就好比貫穿著的基本低音伴隨著意識。沒有了意欲，智力就不再有統一的意識，有的只是一面鏡子一樣的意識：在這樣的意識中，一會兒是這個，一會兒又是那個，接連地顯現出來；或者那意識頂多不過就像一面凸面鏡：把那些光線交會於鏡子表面背後的一個虛擬點上。但只有**意欲**才是意識中永恆不變的東西。是意欲把所有的思想和表象作爲實現意欲目標的手段合在了一起，讓這些沾上了意欲的特性、情緒和利益的色彩，控制著注意力並牢牢掌握著動因的線繩：是這動因的影響最終把記憶和聯想活動起來。那在判斷句中總是出現的「我」，歸根到底就是這意欲。所以，意欲就是意識眞正的、最終的統一點和連接其所有功能和行動的紐帶；意欲本身並不屬於智力，而只是智力的根子、起源和掌控者。

因爲表象順序的**時間形式和單一維度**，所以，智力要把握一樣事情的話，就必須放手所有其他的；由此除了智力的分散性以外，還有了智力的**忘記特性**。智力所放手的東西，大多數都是智力永遠不會重又想起的，尤其是因爲重又想起是與充足根據律聯繫在一起的，亦即需要某一只有聯想和動因才能提供的起因，但我們對這起因的敏感性越是因爲對那對象物的興趣而提高，那起因就可以越是遙遠和微小。但就正如我在論充足根據律的文章中所指出的，記憶並不是一個容器，而只是練習出來的功能，用於產生出任何想要的表象，因此，這功能始終必須透過在練習中重複而獲得，因爲不是這樣的話，就會慢慢失去。據此，就算是最博學之人的所知也只是**潛在地**存在，作爲一種在拿出某些表象中獲得的訓練，而**實際上**，那所知就只侷限在一個表象，現時此刻就只是意識到這一個表象。在他**潛在**可能知道的與他**事實上**所知道的之間，亦即在他的知識與他的每一次思維之間，就產生了一種奇特的對比：前者是一望無際的，始終有某些混亂的一大堆東西；後者是某一單一的清晰思想。那就像是天上不可勝數的星星與望遠鏡的狹隘視野的關係：每當有了某一起因和機會，在這個人想要從其所知那裡喚起對隨便某一細節的清晰回憶，當需要花費時間和功夫把這一細節從那混亂的一大堆東西中找出來的時候，那這一關係就會醒目地顯現出來。在這方面的快捷是一種特別的天賦，但卻相當依賴於日、時；所以，記憶力有時候會拒絕提供服務，甚至對於一些在其他時候都會隨時提供服務的東西。這一考察就敦促我們在我們的學習中，要更加努力獲得正確的見解而不是博學強記；要用心謹記：知識的**質量**要比知識的**數量**更重要。知識的數量只是讓書籍增加厚度，但知識的質量卻讓書籍有了透澈性和風格：因爲那是一種**深度**的數值，而知識的數量則只是一種廣度的數值。知識的質量就在於清楚和完整的概念，連帶構成這些概念基礎的純淨和正確的直觀知識；因此，那整個所知，其各個部分都滲透了那直觀知識，並相應地很有價值或者很少價值。數量少但質量高的知識，比數量很大但質量低劣的知識更讓人有所成就。

最完美和最讓人滿足的認識是直觀的認識：但這直觀認識是完全侷限於個別的、個體的東西。把許多不同的東西概括在**一個**表象、設想裡面，就只能透過**概念**，亦即只能透過去掉個中的差別。因此，概念是一種非常不完美的設想、表象方式。當然，個別的東西也可以直接理解爲普遍性的東西，亦即假如那被提升爲（柏拉圖式的）**理念**：但在這樣的過程中，智力已經越過了個體性的、因而也是時間上的界限。並且這也只是某種例外情形。對此過程，我在第三部分中已經分析過了。

智力這些內在的和本質性的缺陷，經由一種在某種程度上是外在的（對智力而言），但卻是無法避免的干擾而更加強了，那干擾也就是意欲對智力的所有運作所施加的影響——一旦意欲對智力運作的結果有切身關係的話。每一激情，甚至每一好感或者反感，都會讓認知的對象沾上其色彩。最司空見慣的就是願望和希冀對認知的歪曲，因爲願望和希冀會欺騙我們，把幾乎不可能的事情佯裝成很有可能和幾乎就是確實的事情，讓我們幾乎無法理解與此相反的東西：恐懼也以同樣的方式發揮作用；每一先入爲主的看法、每一偏心偏袒，以及就像已說過的，每一利害關係、意欲的每一激動和每一傾向，都以類似的方式發揮作用。

除了智力所有的這些缺陷以外，還有這最後一點：智力會隨著腦髓老去，亦即就像所有的生理功能一樣，在晚年就失去其能量；這樣，智力的種種缺陷就更是有增無減了。

但是，在此所展示的智力的缺點特性卻不會讓我們奇怪——假如我們回顧一下我在第二部分所證明的智力的起源和使命。爲了服務於個體意欲，大自然創造了智力：因此，智力的使命就只是要去認出那些會給予這一個體意欲動因的事物，而不是去深究這些事物，或者要去領會這些事物的自在本質。人的智力就只是動物的智力得到了更高的提升：就像這動物的智力那樣是完全侷限於現時的，所以，我們的智力也帶著這些侷限的明顯痕跡。因此，我們的記憶和回憶是相當不完美的：我們所做過的、經歷過的、學過的、閱讀過的東西，又有多少是我們能夠回想起來的！甚至那小小的部分也大都是艱難地、有欠完美地回想起來。出於同樣的原因，我們要擺脫現時的印象，又是非常困難的。無意識是一切事物的原初和自然的狀態，所以，也就是在某些物種中那作爲最高精華的意識所出自的基礎；這也就是爲什麼在有了意識以後，無意識也仍然是那主導者。與此相應，大多數的生物都是無意識的，但它們卻是依照本性的規律，亦即依照其意欲的規律而活動。植物頂多只有微弱的類似於意識的東西，最低等的動物則僅有昏暗的意識。但就算經過了整個系列的動物級別以後提升到了人及其理性，植物的無意識——這是人的意識的出處——也仍然是那基礎，這從睡眠的需要，以及從在此所展示的、每一經由生理功能所產生的智力的所有本質性的和巨大的缺陷就可察覺得到。但對其他智力，我們卻沒有任何概念。

在此所指出的智力的**本質性**缺陷，在個別的情形裡隨時經由**非本質**的東西而放大了。智力從來不會在**每一**方面都是其可能的樣子：智力可能有的完美之處如此地互相對立，簡直就是互相排斥。所以，沒有任何人可以在**同一時**間成爲柏拉圖和亞里士多德，或者莎士比亞和牛頓，或者康德和歌德。相比之下，智力的種種缺陷卻可以相安無事地共存，這就是爲什麼智力在現實中大都遠遠低於智力所能達到的水準。智力的功能取決於如此之多的條件——這些條件只表現在現象中，也就是我們所理解的解剖性的和生理性的東西——以致僅僅只是在某一個方向明顯出類拔萃的智力也已屬於至爲稀罕的大自然現象；所以，如此智力所留下的作品就會被保存千百年之久，一個如此得天獨厚的個人的每一遺物、遺骨，甚至成了至爲寶貴的珍品。從這樣的智力一直到那接近低能的程度，這中間有無數的等級。與此相應的首先是，每個人的思想視野都是相當不同的，也就是說，從只是把握到現時此刻——而這是甚至動物也會有的本領——到也能夠把握接下來的一小時，到能把握一整天，甚至把握了明天、一週、一年、一生、一個世紀、十個世紀，一直到達意識的這樣的思想眼界：在其視野中，幾乎持續地看到了無限——雖然那是朦朧不很清楚的；這意識中的思想因此也具有了與此相應的特徵。其次，智力之間的差別顯現在思維的速度上面。這思維的速度是相當關鍵的，這些速度可以是那樣的不同，可以形成逐個等級，就像一個旋轉圓盤上的各個點的速度都不一樣。一個人的思維從結果所能想到的遙遠的原因，似乎是與思維的快捷速度成某種比例的。因爲最高度的聚精會神，總的來說只能維持相當短暫的時間，但也只有在這聚精會神的期間，才會通盤想清楚完整、一體的想法。這就是爲什麼關鍵的就是智力在這樣短暫的時間段裡能深究這想法到怎樣的程度，也就是說，這智力在這時間內可以走完多少路徑。在另一方面，一些人的思維速度可以經由能夠維持完整、一體的思考更長的時間來彌補。緩慢和持久的思考大概造成了數學的頭腦，快捷的思維則成就了天才：天才是飛翔，數學頭腦則是在堅實的地板上一步一個腳印地穩步前行。但就算是在科學方面，一旦那關鍵的不再只是看那數值，而是要明白那現象的本質，那後一種的思維就不足夠了——這一點，可由牛頓的顏色理論和稍後必歐關於顏色圈的瞎扯得到證明。而必歐的瞎扯與法國人對光的那整個原子式的審視方式，還有他們的那些光的分子和他們的那些要把大自然的一切都還原爲僅僅是機械作用的固定想法是密切相關的。最後，現正談論的智力在個體之間的巨大差別，尤其表現在理解的清楚程度和據此全部思維的清晰度。對一個人已是理解了的，對另一個人卻只是在某種程度上注意到了；對前者已是完成了的和達到了目標的，對後者則只是開始；對前者已是解決了的，對後者卻是難題。這取決於思維和所知的質量，這在上文也已提到了。就正如在各個房間裡面明亮度是有所不同的，同樣，在各個頭腦裡面的明亮度也是不一樣的。這整個思維的質量，只要我們讀一個作者的幾頁文字，就可以察覺得到。這是因爲在讀著他的文字的時候，我們就馬上不得不與他的理解力和與他的感覺一道去理解。因此，在我們還不知道他所想過的一切之前，就已經看出他是如何思考的，也就是看出他的思維的形式特性、構造，而這些在其所想過的一切都是一樣的，其痕跡就是他那思路和風格。從這些東西，我們馬上就感受到了他的精神思想的步子和路數，那種靈活、輕鬆，或許甚至他那精神上的飛升；或者與此相反，感受到的是他的遲鈍、笨拙、僵硬和沉重的特性。這是因爲正如語言是一個民族的精神思想的印痕，同樣，風格是一個寫作者的精神思想的直接印痕和外貌。假如我們閱讀一本書時，發現掉進了一個比我們自己還更黑暗的地方，那就會隨手拋開這書，除非我們只是要從這書取得一些事實，而不是思想。除此之外，能讓我們得益的作者，只能是理解力比我們更銳利和更清晰、能加速我們思想的人，而不是窒礙我們的思維的人，就像那些頭腦呆滯的、要迫使我們與其在思考上一道龜速爬行的作者；因此也就是在我們與其頭腦暫時一道思考期間，會給我們明顯輕鬆和促進的人。與這些人在一起，我們感覺被帶到了我們獨自無法抵達的地方。歌德曾有一次跟我說：他只要讀上一頁康德的書，就會有進入了一個明亮房間的感覺。拙劣的頭腦思想之所以如此，並不只是因爲這些人頭腦膚淺並因此判斷錯誤，而首先是因爲他們的整個思維是不清不楚的，因爲那可以比之於透過一個劣質的望遠鏡視物：看到的東西都是輪廓不清的，就像消失了似的；不同的事物摻和在了一起。這樣的頭腦的人，其微弱的理解力很害怕別人提出的概念清晰的要求，所以，他們不會對此提出要求，而是以某種半明半暗來勉強應對。爲求安心，他們就很喜歡採用**字詞**作手段，尤其是那些並不確定的、非常抽象的、不常用的，也很難解釋得清楚的概念的字詞，例如，無限的和有限的，感覺的和超感覺的，存在的觀念，理性的觀念，絕對，善的觀念，神聖的，道德上的自由，自然發生的能力，絕對的觀念，主體——客體，等等。他們自信地到處扔出類似的這些字詞，的確自以爲這些字詞表達了思想，並期望每一個人都滿意這些字詞，因爲他們所能看到的智慧頂峰恰恰就是對每一個可能的發問都準備好了的這一類的字詞。這種異常**滿足於字詞**是劣質頭腦的絕對特徵：這恰恰就是因爲他們無法掌握清晰的概念——一旦這些概念超出了最瑣碎和最簡單的情況；因此，也就是因爲他們那弱小、懶散、惰性的智力，並的確就是因爲他們祕密地意識到了這一點。在學者那裡，除此之外，還有那很早就認識到的要表現出一副思想者樣子的嚴酷必要性，而要應付在所有情形裡的這些要求，他們就庫存了現成的、適宜的字詞。看著一個這樣的哲學教授在講臺上很有誠意地搬出那些沒有思想的字詞垃圾，**信以爲眞**地這些就是思想，而他面前的學生們也同樣是眞誠的，亦即同樣**信以爲眞**地凝神傾聽和抄寫——那肯定是很可笑的。其實，無論是這哲學教授還是學生都不曾超出字詞之外，而是相反，這些字詞和可聽到的羽筆發出的嚓嚓聲響就是這整樁事情的唯一眞實的東西。這種特有的**滿足於字詞**比任何一切都更助長了謬誤的延續和永存。這是因爲依靠從先輩中傳承過來的字詞和短語，每一個人都滿有信心地熟視無睹那些晦暗之處或者難題；這樣，這些東西就不被留意地穿越各個世紀，在書本當中傳播，而有思想頭腦的人，尤其是在他們的青年時期，就會陷入疑惑之中：到底只是他們沒有能力理解，抑或在此的確沒有什麼可以理解的東西；同樣地，對於在同一條道上帶著那如此滑稽的嚴肅表情悄悄地繞著走過和避開那些難題的其他人，那些難題並不是難題，抑或他們只是不想看到那些難題。許多眞理就只是因爲這樣而不被發現，因爲沒有人有勇氣直面難題和著手解決難題。與此相反，爲傑出頭腦的人所獨有的清楚思維和清晰概念，卻讓那些就算是已爲人熟知的道理，一經他們的陳述，就得到了新的光線的照射，或起碼獲得了新的魅力。傾聽或者閱讀他們的陳述，我們就好像是將一副劣質的望遠鏡換上了一副優質的。例如，我們只需讀一下在歐拉致一位公主的信中，歐拉對力學和光學的基本眞理的闡述。基於此，狄德羅在《拉摩的侄兒》中說了這樣的話：只有卓越的大師才有能力眞正出色地陳述一門科學的基本概念和原理，恰恰就是因爲只有這些大師才的確懂得這些事情，對他們而言，字詞永遠不會代表思想。

但我們要知道：頭腦劣質之人是常規的情形，頭腦良好者則是例外的，擁有傑出的頭腦極爲少有，而天才的頭腦則是一樁奇蹟。否則，一個由大概八億個體組成的人類，又怎麼會在過了六千年以後，還留下那麼多的東西要去發現，去發明，去想，去說？智力只是爲維持個體而設，爲此這智力本身一般來說也只是湊合著敷衍急需之用。但大自然在分配大份額的智力時相當地吝惜，甚有智慧：因爲頭腦狹隘的人，對處於其狹隘的活動領域內很少的和簡單的關係和情況，在綜覽和操作其槓桿方面，比有卓越頭腦的人要輕鬆得多和靈便得多，因爲後一種人眺望的是廣大得多和豐富得多的範圍，以很長的槓桿做事。這樣，昆蟲在莖稈和葉子上所看到的比我們要更精細，但卻不會發現僅三步之內的人。因此就有了呆笨之人的狡猾之說和這句自相矛盾的怪論：那些無腦之人的頭腦，是一個神祕之謎。對實際生活來說，天才的用處就猶如天文望遠鏡在劇院中的用處。所以，在智力方面，大自然是至爲貴族性的。大自然在此所定下的差別，大於在任何國家由出身、地位、財富或者種姓所認定的差別。但正如在其他方面的貴族一樣，在大自然的貴族方面，成千上萬的平民中才有一個貴族，數百萬人中才有一個王侯，而數目龐大的人群只是群氓、暴民、烏合之眾、壞蛋。那麼，在大自然的等級與常規的等級之間當然有著刺眼的反差，也只有到了黃金時代這兩者才有望達到協調。與此同時，那些在這一等級表中和那些在另一等級表中處於非常高的位置的人，都有這一共同點：他們大都是在高貴的孤獨中生活，拜倫這詩句指的就是這意思：

感覺我就在國王們的孤獨之中，
但卻沒有能力讓他們帶上王冠。

——《但丁的預言》，第一章，第一百六十六句

這是因爲智力是一可細化的、因此是可區分開的才能：不同的等級比僅僅只是教育多得多地給予了每個人不一樣的觀念；由於這一原因，每個人都在某種程度上活在一個不一樣的世界——而在各自不一樣的世界，每個人也只是直接遇到與他同一等級的人，對其他人，他就只能從遠的距離試圖大聲吶喊、讓他們明白。在等級上的和在同一時間對理解力的訓練和培養方面的巨大差別，在人與人之間敞開了一道寬闊的鴻溝，也只有善良的心才可以跨越，因爲這善良的心與智力等級的差別相反，那是一體化的才能，能把每一個其他人都與自己本身視爲一體。但這種聯繫卻是一種道德上的聯繫，並不可以成爲智力上的聯繫。在受到幾乎同一程度的教育的人中，一個有偉大頭腦思想的人與一個頭腦思想

平平的人，他們之間的談話就像兩個這樣的人一道進行旅程：一個人騎著一匹不羈的駿馬，另一個人則是步行。兩人很快都會覺得很難忍受，長時間一塊旅行則不可能。要走短暫一段路程的話，騎馬者的確可以下馬與步行者同行，雖然那時候，他那不耐煩的坐騎就會給他好一番折騰。

但公眾最能得到的提高無過於透過大自然的**智力貴族**所給予的認識。得益於這些認識，公眾就會明白：雖然假如涉及的是事實，例如當要就實驗、旅行、法典、史籍和編年史作出報告，那正常的頭腦就足夠了，但假如涉及的僅是**思想**，尤其是當那思想的素材和資料就擺在每一個人的眼前，亦即當眞正關鍵的是**思考在別人之前**，那思想方面的明顯優勢、與生俱來的傑出能力——這些只能得之於大自然，並且是極爲罕有的——就是必不可少的要求；公眾就會明白：不能馬上給出這方面證明的任何人，都不值得去傾聽。如果能夠讓公眾就此獲得自己的見解，那他們就不會把那吝惜分配給教育的很少時間，浪費在那些庸常頭腦所炮製的作品上面，亦即揮霍在每天都在湧現的文學和哲學方面的無數低劣之作上面。公眾就不會孩子般地誤以爲書籍就像雞蛋一樣必須趁新鮮享用，就不會總是拿起最新出版的書籍，而是只謹守各個時期和各個民族少數出類拔萃的和有使命感的人所成就的作品，努力學會了解和明白它們，逐漸地達到那眞正的文化修養。然後，那成千上萬的就像雜草一樣妨礙小麥良好生長的多餘作品也就會停止下來。

第十六章　論對理性的實際應用和斯多噶主義⑱

在第七章，我已指出在理論方面，從概念出發就只能做出平平的成績；相比之下，要取得傑出的成就則要求從直觀本身汲取知識，因爲直觀是一切知識的源頭。但在實際事務中，卻是相反的情形：在此，由直觀所決定是動物的做法，卻並非與人相稱的行事方式，因爲人有觀念以指導自己的行事，並以此從直觀所見的現時此刻的威力中解放出來。但動物卻無條件地聽任現時的力量的擺布。根據一個人行使這一特權的程度，他的行事就相應地被稱爲理性的，也只有在這一意義上才可談得上實踐理性，而不是在康德的意義上——不允許這樣做的理由，我在應徵論文〈論道德的基礎〉中詳細闡述了。

但唯一透過觀念來決定我們的行事卻並不容易：就算是最強力的心靈，也會受到眼前最近的外在世界及其直觀現實所發揮的強烈影響。但恰恰就是戰勝這些影響，消除那幻騙，人的精神思想才展現出其價值和偉大。所以，假如不爲肉慾和快感的刺激所動，或者面對憤怒的敵人所發出的威脅和吼叫而不動搖，執迷不悟的朋友發出了乞求也不會讓其做決定時有絲毫的猶豫，詭計、合謀對其所下的各種圈套毫無作用，蠢人和群氓發出的嘲笑不會讓其亂了方寸，也不會讓其對自己的價值產生懷疑——假如是這樣，那這個人就像是受著某一個只有他才看得見的精神世界（而這就是觀念）的影響：在他

⑱ 本章與第一卷 §16 相關。

面前，那在所有人的眼前展開的直觀現時就幻影般地消溶了。但相比之下，外在世界和可見的現實能夠以巨大的威力作用於心靈，則是因爲它們的近距離和直接性。正如一根磁針，由於受到分布很廣、囊括了整個地球的各種自然力的聯合作用而保持著一個方向，但這磁針卻因爲一小塊鐵在與其相當近的距離而受到擾亂，被弄至劇烈搖擺；同樣，有時候，就算是一個有強力的精神思想的人，也因爲微不足道的人或事而失去鎮定和受到擾亂——假如這些人、事是在很近距離對其發揮影響的話；那至爲深思熟慮而做出的決定，也可以因爲一個很微小的但卻是直接現時的相反動因，而出現片刻的動搖。這是因爲動因的相對影響所始終遵從的規律，與在秤桿上的重物發揮作用所遵從的規律恰恰是相對立的，因此，一個很小的但卻處於很近距離的動因，可以壓倒一個本身強得多的但卻從遙遠的距離發揮作用的動因。由於這一特性，人的情感就根據這規律而被左右，而不是在真正的實踐理性的幫助下避免其影響；這樣的情感特性就是古人所說的「缺乏自制力」，而這個意思其實就是「理性並沒有能力控制住意欲」。每一激烈的情緒動盪，其產生都是因爲一個作用於我們的意欲的表象、想法、看法是那樣極其近距離地出現，以至遮蔽了其他一切，除此以外，我們就再無法看到任何其他東西了——這樣，我們就在那瞬間無法考慮和顧及別的方面。對應這種事情的一個不錯的辦法就是讓我們在想像力的幫助下，得以視現時爲過去，因此就是養成習慣，讓我們的統覺變成羅馬人的書信體。反過來，我們卻能夠把逝去已久的往事如此生動地回想起來，就像是此刻正在發生的事情，以致那沉睡已久的往日情緒因此再度喚醒過來，重又瘋狂咆哮。同樣，沒有人還會因某一事故、某一可惡的事情而發怒和失去鎮靜——假如理性始終讓這人記住人的真實樣子：這至爲無助的生物每日每時都會蒙受大大小小、難以勝數的不幸事故，並因此不得不生活在持續的憂心和恐懼之中。希羅多德早就說了，人是完全受制於變故的。

把理性應用於實際方面會首先得出這樣的成果：把只是直觀知識的片面和碎片部分重又組合起來，把這些部分所顯現的不一致和矛盾之處用於互相修正，以便取得客觀、正確的結果。例如，假如我們看到一個人的卑劣行爲，我們就會譴責他；但考慮到驅使他做出這種事情的困難處境，我們就會同情他。理性就借助觀念斟酌兩者而得出這一結論：這個人必須透過適當的懲罰以得到抑制、限制和引導。

我在此再一次想起了塞內卡的話：如果你想一切都受你控制，那你就受理性的控制吧。但因爲就像在第四部分所闡明的：苦痛是肯定性質的，快感樂趣則是否定性質的，所以，誰要是以抽象的或者理性的知識作爲他的行爲準則，並因此總是想到行爲的後果和將來，那就不得不很經常地「忍受和放棄」，因爲爲了達到生活中最大可能的沒有痛苦的狀態，通常就犧牲掉最強烈的歡愉，牢記亞里士多德的聰明的人追求的是沒有痛苦，而不是快感。因此，在他那裡，將來始終是借自現在，而不是像輕浮的傻瓜一樣現在就預支將來，並由此變得貧困乃至最後的破產。對於前一種人，理性當然必須在大多數情況下扮演一個愁眉苦臉的導師的角色，不停地建議斷念和放棄，而對此，卻又不能許諾其他的什麼——除了一種差不多沒有痛苦的生存以外。這都是因爲理性透過觀念綜覽了生活的全部，其結果，假如至爲幸運的話，也不過就是所說過的情形。

這種透過應用和遵循理性的思考與借助所獲得的關於這生活的眞正特質的知識，以儘量追求沒有痛苦的存在，假如以嚴格的前後一致性和達致極限地貫徹執行，那就產生出了犬儒主義；在這之後，從犬儒主義又產生了斯多噶主義。我想在此簡短地解釋這一點，以爲我們在第一部分結尾處的闡述提供更紮實的理據。

古代的所有倫理體系——只有柏拉圖的除外——都是引導人們過上一種心滿意足的生活。因此，在那些體系裡，美德的目的完全不是在死亡的彼岸，而是就在這一現世；因爲美德就是要過上眞正幸福生活的唯一正確路徑。正因爲這樣，智者就選擇了美德。由此就有了西塞羅特別爲我們保存下來的那些不厭其煩、絮絮叨叨的爭論，還有尖銳的、反覆重新開始的探討，諸如僅僅只是美德和就美德自身而言，是否就的確足以過上幸福的生活，抑或要過上幸福的生活還需要某些外在的東西；有美德的和有智慧的人，就算是上了刑具和放在了刑車上，或者被置於法拉里斯的青銅牛裡面，是否也還是幸福的，抑或還沒達到這種程度。這是因爲這一點當然就會是檢驗這樣一種倫理學的試金石：即實踐這樣的倫理學是否必然直接地和無條件地讓我們幸福。假如這倫理學無法做到這一點，那這倫理學就不曾提供其所要提供的東西，這倫理學就不要也罷。所以，奧古斯丁把這一說明放在對古代倫理體系的闡述（《上帝之城》，圖書十九，第一章）的前面是正確的，也與基督教的立場相符，我們有義務闡明這些論據，因爲凡人運用這些論據以試圖在這不幸的一生中得到一種幸福、喜悅；這樣，我們所希望的與他們的勞而無功之間的差別就更清楚了。哲學家們之間就至善和至惡爭論頗多，極其熱切地討論這一問題，試圖去發現讓人幸福的是什麼，因爲那就是我們所稱的至善。我想用古人的一些明確的說法掃清有關古老倫理學所提出的、幸福論目的的疑問。亞里士多德在《大倫理學》（一，四）中說：幸福就在於美滿的生活，但美滿的生活就在於具有美德的生活。而這可以與《尼各馬可倫理學》（一，五）和西塞羅《圖斯庫路姆論辯集》（五，一）比較：這是因爲既然這（幸福的生活）就是當初的原因，這原因驅使學習和研究哲學而忽視了所有其他的、讓人全副身心投入到探究最好的生活方式，那他們的確就是希望經過如此賣力和操勞的學習與研究以後能達到幸福的生活。根據普魯塔克（《論斯多噶派的自相矛盾》，第十八章），克利西波斯說：罪惡的生活就等同於不幸福的生活。同上書第二十六章：縝密思考與幸福並沒有什麼差別，其本身就是幸福。在斯托拜烏斯《文選》（圖書二，第七章）中：他們把他們的目標名爲幸福，一切都是爲了這一目標。幸福和最高的目標，他們認爲是同義的。亞利安在《愛比克泰德語錄》（一，四）中所說：美德本身就許諾了幸福。塞內卡在《書信》（九十）中說：此外，智慧就是要爭取那幸福的狀態；幸福就是打開和通往幸福之路。同上書第一百零八封書信：我提醒各位這一點：傾聽和閱讀哲學家的著作，是包括在過上幸福生活的計畫之中的。

犬儒學派的倫理學也同樣定下了這樣的幸福生活的目標，正如尤利安皇帝所明白表示的（《演說》，六）：對犬儒主義者來說，幸福的生活就是目的和最終的目標，並且對任何其他哲學也是如此。但幸福的生活就在於人們合乎自然地生活，而不是依照大眾的看法而生活。但只有犬儒學派才爲了這一目標選擇了一條相當特別的道路，一條與常規截然相反的道路：即盡可能貧困的道路。也就是說，犬儒主義者從這樣的認識出發：吸引和刺激意欲的東西所帶給意欲的激動，還有那爭取這些東西艱辛的，並且大多數是徒勞的努力，或者假如得到了這些東西以後擔心會失去它們的恐懼，最後就是那失去本身——這些所產生的痛苦比沒有所有那些東西的痛苦要大得多。這就是爲什麼爲了要達到最沒有痛苦的狀態，他們選擇了盡可能的匱乏和貧困，逃離一切樂趣，視其爲以後讓人重蹈痛苦之中的陷阱。接下來，他們就可以勇敢地抗拒幸運及其無常變化。這就是犬儒主義精神。塞內卡在《論心靈的寧靜》第八章把這清楚地表達了出來，我們必須考慮到沒有某樣東西的痛苦要比失去一樣東西的痛苦少得多，我們要明白：窮人越少失去就越少承受痛苦。然後，沒有得到要比失去更輕鬆容易和更能忍受。——第歐根尼成功地做到了讓人無法從他那裡偷盜任何東西。——他擺脫了一切偶然的東西——在我看來，他是在說：「命運，你就儘管行事吧！在第歐根尼這裡，再沒有什麼是你可以稱爲你的。」與這最後一句平行的一段話就是斯托拜烏斯的引語（《文選》，二，七）：第歐根尼說他相信看到了命運在打量著他並說了：對你這條瘋狗，我可眞是無能爲力。在蘇達斯的第歐根尼．拉爾修墓碑文和第歐根尼．拉爾修自己的文字也證明了同樣的犬儒主義精神：

就算是鐵也會隨著時間而耗損
但將來的時間永遠不會貶損第歐根尼的名聲，
因為你唯獨展示了輕便的和有尊嚴的途徑
過上自給自足的生活、取得凡人的幸福。

因此，犬儒主義的基本思想是：最簡單、最赤裸的生活及大自然所給予的負擔是最可忍受的，因此值得選擇，因爲我們想讓生活變得更愜意的每一手段、舒適、愉快和樂趣，只會帶來新的和比生活原來本身還要大的痛苦和煩惱。所以，這句話可被視爲表達了犬儒主義學說的核心：第歐根尼習慣於常常大聲宣告說：神靈讓人們輕鬆地生活，但那些追求蜜糖糕餅、油膏和諸如此類的人卻對此蒙昧不知（《第歐根尼．拉爾修》，六，二）。還有，那些就只是爭取合乎自然地生活，而不是枉費心力的人，一定會過上幸福的生活；人們就只是因爲愚蠢才生活得不幸福。——他聲稱自己過的是赫拉克勒

斯一樣的生活，**因爲他珍愛自由甚於一切**（同上書，第七十一頁）。因此，古老的、眞正的犬儒主義者，安提西芬尼、第歐根尼、克拉特斯和他們的門徒，都澈底拋棄了一切占有物，一切舒適和享受，從此以永遠躲過與其無可避免地緊連在一起的，也無法以所有這些獲得補償的辛勞和憂心、依賴和苦痛。就只是湊合著滿足最迫切的需要和免除一切多餘的東西——這樣，他們認爲就容易幸免於困境。據此，他們就滿足於得到那些在雅典和科林斯差不多是免費的東西，例如，羽扇豆、水、一件粗布料子的大衣、背囊和棍棒；他們偶爾會爲獲得這些、在迫不得已的時候而乞討，但卻不會爲了這些而工作。但他們萬萬不會接受超出以上需要的任何東西。最廣泛意義上的獨立，就是他們的目的。他們把時間花在休息、周圍走動、與各種人交談，許多的嘲諷、戲謔和笑聲上面；他們的特點就是無憂無慮和非常的開心。那麼，既然如此生活的他們並沒有自己個人的追求，並沒有什麼目的和打算，因此超越了熙攘的人事，而與此同時又始終享受著閒暇，那作爲已被證明具有精神力量的人，他們也就相當適宜做其他人的顧問和告誡者。所以，阿普列烏斯（《繁盛》，四）說：**克拉特斯受到他那時代的人門神一般的崇敬**。**沒有任何家門對他是關閉的**，**也沒有哪個一家之主所掩藏的祕密不是及時地透露給他**，**好讓他在親戚之間調停和排解紛爭**。所以，在此，一如在其他方面，他們就展示了與現代的乞食僧，亦即與這些人中的更優秀者和貨眞價實者的極大相似性，後者的理想可以在曼佐尼的著名小說中卡普茨納．克里斯多夫那裡具體想像出來。但這種相似性就只在效果，而不在原因。他們在結果方面走到了一起，但這兩者的基本思想是相當不一樣的：在那些僧侶那裡，一如在與其相類似的印度托缽僧，其基本思想就是一個超越了生活之外的目標；但對犬儒主義者而言，其基本思想就只是確信：把願望和需求減至最低程度，要比最大程度地滿足這些願望和需求更容易，甚至後者是不可能做到的事情，因爲願望和需求會隨著滿足而生發出來，直至無窮。所以，犬儒主義者爲了達到所有古代倫理學中的目標，即在這一生中得到盡可能的幸福，就選擇了放棄、斷念的道路，因爲那是最短也是最容易的路。所以，他們把犬儒主義形容爲達致美德的最佳捷徑（《第歐根尼．拉爾修》，六，九）。犬儒主義的精神與禁慾苦行的精神的根本區別，最顯眼地表現在苦行主義那本質性的謙卑，但這種謙卑對犬儒主義者卻是如此的陌生，他們對所有其他人都相反地心懷傲慢和鄙視：

> 智者是僅次於朱比特的，
> 豐富、自由、優美、受人敬仰，是王者中的王者。
>
> ——賀拉斯，書信

在另一方面，就其中的精神而言，犬儒主義者的生活觀點與盧梭在《論人類不平等的起源和基礎》中所闡明的生活觀點是相吻合的，因爲盧梭也想把我們帶回到粗糙原始的狀態，把我們的需求降至最低視爲通往幸福生活最穩妥的途徑。此外，犬儒主義者只是實際事務的哲學家，起碼，我並不知道任何有關他們的理論性哲學的資料。

從犬儒主義者那裡就產生了斯多噶主義者，也就是說，斯多噶主義者把實際方面的東西轉換成了理論性的東西。他們認爲並不需要眞的去掉所有可以說是非必需的東西，我們只需時刻把占有物和享受視爲非必需的和多餘的，是掌握在偶然變故的手中就足夠了，因爲我們這樣做的話，那假如匱乏和貧困眞的出現，就不會是意料之外，也不會讓我們很難忍受。我們畢竟可以擁有和享受一切，我們只需時刻牢記和確信諸如此類的好處，一方面是沒有價值的，是可有可無的；另一方面是不確定的、很脆弱的，因此要低估這些東西，隨時準備好放棄它們。的確，誰要是爲了不受那些東西的擺布就務必眞的與其一刀兩斷，這就顯示出他在心裡其實是把那些東西視爲眞正的好處：爲了不再欲求它們，就務必把它們完全趕出視線之外。相比之下，智慧的人認識到：那些根本就不是什麼好東西，而是完全無所謂的東西，充其量只是不應受譴責的東西。因此，假如出現那些東西，智者會接受它們，但卻始終準備以更無所謂的態度放棄它們——假如偶然和變故要回那些本屬於它們的東西，因爲那些東西並不屬於我們。在這一意義上，愛比克泰德在第七章說，智者就猶如從船上抵達岸邊的人，儘管也將就著養了一個情婦或者小孩，但卻隨時準備著一旦船長呼喚，就要再度離開。所以，斯多噶主義者以實踐爲代價完善了泰然自若和獨立性的理論，因爲他們把一切都還原爲一個心理過程，並透過諸如在愛比克泰德第一章所給出的辯論，就生活中的所有舒適都巧言詭辯一番。但在這過程中，他們卻忽略了這一點：一切習慣了的東西都會變成需要，所以，在捨棄的時候只會伴隨著痛苦；意欲是不可以戲耍的，不可能在享受的同時又不會愛上這些享受；我們把一塊肉從狗的嘴巴穿過時，那狗是不會無所謂的，一個智者，如果是在飢餓的時候，也同樣不會無所謂；在欲求與捨棄之間是沒有中間方案的。但他們認爲這樣做的話，就已是勉強接受了他們的原則：坐在豪華的羅馬桌子旁，沒有任何一道菜肴是他們不曾品嘗過的，但與此同時卻保證說，這些都不過就是不應受譴責的東西，並不是什麼好東西；或者簡單地說，假如他們吃吃喝喝、日子過得有滋有味，但卻又不爲此感謝神靈，而是相反地整出一副挑剔、悶悶不樂的樣子，愈加大膽地保證說：從這些大吃大喝中根本就沒有什麼鬼得益。這就是斯多噶主義者擺脫困境的方法：因此，他們只是吹牛大王，他們與犬儒主義者的關係，就大概是吃得肥肥胖胖的本尼迪克特會修士和奧古斯丁會修士，與方濟各會修士和嘉布遣會修士的關係。他們越是忽略實踐，就越是鑽進理論的精細的牛角尖。對於在我們這第一部分結尾處所給出的這方面的分析，我想在此再增加一些例證和補充。

假如我們在給我們留下來的那些並非系統地撰寫出來的斯多噶主義者的文字著作中，探究那不停地苛求我們要有的泰然自若的堅定態度，其背後的終極理據，那我們發現除了這一認識以外，就別無其他了：這世界的發展是完全獨立於我們的意願的，因此，那打擊到我們的禍患就是不可避免的。我們要是根據這方面的正確觀點而調整我們的期望，那悲傷、歡欣、恐懼和希冀就是我們不會再做出的愚蠢行爲。與此同時，尤其是在亞利安的評論中，他們有了從虛僞事實中得出的這一推斷：所有並不依賴於我們的事情，也就是與我們無關的。但生活中所有的好東西都是在偶然和變故的掌控中的說法卻是眞的，所以，一旦偶然和變故行使這一權力，從我們那裡奪走那些好東西，那假如我們把我們的幸福寄託其中，我們就會不幸福。正確運用理性據說就會躲過這不體面的命運；由於這理性的緣故，我們就永遠不會把那些好的東西視爲屬於我們的，而只會認爲那些只是在某一不確定的時間裡借給我們的；也只有這樣看，我們才永遠不會眞正失去它們。所以，塞內卡（《書信》，九十八）說：在我們能夠感受到這之前，假如我們考慮到人事的變化會達到什麼樣的程度，還有第歐根尼·拉爾修（第七，一，八十七）說的話：與美德相符的生活，就等同與大自然事件的經驗相符的生活。在亞利安的《愛比克泰德談話錄》（第三卷，第二十四章，第八十四－八十九頁）中的一段話，則尤其與這所說的有關，並且特別證明了我在第一卷 §16 在這方面的說法：因爲這對人來說就是一切災禍的原因：人們並沒有能力把普遍的概念應用於個別的事物（同上書，第四，一，四十二）。同樣，在《馬可·

奧理略》（第四，二十九）中：假如他是這世界的一個陌生人，並不知道這裡面有什麼，那也就同樣不知道那些東西是如何發生和進行的。塞內卡《論心境的寧靜》第十一章也證實這一觀點的完整證據。斯多噶主義者的看法總的來說就是：假如人們看過一段時間那幸福的矇騙花招，然後運用自己的理性，那他們就必然看出色子的快速變換和貌似硬幣的假幣是沒有內在價值的，並從此以後不爲其所動。總體上，斯多噶派的觀點可以表達爲：我們的苦痛總是因我們的願望與世事發展的不相稱所致。所以，其中之一必須有所改變和適應另一者。那麼，既然事物的發展並不在我們的掌控之中，我們就必須改變我們的意願以適應世事的發展：因爲只有意欲才是我們的。這種讓意願符合外在世界的發展，亦即符合事物的本性，頗爲經常地理解爲多種涵義的符合大自然的生活。我們只需看看亞利安的《愛比克泰德談話錄》（第二，十七，二十一，二十二）。再者，塞內卡（《書信》，一一九）也明確說了這一觀點，因爲他說，不擁有的意願和擁有之間是沒有差別的。在這兩種情況下，關鍵的是同樣的東西：人們都是沒有痛苦的。西塞羅（《圖斯庫路姆論辯集》第四，二十六）也有這樣的文字：就只是願望擁有，是最大的愚鈍。亞利安（第四，一，一七五）類似的話就是：因爲人並不是透過得到其所欲求，而是透過壓制其欲求而變得自由。

我在上面所提及的地方就斯多噶主義者和諧的生活，人們可以把編排在利特和普列勒著《希臘哲學歷史》裡面的引語視爲這方面的證據。同樣，塞內卡（《書信》，三十一，七十四）的名言：圓滿的美德就在於均衡性和始終與自身和諧的生活方式。塞內卡（《書信》，九十二）的這一段話總體上清楚地說明了斯多噶精神：什麼是幸福的生活？那就是平安和不可動搖的寧靜。要透過靈魂的偉大和透過對所認識到是正確的東西的堅持才能達到這樣，對斯多噶派而言，慣性的研究將會讓每一個人確信：他們的倫理學的目標，正如與其所出的犬儒主義倫理學的目標一樣，完全儘量沒有痛苦並因此儘量幸福的一生；由此推論：斯多噶的道德學就只是某種特別的幸福論。那並不像印度宗教、基督教，甚至柏拉圖的倫理學那樣是一種形而上的傾向，一種超驗的目標，而是一種完全在經驗和知識範圍之內，在這一生中可以達到的目標，是智者那泰然自若和不受擾亂的、不會有任何憂慮和擔心的幸福感。但不可否認的是，後來的斯多噶派，尤其是亞利安，間或忽略和忘記了這一目標，洩露了一種眞正禁慾、苦行的傾向，而這一傾向可歸之於在那時候已傳播開來的基督教和總的來說東方的精神。假如我們仔細和認眞地審視斯多噶主義的目標，那種「泰然自若」，我們就會發現那不過只是鍛鍊自己承受命運的打擊，對這些打擊做到無動於衷，而達到這一目標的手段是時刻記住生命的短暫、享受空洞的特性和運氣的變化無常，也要認識到幸運和不幸之間的差別遠遠小於我們經常對這兩者的設想所造成的假象。但這卻還不是幸福的狀態，而只是泰然承受已預見到的、無法避免的苦難。但人的精神的偉大和人的尊嚴就在於我們沉默和泰然地承受不可避免的東西，憂鬱的平靜始終如一，而其他人則從歡騰到絕望，又從絕望到歡騰。因此，我們也可把斯多噶主義理解爲一種精神的營養學，人們就據此鍛鍊自己以對抗災禍和勞累，正如人們鍛鍊肉體以對抗狂風和天氣的影響；人們也必須強化自己的感受能力以承受來自他人的不幸、危險、損失、不義、狡詐、背叛、傲慢和愚蠢。

我還要說的是，斯多噶主義者的 *χαθηκοντα*（西塞羅翻譯爲 *officia*），表示的大意就是責任、義務，或者與情形相適應要做的事情；英語就是 incumbencies，義大利語就是 quel che tocca a me di fare, o di lasciare，因此也就是做一個理性的人適宜做的事情。我們可看看《第歐根尼．拉爾修》（第七，一，一〇九）。最後，斯多噶派的泛神論，雖然完全與亞利安的不少告誡性的說教不相吻合，但卻由塞內卡至為清晰地表達了出來：神是什麼？宇宙的靈魂。神是什麼？所有你所見到的和所有你所見不到的，唯有他的偉大才可以被我們認識，我們想像不出還有比他更偉大的東西。假如他唯獨是所有的一切，那他就擁抱著他的作品並滲透其中。

第十七章　論人對形上學的需求⑲

除了人之外，任何其他生物都不會對自己的存在驚訝，相反，對它們而言，自己的存在是如此的理所當然、不言自明，甚至不會留意到這事情。但從動物的寧靜眼神，大自然的智慧還是說了出來，因為在動物那裡，意欲和智力還未能澈底地分離，以致這兩者在重逢時會對彼此感到驚訝。所以，在動物那裡，整個現象仍然牢牢地與其所產生自大自然的源頭連接在一起，分享著偉大母親的無意識的無所不知。只是在大自然的內在本質（在其客體化中爭取生存的意欲）穿越了兩個無意識存在物的王國，然後又硬朗地和高興地跨過長和寬的動物系列以後，最終伴隨理性的出現，亦即在人那裡首次達到了知覺和回想之時，這大自然的內在本質才對自己的作品感到了詫異，向自己發問這到底是怎麼一回事。這詫異尤其變得更加的厲害，是在它首次帶著意識面對**死亡**的時候，並且除了一切存在終結以外，一切奮鬥到頭來都是一場空的感覺也或多或少地向它襲來。因此，與這一知覺和這種驚訝一道，產生了為人所獨有的**對形上學的**需求，因此他就是一個「形上學的動物」。在其意識開始的時候，人當然也把自己視為某樣理所當然的東西。但這不會延續很長時間，相反，很早的時候，與首次反省思維一道，上述驚訝就已經出現了，而這驚訝將來有朝一日就要變成形上學之母。亞里士多德在《形上

⑲ 本章與第一卷 §15 相關。

學》開頭也說了與此相一致的話：由於驚訝，人們就開始了探討哲學，現在也一如以往地仍是這樣。此外，眞正的哲學素質首先就在於我們有能力對平凡的、日常的事情感到驚訝，我們因此就會受驅動要把現象中普遍的東西當作他要解決的難題，而實際科學的探究者則只對超乎尋常的、稀有的現象感到驚訝，他們要處理的難題就只是把這些現象追溯到和歸因於更爲人們所了解的現象。一個人在智力方面越低級，那存在本身對他就越少神祕的和令人困惑的東西：相反，一切東西，其情形，其樣子，對他而言都顯得理所當然、不言自明。這是因爲他的智力，仍然相當忠實於其天職，即作爲爲意欲服務的動因的工具；所以，這智力作爲這世界和大自然不可缺少的組成部分，是與世界和大自然緊密結合在一起的，因此就好像遠非與事物的整體分離了似地面對這整體事物，就好像暫時單獨存在似的純粹客觀地理解這世界。相比之下，那由此純粹客觀的理解所產生的哲學驚訝，在個人那裡是以更發達的智力爲條件，但總的來說並非這一個條件；知道了死亡和除此之外對生活中的艱難和痛苦的思考，毫無疑問，爲哲學思考和對這世界作出形上學的解釋給出了最強勁的推動力。假如我們的生命是沒有盡頭的和沒有痛苦的，那或許就不會有人想到要問爲什麼這世界會存在，這世界又爲何是這樣一種狀況；相反，人們就會視一切都是理所當然的。與此相應，我們發現哲學的或宗教的體系所喚起的興趣，其最強烈的附著處一定是那些有關死亡以後是否還有某種延續的教義。雖然宗教的體系似乎把它們的神祇當作首要的事情，並至爲熱心地爲其辯護，但這根本上就只是因爲這些體系把它們永生不朽的教義與這些連在了一起，視彼此爲不可分離。也只有永生不朽的教義才是它們所關心的。這是因爲假如我們可以在其他方面保證這永生不朽的教義是眞的，那對它們的神祇的滿腔熱情就會馬上冷卻下來；這熱情就會讓位於幾乎是完全的漠不關心——假如，反過來，向他們證明了永生不朽是完全不可能的，因爲那種對神祇存在的興趣就會隨著對他們更進一步了解的希望而一道消失，剩下的殘餘興趣只是與那些神祇對他們此刻生活中的事情有可能影響的聯繫在一起。但假如我們可以證明死後繼續存在，例如因爲假定了人的原初性，所以是與神祇的存在無法相容的，那他們很快就會爲了他們自己的永生而犧牲掉他們的神祇，就會狂熱地贊同無神論。那眞正的唯物論體系和絕對的懷疑論體系，從來就不曾有過某種普遍的或持久的影響力，就是基於這個道理。

出自各個時期和在各個地區所建起的廟宇和教堂、寶塔和清眞寺，既華麗又壯觀，都說明和證明了人們對形上學的需求：這需求強烈且無法消除，緊隨著物質需求的腳步而來。當然，喜歡諷刺的人會補上這一句：這形上學的需求卻是個要求不多的傢伙，給他點吃的就可打發走。人們有時候就只滿足於蹩腳的寓言和乏味的童話：只要儘早刻在他們的頭腦裡，那這些東西對他們來說就足以解釋他們的存在和支撐他們的道德觀念。類似的事情證明：形上學的需求並不就是與形上學的能力攜手並進的。但在地球現在這一表面的早期，情形似乎是另一種樣子：那些比我們更接近人類的起源和有機體的大自然源頭的人，既有直觀認識能力的更大能量，也具有更適宜的精神情緒——這樣，他們也就有能力更純粹、更直接地把握大自然的本質，並因此能夠以一種更相稱的方式滿足形上學的需求。所以，在婆羅門的原始祖先，在那些聖人那裡，就產生了幾乎非凡人所能有的觀念，而這些以後就寫在了《吠陀》中的《奧義書》。

相比之下，從來就不乏要把人們對形上學的需求當作自己的衣食生計，並儘量加以利用者。所以，在所有的民族當中，就有了這方面的壟斷者和總承租人，亦即神職人員。但爲保障他們的這一行當，無論在哪裡，他們都必須有權把他們的形上學的教義在人們很早的時候就灌輸給他們，趁他們的判斷力還沒從晨睡中醒來的時候，因此就是在人們童年的早期；因爲在那時候，任何灌輸得很好的教義，無論多麼荒唐，也會從此永遠地黏附在頭腦裡。假如他們不得不等待一下，直至判斷力成熟，那他們的優勢特權就不復存在了。

以人們對形上學的需求作爲他們生計的第二種人，人數並不眾多，也就是那些以哲學謀生的人。在希臘人那裡，他們被稱爲「收取報酬的智者」；在當代，則被稱爲「哲學教授」。亞里士多德（《形上學》，第二，二）毫不遲疑地把亞里斯提卜列爲「收取報酬的智者」，我們在第歐根尼・拉爾修的著作（第二，六十五）裡發現了亞里士多德這樣做的根據：亞里斯提卜是蘇格拉底的門徒中首位接受別人爲他的哲學付費的人。也因爲這樣，蘇格拉底把亞里斯提卜給他的禮物退還給他。在當代人中，那些以哲學爲生的人，一般來說和甚少例外地不僅與爲哲學而生的人相當不同，而且他們在相當多的時候還是後者的對頭，是祕密的和勢不兩立的仇敵。這是因爲每一貨眞價實的和重要的哲學成就都會讓以哲學爲生的人的東西大爲失色，也不會遷就和屈從行會的目的和限制。這就是爲什麼以哲學爲生的人總會竭力阻撓如此的哲學成就出現；然後，爲此目的，根據每一次情形的時代和情勢，通常採用的手段就是隱瞞、掩藏、沉默、無視、緘口，或者就是否認、貶低、詆毀、誹謗、歪曲，再就是公開譴責和迫害。因此，一些偉大頭腦的人不爲人知、不受敬重、不獲酬勞，不得不氣喘吁吁地拖著沉重的腳步走完一生。直至死了以後，這世界才對這些人，也對其他那些人有了如夢初醒的認識。與此同時，那些以哲學爲生的人卻已達到了目的，已經得到了承認，所用的手段就是阻撓爲哲學而生的人獲得承認；他們已經靠哲學養活了自己和老婆、孩子。而另一種人則是爲哲學而生。但假如這另一種人死了以後，那情形就倒轉過來了：那始終都會有新一代哲學教授現在就成了他們的成就的繼承人，依照那些哲學教授的標準而對其裁剪一番，現在就以此爲生了。至於康德可以同時以哲學爲生和爲哲學而生，那是因爲這很少有的情形：自馬可·奧理略和尤利安努斯以來，一個哲學家再度首次坐在了王座上。只有在這樣的庇護之下，《純粹理性批判》才得見天日。國王才剛剛死亡，我們就看到康德因爲屬於行會而害怕了，就在第二版修改、閹割和破壞了其巨作。儘管如此，他仍然很快就有了失去他的位置的危險，以致坎普邀請他到布倫斯維克，住在他的家裡，做其一家之主（林克，《康德一生中的觀點》，第六十八頁）。大學的哲學一般來說，就只是對著鏡子佯裝的擊劍比試，眞正的目的就是在學生思維的最根本處，培養一種被負責委派教授的政府部門認爲是與其目的相一致的思想傾向。從政治家的角度看，政府部門在這方面也可能是相當正確的，只是由此可以推論：這樣的講臺哲學就是受外力牽引的木偶戲，並不能視爲嚴肅的哲學，而只是哲學笑話而已。這樣一種監管或引導，假如就只涉及講臺哲學，而不涉及眞正的、嚴肅的哲學，那不管怎麼樣，也算是合適、合理的做法。這是因爲，假如這世上有某些東西是值得希冀的，是那樣的值得希冀，甚至粗野、愚笨的大眾在思考的時刻，也對其珍重甚於銀子或者金子——那就是灑落在我們昏暗的存在之上的一束光亮，是對這疑竇重重的存在的某種啟示，因爲這樣的存在，沒有任何東西是清楚的——除了這存在的悲痛、苦惱和虛無以外。但這就算是可以做到的，也因爲有人把對難題的某些解答強加於人而弄至不可能了。

我們現在就泛泛地考察一下滿足如此強烈的形上學需求的不同方式。

我所理解的形上學是這樣一種認識：越過了經驗的可能性，因而越過了大自然或者事物的既定現象而給出的啟示，說明了大自然或事物現象在這個或那個意義上得以形成的先決之物；或者用大眾的話說，就是說明那隱藏在大自然背後，讓大自然成爲可能的東西。但理解力之間巨大的原初差異，加上對這理解力的培養——需要許多閒暇——也存在著差異，造成了人與人之間如此巨大的差別，以致在一個民族剛從野蠻狀態中掙扎出來的時候，一種形上學是不足以滿足所有人的。因此，我們在文明的民族中通常都有兩種不同的形上學，其區別就是：其中一種所給出的檢驗證明就**在其自身**，而另一種所給出的檢驗證明則**在其自身之外**。因爲第一種形上學體系，要承認其提出的證明，需要深思、學識、閒暇和判斷力，所以，也就只有極少數人能夠接受；此外，也只有在高度文明的社會才得以產生和維持。相比之下，大多數人因爲沒有思考只有相信的能力，無法接受理據只能接受權威，所以，他們僅僅適合第二種形上學。這些體系因此可被形容爲民間形上學——仿照民間詩歌和民間智慧的說法，而民間智慧指的是民間諺語和俗語。這第二種體系與此同時有了宗教的名稱，出現在所有的民族中——除了一些極爲粗糙野蠻的民族以外。這些體系所給出的檢驗證明，正如我說過的，是在自身之外，稱爲啟示，是以符號和奇蹟提供證據。它們的辯論主要就是威脅永遠受苦或者暫時遭殃，針對的是那些不信者，甚至對那些只是懷疑者也不放過。我們也發現在好多民族那裡，有火堆或者類似的東西作爲**神學家的終極的論據**。假如它們尋求另一種檢驗證明，或者採用其他論據，那它們就已經要開始變成第一種體系了，就會淪爲兩種體系的中間混合物，而這帶來的危險甚於好處。這是因爲它們那價值無可估量的特權，即可以灌輸給兒童，給了它們最可靠的保證能夠持久占據人們的頭腦，因爲透過早年的灌輸，它們的教義就變成了人們某種與生俱來的第二智力，就像在嫁接到的樹上長出了枝杈。相比之下，第一種體系卻只是面向成年人，但在這些成年人那裡，第二種體系中之一已經占據了他們的信仰。這兩種形上學的區別可以簡短地形容爲經確認後相信的學說和只是信仰的學說，它們的共同點就是：每一個體系與其同一種類的所有其他體系都處於敵對關係。在第一種形上學的各個體系之間，所發生的只是字詞和文章的戰爭，但在第二種形上學各個體系之間，戰爭也以火和劍來進行：不少這樣的體系能傳播開來，部分地就得益於這後一種論戰方式，而所有的體系逐漸地瓜分了這世界的地盤，並且取得了如此明確的統治，以致民族之間更多的是以所信奉的體系，而不是根據國籍或者政府區分彼此。只有這些體系在各自的地盤才是占據統治地位的；相比之下，第一種體系至多被人們容忍而已，而之所以這樣，只是因為那第一種體系的追隨者數量很少，通常不值得對其施以火與劍的剿滅，雖然有時候看上去有需要的話，對其使用這些手段也取得了不俗的效果；並且這些體系也只是零星地出現。但在大多數情況下，人們容忍這些體系，只是因為這些體系已處於某種被馴服和被壓制的狀態，因為在那地區占據了統治地位的第二種體系規定了第一種體系的理論學說，要做到與自己的學說或多或少的相符合。有時候，這前者不僅欺壓後者，而且還要後者為其效勞，充當其外加的挽馬——而這卻是危險的試驗，因為第一種體系既然被奪去了權力，就會認為有權使詐了，就永遠不會完全放棄使出陰招，然後就會不時出其不意地出手和造成難以癒合的傷害。因為所有的自然科學，甚至那些最無害的自然科學也不例外，都是它們對抗第二種體系的祕密同盟軍，並且用不著親自與這些體系公開作戰，也會突然和讓人意想不到地在其地盤上造成巨大傷害。它們的危險性也就因此有增無減。除此之外，想要透過上述手段爭取第一種形上學的幫忙，對一種原本具有在自身之外的檢驗證明的體系而言，如果現在還要再加上自身內在的檢驗證明，那這種爭取，根據其本質，是不確定的和危險的，因為假如這種體系可以給出這樣的檢驗證明，就不會需要任何在自身之外的檢驗證明了。總的來說，要給一幢已建成的建築強加上一個新的根基，那始終是冒險之舉。此外，一門宗教又怎麼會需要得到一種哲學的投票贊成？的確一切都站在了宗教一邊，啟示、證物、奇蹟、預言、政府給予的保護、至高的和眞理所應有的地位、所有人的贊成和敬仰，數以千計的廟宇和神殿讓其宣講和從事宗教事宜，成群結隊立下誓言的神職人員，以及最重要的，可以把其學說灌輸給年幼兒童的價值無比的特權——因爲以此方式，那些學說就幾乎成了與生俱來的理念。在有了如此之多的豐富手段以後，仍要求得到可憐的、寒酸的哲學給予的贊同，那就是貪心了；或者仍要去操心那些矛盾之處，那就是膽怯了，而不像看上去那樣問心無愧。

與上面所說的第一種形上學與第二種之間的差別相關的，還有下面這一點。第一種體系，亦即某種哲學提出了主張，因此就有義務要在其所說的一切中做到嚴格和原本意義上的眞實，因爲哲學訴諸思想和確信。相比之下，一門宗教是爲無數人而設的：這些人沒有能力去檢驗和思考，永遠無法把握原本意義上的、最深的和最難的眞理。所以，宗教的義務就只是做到比喻意義上的眞實。眞理並不可以赤裸裸地出現在人們面前。宗教這種比喻、寓言性本質的一個標誌，或許就是在所有宗教中都可發現的祕密祭祀和神祕儀式，也就是說，某些教義甚至無法清晰地理出頭緒，更不用說每一個字都要眞實了。確實，人們或許可以說一些完全有悖常理之處、一些眞正荒謬的地方，就是一門完美宗教的一種本質性成分，因爲這些恰恰就是它們的比喻、寓言性本質的印記，是唯一合適的方式，好讓感官平庸和理解力粗糙的人對他們無法理解的東西能有所感覺。也就是說，宗教從根本上論述的是完全另一種的、自在事物的秩序，在這種秩序面前，宗教發話時所必須遵循的這現象世界的規則就消失了；因此，不僅僅有悖常理的教義，甚至那些可以明白地把握的教義，其實也只是比喻和寓意，是爲方便人們的理解能力所作的調節。在我看來，奧古斯丁，甚至路德就是帶著這樣的精神謹守基督教的神祕儀式的。而伯拉糾主義則試圖把所有一切都降爲膚淺的理解。從這一審視角度出發，也就可以明白特土良爲何可以並非嘲諷地說出這樣的話：這是完全可信的，因爲這是可笑的；這是確實的，因爲這是不可能的（《論基督的肉身》，第五章）。宗教的這種寓意性本質也讓其避開了哲學有責任給出的證明和檢驗；宗教要求的不是這些，宗教要求的只是相信或信仰，亦即自願認定事實就是如此。那麼，既然信仰引導行事，而寓言又總是如此地編排，以便在實際方面把人們引往原本意義上的眞理也同樣引往的方向，那宗教許諾信者以永恆的極樂，就是有理由的。所以我們就看到宗教基本上爲大多數無法致力於思考的人，很好地填補了所迫切需求的形上學的位置。宗教這樣做，一是爲了實際的目的，是作爲指導人們行事的星辰，是作爲正直和美德的公開旗幟，正如康德絕妙地所言；二是在苦難深重的生活中，作爲某種必不可少的安慰——在這時候，宗教就完全代替了某一客觀眞正的形上學的位置，因爲宗教在盡可能地讓人超越本身和超越那世俗的存在方面與眞正的形上學不相上下，宗教的巨大價值和必不可少就閃亮地顯現在這裡。這是因爲柏拉圖早就說了（《理想國》，比朋蒂尼版，第四，第八十九頁），並且說得很對：讓大眾具備哲學思維是不可能的。在另一方面，那唯一的絆腳石就是：宗教永遠不會承認其寓言、寓意的性質，相反，宗教不得不宣稱自己是原本意義上的眞實。這樣，它們就侵入了眞正的形上學的地盤，引起了後者的敵意。而這敵意假如不被嚴密地看管就會隨時表現出來。正因爲沒有認清每一門宗教所具有的寓言、寓意的本質，所以才有了我們今天在超自然主義者與理性主義者之間持續不斷的爭論。也就是說，兩者都想表明基督教是原本意義上眞實的。在這一意義上，超自然主義者想要不折不扣地，就好比是要原汁原味地宣講基督教；在這過程中，他們就強硬地對抗時代的知識和總體的文化。理性主義者則試圖注解掉所有基督教所獨有的東西；據此，他們就保留了一些既不是在原本意義上也不是在比喻的意義上眞實的東西，而只是些平淡乏味的、跟猶太教差不多的東西，或者頂多就是膚淺的伯拉糾主義。而最差勁的就是那無恥的樂觀主義，而這種樂觀主義對眞正的基督教而言是完全陌生的。除此之外，試圖把一門宗教奠定於理性之上，就會把這宗教轉移到另一種類的、自身有其檢驗證明的形上學的行列，因而就是把宗教置於某一陌生的和哲學體系的地盤，就會捲入這些哲學體系在其地盤內互相之間的爭鬥，結果就是把宗教暴露於懷疑論的步槍火力射擊和純粹理性的重炮轟擊之下。但要迎戰這些的話，對宗教而言，明顯地膽大妄爲了。

假如兩種形上學彼此清楚地分開，就只侷限在自己的領域以便能夠在此領域充分發揮其本質，那對兩種形上學都將是最有利的。可是，人們不這樣做，而是在整個基督教時期都更多的是在爭取兩者合併在一起，把一種形上學的教條和概念轉換進另一種形上學，這樣就會兩敗俱傷。這種事情在我們今天絲毫不加掩飾地發生，搞出所謂宗教哲學，就猶如那雌雄同體的陰陽人或者人頭馬身的怪物一般。這種不倫不類的貨色，作爲某種靈知、直覺致力於闡釋既定的宗教，以字面上原本意義上的眞實來注解比喻涵義上眞實的東西。不過，要達到這一目的，人們必須已經了解和掌握字面原本意義上的眞實——這樣的話，那上述闡釋就是多餘的了。這是因爲只是想要從宗教那裡，透過注解和重新闡釋來找到形上學，亦即原本意義上的眞理，卻是一樁棘手和危險的事情；也只有當眞理確實就像鐵或其他非貴重金屬一樣，只是分散地而不是純粹、純淨地出現，因此人們就只能從礦石中提取，我們才可以決定那樣做。

宗教對大眾是必需品，對大眾有難以估量的裨益。但假如宗教打算阻撓人類認識眞理的步伐，那就必須帶著盡可能的寬容把它們弄到一邊去。要求甚至是一個偉大的思想家，一個莎士比亞，一個歌德把隨便某一宗教隱含的、眞誠的和本意上的教義變爲自己的信念，那猶如要求一個巨人穿上一雙侏儒的鞋子。

宗教因爲是爲大眾的理解能力而量身定做的，所以，宗教只具有間接的眞理，而不是直接的眞理。向宗教要求直接的眞理，就猶如想要閱讀在印刷工的架子裡所放置的印刷字母，而不是閱讀這些印刷字母所印刷出來的東西。一門宗教的價值據此取決於這門宗教在寓言和比喻外衣下所攜帶的或多或少的眞理內涵；然後，就是取決於這些眞理內涵透過那些外衣顯示出來時那或多或少的清晰度，亦即取決於那外衣的透明性。看上去似乎就是：正如最古老的語言是最完美的，最古老的宗教也是最完美的。假如我把我哲學的結果當作衡量眞理的標準，那我就要承認佛教優於其他宗教。不管怎麼樣，看到我的學說與這地球上大多數人皈依的宗教如此高度一致，我是很高興的，因爲這宗教的信眾比任何其他宗教都要多得多。這種一致性更讓我高興的是，在我進行哲學論述的時候，我肯定沒有受到這宗教的影響。這是因爲直至一八一八年，我的著作出版時，在歐洲只有極少的、相當不完整的和相當貧乏的有關佛教的報導。這些幾乎全都侷限在《亞洲研究》最先幾卷中的一些文章，且大都涉及緬甸的佛教。只是那以後，有關這宗教的更完整的資料才逐漸到達我們手上，主要是透過值得嘉獎的彼得堡科學院院士I·J·施密特發表在科學院備忘錄中透澈和富有教益的文章；然後是慢慢透過多個英國和法國的學者，以致在我出版的《論大自然的意欲》中「漢學」一章下面可以給出一個相當可觀的有關這信仰的最好著作的目錄。不幸的是，喬瑪·克洛支，這位堅持不懈的匈牙利人，爲了學習佛教的語言和經文，在西藏，尤其是在佛教寺廟裡度過了多年的時間，而就在他開始把其調查研究的成果整理出來的時候，卻被死神帶走了。我無法否認在閱讀他的導讀介紹裡面不少直接引自《甘珠爾》的段落時所感受到的喜悅，例如，下面一段佛陀在臨死前與向他表示敬意的梵天之間進行的對話：這有

888

他們有關創世的談話——這世界是誰創造的。釋迦牟尼問了梵天幾個問題，是否就是梵天創造或者產生了諸如此類的東西，賦予或讓這些東西有了諸如此類的特性或特質；是否就是梵天造成了幾次公轉而導致這世界的毀滅和重生。他否認做過任何這樣的事情。最後，他自己詢問釋迦牟尼這世界造得怎樣，和由誰創造？在此，這世界的一切改變都歸因於動物性生物的道德作為，並且釋迦牟尼說了，在這世上，一切都是幻象，所有的事物中並沒有眞實性，一切都是空。梵天領教了他的學說，成了釋迦牟尼的弟子（《亞洲研究》，第二十卷，第四三四頁）。

至於各種宗教的根本不同之處，我不會像人們普遍的做法那樣，認爲就在於單一神論、多神論、泛神論抑或無神論，而是認定這些宗教各自的根本差別在於這宗教是樂觀的還是悲觀的，亦即它們是把這世界的存在表現爲透過自身就可證明是合理的，因此是讚揚和讚美這世界的存在的；抑或把這存在視爲某樣只能理解爲我們罪過的結果，因此是本來就不應該有的東西，因爲這些宗教看出：痛苦和死亡不會存在於事物永恆的、原初的和不容變更的秩序中，不會存在於無論在哪一方面都應該存在的東西。基督教之所以能夠首先戰勝猶太教，然後戰勝希臘的和羅馬的異教，憑藉的力量全在於其悲觀論，在於坦白承認：我們所處的狀況是至爲悲慘和可憐的，與此同時，也是有罪的，而猶太教和異教則是樂觀的。明白了這被每個人都深切和痛苦地感受到的眞理以後，所帶來的結果就是人們需要獲得解救。

我現在轉而泛泛地考察另一類形上學：這類形上學的檢驗證明就在其自身之中，名爲哲學。我要提醒讀者：哲學的起源是上面說過的對世界和我們自己的存在的某種驚訝，因爲這些作爲謎團縈繞在我們的頭腦中，然後就不間斷地吸引著人類去解決這一謎團。在此，我想首先提請人們注意這一點：假如這世界眞的就是一個「絕對的實體」，即一個斯賓諾莎意義上的、在我們今天以泛神論的現代形式和表述如此頻繁地再度被提出的意義上的世界，因此就是某一完全必然的本質，那情形就不會是現在這樣子。這是因爲這就意味著：這世界以某種如此巨大的必然性存在，以致與這必然性相比，我們的理解力所能理解的其他每一種必然性肯定就顯得偶然似的。也就是說，這世界的存在就將會是不僅包含了所有現實的存在，而且也包含了一切稍有點點可能性的存在，以致正如斯賓諾莎也宣稱了的，這世界存在的可能性和現實性完完全全是同樣的東西，因此，其非存在也就等於其不可能性本身；因此，其非存在或者其他別樣的存在，必定是完全無法想像的。所以，在思維中無法去掉這世界的存在，就正如在思維中無法去掉例如空間或者時間。再者，既然我們本身就是這樣一種絕對實體的部分、樣式、屬性或者附屬，而這絕對的實體又是唯一的，可以在任何某一意義上，在某時、某處存在，那我們和它的存在及其特性，就必然不會向我們表現得如此引人注意和充滿疑問，甚至深不可測和讓人不安的謎團樣子；相反，那就會比 2×2=4 不言自明得多。這是因爲除了這一世界就是它現在的這個樣子以外，我們肯定不會還想像爲任何別的樣子，因此，我們肯定不會對這個樣子的存在，亦即對這樣一個需要思考的難題有所意識，猶如我們不會對我們的星球那讓人難以置信的快速運動有所意識一樣。

但實際情形卻根本不是這樣。也只有對沒有思想的動物來說，這世界和存在才是不言自明的；但對人而言，這些卻是一個難題，甚至那些最粗糙和最狹隘的人，也會在某個神志澄明的瞬間強烈地意識到這一難題。但每個人的意識越是清醒和縝密，他透過教育所吸收的思維素材越多，那這一難題就越是清楚和持久地進入其意識。所有這一切最終在那適合哲學思考的頭腦裡就昇華爲柏拉圖所說的驚訝，一種相當哲學的心情，也就是說，昇華爲那種理解了那個難題的全部內涵的驚訝，而這難題不間斷地縈繞在各個時期和各個地方都有的那些更高貴的人的頭腦裡，讓他們不得安寧。事實上，維持著形上學之鐘的運動、不讓其停下來的這種不得安寧，就是意識到這世界的非存在與其存在一樣都是可能的。因此，斯賓諾莎有關這世界的觀點是錯的，即這世界是一個絕對必然的存在，亦即某樣一定和在每一意義上而言都應該和必須如此的東西。就算是簡單的一神論，在其宇宙的證明中，也是默許般地從這一點出發：一神論是由這世界的存在推論出這世界之前的非存在，所以，一神論從一開始就認定這世界的存在是某樣偶然的事情。的確，更有甚者，我們很快就會明白：世界這玩意兒，其非存在不僅是可以想像到的，而且還將優於其存在；因此，我們對其驚訝很容易就會變成百思不解：是什麼樣的厄運才引致其存在呢，而由於這樣的厄運的緣故，那如此無法估量的力量，那產生和維持這樣一個世界所需的力量，竟可以被調動起來如此損害自己的利益。那哲學的驚訝據此從根本上就是一種驚駭的和憂傷的驚訝：哲學，就像《唐璜》的序曲一樣，是以小調和聲開始的。由此得出的結果就是：那哲學既不可以是斯賓諾莎主義，也不會是樂觀主義。那種驅使我們哲學思考的驚訝，其剛由我所指出的更詳細的特質，明顯出自目睹這世界上的禍害和邪惡；這兩者，就算是彼此對應得恰到好處，甚至被美好、善良的東西大爲壓倒，也仍然是某些根本就不應該有的東西。但因爲從無是不能生出有的，所以，這些東西也就必然在世界的原初或者內核本身有其種子。要得出這樣的看法，對於我們是困難的——假如我們抬頭看看這自然、物質世界的大小、秩序和完整性，因爲我們會以爲那有力量創造出這樣一個世界的話，也就必然可以避免那些禍害和邪惡。可以理解，得出上述看法（這最眞誠的表達就是善神奧爾穆茲德和惡神阿里曼）對一神論是至爲困難的。因此，爲了首先除掉那邪惡，就要發明出自由：但這自由卻只是一種隱蔽的、無中生有的東西，因為這設想某一「活動」或「行為」並非出自任何「存在」（參見《倫理學的兩個根本問題》，第五十八頁以下）。接著，人們解決掉**禍害**的法子就是把禍害歸咎於物質，或者歸咎於某一無法避免的必然性，與此同時，並不情願地把其實只是「為這一目標服務」的魔鬼撇在一邊。屬於禍害的還有**死亡**，但**邪惡**則只是把每一次的禍害從自己那裡轉嫁到別人身上。因此，正如上面所說的，正是邪惡、禍害和死亡，培養和增強了哲學的驚訝：並非只是這世界的存在，而更重要的是，這樣一個淒涼的世界，成了形上學的「癢點」，構成了讓人類不得安寧的難題，而這種不安既不是懷疑主義也不是批評主義就可以平息的。

我們也看到**物理學**（在最廣泛的意義上）致力於解釋這世界的現象。但物理學解釋的本質就已經決定了那些解釋是無法給予滿足的。**物理學**無法獨立站住腳，而是需要來自某一**形上學**的支撐——不管物理學向形上學擺出了一副多麼高不可攀的樣子。這是因為物理學在解釋現象時，採用了比現象更不為我們所知的東西：採用了建立在自然力之上的自然規律，而生命力也屬於這自然力。確實，這世界上或大自然中的一切事物的整個現狀，必然可以純粹物理學的原因來解釋。不過，就算我們真的達到這樣的水準，可以給出這樣的解釋，這樣的解釋也必然始終擺脫不了兩個本質性的缺陷（就好比帶著兩處腐爛的斑點，或者就像阿喀琉斯容易受傷的腳跟，或者就像魔鬼露出的馬腳）。而由於這樣的缺陷，所解釋的一切其實仍然沒有得到解釋。也就是說，第一個缺陷，就是那解釋一切的因果鏈，即連貫性的變化，其**開始**是絕對**永遠**無法找到的，而是就像在空間和時間中的世界的邊界一樣，不斷地和無窮盡地後縮；第二個缺陷，就是那用以解釋一切的全部作用原因，其基礎始終是某種完全無法解釋的東西、是事物和在這些事物中浮現出來的**自然力**的原初**特質**——由於這些特質，那些自然力就以特定的方式發揮出作用，例如，重力、硬度、撞擊力、彈性、熱能、電力、化學力，等等；這些在所給出的每一個解釋中始終保留了下來，就像在一個本來可以完美解決的幾何等式中一個未知的、無法去掉的量。據此，無論多麼微不足道的碎陶，也是由完全無法解釋的性質組成的。因此，這兩種在每一種純粹的物理學，亦即在因果性的解釋中都不可避免地缺失，顯示了這樣一種解釋只能是相對的眞實，這整個方法和性質不會是唯一的，不會是最終的，因此不會是充分的，亦即不可能是那種終有一日會引領人們滿意地解決事物那沉甸甸之謎和眞正明白這世界和存在；相反，這樣的自然、物理的解釋，總的來說，仍然需要一種形上學的解釋，以提供一把鑰匙解決物理學解釋的所有前提，但也正因爲這樣，必須另闢一條完全不同的途徑。爲此第一步就是我們必須清楚地意識到和把握這兩者的區別，亦即物理學與形上學的區別。這區別總的來說是基於康德對現象與自在之物所作的區分。正因爲康德宣告自在之物是完全不可認識的，所以，根據康德，根本就沒有什麼形上學，而只有在經驗和知識範圍內的、意識內的知識，亦即只有始終僅僅涉及現象的物理學。此外，還有那對追求形上學的理性的批判。在此，爲了證明我的哲學與康德哲學的正確連接點，我就要搶在第二部分之前強調：康德在對自由與必然性共存的美妙解釋（《純粹理性批判》，第一版，第五三二—五五四頁；《實踐理性批判》，第二二四—二三一頁，羅森克蘭茲版）中闡明了，一個同樣的行爲是如何完美地解釋爲在一方面是必然地出自人的性格，出自這人在其人生中所受到的影響和現在就擺在他面前的動因；但在另一方面，那同一個行爲卻又必須被視爲他的自由意願的成果。康德在《未來形上學導論》§53 以相同的涵義這樣說：「雖然自然必然性是與感官世界的因果關聯在一起的，然而，卻要承認那本身還不是現象的原因（儘管這是現象的基礎）是自由的，因此，大自然與自由可以賦予同樣的事物而不會發生矛盾，但那卻是在不同的方面：一方面是作爲現象，另一方面則作爲某樣自在之物本身。」康德關於人的現象和人的行爲所教導我們的，被我的學說擴展至大自然所有的現象，因爲我的學說認定意欲作爲自在之物就是大自然所有現象的基礎。這樣的處理有合理根據，首先是因爲我們不可以認爲人，就其種類的全部，特別地和從根本上有別於大自然的其他生物和事物，那種區別就只是程度上的區別而已。我就從這提前說的話題折回來，繼續考察物理學的不足以給出對事物的最終解釋。這樣，我要說的就是：所有的一切當然都是自然的、物理的，但這樣也就沒有任何一樣東西可以解釋得了。正如對於受了撞擊的球體的運動，一個自然的、物理的解釋本身是可能的，同樣，對於頭腦的思維，這樣一個自然的、物理的、能讓頭腦的思維與球的運動同樣清楚明白的解釋最終也必然是可能的。但我們誤以爲完全明白了的球體運動，從根本上就仍然如同頭腦的思維一樣對我們是模糊的、不明所以的，因爲在空間中的擴張、不可穿透性、可活動性、硬度、彈性和重力——所有這些內在本質到底是什麼，在給出所有的物理學解釋以後，還仍然是一個謎，就跟思維差不多。但因爲在思維那裡，不可解釋的東西最直接地凸顯出來，所以，在此人們馬上就做出了從物理學到形上學的跳躍，擬人化了一種與所有身體物質完全不一樣的實體，把靈魂放在腦袋裡。但假如人們不是那樣的呆笨，只對最引人注目的現象才會感到驚愕，那我們就要以胃裡的一個靈魂來解釋消化，以植物裡的一個靈魂來解釋植物的生長，以試劑裡的一個靈魂來解釋親合力，甚至以一塊石頭裡的靈魂來解釋石頭的墜落。這是因爲每一個無機體的特質與生命體裡的生命同樣地神祕：因此，以同樣的方式，那自然的、物理的解釋無論在哪裡都會撞上某一形上學的解釋——這樣的話，自然的、物理的解釋就被摧毀了，亦即就不再成爲解釋了。嚴格的話，那我們可以這樣說：所有的自然科學從根本上所能成就的不會多於植物學：那也就是把同樣的、類似的東西集合在一起、分類。假如一門物理學宣稱對事物的解釋的確是澈底的，即對單個事物以原因來解釋，普遍而言則以力來解釋，因此已透澈闡明了世界的本質——那這就是事實上的自然主義。從留基伯、德謨克利特和伊比鳩魯一直到《自然的體系》，然後到德拉馬克、卡班尼，到最近幾年又再度熱起來的唯物主義，我們可以追蹤到人們那要建立起一套沒有形上學的物理學的持續努力。那也就是一套把現象當作自在之物的理論。但所有它們的解釋都試圖向解釋者本身和其他人掩藏起他們毫不猶豫地假設了最重要的事情。他們想盡力表明：所有的奇特現象，甚至精神思想方面都是自然的、物理的現象。他們是對的，只不過他們並沒有看出：所有自然的、物理的東西，在另一方面同時也是形而上的。但沒有了康德，這些很難看得出來，因爲看得出來的前提條件是把現象與自在之物區分開來。但就算是沒有了這前提條件，亞里士多德雖然如此地傾向於經驗知識、遠離柏拉圖的超感覺，但他也擺脫了上述自然主義的狹隘觀點。他說：假如除了在這大自然存在的客觀實體以外，就再也沒有任何其他客觀實體，那物理學就將會是位列第一的學科；但假如還存在某一不可改變的客觀實體，那這物理學就是更早的學科，哲學則壓過物理學成了第一位的學科，因此也是最普遍的學科，因爲它是第一位的，它的任務就是探究這樣的存在之物（《形上學》，第五，一）。這樣一套如上面所描述的，並沒有給形上學留下任何空間的絕對物理學，就把被創造了的大自然變成了創造性的大自然，就將物理學安排在形上學的王座之上。但處於如此高位，這絕對物理學的舉止幾乎就像霍爾堡劇中被選爲市長的補鍋匠。甚至那本身乏味的且大都帶有惡意的無神論指責，其背後所隱藏的內在含意和給予其力量的眞理，就是這一模糊的概念：這樣一種絕對的物理學並沒有形上學。確實，這樣一種物理學對倫理學而言必然是毀滅性的，並且就正如人們錯誤地認定一神論與道德是不可分離的一樣，其實，只有某一泛泛的形上學才會與道德是不可分離的，亦即認識到大自然的秩序並非事物唯一的和絕對的秩序。因此，人們可以把這提出來作爲一切正直、善良的人的必要信條，我相信**形上學**。在這方面，重要和必要的事情就是我們確信一套**絕對的物理學**是站不住腳的；尤其考慮到這實際上的**自然主義**，是一種自動地和一再地迫使人們接受的觀點，也只有透過更深刻的思辨才能消除；在這方面，各式各樣的體系和信仰學說，只要能夠得到認可，就當然代替那些更深刻的思辨。但至於一種根本上錯誤的觀點卻能夠自動強加於人們，也只有人爲的努力才能清理掉，則可以此得到解釋：智力原初的設定，並非是爲了教導我們有關事物的本質，而只是向我們指示在涉及我們的意欲方面事物之間的關係；智力就只是動因的媒介，我們在第二部分就會發現。至於在這智力裡面，世界是以這樣一種方式圖解出來的，呈現出完全有別於事物的眞正秩序，因爲智力恰恰不是要向我們顯示事物的本質，而只是顯示事物的外殼——那是偶然的，不可以給智力招來指責，尤其是智力再度在自身找到了辦法以糾正錯誤，因爲智力成功地把事物的現象與事物的自在本質區分開來。這種區別在任何時候從根本上都是存在的，但在大多數時候都是很不完美地爲人所意識，所以並沒有足夠地被表達出來，甚至經常披著古怪的外衣出現。基督教的神祕主義者在把智力名爲**自然之光**的時候，就已宣稱這智力並不足以掌握事物的眞正本質，那就好比某種只是表面的力，就像電力一樣，無法深入存在物的內在。

純粹自然主義的不足，正如所說的，首先在經驗的途徑上顯現出來，是因爲每一個物理學的解釋都是以單個事物的原因來解釋那單個事物，但這些原因的鏈條，正如我們先驗、因此完全確切地知道，是可以一直無窮回溯的，以致根本就不會有那第一個原因。然後，每一個原因的有效性就歸結爲某一自然規則，而這自然規則最終就歸結爲某種自然力，而這自然力就始終是無法解釋的東西。那如此清晰給出的和如此自然解釋得了的世界，其所有的現象從最高級到最低級，都會歸結到這無法解釋的東西。但這無法解釋的東西，恰恰就暴露了這樣解釋的整個性質卻是有條件的，就好比只是依據所承認的，根本就不是眞正的和足夠的。因此，我在上文已說了，用自然的、物理的方式，一切都可以解釋，也一切都解釋不了。那貫穿了一切現象的絕對無法解釋的東西——這在最高級的例如生殖現象是最明顯的，但在最低級的例如機械、力學的現象也同樣肯定存在——都指向構成事物的自然秩序基礎的某一完全別樣的，也正因此被康德稱爲自在之物的秩序的東西，而這也就是形上學的目標點。純粹自然主義的不足，其次則由我們在這一部分的前半部分所詳細考察過的，也是《純粹理性批判》的討論主題的那一哲學上的基本眞理所解釋清楚的，亦即所有的客體，不管是根據客體的存在還是這存在的方式，都無例外地以認知的主體爲條件，所以就只是現象，而不是事物本身，正如在第一卷 §7 所分析的。在那裡，我也闡明了愚笨的事情無過於依照一切唯物主義者的方式，把客體的東西未加細看就認定爲絕對既有的，然後從中引申出一切，絲毫不考慮主體的因素——而一切卻是透過這主體，事實上是唯獨存在於這主體。這種做法的例子，在我們唯物主義成了風尙的今天，比比皆是。這種唯物主義因而成了適合理髮匠和藥劑師學徒的哲學。對天眞無邪的唯物論來說，那毫不遲疑就被當作絕對眞實的物質，就是自在之物，衝撞力就是某一自在之物的唯一能力，因爲所有其他特質就只是這力的現象而已。

因此，自然主義或者純粹的物理學審視方式，永遠不足以讓我們達到目的：那就像一道永遠無法除盡的算題。沒有終點和始點的因果排列、無法探究的基本力、無盡的空間、沒有開始的時間、物質的無窮盡的可分性，並且所有這些還都以一個認知的大腦爲條件：這些就唯獨在那大腦，跟所做的夢差不多，而沒有了這大腦，一切就都消失了——這一切就構成了一個迷宮，而自然主義就帶著我們在這裡面不停地兜圈。自然科學在我們當代所攀升到的高度，在這方面讓所有之前的世紀都變得黯然失色，是人類首次達到的一個頂峰。但無論物理學（就古人對這詞最廣泛的意義）取得了多麼巨大的進步，在朝著形上學的方向卻並沒有隨之走出最小的一步，就好比一個平面無論擴展至多遠的範圍，都不會得到體積一樣。這是因爲這樣的進步只會完善對現象的認識，但形上學要超越現象本身，朝著產生現象者的方向爭取。就算那整體完善的經驗對形上學施以援手，那在主要的問題上還是不會有所改觀的。是的，哪怕一個人周遊了全部恆星的行星，也不會因此在形上學方面取得任何進步。相反，物理學最偉大的進步就只會讓人越感覺到對一種形上學的需求，因爲恰恰是對大自然糾正了的、擴展了的和更加深了的了解，在一方面破壞和最終推翻自那爲止一直得到認可的形上學的看法，但在另一方面，也把形上學的難題本身更清楚地、正確地和完整地展示出來，把這難題與所有只是自然的、物理學的難題更純淨地分別開來；單個事物那被更完整和更精確認識了的本質，也就更迫切地要求對整體和普遍予以解釋，而那整體在經驗中越是得到正確的、透澈的和完整的認識，那就只會越是展現得謎團重重。對所有這些，對個別的、頭腦簡單的、在自然物理學的某一孤立分支的自然研究者來說，當然是不會馬上有所意識的。相反，他舒適地在奧德賽家中睡在他所選定的女傭身邊，把一切有關潘妮洛普的想法拋諸腦後（參看 §12 結尾處）。因此，我們在今天看到大自然的外殼得到了最精細的詳盡探究，把腸道蟲子的腸道和害蟲裡面的害蟲細膩詳盡地了解清楚。但假如有人——例如我——到來，說起大自然的內核，那他們是不會傾聽的，他們會想這些是不相干的事情，會繼續沉迷於其外殼。那些顯微鏡般異常微細和瑣碎的大自然探究者，我們忍不住要稱爲大自然的婆婆媽媽。但誤以爲坩堝和蒸餾管就是一切智慧眞實和唯一出處的人，其方式方法就跟往昔與他們相反的經院哲學家一樣地錯誤和顚倒。也就是說，正如這些後者完全地陷於抽象的概念之中，苦苦思索著這些概念，對這些概念之外的東西既一無所知也不去探究一番；同樣，前一種人也完全陷於他們的經驗知識，除非是他們眼睛所見到的，否則，一概不予認可，並誤以爲這樣就可以探究到事物的最終根源，而不曾猜想到在現象與顯現爲現象的東西、與自在之物之間，有一道鴻溝、某種根本性的區別，而這區別只能透過有關現象中的主體成分的認知和精確界定才能查明和澄清；只有透過認識有關事物本質的最終和最重要的說明，唯獨只能從自我意識中汲取；沒有了所有這些，我們就無法走出越過感官直接感覺到的既定的東西一步，因此頂多是發現了難題，而不會走得更遠。但在另一方面，卻需要指出：我們所能有的最完全的大自然知識，就是終於正確地闡明了形上學的難題：因此，在還沒有對自然科學的各個分支取得一個雖然是總體上的，但卻是透澈的、清晰的和連貫的認識之前，任何人都不應在這方面大膽嘗試。這是因爲難題必須走在解決之前。但在闡明難題之後，探索者就必須轉向內在，因爲智力的和倫理學的現象比自然的、物理的現象更重要；同樣的道理，例如，動物磁性的現象，就要比礦物磁性的現象重要得多。最終的根本祕密是每一個人在內在攜帶著的，而這內在是這個人能夠最直接接觸到的；因此，他只能寄望於在此找到對應世界之謎的鑰匙和掌握某一了解一切事物的本質的線索。因此，形上學最特有的領域確實是我們所稱的精神哲學：

你引領有生命之物的行列
經過我的面前，教會我認識

在安靜的灌木叢中，在空氣和水中的兄弟：
然後你把我帶到安全的洞穴，
向我指明：在我那胸膛裡面
綻開祕密的至深奇蹟。*

最後，至於形上學的知識的源頭或基礎，我在上文已經反對源頭就在於單純的概念這一假定——雖然這一假定甚至也由康德反覆提了出來。概念在任何知識中都不可能是第一位的，因爲概念一定是從某一直觀中提取的。但誘使人們得出這一看法的，或許是數學做的榜樣。數學是可以完全離開直觀的，尤其是在幾何學、三角學和數學解析中，可以單純抽象的並的確只是透過符號而不是字詞所代表的概念進行操作，但仍可以得出完全可靠的，並且是那麼遙不可及的結果，以致誰要是停留在直觀的堅固實地，那這結果是無法到達的。不過，可以這樣做的可能性，正如康德已充分展示了的，就是因爲數學的概念是出自最可靠和最確定的直觀，亦即出自先驗的和直覺認識到的數值比例，因此始終可以透過這些再度實現和檢驗，要麼用算術，透過進行只是以那些符號所指示的計算，要麼用幾何，透過康德所說的概念的建構。相比之下，人們誤以爲能從中建構起形上學的那些概念，卻沒有這一優勢，諸如此類的概念就是本質、存在、實體、完美、必然性、眞實性、有限、無限、絕對、根據，等等。這是因爲這些概念根本就不是原初的，就好像是從天上掉下來的或者是與生俱來的，而是

* 參見歌德的《浮士德》。——譯者注

也像所有的概念一樣，是從直觀中提取出來的；並且因爲它們不像數學概念那樣只包含了直觀的形式，而是包含了更多的東西，所以，這些概念有源自實踐直觀的基礎。因此，從這些概念無法獲得那實踐直觀也不曾包含的東西，亦即無法獲得不是經驗的事情和不是可靠得多的，以及從實踐直觀中第一手來的東西——因爲那些概念是相當廣泛的抽象。這是因爲從那些概念所獲得的，永遠不會多於那些概念所出自的直觀已經包含的東西。假如我們要求得到純粹的概念，亦即並不具有任何經驗實踐源頭的概念，那可能有的就只是涉及空間和時間的，亦即只涉及直觀的形式部分的概念，因此就只有數學的概念，或者頂多就是因果性的概念——這類概念雖然並非出自經驗實踐，但卻是只有借助這經驗（首先在感覺直觀那裡）才會進入意識；因此，雖然經驗只有透過這類概念才成爲可能，但那些概念也只是在經驗的地盤才是有效的。也正因爲這樣，康德指出了那些概念就只是有助於讓經驗有了連貫性，但卻不是飛越了經驗；因此，這些概念只允許在物理、有形方面的運用，而不允許運用在形上學方面。當然，只有某一認識的先驗的源頭才可以給予這認識以不容辯駁的確切性，但也恰恰是這一先驗的源頭把這一認識限制在經驗的形式方面，因爲那先驗源頭顯示了那經驗是以智力的主觀性質爲條件的。因此，這樣的認識並不會引領我們超越經驗，而只是給予我們這經驗本身的一部分，亦即那形式的、完全爲其所特有的、因此是普遍的部分，所以，給予的就只是形式而不具內容。那麼，既然形上學最不可能侷限在這方面，所以，形上學必然也具備經驗的認識源頭；因此，先入爲主地認爲要在純粹的先驗中找到形上學的想法，也就必然是空洞的。這的確就是康德的以待解決之問題作爲論據。他在《未來形上學導論》§1 清楚地表述爲：形上學不應從經驗中提取其基本概念和基本定理。也就是說，在這方面，康德預先就假設了只有那些我們先於一切經驗就知道的東西，才會比可能的經驗達到更遠的範圍。有了這一支撐以後，康德就證明說：所有這些知識不過就是智力的形式，是爲了經驗的目的，所以是不會引領超越這經驗之外的。然後，康德就由此正確地推論出一切形上學都是不可能的。但假如爲了解開經驗之謎，亦即解開呈現在我們面前的世界之謎，人們就完全將目光移開，無視其內容，就只把先驗爲我們所意識到的、空洞的形式當作素材來應用——那難道不是更加的顚倒和反常嗎？經驗的科學也就汲取自經驗，難道不是更與常理相符嗎？形上學的難題本身是在經驗中給出的，那爲何在解決難題時不也借助於經驗呢？在談論事物的本質時，卻不是察看事物，而只是抓住某些抽象概念，那不是荒謬、悖理嗎？形上學的任務雖然不是觀察個別的經驗，但那卻是要正確解釋整體的經驗。形上學的基礎因此必須是經驗性質的。事實上，甚至人的認知中一部分的先驗性也被人的認知理解爲一個既有的事實，並從這一事實推斷出主體的源頭。只是因爲意識到其先驗性伴隨著人的認知，所以，在康德那裡，那初始性和先驗性（Apriorität）就被稱爲先驗的（*transscendental*），以區別於超驗的（*transscendent*）——後者的意思是超越一切的經驗，其對立詞是「內在的」、固有的（*immanent*），亦即在可能的經驗範圍之內。我很高興地回憶起這由康德採用的詞的原意，而今天的那些哲學猿人就用這些和範疇等詞語玩弄他們的把戲。除此之外，形上學的眞實源頭並不就只是外在的經驗，而且還有內在的經驗。事實上，形上學最特有的、以此有可能走出明確的、可以解決那巨大問題的唯一一步，就是這一點，正如我在《論大自然的意欲》「自然、物質的天文學」一章中所詳細和透澈闡明了的：在合適之處，外在的經驗與內在的經驗結合在了一起，把這內在當作是針對外在的鑰匙。

在此所探討的，也是無法誠實地否認的形上學的起源，即源自經驗的認知源頭，當然就剝奪了不容辯駁的確切性，因爲這種確切性唯獨透過先驗的認知才可能有的，是邏輯和數學所擁有的，但這些學科教給我們的其實也只是每個人都已經自動知道的，只是知道得不很清楚的東西而已：從先驗的知識頂多引申出自然學說的最基本元素。坦白承認這一點的話，形上學就只是放棄了一個古老的聲稱所有權，而這所有權，根據以上所說，是建立在誤解之上的；針對這所有權，不同的和變化多端的各個形上學體系，以及始終伴隨著它們的懷疑論也總是提出反對的證詞。但形上學的這變化多端並不就是形上學是不可能的理由，因爲那同樣的變化多端也發生在自然學科的各個分支，化學、物理學、地理學、動物學，等等，甚至歷史學也不會幸免於此。但只要人的智力侷限能夠允許，一旦某一正確的形上學的體系被發現了，那一門先驗認識的學科的不變性就屬於這形上學，因爲這一形上學的基礎只能是總體上的經驗，而不是單個的和特別的經驗——而由於這些單個和特別的東西，自然學科就隨時要更改，歷史學就不斷地有了新的素材。這是因爲總體和普遍的經驗是永遠不會變換爲另一種新的特性。

下一個問題就是：一個汲取自經驗的學科，如何超越這經驗和理應獲得形上學的名稱？這方式大概不能就像，例如，從三個比例數找出第四個比例數，或者從兩個邊和一個角找出三角形那樣。這是前康德的教條主義的方式，亦即根據某些先驗爲我們意識到的規則，盡可能試圖從現存的推論出非現存的，從結果推論出原因，因而是從經驗推論出在任何經驗中都不可能出現的東西。康德闡明了循這條途徑是不可能得出一門形上學的，因爲他指出了那些先驗規則雖然不是來自經驗，但它們卻只對那經驗有效。所以，他的教導很正確：我們無法以這樣的方式超越一切經驗的可能性。不過，仍有通往形上學的其他途徑。整個經驗就像是密碼文字，哲學則是對其解碼，其正確性則由處處顯現出來的連貫性得到證明。假如足夠深刻地把握了這個整體，內在的經驗又與外在的經驗連接起來，那這整體就必然可以從自身那裡得到詮釋和注解。康德無可辯駁地向我們證明了：經驗總的來說是產生自兩種要素，亦即認知的形式和事物的自身本質；這兩種要素甚至可以在經驗中彼此區分開來，亦即我們先驗意識到的東西和後驗添加的東西。自那以後，我們起碼就可以泛泛地確定在既有的經驗中，什麼首先僅僅是現象，是屬於以智力爲條件的現象形式；什麼是在除去那形式以後，留給自在之物的東西。雖然無人可以透視直觀形式的外殼而認識到事物本身（自在之物），但在另一方面，每個人都在自身承載著這自在之物，並的確就是這自在之物本身。因此，這自在之物在這人的自我意識中，在某些方面是爲這個人所接觸到的，雖然那是帶條件的。因此，那形上學超越經驗的橋梁，不是別的，恰恰就是那把經驗分解爲現象和自在之物，而我認爲這就是康德的最大功績。這是因爲這當中包含了現象中具有一個有別於現象的內核的證明。這內核確實永遠不會完全從現象中脫離，不會單獨被視爲這世界之外的東西，而是永遠只在其與現象本身的狀況和關係中被認識。不過，對現象在與其內核相關的方面的詮釋和注解，可以給我們提供有關那內核的情況，而這些情況在其他情況下是不會進入我們的意識的。因此，在這一意義上，形上學超越了現象，亦即超越了大自然，到達了隱藏在現象中或者隱藏在現象背後的東西，但卻始終只是把那視爲產生和形成現象的東西，而不是獨立於一切現象之物；所以，形上學始終是在可能的經驗範圍之內，而並非是超驗的。這是因爲形上學永遠不會完全脫離經驗，而始終只是對經驗的詮釋和注解，因爲形上學談論自在之物的時候，都是與現象聯繫起來的。我起碼是在這個意義上，在充分考慮到了康德所證明了的人類認知的侷限性以後，試圖解決形上學的難題。因此，康德的《未來形上學導論》對我的形上學也是適用的和可以接受的。據此，這形上學永遠不會超出經驗之外，而是對經驗中眼前的世界敞開眞正的理解。這形上學，根據康德也在重複的形上學的定義，既不是出自純粹概念的科學，也不是從先驗的定理引出結論的體系——對形上學的目的毫無用處，已經由康德所證明。相反，這形上學是一種理性的學問，是汲取自對外在、眞實世界的直觀和自我意識中最內在、熟悉的事實就這世界所提供的說明，記錄在最清晰的概念之中。因此，那是經驗的學科，但題材和源頭不是單個的經驗，而是整體的和普遍的所有經驗。我完全接受康德的這一學說：經驗的世界就只是現象，先驗的知識就只是適用於現象方面。但我要補充這一句：恰恰就像現象那樣，這經驗的世界就是那產生和形成現象的東西的顯現，我與康德一道把這稱爲「自在之物」。這因此必然要在經驗世界裡表現出它的本質和它的特性，所以，這本質和特性必然可以從這經驗世界中詮釋出來——確切地說，是從經驗的素材，而不僅僅只是經驗的形式。據此，哲學不是別的，正是對經驗本身正確的、普遍的理解，是對其意義和內涵的眞正注解和解釋。這就是形上學的東西，亦即被包裹在現象之中和隱藏在形式裡面的東西，它與現象的關係猶如思想與文字的關係。

在涉及在這世界造成現象的東西方面，對這世界的這樣一種解碼，必須從其自身獲得檢驗：即透過其解碼讓如此各種各樣的現象之間達成相互一致，而這種相互一致，假如沒有了這種解碼，人們是無法看出的。假如我們看到一篇文字，其字母是我們所不認識的，那我們就會盡力去破解，直至我們對那些字詞涵義有了看法，並以此能夠串起明白易懂的字詞和句子。然後，對這解碼的正確性就不會再有疑問了，因爲對那篇文字所有符號的詮釋所形成的一致性和連貫性，不可能只是偶然所致；而當換上完全不一樣的涵義，能認識到這樣排列的字詞和句子的涵義，也是不可能的。同樣，對這世界的解碼必須是自身經受完全的檢驗。那種解碼必須同樣對這世界的所有現象有所闡釋，甚至把最不相同的現象也協調、一致起來，以致那些對照最強烈的東西之間的矛盾也得到了解決。這種出自自身的檢驗就是解碼眞確的標誌。這是因爲每一個錯誤的解碼，就算是與某些現象相吻合，與其餘的現象就會越加明顯地不一致。所以，例如，萊布尼茲的樂觀主義就與生存的明顯苦難不一致；斯賓諾莎的學說，即這世界是唯一可能的和絕對必然的實體，與我們對其所感到的驚訝並不相符；沃爾夫的學說，即人是從陌生的意志那裡得到他的**存在和本質**的，與我們對發自我們的存在和本質、在與動因的一番衝突以後嚴格必然地發生的行爲應負有道德責任是相矛盾的；那經常被人重複的理論，即人類不斷向著更高的完美進化，或者某種演變和誕生會經由世界進程而達致，卻是與此先驗的觀點相對立的：即直至每一既定的時間點之前已經走過了無盡的時間，所以，據稱隨著時間就會到來的一切，必然早就已經到來了。這樣，就可以列出一長串看不到盡頭的登記冊，以記錄那些教條式看法與事物的既定現實的不一致。相比之下，我必須否認我哲學中隨便某一理論可以誠實地記入這一登記冊，恰恰就是因爲我的每一條理論都是在直觀的現實中仔細思考的，沒有任何一條只是根源於抽象的概念。但因爲在我的哲學裡面，有一個根本的思想可作爲解答世界所有現象的鑰匙，所以，這根本的思想就被檢驗爲正確的字母——運用這字母以後，字詞和句子就有了意義。所發現的解答這謎團的字詞，是以此方式證明爲正確的：這謎團中所說的一切都與此相吻合。同樣，我的學說讓人們在世界大不相同的、凌亂的現象中看到了一致性和連貫性，並解決了無數的矛盾之處，而這些矛盾之處從每一個不同的角度審視都會呈現出來。因此，就這點而言，那就像是一道除盡的、無餘數的算題，雖然那一點並不意味著就再沒有餘下任何要解決的難題、任何可能的還沒得到解答的疑問。作出諸如此類的聲稱的話，那就是傲慢地、放肆地否認人的認知的侷限。無論我們點燃了怎樣的火把，也無論那火把照亮了怎樣的空間，我們的視野周圍始終籠罩著深沉的黑夜。這是因爲對這世界之謎的終極解決必然涉及自在之物，

908

而不再是現象。但我們所有的認知形式卻恰恰只是爲了現象的目的，因此，我們必須透過某一同時的、前後的和因果的關係明白一切。但這些形式只在涉及現象時才有意義：那自在之物本身及其可能的關係是不可以透過那些形式把握的。因此，對這世界之謎眞正和肯定的解決，是某種人的智力完全沒有能力理解和思考的事情，以致就算某一更高級別的生物到來和大費周章地指教我們，對其所透露的，我們也還是絕對沒有能力明白。因此，誰要是聲稱認識事物最終的，亦即初始的緣由，也就是聲稱認識某一原初的實質、絕對的本質或者人們所願意稱呼的名字，連帶那演變過程、緣由、動因或別的什麼，其結果就是世界由此形成了，或者由此冒了出來，或者由此掉了下來，或者產生出來而進入存在，「釋放出來」和禮貌地送出來——誰要是這樣聲稱，那就是在上演鬧劇而已，就是誇誇其談之輩——假如確實不是江湖騙子的話。

我把這一點視爲我的哲學的一個極大優點：這哲學中所有的眞理都是各自獨立地透過考察眞實世界而發現的；儘管我並不怎麼關注它們之間是否一體和連貫，但那一體性和連貫性卻總是在之後自己顯現出來。因此，這哲學也是豐富的，廣遠地扎根於直觀眞實世界的土地，由此湧流出抽象眞理的所有營養；這哲學也因此不會無聊、沉悶，而無聊、沉悶的特性，根據對這最近五十年的哲學文章的判斷，卻可被視爲哲學的一種本質特性。相比之下，假如一種哲學的所有理論就只是從彼此互相推導出來，並且最終甚至都是從某一首要的命題中推導出來的，那這哲學肯定就是貧乏和寒酸的，也就必然是無聊、沉悶的，因爲從任何命題所得出的，不會多於這命題本身其實已經說出了的東西。然後，除此之外，所有的一切都取決於**一個**命題的正確與否，而只要在推導中出現了一個差錯，那整體的眞實性就會受到危及。某一從智力直觀出發，亦即從某種迷醉或者特異預見出發的體系，就更少保障了：

以此方式得來的一切認識必然就是主體的、個體性的和因此是大有問題的。就算的確存在這樣的眞理，那也是無法傳達的，因爲只有正常的頭腦知識才可以傳達：假如那是抽象的知識，那就要透過概念和字詞傳達；假如那只是直觀的知識，就要透過藝術作品。

假如人們像經常所做的那樣指責形上學在如此多個世紀的進程中，取得的是如此微不足道的進步，那我們就要想一想：哪一門學科像形上學那樣總是在持續的重壓之下成長的，又有哪一門學科始終受到了來自外在的如此之多的阻礙和干擾，而這些壓力和阻礙就來自各個國家和地區的宗教，因爲它們無一例外都壟斷了形上學的知識，視形上學爲它們身旁長出的野草，就好比不具資格的工作者、一幫吉卜賽的烏合之眾；一般來說，也只有在形上學迎合和追隨那些宗教、爲其服務的條件下，宗教才會容忍。這是因爲在那裡可曾有過眞正的思想自由？人們就思想自由已經吹噓得夠多的了，可一旦思想自由想要偏離國家宗教屬下的教義，那鼓吹容忍者對這種大膽放肆就會大大地不寒而慄，就會說：「不許再越出半步！」在這樣的壓制之下，又怎麼可能會有形上學的進步呢？的確，享有特權的形上學所施加的束縛並不只是在傳達思想方面，而且也延伸至思想本身，因爲其教義是在人們柔弱的、可塑的、充滿信任和沒有思想的兒童期，是在板著造作的、虔誠嚴肅面孔的情況下牢牢地印刻在人們頭腦裡，以致這些印刻的東西從那時候起，就與人們的頭腦一起成長，就幾乎取得了與生俱來的思想的特性，而一些哲學家因此就把這些當作與生俱來的東西，但更多的哲學家則假裝是這樣的看法。但沒有什麼比先入爲主地、強行和很早地就把對形上學難題的某種解決灌輸給人們的頭腦，更妨礙人們只是把握形上學的難題：因爲一切眞正哲學思考的必要出發點，就是對蘇格拉底這一句話的深刻感應：「我就知道這一點：我什麼都不知道。」古人在這方面比我們的處境要好，因爲他們的國家和地區宗教雖然對傳達思想有所限制，但卻不會損害思想自由本身，因爲那些東西並沒有正式地和隆而重之地印刻在小孩的頭腦裡，一般也不會得到人們多麼嚴肅的對待。所以，在形上學這方面，古人也仍然是我們的老師。

針對上述對形上學的指責，即甚少進步，儘管持續的努力仍沒有達到目標，我們仍要進一步考慮到：形上學在這期間卻不斷地做出難以估量其價值的貢獻，即給享有特權的形上學的那些無休止的聲稱和主張設定了界限，與此同時，又與眞正的自然主義和唯物主義針鋒相對地對抗，這後兩者恰恰是由那些享有特權的形上學所召喚起來的，是對其不可避免的反應。我們只需想一想：假如人們對其宗教的信仰如宗教教士所眞心希望的那樣牢固和盲目，那些宗教教士的狂妄和驕橫將會達到怎樣的程度。我們回看從八世紀到十八世紀，在歐洲的所有戰爭、動盪、叛亂和革命，就可發現這裡極少在骨子裡或者所用的藉口不是有關某一信仰方面的爭議，亦即不是有關形上學的問題；而這就成了煽動起民族與民族間紛爭的緣由。在那整個千年間，持續的謀殺一會兒在戰場上，一會兒在斷頭臺上，一會兒又在街巷裡，都是有關形上學的事情！我很想能有張眞實的一覽表，列出基督教的確阻止了所有罪行和做出了所有良好的行動，以便能夠把基督教放在另一邊的秤盤上。

最後，至於形上學的**義務**唯獨只有一個，因爲它不會容忍還另有其他義務與其相提並論。那就是保持**眞實**的義務。假如除了這個義務以外，人們還想要其承擔其他義務，諸如唯靈論、樂觀、一神論，甚至就只是要求講究倫理和道德，那我們就無法預先知道這是否會干擾它履行其首要義務了，而沒有了眞實的話，所有其他成就都顯然沒有價值可言。因此，對一套已存在的哲學，除了眞實的標準以外，並沒有其他衡量其價值的標準。此外，哲學本質上就是世界的智慧，其面對的難題就是這一世界，哲學也唯獨只是與這一世界有關而不會打擾神靈的安寧，但作為回報，也希望不會被神靈打擾其安寧。

對第二篇「世界作爲意欲初論」的增補

你們走錯了路子，
不要以為我們在開玩笑！
難道大自然的內核
不就在人的本心？

——歌德

第十八章　論是否可以認識事物本身❶

我早在一八三六年就為這第二篇——包含了我的哲學至為獨特和至為重要的一步，亦即包含了被康德認為不可能而放棄了的從現象到自在之物的過渡——發表了最實質性的增補，題目是《論大自然的意欲》（一八五四，第二版）。假如人們把我在那部作品裡我的解釋所連接的別人的話語，當作是我那部篇幅不大但內容卻重要的作品的素材和主題，那就大錯了。更準確地說，那些別人的話語就只是由頭——我只是藉此出發，在那作品裡以甚於任何其他地方的清晰性，討論了我的學說中的那個基本真理，並把這引導到經驗的自然知識。更確切地說，我在「自然的天文學」標題下至為透徹和至為令人信服地闡述了這些，我想應該不會還有一個比在那裡所寫出的、對我的學說核心更準確的表達。誰要想透徹地認識和認真檢驗我的哲學，就要特別重視我所說的標題下的內容。因此，總的來說，在那部小作品裡所說的一切將構成現在這些增補的主要內容——假如那些不是因為在這些之前已經發表了所以必須被排除掉的話。但我在此假定讀者對這些內容是了解的，否則的話，就會缺失了我的最佳部分。

我現在首先想從一個普遍的角度出發，就所談論的對事物的某一認知的涵義和作出的必要限

❶ 本章與第一卷 §18 相關。

定，說說我的一些思考。

什麼是認知？——認知首先和從本質上就是表象、看法（想法）。什麼是表象、看法（想法）？——那是在一隻動物的腦髓中一個非常複雜的生理過程，其結果就是在腦髓中意識到的一幅圖像。顯而易見，這樣一幅圖像與完全有別於那動物、在那動物的腦髓中呈現的東西，兩者的關係只能是相當間接的。這或許是最簡單和最容易明白的方法，以暴露出觀念論與實在論之間的深溝。也就是說，這屬於我們不會直接意識到的東西，如地球的運動一類，因此，古人並沒有留意到這點，一如他們不曾留意到地球的運動。而自笛卡兒首先證明了這一點以後，哲學家就不曾得到片刻的安寧。但在康德最終把觀念論與實在論完全的差異性至爲澈底地闡明以後，那試圖以權威、透過所謂的智力直觀宣稱這兩者就是絕對的同一，就是既大膽又荒謬；但這種試圖其實經過了對德國的哲學公眾的判斷力準確的估算，因此取得了輝煌的結果。而事實上，我們直接既有的是一個主體的此在（Dasein）和一個客體的此在，一個自爲的存在（Sein）和一個他爲的存在，一個對自身的意識和一個對其他事物的意識——這兩者以如此根本不同的方式現存於我們，任何其他不同都無法與之相提並論。對自己，每個人都是直接知道的；對所有其他的，就只是非常間接地知道。這就是事實和難題。

至於在腦髓的內部，經由更進一步的程序，那從腦髓中生成的直觀的表象或圖像是否會被抽象成普遍的概念，以便更進一步的組合——透過這方式，認知也就成了理性的認知，這認知從此也就可稱爲思維——在此這些就不再是關鍵性的東西，而只有次一級的涵義。這是因爲所有這樣的概念，其內容唯獨來自直觀表象，因此，直觀表象就是原初的知識，因此是在考察觀念與實在的關係時唯一要考慮的東西。據此，想要把觀念與實在的關係標示爲存在與思維的關係，就證明了對上述難題的完全無

916

917

知，或者這起碼是不聰明的。思維首要只是與直觀有關係，但直觀與被直觀之物的自在存在卻有一種關係——這後者就是在此我們所思考的一個巨大難題。而就在我們面前的經驗的存在，不是別的，恰恰就只是直觀中現存的東西，但這後者與思維的關係卻不是什麼祕密，因爲概念，亦即思維的直接素材，明顯是從直觀中抽象出來的，而這一點是任何理性的人都不會懷疑的。順便一說，我們由此可看到在哲學裡，選擇用語是多麼的重要，即上面所批評的很不聰明的用語和由此產生的誤解，就成了整個黑格爾假冒哲學的基礎，糾纏了德國公眾二十五年。

但假如有人說：「直觀就已是對自在的事物的認知，因爲直觀就是在我們身外存在的東西所造成的作用效果，它所發揮的作用效果是什麼，它就是什麼：它的作用效果就是它的存在。」對此的回答是：(1)因果法則，正如已經證明得夠多的了，有主體（主觀）的源頭，就跟直觀所出自的感官感覺一樣；(2)時間和空間——那客體就顯現其中——也同樣有主體的源頭；(3)假如客體的存在就在於這客體的作用效果，那意味著這客體的存在就在於它在其他客體那裡所引起的變化，這樣的話，它本身根本就什麼都不是了。這一點只是對物質而言才是眞的，正如我在本書和《充足根據律的四重根》§21結尾所解釋的，即物質的存在就在於其作用效果，物質完全徹底地是因果性，亦即在客觀直觀下的因果關係本身；因此，物質本身也就恰恰什麼都不是，「物質就是一個眞正的謊言」；物質作爲被直觀之物的配料和成分，就只是一個抽象概念，單獨而言是不會在任何經驗中出現的。在後面專門的一章，我將對物質詳細考察一番。但那被直觀的客體必須就其本身是某樣東西，而不只是對其他東西而言是某樣東西，因爲否則的話，它就全然只是一個表象、一個看法而已，我們就會得出絕對的觀念論，到最後就會成爲理論上的自我主義，一切現實在此都消失了，這世界也就成了只是主體（主觀）

的幻影。但假如我們不進一步發問就完全停留在作爲表象的世界，那我把客體的東西解釋爲我頭腦中的表象，抑或解釋爲在時間和空間中展現出來的現象，當然都是一樣的，因爲恰恰是時間和空間本身只存在於我的頭腦之中。然後，在這一意義上，就至少可以斷言觀念性與實在性的同一性；不過，在康德以後，這就等於沒有說出任何新的東西。此外，事物和現象世界的本質明顯並沒有因此而窮盡，相反，人們以此仍舊站在觀念的一邊。實在的一邊必須是與作爲表象的世界全然不同的某些東西，也就是事物自在本身所是的東西，而正是這觀念的與實在的之間的全部差異性，是康德至爲澈底證明的。

洛克否認感官可以認知事物本身，但康德甚至還否認直觀的理解力可以認知事物本身，而我這所稱的直觀的理解力，包括了被康德稱爲純粹的感官敏感性和那達成經驗直觀的、先驗給予的因果法則。兩人不僅都是對的，而且也讓我們直接看到：這一宣稱——即我們可以根據某一事物自身、自在，亦即在我們的認知之外的樣子而認知這一事物——已經包含了矛盾。這是因爲正如所說的，每一認知本質上都是一個表象、一個看法，但我的表象、看法正因爲是我的表象和看法，就永遠不會與在我之外的事物的自在本質同一。每一事物的自在和單獨存在都必然是主體的；相比之下，在某一他人的表象、看法中存在的，就正因此必然是客體的。這種差別是永遠無法完全調和的。這是因爲由此他的存在的整個性質就從根本上改變了：作爲客體，其前提條件是某一陌生的主體，而這客體就作爲這主體的表象而存在；此外，正如康德已證明的，這客體要進入對其自身本質而言是陌生的形式，恰恰因爲這些形式是屬於那陌生的主體的——這主體的認知也只有透過這些形式才成爲可能。假如我沉浸在這樣的思考，直觀某一沒有生命的物體，其體積輕易就可一覽無遺，其形式（形狀）是規則、勻稱和可以把握的，並要試圖把握這空間中的物體，這在其三個維度之中，作爲自在存在的，因此也就是作爲相對其他事物是主體存在的東西——假如要這樣做，其不可能就是我馬上感覺到的，因爲我永遠無法把那些客觀（客體）的形式想像爲相對於事物的主體的存在，而是直接就意識到：我在那所表象的，所具有的看法、想法，是在我的腦髓裡促成的和只是對我作爲認知主體而存在的一幅圖像，這幅圖像並不會構成這一沒有生命的物體最終的而因此是自在和自爲的主體存在。但在另一方面，我卻不可以假定，甚至這一沒有生命的物體就完全只是存在於我的表象、看法之中；相反，既然它們有著無法徹底探究的特質和因爲這些特質而產生作用，那我就必須承認它有某種自在的存在。但這些無法徹底探究的特質，正如在一方面雖然表明了某一獨立於我們的認知而存在的東西，但在另一方面也爲此給出了經驗上的證據：因爲我們的認知就在於借助主觀的形式而產生出表象，所以就始終提供了現象而不是事物的自在本質。也就是說，由此可以解釋在我們所認識的一切事物中，爲何總隱藏著某些完全無法探究的東西，我們也不得不承認我們沒有能力從根本上理解哪怕是最普遍的和最簡單的現象。這是因爲並不只是大自然的最高級的創造，那活蹦亂跳的生物，或者那無機世界的複雜的奇特現象是我們所無法深究的，就算是每一個透明的純石英、每一黃鐵礦，都由於其結晶學的、光學的、化學的和電學的特質，面對深入的考察和探究都是不可解的和祕密的深谷。但假如知道了事物自在本身的樣子，那情形就不可能是這樣了，因爲那樣的話，起碼那些更簡單的現象就是我們必然可以從根本上明白的，因爲了解這些現象的特質的道路就不會被一無所知所堵住；這些現象的整個存在和本質就可以融入認知裡面。因此，關鍵不在於我們對事物的了解有缺陷，而在於認知的本質本身。這是因爲假如我們的直觀、因此也就是對展現給我們的事物所作的整個經驗上的把握，從本質上和主要地早已由我們的認知能力所規定了，並以其形式和功能爲條件，那事物就只能以一種與其自身的本質相當不一樣的方式展示，並因此猶如帶著一副面具呈現出來。這讓我們對那隱藏的東西始終只是假定，而永遠不是有所認識；所以，那就作爲無法探究的祕密若隱若現地閃爍，無論是哪一樣事物的本質都不會完全地和毫無保留地進入認知。而讓人們先驗地構建一樣眞實的東西，就像數學上做的那樣，就更是少之又少。因此，對自然存在物無法憑經驗去探究，就是一個後驗的證據：證明了自然存在物的經驗上的存在所具有的觀念性和僅具有現象的眞實性。

根據所有這些，我們沿著客觀（客體）知識的途徑，因而就是從表象出發，是永遠無法超越表象亦即現象的範圍，因此就是停留在事物的外面，但永遠無法深入到事物的內在，無法探究自在的事物本身是什麼。至此，我是同意康德所說的。但我強調了另一個眞理作爲對此眞理的平衡，即我們並非只是認知的主體，而是在另一方面本身也屬於要被認知的本質，本身就是自在之物；所以，一條從內在通往我們從外在無法深入的事物的自身和內在本質的路徑爲我們敞開了，彷彿那是一條地下通道，那是某一祕密的內應透過背叛把我們一下子引入堡壘裡面——而依靠從外面的進攻我們是不可能攻占這堡壘的。那自在之物恰恰就是作爲自在之物，才可以完全直接地進入到意識，所採用的方式也就是其自己意識到自身。想要客觀地認識某樣東西，就等於要求某樣自相矛盾的東西。一切客觀（客體）的東西都是表象和看法，因此就是現象，並的確就是腦髓的奇特現象。

康德的主要成果可以概括爲：「一切並沒有以空間和時間中的某一直觀（感性的直觀）爲基礎的概念，亦即一切並非汲取自這樣一種直觀的概念，都是空洞的，亦即不會給予我們任何知識。但因爲直觀只可以提供現象，而不是自在的事物，所以，我們對自在的事物不會有任何的認知。」我承認他的這一看法，不過，在每個人都有的對其自身意欲的認知方面，我是無法同意的，因爲這種認知既不是直觀（因爲一切直觀都是空間性的）的，也不是空洞的；相反，這方面的認知比起其他任何認知都要更眞實。這些認知也不是先驗的，就像那些單純的形式認知那樣，而完完全全就是後驗的，也正因此，我們無法在個別情況發生之前就預先有了這方面的認知，而是在這個過程中常常證明我們對自己的認知是錯的。事實上，我們的意欲是我們擁有的唯一一個機會，在同一時間從自己的內在去明白某一外在表現的事情，因此也就是我們唯一直接知道的東西，而不是像所有其他事情那樣，只是在表象之中給出。因此，這裡的資料唯獨適合成爲解答所有其他事情的鑰匙，或者就像我已說過的，是通往眞理唯一的、狹窄的門戶。所以，我們必須從我們自身出發去了解大自然，而不是相反地從大自然出發了解我們自身。我們直接知道的東西必須爲我們提供對只是間接知道的東西的解釋，而不是相反。我們對例如一個球體在受撞擊以後的滾動的理解，會比對我們在認知到一個動因，然後展開行動的理解更澈底嗎？不少人會這樣誤以爲的，但我要說的是：事實恰恰相反。但我們將會認識到：在剛剛所說的兩種情形裡，本質性的東西是同一的，雖然那種同一性就類似於和聲中最低的、仍可聽到的聲音與高十個八度音中同名音的那種同一性。

與此同時，要注意的一點，而這一點也是我始終堅持的：甚至我們對我們自己的意欲的內在感知，也仍完全沒有提供對自在的事物澈底和足夠的認識。假如那眞的是某種完全直接的感知，那就應該提供了對自在的事物澈底和足夠的認識才對。但因爲這感知的產生，是由於意欲與那身體一道和借助那身體創造出智力（爲了意欲與外在世界的聯繫的目的），並透過這智力現在就在自我意識（那外在世界的必要的反面）中認識到自身就是意欲，所以，這種對自在的事物的認識是不完全足夠的。首先，這智力是與表象（看法）的形式連在一起的，那是感知，並且作爲感知是分爲主體和客體的。這是因爲就算是在自我意識中，那「我」也不是絕對簡單的，而是由一個認知者、智力和一個被認知者、意欲所組成的：前者不會被認知，後者則不會認知，雖然兩者在意識中匯合成一個「我」。但也正因爲這樣，這「我」對自己並不是那麼澈頭澈尾地熟悉，就好比透明一般，而是相反，是不透明的，因此對自己仍是一個不解之謎。因此，就算是在內在的認知中，在客體的自在存在與認知主體對此的感知之間，也還有某一差別。但那內在的認知卻並沒有與外在的認知相連的那兩種形式，亦即並沒有空間的形式和沒有造成一切感覺直觀的因果關係的形式。而時間的形式，以及總體的被認知和認知的形式則還在。據此，在這內在的認知當中，事物本身雖然大部分撇掉了面紗，但卻仍然不是赤裸裸呈現的。由於時間形式仍與其相連，所以，每個人都只是在意欲逐次的單個行爲中認識自己的意欲，而不是就其整體，就其自身認識意欲的。也因此，任何人都不會先驗地知道自己的性格，而只能透過經驗和始終有欠完美地了解到自己的性格。但是，在那感知中，我們對自己的意欲的活動和行爲的認識，遠比任何其他方式直接；那是自在的事物至爲直接地進入現象之處，也是得到了認知主體最接近的闡述之處。因此，這從內在了解的個中情形就成了對其他每一事情的唯一和適合的解釋者。

這是因爲每當一個意欲行爲從我們的內在昏暗深處走出來，顯現在認知意識的時候，那就是在時間之外的自在的事物直接過渡到現象。據此，雖然那意欲行爲只是自在的事物最接近的和最清楚的現象，但由此可推論：假如所有其他現象也可以被我們如此直接和發自內在地認識，那我們就必須把它們視爲我們身上的意欲那種東西。因此，在這一意義上，我教導說：每一樣東西的內在本質都是意欲，我把意欲稱爲自在之物。康德的有關自在之物不可認識的學說由此要這樣修正：自在之物只是無法全然地和從根本上被認識；但自在之物的現象中的最直接者，由於這種直接性而與所有其他現象總的來說是有區別的，對我們來說就代表了自在之物，我們也因此把整個現象世界還原爲自在之物裏著最輕薄的外衣顯現於其中的東西，而這東西之所以還是現象，只是因爲那唯獨有能力認知的我的智力，仍與我作爲意欲者是區別開來的，甚至在內在知覺中仍舊沒有放下時間的認知形式。

因此，甚至在這最終的一步以後，仍可提出這一問題：那在這世界和作爲這世界顯現出來的意欲，就其自身而言歸根到底又是什麼？也就是說，除了它顯現爲意欲，亦即總的來說被認識爲意欲以外，它到底是什麼。這個問題是永遠無法回答的，因爲就像說過的，「被認知」本身就已經與「自在的存在」相矛盾，每一個這樣的被認知之物，就已經只是現象而已。但這一問題的可能性卻顯示：我們在意欲那裡最直接地認出的自在之物，或許在所有可能的現象之外，還有我們全然無法認知和無法理解的規定、特質和存在的方式，這些也就是所餘下的自在之物的本質——一旦這作爲意欲，正如在第四篇所闡明的那樣，自由地消除了自身，因此完全走出了現象和對我們的認知而言，亦即在現象的世界方面，過渡到了空的無。假如這意欲全然和絕對就是自在之物，那這種「無」也就會是絕對的；但事實卻不是這樣，這「無」在第四篇向我們明確表現爲只是相對的。

現在我就爲第二篇和《論大自然的意欲》中爲我的理論所提供的論證再添加若干的思考以作增補——我的理論就是：那客體化在這世界的所有現象和各個級別的，就是我們在最直接的認知中所了解到的意欲。我想展示一系列的心理學事實作爲開始。這些事實證明了：首先，在我們自己的意識中，意欲始終顯現爲首要的和根本性的東西，並完全保持著相對於智力的優先地位，而相比之下，智力則無例外地表明就是次級的、從屬的和帶條件的東西。這些證明尤爲必要，因爲在我之前的所有哲學家，從第一個到最後一個，都認爲人的眞正本質或內核就是認知意識，並據此把「我」，或者把對許多人來說那「我」的超驗擬人化本質——名爲靈魂——理解和表現爲首要和本質上是認知的，甚至思想的東西；也只是因此，其次的和衍生出來的才是意欲的東西。這一古老的和無一例外的根本錯誤，這一巨大的錯誤的第一步和根本上顚倒了因果，是必須首先掃除掉的；在另一方面，則要完全清晰地意識到這事情的自然性質。但既然這事情是在數千年的哲學論辯以後在此首次發生，那做一些詳盡的解釋是合適的。那引人注目的奇特現象——即在這根本的關鍵性的地方，所有的哲學家都犯了錯，而且還把眞理完全顚倒了過來——或許部分可以此解釋，尤其是對基督教世紀的那些哲學家：他們都懷著要把人表現得盡可能地與動物有所不同的目的，但與此同時，卻朦朧地感覺到兩者的差別是智力，而不是意欲；由此，他們就不知不覺地傾向於把智力當作本質性的和主要的東西，甚至把意欲表現爲只是智力的功能。因此，那靈魂的概念也就不僅作爲超驗的擬人化本質，正如《純粹理性批判》所確定下來的，而且成了不可救藥的錯誤的源頭，因爲「靈魂」在「簡單的實質」中，從一開始就確定了認知與意欲具有不可分的一體性，而把這兩者分開恰恰就是邁向眞理之路。所以，那「靈魂」的概念不應該再在哲學中出現，而應留給德國的醫生和生理學家。這些人在放下解剖刀和壓舌板以後，就以他們那些在接受過來的時候已是確定和證實了的概念進行哲學論辯。他們或許可以在英國試試運氣。法國生理學家和動物解剖學家（直到最近之前）則不應受到這一責備。

所有那些哲學家所共同犯下的根本錯誤，第一個讓他們相當難堪的後果就是：既然在死亡的時候，那認知意識就明顯消亡了，他們就不得不要麼認可死亡就是我們的內在所反抗的毀滅，要麼就不得不抓住認知意識會持續存在的假想——而這需要很強的信仰才行，因爲對每一個人來說，他自身的經驗就已經足夠證明認知意識是完全依賴於腦髓的，而要相信沒有腦髓的一個認知意識，就等於要相信沒有腸胃而又能消化一樣。唯獨我的哲學走出了這一困境，因爲我的哲學首次認定人的眞正本質並不在意識，而在意欲，而意欲並非在本質上與意識相連；意欲與意識，亦即與認知的關係，就猶如本體與附屬、被照亮之物與光亮、琴弦與共鳴板的關係；意欲從內在進入意識，一如物體世界從外在進入意識。從現在起，我們就能明白我們這內核和眞正本質的不滅性——儘管意識在死亡時分是明顯消亡的，在誕生前意識也是相應不存在的。這是因爲智力是會消逝的，一如腦髓（智力就是腦髓的產品，或毋寧說是腦髓的活動）。但腦髓就如同整個機體，是意欲的產品或現象，一句話，是意欲的次要東西，而意欲才是唯一不會消逝的。

第十九章 論意欲在自我意識中的主導性❷

意欲作爲自在之物，構成了人的內在的、眞正的和不可消滅的本質；但就其本身而言，意欲卻是沒有意識的。這是因爲意識以智力爲條件，而智力則只是我們本質的一個附屬物，因爲智力是腦髓的一種功能，而腦髓連帶與其相連的神經和脊髓，就只是人的機體的果實、產物，並且的確就是這機體的寄生者——只要這腦髓並不直接插手機體的內在運作，而只是透過調節機體與外在世界的聯繫以服務於自我保存的目的。相比之下，機體本身是可見的和客體的個體意欲，是個體意欲的圖像，就呈現在那腦髓裡面（在第一篇裡我們已經知道：這腦髓根本上就是這一客體世界的條件），所以也恰恰就是經由腦髓的認知形式、空間、時間和因果關係而產生的，因此就呈現爲某種廣延的、連續行爲的和物質性的，亦即產生作用效果的東西。機體的肢體既能被直接感覺到，也能透過感官只在腦髓中察看。據此，我們可以這樣說：智力是第二現象，而機體則是意欲的第一現象，亦即直接的現象；意欲是形而上的，智力則是物質的和有形的；智力一如其對象，就只是現象而已；唯獨意欲才是自在之物；然後，在越發形象、比喻的意義上：意欲就是人的實體，智力則是附屬的；意欲是物質，智力則是形式；意欲是熱，而智力則是光。

❷ 本章與第一卷 §19 相關。

爲證實和同時講解這一論點，我們會首先列舉下面這些涉及人的內在的事實。透過這次機會，就人的內在方面，人們附帶所獲得的知識，或許將超過許多系統性的心理學裡面所包含的。

1.不僅對其他事物的意識，亦即對外在世界的感知，包含了某一認知者和某一被認知之物，**自我意識**也同樣如此，正如上面已經提到過的，否則，那也就不是**意識**了。這是因爲**意識**在於認知，但認知卻需要某一認知者和某一被認知者。所以，假如在自我意識裡沒有一個與認知者相對應的、有別於認知者的被認知者，那自我意識就無從談起。也就是說，正如沒有主體就不可能有客體，同樣沒有客體也就不可能有主體，亦即沒有某個有別於認知者的被認知者，就不可能有認知者。所以，某種完全純粹智力的意識是不可能的。智力就像太陽：太陽是不會照亮空間的——除非那裡有某一樣物體反射太陽的光線。認知者本身，正因爲他是認知者，是不會被認知的，否則，他就成了另一個認知者的**被認知者**。我們發現在自我意識裡的**被認知者**，唯獨就是**意欲**。這是因爲不僅在最狹隘的意義上的意願和決定，而且一切追求、願望、逃避、希望、害怕、喜愛、憎恨——一句話，一切直接構成了我們的喜、怒、哀、樂的東西，顯而易見都只是意欲的喜好和厭惡，是願意或者不願意的激動和變化，恰恰就是在意欲向外作用時所展現出來的眞正的意欲行爲。❸但在一切認知裡面，是被認知者而

❸值得注意的是，**奧古斯丁**已經認識到了這一點。在《上帝之城》第十四篇裡，他談起在前一篇被他分為四類的情緒：渴望、恐懼、高興、悲哀，他說：「**因為意欲都在所有這些情緒裡面，或者這些情緒不過就是意欲的活動而已：事實上，渴望和高興難道不就是意欲同意我們想要的，恐懼和悲哀難道不就是意欲不同意我們所不想要的嗎？**」

不是認知者，才是首要的和關鍵性的東西——只要前者是原型，後者是前者的複製品。所以，在自我意識裡，被認知者，因而也就是意欲，也必然是首要的和原初的，而認知者則只是次要的、附帶的，就是一面鏡子而已。這兩者之間的關係大約就是自行發光的物體與只是折射外來光線的物體；或者就像顫動的琴弦與共鳴板之間的關係，而由此產生的音聲就是意識。我們也可以把一株植物視爲意識的象徵。正如我們所知道的，這一株植物有根、冠兩個端點，根部深入黑暗、潮溼和寒冷之處，冠部則伸向光明、乾燥和溫暖的地方；此外，那兩端的中性處，亦即它們分道揚鑣之處，就是靠近地面的植物的莖。根部是關鍵的、原初的和維持長久的東西，根部的死亡也就導致葉冠隨後的死亡，根部因此是首要的；而冠部只是表面上的，但卻是生發出來的部分，就算根部不死也會消失，因此是次要的。植物的根部表現了意欲，葉冠則表現了智力，而兩者的中性點，莖部，就是「我」——這作爲兩者共同的終端屬於兩者。這個「我」是認知和意欲暫時的同一性主體，在我的第一篇論文（《充足根據律的四重根》）和我的初次哲學驚異中，我把這認知和意欲的同一性主體稱爲不折不扣的奇蹟。那是全部現象，亦即意欲的客體化，在時間上的始發點和連接點：雖然「我」是現象的條件，但現象也同樣是「我」的條件。我這裡所用的比喻甚至適用於解釋人的個體本質的構成。也就是說，正如繁茂的冠部一般只能出自巨大的根部，同樣，最偉大的精神思想也只出現在那些具有激烈、狂熱的意欲的人身上。一個有麻木性格和微弱情慾的思想天才就猶如根部細小但卻枝繁葉茂的多汁植物一樣，都是不會有的東西。至於強烈的意欲和狂熱的性格是提高了的智力的條件，在生理學上就表現爲：腦髓活動的條件就是那直達腦髓底部的大動脈伴隨著脈搏向腦髓所傳送的運動；因此，強勁的心臟跳動，甚至短小的脖子，根據畢夏的說法，都是腦髓大量和複雜的活動所需要的。與上述相反的情形當然是有的，亦即強烈的欲望、狂熱和猛烈的性格，配上微弱的智力，亦即在厚厚的頭顱骨裡面卻是一小副結構低劣的腦子。這種現象既普遍又令人噁心。這種情形或許可以比之於根大葉小的甜菜根。

2.不過，爲了不僅僅以形象、比喻的方式描述意識，而是要澈底認識，我們就要首先了解在每個人的意識裡以同樣方式存在的是什麼，這些共同的、恆久的東西因此也就是根本性的東西。然後我們將考察是什麼造成了**某一**意識有別於另一意識，而這些也就是意識中次要和附加的東西。

意識完全只是作爲動物性生命的特性爲我們所了解，所以，我們不應該，甚至也無法把它視爲**動物性**意識以外的別的什麼，以致**動物性**意識的說法本身就已經是語義重複了。在**每一**動物意識裡面，哪怕是最不完美的和最微弱的意識，都總有對某一**要求**以及對這一要求交替獲得滿足和沒有獲得滿足的直接感覺，而這種感覺有相當不同的程度，並且這的確就是意識的基礎。我們是在某種程度上先驗地知道這一點的。這是因爲雖然種類數不勝數的動物，各自的差異令人驚訝，某一新的、我們以前不曾見過的動物形態雖然顯得如此陌生和奇怪，但我們卻可以有確切把握地預先認定這些動物的內在本性是我們所了解的，甚至是我們相當熟悉的。也就是說，我們知道這些動物有自己的**意欲**，我們甚至清楚這些動物意欲的是**什麼**，亦即生存、舒適和繁殖。因爲我們在此十足地確信假定這些動物與我們有著同一性，所以，我們也就毫無顧忌地認爲：我們在自己身上所知曉的所有意欲的好惡，在動物身上也同樣地存在。我們用不著猶豫就可以談論起動物的欲望、厭惡、憎恨、恐懼、憤怒、悲哀、高興、渴望、喜愛，等等。但一旦只論及動物認知的現象，我們就變得不確定了。動物是否可以理解、思考、判斷和認識，我們是不敢斷言的，我們只能有把握地認爲動物的頭腦也有表象，因爲沒有這些表象，牠們的**意欲**也就不會有上述活動了。至於動物認知的具體方式和某一種類動物認知方面的明確侷限，我們則只有並不確切的概念，只能大概猜測。所以，我們與動物之間經常難以互相理解，只有依靠經驗和實踐才可以巧妙地做到這一點。因此，在這裡存在著意識的差別。相比之下，要求、渴望、意願或者厭惡、逃避、抗拒等都是每一意識所特有的：人與珊瑚蟲都共有這些東西。這些因此就是每一意識的本質性東西和基礎。這些東西在不同的動物種類身上的不同顯現，取決於牠們各自不同的認知延伸範圍，因爲引起這些東西顯現的動因就在這認知範圍之內。動物所有表達意欲活動的行爲、動作，我們從自己的本性出發就可以直接理解；我們也就根據理解的程度以多種不同的方式與牠們感同身受。相比之下，我們與這些動物之間的鴻溝，唯獨只因智力上的差別而起。一個天才和一個蠢人之間的鴻溝，與一個智力相當不足的人和一隻非常聰明的動物之間的鴻溝相比，前者或許並不比後者小許多；所以，在此，在另一方面，那些出自他們相同的願望和感情，並把他們再度同化了的相似之處，有時候就會令人吃驚地凸顯出來，引起我們的詫異。這些考察清晰地表明了：在所有的動物性生物中，**意欲**是首要的和實質性的東西，而**智力**卻是第二性的、附加的東西，並的確就只是爲意欲服務的一個工具而已，其複雜和完美程度根據這種服務的需要而定。正如某一種類動物根據其意欲的目標被配備了蹄、爪、手、翼、角、牙，也同樣被裝備了發達程度不一的腦髓，其功能就是這一種類動物賴以生存的智力。也就是說，在逐級向上的動物系列裡，機體越複雜，牠們的需要就越多樣，能夠滿足這些需要的物品也就越繁雜和特別，要獲得這些物品所需要了解和發現的途徑也就越迂迴曲折和遙遠；以同樣的比例，動物頭腦中的表象也就必須越全面、精確和連貫，一如其注意力也必須越緊張、持久和容易刺激起來，其智力因而必須越發達和完美。與此相應，我們看到智力的器官，亦即大腦系統，連帶感覺工具，是與需求的增加和機體的複雜同步的；意識中的**表象部分**（相對於**意欲部**

分）的增加在身體上就表現爲腦髓相對於其餘的神經系統在比例上的不斷增加，然後是大腦相對於小腦在比例上的不斷增加，因爲（根據弗盧朗）前者是表象的工場，後者則是運動的指揮者和協調者。大自然在這方面邁出的最後一步，是超乎比例的巨大一步。這是因爲在人那裡，在這之前還只是單獨存在的直觀表象能力，不僅達到了最高度的完美，而且人還有了抽象的表象、思想，亦即有了理性及附帶的思考。由於智力，即意識中的次要部分，獲得了這顯著的提升，所以，只要智力的活動從此以後成爲主導，那現在智力也就取得了相對於首要部分的優勢。也就是說，對於動物，對欲望已經獲得滿足或者仍未獲得滿足的直接感覺大大地構成了牠們意識中最主要的內容；牠們所處的級別越低，就越是這種情形，以致最低等的動物與植物的區別只在於前者多了某些呆滯、朦朧的表象。對人來說，情形卻恰恰相反。雖然人的欲望很強烈，甚至比任何動物的欲望都強，並且達到了狂熱、激情的程度，但人的意識卻仍然主要地和持續地忙於表象和思想，並被這些所占據。這一點無疑給哲學家們提供機會犯下一個根本性的錯誤：由於這一錯誤，他們把思維視爲所謂的靈魂，亦即人的內在或者精神生活本質性的和首要的東西，始終把思維放在第一位，而意欲則只是思維的產物，僅僅是次要的、附加的和隨後而至的東西。但假如意欲只是出自認知，那爲何動物——甚至最低等的動物——在認知極爲有限的情況下，會常常表現出一種激烈的、無法克制的意欲？據此，因爲哲學家的根本性錯誤就好比是把附加性的東西視爲實體性的東西，所以，這錯誤就把他們引入了一旦陷入其中，就再也找不到出口的迷途。那麼，在人的頭腦裡所出現的認知意識相對於欲望意識的相對優勢，因而也就是意識中的次要部分相對於首要部分的相對優勢，在某些生有異稟的人的身上能夠發展至這樣的程度：在認知意識得到極大提升的時刻，意識中的次要成分或認知部分，就完全擺脫了意欲部分，從而自發地投入到自由的，亦即並不是由意欲刺激起來的，因而不再是爲意欲服務的活動中。這樣，意識中的認知部分就變得純粹客觀，成了反映這一世界的一面清晰的鏡子——到了那時候，由此就產生出天才的觀念和想法。這些是第三篇的討論內容。

3.假如我們循著動物的等級逐級往下考察，那就可以看到智力越來越微弱和欠缺完美，但卻絲毫不曾發現意欲也在相應地減弱。其實，意欲無論在哪裡都維持著自己的同一本質，並表現爲對生命的強烈執著、對個體和種屬的關心照料、利己主義、對其他一切都不加考慮和顧及，以及由此所生發的種種情感。即使在最小的昆蟲那裡，意欲仍然完整地存在：牠意欲著牠要意欲的東西，其堅決和澈底一如人類。差別只在於所意欲的是什麼，亦即只在於動因，但這些卻是智力的事情。當然，智力作爲次要的成分與身體器官緊密相連，在完美方面有無數的等級；總起來看，本質上是有偏限的和不完美的。相比之下，意欲，作爲原初和自在之物，卻永遠不會是不完美的；每一意欲活動都完全可以是怎樣就怎樣。由於意欲作爲自在之物，作爲現象界中形而上的東西所具有的簡樸性，意欲的本質是沒有等級之分的，而始終完全是其自身。只有意欲的興奮、激動才有程度之分：從最微弱的偏好一直到狂熱的激情；還有就是意欲的可刺激性，亦即激烈性，從麻木不仁的脾性一直到暴躁易怒。相比之下，智力不僅有興奮的程度之分，從渾渾噩噩一直到快速變化的念頭和突發靈感，而且還有本質上的、完美程度上的差別。據此，智力從最低等的、只是模糊地感知事物的動物開始，逐級往上遞增一直到達人的級別；到了人的級別以後，又從愚蠢之人一直到達天才。唯獨意欲無論在哪裡都完全是意欲自身。這是因爲它的功能至爲簡單：它不外乎處於意欲或者沒有意欲的狀態，它的運作至爲容易，不費吹灰之力，也無需經過一番練習。而認知卻有多樣的功能，永遠不會是完全不費力氣的，因爲集中注意力、清晰辨別客體事物都是需要一番努力的，而更高一級的思考活動則更是如此。因此，智力可以透過練習和訓練得到很大的改進。如果智力向意欲映照出某些簡單的直觀之物，意欲馬上就表示可以接受抑或不可以接受。甚至當智力耗費精神地苦思冥想，從眾多素材中幾經艱難的組合終於得到了一個似乎最符合意欲利益的結果，意欲還是可以馬上反應的。在智力工作期間，意欲卻無所事事地休息著。直到智力把所要求的結果拿出來以後，意欲才進來，就像坐在接待大廳裡的蘇丹一樣，說出它那單調的接受或者不接受。當然，那接受或者不接受就其程度而言會有差別，但在本質上，就始終是接受或者不接受而已。

意欲和智力這種根本不同的本質，意欲本質上的簡樸性、原初性和與此相對照的智力的複雜、從屬的性質，對於我們將會更加地清楚——假如我們觀察意欲和智力在我們自己的內在如何奇特地相互影響和作用，並且在具體個別事例中，注意那在智力中出現的圖像和思想如何把意欲活動起來，這兩者的角色又是如何截然分開、涇渭分明的。在強烈刺激起意欲的眞實事件中，我們雖然已經可以觀察到這一點，而這些本身首先就只是智力的對象而已；但是，一來由於在這種情況下，這樣的眞實事情本身首先只存在於智力中這一點，並不是那麼的明顯；二來事情的變化通常都沒有所需的那麼快速，好讓我們對整個過程輕易地一目了然，並以此明白個中情形。如果我們聽任其作用於意欲的都只是念頭和想法而已，那上述兩種困難就都解決了。例如，假如我們獨處思考自己的個人事情的時候，當我們逼眞、生動地想像著例如某一眞實存在的危險威脅和可能會有的不幸結果，那恐懼就會馬上揪住我們的心，血管裡的血液也停滯不暢了。然後，假如智力轉而想到與此相反的結果的可能性，並且任由想像力描畫出期盼已久的、由此結果所帶來的幸福，那脈搏馬上就會高興地跳動起來，心也感覺到羽毛般輕盈——直到智力從其夢中醒來。如果這時由於某一原因，我們回憶起很久以前自己曾遭受過的侮辱或者傷害，那憤怒和怨恨就會馬上在剛才還是平靜的胸中奔騰。接著，偶然受到刺激以後，我們的腦子裡升起了那失去已久的戀人的圖像，以及與此相關的整件浪漫事情和個別迷人的情景，那原先的憤怒就馬上讓位給深深的渴望和憂傷。最後，當我們突然想起了以前發生的某件令人羞愧的事情，我們就會面紅耳赤，整個人都癟了，恨不得鑽進地裡，並且還經常會大聲地喊叫，試圖強行分散和引開自己的注意力，就好像是要嚇走那幽靈、惡鬼似的。我們看到智力奏響了樂曲，意欲就得跟著跳起舞步。的確，智力使意欲扮演了小孩的角色：小孩的保姆變換著胡扯一些讓人高興的或者讓人傷心的事情，隨心所欲地把小孩引進至為不同的心境。這是因為意欲本身是沒有認知的，而與其結伴的理解力卻又不帶意欲。因此，意欲就像是能夠被驅動起來的物體，而理解力就像是驅動這一物體的原因：因為理解力是動因的媒介。儘管所有這些，即雖然當意欲允許智力支配它的時候，會受到智力的隨意玩弄，正如我已經表明的，但在意欲一旦明確讓人感覺到是意欲最終說了算時，那意欲所占據的主導地位就再度是清楚不過的事情：這就是當意欲禁止智力的某些表象，壓根兒不讓某些聯想、思路在頭腦中出現的時候，因為意欲知道，亦即透過那同一個智力體驗到這某些表象會引起某一上述的意欲活動，所以，意欲現在就管束智力，強迫智力轉移到別的事情上去。儘管這經常很難做到，一旦意欲對此是認真的，那事情就一定會成功，因為在這方面的阻力並非來自智力——智力始終是無所謂的——而是出自意欲本身：意欲一方面厭惡一個表象，另一方面卻又喜歡它。也就是說，意欲對某一表象本身是感興趣的，恰恰是因為這表象使意欲活動起來，但與此同時，抽象的認識卻又告訴意欲：這一表象會使意欲承受無謂的痛苦，或者經受無益的動盪不安。意欲現在也就根據這認識而決定，並強迫智力服從。人們把這種情形稱爲「成爲自己的主人」——在此，很明顯，主人就是意欲，僕人就是智力，因爲意欲最終總是掌握著發號施令權，因此構成了人的眞正內核和自在本質。在這一方面，「主導性本原」的名稱可以恰如其分地形容意欲；這名稱卻又似乎適宜形容智力——只要智力是指引方向的嚮導，就像走在客人前面引路的傭人。但事實上，描述意欲與智力相互間關係的一個至爲形象的比喻就是：一個瞎眼的壯漢，背著一個眼睛能見的瘸子。

在此所描述的意欲與智力的關係還可以從這一點看出來：智力對意欲的決定最初是完全不知道的。智力爲意欲提供了動因，但這些動因是如何發揮作用的，智力只是在後來、完全後驗地體驗和獲悉的；這就好比做化學實驗的人把試劑混合了以後，就靜待著結果。事實上，智力對自身意欲的眞正決心和祕密決定是置身局外的，以致有時候只能像要了解一個陌生人的事情那樣，採用偷窺和出其不意的方式才可以獲悉意欲的決心和決定，並且必須是意欲正在表達的當下被逮住，才可以發現背後的意欲的眞正目的和打算。例如，我已經擬定了一套計畫，但對這一計畫仍有某些顧慮；在另一方面，實施這一計畫的可能性完全是個未知數，因爲這取決於現在仍然不確定的外在情勢。因此，無論怎麼樣，現在還沒有必要就此計畫而最終決定。所以，我就暫時把這整件事情擱置起來。通常，我並不知道自己私下裡其實已經無法放棄這一計畫，自己多麼地期望實施這一計畫，一切顧慮皆可拋開；也就是說，我的智力並不知道這一點。可一旦傳來某一有利於實施這一計畫的消息，我的內心馬上就感受到按捺不住的喜悅——它傳遍全身，並持續地揮之不去。這一切都讓我感到驚奇不已。這是因爲直到現在，我的智力才知悉我的意欲其實早已牢牢地抓住了這一計畫，這一計畫完全合乎它的心意；但在此之前，我的智力仍以爲這計畫是有問題的，自己也很難克服那些顧慮。或者在另一個情形裡，我相當熱心地向他人應承了一個我相信相當合乎自己願望的雙方義務。隨著事情的發展，我感到了種種的不利和困難，我懷疑自己後悔當初那麼熱心應承了這件事情。不過，我排除了這種懷疑，因爲我向自己保證：就算我沒有受到承諾的約束，我仍會繼續履行這一義務。但在這時候，對方出人意料地解除了我的義務。我詫異地發現自己頓時感到萬分高興和如釋重負。我們經常不知道自己渴望什麼或者害怕什麼。我們可以積年抱著某種願望，卻又不肯向自己承認，甚至讓這願望進入清晰的意識裡面，因爲我們不想要智力知道這些事情，否則，我們對自己的良好看法就會因此不可避免地受到損害。一旦願望達成了，我們就從自己所感受到的快樂了解到——並且不無羞愧地——這些原來就是我們一直以來所願望的，例如，我們的一個近親死了，而我們是他的財產繼承人。對於自己眞正害怕的東西，我們有時候是不清楚的，因爲我們欠缺勇氣把這樣的事情引入清晰的意識之中。更有甚者，我們對於驅使自己做這樣的事情和不做那樣的事情的眞實動因的判斷也經常是完全錯誤的，直至最終某一偶然的機會讓我們發現了祕密，我們也才知道眞實的動因並不是我們所認爲的那一個，而是另外別的——而這一眞實的動因我們一直不願向自己承認，因爲它與我們對自己的良好看法一點都不相匹配。例如，我們放棄和不做某些事情，自己以爲是出於純粹道德上的理由，但事後我們才了解到其實是恐懼制止了我們，因爲一旦解除了任何危險，我們就馬上做出這樣的事情了。在某些個別的例子裡，一個人甚至無法猜出自己行爲的動因，並的確認爲自己不會受到某一動因的驅動，然而，這就是他那行爲的眞實動因。順便說上一句，所有這些都證實和講解了拉羅什福科的這一規律：**自尊心比世界上最爲聰明的人還要聰明**，並的確是對刻在德爾菲的阿波羅神廟上的**認識你自己**及其困難的注腳。但如果，就像所有哲學家所錯誤以爲的那樣，智力構成了我們的眞正內在的本質，意欲的決定就只是認知的結果，那麼，那個被我們誤以爲驅動我們行爲的動因，才必然決定了我們的道德價值，就類似於我們的目的，而不是結果，決定了我們的道德價值一樣。不過，這樣一來，臆想中的動機與眞實的動機就不可能存在差別了。所以，在這裡描述的所有例子，以及每一個細心留意的人都可以在自身觀察到的類似情況，都讓我們看到智力對意欲的所作所爲是並不知情的，以致智力有時候被意欲蒙蔽了：因爲智力雖然爲意欲提供了動因，但智力卻無法深入意欲做出決定的祕密作坊。智力雖然是意欲的貼心密友，但這一貼心密友可不是對什麼事情都知悉的。這裡有一個事實可以證實這一說法，幾乎每一個人都可以在某個時候有機會在自己身上觀察到這樣的情形：有時候，智力並不眞的信任意欲。也就是說，當我們有了某一重要和大膽的決定時，那只是意欲對智力的一個承諾而已。我們的內在仍經常保留著一絲不肯坦率承認的疑問：這樣的決定是否當眞，在執行這一決定時，我們是否會猶豫、退縮，抑或能夠堅定不移、貫徹始終？因此，需要具體的行爲才會讓我們確信這一決定是出於眞心實意的。

所有這些事實都證明了意欲是完全有別於智力的，意欲占據著主導的地位，智力則處於從屬的位置。

4. 智力會疲倦，意欲卻不會疲倦。在持續的腦力勞動以後，我們的頭腦會感到疲憊，正如從事不間斷的體力活動以後，我們的手臂會感覺疲憊一樣。一切認知活動都與努力、消耗相關聯。相比之下，意欲活動卻是我們自身的本質，其外現是完全自發、自動進行的，不費吹灰之力。因此，如果我們的意欲受到強烈的刺激，亦即處於憤怒、恐懼、欲望、悲哀等情感之中，而此時被要求進行認知活動的話，例如，目的是矯正引發這些情感的動因，那我們就不得不極力勉強和克制自己。這就證明了：我們現在是從一種原初的、自然的和自身固有的活動過渡到一種派生的、間接的和勉強的活動。這是因爲只有意欲才是自我發動，並因此不會疲倦和永遠不老的。只有意欲才不需召喚就能活動起來，因此經常會太早和太過地活動起來，也從來不知疲倦。嬰兒還不曾顯現出智力最初的點滴痕跡，但他們已經充滿了自我意欲：透過那些無法控制的、毫無目的的哭喊、號叫，嬰兒展現了滿溢的意欲衝動，而在這時候，嬰兒的意欲活動還沒有找到目標呢，亦即他們在意欲著，但卻又不知道他們意欲的是什麼。卡班尼所說的正好表達了這裡的意思：嬰兒的激情快速轉換變化，並且不加掩飾地展現在嬰兒活動的臉上。這時，他們的手臂、小腿上的弱小肌肉還不大能夠進行一些不確切的運動，但他們臉上的肌肉已經可以透過明確的活動表達出人性所固有的一系列普遍感情。細心的觀察者可以在這幅臉部圖輕而易舉地看出這個人將來的基本性格特徵（《身體與精神的關係》，第一卷，第一二三頁）。相比之下，智力則發育緩慢，尾隨著腦髓的發育完成和整個機體的成熟之後，因爲這些是智力的條件；也恰恰因爲智力只是身體的一種功能而已。正因爲在七歲的時候，小孩的腦髓已經達到最大體積，所以，過了這個年齡的孩子變得特別聰明、好奇和理性。但在這之後就到了青春期：這在某種程度上給予腦髓某種支持，或者說一個樂器的共鳴板，並一下子就把智力提高了一大級，就好比提高了八度音；而與此相應地，人的聲音這時則下降了同樣的八度音。但與此同時，現在出現的動物性慾望和激情就開始對抗那到目前爲止占據著優勢的明智和理性，並且前者仍在不斷地增加。說明意欲永不疲倦的另一證據就是這一或多或少爲人的本性所固有的缺點：魯莽。這一缺點也只有經過訓練才可以克服。魯莽就是意欲沒到時候就已匆忙行事。也就是說，這些純粹的行動與實施，應該是在檢查、思考，亦即在認知部分澈底完成其分內工作的時候才可以開始。不過，人們很少眞能等到這個時候。當認知還只是粗略地把握和匆忙地蒐集一些關於我們當前的處境、剛剛發生的事件，或者傳到我們耳朵的某人的看法等素材的時候，那隨時準備著的、永不疲倦的意欲就已經從我們的內在深處搶出前臺，現身爲恐懼、害怕、希望、高興、欲望、嫉妒、悲哀、熱情、氣憤、狂怒等，並導致失言和盲動。後悔通常就會隨後而至，因爲時間會告訴我們：定奪這樁事情的責任人，即我們的智力，還沒來得及完成一半的任務，即了解當時的情況、釐清事情的關聯和決定什麼才是適宜做的事情，因爲意欲已經等不及了：時機遠未成熟它就一邊嚷著「該輪到我了」一邊跳躍而出；智力還沒來得及反對，意欲就已經投入了行動。智力只是意欲的奴僕，它不像意欲那樣以一己之力和衝動就能活動起來。因此，智力被意欲輕易地撵到了一邊，一個眼神就讓智力安靜下來。而在智力方面，儘管智力費盡全力，也無法讓意欲哪怕是短暫停頓一會兒，以便及時進獻一言。這就是爲什麼只有極少數人——而且幾乎就只是西班牙人、土耳其人，或許還有英國人——就算是在極富挑釁性的情境下，仍能保持頭腦清醒，不爲所動地繼續了解和檢查事情的原委；在其他人已經失去理智的時候，仍然 *con mucho sosiego*（西班牙語，鎮定自若的意思）地繼續提出問題。這一點與許多德國人和荷蘭人的那種基於麻木不仁的泰然自若和心安理得是完全不一樣的。伊夫蘭曾經把這一爲人稱道的素質表演得淋漓盡致。他扮演了貝尼奧斯基的一個哥薩克首領。當叛亂者引誘他進入了他們的營帳並把長槍對準了這一首領的腦殼時，暗示如果他喊叫，他們馬上就會開槍，伊夫蘭對著槍孔向裡面吹了一口氣，以察看槍支是否裝上了子彈。所有煩擾我們的事情，只要我們相當透澈地明白了這些事情發生的原因，並因此認清其發生的必然性和這些事情的眞實性質，那這些事情十占其九就再也不會煩擾我們了。我們將能更常做到這一點——假如我們首先把這些事情當作思索、玩味的對象，而不是帶給我們煩躁、不安的東西。這是因爲繮繩、嚼子之於野性難馴的高頭大馬就等於智力之於人的意欲。人的意欲必須透過這一繮繩，透過教育、勸告、訓練等方式受到引導，因爲這意欲本身是一種狂野、激烈的衝動，一如在

941

飛流直下的瀑布那裡所展現的力；的確，正如我們所知道的，這意欲與瀑布所展現的力歸根到底是同一的。在盛怒、狂喜、絕望之時，意欲緊緊地咬住嚼子，撒腿狂奔，聽憑自己原初的本性。而到了咆哮、發狂但又神智尚存的狀態，意欲則完全掙脫了嚼子和繮繩，把原初的性子暴露無遺，並顯示出智力與這種意欲是如此的不同，就猶如繮繩、嚼子不同於烈馬。我們也可以把處於這種狀態的意欲比之於一只鬆了某個螺釘的鐘：現在它就無法遏止地走至發條鬆弛下來爲止。

所以，這一番考察也向我們展示：意欲是原初的和因此是形而上的，而智力則是從屬的和有形的。這是因爲智力作爲有形的東西，也就和所有有形的事物一樣受制於慣性，因此也只有在受到別樣的東西、受到意欲的驅動以後才會活動起來；而意欲則控制著智力，指引它並刺激它做出更大的努力——一句話，意欲給予了智力某種本來並不具備的活動。因此，只要獲得允許，智力就寧願休息，並經常表現爲懶散和不想活動。在持續用功以後，智力就會變得全然麻木、遲鈍，就會像經過反覆電擊的伏打電堆一樣被耗盡。這就是爲什麼每一次連續不間斷的精神活動都需要得到休息和放鬆，否則，智力就會遲鈍、無法工作。當然，這些在開始時只是暫時的。但如果智力持續得不到休息，過度地和不間斷地緊張、勞累，那後果就是智力持久性的遲鈍，並且到了老年，這一智力遲鈍就會演變成完全喪失思維能力、孩子氣、痴呆和瘋癲。在生命中最後的年月出現這些毛病，是不能歸因於老年本身的，而是因爲長時間不間斷的強迫性，讓智力或腦髓勞累過度所致。由此可以解釋爲何斯威夫特發瘋，康德變得孩子氣，華特·史考特爵士，還有華茲華斯、騷塞和其他許多沒有那麼著名的詩人，最終變得呆滯和喪失思維能力。歌德到最後仍保持著清晰、活躍和敏捷的頭腦，因爲他始終是一位老於世故者和廷臣，從來沒有強迫自己從事腦力勞作。維蘭德和享年九十一歲的涅布爾，還有伏爾泰，也是這同樣的情形。所有這些都表明了智力是從屬的和物質性的，它不過就是一個工具罷了。爲此原因，智力需要在其一生中幾乎三分之一的時間裡完全中斷工作，進入睡眠，即腦髓休息，而智力就只是腦髓的功能而已，腦髓因此是先於智力的，就好比胃部先於消化，或者物體先於物體的碰撞一樣。到了老年，智力會隨著腦髓一道衰竭。相比之下，**意欲**作爲自在之物卻永遠不會遲鈍、懶散，是絕對的不知疲倦，其活動就是其本質；意欲從來不會停止欲求，就算熟睡的時候，意欲被智力拋棄了，因而無法根據動因向外活動，意欲就作爲生命力在活動，在更少被打擾的情況下照料著機體的內在狀況，並且作爲**大自然的治癒力**，把機體內出現的紊亂重新整理有序。因爲意欲並不像智力那樣，是身體的某一功能，相反，**這個身體是意欲的功能**，所以，根據事物的次序，意欲是先於這一身體的，是這一身體形而上的基礎，是身體這一現象的自在部分。在生命持續存在期間，意欲把永不疲倦的特性傳送給了**心臟**——這機體中的原動力——而心臟因此成了意欲的象徵和同義詞。此外，意欲不會到了老年就消失，而是仍舊意欲著它一直以來的欲求。事實上，到了老年，它變得比起年輕的時候更難以妥協、更固執任性和更難以駕馭，因爲智力已經不那麼容易受影響了。這樣，我們也就只能利用他的智力的弱點來對付他。

假如智力不是某一從屬的、附加的、只是工具性的東西，而是像所有哲學家所假設的那樣，是所謂靈魂——或者內在的人——的直接和原初的本質，那智力普遍的**弱點和不足**，正如這在大多數人缺乏判斷力、頭腦狹隘、思想虛妄和反常中所暴露出來的，就會完全無法解釋了。這是因爲原初的本質在發揮直接的和固有的功能時，怎麼會如此頻繁地出現差錯和力所不逮？那在人的意識中**真正**原初的東西，那**意欲活動**，卻總是完美地發生：每一生物都在不間歇地、有力地和斷然地欲求著。把意欲裡面的不道德成分視爲意欲的不足是一個根本性的錯誤觀點。道德的源頭，眞正說來，超出了大自然的範圍，因此，道德與大自然的證詞是互相矛盾的。也正因爲這樣，道德是與大自然的意欲直接對立的，後者本身是絕對自我的；確實，遵循道德之路就會導致取消意欲。關於這一問題，讀者可參閱第四篇和我的論文〈論道德的基礎〉。

5.至於**意欲**構成了人的眞正和基本的部分，而**智力**只是從屬的、有條件的和派生的——這一點也可由此看出來：只要意欲安靜、暫停下來，智力才可以純粹和正確地發揮功能；而意欲每次明顯的興奮都會擾亂智力的功能，智力獲得的成果就會由於意欲的干擾而歪曲。與此相反的說法，即智力以相似的方式妨礙了意欲的活動，則是不成立的。當太陽在天空照耀時，月亮無法產生出效果；但月亮卻無礙太陽的光輝。

嚴重的**驚嚇**經常會使我們失去知覺、意識，我們甚至會呆若木雞，或者做出最顚倒、最反常的事情。例如，當火災發生時，我們竟然徑直跑進大火中去。**憤怒**使我們不清楚自己做了些什麼事情，更不知道說了些什麼話。**狂熱**讓我們無法認眞斟酌別人的推論，甚至無法整理和篩選自己的思想；狂熱也因此被稱爲盲目。**歡樂**使我們忘乎所以和冒失放肆，**欲望**也發揮了幾乎同樣的作用。**恐懼**妨礙我們看到和採取可行的，並且通常近在咫尺的解救手段。因此，**沉著冷靜**、**保持理智**就成了應付突如其來的危險，和戰勝對手、敵人的最關鍵的能力保證。沉著冷靜意味著意欲安靜下來，這樣，智力才可以發揮作用；保持理智就是在意欲受到事件的作用壓力下，智力仍然能夠不受打擾地工作。因此，沉著冷靜是保持理智的條件，兩者是密切相關的，是很少有的，有也只是相對而言的。但這兩者卻是難以估量的優勢，因爲這就使我們恰恰在最需要智力的時候得以運用智力，我們也就因此獲得了決定性的優勢。誰要是缺乏這兩種能力，那就只有在機會走了以後才認識到當初應該做些什麼和說些什麼。對於那些陷入情緒之中，亦即意欲受到了強烈的刺激、智力因而無法純粹發揮功能的人，把他們形容為 *entrüstet*（同時兼有怒不可遏和被解除了裝備的意思）是非常準確的，因爲正確認識當時的處境、情勢是在我們與人、事作鬥爭中的盾和矛。巴爾塔扎爾·格拉西安的話就表達了這一層意思：激情是精明的大敵。假如智力不是某樣完全有別於意欲的東西，而是就像人們此前所認爲的那樣，認知與意欲活動從根本上就是同一樣東西，都同樣是某一絕對簡單的生物的原初功能，那隨著意欲的興奮和加強——激情、衝動就在於此——智力就會必然得到了加強。不過，正如我們已經看到的，智力反倒因此受到了抑制和阻礙。也正因爲這樣，古人把情感稱爲「起干擾作用的東西」。的確，智力就好比鏡子一般的水面，而水本身就是意欲，其動盪馬上就會破壞純粹的水鏡及其映照出來的清晰影像。機體就是意欲本身，是現形爲肉（物）體的，亦即在腦子裡客觀察看到的意欲。所以，機體的許多功能，諸如呼吸、血液循環、膽汁分泌及肌肉力量等都由於歡樂和有力的激情而加快和增加。而智力卻是腦髓的一種功能，而腦髓又是寄生物一樣地依靠機體的滋養和維持。因此，意欲的每一不安和紊亂，以及連帶著機體的不安和紊亂，必然會擾亂或者癱瘓腦髓的功能，因爲腦髓的功能獨自存在，除了獲得休息和營養以外，別無他求。

但意欲活動對智力的這種干擾影響不僅見之於由激情所帶來的擾亂，而且也反映在我們的思想因爲我們的喜好的緣故所遭受的許多其他的、逐漸的，因此維持更持久的歪曲和篡改上面。希望把我們渴望的東西，恐懼則把我們擔憂的東西都同樣視爲很有可能和即將發生；這兩者都把其對象放大了。柏拉圖（根據艾利安的《各種歷史》，十三，二十八）相當美妙地把希望稱爲醒著的人所做的夢。希望的實質就是：當意欲的僕人，智力，無法向意欲提供意欲所想要的東西時，意欲就強迫智力充當安慰者的角色，起碼把這想要的東西向意欲映照出來，以童話故事逗哄主人，就像保姆對待小孩子那樣；智力必須把這些童話故事精心修飾，務求維妙維肖。在此過程中，智力肯定要做出有違自己的本性，有違探索眞理的事情，不得不把一些既不眞實又不大可能發生、經常是不可能的事情，違反自己法則地視爲眞實的，目的只是安慰、平息和暫時打發這不安、難馴的意欲小憩一會兒。在此，我們可以看得清清楚楚到底誰是主人、誰是僕人了。的確，很多人或許已經留意過：假如對他們來說一件相當重要的事情會有多種結局，現在人們要全盤考慮這些，然後做出一個自己認爲完整、充分的選言三段論，那事情最終的結局卻往往完全有別於人們的判斷，並完全出乎人們的意料；不過，人們可能不會注意到：這件事情的最終結局幾乎總是對他們至爲不利的。對此現象的解釋就是：當人們的智力誤以爲在全面審視各種可能性的時候，那最糟糕的、有可能出現的結局卻是看不見的，因爲意欲就好比用手把它捂住了，亦即控制住智力，使智力根本無法目睹最壞的情形——儘管出現這一情形是最有可能的事情，因爲這一情形的確出現了。不過，對於那些情緒明顯憂鬱的，或者有過類似經歷並因而變聰明的人，情形就確實剛好相反，因爲現在憂慮接替了在這之前的情形希望所扮演的角色。乍一看到危險存在的假象，他們就會陷入毫無來由的焦慮不安之中。如果智力開始探究事情的眞相，他們會對其拒絕，認爲智力根本就沒有這樣的能力，智力只是花言巧語的詭辯論者而已，因爲心才是可信的，心的膽怯、猶豫現在就直接成了危險存在和危險程度的理由。這樣的話，智力就絕不可以去尋找充足的反駁理由；但如果智力可以自主的話，很快就會找到它們。智力被強迫馬上向他們展示至爲不幸的結局，甚至在智力本身無法把這一結局想像爲可能的時候：

我們知道是假的東西，卻是我們真正害怕的；
因為最壞的事情總是最接近真實。

——拜倫：《拉萊》，第一節

愛和恨完全歪曲了我們的判斷：在我們敵人的身上，我們看見除了缺點以外，別無其他；在我們喜愛的人身上，我們看到的則只是優點和長處，甚至他們的缺陷在我們的眼裡也是可愛的。我們擁有的優勢，不管這優勢是什麼，也會對我們的判斷產生類似的祕密影響：與這些優勢相一致的東西馬上就變得公平、正義與合乎理智；與此相牴觸的一切，無論我們如何嚴肅、認眞地審視它們，都仍然顯得有違公正、令人討厭，或者不明智和荒唐。正因爲這樣，才出現了這許許多多由社會階層、職業、民族、宗教、政治派別所帶來的偏見。一個認定了的看法會給予我們猞猁一樣的眼睛，去抓住一切能夠證實這一假設的東西，卻讓我們視而不見一切與這一假設互相矛盾的東西。凡是與我們的政黨、我們的計畫、我們的願望、我們的希望相對立的東西，我們經常都根本不能理解和明白，而這些對所有其他人來說都是很清楚的事情；但對我們上述有利的一切，從老遠就會跳進我們的眼睛。有違於心的事情不會獲得頭腦的允許。在我們的一生中，我們死死抓住許多錯誤不放，提防著從來不讓自己檢查其理據，完全就是因爲某種我們自己並不曾意識到的害怕：害怕發現自己如此長時間和如此頻繁地相信和斷言的東西其實是錯的。因此，我們的智力每天都被我們的傾向所耍弄的把戲愚弄和收買。**培根的**這些話很美妙地表達了這意思：**智力並不是不需燃油的燈，而是從意願和激情那裡得到燃料；而這產生了符合我們願望的認識，因爲我們最喜歡相信自己所願意的情形。激情影響和左右著智力，其方式**

層出不窮，有時是難以察覺的（《新工具》，一，十四）。很明顯，正是這一道理促使人們反對科學中出現的一切新的基本觀點和針對任何獲得了認可的謬誤的批駁，因爲人們不會輕易認識到這樣的觀點和批駁是正確的：那會證明自己欠缺思想到了令人難以置信的地步。只能由此解釋爲何歌德的顏色學說——它是那樣的清晰、簡明——仍舊被物理學家們矢口否認。因此，甚至歌德也得親身體驗這一點：允諾給人以教導的人比保證提供娛樂的人，處境不知要艱難多少倍；所以，生來要成爲文學家的人比天生要成爲哲學家的人幸運得多。在另一方面，越頑固地堅持錯誤，那隨後證明這錯誤的證據就會越讓人羞愧。面對一個被推翻了的體系，就如同面對兵敗如山倒的部隊一樣，最先逃離的人就是最精明的人。

說明意欲對智力的那種神祕和直接控制的，是這樣一個小小的和可笑的但卻相當鮮明的例子：在算帳時，我們出的差錯更多的是對自己有利而非不利，並且這裡面確實沒有丁點不誠實的企圖，這只是我們出於無意識的減少欠錢、增加結存的傾向使然。

最後，這一事實也屬於我們這裡討論的：當給予別人建議的時候，給建議的人丁點的目的和打算通常都會壓過他的哪怕很高的見解。所以，當我們懷疑一個人的目的牽涉在裡面時，我們就不可以認定他是從其認識出發說話的。在希望賄賂我們，或者恐懼愚弄我們，猜疑折磨我們，虛榮心恭維我們，或者某一假設蒙蔽和迷惑了我們，又或者近在眼前的小目標損害了那更大但卻距離較遠的目標——在所有這些時候，我們經常都欺騙自己。考慮到這一點，那麼，一旦一個人的利益牽涉其中，我們還能夠期望這個人給予我們多少百分比的眞誠——儘管他平時是多麼的誠實、正直——這我們就可以得出自己的判斷了，因爲在這些例子裡，我們看到了意欲對認知施加的直接的和無意識的不利影響。據此，在徵求別人的意見時，假如在這一問題還未進入其判斷力法庭，別人的意欲就直接口授了答覆，那我們不應對此感到驚訝。

在此我想簡單表明這一點——這一問題將在接下來的一篇詳細討論：最完美的認識，因而也就是對這個世界的純粹客觀，亦即天才的理解，就是以意欲如此深度的靜默爲條件，以致只要意欲能夠保持靜默，那甚至個體性也會從意識中消失，而這人所剩下的就是**認知的純粹主體**，那也就是理念的對應物。

以上現象所證明的意欲對智力所產生的干擾影響，以及相比之下智力的勢單力弱——因爲這一原因，一旦意欲以某種方式活動起來，智力就無法正確地運作——爲我們提供了多一重的證據，證實了意欲是構成我們本質的根本部分，是以原初之力發揮作用的，而智力作爲外加的並且是有不少前提條件的東西，只能發揮其從屬的和有條件的作用。

與我所闡述的意欲對認識力的干擾和蒙蔽相對應的，是認知對意欲的直接干擾，但這卻是沒有的事情；我們的確無法對這種事情形成一個概念。至於動因被錯誤地理解和誤導了意欲，人們不會解釋爲認知對意欲的直接干擾，因爲這只是智力在發揮功能時出了差錯，這一差錯純粹是在智力的地盤犯下的，並且這一差錯對意欲的影響也完全是間接的。如果把**猶豫**不決歸之於智力的影響，那還可信一些，因爲在猶豫不決的情形裡，由於智力把矛盾的動因呈現給了意欲，所以，意欲舉棋不定，亦即受到了阻礙。不過，只需仔細考察一下，就可相當清楚地看出：阻礙意欲活動的原因並不在於諸如此類的**智力**活動，而完全只在於透過智力活動所找到的**外在對象物**。這些對象物與在此產生了興趣的意欲剛好處於這樣一種關係：它們以相同的力度把意欲引向不同的方向。這一眞正的原因只是**透過**智力——這一動因的媒介——發揮了作用，雖然前提當然是智力足夠敏銳以精確把握這些對象物及其複雜的關係。欠缺果斷作爲一種性格特徵既以意欲素質，也以智力素質爲條件。而那些思維相當狹隘的人當然不會有這一性格特徵，因爲這些人微弱的理解力一來無法讓他們在事物中發現如此複雜的內涵和關係，二來他們也無力琢磨和思考這些事情，並因此考慮接下來每走一步都將帶來的後果。所以，這種人寧願根據自己的第一印象，或者遵照一些簡單的行爲準則馬上做決定。但對具有相當理解力的人來說，情形則剛好相反。如果這種人還爲自己的安樂預先考慮周詳，亦即有相當敏感的自我，絕對不想吃虧，時時處處都能安全無恙，那麼，這種人每走一步都會戰戰兢兢，並由此導致欠缺果斷。所以，這一特質完全沒有表明這個人缺乏理解力，但卻表明了這個人欠缺勇氣。具有非常出色頭腦的人卻能快捷和確切地綜觀事情的關係及其可能的演變；如果這種人還能有一定的勇氣作後盾，那他們就能達到果斷、堅毅，就能讓他們有能力在處理世事中發揮一個重要的角色——只要時、勢能給他們提供機會的話。

意欲會遭受來自智力唯一明顯的和直接的阻礙，確實就是某種例外，是由於智力得到了異乎尋常的優勢發展的結果，因而也就是獲得了被稱爲天才的高度稟賦的結果。也就是說，這樣的智力稟賦明顯妨礙了性格能量和行動力。因此，歷史性的人物並不是眞正偉大的思想者，因爲有能力駕馭人類大眾的歷史性人物是與世事作鬥爭的。思想能力遜色許多，但卻非常堅毅、果斷，具有不屈不撓的意志的人，反而更適合應對世俗事務；而這些素質卻根本不會出現在具有極高智力的人身上。由此，具備了高度的智力就確實會出現智力直接阻礙了意欲的情形。

6.與上述智力受到了意欲的阻礙恰成對照，我現在想透過幾個例子表明相反的情形：智力的功能有時會因爲意欲的推動和督促而得到加強。這樣，從這些例子我們也可認識到意欲是首要的，而智力則是次要的；同樣清晰可見的是智力是意欲的工具。

某一強有力的動因，諸如深切的渴望或者迫切的需要，有時會把智力提升至我們在這之前不會相信的程度。艱難的處境迫使我們不得不有所作爲，會在我們身上發展出全新的才能，而這些才能的種子其實一直潛藏在我們的身上，我們並不相信自己能夠展現出這些才能。哪怕是一個最蠢的人，只要涉及他的意欲所密切關心的東西，那他的理解力就會敏銳起來：現在，他就會相當細膩地察覺、注意和區分那些與他的欲望或者恐懼搭上關係的，哪怕至爲微小瑣碎的情形。人們經常在一些半弱智的人身上發現一些令人吃驚的狡黠的地方，很大的原因就在這裡。也正因爲這樣，《舊約．以賽亞書》說得很正確：困境出才智——這句話因此成了俗語。與這說法近似的還有這一句德國俗語，「困境是技藝之母」——但優美藝術除外，因爲每一藝術作品的內核，亦即設想，必須是出自完全不帶意欲的和只能由此方式所獲得的對事物純客觀的直觀——假如這些是貨眞價實的藝術品的話。甚至動物的理解力也會由於困境而明顯地提升，以致在困難的情形裡能夠做出一些讓我們詫異的事情。例如，幾乎所有的動物在相信自己還沒被敵人發現的時候，都算計到不撒腿逃跑更爲安全。因此，野兔會紋絲不動地躺在壟溝裡，讓獵人緊靠著自己走了過去；如果昆蟲無法逃脫的話，牠們就會裝死，等等。我們可以閱讀法國動物學家勒羅伊的出色著作《關於動物智力及其提高之道的書信》中第二封信：裡面有專門的故事講述野狼在處於歐洲的文明環境下，如何受困難所迫而進行自我訓練。緊接著第三封信描述了狐狸所具有的高超技能。在相同的困難處境下，狐狸比野狼的體力遜色許多，但牠更高的理解力卻彌補了體力的不足。不過，也只有透過長期與匱乏和危險作鬥爭，因而處於意欲的刺激、鼓舞下，狐狸的理解力才能夠達致高度的狡猾。年老的狐狸的狡猾尤其出色。在智力得到加強的所有這些例子中，意欲扮演了超水準策馬飛奔的騎士角色。

同樣，記憶在意欲的壓力下也會得到加強。哪怕這記憶力在平時比較薄弱，但對主要情慾有價值的一切東西，記憶力都會完美地保留下來。戀愛之人不會忘掉任何有利的機會，雄心勃勃之人對任何對他的計畫有利的情勢、吝嗇鬼對所遭受的損失、驕傲的人對所受到的名譽上的損害、虛榮的人對人們讚揚自己的隻言片語和所獲得的極微不足道的嘉獎，等等，都是永遠不會忘懷的。這種情形也表現在動物的身上：馬會在很久以前曾經得到餵飼的客店停下腳步；狗會非常清楚地記得人們扔出美味食物的時機、時間和地點；而狐狸則不會忘記牠們儲存贓物的各個隱祕之地。

只要檢查一下自己，我們就有機會對這方面的情形作更仔細的觀察。有時候，由於受到打擾，我們會把正在思考的事情，甚至剛剛聽到的消息忘記得乾乾淨淨。但如果這些事情有某種哪怕是很遙遠的切身利益，那這些事情給意欲所造成的影響總會留下迴響和餘音。也就是說，我就會清楚地意識到這件事情在多大程度上讓我高興或者不悅，以及這是以何種特別的方式發生的，亦即這件事情是否讓我受到委屈，使我不安、煩惱、悲哀，抑或引起了與這些相反的情緒——哪怕只是輕微程度。因此，對我來說在這事情本身消失了以後，它與我的意欲的關聯仍然保留在我的記憶裡，並經常再度成為讓我回想起這一事件的引線。有時候，某個人的模樣會以與此類似的方式留給我們印象，因為我們只是泛泛地記得與這個人打過交道，但具體何時、何處、所爲何事，或者這個人到底是誰，我們就不大清楚了。不過，這個人的模樣仍然讓我們相當精確地回想起我們當初跟這個人打交道時所引致的心情，不管這種心情讓人高興抑或使人不快，程度如何，具體的方式、過程是怎麼樣的。也就是說，記憶只是保留了意欲的反應和迴響而已，而不是把這些召喚出來的東西。或許我們可以把這些記憶過程的基礎稱爲心的記憶；這種記憶比腦的記憶與我們貼近得多。但從根本上，心的記憶和腦的記憶之間的關聯是如此深遠，如果我們深思這一問題，那我們就會得出這樣的結論：記憶需要某一意欲的奠基作爲某一聯繫點，或者更準確地說作爲某一線索，而多個記憶就由這一線索貫穿起來和牢固地黏附在一起；或者意欲好比是地基：個別、零散的記憶就黏附在那上面，缺少了這一地基，那些記憶就無以爲憑了；因此，我們無法想像一種存在於純粹的智力，亦即存在於只是認知的和全然不帶意欲的生物的記憶。據此，上述記憶經由刺激我們身上的主要情慾而得到加強的情形，就只是所有一般記憶的更高程度的運作而已，因爲記憶的基礎和條件始終都是意欲。從所有這些討論，我們可以清楚地看到：意欲之於我們比智力之於我們要內在得多。下面的事實也可以證實這一點。

智力經常會服從意欲，例如，如果我們想回憶起某樣東西，稍作努力就能如願；同樣，當我們想認眞仔細地思考一些事情，我們都可以做到。有時候，智力卻拒絕服從意欲的命令，例如，我們費力地去回想某件事情，或向記憶索取我們曾交付給它保管的東西，但卻毫無結果。在這些時候，意欲向智力發怒就把這兩者間的關係，以及這兩者的差別表現得相當清楚。受到意欲怒氣煩擾的智力會賣力地工作；有時候是在數小時以後，或者甚至在第二天的早晨才出乎意料地，並且在錯誤的時間把所要的東西交出來。相比之下，意欲卻是從來不會服從智力的，智力只是意欲這一皇帝的大臣顧問。它把各種各樣的方案、意見呈獻給意欲，而意欲則從中挑選出符合自己本性的方案——雖然意欲在這種情況下也是以一種必然性決定著自身，因爲意欲的本性是牢固、不可改變的，現在只不過出現了動因而已。這就是爲什麼不可能有任何一套倫理學可以改變和改進意欲本身。這是因爲所有的教誨都只能對認知產生作用，而認知卻永遠不可以決定意欲本身，即意欲活動的根本特徵；認知只能決定意欲在當前情形下的發揮而已。某一校正了的認識，只能在更精確地向意欲顯示和讓意欲更正確地判斷能得到的、可選擇的對象方面，修正著意欲的行爲；意欲以此更準確地量度自己與事物的關係，更清楚地看到自己意欲的是什麼，因而在選擇時更少地受制於錯誤。但對意欲活動本身，對意欲活動的主要傾向或者基本原則，智力卻是無能爲力的。相信認知眞的和從根本上決定了意欲，就等於相信一個人晚上提著的燈籠就是這個人步子的原動力。一個人透過經驗或者別人的告誡而得到了教誨，看出了自己性格的某一根本缺陷並爲之痛惜，會眞心實意地打定主意去改進自己，消除這一性格弱點。但儘管如此，這一性格弱點仍然一有機會就會恣意發洩出來。然後，再一次的悔疚、再一次的下定決心、再一次的犯錯。如是三番五次以後，他就會意識到改變不了自己；這一弱點深藏於自己的本性和人格之中，並且的確是與這些渾然一體的。現在他就會指責和咒罵自己的本性，會產生一種可以演變成良心痛苦的難受感覺，但要改變這些卻又無能爲力。在此我們清楚地看到譴責者與被譴責者是明顯有別的：我們看到智力只是一種理論性的能力，它勾畫和羅列出爲人稱道的、因而值得追求的人生道路；意欲則是某樣既成現實存在的、不可更改的東西，不顧智力的勾畫而仍然走上一條相當不一樣的道路；然後，我們又看到智力在意欲後面跟著，嘴裡在毫無用處地抱怨著意欲的本性，而正是透過這些苦惱，智力又把自己等同於意欲了。在此，意欲和智力是截然分開的。在這方面，意欲顯現爲更強力的、無法制服的、不可改變的、原始的成分，與此同時，也是本質性的成分，是一切依憑和基礎；而在這期間，智力只能爲意欲的缺陷嘆息，無法因正確的認識——這是智力自己的功能——而得到安慰。所以，智力顯現出了完全從屬的性質。也就是說，智力時而是陌生者行爲的旁觀者，對於這些給予一些無關痛癢的贊語或責備；時而又受著外在的左右，因爲智力獲得經驗教訓以後，又制定和改變其原則。讀者在《附錄和補遺》第二卷 §118 可找到對此論題的專門講解。與此相應，比較一下人生不同階段的思維方式，那呈現出來的就是持久不變的部分與變化著的部分所組成的奇特混合體。在一方面，一個中年人或者老年人的道德傾向與其孩提時是一樣的；但在另一方面，很多東西對他卻是如此的疏遠和陌生，他甚至無法認出自己，會覺得奇怪自己怎麼會曾經做出過這樣的事或者說過那樣的話。在生命的前半部分，今天通常取笑，甚至鄙視昨天；到了生命的後半部分，今天卻越來越帶著羨慕回眸昨天。仔細檢查一下，我們就會發現那可改變的部分就是智力及其認知功能，因爲這些每天都從外在世界吸收新鮮材料，呈現給我們的是一個不斷變化著的思想系統；此外，這智力功能本身是隨著機體的成長和衰退而一道提升和下降的。相比之下，意欲作爲這機體的基礎，則證實了就是意識中的不變成分，亦即喜好、激情、情感、性格。不過，在這同時，我們卻必須考慮到伴隨著身體的享受能力，因此也就是伴隨年齡而來的相應修正。例如，對感官樂趣的強烈願望在少年時表現爲對美食的喜好，到了青年、中年期則呈現爲喜歡放縱肉慾，而到了老年它又再度表現爲對美食的講究。

7. 如果像人們所普遍認爲的那樣，意欲出自認知，是認知的結果或產物，那如果意欲強盛，理解力、見解、知識也就必然強盛。但情況可完全不是這樣。相反，我們發現在許多人那裡，某一強烈的，亦即果斷的、堅定的、激烈的和不屈不撓、頑固執拗的意欲，與相當微弱、低級的理解力連在了一起；因此，誰要是跟這種人打交道都會陷入絕望之中，因爲他們的意欲與所有的根據和意見都是絕緣的，根本就拿他們沒辦法。這種意欲好比藏在一個袋子裡，盲目地向外掙扎、欲求。動物的理解力就更低了，雖然牠們的意欲經常是激烈的和執拗的。最後，植物則只有意欲，沒有任何的認識力。

如果意欲活動只是發自認識力，那我們的憤怒就必然與每一次的誘因或者至少與我們對這些誘因的理解精確相稱，因爲憤怒不過就是由我們當時所了解的得出的結果而已。但實際發生的情形卻極少是這個樣子。相反，我們憤怒的程度通常都大大超出了引起這一憤怒的理由。我們的「勃然大怒」經常都是由輕微的事情引起的，並且也不是因爲判斷這些事情方面出錯。那就像一個惡魔發出的咆哮：這被囚禁了的惡魔，就只是在苦候機會掙脫，現在爲終於等到了機會而歡呼。假如我們本質的深處是某一認知者，而意欲的活動只是認知的結果，那情形就不可能是這個樣子，因爲結果裡面怎麼可能會有在基本成分裡不存在的東西？結論可不會包含比前提更多的東西。因此，意欲在此也表現爲完全有別於認知的一種本質，意欲只是利用認知以便與外在世界聯繫，但卻遵循自己本性的法則，從認知那裡除了獲得動因，別無其他。

智力只作爲意欲的工具與意欲的差別如此之大，就猶如鐵錘與鐵匠。在談話中，只要智力是唯一活躍的，那這樣的談話就是冷靜的。情形幾乎就好像談話的人不在現場一樣。而且，他也不會眞的丟面子，而頂多就是出點洋相而已。只有當意欲參與進來了，這個人才算是實實在在地出場了：此時他變得溫暖了，所談論的事情的確經常變得熾熱、火爆。我們總是把生命中的溫暖歸之於意欲；相比之下，我們會說冷靜的理解力，或者冷靜地調查一件事情，亦即在不受意欲的影響下思考。假如試圖把這關係顚倒過來，把意欲視爲智力的工具，那就等於把鐵匠視爲鐵錘的工具了。

沒有什麼比這種情形更讓人惱火的了：我們以根據和分析與一個人展開辯論，不厭其煩地向其論證，以爲我們純粹在跟他的理解力打交道，但到最後才終於發現：這個人其實就是不願意（沒有意欲）去理解我們的論辯；因此，我們與之打交道的是他的意欲——它無視眞相，故意誤解我們所說的話，運用詭辯和刁難的言詞，但卻以理解力做其擋箭牌而負隅頑抗。這樣，別人當然就拿他毫無辦法了，因爲向意欲運用理據和論證，就好比把凹面鏡裡影像發出的攻擊施於一個實體。因此，也就有了這一經常被人重複的說法：我的意願就是我的理由*。日常生活提供了足夠大量的證據證實我這所說的情形。但不幸的是，在科學的路途上也可發現這類證據。如果一些最重要和最非凡的成就不獲承認，某些人就能獲得個人利益，那要他們承認這些眞理和成就就是徒勞的。這要麼是因爲這些眞理與他們每天教給別人的東西互相矛盾，要麼就是他們不敢利用和在以後教導這些眞理；或者就算沒有出現這些情形，他們也不會承認這些眞理，因爲平庸之輩的口號始終是：如果有人要出類拔萃的話，那就請到別處出類拔萃好了。——這是愛爾維修對西塞羅在《圖斯庫蘭討論集》（C.36）中埃伏色的名言所作的美妙複述；或者就像波斯詩人阿拉里所說的：「混在石英中的鑽石會遭唾棄。」因此，誰要是期望這始終是人多勢眾的庸俗群體對自己的成就作出公正的評價，那他的期望肯定會落空；或許在一段時間裡，他無法理解這些人的行爲，直到他終於發現：在他訴諸這些人的認知時，他其實是在與他們的意欲打交道，亦即完全處於上文所描述的情形。事實上，這就像一個人在法庭上陳情，但他面對的評判員都早已被別人收買了。在個別的情況下，當那些人中的某一個打定了主意剽竊他的思想時，他就可以獲得確鑿的證據，證明與他作對的是那些人的意欲，而不是見識，因爲他會吃驚地看到那些人其實相當識貨，能夠準確地看出別人的過人之處和知道什麼才是最好的，就像麻雀從不會錯過

---

* 尤維納利斯，《諷刺詩》，六，二二三。——譯者注

任何熟透的櫻桃。

在此討論的意欲成功對抗認識力，其反面情形就是假如我們在擺事實、講道理的時候，我們對話一方的意欲是在我們這一邊：那樣的話，所有人對我們的話語都一致信服，所有的辯論都充分有力，整個道理馬上就變得一清二楚。那些鼓動大眾的演說家就深諳此道。在以上兩個例子裡面，意欲都顯示爲原初的自然力量，智力對此是無能爲力的。

8.現在我們要對個人素質，對意欲、性格的優缺點和智力的優缺點作一番考察，以便透過了解意欲素質和智力素質之間的關係，以及這些素質相對的價值，把這兩種基本能力的差別清楚地表現出來。歷史和經驗告訴我們：這兩者是互不相干的。至於卓越的頭腦智力難得與同樣出色的性格素質結合在一起，我們可以從這兩者都極爲罕有而得到充分解釋，與這相反的情形卻極爲普遍，因此，我們每天都可以看到這相反的兩者結合在一起。同時，我們永遠不可以從一副良好的智力推斷出良好（善良）的意欲，也不可以從後者推斷出前者，或者從低劣的智力推斷出卑劣的意欲等。每個不帶偏見的人都應該把這兩類素質彼此完全分開，而識別其各自的存在則只能在生活實踐中進行。至爲狹隘的頭腦可以與偉大善良的心共存；同時，我不相信**巴爾塔扎爾·格拉西安**（《謹愼的人》，第四〇六頁）這句話是對的：**沒有不帶惡毒的愚人**，雖然這句西班牙俗語支持格拉西安的意思：**愚蠢從來不會與惡毒分開**。不過，許多愚人之所以變得心地惡毒，其原因可能與駝背人變得心腸歹毒是一樣的，亦即出於對大自然的歧視和薄待感到怨恨；愚人誤以爲透過不時地玩弄一些卑劣的小伎倆，就可以彌補自己理解力方面的缺陷，在這其中博得短暫的勝利。附帶說上一句，由此可以輕易明白爲何在一個頭腦比自己優越得多的人面前，幾乎每個人都會隨時變得惡毒起來。在另一方面，愚人卻經常會獲得心腸特別好的美名，可是這一點卻又極少得到證實。我不由得納悶這種人何以得到這一美譽，直到我終於可以誇口找到了下面這一答案。由於受到某種祕密吸引力的驅動，每個人都最喜歡挑選一個在智力上比自己稍爲遜色的人作爲親近的交往夥伴，因爲只有和這樣的人在一起自己才會感到舒服自在。根據霍布斯所言：我們心情愉快就在於有可供與我們比較並使我們可以看重自己的人（《論公民》，一，五）。出於同樣的理由，每個人都會躲避一個比自己優越的人。所以，利希滕貝格的話完全正確：「對某些人來說，有思想頭腦的人比一個不折不扣的無賴都更令人討厭。」愛爾維修的話與此不謀而合：平庸之輩有某種準確和敏捷的直覺，以識別和逃離有思想頭腦的人。約翰遜博士也向我們保證：沒有什麼比在談話中顯示出橫溢的思想才華更容易激怒多數人的了。人們在當時會顯得高興，但妒忌會促使他們發自內心地詛咒他（博斯威爾，《薩姆爾．約翰遜的一生》，七十四歲時）。爲把這一被小心掩藏起來的普遍眞理更無情地大白於天下，我想把歌德青年時代的著名朋友梅克對此的看法添加在這裡——他在故事《林多爾》中寫道：「他擁有大自然賦予的和他經由知識獲致的才能；這些才能使他在眾多聚會中讓在場的尊敬的先生們失色不少。假如公眾看到一個非凡的人物，在賞心悅目的瞬間囫圇吞棗般地接受了這個人的優點，並沒有馬上對這些優點作出惡意的解釋，那這事情仍會留下某種印象。假如這一印象經常重複，那以後在關鍵時刻，就會給這闖禍的人帶來不良後果。不是每一個人都會在意識中特別記住自己在上述情況下所受到的侮辱，但人們並不會不樂意擋在這個人的晉升之路上。」因此原因，擁有巨大的思想優勢比起任何一切都更有效地使自己孤立起來，並招致別人起碼是在私下裡的憎恨。而與此相反的情形卻使愚人普遍得到人們的喜愛，尤其是許多人也只有在這些愚蠢之輩的身上，才能發現人們依據上述人性原則必然要在他人身上尋找的東西。但這種喜好背後的眞

960

961

實原因，沒有人會向自己坦白，更不會向別人承認。所以，爲了給這喜好找出一個說得過去的藉口，他就會把「心地特別好」這一杜撰加在被他選中的人身上，而這心地特別好，就像我已經說過的，實際上是相當少有的，也只是偶然地伴隨著智力不足而眞正存在。據此，缺乏理解力一點都不會有助於或者近似於這善良的性格。但在另一方面，我們也不可以說偉大的理解力就可以這樣，大體上，缺乏理解力的無賴還眞的不曾有過。確實，甚至最出色的智力也可以與極度的道德敗壞結合起來。培根就提供了這樣的例子：毫無感恩之心、陰險狡詐、卑鄙下流、滿腦子都是爭權奪利。他在擔任英國上議院議長和王國最高法官時，竟至於在民事訴訟中常常收取賄賂。遭到指控以後，他向貴族陪審團認罪，然後被逐出上議院、罰款四萬英鎊和囚禁在倫敦塔（參見一八三七年八月《愛丁堡週報》登載的關於新版培根著作的評論）。爲此，波普稱他爲人類中最聰明、最智慧，但卻又是最卑劣、最惡毒的人（《人論》，四，二八二）。類似的例子還有歷史學家古齊亞迪尼，羅西尼在歷史小說《路易莎·斯朵洛茲》的附錄——它取自可靠的同時代人的消息——中寫道：在那些把思想與學問放在所有人類素質之前的人看來，這個人應被視爲他所在的世紀中最傑出者之一；但對那些認爲德行才是最重要的人而言，這個人應該永世遭到唾罵。他在迫害、流放和屠殺人民方面，是手段至爲毒辣的一個。

962

如果我們說一個人「心地很好，但頭腦不行」，而另一個人則「頭腦非常了得，但心腸不好」，那所有人都會感覺到在第一種情況，稱讚遠遠壓倒了責備；而在第二種情況，則剛好相反。與此相應，我們看到當某人做了一件壞事的時候，他的朋友和他自己都會試圖把罪責從他的意欲轉到他的智力上面，把心的缺點說成是腦的缺點；把卑劣的惡作劇稱爲做錯事，會說這純粹只是不懂事，做事不加思考、輕率、魯莽和愚蠢；確實，在萬不得已的時候，他們會以犯有陣發性的精神錯亂爲自己辯解，而如果事情涉及嚴重的罪行，甚至會假托犯有精神病，目的不過就是爲意欲開脫罪責。同樣，如果我們自己一手釀成大禍或者造成損失，我們就會巴不得在他人和自己面前譴責自己的「愚蠢」，目的就是避免被指責爲「惡毒」。據此，在法官做出了同樣不公平判決的例子裡，這個法官出了差錯抑或收受了別人的賄賂，兩者可有著天淵之別。所有這些都足以證明意欲才是唯一眞實和本質的部分，是人的內核；而智力則只是意欲的工具，並且假如意欲不牽涉其中，這智力就會有欠完善。在道德法庭上，欠缺理解力的指責根本就構不成任何罪責，相反，它甚至還能給予我們某些特權呢。同樣，在世俗的法庭上，爲使罪犯免受懲罰，把罪犯的罪責從意欲轉移至智力方面就足夠可以了，即證明這人無法避免地產生了誤會，或者這人精神失常了，因爲這樣的話，應負的罪責就不會多於假如那是違反意願的失手或者失足。我在〈論意欲的自由〉一文的補充部分「論智力的自由」裡面，對此有詳盡的討論。讀者可參閱那一部分，我就不再贅述了。

無論在哪裡，那些促成某一好事的人，一旦結果不盡如人意，就會搬出自己的良好意願，而這良好意願是不會缺乏的。採用這樣的方式，他們就相信可以保住那本質性的、他們其實應該負責的部分和他們眞正的自我；而能力不足則被他們視爲欠缺適當的工具而已。

如果一個人是愚笨的，那我們可以原諒他，說他對此是無能爲力的；但如果我們試圖用同樣的說法原諒一個卑劣的人，那我們就會惹來嘲笑。其實這兩種素質都同樣是與生俱來的。這證明了意欲是這個人本身，智力只是它的工具而已。

因此，只有意欲活動，才永遠被人們視爲從屬於我們自己的事情，亦即被視爲我們本性的表現，我們因而必須爲此負責。正因此，如果有人試圖因爲我們的信仰，亦即因爲我們的理解力和見識而質問我們，那是荒謬和不公正的，因爲我們不得不把認識上的問題，儘管它支配著我們，都視爲不在我們控制的範圍之內，一如外在世界的事情。在這裡也同樣清楚地看到：唯獨意欲才是人內在的和自己的東西；而智力及其一如外在世界那樣的有規律性的運作，對意欲來說就只是某種外在的東西，就只是一件工具而已。

高級的精神思想能力總是被人們視爲大自然或者神靈的餽贈。正因爲這樣，人們才稱其爲「天賦」、「稟賦」、「得天獨厚」；德語、義大利語和英語都把它們名爲禮物（gaben, ingenii dotes, gifts）。這些禮物被視爲有別於受惠者本身，是透過好運獲得的東西。但對於道德上的優點，雖然這些也是與生俱來的，人們卻從來不是同樣這麼看的。相反，人們始終視這些爲發自這個人本身的，從根本上是屬於這個人的，並的確構成了這個人的自我。由此再一次得出結論：意欲是人的眞正本質，而智力則只是從屬的、一個工具、一種配置而已。

與此相應，所有的宗教都許諾意欲的優點或仁慈的心地，以此生之外的永生作爲獎勵；但對頭腦，亦即理解力的優點，卻沒有這一獎賞。美德可期待在另一世界得到獎賞；精明則希望在此世界獲得酬勞；天才則既不在此世界，也不在彼世界博取賞賜：天才本身就是他所獲得的獎賞。因此，意欲是永恆的部分，智力則是暫時的。

人們的聯繫、交往、聚會，一般來說，都是建立在與意欲有關的關係上面，甚少以智力方面的關係爲基礎。第一種聯繫我們可以稱爲物質性的，第二種則是形式性的。屬於前者的有家庭和親戚的紐帶，再就是所有以某一共同利益或者目標爲基礎的聯繫，諸如以職業、地位、公司、政黨、派別等共同利益或目標爲基礎的聯繫。也就是說，在這一類聯繫中，關鍵的只是人們的意向、目的，與此同時，可以存在智力及其教育的巨大差異。所以，人們不僅可以和睦共處，步調一致，而且能夠爲著共同的利益相互合作、相互團結。婚姻也是一種心的聯繫，而不是腦的結合。但對於那些只是著眼於思想交流的僅僅是**形式性**的聯繫，情況可就不一樣了。這種聯繫需要人們具備在某種程度上相同的智力及其修養。在這方面的巨大差異會在人與人之間設置一道無法逾越的鴻溝，例如，一個偉大的思想者與一個笨人、學者與農夫、大臣與水手之間就會出現類似的情況。只要涉及傳達見解、觀念、思想，那類似這些彼此差異很大的人就要花費相當的功夫去理解、把握對方的意思。但是，他們之間卻可以有密切的**物質性**友誼；他們可以成爲彼此忠實的盟友、同謀，共同進退。這是因爲在所有只涉及**意欲**的方面——這些包括患難交情、誠實可靠、虛假作僞、背信棄義等——他們就都是同一類的，是由同樣的麵團揉成的，無論是精神思想還是文化教養都不會在此造成什麼差別。事實上，在此，粗人經常會讓有學問者出醜，販夫走卒讓大臣高官自愧弗如。這是因爲在文化素養上儘管有著各種差別，但存在的是同樣的美德和劣性、情緒和激情；雖然這些在表現出來時會變換某種花樣，但在很不一樣的人中，仍能很快就彼此認出對方。據此，志趣相投者就會走到一起，而這方面格格不入者則互相敵視對方。

閃亮的思想素質會獲得別人的讚歎，但卻不是愛戴，愛戴是留給道德品質和性格素質的。每個人都寧願找一個老實、善良的人，甚至只是一個樂於助人、容易附和他人和遷就別人的人做朋友，而不會挑只是機智、聰明的一類人。與後者相比，不少人只具有某些微不足道的、偶然的和外在的素質，但這些素質與別人的喜好相符，甚至他們也更能獲得別人的喜愛。只有自身具備很高智力的人才願意和一個聰明人交往；但是，能否與這個聰明人結下友誼就要看這個人的道德品質了，因爲他對一個人眞正良好的評價全在於這個人的道德品質。在這樣的良好評價裡面，某一獨特的良好品性就可以蓋過並抹去智力上的嚴重不足。了解到一個人具有某種優秀品質以後，我們會耐心地遷就這個人智力上的不足，以及歲數大了以後所表現出來的愚鈍和孩子氣。一副明顯高貴的品性，哪怕完全缺乏智力的優點和修養，仍然呈現出無所欠缺的樣子。相比之下，就算是至爲偉大的思想頭腦，一旦蒙上了嚴重的道德缺陷的汙點，看上去就仍配受責備。這是因爲正如火炬和火堆在太陽底下顯得蒼白和不起眼，同樣，優秀的智力，甚至思想的天才，還有漂亮的外貌，都會在與善良心靈的比較中黯然失色。如果這善良心靈顯現得異常突出，那就很能彌補智力素質的欠缺，以致我們會感到羞愧，因爲我們竟然爲其欠缺智力素質而惋惜。甚至最狹隘的智力，還有出奇醜陋的相貌，只要表現出與非同一般的善良心靈爲伴，那這些就彷彿得到了美化，就像圍了一圈屬於更高一級美麗的光環，因爲現在一種發自他們內在的智慧說話了，在它面前，所有其他的智慧都得閉嘴、沉默。這是因爲心地善良是一種超驗的素質，屬於某種擴展至此生之外的事物秩序，其他方面的完美是不可以和它相提並論的。當這心地善良達致很高的程度，它就把心擴大了，以至包含了整個世界，那所有的一切也就盡在他的心中，而不再是在這之外，因爲善良的心靈視所有的生命與自己爲一體。這樣，它就會把常人一般只用在自己身上的無盡的寬容推及別人身上。這樣的一個人是不會生氣動怒的，甚至當他自身智力上或者身體上的缺陷招致了別人惡意的譏諷和嘲笑時，他也只在心裡責備自己引起別人這樣的表現。因此，他用不著勉強自己就能以最友善的方式待人，充滿信心地希望別人會改變對他的錯誤看法和態度，同時也在他的身上認出他們自身。與這樣的素質相比，機智、天才又算得了什麼？培根又算得了什麼？

考察一下我們如何評估自己，我們也會得到與上述透過考察自己如何評估他人而得出同樣的結果。我們從自己道德方面獲得的自我滿足比起在智力方面的自我滿足，從根本上是多麼的不一樣啊！

我們感覺到前者是因爲當我們回顧自己的所作所爲時，看到自己以慘重的代價保持誠實、正直待人；看到我們幫助過許多人、原諒過許多人、善待別人更甚於別人善待自己，以致我們也可以與李爾王一道說出：「我並沒有怎麼惡待別人，但卻受到了別人很多的惡待」；甚至假如某一高尚的行爲在回憶中閃爍生輝時，那這種自我滿足就更甚了。伴隨著這種透過自我檢查所獲得的寧靜喜悅，是一種相當嚴肅的心情：假如看到別人在這方面做得不如自己，我們並不會感到高興，而是爲此感到難過，並眞誠地寧願別人都能像自己一樣。相比之下，認識到我們的智力優勢會產生多麼不一樣的效果！其基本低音完全就是上文引用過的霍布斯的話：我們心情愉快就在於有可供與我們比較並使我們可以看重自己的人。傲慢、自負、虛榮、輕視他人，對自己能有明顯的、巨大的智力優勢而得意洋洋，就類似於爲身體上的優勢而驕傲——這些就是結果。這兩種自我滿足的對照顯示出：一種滿足涉及我們眞正的、內在的和永恆的本質，另一種則涉及某種更加外在的、只是暫時的、的確幾乎就只是身體上的優勢的東西。而事實上，智力就只是腦髓的功能，但意欲的功能則是整個人——就其存在和本質而言。

現在我們把目光投向外在，考慮到生命是短暫的，藝術則是長久的，想到世上那些最偉大和優越的頭腦經常還沒達到創造力的頂峰，還有那些偉大的學者也才剛剛對所研究的學科獲得某一透澈的認識，就都被死神帶走了——那這些也向我們證實了：生命的意義和目的並不是智力方面的，而是道德方面的。

最後，思想素質和道德素質的根本不同也由此看得出來：智力隨著時間會承受至爲顯著的變化，但意欲和性格卻不受時間的影響。新生兒還沒能夠運用他的理解力；但在出生後的兩個月內，就獲得足夠的理解力以直觀領悟外在世界的事物——這一過程我在《論視覺與顏色》（第二版，第十頁）中已經詳細解釋過了。在邁出這首要的和最重要的一步以後，接下來的一步卻緩慢得多：也就是說，我們一般要等到小孩三歲的時候，理性的發育才能達到運用語言並以此進行思維的程度。儘管如此，童年期仍然無法挽回地付諸幼稚和蒙昧，首先是因為腦髓在身體上仍欠缺完整——無論體積還是質地方面的發育完整只能是在七歲以後。然後，腦髓要展開強有力的活動仍需要生殖系統的對抗作用才行。因此，這種腦髓活動只有到青春期才得以開始。經過這一過程以後，智力也只不過具備了能力作精神上的訓練和發展，而這方面的發展和提高唯有透過練習、實踐和傳授。因此，一旦精神思想掙脫了童年期的幼稚、蒙昧狀態，就陷入由無數的謬誤、偏見、幻象組成的圈套中，這些東西有時甚至是極為荒唐和極端的一類。人們的頭腦執拗地牢牢抓住這些東西不放，直至閱歷和經驗逐漸從頭腦思想中除掉那些東西；不少頭腦也就不為人知地被毀掉了。所有這些需時多年才行，以致雖然才過二十歲，我們就可以認為思想已經成年，但思想的完全成熟卻只有等到四十歲，也就是施瓦本人開始聰明、懂事的年齡。*不過，正當這種有賴於外在幫助的精神訓練和發展仍在持續時，腦髓內在的身體、物質能量已經開始衰減了。也就是說，正因為這種身體能量有賴於血壓和脈搏對腦髓的作用效果，因此也就是有賴於動脈系統相對於靜脈系統的優勢，有賴於鮮嫩柔軟和細膩的腦纖維，以及生殖系統的能量，所以，腦髓這種內在的物質能量在三十歲時達到了它真正的高峰。過了三十五歲以後，就可以察覺到這種物質能量開始輕微衰減了。由於靜脈系統逐漸取得了相對於動脈系統的優勢，再加上腦纖維持續變得堅硬和乾燥，這種能量的衰減就會越頻繁和顯著——假如不是在另一方面，精神思

* 施瓦本人居住在德國南部，人們戲謔施瓦本人到四十歲才懂事。——譯者注

想透過實踐經驗、知識累積和掌握了的運用知識的能力等完善起來，因而抵消了腦能量衰減的話。幸運的是，這種抵消、抗衡一直維持至高齡，因爲腦髓越來越可以與一件用舊了的樂器相比。雖然那原初的、完全依據機體條件的智力能量衰減是緩慢的，但卻是持續的和不可抗拒的：產生原初觀念的功能、想像力、思想的可塑性、記憶力都變得明顯衰弱了；整個情形就這樣每況愈下，直至整個人變得喋喋不休、記憶模糊、失去過半的意識；到最後，人就完全回到了兒童期。

相比之下，意欲並沒有同時受到發育、成長、變化的影響，而是從開始到結束都始終保持不變。意欲活動並不像認知活動那樣需要學習，而是馬上就能完美進行。新生兒猛烈地做動作、大聲哭叫；他強烈地意欲著，雖然他仍未知道他意欲的是什麼。這是因爲動因的媒介還沒完全發育起來。處於外在世界的對象對於意欲還很模糊，意欲現在就像一個囚徒似的向著牢房的四壁和鐵欄吶喊、咆哮。但光明慢慢到來了。這樣，人類普遍的意欲活動的基本特徵及其在個人身上的稍稍變化，也就馬上亮相了。已經開始顯現的性格雖然還只是模糊地、隱約地露出輪廓，那是因爲爲意欲提供動因的智力有其缺陷，但是，對留意觀察者來說，性格很快就在小孩的身上充分地顯示出來；用不了多長時間就變得確鑿無疑。性格特徵顯露出來了，並維持終身：意欲的主要傾向、輕易就可以刺激起來的情緒、主導性的情慾，都一一表露出來。因此，在學校裡發生的事情與未來生活中的事情，兩者之間通常就猶如《哈姆雷特》第三幕，要在宮廷上演的戲劇前面那無聲的前戲與這戲劇的關係一樣——該無聲的前戲預告了那戲劇的內容。但從小孩的智力表現我們可一點都無法預測這小孩將來的智力水準。相反，早熟的神童一般都在以後成了頭腦平庸之人。相比之下，思想天才在幼年時通常都在理解事情時比較緩慢，也幾乎有點吃力，這正是因爲他們領會得深刻。與此相應，每個人都會毫無保留地笑談自己小時候的幼稚、可笑和愚蠢，例如，歌德講述了他如何把廚房用具拋出窗外的往事（《詩與眞》，第一卷，第七頁），因爲人們知道：所有這些只涉及可變化的部分。而一個精明者卻不會繪聲繪色地講述他在青春年少時的不良品性，曾經玩弄過的陰毒、狡詐招數，因爲他覺得這些東西仍然在指證他現在的性格。有人曾告訴我，人的研究者、顱骨相學家戈爾在與自己仍不熟悉的人交往時，會引導對方說起年少的歲月和嬉戲打鬧的往事，以盡可能地從中得出對方的性格特徵，因爲這些性格特徵到現在也必然還是一樣的。這就是爲什麼我們會無所謂地，甚至還很得意地笑談自己在年輕時的蠢事和愚鈍，但在那同樣的時候表現出來的惡劣性格特徵、做過的卑劣行爲，甚至到了年逾古稀也仍在那發出令人難忘的指責，使我們良心不安。因此，正如性格在此時完整地出現，這性格也會維持不變直至高齡。年老體衰會逐漸銷蝕掉我們的智力，但卻不會影響我們的道德素質。善良的心仍然使一個老者備受愛戴，哪怕他現在頭腦已經出現衰退，開始重又接近童年期。一個人的溫和、耐心、誠實、眞誠、無私、博愛等特性會維持整個一生，並不會隨著年老衰弱而消失。在這衰老之人的每一清醒時刻，這些素質都會絲毫不減地凸顯出來，猶如陽光穿透了冬雲。而在另一方面，奸詐、刻薄、惡毒、貪婪、冷酷、虛僞、自我和各種各樣的卑劣特性，直到一個人的垂暮之年也不曾減弱分毫。如果一個人向我們說，「我以前是一個無惡不作的壞蛋，但現在是個誠實、正直、具有高貴心靈的人」，我們是不會相信的，而只會覺得好笑。所以，華特．史考特在《奈傑爾的財產》中的一個老邁的高利貸者，向我們很好地展現了：一個人到了老年以後，甚至當他的智力已變得小孩一般了，但這個人身上那灼人的貪婪、自私和奸詐仍然威力不減當年，仍然激烈地表現出來，就像秋天裡仍在綻放的有毒植物。在我們的偏好、傾向方面表現出來的唯一變化，是我們體力衰減和享受能力隨之減弱的直接結果。所以，肉慾會讓位於暴飲暴食，喜好排場被吝嗇所取代，自負虛榮變成了沽名釣譽，這就好像一個人在長出鬍子前黏上了假鬍子，後來就把變花白了的鬍子染上了棕色。所以，在所有的機體力量、肌肉力氣、感覺、記憶、機敏、理解力、天才的思想等都因損耗而在老年變得衰竭和麻木的時候，意欲卻唯獨完好無損、保持不變；意欲活動的渴求和方向依然如故。的確，在老年期意欲在不少方面展現得更堅決，例如，正如我們所知道的，對生命的執著變得更強烈；然後就是對一旦被它抓住的東西所表現出來的那種毫不放鬆、不依不饒的勁兒和十足的執拗頑固，而對此的解釋就是智力對其他印象的敏感性和因此意欲透過不斷出現的動因的興奮性就減少了。因此，老年人的憤怒和憎恨情緒很難緩和與平息：

> 年輕小夥的怒氣猶如燃燒的乾草，
> 老人家的恨意卻是燒得通紅的鋼條。
>
> ——舊歌謠

經過所有這些考察，能看深一層的人就不難發現：**智力**必須經歷某一長系列的逐漸發展，然後，就像任何自然、物質性的東西一樣開始衰退；但**意欲**卻不會經歷這些發展，除了在開始時必須將就其欠缺完美的工具——智力——到最後又再一次屈就這耗損和破爛的工具。意欲本身作為既成之物而出現和保持不變，並不受制於時間的法則和在時間中的生滅定律。意欲以此方式顯示出它屬於形而上的東西，並不隸屬於這一現象世界。

9.人們所普遍使用的和一般都能很好理解的帶有心和腦字眼的詞語，是由於人們正確感覺到了在此所說的根本差別。所以，這類詞語準確、一語中的，在所有語言中都可以找到這些詞語。塞內卡是這樣描述克勞德烏蘇皇帝的：「他是個既沒心又沒腦的人。」（諷刺詩劇，《克勞德烏蘇之死》，第八章）人們非常合理地選取了心，這動物生命的原動力，作爲意欲——我們的現象的最核心——的象徵，甚至是同義詞；「心」標示的是意欲，有別於智力，而智力恰恰是與「腦」同一的。所有在最廣泛意義上屬於意欲的事情，諸如願望、激情、高興、痛苦、善良、卑劣，以及一般人對「情緒」一詞所理解的內容，還有荷馬以可愛的心所表達的東西，都歸於心的內容。據此，我們說：他的心很壞，他心繫著這樁事情，這是發自他內心的，這很傷他的心，這使他的心都碎了，他的心在流血，他的心高興得怦怦直跳，誰又能看透人的內心，讓人傷心、讓人心碎、振奮人心、觸動人心；他是個好心人，鐵石心腸，心狠手辣，勇敢的心，心驚膽戰，等等。尤其愛情更被形容爲心的事情（*affaires de coeur*），因爲性的衝動是意欲的焦點，而在這方面的選擇也就成了人自然的意欲活動中首要的事情。而性愛的原因我將在補充第四篇的一章裡詳細展示和證明。拜倫在《唐璜》（第十一段，第三十四行）裡面嘲笑愛情對女士們來說已不是心的事情，而成了腦的事情。相比之下，腦標示著所有關於認知的東西。因此，就有了一個有頭腦的人，一個聰明的腦袋，一副精密的頭腦，精細的頭腦，糟糕的頭腦，喪失了頭腦，不要垂頭喪氣等。心和腦標示了整個人。但腦始終排在次位，是派生的部分，因爲腦並不是身體的中心，而是身體的最高精華。當一個英雄去世以後，他的心而不是腦會被塗上防腐香油。但我們會保存文學家、藝術家和哲學家的頭骨。因此，拉斐爾的頭骨被存放在羅馬上聖盧加學院，雖然最近有跡象表明這並不是眞正的拉斐爾頭骨。一八二〇年，笛卡兒的頭蓋骨在斯德哥

爾摩被拍賣了。❹

在拉丁語裡，也表達了對意欲、智力和生命之間的眞實關係的某種感覺。智力是 *mens*；意欲則爲 *animus*，來自 *anima* 一詞，而 *anima* 本身源自希臘詞**風**。*anima* 是生命本身，是呼吸；但 *animus* 卻是孕育生命的本原，同時也是意欲，是喜好、目的、激情的主體；因此，「我喜歡，我願意」用拉丁語是這樣表達的：*est mihi animus, fert animus*；這也就是情緒、心，而不是腦。拉丁語的 *animi perturbatio* 是**感情激動**；*mentis perturbatio* 則是**精神錯亂**的意思。形容詞 *immortalis*（**不朽**）只用於 *animus*（**意欲**），而非 *mens*（**智力**）。所有這些都是根據大多數的拉丁文段落而得出的規律用法，雖然由於概念接近的原因，某些字詞也就不可避免地混淆了。*ψυχη* 一詞，希臘人似乎首先和原初地理解爲生命力，復活的本原，這樣，就馬上讓人預料到這肯定是某一形而上的東西，是不會被死亡所觸及的。由斯托拜烏斯所保存下來的對 *νους* 和 *ψυχη*（《牧歌》，圖書一，第五十一章，§7 和 §8）的探究，是證明這一點的其中一個證據。

10. 一個人的**本體或個性**的基礎是什麼？不是身體的物質：這些在數年以後就會改變。不是身體的形狀：這無論作爲整體抑或作爲整體中的各個部分都會改變——除了一個人的眼神：以此我們甚至在許多年以後仍會把這個人認出來。而這證明了儘管時間在一個人的身上造成了許多變化，但某些東西卻是時間全然無法觸及的。正是這些東西讓我們就算是經過了長時間以後，仍能重又認出是他，也讓我們發現這以前認識的人並沒有改變。對我們自己也是同樣的情形：因爲無論一個人多老了，但在

❹ 根據圖書館的《泰晤士報》，一八四五年十月十八日。

內心深處他仍感覺自己與年輕的時候，甚至與孩提時完完全全的一個樣。這一維持不變、始終如一，並不會隨著我們一起老去的東西，恰恰就是我們內在本質的核心，是不存在於時間的東西。人們認爲一個人的本體或個性建基於他意識中的本體或個性。但假如人們所理解的意識中的本體，卻只是對生活歷程的統一、連貫的記憶，那是不夠的。我們對自己人生歷程的了解或許比對以前讀過的一本小說的了解要多，但多出的也確實只是一點點而已。生活中主要的事件、有趣的場景留下了印象，但除此以外的其他事情，我們記住了這一件的同時也就忘記了另外的一千件。我們年紀越大，一切就越發不留痕跡地一掠而過。高齡、疾病、腦髓遭受的創傷、精神錯亂都會完全奪去一個人的記憶。但這個人卻不會就此失去其本體或個性。這本體是以同一的意欲和不可改變的性格爲基礎的。這也就是那讓我們的眼神始終不變的東西。人是藏於心，而不是藏於腦的。雖然我們由於與外在世界的關係，習慣於把認知的主體、有認識力的我，視爲我們眞正的本身，而這有認識力的我到了晚上就會疲倦，在睡眠中就會消失不見，到了早晨就以更新了的力量照射出光芒。但這卻畢竟只是腦子的功能，並不就是我們眞正的本身。我們的眞我，我們本質的核心，匿藏在這一切的背後，就只知道意欲活動或者沒有意欲活動，滿足或者不滿足，以及這些各種改頭換面，被我們稱爲感情、情緒、激情的東西。這就是那產生了頭腦智力，但不會在智力睡眠時與之一道睡眠，也同樣不會隨著智力的死亡而有所損害的東西。相比之下，一切屬於認知的東西都有可能失之於遺忘；甚至有道德意義的行爲，在多年以後，我們有時候也無法完全回憶起來，我們不再準確地和具體地知道我們在某一關鍵時刻是如何作爲的。但性格本身——事實不過就是爲這一性格作證而已——卻不會爲我們所忘記的，這性格現在仍然一如既往。也只有自發的意欲本身能夠堅持不變，因爲意欲是唯獨不可改變的和無法消滅的，不會變衰老，也不是物質的和自然的，而是形而上的；並不隸屬於現象，而只屬於呈現出自身的自在之物。至於意識的本體或個性如何取決於意欲，我已經在《作爲意欲和表象的世界》第二卷 §15 表明了；所以，我就不在此贅言了。

11. 亞里士多德在比較哪樣才是值得追求的一本書裡（《論題篇》，三，二）順便說過這樣的話：「生活得好要優於只是生活著。」運用二次換質位法可以推斷：「不生活比生活得糟糕要好。」這對智力是顯而易見的事情，但絕大多數的人寧願生活得很糟糕，也不願不活。所以，這種對生活的執著，其理據不可能在生活的客體，因爲生活，就像我在第四篇所展示的那樣，其實就是持續的痛苦，或者起碼如我在 §28 所闡明的，就是一樁得不償失的買賣。因此，這樣執著於生活，其理據就只能出自主體。但這理據不是基於智力，不是反覆思考得出的結果，總的來說也不是做出某種選擇的問題。相反，這種生命的意願是某種理所當然的事情，是先於智力本身而存在的。我們本身就是生存意欲，因此，我們必然想生活下去，不管生活得好還是生活得糟糕。只能以此解釋每一生物都有的對死亡的極度恐懼：對那本身並沒有多少價值的生活的執著完全是先驗的，而不是後驗的。拉羅什福科在他的最後隨想中，以少有的坦率和單純表達了這種恐懼。也正是最終基於對死亡的恐懼，悲劇和英勇行爲才有震撼力，因爲如果我們只是根據生命的客觀價值而評估生命，那這些震撼效果就不復存在了。正是基於這種對死亡無以言說的恐懼，才有了這受所有平常人歡迎的說法：「誰要是自己結束自己的生命，那他肯定就是精神錯亂的」；這樣的行爲才甚至讓有思想的人也感受到夾雜著某些欽佩的震驚，因爲這樣的行爲與所有生物的天性是如此的格格不入，以至在某種意義上，我們不得不佩服能夠做出這樣事情的人，甚至還對此感到了某種安慰：到了至爲糟糕的情形，這確實就是可行的後路，因為如果這不曾在經歷中得到證實，那我們還會對此產生懷疑呢。這是因為自殺是出自智力的一個決定，但我們的生活意願卻是某一先於智力的東西。所以，這裡所作的考察——第二十八章對此作更詳細的討論——也證實了意欲在自我意識中的主導地位。

12.在另一方面，沒有什麼比智力週期性地停止工作，更能清楚地顯示了智力從屬的、依賴性的和有條件的本質。在熟睡時，所有的認知和形成表象的活動都完全停止了。唯獨我們眞正存在的內核，那屬於形而上的部分，那作為原動力的機體功能的前提條件，是永遠不會停下來的——假如生命仍未停止的話；並且作為形而上的、因而是非身體之物，它是不需要休息的。因此，那些提出靈魂，亦即某一原初的和本質上認知著的生物就是這形而上的內核的哲學家，就不得不宣稱：這一靈魂在其形成表象和認知方面是完全不會疲倦的，因而就算是在最深沉的睡眠中仍然繼續著這些工作；我們醒來以後只是沒有留下這些事情的記憶罷了。但要看出這一宣稱的謬誤是不難的——一旦我們領會了康德的學說以後，摒棄了那所謂的靈魂。這是因為睡眠和醒來以最清楚的方式向任何不帶偏見的人表明：認知是一個次要的、以機體為條件的功能，與機體的其他功能一般無異。唯獨心臟才是不會疲倦的，因為心臟的跳動和血液循環並不直接以神經為條件，而恰恰就是意欲的原初的表現。其他所有的、只是由神經節——神經節與腦髓只有間接的和疏遠的聯繫——控制的生理功能在睡眠中也繼續工作著，雖然身體的分泌已經減慢了下來；甚至心臟的跳動也隨著腦髓系統（脊髓）稍微放緩了，因為心跳有賴於呼吸，而呼吸又以腦髓系統為條件。胃部或許是在睡眠中至為活躍的，這可歸於它與此刻正在休息的大腦所特有的、誘發互相干擾的交叉感應。只有腦髓和連帶著的認知才在熟睡中完全停頓了下來。這是因為腦髓不過就是一個外事部門而已，正如神經節系統是身體的內務部門一樣。腦髓連帶其認知功能，只是由意欲所設置的哨兵，以了解處於外在的目標。這哨兵從高處的瞭望臺透過感官的窗戶向外張望，留意著哪裡有危險，哪裡又可以取得利益。意欲根據這哨兵提供的觀察報告來決定。這個哨兵就像所有的勤勉工作者一樣，是處於緊張、勞累狀態的。所以，在履行放哨、偵察職責以後，很高興能下崗哨休息，就像每一個換崗哨兵一樣。這一下崗哨就是睡眠，所以我們才會覺得睡眠是那樣的香甜和舒服，我們也不得不順應它的要求；而從睡夢中被弄醒則讓人不舒服，因爲哨兵被突然召回去值班了。這時候，在有益的心房收縮以後，我們一般都會再度感覺到艱難的心的舒張、智力再度與意欲的分離。而所謂的靈魂，那原初和本來的認知生靈，本應是相反的，即被喚醒以後感覺應像如魚歸水才對。在睡眠中，在只是植物生命仍在繼續的時候，意欲獨自根據自己原初的和基本的本性，在不受到來自外界打擾的情況下運作；它的力量這時不會被削弱，因爲這時沒有大腦的活動和認知的勞動，而這些是至爲繁重的機體功能，但對機體而言，這些就只是手段，而不是目的。所以，在睡眠時，意欲的全部力量都投入到維持和在需要時修復機體組織中去了。因此，一切治療、康復，一切有益的關鍵時刻都是在睡眠中隨之發生的，因爲「大自然的治癒力」只有在擺脫了認知活動的負擔以後，才能自由地發揮。因此，尚待成形的胎兒持續不間斷地睡眠，而新生兒也在絕大部分的時間裡沉睡。在這一意義上，伯爾達哈（《生理學》，第三卷）把睡眠稱作原初的狀態是非常正確的。

至於腦髓本身，我想透過這一假設以更仔細地解釋睡眠的必要性——這一假設似乎首先是在諾伊曼的《人類疾病》（一八三四，第四卷，第二一六頁）一書提出來的。這一假設就是：在我們醒著的時候，腦髓是無法汲取營養的，亦即無法從血液中恢復、更新其物質，因爲認知和思維這一至爲出色的機體功能會被汲取營養這樣的低級和物質性功能所擾亂或者取消。由此解釋了睡眠不僅僅是純粹否定的狀態，只是腦髓停止了活動，而是同時顯示了某種肯定的特性。這一點已由下面的事實所表明，即睡眠和清醒的差別並不只是程度上的，而是涇渭分明的：一旦入睡，所出現的夢中圖像與在入睡前清醒時的思想是完全不同的。另一個證明例子是，當我們做噩夢的時候，不管我們怎樣試圖喊叫，或者在夢中打退敵人的進攻，或者想從睡夢中醒來，我們都是徒勞無功的，以致就好像連接腦髓與運動神經或者連接大腦與小腦（作爲運動的調節器）的連接被消除了一樣：因爲腦髓正處於孤獨、分離的狀態，睡眠就像緊緊地把我們抓在手心裡。最後，睡眠的肯定特性也可由此看出來：要有某種程度的體力才可睡眠；這就是爲什麼太過疲倦，還有天生的衰弱都會妨礙我們獲得睡眠。對此的解釋就是：**吸收營養的程序**必須開始以後——就好比說，腦髓開始吸收營養了——睡眠才可以開始。至於在睡眠時更多的血液流入腦部，也可以用吸收營養的程序作解釋；還有就是睡覺時本能地把手臂合置於頭上，因爲這種姿勢有助於這一程序。同樣，這解釋了爲什麼只要小孩的腦髓仍在發育、成長，那他們就需要大量的睡眠。但到了老年期，當腦髓與身體的其他部位一樣有了某種程度的萎縮以後，睡眠就減少許多了。最後，甚至這是過度的睡眠會引起感覺意識某種呆滯的原因，也就是腦髓某種暫時的膨脹、肥大的結果，而這在習慣性過量睡眠的情況下會變成腦髓持久的肥大，就會造成低能、痴呆。**甚至過量的睡眠也成了一種負擔**（《奧德賽》，十五，三九四）。因此，對睡眠的需求是直接與腦生命的強度，因而與意識的清晰度成正比。那些腦髓生活微弱、呆滯的動物，例如魚和爬蟲之類，睡眠就少得多和輕微得多。在此，我提醒讀者注意：所謂的冬眠幾乎只是名義上的睡眠，因爲那不僅僅只是腦子停止活動，整個機體也停止了活動，所以，這是某種假死。具有相當智力的動物睡得沉，也睡得長。甚至在人類中，腦髓越發達——這根據其數量和質量而言——和腦髓越活躍，所需要的睡眠就越多。蒙田說他自己一直是一個睡很長時間的人，睡掉了他自己相當的一部分生命。到了晚年以後，他仍然每天連續睡上八到九個小時（《隨筆集》，第三部，第十三章）。據說笛卡兒也睡得很多（《笛卡兒的一生》，巴葉著，一六九三，第二八八頁）。康德讓自己每天睡眠七個小時，但這對他還是不夠的，以致康德吩咐僕人在規定的時間裡，務必強行把他拉起床，不管他的意願，也不聽他的請求（雅哈曼，《伊曼努爾．康德》，第一六二頁）。這是因為一個人越清醒，亦即這個人的意識越清晰，越聰明和反應敏捷，那睡眠的必要性就越大，因而他就睡得越沉和越長。因此，大量的思考和累人的頭腦工作會增加對睡眠的需求。持續運用肌肉的力氣活同樣會讓我們產生睡意，對此的解釋是：在進行體力勞作時，大腦透過脊髓和運動神經持續地給肌肉以刺激，以作用於肌肉的興奮和收縮能力，腦髓的能量也就這樣消耗掉了。所以，我們臂膀和大小腿感覺到的疲乏，一如在這些部位所感受到的痛楚，其真正位置是在腦髓，因為腦髓與運動神經的關係一如它與感官神經的關係。那些並不由腦髓驅使的肌肉，例如心臟肌肉，因此就不會感到疲勞。同樣的原因解釋了為何在需要很大的肌肉力量的勞作過程中或者在這之後，我們就無法敏銳地思維。我們在夏天比在冬天更缺少精神力，部分原因就在於夏天獲得的睡眠較少；因為我們睡得越沉，那之後我們就越清醒。但我們可不要把這一道理錯誤地理解為應該過分延長睡眠時間，因為如果這樣做，那這種睡眠在時間長度上所獲得的也就在力度，亦即在睡眠的深度和強度上失去了；這就成了浪費時間而已。歌德在《浮士德》第二部分對早晨的輕睡的描述，「睡眠只是個空殼，把它扔掉吧」，就包含了這方面的意思。所以，總的來說，睡眠的現象首先和主要地證實了：意識、感知、認知和思維並不是我們身上原初的東西，而是某一有條件的、從屬的狀態。這些是造化的奢侈、揮霍，甚至是至高的奢侈和揮霍；因此，這種揮霍越達到更高一級，大自然就越難不間歇地維持這種揮霍。它是大腦神經系統的產品、精華，而大腦神經系統本身就像是寄生物，依靠整個機體的供養。這一道理也與我們第三篇裡所說明的有關，即認知越是擺脫了**意欲**活動的控制，那它就變得越純粹和完美；純粹、客觀的審美認識由此產生；猶如一樣提取物越是與被提取之物相分離和越是過濾了所有的沉積物，那這種提取物就越是純粹。

這最後的考察是與接下來的一章的主題相關的，所以是那一章的過渡：但屬於這考察的還有下面這些簡短看法。在催眠狀態中，意識是被加倍了：所產生的兩重意識中，每一重意識自身都有其連貫性，但與另一重意識卻又是完全分開的；清醒時的意識對在催眠中的狀態是一無所知的。但意欲在這雙重意識中都保留著同樣的特性，並保持著絕對的相同性：意欲在這雙重意識中表現出同樣的喜、惡。這是因爲功能可以加倍，但自在的本質可不會這樣。

第二十章 論意欲在動物性機體中的客體化

所謂客體化，我的意思就是把自身展現在眞實的物體世界。但這世界本身，就正如我在第一部分及其增補中所詳細闡述的，是完全以認知主體，亦即以智力爲前提條件的，因此，在這主體的認知力之外，如此這般的世界是絕對不可想像的，因爲這世界首先就只是直觀的表象，而作爲這樣的東西就只是腦髓的奇特現象。在去除了這以後，留下來的就是自在之物。至於這就是意欲，那就是第二部分的主題並會在那裡首先透過人和動物的機體來證明。

對外在世界的認知可稱爲對其他事物的意識，與自我意識相對應。那麼，既然我們在自我意識中發現意欲就是那意識（認知）的眞正對象或素材，那我們現在就帶著同樣的目的，考察一下對其他事物的意識，亦即對客體的認知。這就是我的論題：那在自我意識中的、因而是主體（主觀）上的智力，表現在對其他事物的意識中、因而是在客體（客觀）上表現出來的，就是腦髓；那在自我意識中、因而是主體（主觀）上的意欲，表現在對其他事物的意識中，因而是在客體（客觀）上表現出來的，就是全部的機體。

除了爲此命題在我們的第二部分和《論大自然的意欲》一文的頭兩章所給出的證明以外，我再給出下面的增補和解說。

爲論證這論題的第一部分所要說的，大部分已在前面一章說了，因爲透過睡眠的必要性，透過高齡和透過解剖上形態和構造的差別，已經證明了：智力作爲次要的東西普遍都依賴於某個單一的器官，依賴於腦髓，而這些功能就是智力，正如抓、握就是手的功能；所以，智力就是身體方面的，就像消化一樣，而不是形而上的，像意欲那樣。正如良好的消化需要一副健康、強力的腸胃，正如大力士的力量需要有肌肉的、強健的手臂，同樣，異乎尋常的智力需要一副異常發達的、結構優美的、組織異常細膩的和透過強有力的脈搏而活力十足的腦髓。相比之下，意欲的特性和狀態卻並不取決於任何器官，也不會透過任何器官就可預言出來。戈爾顱骨學中的最大錯處，就是他提出腦髓器官也揭示了道德的素質。頭部創傷所致的腦髓物質的流失，一般來說，都會對智力產生相當不利的影響：這些的後果就是全部或者部分痴呆，或者永遠地或暫時地忘掉語言；但有時候就只是忘掉所認識的多種語言中的一種，有時候則只是忘記了專有名詞，同樣地失去了一些曾擁有的知識，等等。相比之下，我們從來不曾讀到：在遭受了一樁類似的頭部創傷的不幸以後，性格發生了某種變化，那人或許在道德上變惡劣了或者變好了，或者失去了某些傾向、癖好、情慾，或者有了新的這些東西。從來沒有。這是因爲意欲的位置並不在腦髓，此外，意欲作爲形而上的東西是在腦髓和整個身體之前的，所以並不會因腦髓受傷而改變。根據斯帕蘭扎尼所做的、後又經伏爾泰重複做了的實驗，❺一隻蝸牛在被人切掉了頭以後仍生存下來，在幾個星期以後，一個新頭連帶其觸鬚長了出來，意識和表象也就伴隨這些重又出現。而在此之前，那蝸牛以其不規則的運動讓人看到的是盲目的意欲。所以，在此我們也可發

❺ 斯帕蘭扎尼，〈關於蝸牛頭的再生能力的實驗發現〉，收集在《義大利學會的數學和物理學論文集》，第一卷，第五八一頁；伏爾泰，《埃斯卡博蒂埃牧師的螺旋梯》。

現意欲就是持久的實質，而智力則是以其器官爲條件的，是變化的、非本質的東西。這可被稱爲意欲的調節器。

或許蒂德曼是把大腦神經系統比之於寄生者（蒂德曼和特里維蘭納斯，《生理學雜誌》，第一卷，第六十二頁）的第一人，這一比較是恰當的，因爲腦髓連帶與之相連的脊椎和神經就好比是移植到機體上的，由機體所供養，而爲維護那機體其本身並不直接貢獻多少；所以，生命體即使沒有了腦髓，也仍然可以持續，就像那些沒有腦髓的畸胎，還有龜鱉類：在頭部被切掉以後仍能存活三個星期——但延髓卻必須得以幸免，因爲那是呼吸器官。甚至一隻母雞，在弗盧朗把整個大腦切走以後，仍存活和生長了十個月。就算是人，毀壞了腦髓也不會直接死亡，而是首先經由肺部然後是心臟的中介而造成死亡（畢夏，《論生命和死亡》，第二部分，第十一篇，§1）。相比之下，腦髓卻要負責指導與外在世界的聯繫，這就是腦髓的唯一職責，腦髓就以此償還對供養它的機體的債務，因爲機體的存在是以與外在的狀況聯繫情形爲條件的。據此，在所有的機體部位中，只有腦髓是需要睡眠的，因爲其活動是與對其維護完全分開的，腦髓活動就只會消耗力量和物質，對腦髓的維護則由其餘的機體（作爲腦髓的乳母）所完成；具體地說，因爲腦髓的活動並不會有助於其持續存在，所以，腦髓的活動會變得筋疲力盡，也只有在這活動停頓（睡眠）的時候，對腦髓的供養才會自動不受阻礙地進行。

我們上述論題的第二部分，儘管我在上面提到的作品中已就此說了那麼多，但仍需更詳盡的探討。我在前面第十八章已經證明：自在之物，那必然構成每一個現象，因而也構成我們自身現象的基礎的東西，在自我意識中就去掉了其現象形式中的一個（空間），而只保留了另一個（時間）。所以，自在之物在此比在任何其他地方都更直接地表明了自身，我們根據自在之物，這最赤裸裸的現象而稱其爲意欲。但並沒有任何持久的實體，諸如物質一類，可以只在時間上展現，因爲正如第一卷§4所闡明的，這樣一種實體就只有透過空間與時間至爲緊密的結合才有可能。所以，在自我意識中，意欲並非作爲它的那些激動的持久承載者爲我們所感知，因此不會作爲恆久的實質爲我們所直觀；相反，只是意欲的個別行爲、運動和狀態，諸如決心、願望和情緒，會逐次地和在其維持的時間裡被直接地認識到，但卻不是以直觀的方式。據此，對意欲的認識，假如是在自我意識中，那就根本不是直觀的認識，而是對意欲的接連活動的完全直接的體驗和察覺。相比之下，認知假如是投向外在、透過感官感覺的媒介、由理解力所進行和完成的，那這種認知除了時間以外，還以空間爲形式。這認知透過因果性的理解功能而把時間和空間至爲緊密地結合了起來——以這樣的方式，認知就成了直觀。那在內在的、直接的感知中被理解爲意欲的同樣的東西，就直觀展現爲機體性的身體，其個別的活動形象說明了那既定的個體意欲的行動，其部分和形式則形象地說明了那既定的個體意欲的持續追求和根本特性，確實，其苦痛和快樂則受這意欲本身的直接影響。

我們首先是在身體和意欲的個別活動（行動）中察覺到身體與意欲的同一性，因爲在這些活動和行動中，那在自我意識中所認識到的直接的、眞實的意欲活動，在同一時間且不可分地就外在展現爲身體的運動，並且每個人都可看到隨著瞬間出現的動因而同樣瞬間出現的意欲的決定——這些就馬上忠實地反映在身體同樣多的行動中，可說如影隨形。從這些跡象，不懷偏見的人都會以最簡樸的方式得出這樣的深刻見解：他的身體就只是他的意欲的外在現象，亦即他的意欲在他的直觀智力那裡展現出來的樣子；或者他的身體就是在表象形式之下的他的意欲本身。只有當我們強行甩掉這一原初和簡樸的教導，我們才會在短時間內對我們自身的身體活動的過程感到驚訝，把這當成一樁奇蹟——因爲在意欲活動與身體行動之間實際並不存在原因聯繫，因爲它們是直接同一的，它們之間似乎存在的差別唯獨就是因爲這個：感知那同一樣東西的是兩種不同的方式，一種是內在的，另一種是外在的。也就是說，眞正的意願與行動是不可分離的，在最嚴格的意義上，只有打上了行爲、行動戳記的才是意欲活動。相比之下，只是意欲的決定，在實施之前都只是意圖和打算，因此就只是智力上的事情：而作爲智力上的事情，其位置就只在腦髓，那頂多不過是對於不同、彼此對立動因的相對強度已完成的計算而已。因此，意欲的決定雖然有很大可能會實施，但永遠不是肯定會實施。也就是說，意欲的決定有可能被證實是錯的，這並不只是因爲情勢改變所致，也因爲在估算動因對眞實的意欲所發揮的作用時出錯，而這估算錯誤隨後就顯現出來了，因爲那行動與意圖不符。也正因此，在付諸實施之前，任何決定都不是肯定的。確切地說，那意欲本身就只是在眞實採取的行動中，因此是在肌肉的行動中，亦即在肌肉的興奮性中有實際行動，那眞正的意欲因而把自己客體化在了這些方面。大腦是動因的地點——在此，意欲（Wille）透過動因而成了任意（Willkür），亦即恰恰就是受到了動因更詳細的規定。這些動因就是表象，是外在刺激作用於感官、透過腦髓功能而形成的，這些表象也被加工成概念，然後就成了決定。當要化爲眞正的意欲行動時，那些動因就在其位於大腦的工作室，經過小腦的斡旋而作用於脊髓和由脊髓出發的運動神經，而運動神經就作用於肌肉，但那卻只是作爲刺激而作用於肌肉的興奮性；因爲電流的、化學的，甚至機械的刺激都可以造成運動神經引起的同樣收縮。因此，在腦髓中的動因，一旦通過神經抵達肌肉，那就只是作爲刺激而作用。感覺能力（敏感性）自身完全沒有能力收縮某一肌肉，這只能由肌肉本身做到，而肌肉這方面的能力就稱爲興奮性，亦即可被刺激性：這是肌肉獨有的一種特質，正如感覺能力是神經獨有的特質。神經雖然給予肌肉緣由和機會進行肌肉收縮，但神經卻一點都不是以某種機械的方式讓肌肉收縮的東西；其實，這些活動的發生就只是由於那興奮性，而這是肌肉自己本身固有之力。從外在去理解，那是一種隱藏的特質，也只有自我意識才揭示了這就是意欲。在此簡要展示的因果鏈中，從外在的動因產生作用一直到肌肉的收縮，意欲根本就不是這因果鏈條中的最後一環，而是肌肉興奮性的形而上的基質、培養基：在此，意欲所扮演的角色，恰恰在物理學或者化學的因果鏈條方面，那構成了事情發生基礎的神祕大自然力量所扮演的角色——這些神祕的大自然力量，並不是作爲那因果鏈中的一環，而是相反，是賦予因果鏈條中所有的環節以能力去產生作用，正如我在第一卷 §26 所透徹闡明了的。因此，我們也會把這肌肉的收縮歸結爲類似的神祕大自然的力量——假如不是透過完全另一種認知源頭，即自我意識，透露給我們這肌肉的收縮就是意欲的話。所以，就像上文所說的，我們自己的肌肉運動，假如我們是從意欲出發審視，就顯得是一樁奇蹟，因爲雖然從外在的動因一直到肌肉活動有一條嚴格的因果鏈，但意欲本身並沒有作爲其中一環包括在這鏈條裡面，而是作爲形而上的基質，爲透過腦髓和神經而發生的肌肉啟動提供了可能性，也構成了此刻的肌肉活動的基礎；因此，這此刻的肌肉活動並非眞的就是意欲的作用效果，而是意欲的現象。這樣的現象進入了與自在的意欲完全不一樣的表象的世界，其形式就是因果法則；這樣，假如我們從意欲出發審視，對留意和思考的人來說，這肌肉活動看上去像是一樁奇蹟；但更深入探討一番，就最直接地確認了這一偉大的眞理：那作爲物體及其作用效果出現在現象中的，其自身就是意欲。那麼，假如通往我的手的運動神經被切斷了，我的意欲也就再無法驅動這手了。但這並不是因爲手不再像我的身體的每一部分那樣，是我的意欲的客體化且只是可見的一面，換言之，那肌肉的興奮性消失了，而是因爲動因所產生的作用——只是因爲這動因的作用，我的手才可以運動起來——無法抵達手部和作爲刺激作用於手部肌肉，因爲從腦髓到手部的導引線路被切斷了。因此，就只是我的意欲在這一部分不再受到動因的影響作用。意欲直接客體化爲肌肉的興奮性，而不是敏感性。

爲了避免在這重要的一點上的任何誤解，尤其是那些在從純粹經驗出發探討生理學時所出現的誤解，我想要更透澈地分析那整個過程。我的理論表明：整個身體就是意欲本身展現在腦髓的直觀之中，所以就進入腦髓的認知形式中。由此可推論：意欲是在那整個身體中均勻地存在，而這也被證明的確如此，因爲那機體的功能與動物性功能絲毫不差地一樣，都是意欲的作品。但我們又如何把這一點與這一情形連接起來？即任意的行動——這些是意欲的最無可否認的表現——卻明顯發自腦髓，然後，只是通過脊髓抵達神經莖，這些則最終讓肢體運動起來，而這些神經莖出現麻痹或者被切斷的話，就會消除任意運動的可能性。據此，人們就會想到意欲如同智力一樣，其位置就在腦髓中，並且像智力那樣，只是腦髓的功能而已。

但情形卻並非如此；整個身體是並且始終是意欲在直觀中的展現，也就是說，由於腦髓功能的作用，整個身體就是客觀上被直觀到的意欲本身。在意欲活動的時候，上面所說的過程，卻是因爲意欲，根據我的理論，是外現於大自然的每一個現象中的，甚至是植物性的和非有機體的現象；在人的和動物的身體中就呈現爲某一**帶意識的**意欲。但一種**意識**本質上就是一個統一體，因此始終需要某一中心的統一點。就像我經常分析過的，意識的必要性是由此而來的：由於一個機體提高了複雜程度且因此有了更多方面的需要，所以，意欲的活動就必須由動因來指引，而不再像在低級機體中那樣只是透過刺激而獲得指引。爲此目的，它在此就必須配備一種認知意識，亦即一種智力，作爲動因的媒介和地方。這一智力，假如其本身是在客觀上被直觀的話，那就展現爲腦髓及其從屬的東西，具體就是脊髓和神經。就是在這腦髓裡，在有了外在的印象時，就會產生出表象，成爲意欲的動因。但在理性的智力裡，這些表象還要經過反覆思考而得到進一步的加工處理。因此，這樣一個智力必須首先把所有的印象連帶經過智力功能對其加工處理——不管其被加工爲只是直觀還是加工爲概念——在一個點上聯結起來，這個點就好比是所有光線的焦點，以便產生那意識的統一體。而這意識的統一體就是那理論上的自我，那整個意識的承載者——在那意識中，這理論上的我就與意欲的我表現爲同一的，而那理論上的我就只是意欲的我的認知功能而已。那個意識的統一體，或說理論上的我，恰恰就是康德的統覺的綜合體。所有的表象就由這意識的統一體像珍珠線繩一樣地串連了起來，也由於這統一體，那「我想」作爲珍珠線繩必然可以伴隨著我們所有的表象。所以，動因的這一聚集地點就是腦髓：動因進入意識的統一的焦點就在此發生。在沒有理性的意識裡，這些表象就只是受到直觀；在具有理性的意識裡，它們則經由概念清楚劃分，亦即首先是在抽象中進行一番思維和比較；意欲接著就依照自己個體的和不變的特性（性格）而決定，決心、決斷就由此而出。那現在，這些就透過小腦、骨髓和神經莖使外在的肢體運動起來。這是因爲雖然意欲是完全直接地在場，因爲這些只是意欲的現象而已，但意欲要根據動因或者根據考慮的結果而行動時，卻需要這樣一副裝置以把握表象並加工爲動因，而意欲的行動據此以決心和決斷在此出現了，恰如血液的乳糜營養，需要腸胃加工好這些乳糜，然後經由胸導管流進血液中去，而胸導管在此所扮演的角色，與脊髓在上一個例子中是一樣的。這事情可以最簡單和最一般的方式去理解：意欲在整個身體的所有肌肉那裡作爲興奮性能力是直接在場的，是作爲一種持續的爭取活動。但這爭取要實現，亦即作爲運動表現出來的話，那這樣的運動就

989 990

必須具有某一個方向，但這方向必須是由某樣東西而確定的，亦即這需要一個引導者，而這就是神經系統。這是因爲對於那存在於肌肉纖維中、自身就是純意欲的興奮性而言，無論哪個方向都是無所謂的，因此，它不會決定自己向著任何哪一個方向，而是就像一個受到來自各個方向均勻牽引的物體，現在處於靜止的狀態。因爲作爲動因的神經活動（在反射性運動中就作爲刺激）參與其中，所以，那爭取運動的力，亦即興奮性，就獲得了某一明確的方向，現在就提供了運動。但那些外在的意欲行動，假如不需要任何動因，也就是不需要把刺激加工爲頭腦中的表象——動因就由此而出——而是直接緊隨著刺激，並且大多數是內在的刺激而動，那就是反射性運動，只是從脊髓而出，例如肌肉的抽搐——在此，意欲是在沒有腦髓的參與下而產生作用的。意欲以相類似的方式，同樣地以並非出自腦髓的神經刺激維持機體的生活。也就是說，意欲是以興奮性顯現在每一塊肌肉中，因此就其自身而言，處於收縮這些肌肉的狀態，但那總的來說只是這樣：要在某一特定的時刻明確收縮肌肉的話，就需要某一原因，而在此這就必須是某一刺激。無論在哪裡這都由通往肌肉的神經所提供。假如這神經是與腦髓相連的，那肌肉的收縮就會是某一有意識的意欲行動，亦即根據動因而發生的，而那動因則是由於來自外在的作用而作爲表象在腦髓裡形成的。假如神經並非與腦髓相連，而是與大交感神經相連，那肌肉的收縮就是不由自主的和無意識的，就是爲服務於機體生命的行動，而那引起這收縮的神經刺激則是透過內在的作用，亦即透過所接納的食物對胃部的壓力，或者食糜在腸子裡的擠壓，或者流入的血液對心臟壁的壓力所致，因此就是胃部的消化，或者消化蠕動，或者心臟的跳動，等等。

但假如我們沿著這過程再後退一步，就會發現：肌肉就是血液的產物和血液濃縮了的成果，在某種程度上，肌肉甚至就是固體化了的，就好比是凝結成塊的，或者成了晶體的血液，因爲那些肌肉幾乎原封不動地接納了血液的纖維和顏料（伯爾達哈，《生理學》，第五卷，第六八六頁）。但那血液裡用以營造肌肉的力，卻不應被視爲有別於在這之後作爲肌肉的興奮性的東西，後者在腦髓提供神經刺激之下，就會讓肌肉運動起來——在這種情況下，這種力在自我意識中表明就是我們所稱的意欲。此外，血液與肌肉興奮性的密切關聯也由這一點所證實：在小的血液循環不甚完美時，在一部分血液未經脫氧就回到了心臟時，那肌肉的興奮性就馬上變得極其衰弱，正如蛙類的情形。血液的運動一如肌肉的運動，也是獨立的和原初的，甚至連神經的影響都不需要（這點與肌肉的興奮性不同），甚至獨立於心臟。血液從靜脈回流到心臟就最清楚地表明了這一點，因爲在此，並不像動脈循環那樣在其背後有某種推動力，而任何其他機械性解釋都是完全不著癢處的，例如，右心室的吸力（參見伯爾達哈，《生理學》，第四卷，第七六三頁；羅施，《論血液的意義》，第十一頁及以下）。值得注意的是，除了機械的力量以外，就什麼都不知道的法國人，如何以不充足的理據互相爭論：畢夏把血液通過靜脈的回流歸因於毛細血管壁的壓力，而馬讓迪則歸因於心臟那持續發生作用的心臟搏動（《馬讓迪生理學概要》，第二卷，第三八九頁）。至於血液的運動也是獨立於神經系統的，起碼獨立於腦髓神經系統，則由胎兒所證明，因爲沒有腦髓和脊髓的胎兒（根據穆勒《生理學》）仍然有血液循環。弗盧朗也說了：心臟運動，就其自身而言，撇除了所有並非其本質性的東西，例如其期限、整齊、能量，並不直接地，也非間接地依賴於中央神經系統，所以，要尋找這心臟運動原初的和直接的本原，那是在神經中央處以外的系統中其他各處地方（《自然科學年刊》，奧杜安和布隆尼亞爾，一八二八，第十三卷）。居維爾也說：血液循環要比整個腦髓和整個脊髓存活更長時間（《科學院回憶錄》，一八二三，第六卷；居維爾，《學院的歷史》，第一三〇頁）。心臟是最先活和最後才死去的，哈勒說。心臟最終在死亡時停止跳動。血造出了血管本身，因爲在卵子裡，血比血管更早出現；血管只是自願選擇，然後開闢出來，最後就是逐漸凝結成的密封通道，正如卡斯帕．沃爾夫已經教導的這一點（《生殖的理論》，第三十—三十五節）。那與血液運動密不可分的心臟運動，雖然是由把血注入肺部的需要所引發的，但卻是一種原初的運動，因爲那是獨立於神經系統和感覺性的，正如伯爾達哈所透澈闡明的。「在心臟那裡，」他說，「顯現出最大量的肌肉興奮能力和最小量的感覺能力。」（l.c., §769）心臟不僅屬於肌肉系統，而且也屬於血液或者血管系統，由此就可看出心臟和血液這兩者是緊密相關的，並且構成一個整體。既然讓肌肉運動起來的力，其形而上的基質，亦即肌肉的興奮性，就是意欲，那意欲也就必然是構成血液運動和形成基礎力的形而上基質，因爲是經由這些產生了肌肉。動脈的走向也決定了所有肢體的形態和大小，所以，身體的整個形態是由血液的走向決定的。因此，總的來說，正如血液滋養著身體的所有部分，血液作爲機體的原初汁液，依靠自身原初地產生和營造了這些身體的部分；而對這部分的滋養——這確定無疑就是血液的主要功能——就只是那當初產生了這些部分的延續。這一眞理在上面提到過的羅施的著作《論血液的意義》（一八三九）中有透澈和出色的分析。他指出，血液就是最初的有生命之物，不僅是身體所有部分存在的源頭，也是維持存在的源頭；所有的器官都是從這血中分泌出來的，在同一時間，與這些器官一道分泌出來的是要指引它們的功能的神經系統。這神經系統時而作爲造型性的作用負責個別部分的內部，時而作爲腦髓性的作用管理和指導與外部世界的關係。「血液，」他在第二十五頁說：「曾經既是肌肉也是神經，就在肌肉與神經分離的同一時刻，那以此方式分離出來的神經就與肌肉分庭抗禮。」在此，不言自明，在那些堅實的肢體從血液中分泌出來之前，那血液的性質狀況與在這之後是略有不同的：在這之前，正如羅施所形容的，那是混濁的、有生命力的、黏黏的、原初的液體，就好比某一機體性的乳濁液，裡面就**潛在地**包含了以後的機體部分，血液的紅色也不是一開始就有的。這就排除了人們可能從腦髓和脊髓可看到血液循環和心臟形成之前已開始形成而得出的意見。在這一意義上，**舒爾茨**（《血液循環系統》，第二九七頁）也說：「我們不相信**鮑姆格特納**的觀點是行得通的，即神經系統是先於血液造成的，因爲**鮑姆格特納**只是從小疱的形成估算血液的形成，而其實在很早之前，在胚胎和一系列動物中，血顯現爲純粹的原漿。」無脊椎動物的血液永遠不會帶上紅色，但我們不能因此就像亞里士多德那樣否認這些動物有血。特別値得一提的是，根據尤斯蒂努斯．克爾納（《兩個夢遊者的歷史》，S.78）的描述，一個達到了最高遙視能力的夢遊者說：「我是如此之深地沉浸在我的自身，這一深度無人可以達到：我的塵世生命之力，其起源在我看來就是那血；這樣，透過血在血管的流動，借助於神經，這生命之力就傳到了全身，把這最高貴的部分傳到了大腦。」

從所有這些可得出結論：意欲是最直接地客體化在**血液**裡，因爲血液在原初造出和造成那個機體，在其成長中完善它，在之後持續維護這一機體，不僅定期更新各個部分，而且還例外地復原大概受傷了的部分。血液的首批產品就是它的血管，然後就是肌肉，透過肌肉的興奮性，意欲就顯露給了自我意識；還有就是心臟，因爲心臟既是血管也是肌肉，並因此是整個生命的眞正中心和**原動力**。但爲了個體的生命和在外在世界的生存，意欲需要兩個輔助系統：**一個**是要指揮和安排其內在的和外在的活動，**另一個**則是要持續更新血液裡的組織；因而就是要一個指揮者和一個維護者。所以，意欲就爲自己造出了神經系統和內臟系統；也就是說，**動物性**功能和**自然性**功能，輔助性地與最原初的和最核心的**生命性**功能結合在一起。據此，意欲只是間接地和次級地客體化在**神經系統**——因爲這系統只是輔助性器官，借助於此，意欲就得悉一些是內在的、另一些則是外在的原因和由頭，以便以符合自己目標的方式表現自己：內在的原因就作爲單純的刺激由可塑性神經系統，亦即交感神經，這所謂的腹腔叢所接收，意欲據此當場就作出反應而不需腦髓的意識；外在的原因則作爲動因由腦髓所接收，意欲透過有意識的、投向外在的行爲而作出反應。所以，整個神經系統就好比構成意欲的觸角，向內在和外在伸延。腦髓和脊髓的神經在其根部劃分爲感覺神經和運動神經。感覺神經接收外在的訊息，這些訊息現在就集結在腦髓的爐灶，在那裡得到加工，由此就首先產生了作爲動因的表象。但運動神經卻把腦髓功能的結果就像信使一樣送到肌肉那裡去，作爲刺激而作用於肌肉，而肌肉的興奮性就是意欲的直接現象。估計可塑性神經也同樣分爲感覺和運動神經，雖然是在一個從屬的級別。神經節在機體裡所扮演的角色，我們必須認爲就是一個小型腦髓的角色，這樣，其中之一就說明和解釋了另一個。只要是植物系統的機體性功能需要照管之處，就會有神經節。似乎在那裡，意欲無法以其直接的和簡單的作用達到自己的目標，而是需要對這作用的某種引導和控制，就好比人們在完成一件工作時，只是依靠自己的自然記憶並不足夠，而必須每次把所做的一切都記錄下來。爲此目的，對於機體的內在，僅僅神經結就足夠了，因爲一切都是在神經結的狹窄範圍之內發生。而對於外在的事情，卻需要同一性質的某一相當複雜的裝置：這就是腦髓及其伸展至外在世界的感覺細線，即感覺神經。但就算是在與這大神經中心溝通的器官，如果碰上相當簡單的事情，那就用不著呈上最高機關，某一次級機關就足以決定必需的步驟；例如脊髓就在馬歇爾·霍爾所發現的反射運動中，處理例如打噴嚏、打哈欠、嘔吐、吞咽的後半部分動作及其他，等等。意欲本身無論是在機體的哪部分都是在場的，因爲這機體就是意欲的可見一面；神經系統存在於各處，只是爲了有可能透過監督而讓意欲的行動有一個方向，就好比作爲一面鏡子爲意欲服務，這樣，意欲就能看到它所做的事情，正如我們在剃鬍子時借用一面鏡子一樣。這樣，在內在就產生了小型的感覺中樞，神經節是爲一些專門的和因此簡單的工 996
作服務；但那主要的神經中樞，腦髓卻是巨大的和巧妙的裝置，處理的是複雜和多方面的、與不停和不規則變化的外在世界相關的事情。每當在機體中，神經細線聚集成了一個神經節，那在某種程度上就有了一個自成一體的動物：依靠那神經節，這動物有著某種微弱的認知，其範圍卻侷限於那些神經直接來自的部位。但讓這些部分成爲半認知的部分，明顯就是**意欲**；事實上，我們根本就無法想像任何其他原因。正是基於這一點，才有了每一部分的「固有生命」，以及在那些沒有脊髓，但卻具有雙重的神經管線連帶均勻的間隔分布的神經節昆蟲那裡，每一部分在與頭部和身體分離了以後，仍能繼續存活數天之久；最後還有那在萬不得已的時候，並非由發自腦髓的動因推動的行爲，亦即本能和天生的工藝技能。我在上面已提及**馬歇爾．霍爾**所發現的反射運動，霍爾在反射運動的理論中其實爲我們提供了**有關非自主、非任意運動的理論**。這些運動有些是正常的或者生理性的，屬於此類的有身體的進口和出口——亦即膀胱括約肌和肛門括約肌（發自脊髓神經）——的閉合，在睡覺時眼皮閉上（發自第五對神經線），喉嚨在食物經過或者在碳酸將要進入時的閉合（發自第十對腦髓神經）；還有咽喉的吞咽、打哈欠、打噴嚏、在睡眠中的全部和在清醒時的部分呼吸；最後，那勃起、射精、懷孕及更多其他的。有些非自主性運動則是不正常的和病理性的，例如口吃、抽噎、嘔吐以及各種各樣的抽搐，尤其是癲癇、破傷風、厭水現象等；最後就是癱瘓的肢體，亦即斷絕了與腦髓聯繫的肢體，那些經由電流或者其他刺激所引起的、沒有感覺和意識的抽動；同樣，那些被砍了頭的動物的抽搐；
最後是那些生來就沒有腦髓的孩子的一切運動和行動。一切抽搐都是肢體神經對腦髓最高權力的一種 997

反抗；相比之下，那些正常的反射性運動則是下級官員的合法專制。因此，這些運動都是非自主性、非任意的，因爲它們並非出自腦髓，因此並非因動因而發生，而是隨著單純的刺激而起。引發這些運動的刺激就只到達脊髓或者延髓，從那裡直接有了反應並導致了運動。脊髓與上述非自主性運動之間的關係，是腦髓與動因和行爲之間同樣的關係，那感覺和自主神經之於腦髓，就是刺激和運動神經之於脊髓。至於在那兩者中眞正的推動者就是意欲，就更清晰易見了，因爲那非自主性運動的肌肉大都是在其他情況下受到來自腦髓的推動而進行自主性活動的同一肌肉；在那自主性活動中，其原動力，我們透過自我意識已熟知爲意欲。馬歇爾．霍爾的傑出著作《論神經系統的疾病》尤其適合解釋清楚自主性的和意欲的區別，以及證實我的基本學說的眞理性。

爲了形象地說明這裡所說的，就讓我們回憶一下我們都可以觀察到的那個機體起源的問題。是誰造出了雞蛋中的小雞？是某種從外而至的力量，穿透了蛋殼？啊，不！是那小雞製造了自己，恰恰就是實施和完成了那複雜得無以形容、算計精確和符合目的的作品的力，一旦一切準備妥當，就會破殼而出，然後就在意欲的名義下做出雞的外在行爲。它無法在同一時間做出兩者：在這之前，因爲忙於完成這一機體，所以就不會處理外在的事情。但在完成前者以後，小雞就出場了，受腦髓及其觸鬚、感官的指引，這些就是爲此目標而預先準備的一個工具，而只有這作爲智力在自我意識中醒來之時，其服務才開始；那智力就是照亮意欲的腳步的燈籠，那指導性原則和與此同時那客觀的外在世界的承載者，無論對外在世界的眼界在一隻小雞的意識裡是多麼的狹隘。但這隻雞透過這些器官的中介手段，在外在的世界能夠成就些什麼，與這力在其原初時所成就的相比，要渺小得多，因爲在前一種情況下，那成就是透過某一次級的中介手段達成的；而在後一種情況下，這力造出了自己。

我們在上面了解到了大腦神經系統就是意欲的輔助器官，因此意欲在這輔助器官中客體化爲次級的東西。確切地說，正如大腦系統雖然不是直接地介入機體的生命功能圈，而只是指導其與外在的關係，但卻是以機體爲基礎，並由於其爲機體的服務而得到機體的滋養回報；也正如腦髓生命或說動物性生命被視爲機體生命的結果——所以，腦髓及其功能、認知，亦即智力，就屬於間接的和次級的意欲現象：意欲也客體化在智力那裡，也就是說，作爲感知外在世界的意欲，亦即作爲某一想要認知的意欲。因此，儘管在我們的身上，意欲與認知的差別是如此的巨大和根本性的，但這兩者的最終基質卻是同一樣東西，也都是意欲，作爲整個現象的自在本質；但認知在自我意識中完全顯現爲次級之物的智力，卻不僅只是作爲意欲的附屬物，而且還作爲意欲的作品，因此，經過了一段迂迴，還是再度還原到意欲。正如智力在生理方面表明就是身體的某一器官的功能，同樣，它在形而上方面就可被視爲意欲的一個作品，而整個身體則是意欲的客體化、意欲的可視一面。因此，那要認知的意欲，客觀上看就是腦髓，正如要走路的意欲，客觀上看就是腳，要抓握的意欲就是手，要消化的意欲就是胃，要生殖的意欲就是生殖器，等等。這整個客體化的存在，當然最終只是對腦髓而言，是作爲腦髓的直觀：在這腦髓直觀中，意欲顯現爲機體性的肉體。但只要腦髓是在認知，那腦髓本身就不會被認知，腦髓就只是認知者，是一切認知的主體。但只要這腦髓是被客觀地直觀，亦即在對其他事物的意識中，因此是次級地被認知，那它作爲身體的器官就屬於意欲的客體化。這是因爲這整個過程就是意欲對自身的認知，從這意欲出發又回到意欲，構成了康德所稱的、與自在之物相對的現象。因此，那被認知的、成爲表象的是意欲，而這表象就是我們稱爲身體的東西，作爲在空間中延伸的和在時間中運動的、只有透過腦髓的功能，具體言之，就是只在這腦髓中存在的東西。相比之下，那認知的，那有表象的則是腦髓，但腦髓並不認識自己，而只是作爲智力，亦即作爲認知者，確切地說，就只是主觀地意識到其自身。從內在看是認知能力，從外在看就是腦髓。這腦髓恰恰就是那身體的一部分，因爲腦髓本身屬於意欲的客體化，也就是說，那想要認知的意欲、朝著外在世界的方向，就客體化在腦髓那裡。據此，腦髓，因此就是智力，確實是直接以身體爲條件的，而身體則又是以腦髓爲條件的——但這卻只是間接的，亦即作爲空間的和物體性的、在直觀世界的東西，但卻不是作爲自在本身的，亦即不是作爲意欲的東西。因此，那整體歸根到底就是意欲：這意欲本身成了表象，就是我們用「我」所表達的統一體。那腦髓本身，只要是成爲了表象，亦即是在對其他事物的意識中，因而是次一級的，其本身就只是表象。但腦髓就其自身而言，只要它在反映著、表象著，那它就是意欲，因爲意欲是整個現象的眞實基質：其想要認知的意欲就客體化爲腦髓及其功能。這有一個說明我們在此所審視的人的現象的本質雖不完美，但卻在某種程度上頗爲形象的例子，我們可以看看那伏打電堆：那金屬連帶那液體就是肉體；那作爲整個作用效果的基礎的化學反應就是意欲；那由此造成的、迸發出電擊和火星的電流就是智力。但凡是比喻都是蹩腳的。

在病理學方面，到了最近，這樣的自然療法觀點才終於產生了影響。根據此觀點，疾病本身就是大自然引入的一個自然治療程序，目的就是透過克服病因而清除在機體中蔓延的混亂。在這過程中，在決定性的戰鬥、危機中，大自然要麼取得了勝利、達到了目的，要麼遭受失敗。這一觀點只有從我們的角度審視才能取得其全部的合理性，因爲這一角度讓我們認出在此作爲大自然的治癒力而出現的生命力就是意欲，就是在健康狀態下一切機體功能的基礎；但現在，隨著威脅整個作品的失序和混亂的出現，意欲就披上專制暴力的外衣，目的就是透過相當非同尋常的措施和完全不正常的操作

（疾病）以抑制造反的力量，讓一切都重回正軌。相比之下，就像布蘭迪斯在《有關寒冷在疾病中的應用》一書的段落（我在《論大自然的意欲》一文第一段引用過了）中反覆表達的說法，即意欲本身是病了，那卻是嚴重的誤解。考慮到這一誤解，並同時注意到了布蘭迪斯在更早時候的《論生命力》（一七九五）裡，並沒有絲毫流露出對這生命力本身就是意欲的感覺，而是相反，在第十三頁上寫道：「生命力不可能是那種我們只能透過我們的意識才認識到的東西，因爲大多數運動是在我們沒有意識到的情況下發生的；宣稱這本質（我們對其唯一能知的特性就是透過意識）甚至在沒有意識的情況下對身體發揮作用，只是完全隨意和未經證實的。」在第十四頁：「針對這樣的看法，即所有的有生命的運動都是靈魂所發揮的作用，霍爾的反對理由，我相信，是無可辯駁的。」在我更進一步想到，他寫《有關寒冷在疾病中的應用》的時候——在這書裡面，意欲突如其來地作爲生命力而出現——他已是七十歲了，而到了這個年齡，人們不會是頭一回領會到原初性的根本思想；最後，我還考慮到他恰好採用了我的用詞「意欲和表象」，而不是運用那一般更常用得多的「渴求能力」和「認知能力」——根據我的這些前提，我現在確信他的根本觀點是從我這「借用」的，並且以當今學術界慣常的誠實而對此隻字不提。讀者可在我的《論大自然的意欲》第二版第十四頁上找到對此的詳述。

沒有什麼比畢夏那有理由出名的《論生命和死亡》更適合證實和解說我們這一章所談論的論題。畢夏的思考和我的思考相互支持，因爲他的思考是對我的思考的一種生理學的評注和解釋，我的這些思考則是對他的思考的哲學上的評注和解釋。人們並排一起閱讀我們的著作的話，就最能明白和理解。在此尤其說的是畢夏著作的前半部分，題目是〈對生命的生理學探究〉。他把機體性生命與動物性生命的對照作爲他分析的基礎，而這與我的意欲與智力的對照相吻合。誰要是看重涵義而不拘泥於字詞，就不會因爲他把意欲歸於動物性生命而受誤導，因爲他所說的意欲，一般都只是理解爲有意識的自主，而這確實出自腦髓——但在腦髓那裡，那有意識的自主卻不是眞正的意願，正如上面所指出的，而只是對各個動因的考慮和計算，所得出的結論或者結果，就最終顯現爲意欲的行動（行爲）。一切我認爲歸屬於眞正**意欲**的，他都認爲屬於**機體性生命**；一切我理解爲**智力**的，在他那裡就是**動物性**生命，據他認爲，這動物性生命的位置只在腦髓及其附屬物，而機體性生命則在整個其餘機體。他所證明的這兩者普遍的對照，與我的意欲和智力兩相對照是吻合的。他作爲解剖學家和生理學家，是從主體的，亦即從對其他事物的意識出發；我作爲哲學家則是從主體的，亦即從自我意識出發。看到我們就像是在二重唱中的兩個聲部，雖然各自讓人看到的是某些不一樣的東西，但卻彼此和諧地展開，那是歡樂的事情。所以，誰要想明白我，就讀讀他的書；誰要想比他本人更透澈地明白他所說的，那就要讀我的著作。畢夏在第四篇文章裡向我們表明：**機體性生命比動物性生命**要更早開始和更遲結束，所以，又因爲這動物性生命也要在睡眠中休息，那機體性生命就有了幾乎多一倍的長度；然後，在第八篇和第九篇文章展示，那機體性生命馬上和自動地完美地做出一切，而動物性生命則需要長時間的練習和培養。但他在第六篇文章的論述是最有趣的：**動物**性生命完全侷限於智力的運作，因此是冷靜地和置身事外般地進行，而衝動和激情所在的地方是**機體**性生命，雖然引發這些東西的起因和機會是在動物性，亦即在腦髓生命裡。在此他寫了很有價值、我很想抄寫在這裡的十頁。在第五十頁，他寫道：**無疑讓人吃驚的是，激情，不管其終結還是起源，都永遠不是在動物性生命的各種器官裡面；相反，那些爲內在功能服務的各個部分，卻持續地受到衝動、激情的影響，甚至根據這些部分所處的狀態而決定了那些衝動和激情。這是嚴格的觀察向我們證明了的。我首先要說的是，對**

動物性生命來說，始終是陌生的各種各樣激情的影響，在機體性生命那裡卻造成了某種改動、變化。然後，他就詳細地說明憤怒如何作用於血液循環和心臟跳動，然後是高興，最後則是恐懼又會產生何種效果。接著就是肺部、胃部、腸子、肝部、腺體和胰腺如何都受到那些激情及與之相關的情緒激動的影響，悲傷又如何降低了營養；然後，動物性的，亦即腦髓的生命如何不爲一切所動而安靜地繼續。他引證說，我們要表示智力操作的話，會把手舉往頭部，但假如我們想要表達愛情、歡樂、悲哀或者憎恨，那就相反，會把手放到心上、胃部、腹部那裡；並且他表示：假如一個演員在說起自己的悲哀時觸碰頭部，在說起自己的思想勞作時觸碰自己的心，那這肯定就是個糟糕的演員；還有，學者們認爲所謂的靈魂就寄住在頭腦，但普通大眾卻始終透過正確的說法表現出了智力與意欲影響的那些容易感覺到的差別，因爲他們會說一副優異、聰明、細膩的頭腦，相比之下，卻會說一顆善良的心、一顆感情豐富的心，以及「怒火在我的血管中沸騰、大動我的肝膽」，「高興得腸子都跳出來了」，「嫉妒毒化了我的血液」，等等。歌唱是激情的語言，是機體性生命的語言，就正如平常的語言是理解力的語言，是動物性生命的語言：慷慨陳詞則守著中間的位置，它運用內在器官，心、肝、胃具有表現力的語言讓冰冷的頭腦語言活潑起來，等等。他的結論是：機體性生命就是激情注入的終點，是激情出發的中心（第七十一頁）。沒有什麼比這部出色和透徹的著作更適合印證和清晰解說身體只是意欲本身的體現（亦即透過腦髓的功能，因此是透過時間、空間和因果法則讓我們直觀得到），由此得出的推論是：意欲是首要的和原初的，相比之下，智力作爲腦髓的功能，則是次要的和派生出來的。但畢夏的思想最讓人驚嘆的和最讓我高興的，是這個偉大的解剖學家，沿著純粹的生理學道路考察，甚至達到了這樣的成就：對道德性格的不可改變，他的解釋就是只有動物性生命，亦即腦髓的功能受制於教育、聯繫、培養和習慣的影響，但道德性格則屬於並不會因外在而改變的機體性生命，亦即屬於所有生命的其餘部分。我不得不把他的一段話放在這裡，這段話出自第九篇文章，§2：這就是動物的兩種生命（腦髓生命或動物性生命與機體性生命——原注）的巨大差別，這說的是這些生命所出自的多個不同功能系統在完美程度上的差別。也就是說，在其中之一系統中，相對於其他系統的優勢或者劣勢，幾乎總是取決於這一系統或多或少的活動或者不活動，取決於其行動起來或者不想行動起來的習慣；而對於另一系統則相反，其優勢或者劣勢直接與那器官的組織相關，與教育沒有任何關係。這就是爲什麼氣質性情和**道德性格**一點都不會因受到教育而改變，雖然教育會驚人地調整動物性生命的行爲；因爲正如我們所看到的，這兩者都屬機體性生命。性格，假如我可以這樣表達的話，就是情緒、情慾的樣貌；性情則是內在功能的樣貌。不過，這兩者始終都是同樣的東西，有一個無論是習慣還是練習都永遠無法擾亂的方向；很明顯，性情和性格應該也是擺脫了教育的支配。教育會緩和性格的影響，完善了判斷力和思考以讓教育的支配作用更甚於那人的性格，加強那動物性生命以讓其足以抵禦機體性生命的衝動。但想要透過教育以歪曲其性格，減輕或者增強那性格所一貫表達出來的激情、情緒，擴大或者收縮其範圍——這一任務，就類似於一個醫生試圖提高或者降低幾度那心臟在健康狀態時的正常收縮力，並且持續整個一生都是如此，或者要習慣性地加速或者放緩動脈的、對其活動是必需的自然運動，等等。我們會向這位醫生說，那血液循環、呼吸等都不在自主（主觀任意）的範圍，它們不可能經由人爲的改變而又不會從此陷入疾病的狀態，等等。我們也會向那些相信可以改變性格並藉此甚至改變那**激情**的人說同樣的話，因爲這些東西是**所有內在器官**的活動的產物，或者至少在這些裡面有其專門的位置。熟悉我的哲學的讀者可以想像，我發現在一個完全不同的領域裡，由一個太早就被迫離開了這世界的、一個非同尋常的傑出之士所得出的堅信不疑的見解，而這些見解就好比驗證了我的同樣是堅信不疑的觀點，我感受到多麼巨大的喜悅。

證實這一眞理（機體就只是意欲的可視一面）一個特別的證據還有這一事實：被處於極度狂怒之中的狗、貓、家養公雞以及其他動物咬、啄到以後，那受的傷害會是致命的；確實，假如是被這樣的狗咬到了，就算那狗並沒有狂犬病或者稍後才有狂犬病，也會導致被咬到的人得狂犬病。這是因爲極度的憤怒就只是要毀滅其對象物的最堅決和最激烈的意欲；這反映在那唾液在其憤怒的一刻就帶上了某種有害的、有一定魔法作用的力，也證明了意欲和機體事實上就是同一樣東西。這一點也可從這一事實看出來：激烈的嗔怒會迅速給予母乳某種有害的成分，嬰兒吸食以後會立即抽搐死亡（莫斯特，《論交感的手段》，第十六頁）。

對我就畢夏所說的附注

正如我們在上面所展示的，畢夏對人性有深刻的洞察，並因此給出了特別讓人讚歎的分析。這屬於法國專業文獻中思想至爲深刻的一部分。在六十年過去以後的現在，弗盧朗先生突然出場了，以《論生命和智力》提出了反對，恬不知恥和毫不遲疑地宣稱：畢夏就這些重要的和他專門研究的課題所發現的一切都是錯的。那他提出了什麼樣的論據呢？相反的理據嗎？不，有的只是相反的宣稱❻和權威的說法，而這既不可以是稀奇古怪的，也就是說，他搬出了笛卡兒和戈爾！弗盧朗先生在信念上是笛卡兒主義者，對他來說，笛卡兒到了一八五八年也仍然是**最卓越的哲學家**。笛卡兒當然是個偉大的人物，但他卻只是個先行者。在他所有的理論中，並沒有一個字的眞理；時至今日仍把他的這些理論引爲權威，簡直就是可笑。這是因爲在十九世紀，一個在哲學上的笛卡兒主義者，就像一個在天文學上的托勒密追隨者，或者一個在化學上的施塔爾追隨者。但對弗盧朗先生來說，笛卡兒的理論就是信條。笛卡兒曾教導說，**意願就是思想**，所以，事實就該如此——雖然每個人在其內心都感覺到意願和思想是不同的，就跟黑與白一樣。因此，對這一點，我在上面第十九章已作了詳細的、透澈的證明，並且始終按照經驗的指引解釋清楚。但首要的，根據笛卡兒——弗盧朗先生心目中的大智者——是這兩樣根本不同的實質：身體和靈魂。所以，弗盧朗先生作爲正統的笛卡兒主義者，是這樣說的，**首要的一點是要分開**——**哪怕只是用言辭**——**哪些是屬於身體的**，**哪些是屬於靈魂的**（一，七十二）。他還進一步教導我們，**這靈魂就只寄居在大腦**（二，一三七）；從此處，根據笛卡兒的一段話，它把那**有活力的**精靈作爲信使送至肌肉，但它本身卻只會受到大腦的影響，因此，激情的**部位**（*siège*）是心臟，因爲心臟是因激情而改變的，但激情的**位置**（*place*）卻在腦髓。弗盧朗先生心目中的大智者的確就是這樣說的，弗盧朗先生受到了這如此之大的陶冶，甚至複述了兩次（二，三十三

❻「『所有一切與理解力相關的，屬於動物性生命』，畢夏說，那到此為止，並沒有什麼疑問：『一切與激情相關的，屬於機體性生命』——這就絕對是錯的了。——真的是錯的嗎？偉大的弗盧朗就這樣給出了裁決。」

和二，一三五），目的是要肯定地擊敗無知的畢夏：這畢夏既不知道靈魂也不知道肉體，就只知道動物性生命和機體性生命；然後，他就屈尊教導說，我們必須透澈地區分清楚激情所在的部位與激情所影響的部位。根據這樣的說法，激情也就是在一處地方產生作用，而所處的又是另一位置。物體的東西一般都只在其所在的位置產生作用，但一個非物質性的靈魂，那可能就是另一回事了。但他和他的那位大智者，在這些區分位置和部位、設立在部位和影響的時候，總的來說到底思想了些什麼？弗盧朗先生和他的笛卡兒的根本錯誤其實就是因為他們把引發激情的動因或機會，與激情本身相混淆了；前者作為表象，確實就在智力，亦即在腦髓那裡，而激情本身，作為意欲的激動，則存在於整個身體，而這身體（正如我們所知道的）就是那直觀所見的意欲本身。弗盧朗先生的第二個權威，我已經說了，就是戈爾。我當然在這書中第二十章（而且在更早的版本就已經說了）已經說過，戈爾的顱骨學的最大謬誤就是提出腦髓的器官甚至反映了道德素質。但我批評和摒棄的，恰恰就是弗盧朗先生所讚揚、佩服的，因為他把笛卡兒的意願就是思想牢記心上。所以，他在第一四四頁說，戈爾為生理學所做的首要貢獻就是把道德方面的歸結為智力方面的，讓我們看到道德的能力與才智的能力是同一範疇的，並把所有這些都唯獨歸於腦髓。在某種程度上，我的整套哲學，尤其是這一卷第十九章，就是批駁這一根本性謬誤的。而弗盧朗先生則永遠不知疲倦地把這一謬誤讚譽為偉大的眞理，而戈爾則是這一偉大眞理的發現者。例如，在第一四七頁，假如我要列舉戈爾為我們所做的貢獻，那第一個就是把道德的素質溯源於腦髓；——在第一五三頁，腦髓是靈魂的唯一器官，是那全力發揮功能的靈魂（我們可看到笛卡兒的簡單靈魂作為這說法的內核仍始終隱藏在這些背後）；那是一切智力的部位——戈爾把道德的東西溯源於智力，他把道德的素質溯源到與智力的同一個部位、同一個器官。

啊，面對這樣的智慧，畢夏和我該是多麼的慚愧！但，認眞地說吧，還有什麼比這更讓人洩氣的，或更準確地說更讓人氣憤的呢，即看到正確的深刻的思想被摒棄，而虛假的和顚倒的東西則獲得稱頌；眼見那隱藏很深的、很難和遲遲才會取得的重要眞理又再度被推翻，那老掉牙的、乏味的遲遲才被推翻的謬誤重又死灰復燃；我們甚至不由得害怕由於這樣的胡爲，那人類知識的艱難進步就要再度倒退！但就讓我們放心吧，因爲**眞理之力是強大的，眞理終將取勝**。弗盧朗先生毫無爭議是一個有諸多成就的人，但那些成就主要是在實驗的道路上取得的。可是，最重要的那些眞理，卻恰恰不是經由實驗就可取得的，而只能經過反覆深思和透過穿透力。那麼，畢夏就是經過反覆深思和透過其深邃的洞察力在此發現了這樣一個眞理：這樣的眞理是弗盧朗先生無論如何殫精竭慮地實驗也無法夠得著的，就算他作爲一個眞正的和貫徹始終的笛卡兒主義者，把一百個以上的動物折磨致死都無濟於事。到了一定的時候，他也應該發現這一點，應該想到：「小心啊，倔強的傢伙，那會灼痛的！」弗盧朗先生帶著只有錯誤的自負與膚淺結合一道才會有的放肆和洋洋自得，以那些只是相反的宣稱、老婦人才信的東西和無用的權威，竟然要來反駁**畢夏**這樣一個思想家，而且要指責他、糾正他，甚至譏笑他——這一切根源就在於學士院及其席位。端坐在那些席位上、互相敬稱對方爲「著名的同行」的人，根本避免不了把自己與曾經的最優秀者相提並論，視自己爲大智者，並因此適合頒布判定哪些是錯的和哪些才是對的。這就讓我有理由一次性地坦率說出：眞正高人一籌和具有特殊視角的思想者，不時地、偶爾地爲了啟蒙其餘大眾而降生的人——**畢夏**確實屬於這些人——是「托上帝的福」所致；據此，這些人與學士院（在學士院裡，他們通常只占了第四十一張椅子）及其**著名的同行**相比，猶如生來就是王侯的與無數的、從大眾中選出的民眾代表之比。因此，這些院士先生們❼在與這樣的人發生摩擦之前，應該懷有某種祕密的畏懼——除非他們拿出最令人信服的理據，而不僅僅是相反的宣稱和搬出笛卡兒的那些在今天早已淪爲笑柄的學術觀點。

❼ 這些人始終大批地存在。

第二十一章　總體的回顧和思考

假如**智力**不是具有次一級的特性，就像這之前兩章所闡明的那樣，那所有在沒有智力，亦即在沒有頭腦表象參與的情況下所完成的事情，例如機體的繁殖、形成和維護，傷口的癒合，殘缺的機體部分的替代或者替代性增補，疾病危象中所帶來的健康轉機，動物那些工藝本能的傑作和憑藉直覺的創造，與在有智力幫助的情況下所發生的相比，亦即與人的一切帶意識和帶目的的成就和工作相比，前者就不會優秀和完美得太多，而後者就不會只是粗活和次品而已。總的來說，**自然**就意味著並沒有智力介入的作用、行爲（活動）和創造。而這與我們在我們身上所發現的**意欲**的東西恰恰是相同的——這一點就是第二部分和《論大自然的意欲》一文的唯一主題。這一基本知識的可能性取決於在**我們**身上的意欲得到了我們的智力的照明——而這智力在此就表現爲自我意識——否則，我們就會像我們無法更仔細地了解身外的意欲那樣，同樣無法更仔細地了解我們身上的意欲，就得永遠停留在無法探究的自然力面前，不得其門而入。假如我們想要把握住自在意欲的本質，並因此盡可能地深入大自然的內在，那我們就必須設想去掉智力的幫助。爲此緣故，順便一說，哲學家中的**阿那克薩哥拉**是與我恰恰相反的另一極，因爲他隨意地假定了一個**精神**、一個有智力者、一個產生表象者，是首先的和原初的東西，一切也就由此而出；他也被視爲第一個提出了這個觀點的人。根據他的觀點，這世界首先只是在表象、設想之中，然後才有了世界自身的存在；而在我看來，是沒有認知的**意欲**奠定了事物現實的基礎，其發展必然是相當的長遠以後，才終於在動物性的意識中達到了表象和智力。所以，我的觀點是：思維是最後才出現的。但根據亞里士多德（《形上學》，一，四）的證詞，**阿那克薩哥拉**本人卻不怎麼知道如何著手使用他的**精神**，而只是提出這**精神**，然後丟下不管了，就像掛在入口處的一幅聖人畫像一樣，並沒有利用其闡明這大自然——除非在迫不得已的情況下，並不知道還能求助其他什麼辦法。一切物理神學都是在發揮與那（在這一章的開首已談及的）眞理相反的謬誤，這謬誤也就是：最完美的事物起源方式，就是透過某一智力的媒介。正因此，這就爲更深入地探究大自然推上了門閂。

從**蘇格拉底**時代一直到我們這個時期，我們發現哲學家無休止爭論的主題就是那稱爲**靈魂**的抽**象理性的東西**。我們看到大多數都聲稱靈魂不朽，而這說的是其形而上的本質，但其他人則不知疲倦地堅持反對意見，因爲支撐他們的事實，無可爭辯地說明了智力是完全依賴於身體器官的。靈魂被所有人首先視爲**絕對簡單的**，因爲恰恰可以由此去表現其形而上的本質、非物質性和不朽性，儘管這些東西並不就此可以推論出來。這是因爲雖然對某一成形的物體的毀滅，我們只能想像分解爲各個部分，但由此卻無法推論說：一個我們本來就沒有任何概念的簡單存在物，其毀滅不可能採用其他方式，比如以逐漸消失的方式。而我的出發點是取消了那假定的、主觀意識到的存在物就是簡單的或者我就是簡單的，因爲我證明了那讓人們推斷出這存在物的種種跡象，有兩個相當不一樣的源頭；**智力**確實是有其身體條件的，是某一物質器官的功能，因此是依賴於這器官的，沒有了這器官則是不可能的，一如沒有了手就沒有了抓、握一樣；據此，智力屬於現象，因而與現象有共同的命運；相比之下，**意欲**並沒有與任何某一專門的器官結合在一起，而是無處不在，是到處的眞正驅動者和塑造者，所以是整個機體的條件；事實上，意欲構成了總體現象的形而上的基質，所以，並不像智力那樣是之後的產物，而是現象之前的東西，是現象依賴於它，而不是意欲依賴於現象。但身體甚至被貶低爲只是表象，因爲那只是意欲在智力的直觀中或在腦髓中展現的樣子。相比之下，意欲在所有以前的、儘管在其他方面都各有不同的體系中，都是作爲最後的結果之一而出現；但在我這裡，意欲卻是第一的。智力作爲只是腦髓的功能，是與身體一道毀滅的；但意欲卻一點都不是這樣。從這兩者的異質性和智力的次一級本質，就可明白：人在自我意識的深處會感覺到自己是永恆的和不可毀滅的，但卻無法對此生之外有任何的記憶，無論是之前的還是之後的。我不想在此搶先說出對我們的眞正本質不滅的探討（這在第四篇有其位置），而只願意注明這話題所聯結的地方。

但現在，用一個的確是片面的，但從我們的角度看卻是眞確的用語——表象——以命名身體，其根據就是：一個在空間中延伸的、在時間上變化著的，但在這兩者中都受到因果關聯的更詳細的限定的存在，就只有在表象中才是可能的，因爲那些限定是基於表象的形式，也就是只有在腦髓中才是可能的：這樣的存在物據此就作爲一個客觀的（客體的），亦即一個陌生的東西在腦髓中出現。因此，就算是我們自己的身體也只有在一個腦髓裡才有這樣一種存在。這是因爲我對我的身體的認知，即一個在空間中延伸、充塞著空間和運動著的東西，就只是間接的；那是在我的大腦中的一幅圖畫，是由感官和理解力所達成的。直接給予我的，在身體上就只是在肌肉活動中和在苦痛或者舒適之中，而這兩者首先和直接地屬於意欲。但把對我的身體的這兩種不同的認知方式結合在一起以後，就會傳達更深一層的見解：所有其他的、同樣有所描述的客觀存在的，首先只存在於我的腦髓的事物，並不因此就在這之外是完全不存在的，而是就其自身最終也必然是在自我意識中表明爲意欲的東西。

第二十二章　對智力的客觀看法❽

對智力有兩種從根本上不同的考察方式，而這是基於不同的立足點所致；儘管這兩種考察方式因此而極爲對立，但卻必須互相協調一致。一種考察方式是**主體**（主觀）的：那是從**內在**出發，把意識作爲既定之物，向我們展示了透過什麼樣的機制，這世界得以顯現在意識裡，並且這世界是如何以感官和理解力所提供的材料在意識中建構起來的。我們必須把**洛克**視爲這種考察方式的始祖，**康德**則將其完善至前所未有的高度；我們的第一部分及其增補，都是專門討論這種考察方式的。

與這相對立的對智力的考察方式就是**客體**（客觀）的方式：那是從**外在**開始的，並不是把自己的意識作爲考察的對象，而是把外在經驗中既有的、對自己本身和這世界有意識的有生命之物作爲審視對象，然後探究它們的智力與它們的其他素質特性有著怎樣的關係，這智力是如何成爲可能的，是如何成爲必要的，這智力又爲它們做出了什麼樣的貢獻。這一考察方式的立足點是經驗實踐：它把這世界和在這裡面存在的動物性生物視爲絕對既有的，因爲這考察方式就從它們那裡出發。據此，這考察方式首先就是動物學的、解剖學的、生理學的；只有透過與那第一種考察方式結合和從以此所獲得的更高立足點出發，這考察方式也才是哲學的。這一考察方式至今爲止唯一既有的基礎，我們要歸功

❽ 本章與第一卷 §27 後半部分相關。

於動物解剖學家和生理學家，其中大多數是法國的。在此要特別提到卡班尼，他的出色著作《人的身體素質與道德素質的關係》，在生理學的道路上爲這種考察方式開了先河。在這同一時間產生影響的是著名的畢夏，但畢夏的主題涵括更加的廣泛和豐富。甚至戈爾也可以在此一提，雖然他的首要目標選錯了。無知和偏見指責這種考察方式是唯物主義的，因爲這唯物主義只抓住經驗，而對非物質的東西，對靈魂一無所知。由查爾斯．貝爾、馬讓迪、馬歇爾．霍爾等，在神經系統的生理學方面所取得的最新進步，既豐富了也校正了這種考察方式的素材。一種完全無視對智力的這一審視角度的哲學，例如康德哲學，是片面的和正因此是不夠的。這在我們的哲學知識與我們的生理學知識之間留下了一道極大的壕溝，讓我們永遠無法得到滿足。

儘管我在前兩章裡就腦髓的生命和活動所說的屬於這一考察方式，在《論大自然的意欲》的長篇論文中，在「植物的生理學」篇目下所給出的講解，以及在「比較解剖學」篇目下的一部分也同樣是這樣的考察方式，但在此接下來對其結果大致上的闡述卻絕對不是多餘的。

我們會至爲生動地意識到對智力的上述兩種互相對立的考察方式所構成的強烈反差——假如我們把事情推到極端，具體回想到：一種考察方式直接採納周到的思維和活生生的直觀，並把這些當作其考察方式的素材的東西；對另一考察方式來說，不外就是某一內臟——腦髓——的生理功能；我們甚至有理由宣稱那整個客體世界，那在空間上如此漫無邊際，在時間上如此沒有終始，在完美程度上如此深不可測的東西，其實就只是腦殼裡面的漿狀團塊的某種運動或所受的影響。那我們就會很驚訝地問道：那具有如此功能，產生這樣一種奇特現象的這一腦髓，是什麼東西呢？是什麼樣的物質，能精煉出和增強至如此這般的漿狀團塊，以致刺激其某些粒子，就可成爲一個客體世界存在的有條件的承載者？由於害怕這一類問題，人們迫不得已提出了一個擬人化的實在，一個只是寄居在腦髓裡面的非物質靈魂的簡單實質。我們則無畏地說：這漿狀的團塊，就正如每一植物性或者動物性部分那樣，也是一個機體性的形體，就如同所有的它們的比較無足輕重的親戚——這些親戚就寄住在我們那些非理性兄弟頭部的更劣質住所——直至最渺小的、幾乎無法感知的一類，但上述機體性的漿狀團塊卻是大自然的最終產品，是以所有其他東西爲前提的。但就其自身而言和在表象以外，腦髓也同所有其他一樣，就是意欲。這是因爲對其他人而言的存在就成了表象，自在的存在就是意欲：也正是基於這一點，沿著純粹客體（客觀）的途徑，我們永遠不會到達事物的內在；假如我們從外在和以經驗爲依據試圖發現事物的內在，那在我們的手裡，這一內在就始終重又成爲某種外在，樹心就與樹皮差不多，動物的心臟就與動物的毛皮差不多，一只蛋的蛋白和蛋黃就與蛋殼差不多。相比之下，沿著主體（主觀）的途徑，我們在每一刻都接觸到內在，因爲我們首先是在我們的身上發現那內在就是意欲，在與我們自己的本質類比的指引下，我們必然可以解開其他事物的本質之謎，因爲我們終於認識到：一個自在的存在，並不依賴於被認知，亦即不依賴於在某一智力那裡展現的存在，只能設想爲一種意欲。

那麼，假如我們在智力的客觀理解方面儘量地溯源，那我們就會發現認知的必要性或者說需要，是出自存在物的多樣性和分開的存在，具體地說，就是出自存在物的個體化。這是因爲假設我們想像只有一樣存在物，那這樣的存在物就不需要任何認知了，因爲並沒有任何東西是與他本身有所不同的，其存在是他只能間接地，只能透過認知，亦即圖像和概念才能領會。他本身就已是存在於一切，因此沒有什麼是他要去認知的，亦即根本就沒有什麼陌生的東西要被作爲對象，作爲客體去理解的。相比之下，存在物是多樣性的話，那每一個個體都會發現自己處於與所有其他個體分離的狀態，由此就產生了認知的必要性。一個動物性個體賴以首先意識到自己的神經系統，是以其皮膚為界限的。但在腦髓中提高到了智力以後，那神經系統就擴展至這界限以外了，所依靠的是因果性的認知形式，直觀也就產生了；那是作為一種對其他事物的意識，作為就空間和時間中的存在物的一幅圖像，隨著因果性而相應改變。在這一意義上，更準確的說法就是：「只有不同的才會被不同的所認識」，而不是像恩培多克勒所說的，「只有相同的才會被相同的所認識」，後者是一句涵義相當模糊和搖擺的命題，雖然從某些角度看，這說的是真的，例如，順便一說，從愛爾維修的角度看，他說得既優美又準確，有思想的人才會領會和欣賞思想，其中的線繩只有在協調一致的時候才會顫動。——這與色諾芬的要認出智者的話，自己本身就必須是個智者不謀而合，而這是讓人痛心的事情。但再從一方面看，我們知道：反過來，同類東西的眾多性也只有透過時間和空間，具體而言，就是透過我們認知的形式才有可能。空間是首先出現的，因為那認知主體在向外觀看；那是主體把某樣東西理解為與己有別的方式。但我們也恰恰看到了認知，總的來說是以眾多性和差別性為條件的。也就是說，認知與眾多性或個體性是互相連在一起、共同進退的，因為它們彼此互為對方的條件。由此可以得出結論：超越了現象的那一邊，在那所有事物的自在本質，在那必然不知道時間和空間並因此不知道眾多性的本質，也不可能存在認知。佛教把這形容為「般若波羅蜜多」，亦即超越所有認知、智慧的彼岸。❾「對自在之物的認識」，根據其嚴格的意思，因此就是不可能的，因為在事物的自在本質開始之處，就是認知終止的地方，一切認知從根本上就僅涉及現象。這是因為認知是起於某種侷限，因這侷限而

❾ 對此，大家可參閱I．J．施密特的《論大乘和般若波羅蜜多》。

成了必要的東西，以拓寬受限的範圍。

在客觀考察之下，腦髓就是機體開出的花朵；所以，只有在這機體達到了至高的完美和錯綜複雜以後，那得到了最大進化的腦髓才會出現。但在這之前的一章裡，我們已經了解到那機體就是意欲的客體化，腦髓作爲這機體的一部分因此也必然屬於這意欲的客體化。再者，從機體只是意欲的可視一面，也是就其本身而言是意欲這一點，我引申出機體所受的每一影響，在同一時間和直接就影響到意欲，亦即讓其感受到高興或者痛苦。但隨著情感能力的提升，在神經系統更發達以後，就有了這些可能性：在更高貴的，亦即在客觀的感官感覺（視覺、聽覺）裡，那與其相通的、至爲細膩的作用影響就會被接收的同時，而又不會就其自身直接影響到意欲，亦即不會是痛苦的或者愉快的；這些作用影響就其本身是無所謂的，僅是進入意識中的被感知的感覺。但在腦髓裡，這種情感能力的提升可以達到如此的高度，以至在接收到感官印象以後，甚至產生了並非直接出自意欲的反應，其實那反應首先是理解力功能自發的，因爲那自發的理解力從直接感知到的感官印象轉換到原因；這樣的話，因爲腦髓同時產生了空間的形式，所以，也就產生了對外在客體的直觀。因此，我們可以把視網膜上接收到的感覺（而這只是身體的，就此而言，也是意欲所接收到的作用影響）被理解力轉換爲造成這一感覺的原因（而這原因透過理解力的空間形式就被投射成了某一外在的和與他本人有別的東西）之處，視爲作爲意欲的世界與作爲表象的世界的分界線，或者視爲這表象的世界的誕生之處。但在人那裡，那自發性的腦髓活動——這最終當然也是從意欲那裡獲得的——卻遠不只是直觀和直接把握因果狀況，甚至還把直觀塑造成概念和操作運用這些概念，亦即還能思維，而人的理性正在於此。思想因此與肉體所受的影響是距離最遠的，而因爲身體是意欲的客體化，身體所受的影響就算在感官那裡，也可以由於提升而馬上轉變爲苦痛。根據以上所說，表象和思想也可以被視爲意欲的花朵，因爲它們是出自至爲完美和至爲提高了的機體；但這機體就其自身而言，並且在表象以外，就是**意欲**。確實，在我的解釋中，身體的存在以表象的世界爲前提，只要那是作爲物體或者實物而存在於這表象的世界；在另 1018 一方面，表象本身也同樣以身體爲前提，因爲表象只能透過身體某一器官的功能而產生。那構成整個現象的基礎的，就其自身而言，那唯一存在的和原初的東西只是**意欲**：因爲正是意欲，透過這一程序而換上了**表象**的形式，亦即進入了一個具象世界的次一級的存在，或者進入了可被認知的範圍。**康德**之前的哲學家，除了極少的例外，都是從錯誤的一面來解釋我們認知的過程。也就是說，他們從某一所謂的靈魂出發，這一靈魂的內在本質和獨有功能就是思維，而且主要是抽象的思維，使用的純粹只是概念——這些概念越是遠離直觀，就越是澈底屬於靈魂（在此我請求大家查閱我的應徵論文〈論道德的基礎〉，§6 末尾的腳注）。這靈魂以無法理解的方式進入了身體——在那裡，它只是在純粹的思維中受到打擾，先是透過感官印象和直觀，但更多的是透過這些印象和直觀所刺激起來的欲望，最後就是透過這些欲望所發展成爲的感情衝動，甚至狂熱激情；而這靈魂自身的和原初的成分就是純淨、抽象的思維；憑藉這樣的思維，靈魂就只有共相、與生俱來的概念和永恆的眞理作爲其對象，而所有直觀的東西就任其在遠離這些之下。也因此，至今每當哲學教授們提起「感官的敏感性」和「感官的」時，都會帶著鄙視；這些東西甚至被說成是不道德的主要源頭。而因爲感官、感覺是與智力的先驗功能結合在一起而產生了**直觀**，所以，恰恰是感官、感覺才是我們所有認知的純粹和無邪的源頭；一切思維都要先從這裡借取內涵。我們也許可以確實相信：那些先生們在說起「感官的敏感性」時，想到的始終是法國人據稱的第六感。所以，正如上面所說的，人們在討論認知的過程時，把思 1019

維過程的最終結果——抽象思維——當成是首先的和原初的，並因此從事情的錯誤一頭著手處理。那麼，依照我的論述，正如智力出自機體並因此出自意欲，因此，沒有了意欲，智力也就不可能存在，所以，沒有了意欲，智力也就找不到任何素材和活動，因爲一切所能認知的就只是意欲的客體化。

但不僅對外在世界的直觀或對其他事物的意識是以腦髓及其功能爲條件的，自我意識也是如此。自在的意欲本身是沒有意識的，在其大部分的現象中也是如此。必須添加次一級的表象世界，才好讓意欲意識到自身；正如光線只有透過反射光線的物體才可以看見，否則，光線就無法產生作用而在黑暗中消失。由於意欲是爲了把握與外在世界的關係的目的而在動物性個體那裡產生了腦髓，所以，在這腦髓中最先出現的是對自己本身的意識，所借助的是認知的主體；這認知的主體就把事物理解爲在那存在的東西，那意欲著的「我」。也就是說，那在腦髓中提升到了最高一級但卻分布在腦髓的不同部位的情感能力，必須首先把活動的光線集合起來，就好比把它們集中在一個焦點上；但這焦點卻不像凹面鏡那樣落在外面，而像凸面鏡那樣落在裡面：那麼，現在情感能力用這一點首先畫出了時間的線條，所有的它要表象出來的東西必須在這時間上展現，而時間也就是所有認知的最首要的和最根本的形式，或者就是內在感覺的形式。這全部腦髓活動的焦點，就是康德所稱的「統覺的綜合統一」：只有透過這統覺的綜合統一，意欲才能意識到自身，因爲這腦髓活動的焦點或認知者，領會到自己與自己所出自的自身基礎——那意欲者——是同一的；「我」也就由此而出。但這腦髓活動的焦點首先只是一個認知主體，並且作爲這樣的認知主體，有能力成爲一個冷靜的和置身事外的旁觀者、意欲的引導者和顧問，也能並不考慮和理會意欲及其禍福而純粹客觀地理解外在世界。但每當它轉而審視內在的時候，它就認出意欲是它那自身現象的基礎，因此就會與這意欲匯流到一個「我」的意識裡面。腦髓活動的那個焦點（或說認知主體），作爲不可分的點雖然是簡單的，但卻並不因此就是某種實體（靈魂），而只是一種狀態，而對構成這種狀態——就是它本身——的東西，我們卻只能間接地，就好比是透過反射地認識；但那種狀態的停止卻不應被視爲造成它這種狀態的東西的消失。這**認知**的和有意識的「我」與構成了「我」這現象基礎的意欲的關係，就猶如在凹面鏡的焦點中的圖像與那凹面鏡本身的關係，並且就像凹面鏡中的圖像那樣，只是有條件的，而且事實上只是看上去是現實的而已。這非但不是那絕對的首要之物（就像**費希特**所教的那樣），而且從根本上就是第三級的，因爲它以機體爲前提，而機體又以意欲爲前提。我承認在此所說的一切，究其實就只是形象和比喻，部分也是假設性的：但我們現在涉及的是思想無法深入之處，更遑論要證明了。所以，我請求讀者把我這所說的與我在第二十章就這話題的詳細論述互相比較。

儘管每一存在之物的自在本質就在於其意欲，而認知和意識就只是某樣次級的東西，是在更高一級的現象添加的，但我們卻發現由所存在的意識和智力及其不同的等級，在存在物與存在物之間所定下的差別是異常巨大的，所得出的結果也不容小覷。植物的主體存在，我們就只能想像爲某種稍稍類似於舒適感和不舒適感，只是舒適感和不舒適感的一個影子而已；即使是這樣極爲微弱的程度，植物也唯一只知道自己，而不曉得在它之外的任何東西。相比之下，與植物排得最近的、最低等的動物由於受到提升了的和變得更專門的需求的驅使，將存在的範圍擴展至牠們身體的界線之外。這都是因爲認知的緣故：這些動物對周圍最接近的環境有某種朦朧的感知，牠們爲了維持自身而行動起來的動因就出自這環境。這樣，就相應地出現了**動因的媒介**：而這就是在時間和空間中客觀展現出來的世界，**表象的世界**——儘管這方面最初和最低級的樣品是那樣的微弱、模糊和幾乎還不曾破曉。但隨著在那逐級向上的動物性機體中，越來越完美的腦髓產生出來，這表象世界就越來越清晰、越來越廣闊和越來越深刻地顯現出來。但在這每一越來越高級別的腦髓（具體說就是智力和表象的清晰性）發展的提升，具體就是智力的提升和表象更加的清晰，都是由意欲這一現象的不斷提高和越加複雜的需求所帶來的。這些需求始終必須首先爲此給予契機，因爲沒有了匱乏，大自然（亦即客體化在大自然的意欲）就不會產生任何東西，尤其不會產生其最難的作品：一副更加完美的頭腦。這是大自然遵循其「節約的原則」所致：大自然不會做徒勞無功的事情，也不會造出任何多餘的東西。每一隻動物都由大自然裝備了爲維持存在所必需的器官，都裝備了爲鬥爭所必需的武器，正如我在《論大自然的意欲》中「比較解剖學」篇中所詳細描述的。因此，根據這一準則，大自然給予了每一種動物最重要的、目標向外的器官，即腦髓及其功能，即智力。也就是說，它的機體越是由於高度進化而變得複雜，它的需求也就越是多樣化和專門，要弄到滿足這些需求的東西，因而就越是困難和越是依賴於機會。具體地說，在此就需要有一更爲廣闊的視野，對外在世界的、處於各種情形和關係中的事物有準確的理解和更正確的劃分。與此相應，我們在動物等級上越是往上走，就看見那表象能力及其器官，即腦髓、神經和感覺工具就表現得越是完美；隨著大腦系統的進化，外在世界在意識中就展現得越是清晰、完整和多方面。要理解和把握這些東西，現在就要求更多的注意力，並最終達到了有時候必須暫時忘記了其與意欲的關係的程度，以便那理解和把握工作能更純粹和準確地進行。這首先相當明顯地出現在人那裡：也唯獨在人的身上才會發生認知與意欲的純淨分離。這是一個重要的節點，在此我只是稍稍觸及，以標示其位置，以便在後面可以重又討論此話題。但大自然走出這最後的一步，即擴張和完善大腦，並以此提高認知能力，就正如大自然在所有其他方面的行事一樣，只是在需求提高了以後才做的事情，具體地說，就是爲了服務於意欲。這在人那裡所要瞄準和所要達到的目標，雖然在本質上是同樣的東西，並不會比動物的目標更多，即食物和繁殖。但由於人的機體的原因，要達到其目標的必要條件卻大爲增加、提高了，也變得更專門，以致爲達到目標，就有必要獲得比之前等級的動物所獲得的要高得多的智力，或者這智力起碼是達到目標的最容易的手段。但既然智力根據其本質，是有極多方面應用的和同樣可用於極爲不同的目標的一樣工具，那大自然本著自己的節約精神，就可以單用這一工具來滿足現已變得五花八門的願望的要求。因此，大自然把人就擱在那裡，赤手空拳、沒有自然的保護或者攻擊的工具，並確實是相對更少的肌肉力量，在面對逆境和匱乏時更脆弱和更少耐力，所能憑藉的就是那一偉大的工具，此外，就只保留了他的下一級動物——猿猴——也有一雙手。但透過這所出現的優越的智力，對動因的把握不僅極大地提高了，動因也變得五花八門，目標的視野也擴展了，而且由於整個意識變得清晰，意欲對自身的意識的清晰度也極大地提升了：在抽象認識能力的幫助下，整個清晰的意識現在可發展爲完美的縝密思考。但這樣一來，也由於那激烈的意欲——那是如此提高了的智力的承載者和必要前提條件——所有的激情也就提升了，動物並不眞正曉得的狂熱嗜好和癖習也有了可能。這是因爲意欲的激烈性是與智力的提高同步的，恰恰就是因爲智力的提高始終是出自意欲提高了的要求和迫切的需要，並且這兩者是相互促進的。也就是說，性格的激烈性與心臟跳動的血液循環的更大能量相關，後者在身體、物質方面加強了腦髓的活動。在另一方面，清晰的智力借助對外在形勢的更生動的把握而提高了由這些所喚起的激情。因此，例如，小牛可以安靜地被趕到車上運走；但小獅子們假如是與母親分離就會不得安寧，從早到晚不停地咆哮；在這同樣處境的小孩子，則會幾乎哭鬧至半死。猴子的活躍性和激烈性是與牠們那相當發達的智力精確聯繫在一起的。也正是基於這種相互關係，總的來說，人比動物有大得多的苦痛，但也可以在獲得了滿足和快活的激情中感受到大得多的快樂。同樣，提高了的智力會讓人比動物更容易感受到無聊，但假如這個人的智力相當完美，那就會成爲一個取之不盡的快活源泉。因此，在總體上，在人那裡的意欲現象之於在高等動物身上的意欲現象，就猶如一個彈奏音之於比它低兩個到三個八度音的第五度音。但在不同的動物種類中，因此也有智力和意識之間巨大和無盡的等級差別。我們必須認爲植物也有的只是類似於意識的東西，與某一無機體還要模糊得多的主體本質相比，大概是最低等的動物的意識與植物的準意識之比。我們可以把無數級別的意識形象地想像爲在一個旋轉圓盤上面與圓心距離不一的點所具有的不同的速度。但有關這級別最準確的、我們的第三部分所教給大家的自然圖像，就是這樣一套音階：從最低但卻仍可聽到的聲音一直到達最高音，包括了整個程度範圍。但一個存在物的意識程度，決定了其存在的程度。這是因爲每一直接的存在都是某一主體（主觀）的存在：客體（客觀）的存在就是存在於對其他東西的意識之中，亦即只是對其他東西的意識而言是存在的，因此，是完全間接的存在。存在物由於意識的程度而各有差別，就正如它們由於意欲而都是相似的一樣，因爲意欲是這些存在物所共有的。

但我們現在在植物與動物之間，然後在不同的動物種屬之間所觀察到的情形，也在人與人之間發生。也就是說，在此，那次一級的東西——智力——借助依賴於智力的清晰意識和精確認知，也在存在的整個方式和因此在存在的等級上，定下了某一根本性的和難以測量的巨大差別。意識越是提高，思想就越清楚和越連貫，直觀就越清晰，感觸就越眞摯和強烈。這樣，一切也就越獲得了深度：感動、憂傷、歡樂和苦痛。一般的膚淺頭腦，甚至連合情合理的、眞正的歡樂都無法感受到，因爲他們就在麻木渾噩之中混日子。對一個人來說，他的意識就只是具體表現出他自己的存在，以及具體想像到那些爲了維持和愉悅其存在的目的而必須了解的動因，對外在世界的理解相當貧乏；而對另一個人而言，他的意識則是一個暗箱西洋鏡，宏觀世界就展現其中：

他感覺他在頭腦中
孵化著一個小型世界，
它開始了活動和生活，
他很樂意獻出這一世界。

人與人之間智能的等級極端所確定的人的整個存在方式的差別是如此之大，就算一個國王與一個臨時勞工的差別，相形之下也是微不足道的。在此，一如在動物種屬的情形，在意欲激烈與智力提高之間可以證明有某種關聯。天才就是以狂熱的氣質爲條件，而一個麻木不仁的天才是無法想像的；情形似乎就是：假如大自然要給予某一異常提高了的智力，那就必須存在某一異常激烈的，也就是有著強烈要求的意欲，以便讓那智力與此意欲相配；而如果就此只作身體方面的解釋，那就是頭部動脈以更大的能量讓腦髓運動起來和增加血流量。當然，腦髓本身的量、質和形式是天才的另一個和異常稀有的條件。在另一方面，一般來說，麻木不仁是精神思想能力相當平庸的人的特性：所以，北方的、冷血的和麻木不仁的民族，普遍說來在精神思想方面都是明顯遜色於南方的、活躍的和激情的民族，雖然就像培根[10]非常確切地指出的，假如一個北方人天賦很高，那他就能達到任何南方人都無法達到的高度。據此，錯誤的和慣常的做法就是把不同國家有思想的偉大人物作爲比較不同國家的精神思想能力的標準，因爲這就等於根據例外情形而奠定規律。我們更需要考察的是，每一個國家的大多數人，因爲看到一隻燕子並不就是夏天了。在此還要指出，那構成天才的條件的狂熱性，與對事物的生動把握結合一道，在實際生活中，一旦意欲牽涉進來，尤其是一些突發的事情，那就會產生出如此大的情緒刺激，智力甚至會受到擾亂和變得迷惘；而麻木不仁者就算是在這樣的情況下仍然可充分使用其思想能力——雖然這能力要小得多——並能以此做出比偉大的天才多得多的事情。因此，某種狂熱的氣質會有助於發揮其智力的原初性，但麻木不仁的氣質則有助於運用其智力。所以，眞正的天才絕對只適合做出理論性的成就，因爲天才可以爲此選擇時間和等待，那也恰恰是意欲完全停頓下來，並沒有任何波瀾攪渾那世界直觀的純淨的鏡子的時候。相比之下，天才在實際生活中卻是不好使、用不上的，因此大都是不幸福的。歌德就是在這一意義上寫了長詩《塔索》。如同眞正的天才取決於絕對強度的智力，而獲得這樣的智力必須以某一與這智力相稱的、異常劇烈的情緒爲代價，同樣，在另一方面，在實際生活中的巨大優勢，諸如造就了統帥和政治家的那種，則取決於相對強度的智力，也就是某種並沒有太過興奮性的激情連帶太過激烈的性格就可達致最高程度的智力，因此在風暴中仍能穩住位置的智力。堅定的意志（意欲）和不爲所動的穩定情緒，加上一個優秀和細膩的理解力，在此就足夠了。超過了這些就會起到有害的作用，因爲太過發達的智力會直接妨礙性格的堅定性和意欲的

[10]《論科學的價值和發展》，五十，六，第三章。

決斷性。這就是爲什麼這種出色的人物並非那麼異常，也遠遠沒有天才那麼稀罕。所以，我們看見只要外在環境有利於他們的發揮，那偉大統帥和部長大臣就會在各個時期適時而出。相比之下，偉大的文學家和哲學家則讓多個世紀等待他們。但就算他們這樣罕有地出現，人類也仍可以滿意了，因爲他們的著作是永存下去的，而不是只在當下曇花一現，就像那些統帥、政治家的成就那樣。與上文所說的大自然的節約規則同樣完全相符的，是大自然給了至爲少數的人傑出的精神思想，天才就只是至爲罕有的例外，而人類大眾，則只給配備了維持單個和種屬所需的不多的思想能力。這是因爲人類巨大的和由於得到了滿足而不斷增加的需要，讓絕大多數人不得不一生都在從事粗糙的體力和相當機械的勞作。那麼，對這些人來說，如此活潑的思想、如此閃光的想像力、如此精巧微妙的理解力、這樣穿透性的洞察力，又有什麼用呢？這些只會讓人們變得無用和不快樂。所以，大自然在處理（對待）最有價值的產品時，是最不鋪張浪費的。從這一角度出發，我們也要爲避免有失公正地做出評判而查明和確定對人們的思想成就的期待，例如，那些學者，因爲他們一般都是外在的起因讓他們成爲了這樣的學者，所以，我們應該首先把那些學者視爲大自然本來就讓其從事耕作的人；事實上，就算是哲學教授，也要以此標準來評估，然後，他們的成就與對其合理的期待就對上號了。值得注意的是，在南方，生活的負擔稍爲減輕，允許人們有了更多的閒暇，那就算是大眾的精神思想能力也就馬上變得更活潑、敏捷和細膩。生理學方面值得留意的是，腦髓組織相對於脊髓和神經的優勢，根據索默林的敏銳發現，就給出了眞正的、最接近的標準以測量動物種屬和人類個體的智力程度，與此同時，也增進了肢體的直接靈活性、敏捷性，因爲由於那種關係的差異，運動神經對腦髓的依賴更爲明確；除此之外，小腦，這運動的首要指揮者也分享著大腦的優質完美；所以，透過這兩者，所有的有意識的運動

1027　1028

都更輕易、快捷和靈敏，並且透過把一切活動的出發點集中起來，就產生了利·希·滕·貝·格所讚揚·加·里·克的：「他身上的每一塊肌肉似乎都顯示他是無處不在的。」因此，身體運動的遲鈍就預示了思想運動的遲鈍，就與睡意朦朧、無精打采的面容和呆滯的眼神差不多，都可被視爲缺乏精神思想的標記，這不僅對個人如此，對民族也一樣。就那所提出的生理學方面的事實的另一個徵象，就是這樣的情形：許多人一旦與同行者的談話開始有了某些連貫性以後，就要馬上停下腳步，因爲他們的腦袋一旦要聯繫起一些思想，就沒有了所需的餘力透過運動神經去維持下肢的運動。在他們那裡，一切都是剪裁、配置得勉強剛好而已。

從對智力及其起源的整個客觀考察所得出的結果就是：智力的使命就是要去把握這樣一些目標——而實現這些目標，是他們的個體生命和繁殖的基礎；但智力卻根本不是確定要去描述獨立於認知者而存在的事物和世界的自在本質。對光的易感性之於植物——易感性因此引導著植物向著光的方向生長——在特性上，就跟認知之於動物，甚至之於人是同樣的，雖然隨著每一個這樣的生物的需求而對認知產生了強烈的要求，認知也相應地提高。在它們（他們）那裡，感知始終就只是察覺它們與其他事物的關係，而絕對不是要去在認知者的意識裡再一次地展現這些事物眞正的、絕對眞實的本質。其實，智力作爲出自意欲的東西，其使命也只是爲這意欲服務，具體地說，就是爲了把握動因；智力就是爲此目的而設置的，所以具有完全實際的傾向。只要我們把生活的形而上的涵義理解爲一種倫理方面的涵義時，那上述內容同樣適用於這裡，因爲在這一意義上，我們發現人們的認知就只是爲了其行爲的目的。這樣一種唯獨是爲實際目標而存在的認知能力，根據其天性，始終只是去明白事物相互之間的關係，而不是去明白事物就自身而言的特有本質。但把這些種種關係的複合體視爲這世界的絕對和就自身而言的本質，把這些複雜的關係依據在頭腦中預先設定的規則而必然表現出來的方式，視為所有事物存在的永恆法則，然後據此去構建本體論、宇宙論和神學——這就是被康德哲學所終結了的古老的根本謬誤。在此，我們對智力客觀的並因此大部分是生理學方面的考察，就與康德對智力的超驗考察碰上頭了，前者甚至在某種意義上就像是康德的超驗考察中的先驗觀點，因為這客觀的考察從一個在智力之外的立足點出發，讓我們在生物起源學方面認識到了從意識中的事實出發，那超驗的考察只是事實性展示，並因此認識了其必然性。這是因為我們的客觀考察所引出的結果就是：作為表象的世界，那在空間和時間中展開和存在的、依照因果性的嚴格規律而合乎規則地運動的世界，首先就只是一種生理學方面的現象，只是腦髓的功能——這腦髓功能雖然要有某些外在刺激的原因，但卻是根據自身的規則而呈現這一世界的。據此，這一點預先就是不言自明的：這功能本身所發生的事情，因而也就是透過這功能和對這功能所發生的事情，是根本不可以被視為屬於獨立於這功能而存在的和完全與這功能有別的自在之物的性質和特性；其實，這首先只是這功能本身的展現方式，這始終只可以透過那完全獨立於這功能而存在的、作為刺激而把它運動起來的東西，來接受某一相當次要的修改。據此，就正如洛克把所有透過感覺到達感知的東西歸之於感覺器官，以否認其屬於自在之物，同樣，康德帶著同樣的目的和在同樣的道路上走得更遠，證明了所有讓真正的直觀成為可能的東西，亦即空間、時間和因果性，就是腦髓的功能，雖然他忍住並沒有用上這些生理學字詞，而這些字詞是我們當今來自另一對立的、現實的角度的考察方式必然會引導我們用上的。康德運用自己的分析方法得出了這樣的結果：我們所認識的就只是現象而已。這神祕的字眼所真正要說的，透過我們對智力客觀的和生物起源學的考察就變得清楚了：這些現象就是實現一個個體意欲的目標的動因，這些動因就展現在爲此目的而由意欲創造出來的智力（這智力本身就客觀地顯現爲腦髓現象）那裡；那些動因，只要我們追蹤這些動因的連接而予以把握，就會以其關聯把在時間和空間中客觀展開的世界提供給我們，而這世界我就名爲表象的世界。那從我們的審視角度出發，康德學說中那引起反感的成分也同樣消失了，那引起反感的成分的產生，是因爲智力並沒有看到事物自在的樣子，而只認識到現象，並的確是因爲這樣而受誘使得出錯誤的結論和沒有根據的神性擬人化，借助的「並不是人的詭辯論證，而是涉及理性方面的、就算是最有智慧的人也難以擺脫的詭辯論證；在諸多努力之下，或許雖然防止了謬誤，但卻永遠擺脫不了那種不停折磨和愚弄他的假象」；看上去，我們的智力就是故意要誘使我們犯下錯誤似的。這是因爲在此給出的有關智力的、包含了智力的形成過程的客觀看法，讓我們得以理解：智力是專爲實際目標而設的，就只是動因的媒介，所以，只要正確表現出動因，就已經履行了天職；假如我們要從在此向我們客觀展現的現象複雜性和合乎規律性構思出、臆想出那自在之物本身的本質，那是要冒風險和要負責任的。我們已認識到：在原初並沒有認知的和在黑暗中蠢動的大自然的內在力量，假如努力提升到了自我意識，向這自我意識顯現爲意欲，就只是透過產生了動物性腦髓及其功能——認知——才達到了這一等級；據此，在這腦髓中就出現了直觀世界的奇特現象。但把這只是腦髓的奇特現象，以及與這腦髓功能始終不變地聯繫在一起的合乎規律性，宣稱爲並不依賴於這腦髓的現象的，在其之前、在其之後都存在的東西，宣稱爲這世界及這世界的事物的自在客觀本質本身——那明顯是我們沒有任何合理理由的飛躍。但我們所有的概念取之於這現象的世界，取之於在多方條件下形成的直觀，這些概念只是從這些獲得內容，或者其內容也確實只與這些有關。所以，正如康德說的，這些概念只是在經驗和知識的固有範圍，而不是在超驗的層面派上用場；也就是說，我們這些概念，這些思維的首要材料，因此還有更多的經此組合而產生的判斷，就更是與思考自在事物的本質和世界與存在的眞正關聯這一任務很不相稱；事實上，要做這樣的事情就類似於用平方英寸來表達一個物體的體積。這是因爲我們的智力，原初只是要用於把一個個體意欲的瑣細目標呈現給這個體意欲，相應的只是把握事物與事物之間的關係，而不會深入到事物內在的、自身的本質。因此，智力就只是表皮的力，附著於事物的表皮和只是把握事物的短暫現象，而不是事物的眞正本質。由此造成了我們無法完全澈底地明白和把握任何一樣事物，哪怕是至爲簡單和至爲渺小，每一樣事物都留下了某些我們完全無法解釋的東西。正因爲智力是大自然的產物，因此是爲了大自然的目標而設，所以，基督教的神祕主義者就很貼切地把那稱爲「大自然之光」，並把它趕回到它自己的範圍，因爲相對於大自然這客體，只有智力才是主體。這說法的基礎，就是出自《純粹理性批判》的思想。至於採用直接的途徑，亦即透過不加批判地直接應用智力及其作爲論據的事實，我們並不能理解這一世界，而只會在對其反思時深陷於無解的謎團之中——這恰恰就是由於智力，具體地說就是認知本身，已是次一級的東西，就只是結果而已，是由世界本質的進化所帶來的；所以，直至那時爲止，這世界的本質是先於智力的，智力最終出現是從那種不具認知的欲求的黑暗深處，一次向著光明的突破，而那種欲求的本質就向那在同一時間由此產生的自我意識展現爲意欲。那先於認知的、作爲認知條件的、經此那認知才首先成爲可能的東西，因而就是認知自身的基礎，是無法直接被認知所把握的，就正如眼睛無法看見自身一樣。其實，在事物表面所展現的存在物與存在物之間的關係情形才唯一是認知的事情，並且那只是透過智力的裝置，亦即透過智力的形式、空間、時間、因果性。正因爲世界是在沒有認知的幫助下創造了自己，它的整個本質並沒有進入認知裡面；相反，認知是以這世界的存在爲前提條件的，所以，這世界存在的起源並不在認知的範圍。據此，認知就侷限於現存的事物之間的關係，這對個體意欲也就足夠了，因爲認知的產生唯獨就是爲意欲服務的。這是因爲正如所指出的，智力以大自然爲條件，存在於大自然，屬於大自然，因此，它無法作爲一個完全陌生者去對峙大自然，以便絕對客觀地和從根本上領會大自然的整個本質。運氣好的話，智力可以明白在大自然中的一切，但卻無法明白大自然本身，起碼無法直接明白它。

這出自智力的本質和起源的智力的根本性侷限，儘管對形上學來說相當的沮喪，但這一侷限卻有著相當安慰性的另一面。也就是說，它拿掉了大自然直接證詞的無條件效力，而眞正的**自然主義**就在於宣稱大自然的證詞具有這樣的無條件效力。因此，雖然大自然向我們展現出：每一個活者都是從無中生成，在經過一段短暫的存在以後，就永遠地重歸於無，並且大自然似乎樂於不停地重新創造以便能夠不停地毀滅；而在另一方面，卻無法拿出任何永恆存在的東西；如果我們據此承認**物質**（Materie）就是唯一持久的東西，不生也不滅，一切都從物質的子宮生出來，所以其名字似乎就出自 *mater rerum*（**萬物之母**），與物質一道作爲事物的父親的則是**形式**，而形式是匆匆即逝的，就正如物質是長駐不變的：形式其實在每一瞬間都在變化，也只有寄生物一般地緊緊依附著物質（一會兒依附物質的這一部分，一會兒則依附另一部分）才能維持，一旦形式完全失去了這一支撐，就會毀滅，正如古獸馬和魚龍所證明的——雖然如此，雖然我們也必須承認這些就是大自然直接的和不曾受到歪曲的證詞，但由於上面所分析的智力的起源及由此所得出的**智力的特性**，我們卻不可以承認這些證詞具有任何**無條件的眞理性**，而更應該認爲其眞理性是有條件的，而**康德**在把這些名爲與自在之物相對的**現象**時，就準確地標示了這一點。

儘管智力有這些本質性的侷限，但假如智力有可能讓我們從迂迴的路徑，亦即透過多方反思和透過把投向於外在的客觀認知與自我意識中的事實巧妙地連接起來，以達到對這世界和存在的本質的某些理解，那這理解卻是非常有限、相當間接和相對的，也就是一種比喻性地翻譯成認知的形式，亦即前進至某一界線，而這肯定還會留下許多懸而未決的問題。相比之下，那古老的、被康德毀掉了的教條主義，其根本性的錯誤，不管其形式爲何，就是絕對地從認知出發，亦即從表象的世界出發，目的就是從這表象世界的規則中推導和建構起自在之物，在這過程中，把表象的世界連帶其規則當作絕對眞實的東西，而那整個存在從根本上卻是相對的，只是構成其基礎的自在本質的結果或者現象而已；或者用其他的話說，教條主義就是在只有素材去構建一種思想法則學說之處，構建起了它的本體論。康德從認知本身的合乎其規則性，揭示了認知是帶著主體條件的東西，所以絕對是內在、固有的，亦即並不適宜作超驗方面的應用。這就是爲什麼他把他的學說名爲對理性的批判是很準確的。他完成這工作一是透過證明所有知識的顯著的一部分普遍是先驗的，這些先驗的部分作爲完全主體（主觀）的東西，損害了一切客觀性；二是自稱闡明了：假如那些被當作純粹客觀知識的基本原則貫徹到底的話，就會導致相互矛盾。不過，康德倉促地假定了：除了客體（客觀）的知識以外，亦即除了表象的世界以外，就再沒有什麼東西是給予我們的，或許除了良心。從這良心，康德構建起了形上學還剩下的一點點東西，也就是道德神學。但對這道德神學，康德即使絕對承認其只有實際性的效力，但也完全沒有承認其理論性的有效性。他忽略了雖然客觀的認知或表象的世界，確實除了提供現象及其現象之間的關聯和追溯以外，就別無其他，但我們自己的實質必然也屬於自在之物的世界，因爲那肯定是扎根於此的。儘管無法把那根子直接暴露於光天化日之下，但從中也一定可以把握到某些事實，好讓我們以事物的自在本質來解釋現象世界中的關聯。所以，正是沿此路徑，我超越了康德及由他畫下的界限，但卻始終是腳踏反省思維的實地，所以始終堅守誠實，因此並沒有所謂智力的直觀或者絕對的思維等輕浮的聲稱，而這些正是在康德與我之間那段假冒哲學時期的典型特色。康德在證明理性知識不足以探究世界的本質時，是從認知出發的，而認知則當作是我們的意識所提供的一個事實；他也就是在這一意義上以後驗的方式行事。但我在這一章裡，也在《論大自然的意欲》一文中，嘗試證明認知根據其本質和起源到底是什麼；也就是說，我證明了那就是次一級的、明確為了個體的目標而服務的東西。由此得出的結論就是：這認知必然是不足以探究世界本質的；就這點而言，我是先驗地達到了同樣的目標。但我們無法完全地、完整地認識到任何東西的——除非直至我們為此目的而繞過去，從另一邊返回到當初的出發點。因此，就算對在此所討論的重要的根本知識，我們也必須不僅像康德那樣從智力到達對世界的認知，而且也必須像我在此所做的那樣，從那認定為存在的世界到達智力。然後，這生理學方面的考察，在更寬泛的意義上，成了對那觀念性的考察——就像法國人所說的那樣——的增補，而更正確的說法應該是超驗的考察，而不是觀念性的考察。

在上文，為了不中斷敘述的線索，我推遲探討我所觸及的一點。這一點就是：隨著在逐級向上的動物系列中，那智力表現得越發達和完美，認知與意欲活動也越清楚地分離，並因此而變得更純粹。就此最關鍵的論述，讀者可以在我的《論大自然的意欲》中「植物生理學」標題下找到（第二版，第六十八—七十二頁）。我建議讀者閱讀，以免我在此重複。在此，我就接著它多加幾句。因為植物既沒有肌肉的興奮性，也沒有情感力，意欲只是作為成型性或者繁殖力客體化在植物那裡，所以，植物既沒有肌肉也沒有神經。在動物王國的最低級別，在植蟲類，尤其是珊瑚蟲，我們還無法清楚地看出

1035

1036

這兩個組成部分的分離，但假定這兩部分是存在的，雖然那處於一種交融在一起的狀態，因爲我們感知到那些運動並不像植物那樣只是由於刺激，而是發自動因，亦即由於某種感知所致。正因此，我們認爲這些存在物是動物。那麼，隨著在逐級向上的動物系列裡，神經的和肌肉的系統越發清晰地彼此分離，直至脊椎動物，在人那裡則更是達致最完美，神經系統分成了機體的和大腦的神經系統，而大腦的神經系統又發展成爲特別複雜的由大腦、小腦、延髓和脊髓、腦髓和脊髓神經、感覺和運動神經束所組合而成的器官裝置；而在這裝置裡面，只有大腦以及與大腦連接在一起的感覺神經和後面的脊椎神經束才負有接收、理解來自外在世界的動因的任務；所有其餘部分則只是把那些動因傳達至肌肉，而意欲直接表現在肌肉那裡——隨著這些，相應地在意識中，動因也在同等程度上越發清晰地與由動因所喚起的意欲行動分離了。以這樣的方式，意識的客觀性持續地增加，因爲表象越來越清晰和純粹地表現在意識裡面。但這兩者的分離，其實就只是我們在此從兩方面考察的同一樣事情，也就是從客體（客觀）和主體（主觀）兩面，或者首先是在對其他事物的意識中，然後是在自我意識中。這兩者分離的程度，從根本上決定了智能的等級差別，不僅在各類動物之間如此，在個體的人與人之間也是如此。那也就是給出了測量這些生物的智力完美性的標準。這是因爲對外在世界的意識清晰度、直觀的客觀性都有賴於此。在上面所提到的地方，我指出了動物對事物的感知，就只到達那些成爲牠們的意欲的動因的事物爲止，就算是最高智力的動物，也甚少越出這一界限，因爲牠們的智力仍然太過牢固地黏附於智力所出自的意欲。在另一方面，甚至最蠢的人也會在某種程度上客觀地把握事物，因爲他在那些事物中不僅認出了與他有關的東西，而且所認出的一些事物是與事物自身相關的和與其他事物相關的。但在極少數人那裡會達到這樣的程度，以致他們本來可以純粹客觀地檢驗和評判一些東西和事情的，但那「我必須這樣做，我必須這樣說，我必須這樣相信」就在每一次機會中，他們的思考直線匆忙要到達目的地，而到達了目的地以後，他們的理解力就馬上得到了令人高興的休息。這是因爲思考對虛弱的頭腦是難以忍受的，就等於舉起重物對虛弱的手臂難以忍受一樣，所以，這兩者都趕緊要放下那東西和事情。認知的客觀性和首要的直觀的客觀性有無數的等級，取決於智力的能量和智力與意欲的分開，而這最高的等級就是**天才**，因爲在天才那裡，對外在世界的理解是如此的純粹和客觀，以至單個的事物所直接透露給他的甚至多於這些事物，也就是說，透露給他的是整個**種屬**的本質，亦即那種屬的柏拉圖式的**理念**。能夠像這樣的條件就是，在這期間意欲完全從意識中消失。在此我們就到了這樣一個點：現在從生理學的基礎出發的考察與我們第三篇的主題，亦即與關於美的形上學結合在一起了。在第三篇，我們將要透澈地考察那眞正的美學的理解——更高一級是只有天才才有的；那也就是純粹的，亦即完全沒有意欲，也正因此是完全客觀的認知狀態。根據我所說的，那從最呆滯的動物意識一直到人的意識，那智力的提升就是**智力不斷地與意欲分離**，而這分離在天才那裡的表現是完美的，雖然那只是例外的情形。因此，我們可以把天才定義爲認知的最高級別的**客觀性**。對此極少存在的條件就是具有明顯大得多的智力份額，遠遠多於爲構成智力基礎的意欲服務所需的，據此，正是這自由了的多餘的智力，首先眞正地發現和認識到了這世界，亦即完全**客觀**地理解了這世界，然後根據其理解而創作出繪畫、文學、詩歌和思想作品。

第二十三章　論意欲在不具認知的大自然中的客體化⓫

我們在我們的內在所發現的意欲，並不如至今爲止的哲學所認爲的那樣是首先出自認知或者知識的，並且的確就只是這知識的某種改頭換面，亦即某種次一級的、引申出來的東西，因此，就像知識本身那樣，是以腦髓爲條件的。與此相反，我們發現意欲是先於認知的，是我們本質的內核，是創造和維持動物性身體的原力，因爲這原力行使了這身體的不管是無意識的還是有意識的功能——這，就是我的形上學基本知識的第一步。自在的意欲本身是沒有認知的——這一點到現在對許多人來說，還似乎是怪論，但經院哲學家卻以某種方式早就看出和承認了這一點，因爲那完全精通經院哲學的瓦尼尼（狂熱信仰和教士暴怒的著名犧牲品），在《永恆上帝的圓形劇場》第一八一頁說：根據經院哲學家的觀點，意欲是一股盲目的力量。再者，那在植物中開始讓冒出葉芽以便由此長成葉子或者花朵的，就是同一樣意欲；的確，水晶的合乎規律的形狀就只是那意欲在爭取的瞬間所留下的痕跡；這意欲作爲眞正的和唯一自我發揮作用的東西（在這個詞的眞正意義上），也同樣是無機大自然的所有力量的基礎，在五花八門的現象中遊戲著、作用著，賦予其規則以力量，甚至在最粗糙的質量中仍可讓人認出就是重力——這見解是我的形而上基本知識的第二步，這大概是要透過更進一步的反省思考

⓫ 本章與第一卷 §23 相關。

才可達致的。但在所有的誤解中，最嚴重者就是以爲在此只是用以標示一個未知數值的**字詞**而已。其實，在此用語言表達的，是一切眞實知識中的最眞實者。這是因爲把那些我們完全無法直接認識的，因此對我們根本上是陌生的和未知的、我們標示爲**自然力**的東西，用我們最精確和最清楚知道的，但卻只在我們的自身本質爲我們所直接接觸到的東西加以說明；因此，必須從這後者轉換到前面的現象。這是領悟到所有一切，儘管物體的變化和運動是那麼的不同，其內在的原初的東西，根據其本質，都是同一樣東西；但我們也就只有**一個**機會去更進一步地和直接地了解它，即在我們自己身體的運動中去了解，而了解了以後，我們就只能稱其爲**意欲**。這是領悟到那在大自然中作用、活動和在愈加完美的現象中表現出來的東西，在奮力達到了如此的高度以後，以致得到了認知之光的直接照射，亦即在達到了自我意識的狀態以後，就是**意欲**，就是我們最清楚知道的，因此不會再透過除此之外的任何其他來解釋的東西，更準確地說，是它給予了對所有其他的解釋。據此，它就是自在之物——只要能以某種方式對其達致認知的話。所以，它就是這世界的每一樣事物中必然以某一方式表現出來的東西，因爲它是這世界的本質和一切現象的內核。

既然我的《論大自然的意欲》一文就專門討論這一章的話題，也提供了贊同我這學說要旨的來自不帶偏見的經驗主義者的證詞，那我在此就只需爲在那裡所說的增補一些內容，這些因此就有點片段式地排列在了一起。

首先，有關植物生命方面，我提請讀者注意亞里士多德關於植物的論述中值得注意的前兩章。其中最有趣的，正如亞里士多德著作中經常發生的那樣，卻是他所引用的他之前的那些更獨具慧眼的哲學家的看法。在那裡我們看到：**阿那克薩哥拉**和**恩培多克勒**相當正確地教導說，植物有生長運動，是由植物中的**渴望**所致；的確，他們認爲植物也有苦與樂，因而也有感覺；但柏拉圖只承認植物有渴望，而且是由於植物對營養的強烈欲望所致（參見柏拉圖《蒂邁歐篇》，第四〇三頁，比朋蒂尼版本）。而亞里士多德則忠於其一貫的方法，只掠過事物的表皮，只抓住個別、零星的特徵和採用流行話語所固定下來的概念，宣稱沒有感覺就不可能有渴望，而植物是沒有感覺的。但亞里士多德卻一如其混亂的空話所證明的處於相當尷尬的狀況，直至在此也出現了「缺少思想概念的話，就適時用字詞頂上」*的情形，亦即用上了「營養的功能」的字眼：植物具有這功能，也就是具有這所謂的靈魂的一部分——根據其常用的植物靈魂、感性靈魂和理性靈魂的劃分。但這只是繁瑣哲學家的一個遁詞，說的是植物吸取營養，因爲植物有營養的功能；所以，這很糟糕地取代了被其批評的先行者那些更深入的探究。我們也看到，在第二章，恩培多克勒甚至認識到了植物的性徵，亞里士多德同樣對此予以批評，並以泛泛的原則掩蓋其缺乏專門的知識，例如這一點：植物不可能具有兩種性別結合在一起，因爲如果是這樣的話，它們就會比動物更完美了。透過一個相當類似的方式，他排斥了畢達哥拉斯主義者的正確的天文宇宙體系，並透過在《論天》中展示的荒謬的基本原則，推廣了托勒密的體系，人類也就因此再一次被剝奪了已被發現的至爲重要的眞理，幾乎長達二千年。

在此，我不得不把我們時代的一個傑出的生物學家的話放到這裡。他這段話與我的學說相一致，那就是戈特弗里德·萊茵霍爾德·特拉維拉努斯在《論有機生命的現象和規律》（一八三二，第三卷，第一部分，第四十九頁）中所說的下面這段話：「但可以設想這樣一種生命的形式：那外在對

* 見歌德《浮士德》。——譯者注

其內在的作用所引起的就只是愉快和不愉快的感覺，而結果就是引起了渴望。這種生命形式就是植物生命。在動物性生命的更高級形式中，外在的東西就被感覺爲某樣客觀的東西。」特拉維拉努斯在此說出的是他對大自然純粹和不帶偏見的理解，既意識不到他這段話在形上學方面的重要性，也意識不到「感覺爲某樣客觀的東西」的說法是語詞矛盾。他甚至還詳細地說明了這句話。他不知道一切感覺本質上都是主觀的，而一切客觀的都是直觀的，因此是理解力的產物。但這卻無損他話中的眞理和重要部分。

事實上，意欲即使沒有認知也可以繼續存在的眞理，在植物生命方面可以說是顯而易見的。這是因爲在此我們看到了一種明確的追求，受著需求的支配、多方的調節和適應不同的環境——但卻明顯是沒有認知的。也正因爲植物是沒有認知的，所以，它們誇示地表露著生殖器官，完全的純潔無邪：它們對這些一無所知。相比之下，一旦在生物系列中出現了認知，生殖器官就轉移到了隱蔽之處。但在人那裡，情形卻又不是這樣，人們是有目的地把生殖器遮藏起來，因爲人爲此感到了羞恥。

首先，生命力與意欲是同一的，不過，所有其他自然力與意欲也是同一的——雖然這後面一點並不是那麼的明顯。因此，假如我們發現在各個時期都有人以或多或少的清晰概念表達出承認某種渴望，亦即意欲，就是植物生命的基礎，那相比之下，把無機大自然的各種力溯源到那同樣的基礎，隨著無機大自然的力與我們的自身本質距離越遠，就相應越少有想法。事實上，有機的與無機的分界線在整個大自然中畫得至爲鮮明，這分界線或許唯一沒有兩者間的過渡，以致大自然不作任何的跳躍在此似乎要承受一個例外了。雖然一些結晶體展示了某一與植物相似的外在形態，但就算是最小的蘚類之間，在最低級的黴菌與所有無機體之間，也保留著某一根本性的差別。在無機的物體中，那本質性的和持久性的東西——具體說就是其身分和完整性——所賴以存在的東西，就是物質，而非本質性的和變動不居的則是形式。對有機體而言，情況就恰恰相反，因爲它的生命，亦即作爲一個有機體的存在，就在於保持那形式之下持續的材料變換。它的本質和身分唯獨在於其形式。因此，無機體就透過靜止和與外在影響的隔絕而持續：它唯獨以此獲得其存在；假如這狀態是完美的，那這樣的物體就無限地存在。相比之下，有機體的持續恰恰就在於不斷的運動和隨時接受外在的影響：一旦這些沒有和有機體中的運動停止了，那這有機體就死亡和同時不再是有機體了，儘管那曾經的有機體的痕跡仍會持續一會兒。據此，那在我們今天人們如此熱衷的所謂無機體生命的說法，甚至所謂地球體生命的說法，以及這地球乃至這行星系統就是一個有機體等說法，就是完全不可以的。「生命」這一稱號只有有機體才可以有。但每一個有機體都是徹頭徹尾有機的，在其所有的部分都是有機的，沒有任何一處、哪怕是最小的微粒是由無機的東西聚合而成。也就是說，假如這地球眞的就是一個有機體，那所有的山脈和岩石及其整個質量內在，就必然是有機的，據此，就不會還有任何無機體存在。所以，這方面的整個想法都是站不住腳的。

相比之下，某一意欲的現象既不會與生命和有機體，也不會與認知連接在一起，因此，無機體也有某一意欲，其表現出來的就是所有它的那些無法得到進一步解釋的根本特性——這就是我的學說的關鍵，雖然要在我之前的作者那裡發現這樣思想的痕跡，與植物也有意欲（意欲在此的確還是沒有認知的）的思想相比，要稀罕得多。

在水晶結晶的時候，我們彷彿仍然看到一種追求達到生命的苗頭——雖然那並不成功，因爲在運動的瞬間，其所組成的就像生物一樣的液體，並不像生物那樣始終有一個皮囊包裹著，因此，它既沒有一個**容器**好讓那運動能夠繼續，也沒有某樣東西讓其與外在世界分隔開來。所以，那僵化和凝固就馬上把那瞬間的運動逮住了，而那運動的痕跡就作爲水晶保留了下來。

甚至構成**歌德**《親和力》的基礎的，正如其題所暗示的——雖然歌德並沒有意識到這一點——就已是這一思想：**意欲**，這構成了我們自身基礎的東西，與在最低級的、無機的現象中所顯現的是同樣的東西；因此，這兩種現象合乎規律地展示了完全的相似性。

力學和**天文學**其實向我們展示了：這**意欲**在現象的最低級別就只作爲重力、僵硬性和慣性而出現的話，是如何作爲和表現的。**水力學**向我們展示在沒有了僵硬性，在液體材料不受約束地放任其主導性的激情——重力——的時候，那同一樣東西的作爲和表現。在這一意義上，水力學可以被理解爲對水的特性描述，因爲水力學說明了水受到重力的驅動而作出的意欲表現；這些始終與外在的影響精確吻合，因爲在那些非個體存在的情形裡，並不會還有任何特別的特性、性格——除了一般的特性、性格以外；因此，透過對水性的經驗，那些意欲表現輕易就可歸因到我們稱爲規則的穩固的基本特徵；這些基本特徵精確陳述了水由於重力，在各部分都是絕對的流動性和缺乏彈性的情況下，在各種不同的情形裡是如何作爲和表現的。流體靜力學教導水如何透過重力而變得靜止，流體動力學則教導水如何透過重力運動起來，而流體動力學還要在這期間考慮到那黏連性給水流意欲造成的障礙。這兩者一起組成了**水力學**。同樣，**化學**教導我們：意欲在材料的內在素質被引入液體狀態而獲得了自由發揮以後，是如何作爲和表現的。現在，就出現了那奇妙的吸引和排斥，分離和結合，捨棄這個目的就是要抓住那一個——這些是每一種沉澱物都可證明的，也是我們標示爲**親和性**（一個完全從有意識的意欲那裡借來的詞語）的東西。但**解剖學**和**生理學**讓我們看到意欲是如何爲了實現和維持一段時間那生命現象而作為和表現。最後，文學家向我們展示了意欲在動因和思考的影響下是如何作為和表現的。因此，文學家通常所表現的是其最完美的現象，是理性的生物，其性格是個體的；文學家把相互之間的行為、做事和受苦一一演示給我們，那就成了戲劇、史詩、小說，等等。文學家的人物描寫越是眞正實在，越是嚴格符合自然的規律，那他的名聲就越大；因此，莎士比亞排在了最前頭。在此所表達的角度，從根本上與歌德在從事和熱愛自然科學時所秉持的精神相一致，雖然歌德並沒有在抽象中意識到這事情。這不僅從歌德的寫作中顯露出來，我從他說出的個人看法中也意識到這一點。

假如我們考察意欲在無人會否認其存在的地方，亦即在具認知的生物中，那我們會發現每一生物都無一例外有自我保存的基本追求：每一自然生物都努力保存自己。但這一基本追求的所有表現，都始終可還原為追求、謀求和回避、逃避——這視情形而定。這一點甚至在大自然——亦即意欲的客體化——的最低級別上也可以證實，也就是說，在這一級別，物體總的來說仍只是作為物體而發揮作用，亦即仍只是力學的主題，我們只是根據其所表現的不可穿透性、內聚性、僵硬性、彈性和重力而考察這些物體。在此級別，那追求也仍表現為引力，而逃避則表現為接受了運動和物體透過壓力或者撞擊的可動性。這些構成了力學基礎的東西，從根本上就是在物體那裡追求自我保存的一種表現。也就是說，既然它們作為物體是不可穿透的，那接受運動和可運動性就是唯一的拯救它們的內聚性手段，亦即拯救它們每一次的存在。那被撞擊了的或者受到了擠壓的物體，假如不是為了拯救其內聚性而透過逃避以躲過其威力的話，那物體就會被撞擊物或擠壓物擊碎或壓碎；假如無可逃避，那這眞的就會發生。的確，我們可以把具有彈性的物體視為更有勇氣：它們試圖把敵人驅趕回去，或者起碼不讓其得寸進尺。這樣，我們就在那如此清楚的力學所唯一留下的祕密（這連帶那重力）裡面，也就是說，在運動的可傳遞性中，看到了意欲在所有現象中的基本追求的一種表現，具體地說，就是自我保存的渴望，而這作爲最本質性的東西在最低級的現象中也仍可看得出來。

在無機大自然，意欲首先客體化爲普遍的力，也只有透過這些力才客體化爲經由原因所引起的個體事物的現象。原因、自然力與作爲自在之物的意欲的關係，我在第一卷 §26 已經充分分析了。我們由此可看出：形上學從來不會打斷物理學的步子，而只會拿起物理學所留下的線索，亦即就在原初的力那裡，因爲那是所有因果解釋的界限所在。只有在這裡，以作爲自在之物的意欲所作的形上學的解釋才得以開始。在每一個物理學現象裡，對物質事物的每一個變化，都要首先證明其原因，而這原因恰好就是在這之前所出現的變化；然後，就是讓這些原因能夠發揮作用的原初自然力；而最首要的是認出這些自然力的自在本質（相較於這些自然力的現象）就是意欲。但這意欲在人的行爲的展示一如在下落的石頭那裡一樣的直接，區別只在於：意欲在人的行爲的單個表現是由動因所引出的，而石頭下落的情形則是由某一力學作用的原因所引發，例如，拿走了那石頭的支撐物，但在這兩種情形裡，意欲的表現都有同樣的必然性；在人的行爲中，這取決於個人的性格；在落下的石頭中，則取決於那普遍的自然力。這種根本關鍵性東西的同一性，甚至可以明顯感覺到——假如我們，例如，注意觀察一個失去了平衡的物體：由於其特別的形體而長時間反覆地轉動，直至重新找到重心爲止；然後，我們就不由得產生某種生命的印象，我們會直接感覺到某種類似於生命基礎的東西也在此起著作用。這當然就是那普遍的自然力，就其自身與意欲是同一的，在此就彷彿成了某一異常短暫的準生命的靈魂。也就是說，在意欲現象的兩個極端的其實是同一樣東西，在此甚至也稍稍展示給直接的直觀，因爲這刺激起我們的這一感覺：甚至在這裡，某一完全是原初的、我們只能從我們自身意欲的行爲了解的那種東西，也直接達致現象。

以一種完全別樣的和特別的方式，我們可以對意欲在無機大自然的存在和作用達致某一直覺的認識——假如我們仔細研究三大天體的問題，因此也就是稍微更精確和專門地了解月亮圍繞地球的轉動。由於這三個天體互相之間的位置不斷在變化所引起的不同組合，月亮的運轉時快時慢，距離地球時遠時近；而這在地球的近日點又與在遠日點不一樣。所有這些合在一起就給月球的運行帶來了這種不規則性，以致月球的運轉就有了某種反覆無常的樣子，因爲甚至克卜勒第二定律也不再始終有效，而在同樣的時間每次都改寫不一樣的面積。考察這月球的運行是天體力學的短小和自成一體的一章。這天體力學因其沒有那所有的碰撞和擠壓，亦即沒有那些在我們看來容易理解的**推力**，甚至沒有真正完結了的情形，而以一種壯麗的方式與地球上的力學有所區別，因爲這天體力學以其慣性，並沒有任何其他推動和引導的力——除了引力以外，而這引力是那天體發自自身內在的想要結合的渴望。如果我們在這情形裡具體想像其作用的每一個細節，那我們就可清楚和直接地認出在此的推動力量，恰恰就是我們的自我意識中的意欲。這是因爲根據地球或月亮由於其位置而受到的太陽或多或少的影響而導致的地球和月亮的運行上的變化，與新出現的動因對我們的意欲的影響和我們的行爲隨之改變，有明顯的相似性。

下面是另一種說明例子。**李比希**（《化學在農業方面的應用》，第五〇一頁）說：「假如我們把潮溼的銅放在含有碳酸的空氣中，透過與這種酸的接觸，金屬與空氣中的氧的親緣性就會提升至這樣的程度，彼此結合在一起；表面就覆蓋了綠色的碳酸氧化銅。但兩個有著彼此結合能力的物體，在接觸的那一刻帶著相反的電子狀態。因此，假如我們把銅與鐵接觸，透過刺激起一種特別的電子狀態，那銅與氧結合的能力就會被消滅了：就算處於上述條件下，這銅也會繼續閃閃發光。」這事實是人們都知道的，也有技術上的應用。我引用這一事實，目的是要告訴大家：在此，銅的意欲由於相反的電子而被鐵所需求和吸引，就不會利用所出現的發揮其與氧和碳酸的親緣性的機會。因此，這情形就恰似一個人的意欲：這個人本來感受到驅動要去做一樣事情，但卻沒有做，因爲他要去做另一件受到了更強勁動因驅動的事情。

在第一卷裡，我已經說明：自然力是在因果作用鏈條之外的，它們構成了因果鏈的普遍條件、形而上的基礎，並因此證明了是永恆的和無所不在的，亦即不依賴於時間和空間。甚至那無可爭議的眞理——即一個原因本身，其本質性東西就在於這原因，甚至在每一將來的時間也會產生出像現在這樣的同樣效果——就已經包含了這一點：在原因裡面，已經有某些東西獨立於時間的流動的，亦即在一切時間之外；這就是在時間中表現出來的自然力。我們甚至可以仔細審視在無力的時間襯托之下的自然力，以此方式，我們就在某種程度上，在經驗和事實方面對我們直觀的這一形式的觀念性有了確信不疑的認識。例如，假如一個行星由於某一外在的原因而被置於旋轉的運動中，那假如沒有任何新的原因加入以抵消這旋轉運動，那這旋轉運動就會無限延續下去。假如時間本身是某些東西和具有某一客觀、眞實的存在，那情形就不會是這個樣子了，因爲時間必然也會發揮某些作用。所以，我們在此一方面看到那自然力就表現在旋轉運動裡，而這運動一旦開始了，就會永遠延續下去，不會疲倦，不會漸漸止息，就會證明是永遠的或沒有時間的，因而是絕對眞實的和自在存在的東西；而在另一方面，時間就只在於我們認知那些現象的方式，因爲時間對這些現象本身無法產生任何力量和影響。沒有作用的東西也就是不存在的。

我們有天然的傾向要對每一自然現象盡可能地作**力學**（機械學）的解釋，無疑這是因爲力學求助於最少原初的和因此不可解釋的力，但卻包含了許多可先驗認知的，因此依賴於我們自身智力的形式的東西，而這樣的東西是最容易理解和最清晰的。但是，**康德**在《自然科學的形上學基礎》中，把機械的有效性本身還原爲一種動力學的有效性。相比之下，把機械的解釋性假設運用到超出可以機械性證明以外的地方——例如，聲學就屬於這方面——那就是完全沒有理由的，我也永遠不相信，甚至最簡單的化學結合或者三種聚集態的區別可以以機械性假設解釋得通，至於光、熱和電的特質，就更不可以了。這些始終只能有一種動力學的解釋，亦即用以解釋現象的是原初的力，這些原初的力與撞擊、擠壓、重量等力是完全不同的，因此屬於更高的類別，亦即在所有事物中已達致可視一面的意欲，更清晰的客體化。在這方面，我認爲光既不是一種放射也不是一種振動，這兩種觀點類似於從細孔解釋透明性的觀點，而這觀點的明顯錯誤證明了光是不會受制於任何機械性法則的。要最直接確信這一點的話，我們只需注意觀察一場風暴的摧枯拉朽、彎折、推倒和吹散一切的作用效果，但在這期間，一束光亮卻從雲縫中照射下來，那光束是如此的完全不可動搖和堅如磐石，以致讓我們直接就認識到那光束屬於另一種秩序，是有別於事物的機械性秩序：它一動不動地在那裡，就像鬼魂一樣。那出自法國人的有關光是由分子所建構的說法荒謬得讓人厭惡。作爲表達這一說法，甚至整個原子論看法的一個刺眼的例子，我們可以看看刊登在《化學和物理學年報》一八三五年四月期論光和熱的一篇文章。這是由在其他情況下眼光相當敏銳的**安培**所寫。在這篇文章裡，那固態、液態和彈性都是由同樣的原子組成，所有的差別只是出於那些原子的集聚。文章甚至說，雖然空間是無限可分的，但物質可不是這樣，因爲假如細分到原子那裡去，那進一步的細分就必然進入到原子間的空隙！然後，文章

1049 1050

說光和熱就是原子的振動，而聲音則是由原子組成的分子的一種振動。但事實上，原子就只是法國的學究們一個揮之不去的念頭，因此，他們談論起這些原子就好像他們見到過似的。否則，我們必然就會覺得奇怪：像法國這樣一個「就事論事的民族」竟會如此死死地抓住一個完全超驗的、遠離一切經驗的可能性的假說，並滿有信心地繼續建造這空中樓閣。這恰恰是他們所竭力回避的形上學處於滯後狀況的結果，而這方面的糟糕代表則是雖然有良好的意願，但卻是膚淺的、相當欠缺判斷力的庫辛先生。他們由於之前受到孔狄亞克的影響而從根本上仍是洛克主義者。所以，對於他們，自在之物其實就是物質，從物質的基本性質，例如不可穿透性、形態、硬度和其他首要的性質出發，這世界的一切最終都必然可以得到解釋。這一點，他們不會聽從別人的勸阻，但他們祕而不宣的前提假設就是：物質只有透過機械性力量才能活動起來。在德國，康德的學說已經防止荒謬的原子論和無一例外的機械物理學再繼續下去，雖然此刻這些觀點也在這裡傳播。這是黑格爾所帶來的膚淺、粗野和無知而得出的結果。但無可否認，不僅是自然物體的明顯多孔的構成，而且現代物理學的兩種專門學說似乎也給胡來的原子論以助力。那就是阿羽依的結晶學，即把水晶歸因於其內核的形態，那形態是最終的，但卻是相對不可分的。然後是貝采尼烏斯的化學原子理論：這些只是標示出結合比例，亦即只是標示出算數的數值的用語，從根本上不過就是代幣而已。在另一方面，康德那只是出於辯證法的目的，爲原子辯護而提出的論點，正如我在對康德哲學的批判中已經證明了的，就只是詭辯而已，我們的理解力本身一點都不會必然地引導我們得出原子論的看法。這是因爲我不會被迫把一樣物體在我眼前緩慢但卻穩定和單調的運動，想像爲由無數的、絕對快速的，但卻又停下的、恰好由同樣多的絕對短小的靜止時刻所中斷的運動組成，而是相反，知道得很清楚那扔出去的石頭飛行得比射出去的子彈要慢，但卻不會中途靜止片刻；我不會被迫想像一樣物體的質量是由原子及其空隙，亦即由絕對的密度和絕對的眞空所組成，而是毫無困難地明白這兩個現象就是持續不斷的延續，其中之一均勻地填充時間，另一現象則均勻地填充空間。但正如一種運動會比另一種運動更快，亦即在同樣的時間裡穿越更多的空間，同樣，一樣物體可以比另一樣物體在比重上更重，亦即在同樣的空間裡包含更多的物質。這兩種情形的差別也就在於作用力的強度，因爲康德（仿照普利斯特里的榜樣），完全正確地把物質還原爲各種力。但就算我們並不認可在此所提出的類比，而是堅持比重差別的原因始終只能在多孔性、可滲透性，那這樣的假設就始終仍然不曾指向原子，而只是指向了某一相當稠密的和在不同的物體裡分布並不均勻的物質；因此，在再沒有任何小孔滲入這物質之處，雖然是絕對的不可再壓縮了，但卻始終就像這物質所塡充的空間一樣，是無限可分的，因爲它沒有小孔並不等於沒有任何力量可能結束其空間各部分的連續性。那麼，假如說分開只能透過擴展已經存在的空隙才有可能，那就完全是主觀任意的宣稱。

原子的假設，恰恰有賴於兩種已說過的現象，亦即有賴於物體的比重的差別和物體的可壓縮性的差別，因爲這兩者可以透過原子輕鬆地得到解釋。但這兩者卻必須始終以同樣的比例存在，但實際情形卻根本不是這樣。這是因爲，例如，水的比重比所有眞正的金屬要小得多，那就應該有更少的原子和原子間有更大的空隙，因此就應該是很可以壓縮的；但水卻幾乎是完全不可壓縮的。

要爲原子辯護的話，我們可以從多孔性出發並說出大概這樣的話：一切物體都有小孔，一個物體的所有部分也是如此；那麼，假如把這繼續推進至無窮，那一個物體最終剩下的就只是小孔了。對此的反駁將會是：剩下來的雖然被設想爲不再有小孔了和就這程度上是絕對稠密的，但卻並不因此就是由絕對不可分的粒子、原子所組成的；因此，那會是絕對不可壓縮的，但卻不是絕對無可再分的；這樣，人們就得宣稱一樣物體的分開就只能透過進入其小孔才有可能；但這一點卻是完全未經證明的。但假如人們認定就是這樣，那我們雖然有了原子，亦即有了絕對不可分的物體，具體地說，這物體的空間各部分有著如此之強的聚合性，以致任何力量都不可能分開它們——但是，這樣的物體，我們也可以假定其爲大的，就正如我們假定了它是小的一樣；一個原子也就可以大如公牛——只要它能抵禦每一可能的進攻。

想像兩個極爲不一樣的物體，由於壓縮，例如透過錘打或者搗碎而完全去掉了一切小孔，那它們的比重就是一樣的嗎？這就是動力學的標準。

第二十四章　論物質

在給第一部分增補的第四章，在考察我們的認知中我們先驗意識到的部分時，就已經談論過物質了。但我們在那裡只能從一個片面的角度考察物質，因爲我們所關注的只是物質與智力形式的關係，而不是物質與自在之物的關係，所以，我們只是從主體的一面，亦即它是我們的表象而言來探究，而不是從客體的一面，亦即根據其自身而言會是什麼而進行探究。在前者，我們得出的結果是：物質就是那客觀所理解的，但卻沒有更進一步限定的作用性、有效性；因此，物質在那裡所給出的我們的先驗知識的圖表裡，就占據著因果性的位置。這是因爲物質總起來看，除了其作用的特有方式以外，就是發揮作用、產生出效果的東西。因此，物質只是作爲這樣的東西的話，它不是直觀的對象物，只是思維，因此其實就是抽象的對象物。而在直觀中，物質的出現，只是與形式和特質相結合，是作爲一個實體，亦即作爲一種完全確定了的作用、活動。只是透過我們對這些更詳細的規定進行抽象，我們才會設想物質是如此這般，亦即與形式和特質分離；因此，在這物質的名下，我們想到的總的來說全然是抽象中的作用性和活動性。我們就會把更進一步明確了的作用理解爲物質偶然的、附屬的東西：但也只有透過這些東西，物質才可被直觀，亦即展現爲經驗中的物體和對象物。而純粹的物質，那唯一構成了實質概念的眞實和正當內容的東西，正如我在對康德哲學的批判中所闡明的，就是因果關係本身，是客觀地設想爲在空間中和充塞這空間的。據此，物質的整個本質就在於作用：只有透過作用，物質才能充塞空間和長存於時間。物質完全澈底的是因果關係。因此，哪裡有作用，哪裡就有物質，物質總的來說就是作用於東西。但因果關係本身卻是我們理解力的形式，因爲那幾乎與空間和時間一樣，是我們先驗意識到的。因此，就這方面而言和到現在爲止，物質屬於我們認知的形式部分；據此，是對因果關係的理解形式本身，是與空間和時間連接在一起的，因此是客體化的，亦即我們所理解的充塞那空間的（對此理論更詳細的分析，在《充足根據律的四重根》，第二版，第七十七頁）。但就這方面而言，物質其實也不是經驗的對象物，而是經驗的條件，正如那純粹的理解力本身：就此而言，理解力就是其功能。因此，關於物質，也就只有概念而已，並沒有任何的直觀：物質進入所有的外在經驗，是其中的必要組成部分，但卻不會呈現在任何外在經驗中，而只可以被設想，甚至被設想爲絕對惰性的、並不活動的、不具形式的、沒有特質的，但卻承載起所有的形式、特質和作用效果的東西。因此，物質是由我們的智力形式（在此，世界就作爲表象而顯現）所必然帶來的持久基質，承載著一切稍縱即逝的現象，亦即自然力和一切生物的外現。物質作爲這樣的東西和作爲出自智力的形式，與現象的關係是一副無所謂的態度，亦即既準備好承載這些自然力也準備好承載那些自然力——只要在因果的引領下，出現合適這樣做的條件；與此同時，物質本身恰恰因爲存在，其實只是形式方面的，亦即奠基於智力的，所以，就必須被設想爲在所有的變化中絕對持續存在的，也就是在時間上既沒有開始也沒有結束的東西。這就是爲什麼我們不可以放棄每一樣東西都可以變成另一樣東西的想法，例如鉛變成金；因爲要達到此目的，只需要我們找出和造成那本身無所謂態度的物質在其路徑上所要經過的中間狀態。這是因爲從先驗上看，我們永遠無法理解爲何今天承載著鉛的特質的同樣物質，不會在將來承載黃金的特質。物質，作爲只是某一先驗思想中的東西，與眞正的直觀的區別雖然在於我們可以在思想中完全去掉它；相比之下，空間和時間卻是永遠無法在思想中去掉的。但這一點也只是意味著我們可以，甚至在沒有物質的情況下設想到空間和時間。這是因爲物質一旦置於空間和時間之中，並據此被思想爲存在，那我們就絕對無法再在思維中將之去掉，亦即設想其消失和滅掉了，而是永遠只能設想其置於某一另外的空間；因此，就這方面而言，物質與我們的認知功能是如此不可分離地結合在一起的，正如空間與時間本身。但這一差別，即物質必須先被隨意認定是存在的，就已經表明物質並不是那樣完全和在每一方面都屬於我們認知的形式部分，就像空間和時間那樣，而是與此同時包含了只是後驗給予的成分。物質事實上就是連接點：它連接起了我們認知的經驗部分，與純粹的和先驗的部分，亦即經驗世界的獨特基石。

只是在所有的先驗陳述（表達）終止之處，亦即在我們對物體知識完全經驗的部分，具體言之，在物體的形式、特質和明確的作用方式方面，才會顯露出那我們已經看出和斷定就是事物的自在本質的意欲。不過，這些形式和特質始終只是顯現爲物質的素質和表現，而這物質的存在和本質卻以我們智力的主體形式爲基礎，亦即物質只能在智力那裡，因而透過智力才成爲可見的。這是因爲那展現給我們的，始終只是以某一特定方式作用的物質。既定物體的所有特定的作用方式就發自這樣的物質內在的和無法得到進一步解釋的素質；但那物質本身卻是永遠不會被感知的，被感知的只是那些作用和構成其基礎的明確素質，而在隔離了這些以後，物質作爲還留下來的東西就必然是被我們推測到的東西，因爲根據上面所給出的分析，物質就是那客體化了的因果關係本身。據此，物質就是讓那構成了事物的內在本質的意欲得以被感知、被直觀、被看見的東西。因此，在這一意義上，物質僅僅是意欲的可視性，或者是意欲世界與表象世界的紐帶。只要物質是智力功能的產物，它就屬於表象的世界；只要在所有的物質性存在物，亦即在現象中表現出自身的是意欲，那它就屬於意欲的世界。因此，每一客體作爲自在之物就是意欲，作爲現象就是物質。假如我們能夠把某一既定物質的一切先驗地屬於它的素質去掉，亦即把我們直觀和理解的所有形式解除掉，那我們剩下來的就是自在之物，也就是借助於那些形式而在物質那裡以純粹經驗之物而出現的東西，但到了那時候，其本身就不再顯現爲某一伸延的和作用的東西，我們面前的也就不再是物質，而是意欲。恰恰就是這自在之物，或說意欲，是作爲物質而出現的，因爲它成了現象，亦即進入了我們智力的形式，亦即作爲本身是看不見的但卻是必要的前提條件的承載者——承載的只有透過它才可以看見的素質。因此，在這一意義上，物質就是意欲的可視性。據此，普羅提諾和喬爾丹諾·布魯諾的怪誕說法就是對的，不僅在他們的意義上，而且也在我們的意義上，這說法在第四章也已經提到的，即物質本身並不是延伸的，因此，物質是非實體性的。這是因爲空間——我們直觀的形式——賦予物質以延伸性，實體性則在於作用，而作用則以因果性，因此也就是以我們理解的形式爲基礎。相比之下，所有明確的素質，亦即在物質那裡的所有經驗性東西，甚至重力，其基礎就已經是只有借助物質才可見到的東西，就是自在之物、意欲。但重力卻是意欲客體化的最低級別；因此，重力在每一物質那裡都無一例外地展現出來，亦即總的來說與物質是不可分開的。但正因爲重力已是意欲的顯示，所以，重力屬於後驗的知識，而不屬於先驗的知識。因此，我們或許可以設想某一物質是沒有重力的，但卻無法想像某一物質沒有延伸性、排斥力和堅持性，因爲那樣的話，它就將沒有不可穿透性，因而就沒有填塞空間，亦即沒有作用性了，但物質之爲物質，其本質正在於作用，亦即因果關係；而因果關係則以我們理解力的先驗形式爲基礎，因此無法在思想中去掉。

所以，物質就是意欲本身——但不再是就其自身而言，而是就其被直觀而言，亦即就其帶上客觀表象的形式而言：因此，客觀上的物質也就是主觀上的意欲。與此完全相應，正如在上面所證明的，我們的身體就只是我們意欲的可視性、客體性，而每一個物體也同樣是意欲在某一級別的客體性。每當意欲把自己展現給客觀的認知，那就進入了智力的直觀形式，進入了時間、空間和因果關係；由於這樣，意欲就馬上展現爲一個物質性的物體。我們可以設想形狀（形式）而沒有物質，但卻無法做出相反的事情*，因爲物質去掉了形狀（形式）就是意欲本身，但這意欲只有透過進入我們智力的直觀方式，因此只有借助於接受了形狀（形式）才可成爲客觀（客體）。空間是對物質的直觀形式，因爲空間是單純的形式的材料，但物質卻只能以形式出現。

在意欲成爲客觀，亦即進入表象時，物質就是這客體化的普遍基質，或者更準確地說就是抽象中的，亦即忽略了所有形式的客體化本身的普遍基質。據此，總的來說物質就是意欲的可見性，而它明確的現象的特點、特性就在形式和特質上表現出來。因此，在現象中，亦即對表象而言的物質，其本身就是意欲。因此，適用於自在的意欲本身的，也適用於在經驗和直觀條件下的物質，物質也以時間的圖像再現了意欲的所有關係和素質。據此，物質是直觀世界的材料，正如意欲是所有事物的自在本質。形態是無數的，物質則爲一；正如意欲在所有的客體化中就是一。正如意欲永遠不會客體化爲普遍的東西，亦即客體化爲全然的意欲，而始終是客體化爲獨特的，亦即有專門明確和既定特點的東西，同樣，物質也永遠不會呈現爲普遍性的東西，始終結合著某一形式和特質而出現。在意欲的現象

---

* 設想物質而沒有形式或形狀。——譯者注

或客體化中，物質代表了意欲的全部，代表了意欲本身：那在所有一切中都是一的東西，也如物質在所有物體中都是一。正如意欲是所有現象中存在物的最內在的核心，同樣，物質是在去除了所有附加的東西以後所剩下的實體性東西。正如意欲是所有存在的東西中全然不可消滅的東西，同樣，物質是在時間上不會消失的東西，而是歷經各種變化而堅持下來的。至於物質本身，亦即與形式分離，就無法爲我們所直觀或想像，那是因爲物質就其自身和作爲物體的純粹實體性的東西，其實就是意欲本身。但意欲就其自身而言，是無法被客觀感知的，而只能在表象的所有條件下和因此只是作爲現象才可以被客觀感知或者直觀的。但在這些條件下，意欲就馬上展現爲物體，亦即展現爲被形式和特質包裹的物質。但形式以空間爲條件，特質或者作用則以因果關係爲條件：因此，兩者都以智力功能爲基礎。物質沒有了它們就將是自在之物，亦即意欲本身。就像已說過的，普羅提諾和喬爾丹諾．布魯諾只能由此和沿著完全客觀的途徑，才能最終說出：物質就其自身而言是沒有延伸性的，所以是沒有空間性的，所以也是沒有實體性的。

具體地說，因爲物質我們得以見到意欲，而每一種力就其自身都是意欲，所以，任何力沒有物質性的基質都無法出現；反過來，任何物體沒有潛於其中的、構成其特質的力就無法存在。這樣的話，一種物體就是物質與稱爲材料的形式的結合。力與材料是不可分離的，因爲它們從根本上就是一種東西；因爲正如康德所闡明的，物質本身所呈現給我們的只是兩種力的聯合，擴張力與吸引力。因此，在力與材料之間並沒有任何對立，其實，它們完全就是同一的。

沿著我們考察的路徑走到這一視角和獲得有關物質的這一形而上的觀點以後，我們就不帶牴觸地承認：形式、形態或者物種的時間上的起源，除了要在物質上尋找以外，再沒有理由在別處尋覓。

這些東西必然是在很久以前從物質那裡迸發出來的，恰恰因爲這樣的物質只是意欲的**可見性**，其構成了所有現象的自在本質。在意欲成爲現象，亦即**客觀**展現給智力的時候，物質作爲意欲的可見性，就借助於智力的功能而接受了**形式**。因此，經院哲學家就說了：**材料在追求形式**。* 所有有生命的形態的起源都是如此，這是不用懷疑的。我們甚至無法想像還有別的起源方式。但至於現在，既然延續形態的途徑是敞開的，並得到了懷著無比認眞和嫉妒的大自然的保護和維持，是否還有**自然生成**（無生源生成），那就只能透過經驗來決定，尤其是**大自然不會做無用的事情**，** 在涉及有規律的繁殖方面，可以是反對自然生成的有效論據。但我認爲在很低的級別，自然生成是很有可能的，並不理會人們對此的最新反對；這尤其發生在內寄生蟲和體表附生生物那裡，特別是在動物性機體的專門惡病質以後所出現的附生物。也就是說，因爲適合牠們生活的條件只是例外地發生，所以，牠們的形體無法以符合規律的方式繁殖；也正因爲這樣，在機會出現以後，牠們就重新生成。因此，一旦出現某些慢性病或者惡病質，體表附生物的生存條件就出現了，而根據條件的程度，**頭虱**或者陰虱，或者**體虱**就會完全自動地和在沒有卵子的情況下生成——儘管這些昆蟲的結構相當複雜——因爲一個有生命的動物性身體的腐爛會爲比水中的草料更高的作品提供材料，而水中的草料只會產生不孕症。或者我們是否更寧願體表附生物的卵子始終充滿希望地在空氣中飄浮？（想想都感到可怕！）我們還是毋寧回憶起現在仍有發生的體虱病。發生的類似情形是，由於異常的環境，對某一在此之前，在**那地方**還不

---

* 語出阿奎那。——譯者注

** 語出亞里士多德。——譯者注

曾有過的物種的生存條件出現了。因此，奧古斯特·聖·希萊爾在巴西的一處原始森林燒掉以後，在灰燼冷卻以後，見到一叢植物就從灰燼中長出來了，其物種在周圍遠近都是不曾發現過的。而就在最近，海軍上將貝蒂－圖阿爾告知法國科學院：在玻里尼西亞一個新形成的珊瑚島上逐漸積聚了一種土壤，時而乾燥，時而淹沒在水中，植被很快就覆蓋了這地方，長出的樹木在相當程度上是這些島嶼專有的（《報告》，一八五九年一月十七日，第一四七頁）。無論哪裡，只要有腐爛，就會出現黴菌、蘑菇和液體的纖毛蟲類。現在流行的假設就是所有無數種類的物種，其孢子和卵子就在空氣中到處飄浮，歷經長年就等待一個有利的機會。但這假設卻比自然生成的設想更加地離奇。腐爛就是一個有機體的分解，首先是分解成與其更接近的化學成分。因爲這些成分在所有生物那裡都或多或少相類似，所以，在類似這樣的時刻，那無所不在的、向著生命的目標而爭取的意欲就可以霸占它們，目的就是要根據當時的情形由此產生出新的存在物：這些新的存在物則很快以符合其目的的方式成形，亦即其意欲在客體化，從這些化學成分中凝結成塊，就像小雞從雞蛋中的液體成形一樣。但假如這並沒有發生，那腐爛的材料就會分解成更細微的成分，而這些就是化學的基本材料，從現在起就進入大自然的偉大循環。那自十－十五年來已進行的反對自然生成的戰爭及其倉促發出的勝利歡呼，就是否定生命力的前奏並與此有關。不過，我們不要被強硬的聲稱和大膽拍胸口的保證所耍弄，即事情是明確的、定案的和已獲得普遍認可的。其實，那整套的機械性的和原子的自然觀已接近破產，而這套自然觀的辯護者必須了解到：在大自然的背後還隱藏著更多的東西，並不只是撞擊和反撞擊而已。自然生成的眞實性和這離奇假定（即在大氣中，到處和每時每刻都飄揚著所有可能的黴菌的數目以兆計的種子和所有可能的纖毛蟲類的卵子，直至其中某一種偶然地找到與其相宜的媒質）的空洞性，最近

（一八五九）就由普謝在法國科學院的面前透澈地和大獲全勝地得到了闡明，讓科學院的其他成員頗爲惱火。

我們對形式起源於物質的想法感到驚訝，從根本上類似於一個野蠻人在首次看到鏡子並對鏡子裡出現他自己的圖像感到驚訝。這是因爲我們自身的本質就是意欲，其可見性就是物質，但物質除了可見的東西，亦即裹著形式和特質的外衣出現以外，永遠不會以其他方式，因此永遠不會被直接感知，而始終只是被聯想爲在一切事物中，在一切特質和形式差別之下的同一樣東西，而這也恰恰就是所有這些事物中的眞正實質性的東西。正因此，物質更多的是一種形而上的東西，而不只是對事物本原的一種自然解釋，而以此解釋一切本質，那的確也就是以某一相當神祕的東西解釋一切本質；對此，只有那些連 Angreifen（襲擊）與 Begreifen（理解）都搞錯的人才會看不出來。事實上，雖然對事物的最終和窮盡了的解釋一點都不是在物質那裡尋覓到的，但其時間上的起源，例如無機體的形式和有機生物的形式的起源，卻當然可以在物質那裡找到解釋。但情形似乎是：有機體形式的原初生成、種屬本身的產生，大自然是很難完成的，幾乎與我們很難明白這一切一樣。顯示這一點的，就是大自然爲維護一旦既成的種屬所無一例外的過度預防措施。在這星球現在的表面，爭取生存的意欲已經三次完全是各自獨立地，以不同的變奏，但也以相當不一樣的完美和完整，把其客體化的音階從頭演了個遍。也就是說，眾所周知，舊世界、美洲和大洋洲都各自有自己獨有的、獨立的和與其他兩者完全不一樣的動物系列。這每一個巨無霸大陸上的物種都是完全不一樣的，但卻因爲所有三個大陸都屬於這同一個星球，所以，它們之間有某種普遍的和平行貫穿的相似性；所以，屬類的大部分是一樣的。這種相似性在大洋洲卻相當地有欠完整，因爲其動物系列中的哺乳動物是很短缺的，既沒有凶猛動物，也沒有猿猴。相比之下，在舊世界與美洲之間，那種相似性卻是明顯的，甚至達到了這樣的程度，以至在哺乳動物方面，美洲顯現的始終是更差勁的相似動物，但在鳥類和爬蟲類則給出了更好的類似動物。這樣，雖然美洲有兀鷹、長尾鸚鵡、蜂鳥、最大的蛙類和烏梢蛇，但是，舉例說，美洲沒有大象只有貘，沒有獅子只有美洲獅，沒有駱駝只有無峰駝，沒有眞正的猿只有長尾猴屬。從這最後的缺陷就已經可以推斷：在美洲，大自然是無法達到人的級別的，因爲就算從僅次於人的一級，從黑猩猩或者褐猿，或者類人猿到達人這一步的距離，仍是異常巨大的。與此相應，我們發現那三個無論是從生理學還是從語言學方面的理據看都是無可懷疑的原初人種，高加索人種、蒙古人種和衣索比亞人種，其家園唯獨只在舊世界；而相比之下，美洲則居住著一支應該是從亞洲過來的、混雜的，或者被氣候改變了的蒙古種族。就在現在之前的地球表面，曾經在局部地區有過猿、猴，但並沒有達到人的級別。

從我們考察的這一角度出發——這一角度讓我們看出物質就是在所有事物中顯現的意欲的直接可見性，對於緊隨著時間和因果關係指引的單純自然的、物理學的探究而言，物質甚至就會被承認爲事物的起源——我們很容易就會引向這一疑問：就算是哲學，我們從客體（客觀）出發是否幾乎跟從主體（主觀）出發差不多；據此，是否可以把這命題確定爲根本的眞理：「總的來說，除了物質和寄寓其中的力以外，再沒有任何東西了。」但對在此隨便說出的「寄寓其中的力」，我們要馬上回想到：假設這些力，就會把每一種解釋都還原和歸因爲一個完全無法理解的奇蹟，然後那解釋就停留在那裡，或者更準確地說，就從這裡開始那些解釋。這是因爲每一種明確的和無法解釋的自然力，那構成一個無機體的不同作用的基礎的自然力，以及在每一有機體那裡顯現出來的生命力，的確就是這樣一種奇蹟，正如我在第十七章所詳細分析的和就這方面所闡明的，即物理學永遠不可以被置於形上學的寶座，恰恰因爲它完全不會觸及所提到的和許多其他假設，因此它從一開始就放棄了要給出一個對事物的終極解釋。另外，在此我要提醒讀者，在第一章末尾，對唯物論的不可接受性所給出的證明，因爲正如在那裡所說的，唯物論就是主體的哲學：其在計算的時候忘了把自己計算進去。但所有這些眞理都是基於這一點：所有**客體的**、所有外在的東西，因爲始終是被感知的、被認知的東西，所以也就永遠只是間接的和次級的東西，因此絕對永遠無法成爲對事物的最終解釋根據，或者成爲哲學的出發點。也就是說，哲學必然要求將全然直接的東西作爲出發點。但這樣一個全然直接的東西，明顯是給予**自我意識的**、內在的、**主體的**東西。也正因此，**笛卡兒**的傑出貢獻就是首先讓哲學從自我意識出發。自那以後，眞正的哲學家，尤其是**洛克**、**貝克萊**和**康德**，就沿著這條路子以各自的方式走得更遠；得益於他們的探究，在自我意識中，我發現所直接認知的不是一樣東西，而是兩樣相當不同的東西：表象和意欲；我就此發揮。透過對這兩者的結合應用，我們就可以在哲學中取得大的進步，情形一如在解決一個幾何難題時，假如有了兩個已知的數值，而不是只有一個，那就可以有更多的成果。

根據以上所說的，**唯物**論不可避免的錯誤之處首先就在於：唯物論**以假定爲**論據並由此出發，而這種方式經更仔細的考察證明是**錯誤的第一步**。也就是說，唯物論從這樣的假定出發：物質是某一絕對的和無條件的既定之物，即獨立於主體認知而存在，因此，實際上就是一種自在之物。唯物論賦予了物質（及其前提條件、時間和空間）以一種**絕對的**，亦即獨立於感知的主體的存在。這就是唯物論的根本錯誤。其次，假如唯物論誠實地展開論述的話，必然讓既定的物質，亦即讓材料、內在的特質以及由此表現出來的自然力，還有最後那生命力，成爲物質的無法探究的**隱祕的**特質而得不到解釋，然後，又從這些東西出發，就正如物理學和生理學的確在做的那樣，因爲這些學科並沒有聲稱就是對事物的最終解釋。但恰恰爲了躲避開這些，唯物論——起碼就像其至今所表現出的樣子——沒有誠實地行事。也就是說，唯物論否認所有的原初的力，因爲唯物論聲稱和看來似乎是把所有這些原初的力，到最後還把生命力歸因爲只是物質的機械性作用，亦即不可穿透性、形狀、聚合性、撞力、慣性、重力等表現。而後者的這些特質，就其自身而言，其不可解釋的東西當然是最少的，恰恰就是因爲這些東西部分取決於先驗所知，因而取決於我們智力的形式，而這些智力形式就是一切理解的本原。但智力作爲一切客體的、因此是總體現象的條件，卻被唯物論完全無視。唯物論的意圖在這種情況下把所有特質性的東西歸因於只是數量性，因爲唯物論把前者看作形式，與實際的物質相對立。在那些眞正的經驗特質中，唯物論只把重力當作物質，因爲重力本身以數量的東西出現，亦即以衡量物質的唯一尺度出現。這條道路必然把唯物論引往原子的虛構假設，而這種虛構假設現在就成了這樣的材料：人們以此建構起所有原初之力的如此神祕的表現。但在這方面，唯物論其實談論的可不是在經驗上既定的東西，而是一種在物性上不會遇到的，更精確地說只是對眞正物質的一種抽象而已，也就是一種除了機械性的特徵以外，絕對別無任何其他特質的東西，而這些特質除了重力以外，都差不多可以先驗地建構起來，恰恰因爲它們是建立在空間、時間和因果關係的基礎之上，因而是建立在我們智力的基礎之上。唯物論在搭建起空中樓閣的時候，可以看到自己縮減到就這些可憐的材料。

這樣的話，唯物論就不可避免地成了原子論，正如在童年期，這情形已經在留基伯和德謨克利特那裡出現了；而現在，唯物論由於歲月的緣故第二度變成了童年的時候，又再次出現了同樣的情形：在法國人那裡，是因爲他們從未知悉康德哲學，而在德國人那裡，則是因爲他們忘記了康德哲學。確切地說，在第二度的童年，唯物論鬧騰得比第一次童年期更加的雜亂無章：不僅固體據稱是由原子組成的，而且液體、水、空氣、煤氣，甚至光據說也是如此，而光則據稱就是某一完全假定的、根本沒有得到證實的、由原子組成的以太的波動，這波動的不同速度就產生了顏色。這一假定，就像過去牛頓的七色理論，是出自一個隨意提出，然後強行照套的與音樂的類比。一個人的確是要輕信到多麼聞所未聞的程度，才會讓自己被人說服，眞的就以爲在這五光十色的世界，從無窮多樣的帶顏色的表面而來的無數不同的以太震動，可以持續地、以各自不同的速度向著各個不同的方向、時時處處都互相交錯地運動，而又不會互相干擾，反倒是透過如此的雜亂和騷動而創造出燦爛的大自然和藝術的深度平和的景象！就讓猶太無包皮者相信好了，我可不信！*確實，光的本質對我們是個祕密，但承認這一點比透過拙劣的理論而阻礙將來知識的發展要好。至於光只是某些完全有別於機械性的運動、波動、振動的東西，並且光的確是材料一類性質的東西，已得到其化學作用的證明——這美妙的一系列化學作用，最近就由謝弗勒爾呈交給了法國科學院。謝弗勒爾讓陽光作用於帶不同顏色的材料，而這實驗期間最美妙的事情就是一卷白紙暴露於陽光之下，產生了同樣的作用效果，甚至在六個月後仍表現出這效果——只要在這段時間裡，這白紙是保管在一個密封的金屬管裡的話。那麼，大概是振動停止了六個月，現在又重新照原速度進行了（《報告》，一八五八年十二月二十日）？這整個以太—原子—振動的假設不僅是頭腦中的幻影，而且在笨拙方面，與德謨克利特最糟糕的想法不遑多讓，但卻毫不羞恥地在今時今日把這冒充爲有了定案的事情，以此得到的結果就是：這一假設受到各個學科的上千個傻裡傻氣的亂寫文章者的盲信和學舌式重複，並被信奉爲「福音書」一般，而這些傢伙對這

* 賀拉斯，《閒談集》，第一，五，一〇〇。——譯者注

方面的知識卻一概欠奉。但原子的理論，總的來說走得還要更遠，也就是說，很快就會是**你到斯巴達了，爲斯巴達爭光吧**的情形。人們賦予了所有的原子不同的永恆運動，旋轉、振動，等等，就視乎這原子的職責而定；同樣，每一個原子都有由以太或者別的什麼所組成的氛圍，以及其他類似的空想。謝林的自然哲學及其追隨者的空想大都是有見解的、有生氣的，或者至少是機智的；相比之下，這裡所說的空想卻是傻乎乎、乏味、寒酸和蠢笨的，產生出這些怪念頭的人，首先無法想像出任何其他現實——除了那虛構的、不具特質的物質以外，但這一物質卻又會是一個絕對的客體，亦即一個並沒有主體的客體；其次，這些人無法想像除了運動和撞擊以外，還會有任何其他活動，唯有這運動和撞擊才是他們可以理解的，而把所有的一切都還原和歸因於這兩者，就是他們**先驗**的假定，因爲這些就是他們的**自在之物**。爲達到這一目的，生命力就被還原爲化學的力（這些就奸詐地和不合理地被稱爲分子的力），無機大自然的所有進程就被還原爲機械論，亦即還原爲撞擊和反撞擊。這樣，到最後，整個世界及其一切事物，只是某一機械性的把戲，就像那表現了一座礦山或者鄉村農活的，以槓桿、輪子和沙子而活動起來的玩具。禍害的根源是：由於實驗中有許多手工操作，頭腦的思維工作疏於練習了。坩堝和伏打電堆據稱可以接過思維的功能；這也是爲何人們對一切哲學都深惡痛絕。

但我們也可以把事情轉過來看，以致我們可以說，迄今爲止所出現的唯物主義，其失敗就是因爲唯物主義對**物質**，對它以爲建構起了這世界的東西，沒有足夠的**認識**，所以，唯物論所說的並不是物質，而是掉了包的一個沒有特質的怪胎。而假如它不是這樣做，而是審視眞正的和在**經驗**中給出的物質（亦即那材料，或者更精確地說，多種材料），那配備了所有物理學的、化學的、電學的，以及能自發地從自身生出生命的特質，亦即配備了那眞正的**萬物之母**（從其昏暗的子宮，纏繞出所有的現象和形態，目的只是以後重又回到裡面去）的東西——那唯物論從這東西，亦即從那被充分把握的和透澈認識的物質，就已經可以建構起一個唯物論不必感到羞愧的世界。確實如此！只不過所要的花招就是把所要探求的置於材料那裡，因爲人們聲稱把單純的物質當作既定之物，並由此出發來推論，但其實，卻把黏附在物質那裡的大自然的所有神祕自然力，或者更準確地說，把透過物質才讓我們可以看見的東西當作既定之物，並由此出發來推論。這差不多就等於我們使用Schüssel*一詞時，指的卻是盤子裡的東西。這是因爲對我們的認知而言，物質的確只是特質和自然力的載具，而那些特質和自然力就作爲物質的附加之物而出現，也正因爲我把這些特質和自然力還原爲意欲，所以，我就把物質命名爲意欲的可見性。在去掉了所有這些特質以後，所剩下的物質就是不具有特質的、大自然的「骷髏」——從這樣的物質中無法誠實地得出任何結論。而假如我們以已提到的方式讓物質有了所有那些特質，那我們就犯了隱祕的以待決之問題爲依據的錯誤，因爲我們預先把所要探求的東西當作材料。那麼，這樣做的結果，就不再是眞正的唯物論了，而只是自然主義，亦即一種絕對的物理學，正如在第十七章所指出的，這種絕對的物理學永遠無法占據和填塞形上學的位置，恰恰因爲自然主義是在如此之多的前提和假定以後才開始的，即完全不是從根本上解釋事物。因此，單純的自然主義本質上是建基於隱藏的特質——我們永遠無法逾越這些隱祕的特質，除非就像我所做的那樣借助於主體的認知源泉，而那樣做當然又會引往形上學的長遠和艱辛的彎路，因爲那裡的前提和條件是對自我意識及其既定的智力有了充分的分析。同時，從有如此清晰和易於理解的外在直觀的基礎的客體出發，對人來

* 即「盤子」，引申的意思是「菜肴」。——譯者注

說是一條如此自然的和自動出現的路徑，以致自然主義和因自然主義之故（因爲這自然主義並不能透徹闡明和無法給予滿足）的唯物論，就是思辨理性必然，甚至首先陷進去的體系。所以，在哲學歷史的開首，我們就看見自然主義在愛奧尼亞哲學家的體系中出現，然後，唯物論在留基伯和德謨克利特的學說中出現，而且在此後，這些東西就不時地一再重提和更新。

第二十五章　對意欲作為自在之物的超驗思考

僅僅從經驗上考察大自然，就能看出從隨便某一普遍的自然力最簡單的和最必然的顯現開始，一直到人的生命和意識，就是一個持續不斷的過渡，經過逐漸的、有細微差別的各個等級，這裡面只有相對的，並且大都是搖擺不清的界限。循著這一觀點並在這方面深入地多加思考，很快就會讓我們確信：在所有的那些現象中，那內在的本質，那把自身顯現出來、成爲現象的東西，那越來越清晰地凸顯出來的，就是某一同樣的東西；據此，那在千百萬極盡千姿百態的形體中展現出來的，那上演著既沒有開始也沒有結束的至爲五彩繽紛的和至爲奇異古怪的戲劇景觀的，就是這樣一種本質：它藏在那所有的面具後面，其隱藏之深連自己都認不出來了，並因此經常連自己都不溫柔相待。所以，一和所有的偉大學說很早就在東方和西方出現了，並且儘管面對種種反對和牴觸卻屹立不倒，或仍在持續地更新。但我們現在已更深入地領略了這一祕密，因爲我們透過迄今爲止的學說的引導得出了這一觀點：那構成了所有現象的基礎的本質，在某一個別現象裡，當獲得了具有認識力的意識，而這意識如果是向著內在的方向，就成了自我意識——那在這自我意識裡，上述本質就會表現爲如此熟悉和如此神祕的、用「意欲」一詞所標示的東西。所以，我們就把所有現象的那普遍的根本本質，根據其毫不含糊的顯現而名爲意欲。因此，「意欲」這個詞完全不是要標示某樣未知的「x」，而是相反，它所標示的東西，至少從某一方面對我們而言，比起所有其他的東西都熟悉得多和可信得多。

現在，讓我們回憶這樣一個眞理——對這眞理的至爲詳盡和至爲透澈的證明，人們可閱讀我的獲獎論文〈論意欲的自由〉。這一眞理是說，由於因果律無一例外的效力，這一世界的一切存在物和本質的行爲與作用，都是由於每一次引起這些行爲和作用的原因而始終是嚴格**必然**地出現的；在這方面，不管引起這樣的活動和作用的是最狹隘意義上的原因，抑或刺激，抑或動因，都是沒有區別的，因爲這些區別只是與不同種類的存在物的敏感程度有關。就這方面，我們不應該抱有任何幻想：因果律是不會有任何例外的，一切事情，從陽光中一粒微塵的運動一直到人的深思熟慮的行爲，都同樣嚴格地受制於因果律。所以，在世界的整個進程中，陽光中的一粒微塵即永遠不可能在飛翔中畫出另一條有別於其已畫出的線路，一個人也永遠不會以另外的、有別於他習慣的方式行事。再沒有比這還要確切的眞理了：所發生的一切事情，無論大小，都完全**必然**地發生。因此，在每一個既定的時間點，所有事物的全體狀況就是由在這之前的狀況所精確地和牢牢地確定下來的；那時間洪流上溯無窮盡頭是如此，這時間洪流往下直至無窮無盡也是如此。所以，這世界的進程就像一只鐘在組裝和上緊發條以後的運行。也就是說，這世界從無可爭議的角度看，就是一台機器，其目的是我們無法看到的。就算我們並沒有合理的理由，甚至不顧根本上是否可以想像和是否合乎規律而硬要設想出某一個起始，那事情也不會因此從根本上有所改變。這是因爲那隨意定下的事物的初始狀態，從一開始就無法挽回地決定了緊接著的狀態，無論是大事還是最微不足道的事情；而這緊接著的狀態又決定了這接下來的狀態，就這樣**直至無窮**，因爲那因果鏈及其毫無例外的嚴格性，這必然性和命運的鐵一般的紐帶，無法挽回地和不可改變地造成了現在這樣的每一個現象。差別只在一個假想中，我們的面前是一個曾經被上足了發條的鐘式裝置；但在另一個假想中，我們的面前是某一**永動**之物。但那過程的必然性卻始終是一樣的。至於人的行爲在此並不例外，我在上面提到的獲獎論文中無可辯駁地證明了，因爲我表明了人的行爲每一次都是嚴格必然地出自兩個因素：這人的性格和所出現的動因：性格是與生俱來的和不可改變的，動因則是在因果性的牽線下，由嚴格確定了的世事發展所必然帶來的。

據此，從一個視角出發看過去，而這一視角是我們根本無法回避的，因爲這視角是由客觀的和先驗有效的世界法則所奠定的，這世界及其裡面的一切，就好像是某一永恆的必然性、某一無法探究的和無情冷酷的「自在之物」所進行的一場沒有目的的，也因此無法理解的遊戲。這一無法回避也無法辯駁的世界觀，包含的那些令人厭惡，甚至讓人氣憤的成分，是無法以任何其他的想法所澈底消除的——除了這樣一個想法：在這世上的每一個存在物和本質，一方面是現象，由現象的法則所必然確定；另一方面本身就是意欲，而且是絕對的自由的意欲，因爲所有的必然性都只是因形式，亦即因不同形態的根據律而起，而形式全都屬於現象。這樣一種意欲必然具有完全發自自身的存在，因爲這意欲作爲自由的，亦即作爲自在之物並因此不會受制於根據律，其存在和本質一如其行爲和活動，同樣不可能依賴於另一者。僅僅這一想法，已經讓其有了所需的自由以平衡那主宰這世事過程的不可避免的、嚴格的必然性。據此，人們其實也就只有這樣的選擇：要麼把這世界看作只是一台必然轉動的機器，要麼就認識到一個自由的意欲就是這世界的自在本質，這意欲的外現並不直接就是事物的作用和活動，而首先是事物的此存在（*Daseyn*）和本質。這種自由因此是一種超驗的自由，與經驗上的必然性共存，一如現象的超驗觀念性與其經驗的現實性共存。至於只有在這一設想之下，一個人的行事儘管必然地出自他的性格和動因，但卻仍然是他自己的所爲，我在獲獎論文〈論意欲的自由〉中已經闡明了，但與此同時，那完全發自自身的存在也屬於他的本質。這世界的所有事物都是這同樣的情形。那最嚴格的、固定不變的、一貫誠實實施的必然性和最完美的，甚至達到無所不能的自由，不得不在同一時間一起進入哲學裡面。但在不損害眞理的情況下，這種事情就只能這樣解決：那整個的必然性就在活動和做事（*Operari*），而整個的自由就在存在（*Seyn*）和本質。這樣，一個謎團也就解決了，而這個謎團之所以像這世界一樣的古老，就是因爲人們迄今爲止始終把這事情倒轉過來，只在活動和做事那裡尋找自由，在存在（*Esse*）那裡尋找必然性。我則與此相反，要說的是：每一個存在物和本質，無一例外地都遵循著嚴格的必然性而作用、活動，但這同一個存在物這樣的存在和就是現在這個樣子，則是由於其自由。因此，在我的哲學裡，所碰到的自由和必然性並不會比在其他更早的體系中更多或者更少，雖然有時候是自由，有時候是必然性要凸顯出來，這視我們是反感在此之前以純粹必然性所解釋的大自然的過程，現在卻以意欲解釋，抑或反感把賦予了機械因果性的那同樣的嚴格必然性也賦予了動因而定。僅僅只是這兩者互換了位置：自由挪到了存在那裡，而必然性則侷限在活動和做事中。

一句話，決定論是屹立不倒的：早自一千五百年來，人們就一直徒勞地想要撼動這決定論；驅使人們這樣做的一些古怪念頭，是人們知道得很清楚、卻又不可以直呼其名。因此，這世界就成了一個受線（動因）牽動的傀儡戲，而沒有人可以哪怕只是看出這戲是爲了娛樂誰而上演的。假如這戲劇是有計畫的，那導演就是命運；假如是沒有計畫的，那導演就是盲目的必然性。要從這荒謬看法中得到解救，只有認識到所有事物的存在和本質，已經是某一眞正自由的意欲的現象，這意欲也就在這現象中認出了自身，因爲它的做事和活動是逃脫不了必然性的。要從命運或者偶然那裡挽回自由，就要把這自由從行動那裡轉移到存在中去。

據此，正如必然性只是隸屬於現象，但卻不隸屬於自在之物，亦即不隸屬於這世界的眞正本質，那眾多也同樣如此。這在第一卷 §25 已得到足夠的闡述。我在此只補充若干證實和說明這一眞理的思考。

每個人只是完全直接地認識一個存在物、一種本質，即在自我意識中認識自身的意欲。所有其他東西，他僅僅只是間接地了解，都是根據與所認識的存在物、本質的類比而判斷，那種類比又根據他深思的程度舉一反三、推及更廣的範圍。即使這樣的認識，歸根到底也是因只有一種存在物和本質而起：那由外在的、客觀把握的形式而產生的「眾多」的幻象（摩耶幻象），並不能進入內在的、簡單的意識，因此，這意識所碰到的就始終只是一種存在物和本質。

假如我們考察大自然的作品及其永遠讓人讚歎不已的完美，看到的就算是最低級的和最渺小的有機體，例如植物的授粉部分或者昆蟲的內在構成，也都投進了無比的心思、不知疲倦的工作，好像這眼前的大自然作品就是那唯一的一個似的，所以，就得爲此而花費全力和傾盡一切技藝，那我們就會發現同樣的作品，卻在每一種作品的無數個體那裡無窮盡地重複，就算是地處最偏僻、最受冷落、連眼睛都還不曾抵達的一隅的作品，其精心、完美的做工也毫不遜色。假如我們儘量廣泛地追蹤每一個有機體的各部分的組合，但卻從來不曾碰到過一個完全簡單的和因此再也無法解析的部分，更不用說找到過一個與機體無關的部分；假如我們最終迷失於算計在有機體中爲維持整體存在的各個部分的目的性，每一個有生命體因爲這樣，就其本身而言是完美的；與此同時，假如我們考慮到每一個這樣的傑作，就算是維持短暫的時間，都已經是無數次地重新產生出來，其種類的每一個樣品，每一隻昆蟲，每一朵花，每一片葉子，看上去都仍然是精心加工的，一如這種類的第一個作品，大自然因而一點都不曾懈怠，一點都沒有開始粗製濫造，而是同樣耐心地以大匠之手，圓滿完成那無論是第一個還是最後一個作品——假如是這樣，那我們就會首先意識到：一切人爲的藝術，不僅在程度上，而且在性質方面，與大自然的作品是完全有別的；其次，那起作用的自然力，那**大自然的自然創造力**，在無數作品中的每一個，不管其渺小還是偉大，不管是最後一個還是第一個，都是**完全、完整地直接參與的**。由此可以推論：那大自然的創造力本身，並不曉得時間和空間。假如我們再想深一點，產生出那些所有技藝作品中的最佳者並不需要花費大自然分毫，大自然以其讓人無法理解的鋪張浪費創造出數以百萬計的永遠不會達致成熟的有機體，也毫無憐憫地聽任每一個生命體承受千百種的偶然事故；但在另一方面，如果恰逢機會或者透過人爲目的的引導，就可以隨時爲原先只有一個樣品的某物種提供數以百萬計的樣品，因此，數以百萬計所花費大自然的不會比一個要多。這也讓我們得出這一看法：事物的「眾多」，其根源就在於主體的認知方式，但對於自在之物，亦即對於那內在的、在事物那裡表現出來的自然力來說，這種「眾多」卻是陌生的；所以，那一切「眾多」的可能性所依賴的空間和時間，只是我們直觀的形式；確實，甚至那結構方面完全無法理解的巧妙技藝，與這技藝花費在了大肆浪費掉的作品上，從根本上也只是出自我們理解事物的方式，因爲作爲自在之物的意欲，其樸素的、渾然一體的、原初的爭取和追求，在我們的腦髓認知中作爲客體顯現的時候，必然表現爲一種巧妙的、完美的串連：把那各個分開的、單獨的、互爲手段和目的的部分湊在了一起。

在此處所提及的、超越於現象的**意欲的統一**體，我們認識到就是現象世界的自在本質；這意欲的統一體是某一形而上的東西，因此對其認識是超驗的，亦即並不以我們的智力功能爲基礎，因此以這些功能是不能真正把握的。這樣就爲思考敞開了一個深淵，其深度無法讓我們對其有一完全清晰的和連貫性的洞察，而只允許我們投去零星的一瞥，讓我們得以在事物的這一或者那一關係中，一會兒在主體那裡，一會兒在客體那裡認出那個統一體；但這樣一來，又再度刺激起新的問題，而要解決所有的這些，我在此並不會自告奮勇；相反，我要援引這句話：**要往前走到一定的限度**，我注重的是不要提出些虛假的或者主觀任意想出來的東西，而非對一切都給出一個澈底的說明和解釋——以防給出殘缺不全的描述。

如果我們具體地想像和清晰周密地思考，首先由**康德**，後來由**拉普拉斯**所提出的極具洞察力的行星系統的起源理論——這理論的正確性已是無可懷疑的了——那我們就看到最低級、最粗糙、最盲目、受到最死板的法則約束的自然力，透過在同一種既有的物質的爭鬥和由此所引致的偶然的結果，形成了這世界的基本框架，亦即無數生物將來的、符合目的安排的居所的基本框架。這是一個有秩序與和諧的系統，對其越清楚和精確地了解，我們就越感到驚訝。例如，每一個行星以現在的速度，只能守在它現在確實所在的位置，因爲如果移動得更接近太陽，就會掉進太陽中去；離太陽更遠的話，則必然飛離太陽。反過來，一旦我們接受行星現在的位置是既定的，那這行星就只能以現有的速度、而不能是任何其他速度，才能保持現在的位置，因爲它運行得更快的話，就會飛離太陽；運行得更慢的話，則必然會掉進太陽中去。因此，只有**一個**確定的位置適合一個行星的某一確定的速度，而我們看到這問題的解決就是把這行星安排到那位置的同樣自然的、必然的和盲目作用的原因，與此同時和正因此給了這行星唯一精確與這位置相適應的速度，而這又是由於這一自然法則的緣故，即一個旋轉的物體，隨著圈子越來越小而相應地增加旋轉速度。最後，那整個系統之所以能無盡期地存在，就是因爲行星運行中所有不可避免地會出現的相互干擾，必然會隨著時間而再度進行協調，也恰恰是木星

1076

與水星的公轉週期之間的非理性，避免了它們互相的擾動在一處位置上重複——因爲這樣的話，這些擾動就會變得危險——也導致了這些相互間的擾動始終在另一處地方發生和極少突然地出現，這些擾動也必然會再度各自取消，就好比音樂中的不和諧音在和聲中再度被消除了。透過這樣的思考，我們認出了某種符合目的性和完美性，那也只有最自由的專橫任意，在最透澈的理解力和最精準的計算指導下才可以實現。然而，在那如此周詳考慮和精準計算出來的拉普拉斯宇宙學的指導下，我們無法逃避這樣的見解：完全盲目的自然力，依據不變的自然規則而作用，透過它們的鬥爭和它們那沒有目的的相互間的遊戲，可以產生出不是別的，恰恰就是這世界的基本框架，而這可與至高、至完美的組合所得出的作品相匹敵。現在，我們並不像阿那克薩哥拉那樣，在這裡拉上某一智力來幫忙——這智力只是從我們的動物本性那裡了解到的和只是爲這動物本性的目標而設計；它來自外在，狡猾地利用那已經存在的和既定的自然力及其規則，以實現其與這些其實很不一樣的目的。相反，我們在那些最低級的自然力本身認出那同一個意欲，而這意欲恰恰就是在這些自然力中首次顯現，並在這顯現中已經要爭取其目標，透過其原初的法則本身爲最終的目的而努力。因此，根據盲目的自然法則而發生的一切，都必然服務和符合於這最終的目的，而不可能是另一種結局，因爲一切物質性的東西不是別的，而恰恰就是生存意欲的現象、可視和客體的一面，而這些是一體的。所以，最低級的自然力本身已經是被那同樣的意欲賦予了活力，而這之後意欲在有了智力裝備的個體生物那裡，對自己的作品感到驚訝，猶如夢遊者在早上醒來對在睡眠中所做的事情感到驚訝一樣，或者更準確地說，就像看到鏡子中自己的影子而感到吃驚。在此所證明了的偶然與目的性的同一、必然與自由的同一——由於這同一，那最盲目的但卻以普遍的自然法則爲基礎的偶然，就好比那鍵盤：這世界的精靈就在這上面彈出了它

1077

1078

那意味深長的樂曲——這種同一，就像我說過的，是那思考中的一個深淵，甚至哲學也無法照亮，而只能投進一絲微光。

現在我就轉到**主體**的、適合於此處的考察，但在此，與上面所給出的客觀考察相比，在清晰方面要遜色一籌，因爲我只能透過形象和比喻來表達。爲什麼我們的意識越往外擴展就越明亮和清晰，在感覺直觀中則達到了最大程度的清晰，而這感覺直觀已有半數屬於我們的身外之物？而在另一方面，爲什麼意識越往內伸展則越晦暗，如果追蹤至最內在之處，那意識就成了一片黑暗，一切認知也就到此爲止？我的回答是，因爲意識以**個體**性爲前提條件，但個體性卻只屬於現象，因爲個體性作爲同類事物的眾多性，是以現象的形式、以時間和空間爲條件的。而我們的內在則扎根於不再是現象，而是自在之物的東西，因此，那是現象的形式所無法抵達的；這樣的話，缺少了個體性的首要條件，那清晰的意識也一併沒有了。也就是說，在此存在的根源處，實質的差別沒有了，一如一個球體半徑方面的差別在中心處沒有了一樣；也正如在一個球體中，表面是由於那半徑中斷和終結而產生的，同樣，意識也只有當自在本質延伸到現象時才成爲可能；透過現象的形式，那分開的個體性才成爲可能，而意識就是以此個體性爲基礎的，這意識也正因爲這樣才會侷限於現象。因此，我們意識中所有清晰的和眞正能理解的東西都是向著外面，向著球體的這一表面。而一旦我們完全從這退出，那意識就會捨我們而去，例如在睡眠中，在死亡的時候，某種程度上也在催眠和巫術的作用之下，因爲所有這些都延伸到中心。但正因爲那以球體的表面爲條件的清晰意識，並不是指向那中心，所以，它肯定認得出其他個體是同類，但不會看出它們就其自身而言其實是同一的。個體的不朽可以比之於表面上的一點以正切飛走；但不朽，由於那整個現象的自在本質的永恆性，則可比之於那一個點沿著半徑向中心的返回，而這中心的膨脹、延伸就是那表面。意欲作爲自在之物是完整和不可分地存在於每一個存在物和本質，正如中心就是每個半徑的一個一體化中的部分：正當這一半徑的外圍一端連帶這表面——這表面表現著時間及其內容——在最快速地旋轉時，那另外的一端，在中心，在永恆所在之處，卻是至深的寧靜，因爲中心點上升的一半與下沉的一半是沒有區別的。因此，在《薄伽梵歌》（第十三章，十六，舒萊格爾譯）中也說到：**它未被分開地在眾生之中，但看上去就像分開似的。我們必須認識到它是眾生的維繫者、吞噬者和再度的生產者**。當然，我們在此陷進了一種神祕的形象化語言，但那是唯一可以讓人們就這完全超驗的話題說上一些話的語言。所以，這一比喻也就勉強過得去了，亦即可以把人類形象地想像爲**組合而成**的生物，許多珊瑚蟲，尤其是那些會游泳的，例如游泳的珊瑚蟲、海筆及其他都可以提供這種生命形式的例子。正如在這些動物中，那頭的部分把每一個體的動物分離開來，而下面的部分則以共有的胃部讓所有的那些個體結合成爲一體的生命程序，同樣，腦髓及其意識把人的個體分開，但那無意識的部分，那植物生命及其神經節系統——在睡眠的時候，腦髓意識就沉沒其中，就像蓮屬植物晚上沉沒在潮水中——就是所有個體的共有生命。以這共有生命爲手段，在一些例外的情形中，他們還可以溝通，這些例子就是直接傳達意思的睡夢、催眠者的思想轉移到夢遊者那裡，還有發自有目的的、意願的、催眠的或者巫術的作用。這樣的作用與那種透過**物理流入**而發生的任何其他作用，總的來說是不一樣的，因爲這其實是「遠距離發揮作用」，雖然那意欲是發自個別的人，但卻以其形而上的特性、作爲整個大自然無所不在的基質而完成。人們可能也會說，正如那意欲的原初創造力，在現存的大自然形態那裡已經做完它的工作並在那裡熄滅了，但這創造力的微弱殘餘有時候和例外地在模糊生成那裡顯現出來，同樣，意欲那原初的**全能**，在合成和維持有機體那裡完成了它的工作和融入其中了，但就好比仍有盈餘，可以例外地在魔法、巫術中作用。我在《論大自然的意欲》中已經詳細論及意欲的這些魔法、巫術特性，在此就很樂意省略掉一些要援引不確切的事實的思考，但這些不確切的事實卻是人們不可以無視或者否認的。

第二十六章 論目的論⑫

有機大自然那一貫的、涉及每一存在物存在的合乎目的性，連帶著有機大自然與無機大自然的兩相適宜，要在任何哲學體系中毫不牽強地連貫起來，是不可能的——除非在這樣的體系中，某一**意欲**構成了每一個自然存在物的基礎，因此這意欲不僅透過有機體現象的行動，而且透過其**形態**表達出意欲的本質和追求。在這之前的一章裡，我只是暗示了當時的思路對這話題所提供的說明和解釋，而在此之前，對此話題，我已經在第一卷下面所標示的段落中有所闡述，但在《論大自然的意欲》之「比較解剖學」中則闡述得更清晰和詳盡。現在我就爲此補充下面的講解。

看到有機生物的構造中那種無限的合乎目的性，我們往往會發出驚嘆，而這根本上基於雖說是自然的但卻是錯誤的假設：我們借助於**認知**所看到的各個部分之間的、各個部分與機體整體和與這機體在外在世界的目的之間的**吻合一致**，因而也就是透過**表象**的途徑所理解和評定的吻合一致，也是當初循著這同樣的途徑進入那裡面去的；因此，正如這是**對智力**而言的存在，同樣也是**透過智力**所做成的。我們當然能夠做成和實現某樣符合規則和符合規律的東西，類似例如水晶，但那只能在規則和規律的指導下；同樣，也只能在目的概念的指導下做出某樣合乎目的的東西；但我們卻根本沒有理由把

⑫ 本章和下一章與第一卷 §28 相關。

我們的這一侷限性也套在大自然那裡，因為大自然本身是先於一切智力的「原初」的東西，就整個方式而言，其作用效果正如這之前的一章所說的，是完全有別於我們的作用效果的。大自然造出了如此合乎目的的和看上去經過了反覆思考的東西，而其實又不曾經過深思熟慮，也沒有借助於目的概念，因為大自然是沒有表象的，而表象有著完全次要的起源。我們首先看看那些只是合乎規則，但還不是合乎目的的東西吧。一片雪花有六個同樣的半徑和以同樣的角度散開，這些並不是由某一認知所預先測量定下的，而是那原初的意欲的樸素追求，是在智力出現的時候向智力所展現的樣子。就正如在此意欲並沒有數學，但卻造出了合乎規則的形象；同樣，意欲並沒有生理學，但卻造出了有機的和極為合乎目的的組織體。空間中合乎規則的形狀只是對直觀而言的存在，而直觀的形式是空間；同樣，那有機體的目的性只是對認知理性而言的存在，而認知理性的反覆思考是與目的和手段的概念聯結在一起的。假如我們有可能直接見到大自然的作用，那我們就必然認識到：上述目的論方面的驚嘆，類似於康德在解釋「可笑」時所提及的野蠻人，在看到泡沫從一個剛剛打開的啤酒瓶子噴湧出來時所表現出的驚訝，並且那不是對泡沫冒出來感到驚訝，而是百思不得其解，人們如何把泡沫放進了瓶子，這是因為我們也是預先假定了大自然作品的合乎目的性，當初也是以這些作品呈現給我們的同樣途徑進入這些作品中去的。所以，我們在目的論方面的驚訝也就同樣可以比之於印刷術的首次出品，在這些人那裡所引起的目的論方面的驚訝：這些人預先假定了這些印刷品是羽筆書寫的產物，因此，為解釋那些印刷品就設想魔鬼在那幫忙。這是因為，我再說一遍，是我們的智力，借助於獨有的形式、空間、時間和因果性，在把本身是形而上的和不可分的意欲行動，在把這在現象上展現為一隻動物的形體的意欲行動理解為客體的時候，首先造成了那各個部分及其功能的多樣性和差別性，然後就對出自這些部分的原初一體性的完美一致感到驚訝；因此，在這件事情上，智力在某種程度上讚歎著自己的作品。

如果我們投入地觀察隨便某一動物那無限匠心、妙不可言的建構，哪怕只是至爲平常的昆蟲，我們都會爲此讚歎不已；但這時候我們就會想到：大自然把這些如此極盡巧妙的和至爲複雜的有機體，日復一日地、成千上萬地、毫不留情地付諸毀滅，透過事故、動物的貪婪、人類的惡意和輕率等方式；這種瘋狂的浪費就會讓我們驚愕。不過，這樣的驚愕卻是由於我們的概念混亂所致，因爲我們這時候想到的是人的技藝作品：那是借助於智力和經過克服某種陌生的、抗拒性的材料而製作完成的東西，所以確實是相當勞心費力的。相比之下，大自然的作品，不管其多麼地精巧奧妙，都不會花費大自然任何力氣，因爲在此，那要成爲作品的意欲本身就是作品，正如已經說過的，那有機體就是已在頭腦中實現了可見性的、在此存在的意欲。

根據那所說的有機生物的特性，得出的結論就是：目的論——即認爲各個部分都合乎其目的——就是我們考察整個有機大自然時一個完全可靠的指南；但是，假如從形上學的目的出發，解釋在經驗可能性之外的大自然，那在證實以其他方式所奠定的解釋原理時，目的論只是次級的和輔助性的有效，因爲在此，這目的論本身就是一個需要說明和解釋的難題。據此，如果在某一動物的身上發現了我們無法看出目的的某一部分，那我們就永遠不要大膽妄猜大自然造出了這一部分是沒有目的的，是遊戲或者心血來潮所致。確實，在阿那克薩哥拉的這一假設之下——即大自然借助某一整理和安排性的理解力而獲得了安排和布置，而這樣的大自然也就是服務於某一陌生的任意——雖然以上想法被視爲可能的，但是，每一個有機體的自在本質（亦即在我們的表象之外的）完全只是在*自己的意欲*的假設之下，上述想法則是不可能的，因爲在這假設之下，每一個部分，存在的條件就是爲了給在此構成基礎的意欲提供某些服務、表達和實現這意欲的某一努力和追求，因此是以某種方式爲維護這個有機體做貢獻。這是因爲除了那展現在大自然的意欲和這意欲自願要生活在其中的外在世界條件——這意欲的整個形體和安排配置已經著眼於與此衝突而準備的——就再沒有任何東西可以影響它和確定它的形式和部分，亦即不會再有任何某一任意和奇思怪想。正因爲這樣，在這一切都必然是合乎目的的，因此，目的原因是理解有機大自然的指南，正如作用原因是理解無機大自然的指南一樣。也正是基於此道理，我們在解剖學或者動物學中，假如無法發現某一部分的目的，我們的理解力就會不好受，就類似於在物理學中某一作用效果的原因假如隱藏不見的話，我們就不會好受一樣。我們會假定這後者的原因和那一部分的目的是必然存在的，所以會繼續查找，儘管這很多時候可能是勞而無功的。例如，脾臟就是這樣的情形，就脾臟的目的，人們不停地想出種種假設，直到將來總有一天，有一個假設終於被證實是正確的。野豬的那些巨大的螺旋形牙齒、某些毛蟲的角形的贅生物等也是同樣的情形。反面的情形也可以根據這同樣的規則來判斷，例如，在一個整體上如此均勻的如蜥蜴目中，像膀胱那樣重要的一部分在許多種屬中都是存在的，而在一些種屬則沒有；同樣，海豚和與其有親緣關係的某些鯨目，是完全沒有嗅覺神經的，而其餘的鯨目，甚至魚卻都有嗅覺神經；這裡面肯定有特定的原因。

關於有機大自然的這一合乎目的性的普遍規則，人們確實極爲驚訝地發現了個別眞實的例外；但是，因爲對這些個別的例外可以給出另外的解釋，所以，對於這些例外，可以套用「例外證明了規則」。也就是說，屬於這例外情形的是負子蟾蜍的蝌蚪有尾巴和腮，雖然牠們並不像所有其他蝌蚪那樣游泳，而是在其母親的後背等待蛻化變形；還有雄性袋鼠在雌性袋鼠的袋子處有骨頭的連接部位；雄性的哺乳動物帶有乳頭；一種學名 *Mus typhlus* 的鼠類長有眼睛，雖然那眼睛極小、在外皮膚中並沒有開口，被毛髮覆蓋的皮膚也就遮蔽了眼睛，而亞平寧的鼹鼠，以及兩種學名分別爲 *Murena caecilia* 和 *Gastrobranchus caecus* 的魚類也是同樣的情形；類似的還有名爲盲螈的兩棲類動物。對這些稀有的和讓人驚奇的、構成了那本來是固定不變的規律的例外，對這些大自然所陷入的自相矛盾，我們必須以各種現象之間所具有的、來自這些現象中的一體性的內在關聯來解釋；也由於這一內在關聯，大自然必須在某種事物那裡也暗示著某樣東西，純粹只是因爲與這事物有關聯的另一個事物的確具備了這某樣東西。所以，雄性動物會有某一器官的殘餘，而這一器官在雌性動物身上是確實存在的。然而，正如在這裡，性別的不同並不能取消種屬的原型和模式，同樣，那整個序列的原型和模式中，例如無尾目生物，也照樣會堅持和維持自身——就算是在某一個別的種屬（負子蟾蜍）當中，這無尾目的某一特徵是多餘的。大自然更不會讓屬於某一整個基本劃分（脊椎動物）的原型和模式的某一特徵（眼睛）完全不留痕跡地消失——就算那特徵在某一類個別動物（上述的鼠類）是多餘的；相反，大自然也必須在此至少以殘餘部分的方式，指出大自然在所有其他種屬中實現了的東西。

就算是從這裡的角度看，也能在某種程度上看出：骨架的同源——首先是哺乳動物，然後是在廣泛意義上的一切脊椎動物——到底基於什麼樣的基礎，而這骨架同源的理論尤其是由歐文在《比較骨學》中詳盡論述的；由於這骨架同源，所以，例如，所有的哺乳動物都有七塊脊椎骨，人的手和臂的每一塊骨頭在鯨魚的鰭中有類似的對應骨頭，鳥蛋中鳥的頭蓋骨有與人的胎兒一樣多的頭蓋骨，等等。也就是說，所有這些都指向和表明某一獨立於目的論的本原，而這一本原卻是這目的論賴以成立的基礎，或者是事先給予的製作作品的素材，也恰恰是艾蒂安．若夫華．聖．伊萊爾所展示爲「解剖的成分」的東西。這是計畫的一體性，是高級動物世界的原初根本模式，好比任意選出來的樂調——在此，大自然就演奏出其調子。

作用原因和目的原因的差別，早就由亞里士多德（《論動物運動》，一，一）以這些詞正確地描述了出來：有兩種原因：目的原因和必要的作用原因；我們要盡可能地考慮到這兩者。作用原因也就是某樣東西透過什麼而存在的原因，目的原因是某樣東西爲什麼而存在的原因：我們要解釋的現象，在時間上，有作用原因在其之後，目的原因在其之前。只有在動物隨意的行爲、行動中，這兩種原因才是直接地同時發生的，因爲在此，目的原因、目標是作爲動因而出現的；但這樣一個動因卻始終是行爲、行動的眞正原因，完全是導致這行動的原因，是喚起這行動的、在這行動之前發生的變化，而由於這變化，這行動就必然地出現了；沒有了這變化，那行動就不會出現，就正如我在討論意欲的自由的獲獎論文中所證明的。這是因爲不管人們在意欲活動和身體活動之間硬塞進什麼生理學方面的東西，意欲在此始終是無可否認的活動者，而讓它活動起來的是來自外在的動因，也就是目的原因；因此，這目的原因在此就作爲作用原因而出現。除此之外，我們從之前發生的事情知道：從根本上，那身體運動與意欲活動就是一體的，因爲身體運動只是意欲活動在大腦直觀中的現象而已。這目的原因與作用原因同時發生在唯一爲我們所熟知的，因此也就是我們的原初的現象之中，我們要記錄下這種情形，因爲那恰恰讓我們得出這樣的結論：起碼在有機體那裡——對其了解完全要以目的原因爲指南——某一意欲就是那塑造者、形成者。事實上，我們無法清晰地想像目的原因爲除了某一預期中的目標，亦即某一動因以外的其他東西。的確，如果我們仔細考察大自然中的目的原因，那我們爲了表達其超驗的本質，就必須不畏懼異議而勇敢地說出：目的原因就是，作用於一個生物而又不爲這個生物所知的一個動因。這是因爲白蟻巢確實是造成食蟻獸沒有牙齒的頜骨以及那長長的線型和黏糊糊舌頭的動因；那把小鳥包住的堅硬卵殼，確實就是造成雛鳥的鳥喙配置了角尖的動因，好讓雛鳥以這樣的鳥喙擊穿鳥殼——但在雛鳥出殼以後，就會把這不再有用的角尖甩掉。同樣，光的反射和折射法則是造成那極盡巧妙、複雜的光學工具——亦即人的眼睛——的動因：在人的眼睛裡，角膜是透明的，三種房水具有不同的密度，晶狀體的形狀，脈絡膜有黑色，敏感的視網膜，瞳孔的收縮能力和根據光的反射和折射法則而精確設計的肌肉系統。但那些動因早在被感知之前就已經發揮作用了——儘管聽起來是那樣的矛盾，但情況就是如此。這是因爲在此是從有形的到形而上的過渡。但我們在意欲那裡認出了這形而上的東西，因此我們必須認識到那讓大象鼻子伸向某一對象物的意欲，就是先於那些對象物之前催生和塑造了這大象鼻子的同一個意欲。

1087

與此相應，在探究有機大自然的時候，我們完全求助於目的原因，時時處處都要去找到這些目的原因，並以目的原因解釋一切；相比之下，作用原因在這裡則只占據了相當次級的位置，只是目的原因的工具，並且就像無可否認因受到外在動因而導致的肢體任意活動的情形那樣，作用原因更多的是被假設而不是被指出和說明。在解釋生理功能時，我們或許還四處尋找作用原因——雖然在大多數情況下是徒勞的；但在解釋各部分的形成時，卻不再這樣做了，而只是唯獨滿足於目的原因，在此我們頂多只有某一泛泛的基本原則，諸如部位越大，給其供血的動脈就必然越粗壯；但對於形成了例如眼睛、耳朵、腦髓的實際上的作用原因，我們卻一點都不知道。事實上，就算只是解釋功能，目的原因也遠比作用原因重要，也比作用原因更點中問題的要害。因此，假如我們只知道目的原因，那

1088

我們在主要和關鍵方面了解和滿意了；相比之下，**作用原因**卻對我們幫助不大。例如，假如我們知道血液循環的**作用原因**——而事實上我們對此是不知道的，仍在探索中——那這對我們幫助不大，假如我們並不知道那**目的原因**，即不知道血液必須流向肺部以氧化，重新回流則爲了營養。相比之下，知道了這一目的原因以後，就算不知道那作用原因，我們也明白了許多。除此以外，正如上文所說的，我認爲血液循環並沒有任何眞正的作用原因，在此，意欲是直接干預的，正如在肌肉運動時那樣，即借助於神經引導由動因決定了肌肉的運動；所以，在此，那運動也是直接由目的原因所引發的，亦即由在肺部的氧化需要所引發的，而這氧化在此就在某種程度上作爲動因作用於血液，但在這過程中，卻沒有認知中介，因爲一切都在機體內部進行。植物的所謂變態是**卡斯帕·沃爾夫**不經意提出的一個思想，而這一思想就帶著這誇張的名稱被歌德當成是自己的東西，浮誇和繁雜地陳述出來了。而這植物的變態，就屬於以**作用原因**來解釋機體，雖然這從根本上只說明了大自然並不是在每一個產品中從頭開始，從無生成，而是相反：就好比說以同樣的風格繼續寫下去，連接了現存的東西，利用、發展和提高了之前的形態，把其作品更引向前去，就像在提升的動物排列中完全按照這規律所做的那樣：**大自然不會飛躍，其所有的行事都沿著最輕鬆的途徑**（亞里士多德，《論動物的前進》，第二、八章）。的確，我們指出和證明葉子各個部分的形狀以解釋花朵，在我看來幾乎猶如解釋一所房子的結構，我們指出房子的所有部分、樓層、角落和閣樓，不過是由紅磚組合而成的，只是紅磚這原初單位的重複而已。而以椎骨來解釋頭蓋骨似乎不會好很多，但卻帶來更多的疑問——雖然在此，這一點也是理所當然的：腦髓的匣子與脊髓的匣子是不會絕對不同和完全不相匹配的，而腦髓就是脊髓的延續部分和終端球體，更確切地說，腦髓是脊髓以同樣方式的延續。這整個思考方式屬於上面所提到的歐文的同源性。相比之下，下面的以目的原因對花的本質的解釋——提出這一解釋的義大利人的名字我忘了——在我看來是更讓人滿意的說明。花冠的目的就是：(1)保護雌蕊和雄蕊；(2)以花爲手段把精美的汁液準備好，濃縮在花粉和子房；(3)那香精油從底部的腺體脫離，作爲大多數圍繞著花藥和雌蕊的一種芬芳氣體，在某種程度上保護著它們免受潮溼空氣的影響。目的原因還有這樣一個優點：每一個作用原因最終總是建基於某樣無法探究的東西，也就是建基於某一自然力，亦即某一隱祕的特質，因此作用原因只能給出一個相對的解釋，而目的原因在其範圍之內則提供了一個讓人滿意的和完整的解釋。當然，只有當我們同時和分開地認識了那也被亞里士多德稱爲必要的作用原因的作用原因和目的原因以後，我們才會完全滿意，因爲那樣的話，它們的同時發生、那奇妙的密謀會讓我們驚訝——由於這一點，那最好的，其出現顯得完全是必然的，而那必然的，又再度顯得僅僅只是最好的，而不是必然的，因爲我們有了某一模糊的感覺：這兩種原因，儘管起源是如此的不同，但在根子裡，在自在事物的本質那裡是相連的。但要達致這樣一種雙重的認知卻是很少有的：在有機大自然那裡，因爲作用原因很少爲我們所知；在無機大自然那裡，因爲目的原因始終是大有疑問的。關於這一點，我還是想在我的生理學知識的範圍內，盡我所能地舉出幾個例子說明，生理學家們盡可以用更清晰和更確當的例子代替。黑人身上的虱子是黑色的。目的原因：爲了虱子自身的安全。作用原因：因爲黑人的黑色生發層是這些虱子的食物。熱帶鳥類羽毛具有極爲多樣的和火辣鮮豔的色彩，我們可以把回歸線的強烈光照影響解釋爲作用原因，雖然這只是非常泛泛的。至於目的原因，我認爲那些光豔的羽毛就是華麗的制服——穿著這身外衣，那無數的、經常屬於同一鳥屬的個體鳥兒就能互相認出，這樣，每一隻雄鳥就都能找到其雌鳥。這對於不同區域和緯度的蝴蝶來說，也同樣如此。人們觀察到患肺癆的女人在疾病的最後階段容易懷孕，在這懷孕期疾病會平靜下來，但在分娩以後會病情加重了，且大都會導致死亡；類似的是患肺癆的男人在生命的最後時光，大都能生育一個小孩。在此，目的原因就是那時時處處都如此緊張地維護著種屬的大自然，在一個青壯之年的個體快要不行的時候，力圖迅速地以一個新的個體來取代；而作用原因則是在肺癆的最後階段所出現的異乎尋常的神經系統的興奮狀態。以這同樣的目的原因可以解釋類似的奇特現象（根據奧肯的《生殖》，第六十五頁）：那中了白砷毒的蒼蠅，出於某種無法解釋的性慾，仍然可以交配，並在交配中死去。男女兩性都有的恥毛和女性的陰阜，其目的原因是：就算是非常瘦削的主體，在交配時，恥骨也不會被感受到，而恥骨是會刺激起厭惡的，而作用原因則可從這一事實中找到：黏膜過渡到皮膚之處，周圍就長出了毛髮；其次，頭部和生殖器在某種程度上是彼此對立的兩極，因此，彼此間有各種各樣的關係和類似，其中兩者都覆蓋著毛髮。那同樣的作用原因也適用於男人的鬍子，而鬍子的目的原因，我認爲則在於病徵學，亦即暴露出每一次情緒內在波動的臉部特徵的快速變動，主要表現在嘴巴及其周圍，所以，爲了讓這些在談判或者突發事件中常常構成了危險的東西逃過對手的窺視和察看，大自然（大自然知道人之於他人就是狼）就給了男人鬍子。相比之下，女人則可以沒有這些東西，因爲僞裝和控制表情是女人與生俱來的本領。正如我說過的，必定還會有許多更顯著的例子以證明大自然完全盲目的作用，是如何與看上去充滿著目的性，或者就像康德所稱的，大自然的機械論是如何與大自然的技巧在結果上巧合在一起的；而這表明兩者有共同的起源，就在超越了這些差別、在作爲自在之物的意欲那裡。舉個例子，假如我們可以發現那把漂流的木頭引往沒有樹木的極地的作用原因，或者把我們的星球的陸地主要集中在北半球的作用原因，我們就能爲解釋清楚上述觀點做出許多貢獻；而與此同時，這些例子的目的原因則可以是北半球的冬天，是因為在加速了地球旋轉的近日點的緣故，所以短缺了八天和因此更加地溫和。但在考察**無機**大自然的時候，目的原因總是模糊不清的，尤其是在**作用**原因被發現以後，我們就會懷疑那目的原因是否只是某一主觀的看法，受到我們視角條件侷限的假象。在這方面，這可以與在一些藝術品中的情形相比較，例如，那些粗糙的鑲嵌圖案作品、劇院裝飾和在佛羅倫斯附近的帕拉托力諾，以粗糙的巨大岩石構成的亞平寧神祇：所有這些只有在遠處觀看才能產生效果，但靠近以後效果就會消失，因為現在可見到的已不是那外觀的目的原因，而是**作用**原因，但那形狀仍是真實存在的，並不是想像出來的東西。無機大自然的目的原因與此相類似——假如**作用**原因出現的話。的確，假如我們補充說預兆就是這方面的類似情形，那能看到更廣遠的全景的人，或許也會勉強認可。

此外，假如有人想濫用**外在**的合乎目的性，要把這正如所說的始終是模糊不清的東西套用於物理神學的展示，就像時至今日人們所做的那樣——希望僅僅只是英國人這樣做而已——那就有這一類型的相反結果的證明例子，亦即足夠的不合乎目的性的例子，以排除此觀念。其中提供給我們的一個最強有力的例子就是海水是不適合飲用的，而這樣的結果就是人們遭受渴死威脅的不是別處，恰恰就是置身於他們的星球中最大水體的中央。「那海水鹹的目的是什麼呢？」我們不妨問問我們的英國人。

至於在**無機**大自然，目的原因完全退隱了，以致僅以目的原因解釋的話，在此就不再適用，人們要求的絕對是作用原因——這是因為那也客體化在無機大自然的意欲，在此就不再顯現在獨自構成整體的個體那裡，而是顯現在自然力及其作用效果方面；因此，目的與手段太過於分開了，它們之間的關係也就無法清楚地表現出來，我們也無法在這當中認出意欲的顯現。這情況已經在某種程度上出現在**有機**大自然，亦即出現在合乎目的性變成了**外在**的合乎目的性的情形，即**一個**個體是目的，**另一**

個個體是手段的情形。但這合乎目的性在此仍然是毋庸置疑的——只要那兩者屬於同一個種屬，事實上，那就的確變得更加的顯眼。可算進這種情形的首先就是兩性的生殖器官的互相匹配，然後還有許多有助於交配的情形，例如，在螢火蟲那裡，只有那些不發光的雄性的螢火蟲是長有翅膀的，目的就是好讓牠們能夠尋找雌性螢火蟲；而那些沒有翅膀的雌性螢火蟲，因為牠們只是在傍晚的時候才出來，所以就擁有磷光，好讓雄性螢火蟲找到牠們。但一種學名 *Lampyris Italica* 的螢火蟲，雌雄都會發光，而這就屬於在南部地區大自然奢侈的一個例子。但在此所談論的合乎目的性的一個相當特別的、因而是鮮明的例子，就是若夫華·聖·伊萊爾在晚年就鯨類哺乳器官更詳細特性的美妙發現。也就是說，因為所有的吮吸都需要呼吸的活動，所以，吮吸只能在呼吸的媒介本身進行，卻不是在水下發生的。但那些掛在母親的乳頭上吸乳的小鯨魚卻是在水下的。為應付這情形，鯨魚的整個哺乳器官就改變了，成了一個突出的器官，在幼魚的嘴裡，用不著幼魚吮吸就把奶水噴進牠們的嘴裡。而假如能給另一個個體關鍵性幫助的個體，是屬於完全不同種屬的，甚至屬於另一個自然王國，那我們就會懷疑這種外在的合乎目的性，就像我們對無機大自然所懷疑的那樣，除非那種屬的維護很明顯以這外在合乎目的性為基礎。而這卻是許多植物的情形，因為這些植物的受精只能要麼依靠昆蟲把花粉帶到柱頭，要麼雄蕊俯向雌蕊。那普通的小檗屬，許多鳶尾屬和鐵線蓮狀馬兜鈴在沒有昆蟲的幫助下，是一點都不能受精的（克里斯蒂安·康拉德·施普倫格爾，《在花的結構和受精所發現的大自然的祕密》，一七九三；韋爾登諾，《植物訊息概要》，三五三）。相當多的雌雄異株、雌雄同株和雜性的，例如黃瓜和甜瓜，都是同樣的情形。植物界和昆蟲界互相之間所得到的幫助，我們可以在伯爾達哈的巨著《生理學》（第一卷，§263）看到出色的描述。他很美妙地補充說：「這不是機械性幫助，不是權宜之計，就好像大自然昨天才造出植物並在此過程中犯下了一個錯誤，而今天就試圖透過昆蟲彌補似的；更準確地說，那是植物界與動物界之間的一種根源很深的交感。兩者間的同一性是要顯露出來的：這兩者是同一個母親的孩子，應該要彼此和互相依靠著存在。」此外，「那有機的大自然與無機大自然是這樣的交感關係」，等等。對這樣的大自然的同感的證明則在科比和斯賓塞著《昆蟲學入門》第二卷中的觀察結果：昆蟲下的卵子黏附在樹枝上，而這些樹木就是幼蟲的食物；在冬天過去以後，恰好就在樹枝發出新芽的時候，蟲子破殼而出，因此，例如，樺樹的蚜蟲就比白蠟樹的蚜蟲早一個月破殼出來。同樣，多年生植物的昆蟲就在這些樹上作爲卵子過冬；但那些只是一年生的植物的昆蟲，因爲牠們無法在這些植物上過冬，所以就會處於蛹的狀態。

三個偉大的人物完全排斥目的論或者以目的原因所作的解釋，許多小人物就跟隨著學舌。這三個人物就是盧克萊修、培根和斯賓諾莎。但這三人抗拒目的論的原因，我們是清楚知道的：那就是他們把目的論視爲與思辨神學不可分離的，而他們對思辨神學又是如此的畏懼（雖然培根精明地試圖掩藏這一點），所以，他們也就遠遠地唯恐避之不及。我們發現萊布尼茲也完全受到這偏見的束縛，因爲萊布尼茲在致M．尼凱斯的信件（《斯賓諾莎遺著集》，保羅斯編，第二卷，第六七二頁）中，以典型的天眞把這偏見說得好像是不言自明的道理似的：目的原因，或者也是這同樣的道理，認爲事物的秩序裡面有神的智慧（在魔鬼那裡，也是同樣的道理吧！）。我們發現今天的英國人，即寫出了《布里奇沃特論文集》的人、布魯厄姆勛爵等也持同樣的觀點，甚至理查德．歐文，在《比較骨學》裡也是與萊布尼茲一模一樣的想法——對這後者，我在第一卷已經批評過了。對所有這些人來說，一說起目的論，那馬上就是神學；每當在大自然中認出那種合乎目的性的時候，他們不是去學會思考和明白

1095

大自然，而是爆發出小孩子般的喊叫：設計論！設計論！然後就彈起他們的婦人哲學的老調，閉目塞聽，抗拒一切理性的理據，諸如偉大的休謨⑬所提出的相反的理據。造成英國人這種可憐的狀況的，主要是因爲現在過了七十年以後，英國的學者對康德哲學仍然一無所知——這的確已夠得上是他們的恥辱了；而這種無知最大程度上起碼是因爲可惡的英國教士的卑鄙影響。蒙昧大眾的各種各樣的作爲，都是合乎他們的心意的，這樣，他們也就可以把在其他方面如此聰慧的英國民族囿於至爲低級的盲目信仰之中；因此，受著卑鄙的蒙昧主義的鼓舞，教士們就傾盡全力反對全民教育，反對探索大自然和反對總體上促進人類的知識；他們既用上他們的關係，也駭人聽聞地、不負責任地借助於加重了人民苦難的金錢財富，把其影響甚至擴展至大學的學者和著作家；這些後者（例如，湯瑪斯·布朗，《論原因與結果》）因此就勉強沉默和做出各種扭曲，目的只是爲了從老遠就要避開那「冰冷的迷信」——正如普克勒對他們的宗教的準確描述；或者避開流行的支持那宗教的辯論。

在另一方面，所談論的三個偉大人物，因爲生活的時期遠在康德哲學破曉之前，所以，他們由於目的論的起源而對目的論產生畏懼是可以原諒的；甚至伏爾泰也視物理神學的證據爲無可辯駁呢。

1096

爲了更詳細了解這事情，首先，盧克萊修（第四，八二四—八五八）反對目的論的辯論是如此的粗糙

⑬ 在此順便一提：根據康德以來的德國文獻作品判斷的話，那人們不得不相信休謨的整套智慧就在於他那明顯錯誤的針對因果法則的懷疑論，因為這唯一是到處都被談論的。要了解休謨的話，我們必須閱讀他的《宗教的自然歷史》和《關於自然宗教的對話》，因為人們就此可以看出其偉大，而這些著作，連同他的第二十篇文章〈論民族性格〉，是導致他時至今日受到英國教士無比憎恨的著作，而沒有什麼比這些著作更能說明他的名聲了。

和笨拙，簡直是自相矛盾，並且反而讓我們相信了與其相反的說法才是對的。至於培根（《學術的進展》，第三，四），在運用目的原因方面，他先是認爲有機大自然與無機大自然之間並沒有任何差別（而這恰恰是問題的關鍵所在），因爲他在所舉的這方面的例子裡把無機大自然和有機大自然混在了一起。然後，培根把目的原因從物理學驅逐到形上學那裡去，但形上學對於他就等同於思辨神學，一如形上學時至今日對許多人仍是如此。因此，培根就把目的原因視爲與思辨神學不可分離，並且在這方面走得如此之遠，他甚至責怪亞里士多德，因爲亞里士多德（我等一會兒要專門讚揚這一點）起勁地運用目的原因，但卻沒有把目的原因與思辨神學連接起來。最後，斯賓諾莎（《倫理學》，一，命題三十六，附錄）至爲清楚地表示：他把目的論等同於物理神學，以致他解釋大自然不做無用的事情時說，意思就是那些對人類沒有用處和好處的事情，而他談論物理神學的時候是帶著怨恨的；同樣地，他們把大自然的一切都視爲爲他們服務的手段，他們也相信有另一者準備好了這些手段；還有就是：由此他們得出結論：神祇爲了人類的好處而製作和指揮一切。他的聲稱就是基於這樣的基礎，大自然並沒有定下任何目標，所有的目的原因不過就是人的發明而已。他所關心的只是堵住一神論的路徑，但他完全正確地認識到：物理神學的證明是一神論最有力的武器。但要眞正駁倒那些物理神學的證明，是留給康德的任務，而正確解釋這些題材則留給我做了。這樣，我所做的就符合這所說的，眞實的東西既證明了自己，也證明了虛假的東西。但斯賓諾莎除了拼命地否認目的論本身，亦即否認大自然作品中的合乎目的性，就不知道如何求助了；而他這樣的宣稱，其怪異是每一個對大自然有幾分精確了解的人都會一眼看出的。斯賓諾莎這狹隘的眼界，連同他對大自然完全地欠缺知識，已足夠證明他在這方面是欠缺能力的，也證明了那些盲從斯賓諾莎的權威而相信必須輕蔑評判目的原因的人是愚蠢的。

與這些現代哲學家相對照，亞里士多德是相當有利的，因爲恰恰是在此處，亞里士多德展現出閃亮的一面。亞里士多德不帶偏見地探究大自然，並不曉得什麼物理神學，類似的東西從來就不會進入他的頭腦，他也從來沒有想到要看看這世界是否就是某一手工作品。他的心裡完全沒有所有這些東西，因爲他也提出（《論動物的生成》，三，二）動物和人的起源的假設，與此同時，並沒有陷入物理神學的思路。他總是說大自然的創造，而從來不說大自然被創造。但在他誠實、勤勉地研究了大自然以後，他發現大自然時時處處都是以合乎目的的方式行事的，並說出我們看到大自然不會徒勞地做任何事；在《論呼吸》第十章和在《論動物的部分》的篇章中——那是一種比較解剖學——大自然不做多餘的和徒勞的事情……大自然所做的一切都是爲了某一個目的……但無論在哪裡，我們說這些所發生的都是爲了某一目標、某一作爲運動結果的可見目標，以致這一點是清楚的：這有著某樣我們也恰恰名爲大自然的東西……這是因爲身體就是一個工具，因爲其每一部分都是爲了一個目的服務，而整個身體也同樣是爲了一個目的服務。在柏林四開本的第六四五和六六三頁，以及在《論動物的前進》第二章，有更詳細的表述：大自然不做徒勞的事情，而是永遠做出可能對每一個動物種屬最好的事情。但他在《論動物的生成》的末尾明確地介紹目的論和批評德謨克利特，他否認了目的論，而這恰恰就是囿於偏見的培根所讚揚的德謨克利特的東西。尤其是在《物理學》（二，八，第一九八頁）中，亞里士多德明確地談到目的原因，並提出它們就是考察大自然的真正原則。事實上，每一個有良好和健全頭腦的人在考察有機大自然時都必須進入目的論；除非被先入爲主的看法決定了，否則，就一點都不會掉進物理神學，也不會掉進受到斯賓諾莎批評的人類目的論中去。與亞里士多德有關的，我還想在此指出這一點：他涉及無機大自然的學說，是錯漏百出和沒有什麼用處的，因爲他在力學和物理學的基本概念中頑固地堅持至爲重大的謬誤；而這是尤其不可原諒的，因爲在他之前，畢達哥拉斯門徒和恩培多克勒已經走對了路子，也已經教導了許多更好的東西。正如我們從亞里士多德第二部書《論天》（c.1，第二八四頁）中所知悉的，恩培多克勒已經掌握了從旋轉中產生的、抗衡這重力的一種切線力的概念，而這又再度遭到了亞里士多德的摒棄。但亞里士多德在考察有機大自然方面卻相反：此處是他的強項。在此，他豐富的知識、銳利的觀察，事實上，他不時就有的深刻洞察讓我們驚訝不已。僅舉一個例子吧，他已經認識到在反芻動物中，角與上顎的牙齒是對立、抵消的關係——由於這一點，沒有角的話，就會有上顎的牙齒，反之亦然（《論動物的部分》，三，二）。因此，還有他對目的原因的正確評價。

第二十七章　論本能和遺傳的本領

似乎大自然想要在動物的本能欲望那裡，爲探究者提供說明性的注腳，以講解大自然是如何依照其目的原因而運作的，並解釋由此產生的大自然的有機創造物的那種讓人驚嘆的符合目的性。這是因爲動物的本能至爲清楚地展示了：生物可以至爲堅決和明確地爲著一個牠們不認識的，甚至牠們意想不到的目標而努力。這樣的例子就是鳥窩、蜘蛛網、蟻獅坑、獨具匠心的蜂巢、巧奪天工的白蟻巢穴，等等，對第一次圓滿完成這些工作的動物個體而言起碼是這樣，因爲無論是那要完成的形態還是其用處都是牠們不可能知道的。那**有機組成的大自然**恰恰以此方式運作，所以，我在前一章裡，對目的原因做了一個似乎自相矛盾的解釋：目的原因就是一個不被認識到但卻發揮著作用的動因。正如在出自本能的效果和作品中，在其中發揮作用的明顯的和公認的就是**意欲**，同樣，在有機組成的大自然的效果和作品中，發揮作用的也的確就是意欲。

我們可以說動物的意欲是以兩種不同的方式活動起來的，要麼透過動因，要麼透過本能；因而就是要麼從外在，要麼從內在；要麼透過某一外在的原因，要麼透過某一內在的本能衝動。外在的原因可以解釋，因爲那就在外面，但內在的本能卻無法解釋，因爲那只在裡面。不過，仔細考察一下，這兩者的對照並不是那麼的涇渭分明，從根本上那不過是程度上的差別而已。也就是說，動因同樣只是在有了某一內在的欲望和要求，亦即有了意欲的某一確定的特性——人們名之爲**性格**——的前提下，才會發揮作用；每一次的動因只是給了這內在的欲望和要求一個明確的方向，在具體的情形裡使這方向個體化。同樣，本能雖然是意欲的某一明確的欲望和衝動，但卻不像彈簧那樣只是完全從內在發揮作用，而是也等待為了發揮作用所必需的某一外在情形，而這起碼決定了本能表現出來的時間點。類似的外在情形就是季節之於候鳥、發生了的受精和已有了建巢的材料之於要建造自己巢穴的鳥兒；對於蜜蜂，在開始建蜂巢時則是簍子或者空的樹洞，接下來要做的工作中則是許多個別出現的情形；對於蜘蛛，則是一個相當適宜的角落；對於毛蟲，則是適合的葉子；對於產卵的昆蟲，則大都是非常專門的、明確的，經常是古古怪怪的地方——在那裡，孵化出殼的幼蟲馬上就可找到食物，等等。由此可推論：在本能所產生的作品裡，首先發揮作用的是本能，其次是這些動物的智力。也就是說，本能提供了普遍性的東西和規律；智力則提供了特殊性的東西和應用，因為智力負責和主持了實施過程中的具體細節，因此，這些動物的工作明顯與當時每一次的情形相符合。根據所有這些，本能與僅僅是性格的區別就可以這樣確定下來：本能是只會受某一相當專門的、特定的動因推動的性格，所以，由此產生的行為始終是相當類似的。而每一種動物和每一個體的人都會有的性格，雖然也同樣是某一持久的和不變的意欲特性，但卻會由相當不一樣的動因推動起來並與之相契合；所以，由此產生的行為，依照其材料特性而言，可以表現得很不一樣，但始終帶著同一性格的印記，因此會表達和暴露這一性格；所以，要認識這顯現出來的性格的話，所出自的行為的材料特性在本質上是無關緊要的。據此，我們可以把本能稱為極度褊狹的和被嚴格限定了的性格。由此描述可以推論：要受到只是動因的左右，其前提條件就已是某一程度的認知範圍，亦即某一發展了的智力；因此，這是高等動物，尤其是人類所獨有的。而受到本能的左右，則只要求具備智力以察覺和感覺到那某一專門的、特定的動因，亦即那讓本能表現出來的唯一和獨有的理由與機會。所以，這只在認知範圍異常狹隘，因此一般來說和在最大程度上只在低等動物，尤其在昆蟲那裡發生。因爲這些動物的行爲只需要某一異常簡單和微小的動因，所以，這些外在動因的媒介，亦即智力或腦髓，在這些動物中只是相當的薄弱，其外在的行爲大都受到與內在的、僅僅只是根據刺激就能自動展開的生理功能所受到的同樣的指揮，亦即都受到神經節系統的指揮。這些神經節系統因此在牠們那裡形成了優勢：牠們的主要神經幹是以兩根繩索狀在腹部下延伸，在每一肢體都形成一個神經節，在體積上經常只是略遜於腦髓。根據居維爾的理論，這神經幹與其說類似於脊椎，還不如說類似於大的交感神經。根據所有這些，本能與由動因指揮形成了某種程度上的對立；結果就是本能在昆蟲那裡發揮最大的作用，而由動因指揮則在人那裡達到了極致。其餘動物所受的驅動則在這兩者之間，根據在每一種動物中腦髓或者神經節系統的發達程度而呈現多個級別。正因爲昆蟲的本能的行事和巧妙的工藝主要出自神經節系統的指揮，所以，如果我們把昆蟲的這些視爲唯獨出自腦髓的指揮並相應地給出解釋，那我們就會陷入混亂之中，因爲我們用錯了鑰匙。但那同樣的情形使昆蟲的行爲有了與夢遊症者某種耐人尋味的相似性，因爲夢遊症者的情形也的確可以同樣得到解釋：交感神經也接過了腦髓對外在行動的指揮任務。因此，在某種程度上昆蟲是天然的夢遊症者。那些我們無法直截了當想到的事情，就必須透過類似的事情去明白。這剛提到的事情會在很大程度上做到這一點，假如我們借助基澤在《動物磁性體系》（第二卷，第二五○頁）所提到的一件案例：「催眠者給了夢遊者一個指令，要她在醒著時做某一特定的事情；夢遊者醒來以後就執行了這一指令，但她對這指令卻沒有清楚的記憶。」也就是說，在她看來就好像必須做那樣的事情，但爲什麼要這樣做卻又是她不知道的。這無疑與昆蟲那本能衝動所發揮的作用有著極大的

1101

1102

相似性：年輕的蜘蛛就好像一定要去編織蛛網，雖然牠們並不知道，也不明白蛛網的目的。在此，我們也回憶起蘇格拉底的守護精靈。由於這守護精靈的緣故，蘇格拉底會有某種感覺：他必須放下某樣別人期望他做成的或者手頭上要做的事情，但他又不知道個中的理由，因爲與此有關的預示的夢已被他忘記了。我們平常的日子裡，也有得到了相當確認的類似事例，所以，我只是簡短地回顧其中一些。一個人已經訂了一艘船上的位子，但就在這船要開航之際，他在自己都不知道爲何這樣做的情況下，堅決不肯登船：那船後來就沉沒了。另一個人則與同伴一起往彈藥塔進發。但到了這彈藥塔附近，他卻一點都不想再走下去，而是感到了恐懼，匆忙地折回頭，而又不知道這是爲什麼：那彈藥塔後來被炸飛了。還有一個在海洋上乘船的人，一天傍晚在毫無理由的情況下感覺到就是不想脫下衣服，而是穿戴整齊，甚至戴著眼鏡躺在床上：深夜時分，船上著火了，這人也就成了不多的幾個上了小艇得救的人。所有這些都是基於那些忘記了的預言夢所留下的影響，也給我們一把鑰匙以類比了解直覺和本能。

在另一方面，正如所說的，昆蟲的本能衝動讓我們了解了許多有關不具認識力的意欲在有機體的內部裝置及在形成這些裝置中的作用。這是因爲我們可以在螞蟻巢或者蜂巢那裡，毫不勉強地看到一個有機體在展開和受到了認知之光照射以後的圖像。在這一意義上，伯爾達哈（《生理學》，第二卷，第二十二頁）說：「形成和產下卵子屬於蜂后的工作，受精和培養的工作則屬於工蜂。在前者那裡，卵巢就好像成了個體；在後者那裡，子宮則好像成了個體。」正如動物的有機體一樣，在昆蟲社會中，各部分自己的生命都屈從於整體的生命，照料整體優先於照料自身的存在；確實，意欲這個體的存在是有條件的，但意欲整體的存在卻是無條件的。因此，單個有時候甚至要爲了整體而犧牲，正如我們會截肢而挽救整個身體。所以，例如，假如一隊螞蟻的前路被水流切斷了，那最前頭的螞蟻就會勇敢地跳進水裡，直至牠們的屍體爲後續跟進的螞蟻堆起了一道水壩。那些雄蜂到了沒用的時候就會被刺死。蜂巢裡有兩個蜂后的話，就會被包圍起來互相決鬥，直至其中一個捨去生命爲止。蟻后在受孕的事情完結以後，就會自己咬掉翅膀，因爲這翅膀從現在起只能在地下飼養新家庭的工作中起妨礙的作用（科比和斯賓塞，第一卷）。正如肝臟只是分泌膽汁，爲消化服務，並的確只爲此目的而存在，而其他每一部分也是如此，工蜂同樣也只收集蜂蜜、分泌蜂蠟和建造巢室，爲的是蜂后的一窩幼蜂；雄蜂同樣只是受精；蜂后同樣只是產卵。所有的部分也只是爲了整體的生存而工作，因爲整體的生存才唯一是絕對的目標。正如機體中的各個部分一樣。區別只是在機體裡，意欲是盲目地、以其原初性發揮作用；而在昆蟲社會中，這事情已經在認知的幫助下進行，但也只是在偶然的細節方面才讓認知明確共同參與和由認知做出某些選擇，因爲在那些方面，認知能夠幫忙和因地制宜地完成要做的事情。但昆蟲並不認識意欲在整體上的目標，一如根據目的原因而作用的有機大自然：甚至大致上對手段的選擇也不是交給牠們的認知，只是在個別的情形裡更進一步的手段安排，才交由其認知處理。所以，牠們的行事一點都不是機械式的，這只需給牠們的努力製造出點點的障礙，就可看得一清二楚。例如，當毛蟲在葉子裡織網的時候，並不知道自己這樣做的目的；但假如我們弄壞其編織的細網，牠們就會巧妙地修復。蜜蜂會在一開始時因應所發現的情形而建造蜂巢，但蜂巢遭遇事故的話，例如，被有意破壞以後，蜜蜂就會根據所出現的特別情形而採取最符合目的的因應措施（科比和斯賓塞，《昆蟲學入門》；于貝爾，《蜜蜂》）。諸如此類的事情會引起我們的驚訝，因爲看到和察覺到環境情勢和因應這環境情勢明顯是認知的事情，而在我們相信它們會爲其就要到來的種屬和遙遠的將來而極盡巧妙地籌備的同時，我們又清楚地知道，它們的這些行爲和行事並不是受到了認知的指揮，因爲出自認知的這一類的未雨綢繆，要求某種差不多就是理性的腦髓活動。相比之下，就算是低等動物的智力也能對個別的情形，根據當時既有的和所出現的情況而調整和安排，因爲在其本能的指導下，只需塡補本能所留下的漏洞而已。所以，我們看到了一旦地方太熱，螞蟻就會費力地帶走幼子，而一旦太過潮溼，又把幼子帶回來。個中的目的是螞蟻所不知道的，也就是在這過程中，牠們並不是受到認知的指揮，但至於何時那地方已不再適合幼子和現在要帶幼子前往另外哪一個地點，則交由牠們的認知決定。在此，我還想提到我年輕的時候一個人親口告訴我的他親身經歷的一個事實，雖然我自那以後發現是伯爾達哈引自格萊迪奇的。格萊迪奇爲了檢驗埋葬蟲，就把一隻躺在地上的死青蛙用線繩綁住，線繩的上面一端則固定在斜插在地上的枝條上。在幾隻埋葬蟲根據習慣挖了泥土以後，這隻死青蛙卻不如牠們所期待的陷進土中；不知所措之下，經過一番折騰，牠們把這死青蛙連帶枝條一道埋進土裡。對直覺的這些輔助和對本能工作的那些改進，我們在機體裡面可看到類似的例子，即大自然的治癒力，因爲這治癒力不僅癒合傷口，同時甚至更換掉骨頭和神經組織，而且在某一連接由於失去了某一血管或者神經分支而中斷了以後，會透過擴大其他血管或者神經，甚至也可能透過伸出新的分支而開通新的連接；這治癒力會更進一步讓某一其他部分代替某一有疾患的部分或功能；在失去了一隻眼睛以後，會讓另一隻眼睛更銳利；在失去了某一感官以後，會讓其餘所有的感官更敏銳；甚至會讓某一本身是致命的腸道傷口，有時候透過腸繫膜與腹膜的黏連而閉合。一句話，以至爲巧妙的方法應對每一次的傷害和紊亂。而一旦損害已完全無法救治，它就會加速死亡；其級別越高，亦即機體越敏感就越如此。就算昆蟲的本能也有類似的情形。例如，黃蜂在整個夏天極盡辛勞地以劫掠回來的果實餵養其幼蟲；但到了十月分，看到剩下的幼蟲就要面臨飢餓而死亡，就會叮死牠們（科比和斯賓塞，第一卷，第三七四頁）。甚至還有更古怪和特別類似的例子呢，例如，當雌性的熊蜂產卵時，那些工蜂會有吃掉那些蜂卵的衝動。這會持續六到八個小時，並且就會滿足這衝動——假如不是蜂后趕走牠們、小心翼翼地看護著所產的蜂卵。過了這段時間以後，工蜂就完全沒有了吃掉蜂卵的欲望，哪怕這些蜂卵就擺在牠們面前。相反，工蜂現在卻成了即將破殼而出的幼蜂的勤奮守護者和供養者。這可以並不牽強地表現爲類似於小孩生病，尤其是幼兒長牙時所生的疾病，因爲在生病時，恰恰是機體將來的撫養者對機體發起了攻擊，並常常會付出生命的代價。對機體生命與低等動物的本能衝動的所有這些類似情形的考察，都有助於更堅定這樣的看法：無論是在機體生命還是在低等動物中的本能衝動，意欲都是其中的基礎，因爲在此也證實了在意欲的發揮中，認知是從屬的、次要的角色，這角色有時受限多一些，有時受限少一些，有時則完全不起作用。

但本能與動物性機體還在另一方面彼此作了講解和說明，即透過這兩者顯現出來的對**將來事情的預見**。借助本能的衝動，動物設法去滿足一些牠們還不曾感覺到的需求，並且那些不只是牠們自己的需求，而更是牠們將來孵化出的幼小下一代的需求：牠們因而是爲了一個牠們現在仍不知道的目的而努力。就像我在《論大自然的意欲》第四十五頁（第二版）中透過蠶蛾的例子所說明的，這情形會達到這樣的地步：牠們甚至會預先追殺那些會傷害牠們將來的卵子的敵人。同樣，我們看到在一隻動物的整個結構中，可透過那些要達到某些目標和滿足某些要求的機體工具，以預料到這動物將來的需要和以後的目標；所以，每一種動物的身體構造都與其生活方式絲絲入扣，動物的裝備與其攻擊獵物和抵禦敵人所需的武器完全吻合，還有牠的整個形態根據其將要作爲追獵者所進入的自然環境所作的計算和考慮，這些我在《論大自然的意欲》之「比較解剖學」中有詳細論述。所有這些對將來的預見，無論出自本能還是出自動物有機體，我們本可以列入某種**先驗**認知或先驗知識的概念的名下——假如這些認知總的來說都有某種**知識**基礎的話。只不過事實情形並不是這樣，正如已經表明的。這預見能力的源頭藏於比知識領域更深的地方，也就是說，藏於作爲自在之物的意欲那裡，而這樣的意欲不受認知**形式**的限制；因此，在這種認知方面，**時間**並沒有意義，將來的事情因而就像現在的事情那樣，與其同樣的接近。

第二十八章　生存意欲的特徵⓮

第二篇以這樣的提問來結束：意欲表明了就是這世界一切事物的自在本質，那意欲的目的和目標是什麼？下面的考察可以補充對這問題在第一卷所給出的泛泛回答，因爲這些考察展示了那意欲的特徵。

之所以可能展示意欲的特徵，是因爲我們認識到了一些絕對眞實的，在經驗中存在的就是這世界的內在本質的東西。相比之下，不少人用以描述上述世界的內在本質的名稱，即「世界靈魂」，終究只是「無實在對象的抽象概念」，並沒有給出眞實的、在經驗中存在的東西，因爲「靈魂」說的是一個個個體的意識統一體，明顯地並不屬於這所說的本質；又總的來說，因爲「靈魂」的概念假設了認知與意願密不可分地連在一起，與此同時，卻又獨立於動物性的機體，所以，並不證明是正確的，因而是不宜使用的。這個詞只應該用於比喻的意義，因爲這個詞肯定不像 *ψυχη* 或 *anima* 一類好應付，後者的意思是「呼吸」。

更不適宜的是所謂泛神論者的表達方式——他們的整套哲學主要在於：把這世界內在的、他們所不知道的本質稱爲「上帝」；這樣，他們就以爲做出了很大的成就。依照他們的說法，這世界就是上帝在顯靈。但我們只需看看這個世界：充滿著持續渴求的生物，它們僅靠互相吞吃才繼續生存片

⓮ 本章與第一卷 §29 相關。

刻的時間，其生存就在恐懼和匱乏中度過，並經常忍受那些可怕的折磨，直至最終一頭栽進死亡的懷抱。誰要是看清這些，就會認爲亞里士多德所說的是對的：這大自然是魔鬼式的，而不是具有神性的（《論睡眠占卜》，第二章，第四六三頁）；確實，他就不得不承認：一個會讓自己變成如此世界的神靈，肯定受盡了魔鬼的煩擾和折騰。我清楚地知道，這個世紀的所謂哲學家這樣做是仿效斯賓諾莎，並因此認爲是有正當理由的。可是，斯賓諾莎把他唯一的實體物質如此命名是有特別理由的，也就是爲了至少挽回那字詞，雖然挽不回那事情。燒死喬爾丹諾·布魯諾和瓦尼尼的木柴垛仍然新鮮地留在記憶裡，這些人也被犧牲給了那一上帝——爲了那一上帝的榮譽，流血犧牲的人數也遠甚於把兩個半球上所有異教神靈祭壇上的犧牲者加在一起。因此，當斯賓諾莎把世界名爲上帝的時候，恰恰只是像盧梭那樣，在《社會契約論》中總是和無例外地以「有主權者」形容人民；我們也可以把這與此做法相比較：以前有一個君王打算在他的國家廢除貴族稱號；他想到了一個辦法，爲了不奪走人們的貴族稱號，他就把他的所有臣民都封了貴族。我們這時代的上述智者當然對這所談論的命名還有另一個原因，但那卻一點都不會更令人信服，也就是說，他們在探討哲學的時候，並不是從這世界或者從我們對這世界的意識出發，而是從上帝出發，把上帝作爲既定存在的和已經被了解的東西：這上帝不是他們的目的，而是他們的事實資料。假如他們是小孩子的話，那我就會向他們說明這是把以待解決之問題作爲論據。但他們是知道這一點的，跟我一樣地清楚。不過，在康德證明了這一點以後，即之前的誠實探索的教條主義所走的從世界到上帝的路子並不會引往上帝，這些先生們就誤以爲找到了一條巧妙的出路，並狡猾地走上了這條路子。以後的讀者們請原諒我以他們所不認識的人娛樂他們。

對這世界每看上一眼——而解釋這一世界就是哲學家的任務——都證實和加強了這一點：生存意

欲遠遠不是一個任意的神性擬人化，或者只是一個空殼的詞語，而是表達了這世界最內在本質的唯一眞實的詞語。一切都朝著存在而努力和爭取，盡可能地朝著有機的存在，亦即朝著生命而努力；在這之後，就盡可能地提升這存在的等級，而到了動物那裡，就很明顯了：生存意欲成了牠們本質的基本音聲，是牠們唯一不變的和絕對的素質。我們只需考察一下這種普遍的生命欲望，看看生存意欲如何無比願意地、輕而易舉地和茁壯繁盛地以千百萬種形式，隨時隨地透過受精、受粉和發芽而狂熱地湧往存在，而假如缺乏這些手段，就透過自然生成這樣做；看看它如何不放過任何一個機會，貪婪地抓住任何有生存能力的材料；然後，再看看那生存意欲，在任何個體現象中，在要離開這存在的時候，那種驚恐慌張和劇烈騷動及反抗，尤其當這些伴隨著清晰意識而發生時。情形恰似伴隨著這唯一的現象，整個世界從此就將永遠地消失，而這受到死亡威脅的生命，整個天性和本質都馬上化爲至爲絕望的反抗。我們看看，例如，一個人在生命處於危險時那種難以置信的恐懼，目睹此危險的每個人那迅速和眞心的關切，人在獲救以後的那種無限歡騰。大家看看在聽到死刑判決時那種僵直了的驚駭，我們看著那爲執行死刑所做準備時內心的深深戰慄，以及在處決過程中所感受到的令人心碎的同情。我們就更應該相信：這裡所涉及的是完全別樣的東西，並不只是對這空虛的、淒涼的、受盡各種各樣的折磨而苦不堪言的，並且始終是不確定的存在而言，少了區區數年的時光；我們就更會覺得奇怪：爲何一個人是否早些年抵達他在過完這一轉瞬即逝的存在以後就得呆上萬億年的地方，竟然是如此重要的事情。透過這些現象就可看出我是對的，亦即把生存意欲確定爲無法進一步解釋的東西，但它卻是每一個解釋的基礎；這生存意欲遠遠不像「絕對」、「無限」、「理念」等類似的詞語那樣，是空洞的詞語殼子，而是我們所認識的至爲眞實的東西，甚至就是那現實的內核本身。

但現在，當我們對從我們的內在所獲得的說明和解釋暫時地作一番抽象，把我們就像陌生人一樣地與這大自然做比較以客觀地把握這大自然，那我們就會發現大自然從有機生命的一級開始，只有**一個**目標，那就是**維持所有的種屬**。大自然就爲此目標而努力，透過無數大量的種子，透過迫不及待的和強烈的性愛，透過爲了性愛而甘願將就任何處境和迎合每一個機會，甚至不惜生下私生子，透過本能的母愛，而母愛是如此的強烈，在許多動物種類中，甚至壓倒了對自身之愛，以至母親爲了拯救孩子而不惜獻出自己的生命。相比之下，個體對大自然來說則只有間接的價值，亦即個體只是維持種屬的手段。除此之外，對大自然而言，個體是無所謂的；一旦它對大自然的目標不再有用處，甚至大自然就把這個體引往死亡。因此，個體的存在是爲了什麼也就清楚了，但種屬本身的存在又是爲了什麼呢？對這一問題的回答，在客觀審視下的大自然只是欠奉的。這是因爲我們無法在觀察它時，從這種永不休止的爭取，從這種激烈和爭先恐後地擠進存在而找到其中的目的。個體的精力和時間都消耗於爲自己及其後代謀生，也就剛夠滿足這一目的，有時候還捉襟見肘。就算不時地有了多餘的精力和因此的舒適，在**某一**有理性的種屬那裡，也有了多餘的認識——就算是這樣，這些也太不足道了，無法視爲大自然的那整個所爲的目的。純粹客觀地，甚至以陌生的眼光察看這整樁事情，看上去大自然似乎只是著眼於不要失去它所有的（柏拉圖式的）**理念**，亦即永恆的形式；與此相應，大自然對有幸發現和組合起來的這些理念（在地球的表面，過去三次布置動物就是爲此所做的準備）是如此的滿意，以至現在它唯一擔心的就是這裡面的任何一種漂亮的想法會流失掉，亦即某一形式可能從時間和因果系列中消失。這是因爲個體是稍縱即逝的，就像溪流一樣；而理念則是持久的，正如水的渦流：只有水乾涸了，渦流才會消滅。我們也就不得不停留在這費解的觀點上，假如大自然只是從外在的一面、

1110

1111

因而只是從客體向我們展示的話；正如這大自然是由認知所把握的，同樣我們就會認爲這大自然也是出自認知，亦即在表象的範圍，據此，在破解個中之謎的時候不得不侷限在這一範圍。不過，實情並非如此，我們確實可以對大自然的內在瞥上一眼的，只要這大自然不是別的，而是我們的自身內在；就在這大自然一直要努力向上達到的最高一級，在認識之光的照耀下，在自我意識中所直接碰到的恰恰就是大自然。在此，向我們展示的是意欲，是某一樣與表象、概念完全不一樣的東西；而大自然是在表象和概念裡展開其所有的理念。意欲現在就那麼一下子給予了我們說明和啟發，而這些說明和啟發僅僅在表象、概念的客體路徑上是永遠找不到的。因而主體的東西在此給出了解釋客體的東西的鑰匙。

要認識到上述解釋爲這主體的東西或意欲的特徵，即一切動物和人都有的超級強烈的保存生命和盡可能地延長生命的傾向，就是原初的和絕對的東西，那還要求我們必須清楚地知道：那種強烈的傾向一點都不是對生命價值的某些客觀認識的結果，而是獨立於一切認識的；或者換言之，那些生物表現出的並不是受前面的牽引，而是受到後面的推動。

假如我們帶著這一目的而首先瀏覽一下那一望無盡的動物系列，考察那各種各樣無窮盡的形體如何因應環境和生活方式而表現出有所不一樣的變化；與此同時，細究在每一個生物個體那裡都同樣完美完成的巧奪天工的構造和裝置；最後，考慮到每一隻動物在其一生中所必須不停耗費的巨大精力和活動、竭盡機敏和心思；假如再深入一步，例如，細看那渺小、可憐的螞蟻無休止的、孜孜不倦的勞作，勤勞的蜜蜂奇妙的和精美的造工，或者留意那某一隻埋葬蟲是如何花上兩天的時間把一隻是牠的體積四倍多的鼴鼠埋掉，目的就是在這上面產卵，以確保將來出生的幼子能有食物（格萊迪奇，《物理學、植物學和經濟學雜文》，第三，二二〇），與此同時，具體想像一下，總體上那大多數的昆蟲的一生就是無休止的勞作，爲的是給將來從蛋卵裡出生的幼子準備好食物和居所，而這些幼子在啃吃這些食物和變蛹了以後就進入生活，也只是從頭重新開始那同樣的勞作；還有，與此相類似，飛鳥的一生大都是在長途的、艱辛的遷徙中度過，然後就是建造鳥巢和爲幼鳥搬拖食物，而那些幼鳥本身在來年就不得不扮演同樣的角色；一切都是這樣持續地爲將來而勞作，完了以後自己就生命枯竭了——看到這一切，我們就忍不住要看看花費所有這些技藝和辛勞要獲得的是什麼酬勞，看看那些動物不歇息地追求和爭取，牠們眼中的目標是什麼，一句話，我們就忍不住要問：所有這些是要得出什麼結果？那需要不可勝數的準備功夫的動物存在，是要達到什麼目的呢？而顯示出來的，不過就是滿足飢餓和交媾的慾望，當然還有每一動物個體在無盡的匱乏和勞累的間隙，不時地會得到點點的、短暫的舒適和愉快。如果我們把這兩者並排放在一起，即那難以描述的準備技巧，那豐富得不可名狀的手段，與以此打算和最終所獲得的可憐的和寒酸的東西，那自然就得出這樣的見解：這生活就是一樁獲利遠遠抵不上成本的買賣。這在一些生活方式特別簡單的動物身上至爲明顯。例如，我們可以看看鼴鼠，這永不疲倦的苦幹者。以牠們那超大比例的鏟狀爪子拼命地挖掘，就是牠們一輩子的事業：周圍是持續的黑夜，牠們的未發育成熟的眼睛，只會讓牠們逃離光亮。牠們是唯一眞正的「晚上動物」，而不是貓、貓頭鷹、蝙蝠一類能在晚上看見東西的動物。但鼴鼠這樣艱苦、沒有歡樂地度過一生，牠們得到了什麼呢？食物和交配：因而只是手段，以在新的個體那裡延續那同樣悲慘的軌跡。從這樣的例子可以清楚地看出，在生活的辛勞和折磨與收穫或得益之間是不成比例的。那些能夠視物的動物是有了對直觀世界的意識，而這意識在牠們那裡雖然完全是主觀的，並且侷限於動因對其作用，但還是給出了存在具有客觀價值的某種外表。但那盲眼的鼴鼠，以其如此完美的機體組織和牠們那無休止的做事，僅僅侷限於幼蟲與飢餓的更替，這就讓那手段與目標不相吻合更顯而易見了。在這一方面，考察在人煙不到的世界裡自生自滅的動物世界，就會特別有啟發性。這樣的世界和苦難，並沒有任何的人爲，是由大自然本身所準備的；洪堡在《大自然的肖像》（第二版，第三十頁以下）給出了有關這方面的一幅精彩圖畫；洪堡在第四十四頁並沒有忽略並大概審視了時時處處都與自身不和的人類那些類似的苦難。但是，在簡單的和輕易就可明瞭的動物生活中，可以更容易地把握那整個現象的虛無性和徒勞的奮鬥。動物爲適應環境和捕獲獵物而憑藉多種多樣的機體組織和巧妙手段，在此與缺乏某一站得住腳的最終目的形成了清晰的反差；我們看不到哪一個說得過去的最終目的，表現出來的只是轉瞬即逝的舒適、快感和以匱乏爲條件的短暫的快樂享受，許多的和長時間的苦痛，持續不斷的爭鬥，所有人對所有人的戰爭，每一個體都是獵者，每一個體也都是獵物，窘迫、匱乏、困境和恐懼、喧嘩和吼叫。這樣的情形就這樣一直永遠地發生，或者直至再一次星球表面破裂。容洪敘述曾在爪哇島看見整片地上一望無際地鋪滿了一副副骨骼，並以爲那是一處戰場呢。原來那只是大型的、五尺長三尺寬和同樣三尺高的海龜的骨骼，牠們爲了產卵而從海裡出來踏上這條道路，然後就遭到野狗的襲擊：牠們合力把海龜掀翻在背上，撕開海龜下部的鎧甲，亦即小腹上的小塊厚皮，然後活活地吞吃掉牠們。但老虎經常就會撲向這些野狗。這整個悲慘的景象成千上萬次地重複，年復一年。這些海龜就爲此而出生。牠們犯了什麼過錯而必須承受這些痛苦呢？這些暴行場景，目的又是什麼？對此唯一的答

案就是：生存意欲就是如此客體化。⑮讓我們對此好好考察一番，並理解所有的客體化，然後就會終

⑮ 一個精彩的故事描述了一隻松鼠被一條蛇神奇地吞進了咽喉。這故事登在一八五九年四月《世紀》第十版，也從這被選進了杜伯特編的一八五九年五月二十五日第五期《動物磁性雜誌》。一個剛剛跑遍了爪哇島的幾個省的旅行家，講述了一個神奇的例子，說明了蛇所具有的銷魂奪魄的能力。……當時，這個旅行家開始攀登駿景山，亦即荷蘭人稱為「澎湃格赫特」的山麓。在深入一處茂密的林地以後，他看見在一棵樹的樹枝上一隻頭是白色的爪哇松鼠，動作優雅、靈活，完全就是這一類可愛的嚙齒動物的特徵。一個由柔韌的樹枝和苔蘚植物造成的圓巢就建在樹上更高的兩根樹枝的樹杈處，另外就是樹幹中的一個空洞，似乎就是這松鼠眼中的兩個目標點。牠剛剛離開遠一點點，就異常熱切地折返。那是七月分，很有可能那松鼠在高處安置了牠的孩子，在稍低處的樹洞則是水果的儲存處。突然，這松鼠好像受到了驚嚇，牠的動作變得雜亂了，就好像牠要找些障礙物放在牠與樹的某一部分之間。然後，牠就蜷縮著身體，一動不動地待在兩根樹枝之間。旅行家感覺到了某種危險在威脅著那無辜的動物，但卻無法猜到是什麼樣的危險。他過去靠近，細心檢查以後發現在樹幹的空洞處有一條帶狀遊蛇，眼睛死死地射向松鼠的方向……我們的旅行家為那可憐的松鼠而顫抖。感知聲音的裝置在蛇那裡並不完美，牠們似乎並沒有細膩的聽覺。此外，那遊蛇也太過集中精神在其獵物那裡，以致好像並不曾留意到有人就在現場。我們的旅行家有裝備，本來可以救助不幸的松鼠，殺死遊蛇。但科學蓋過了憐憫，他想看看這戲劇將如何收場。結果是悲慘的。松鼠發出了一聲哀鳴，而這對於知道的人意味著附近有蛇。松鼠走前一點點，試著退了一下，又重新往前走，試圖後退，但卻更靠近了遊蛇。那遊蛇捲成螺旋狀，頭就在那環體的上面，一動不動，就像一根木頭，眼睛始終盯著那松鼠。松鼠逐級往下從樹枝跳到樹枝，直至樹幹那裸露的部分。然後，那可憐的動物甚至不再試圖逃離危險了。這松鼠受到一股無法戰勝的力量的吸引，就像被眩暈所推動，松鼠一頭栽進了遊蛇突然張得很大以接住這松鼠的嘴裡。直到這之前，遊蛇還是一動不動的，但現在一旦占有了獵物，遊蛇就活躍了。那環狀的身體伸展開來，以驚人的靈活從低處往高處爬，一下子就爬到了樹頂。遊蛇肯定就在那裡消化和睡眠了。

這個故事不僅在魔法方面有重要意義，而且也是悲觀主義的論據：一隻動物被另一隻動物襲擊和吃掉是不好

於理解其本質和世界，而不是構建普遍的概念，並以此搭建紙牌屋。要把握生存意欲客體化的偉大戲劇和生存意欲本質的特徵，當然需要更仔細和詳盡的考察，而不只是對這世界加上上帝的名號就打發了事，或者以某種只有德意志祖國才會上演也才懂得欣賞的愚蠢，解釋這世界是「在其『它在』中的理念」——這一說法，讓我這時期的笨蛋在這二十多年裡找到了難以描述的樂趣。根據泛神論和斯賓諾莎主義——我們這世紀的這些體系不過就是對泛神論或者斯賓諾莎主義的滑稽模仿——所有這些就這樣繞下去，的確是沒完沒了的。這是因爲這世界是一個上帝，是至爲完美的，亦即再無法給出或者想出比這更好的了。這樣的話，根本不需要從這世界獲得解救了，所以也就不會有任何的解救。但這整個的悲喜劇爲何存在，卻一點都看不出來，因爲這裡沒有觀眾，演員本身就忍受著無窮無盡的苦楚，夾雜著點點的和只是否定意味的樂趣。

現在我們就另加上對人類的考察，雖然事情變得更加的複雜和有了某種嚴肅的色彩，但那基本特性是保持不變的。在此，生命（生或活）也一點都沒有顯示出就是一樣供享受的禮物，而是一項任務，一份要完成的定額工作；並且與此相應，我們看到在大大小小的方面，都是普遍的匱乏、無休止的事情，但人們對此還是可以平靜地接受的；但一隻可憐、無辜的松鼠，與其孩子待在自己的窩附近，被強迫一步一步地幾經掙扎和猶豫，一邊淒苦哀怨地走向蛇大張著的嘴巴，帶著意識一頭栽進裡面——這多麼讓人氣憤，令人髮指，我們感覺亞里士多德的話是多麼的正確，這大自然是魔鬼式的，而不是具有神性。

（另一版本）：從這一例子我們可以看出：使大自然具有活力的是怎樣的一個精靈，因為這精靈顯露了出來，並且上述所引的亞里士多德的話（第一一〇七頁）是多麼的真實。我們所屬的這個世界，是多麼的可怕！

的辛勞、持續的壓力、無盡的爭鬥、強迫進行的活動和竭盡一切身體和精神的活力。許許多多，數以百萬計的人聯合而成爲各個民族以爭取共同的福祉，每一個個人則爲了自己的福祉而奮鬥；但成千上萬的人爲此則淪爲犧牲品。有時候是荒唐的臆想，有時候則是搜索枯腸的政治算計，挑撥人民互相發動戰爭，然後就是血汗交流成河，以實施個別人的念頭，或者爲他們的錯誤而贖罪。在和平的時候，工業和商業是活躍的，發明創造了奇蹟，船隻航遍各個大洋，從天涯海角搜來了珍饈百味，巨浪也吞噬了無數的人。所有人都在忙碌著，熙熙攘攘，有的在盤算和籌畫，有的正行動起來，其喧嘩騷動實在無法描述。但所有這些的最終目的，又是什麼呢？就是要爲那曇花一現的和備受折磨的個體維持某一短暫的時間，如果運氣極佳的話，那伴隨的就是勉強可以忍受的困境和辛勞，以及相對地沒有苦痛，但這又得馬上提防無聊的襲擊；然後，就是這種屬的繁殖及其活動。面對辛勞與報酬這種明顯的不合比例，那生存意欲從這一角度出發，在客觀上似乎就是某種愚蠢；或者在主觀上就是某種瘋狂，而所有有生命者都著了這一瘋狂，都拼盡自己的全力爲某樣並沒有價值的東西而努力。不過，精確考察一番，我們在此也會發現，更準確地說，就是一種盲目的衝動，一種完全沒有根據的、沒有動因的本能。

就正如在第一卷 §29 所闡明的，動因法則只涵蓋單獨、個別的行爲，而不包括總體上的意欲和意願。就是基於這一點，當我們理解和解釋那總體上的人類及其普遍的活動時，這些並不像我們眼中所看到的單獨、個別的行爲那樣，表現爲被外在的線繩以常規的方式所操縱的木偶戲一樣；相反，從這一視角出發，人類及其活動就更像由內在的機械裝置而活動起來的木偶。這是因爲當我們，就像在上文所做的那樣，把人無休止的、嚴肅的和艱辛的活動與他們爲此所得到的，並的確只是未來某個時候所能得到的做比較，那所闡明了的不合比例就凸顯了，因爲我們認出那所要爭取的、被視爲推動力的東西，完全不足以解釋那種運動和那種無休止的行爲和活動。也就是說，短暫地推遲死亡、緩解一點點困境、延後那苦痛、片刻抑制願望——這些，面對無一能夠幸免的死亡及其常勝，又算得了什麼呢？所有諸如此類的好處，這些被視爲推動那透過其持續更新的無數人類活動起來的眞正推動原因，又能做些什麼呢？這人類不停地活動、熙攘、推擁、受苦、跳來躥去的，上演那世界歷史的全部悲喜劇，並且更能說明問題的，就是每一個人都會盡可能地在這虛幻的存在中硬撐下去。很明顯，假如我們是在這些人之外尋找把他們活動起來的原因，把人類想像爲經過理性反覆思考以後，或者經過類似的某樣東西（作爲牽引的線繩）以後，要爭取得到呈獻給他們的好處，而得到了這些好處就是與他們那些無休止的辛勞和苦楚相匹配的酬勞——那這一切就都是無法解釋的了。如果這樣看事情，那每一個人老早就會說「這根本就是虧本的買賣」，並退出不幹了。但事實卻相反：每一個人都小心翼翼地呵護著自己的生命，就像呵護著一樣交付給他的很貴重的信物，對此負有重大的責任，要不惜付出無盡的關心和承受習以爲常的壓抑，也正是在這樣的情況下生活勉強湊合著。那這到底是爲了什麼，爲此所獲得的報酬，當然都是他看不到的；他只是對那信物的價值未加細看就照單全收，也不知道其價值到底在哪裡。所以，我說了，那些木偶並不是受到來自外在的牽引，而是每一個木偶自身都帶著機械裝置，其活動由此而出。這就是生存意欲，表現爲一種不知疲倦的驅動裝置，一種非理性的本能，其充足根據並不是外在的世界。它把個體黏附在這舞臺上，是他們的活動的「原動力」；而外在的東西，動因，則只是爲在個體中的原動力確定了方向；否則，那原因與作用效果就根本不相吻合了。這是因爲正如某一自然力的外現都有某一原因，但自然力本身卻是沒有原因的；同樣，每一個個別意欲活動都有某一動因，但意欲總起來說卻並沒有動因；事實上，從根本上這兩者就是同樣的東西。這意欲作爲形而上的東西，對於無論哪種考察和思考，都是其永遠無法跨越的界石。透過這所闡明的意欲的原初性和無條件特性也就解釋了：爲何對於這種充滿困頓、煩惱、苦痛、恐懼，還有充滿無聊的存在，對於這種如果是純粹客觀考察和考慮的話，就必然讓人憎惡的存在，人們卻愛之甚於一切；對這存在的結束——這對人來說卻是唯一確切的東西——人們懼之甚於一切。⑯與此相應，我們經常看到一副可憐相的人，因年紀、匱乏和疾病而形容枯槁，但還是從心底裡呼喚幫助以苟延殘喘，而假如客觀的判斷在此可做出決定，那結束這一存在本來看上去就是求之不得的。情形並非如此，由此可見，顯現出來的卻是盲目的意欲，化身爲生命的欲望、生命的喜悅和生命的樂趣；那就是與讓植物生長的同樣的東西。我們可以把這生命的樂趣比之於那條拉懸在人世間的木偶戲上面的繩索，而那些木偶都被看不見的引線吊在那條繩索上，那些木偶只是**看上去**似乎是由它們腳下的地板（生活的客觀價值）承載著它們。一旦這條繩索無力了，那木偶就會下垂；假設那繩索斷裂了，木偶就必然墜下，因爲木偶下面的地板只是似乎承載著它們。也就是說，生命樂趣的減弱就會表現爲憂鬱、怪誕、憂心；這生活樂趣的完全乾枯就表現爲自殺的傾向，有了最微不足道的，甚至只是想像出來的誘因以後就會自殺，因爲現在這人就像是與自己本人尋釁挑事，以便射殺自己，就像不少人爲了類似的目的以射殺他人一樣。在萬不得已的時候，甚至不需要任何特別的理由就會做出自殺的事情（這方面的證據可在埃斯基羅爾的《精神心理疾病》（一八三八）一書中找到）。生活中的熙攘和活動如同生活中的硬撐

⑯ 大家可參照奧古斯丁的《上帝之城》（L. 9，第二十七章），那可是對這裡所說的有趣的評論。

下去一樣。這並不是某樣自由選擇的東西；其實，每一個人都想要安靜地休息，但那困境和無聊就是鞭子的抽打，以此保持陀螺的旋轉。因此，整個存在和每一個體都帶著某種強迫狀態的印記，而每一個體的內在都是懈怠而渴望休息的，但卻不得不往前走，所以，他就像他所屬的星球一樣：只有不斷運行才不會一頭掉進太陽裡去，因爲某種推動這星球的力不會讓這事情發生。這樣，一切就都處於持續的緊張和不得不進行的運動之中，這世界的熙攘活動，套用亞里士多德（《論天》，二，十三）的話，**並不是自然進行的**，而是**充滿著暴力**。人們只是看上去是從前面被拉拽的，但其實卻受到來自後面的推動；並不是生活吸引著他們，而是困境擠推著他們向前。動因的法則就像一切因果那樣，都只是現象的形式。順便一說，這就是生活中滑稽、怪誕、鬧劇、醜陋、粗俗一面的源頭，因爲人們在被違反意欲（意願）地推著向前的同時，每個人都盡其所能地舉止得當，而由此產生的窘況經常就顯得滑稽，讓人發笑，儘管藏在這裡面的痛苦和煩惱如此地嚴肅。

所以，從所有這些考察中我們也就清楚了：生存意欲並不是對生活有所認識的結果，並不是某種**從前提得出結論**，總的來說，也一點都不是次要的東西，而是首要的和絕對的，是一切前提的前提，正因此就是哲學所必須**出發**之處，因爲生存意欲並不是由於這世界而出現，相反，這世界是由於生存意欲而出現。

我幾乎不用指出這一點：在此我爲第二篇結尾的思考，已經強烈地暗示了第四篇的嚴肅主題，這些思考甚至可以直接交融到那裡去——假如我這書的精密結構不曾需要我們第三篇連同讓人歡快的內容，作爲對**世界是表象**的第二次思考而放在這與第四篇之間。但那第三篇的結尾則再度指向了同一個方向。

對第三篇「世界作爲表象再論」的增補

他恰似一個旁觀者，因為置身事外，他就像看戲一樣。

——《奧義書》拉丁文本，第一卷，第三〇四頁

第二十九章　論對理念的認識❶

在這之前，我們所考察的智力，還只是受著意欲奴役的、原初的和自然的狀態。現在這第三篇，智力則從受意欲的奴役中被解放出來；但在此需要馬上指出：這裡所說的並不是永遠的解放，而只是短暫的放假，是某種例外，並且確實只是片刻擺脫了意欲的奴役而已。因爲這個主題在第一卷已經很詳細地討論了，所以，我在此只需增補不多的一些思考。

也就是說，正如在第一卷 §33 所闡明的，那爲意欲服務，亦即發揮天然職能的智力，其實只認識事物的**關係**，亦即首要的事物與意欲（智力就屬於意欲）的關係，那些事物也就由此成了動因；但接下來，爲了這些認識的完整性，也認識事物與事物之間的關係。這後一種認識帶著某種擴展範圍和重要意義，先是出現在人的智力中；相比之下，動物的智力，就算是相當的發達，那後一種認識也只侷限在非常狹隘的範圍。顯然，把握事物與事物**互相之間**的關係，只是**間接地**爲意欲服務。這因此是往那種完全獨立於意欲的、純粹客觀的認知的過渡：前者是科學的認知，後者則是藝術的認知。也就是說，假如我們直接把握了某一客體眾多的和各樣的關係，那這一客體的自身本質就會越發清晰地從這些關係中凸顯出來，就會從那些純粹的關係中逐漸建構起來，雖然那本質本身與這些關係是完全

❶ 本章與第一卷 §§30—32 相關。

不同的。在這樣把握方式的過程中，智力所受的意欲的奴役與此同時就變得更間接和更小。假如智力有足夠的力量取得優勢，完全不理會事物與意欲的關係，目的並不是把握這些關係，而只是把握透過那些關係所表達出來的某一現象的純粹客觀的本質，那這智力在放棄了爲意欲服務的同時，也放棄了把握單純的關係及連帶的單個事物。這智力也就自由地飄浮，不再屬於任何一個意欲：在個別的事物中，這智力只認出本質性的東西和因此這事物的整個種屬；所以，這智力所關注的客體現在就是理念——這詞語被如此粗暴地濫用，但這裡所採用的是我的，亦即與柏拉圖的原初涵義相吻合的意思，也就是持久的和不變的、獨立於個體暫時存在的形態、「事物的樣式」，因爲這些事實上構成了現象中純粹客觀的東西。一個如此涵義的理念雖然還不是自在的事物的本質，恰恰是因爲這樣的理念出自只是對關係的認識，但是，這理念作爲所有的關係的總和，作爲事物的主要特徵和以此作爲事物的本質的完整表達——這本質就作爲客體向直觀顯現出來——並不是在與某一個體意欲的關係中爲人們所把握的，而是在其發自自身表達出來的時候；這樣的話，這理念決定了到此爲止才被了解到的所有關係。理念是所有這些關係的根子的交會點和因此是意欲在這一級別的完美的現象，或者充分的客體性——就像我在第一卷所說的。甚至形狀和顏色，這些在直觀把握理念中是直接的東西，從根本上並不屬於理念，而只是表達理念的媒介，因爲嚴格說來，對理念而言，空間和時間一樣都是陌生的。在這一意義上，新柏拉圖主義者奧林匹奧多羅早在評論柏拉圖的《亞西比德》（克洛澤的《普羅克洛斯和奧林匹奧多羅著作》，第二卷，第八十二頁）時說過一段話，即理念本身並不延伸的，雖然給予物質以形態，但卻首先假定物質是延伸的。因此，就像所說的，理念並沒有表露事物的自在本質，而只是表露了事物的客觀特徵，因此仍只是表露了現象；而假如我們不是以其他方式至少朦朧地和在感覺

1124

1125

上對這事物的內在本質有所了解，那我們甚至連這特徵都無法理解。也就是說，這本質本身是無法從理念和總的來說透過某一只是客觀的知識就可理解的；因此，這將永遠是一個祕密——假如我們不是從完全另外的一面獲得一個進口的話。但只要每一個認知者在同一時間是個體，並因此是大自然的一部分，那深入內在的進口就是爲他敞開的，就在自我意識之中，因此，那本質就最直接地表明——正如我們隨後所發現的——就是意欲。

那麼，被視爲只是客觀的圖像、單純的形態，並因此從時間中，一如從各種關係中提取出來的柏拉圖的理念，就是在經驗上和時間上所理解的種或者類——即理念的經驗的相關對應物。理念本來是永恆的，但種類卻持續無盡的時間，雖然它在一個星球上的現象可以滅絕。甚至這兩者的命名都互相交融在一起，*ιδεα, ειδος, species*（種）。理念就是種（*species*），但卻不是屬（*genus*），所以，物種是大自然的作品，屬則是人爲的產物，也就是說，只是概念而已。我們有自然的物種，但卻只有邏輯學的屬。關於人工製品，我們沒有任何理念，而只有概念，亦即只有邏輯上的屬，其亞屬就是邏輯上的種。除了我在第一卷§41這方面所說的以外，我還想補充的是，亞里士多德（《形上學》，第一，九和第八，五）也說了，柏拉圖主義者並不承認有關人工製品的理念：例如，一間屋子、一個圓環，正如他們所說的，對其並沒有任何的理念。我們可以把這與柏林四開本的注疏者第五六二和五六三頁所說的相互比較。亞里士多德在《形上學》（第十一，三）中繼續說：假如要假定些理念，那就只能是有關自然的事物，因此，柏拉圖說得並沒有錯：理念就如事物一樣多。對此，注疏者在第八〇〇頁上表示：那些接受了理念的人也教導這一點，因爲對那些工藝製品，他們說了，是沒有任何理念的，只有自然的事物才有理念。此外，有關理念的學說是源自畢達哥拉斯的——假如我們不想猜疑普魯塔克在《論哲學家的言論》（五十，一，第三章）所陳述的。

個體扎根於種屬，時間則扎根於永恆。正如每一個體只是因爲自身擁有種屬的本質而是這樣的個體，同樣，這個體也只是因爲它同時也是在永恆之中而擁有暫時的存在。在接下來的一部分，將有專門一章討論種屬的生命。

理念與概念之間的**差別**，我在第一卷 §49 已經強調得足夠了，相比之下，它們之間的**相似之處**卻基於以下所述。一個理念原初的和本質性的統一體，會經由認知個體的、感官的、以腦髓爲條件的直觀分爲某一個別事物的眾多性。但那統一體會透過理性的反省思考再度建立起來，但卻只是在抽象之中，是作爲概念、普遍性的東西；這雖然在**範圍**方面與理念等量齊觀，但卻採用了完全不一樣的**形式**，並因此失去了直觀及連帶的一般的確切性。在這一意義上（而不是在任何其他意義上），我們可以用經院哲學家的語言，把理念形容爲**先於事物的普遍性**，概念**後於事物的普遍性**：在這兩者之間的則是個體的事物——而對個體事物的認識則是連動物都具備的。確實，經院哲學家的實在論是因混淆了柏拉圖的理念和概念而起，因爲柏拉圖的理念在同一時間也是屬，確實可以被賦予某一客體的、實在的存在；而單純的概念，實在論者也想賦予其這樣的存在，並以此在與唯名論的對抗中取勝。

第三十章 論認知的純粹主體❷

要理解一個理念，讓其進入我們的意識之中，只需借助於我們自己的某一改變；我們也可以把這改變視爲某種自我否定——假如這改變意味著認知一下子完全背棄了自己的意欲，亦即把托付給它的寶貴典當物現在完全疏忽不管，所考察的事物就似乎永遠不會牽涉到意欲。這是因爲只有這樣，認知才會成爲事物客觀本質的一面純淨的鏡子。每一眞正的藝術作品都必須有這樣一種帶條件的認知作爲其基礎和起源。這所要求的在主體方面的改變是不會出自意欲的，恰恰是因爲這改變就在於排除掉所有的意欲活動；因此不會是任意的行爲，亦即並非我們的隨心所欲。更準確地說，這改變唯獨源自智力暫時壓倒了意欲，或者從生理學上說，源自某一強烈、興奮的直觀腦髓活動，而與此同時，又沒有刺激起絲毫的喜惡或者激情。爲了更精確地說明這一點，我提醒大家注意，我們的意識是有兩面的，也就是說，一面是對自身，亦即對意欲的意識；另一面則是對其他事物的意識，那這樣的意識首先就是對外在世界的直觀認知、對客體的把握。那麼，整個意識的其中一面越是凸顯出來，另外一面就越是退隱。據此，我們在同一時間越少意識到自身，那我們對其他事物的意識，也就是直觀的認知越完美，亦即越客觀。在此的確有某種敵對的關係。我們越是意識到客體，那就越少意識到主體：而主體

❷ 本章與第一卷 §§33–34 相關。

越多地占去了意識，那我們對外在世界的直觀就越微弱和有欠完美。要達致直觀的純粹客觀性所要求的狀態，一部分是持久的條件，如完美的腦髓和有助其活動的生理特性；另一部分則是匆匆而逝的條件，只要是借助所有在提高腦髓神經系統的張力和敏感性的同時，又不會刺激任何激情的東西，以促進那種狀態。我們在此可不要想到提神的飲料或者鴉片，相反，所需的條件是一晚安靜的睡眠、一個冷水澡和一切手段，以透過撫平血液循環和激情而爲腦髓活動營造出某一自然的優勢。這些促進腦髓神經活動的自然手段尤其有助於客體越加脫離主體——當然了，腦髓越是發達和越有能量，那這些自然手段就越能發揮出作用；到最後，就導致了那種直觀純粹客體性的狀態，意欲也已自動從意識中被排除出去。處於這樣的狀態，那所有的事物都以提高了的清晰度展現在我們面前，我們幾乎只知道它們，而對我們自己則幾乎無所意識；具體地說，我們的整個意識幾乎只是媒介而已，透過此媒介，那所直觀的客體就作爲表象出現在這世界。因此，在對其他事物的意識得到了如此提高，以致對自身的意識消失了以後，那就達到了純粹沒有意欲的認知。這是因爲只有當我們不再知道我們屬於這世界，我們才能純粹客觀地理解它；我們就越多意識到事物和越少意識到我們自己，那所有的事物就都展現得越美麗。既然所有的苦痛都是出自那構成了眞正的自身的意欲，那隨著這一面意識的退縮，苦痛的所有可能性也就同時被取消了，所以，直觀的純粹客觀性的狀態是絕對讓人快樂的；因此，我在這裡面證明了美學愉悅的兩個組成部分中的一個。相比之下，一旦對自己本身的意識，也就是主體性，亦即意欲，再度占據了優勢，那與此相應的程度的不適和不安也就出現了：不適，是因爲肉體性（那本身就是意欲的機體）被再度感覺到了；不安，是因爲意欲透過思想的途徑又再度讓意識充滿了願望、激情、情慾和擔憂。這是因爲意欲作爲主體性的本原，無論哪裡都是認知的對立面，甚至敵對方。主

1128

1129

體性最集中的在於眞正的意欲的行爲，因此，在這樣的行爲中，我們對我們自己有著最清晰的意識。所有其他的意欲激動只是爲這行爲做準備：這意欲行爲之於主體性，就是火花的迸發之於電力裝置。每一肉體上的感覺本身就已是意欲的興奮和激動，而且更常常是「不情願」而不是「情願」。循著思想的途徑所導致的意欲的興奮和激動是透過動因而發生的：在此，主體性被客體性本身喚醒和活動起來了。一旦我們不再是純粹客觀地，亦即不再是不曾牽涉其中地把握某一客體，而是間接地或者直接地被這客體刺激起願望或者厭惡——儘管那只是透過某一回憶——那這樣的事情就會發生，因爲那客體已是作爲動因（在其最廣泛的意義上）發揮作用了。

我在此要說的是，那與文字連在一起的抽象的思維和閱讀，雖然在更廣泛的意義上也屬於對外在事物的意識，亦即屬於精神思想的客觀活動，但那只是間接的，也就是透過概念的；但這概念本身卻是理性的人爲產物，因此已是帶目的的產物。在所有的抽象思想的活動中，意欲也是那主宰者，因爲意欲根據目的而給予這些活動以方向，也繫牢著注意力；因此，這些抽象的思想活動也始終是與某些努力和辛勞相連的，但這些努力和辛勞已經是以意欲的活動爲先決條件了。也就是說，在進行這樣一類精神思想活動時，並沒有意識的完美客觀性，而這可是伴隨著審美，亦即認識理念的條件。

根據以上所述，直觀的純粹客觀性——由於這客觀性，我們認識的就不再是個別的事物，而是這事物種屬的理念——是以此爲條件的：我們不再意識到我們自身，而只意識到所直觀之物；因此，我們的意識就只承載那對象物的客觀存在。這種狀態之所以是困難的和稀有的，就是因爲在此，那好比是附加的東西（智力）壓倒了核心的、實質的東西（意欲）——雖然那只是短暫的時間。在此還有這種狀態與在接下來的一部的結尾處所闡述的否定意欲的類似之處。也就是說，雖然是出自意欲，正如前面一部分所證明的那樣，並根植於其現象，植根於那一機體，但它仍恰恰受到了意欲的汙染，就猶如火受到燃料及煙霧的汙染一樣。正是基於這一點，我們要把握事物的純粹客觀本質、在事物中凸顯出來的理念，只能是我們在這些事物本身並沒有任何利益的情況下，因爲這些事物與我們的意欲沒有任何關聯。也是因爲這一點，藝術作品中的本質理念要比現實中的本質理念更容易對我們發揮作用。這是因爲我們只在圖畫中或者在文學作品中看到，與我們的意欲並沒有任何可能的關係，因爲那本身只是爲認知而存在，也是直接面向認知的。相比之下，從現實中把握理念的先決條件，卻是在某種程度上從我們的意欲中抽離，是某種超越了自身的利益，而要做到這些，需要智力的某種離心力。更高的程度和更長的持續時間的這種狀況只爲天才所獨有，而天才就在於有更大份額的認識力，超出了爲某一個體意欲服務的所需。這盈餘的認識力就自由了，現在就與意欲無關地把握世界。因此，藝術作品極大地減輕了把握理念（美學樂趣就在於此）的難度，其原因並非只是藝術透過凸顯本質性的東西和剔除非本質性的東西，更清晰和更典型地展現了事物，而是同樣在於最穩妥地讓意欲達到完全的沉靜，這就是純粹客觀地把握事物的本質的要求，採用的方式就是所直觀之物本身並不處於與意欲有任何關聯的範圍，因爲那所直觀之物並不是眞實的，而只是一幅圖像而已。這一點並不只適用於造型藝術作品，而且也同樣適用於詩歌：詩歌的作用效果也是以不牽涉其中、不帶意欲和以此達到純粹客觀的把握爲條件。恰恰就是這一點，讓某一被直觀之物顯得如圖畫一樣，讓眞實生活中的某一事件顯得如詩歌一般，因爲只有這樣才會給眞實的對象物蒙上一層魔幻的閃耀光彩。在感官所直觀到的客體那裡，我們把這個稱爲有畫意，而那些在想像中體驗的客體，則稱爲充滿詩情。如果文學家讚頌晴朗的早上、美麗的傍晚、寧靜的月夜，等等，那他們所讚美的眞正對象物（這是他們不曾意識到的），就是由那些大自然的美景引發的認知的純粹主體；在這認知的純粹主體出現的時候，意欲就從意識中消失了，心的寧靜也就因此而出現——而達到這心的寧靜，捨此，在這世上別無其他方法。否則，這些詩句：

已是晚上了，月亮照耀在
裝飾了小星星的清朗天空。

又怎麼會對我們發揮出如此愉悅，甚至魔幻般的作用？再者，對象物的新奇和陌生也會有助於對事物這種無關自身痛癢的、純粹客觀的理解。這一事實可以解釋外來者或者過路的遊客對所見到的東西會感覺到詩情或者畫意，而這些同樣的東西對本地人卻無法引起同樣的感覺。例如，看到一座完全陌生的城市經常會給予陌生人或者過客一個特別愉快的印象，而在這城市的居民那裡是肯定不會發生的；因爲這種印象的產生是由於陌生人或過客與這城市及其居民沒有任何關係，他們純粹客觀地打量和觀察這城市。旅遊的樂趣部分就是基於這原因。在此也似乎找到了原因解釋爲何在試圖增強敘述性的或戲劇性的作品的效果時，我們會把作品中的場景搬到遙遠的時期和遙遠的地方：在德國的話，就搬到義大利和西班牙，在義大利的就搬到德國、波蘭，甚至荷蘭。那麼，假如完全客觀的、消除了各種意願的直觀理解，是欣賞美學之物的條件，那創作出這些美學之物就更是如此。每一幅優秀的畫作，每一首眞正的詩歌，都帶著這裡所描述的情緒和心境的印記。這是因爲只有出自直觀的，而且是純粹客觀的或者透過直觀直接激發起來的這種東西，才會包含活的種子——從這些種子才會產生眞正的、原創性的成就：不僅造型藝術如此，詩歌甚至哲學也一樣。每一優美的作品，每一偉大的或者深刻的思想，其「心臟跳動之處」，就是某一相當客觀的直觀。但這樣的客觀直觀，絕對以意欲的完全沉靜為先決條件，意欲沉靜以後所餘下的就是認知的純粹主體。能讓這種狀態占據主導的天賦素質，恰恰就是天才。

隨著意欲從意識中消失，個體性其實也就一併消失了；與這個體性一道，苦痛和磨難也就被消除了。因此，我把那餘下的認知的純粹主體形容為永恆的世界之眼。這世界之眼雖然帶著相當不同程度的清晰度從所有的生物那裡看出去，但卻不為這些生物的生死所動；這樣，作為與自身同一的、始終是那同樣的東西，它就是那永恆理念的世界的承載者，亦即意欲足夠客體性的承載者。而個體的、受到了由意欲而來的個體性攪亂的主體，就只有個別事物作為其客體，並且就像這些個別事物那樣是會匆匆逝去的。在這裡所指明的意義上，我們可以認為每一個人都有雙重的存在。作為意欲，因此就是作為個體，一個人僅僅只是一個人——這給他足夠要做的事和要受的苦。作為純粹的客觀表象者，他就是認知的純粹主體，客觀世界也唯一只在他的意識中有其存在：作為這樣的認知主體，他就是**所有的事物**——假如他是在察看它們；它們在他那裡的存在是沒有重負和辛勞的。也就是說，那就是**他的存在**——只要那存在於**他的**表象之中：但在那裡時是不帶意欲的。相比之下，只要它是意欲，那它就不在他那裡。處於他就是一切事物的狀態中的每一個人是愜意的，處於唯獨只是一個人的狀態中則是痛苦的。每一種狀態、每一個人、生活中的每一個場景，只需要得到純粹客觀的理解和把握，成為描述的對象，不管是運用畫筆還是採用詞語，就都可以顯得饒有趣味、非常漂亮和讓人稱羨；但假如人們身處其中，成了具體的人，那就（經常所說的）鬼才會去忍受。所以，**歌德**說：

生活中讓我們厭煩的，
我們卻在畫中美妙欣賞。

我在年輕的時候，有一段時期老是想從外面看看自己和自己的做事，並給自己描畫一番；或許目的就是爲了讓這些可忍受些。

因爲在此所進行的思考，在我之前從來不曾被人談論過，所以，我想補充一些對此在心理學方面的講解。

在直接直觀這世界和生活的時候，我們察看的一般都只是在關係之中的事物，因此是根據事物相對的、而不是絕對的本質和存在察看它們。例如，我們看著房屋、船隻、機器和類似其他的時候，腦子裡想的是它們的目的和是否適宜那些目的的想法；看人的時候，想的是他們與我們的關係——假如他們與我們有某一關係的話；然後，想的就是他們彼此之間的關係，不管那是他們此刻的行爲和做事還是根據他們的地位和職業，我們可能還評判他們是否適合這些，等等。我們可以或多或少地推進這樣的關係考察，直至這關係鏈條的最遠端一環：以此方式，這種考察在精確性和擴展範圍方面會有所收穫，但是，在質量和性質方面，還是同一的。這是對事物及其關係的考察，並的**確**是借助這些關係、因而依據根據律來考察事物的。每一個人，通常都沉湎於這樣的考察方式；我甚至相信大部分人根本就沒有能力還有任何其他考察方式。但假如出現例外，我們直觀智力的強度暫時得到了提升，那我們就會馬上以完全不一樣的眼睛察看事物，即我們現在不再根據事物的關係，而是根據事物本身來理解和把握事物；現在突然之間，除了事物的相對存在之外，我們也認知了事物的絕對存在。每一個別者迅即代表了它的種屬：據此，我們現在就理解了存在物的普遍性。我們以這樣的方式所認識的就是事物的理念：但現在從這些理念發話的是某一更高的智慧，而不是僅僅知道關係的那種智慧。我們本身也在這期間從關係中走了出來，並因此成了認知的純粹主體。但例外地造成這種狀態的，肯定是內在的生理過程純化和提高了腦髓的活動到一定的程度，就產生了這樣一種突如其來的腦髓活動高潮。而這種狀態的外在條件就是我們對所要考察的場景是完全陌生的和與之分離的，絕對不會積極地牽涉其中。

爲了認識清楚這一事實，即純粹客觀地、因此正確地理解事物，只能在我們不帶有任何個人興趣，亦即在意欲完全沉靜下來考察這事物的時候，那就讓我們具體想像一下每一激情或者感情衝動是如何嚴重擾亂和歪曲我們的認知的，任何喜好或者反感是如何不僅讓我們的判斷走樣、變色和扭曲的，不，不僅是這些，而且也讓我們對事物原初的直觀受到這樣的影響。我們回憶一下，在爲一個美滿的結果而感到喜悅的時候，那整個世界如何馬上就沾上了一種明快的色彩和一副歡笑的樣子；一旦我們受著苦惱的壓抑，一切看上去都是昏暗的和憂鬱的。還有，甚至一樣死物，只要成了一樁令我們憎惡的事情的工具，那就像長了一副難看的樣子，例如斷頭臺、我們就要被監禁其中的堡壘、外科醫生的手術工具盒、戀人踏上的旅行車，等等，甚至數字、字母、印章也會可怕地向我們咧嘴獰笑和像恐怖巨獸般地影響我們。相比之下，實現我們願望的工具一看上去就是舒服的和可愛的，例如，那給我們捎來情書的駝背老婦、那帶著金路易的猶太人、逃跑用的梯子，等等。正如在此，在有著明確的厭惡或者愛意的情況下，表象受到意欲的歪曲是顯而易見的，那在每一與我們的意欲，亦即與我們的好、惡只是有著某一遙遠的關係的東西，表象所受的歪曲就以較小的程度存在。只有在意欲及其利益從意識中撤離，智力得以自由地遵循自己的規律並作爲純粹的主體反映出客觀世界的時候——但在這過程中，雖然並沒有得到意欲的刺激的推動，智力卻仍由於自身的渴望而處於至高的張力和活動狀態——只有在這個時候，事物的色彩和形態才呈現其眞正的和充分的涵義。也唯獨這樣的理解和把握，才能產生出眞正的藝術作品，其長久的價值和持續更新的贊語恰恰因爲這些藝術品唯獨展現了純粹客觀的東西，因爲這些是不同主體直觀的，亦即歪曲了的直觀的基礎，是所有主體直觀的共同的和唯一堅實的東西，能作爲所有那些主體變奏中的共同主旋律而讓人隱約聽得出來。這是因爲，在我們眼前展開的大自然在不同的頭腦中確實顯示出相當不同的樣子，每一個人所看到的也只有他本人才可以重現出來，不管是用畫筆還是用鑿子、字詞，或者在舞臺上的手勢動作。只有客觀性才造就出藝術家，但客觀性也只有在智力脫離了它的根子，脫離了意欲而自由飄浮，但又充滿活力地活動的時候才是有可能的。

向著直觀智力仍以新鮮的能量發揮作用的青年人，大自然常常以完美的客觀性和因此以充分的美麗展現自身。但對這樣的美景的享受卻不時受到這一苦惱想法的打擾：此刻如此美麗展現出來的東西，卻與他沒有什麼個人特有的關係，否則的話，那就會提起他的興趣和給他愉悅。也就是說，這青年人期待著他的生活就像一部趣味盎然的小說。「在那突兀的山崖後面，我的一群跨著駿馬的朋友應該是在等待著；我們的戀人應該是在那瀑布旁邊休息；這美麗燈火通明的屋子就是她的住處，而那青藤纏繞的窗子就是她的。但這美麗的世界對我卻是荒涼、無聊！」等等。這些憂鬱的青年人的痴想其實是在要求某樣完全自相矛盾的東西。這是因爲那些對象物的美麗展現，依賴的是他們直觀中的純粹客觀性，亦即個中沒有利害關係；因此，一旦與自身的意欲搭上了關聯——而這就是青年人所想要的——那種美麗就會馬上結束，那現在讓他欣賞的、雖然夾雜著某些痛苦的整個魔幻魅力，壓根兒就不復存在了。這也同樣適用於每一個年齡段和每一狀況和境遇：那讓我們陶醉的自然美麗景色，我們一旦與其產生了個人的關聯（這是我們隨時意識到的）就會消失。所有的一切就是因爲與我們無關才是美麗的（在此我們談論的不是戀人的激情，而是美學的樂趣）。生活**從來就不**是美麗的，只有生活的圖像，亦即生活在藝術或者詩歌的美化鏡子裡的圖像才是美麗的，尤其是正當青年、在我們還不了解生活的時候。假如我們可以幫助一些青年人認識到這個道理，那他們將會得到很大的寬慰。

爲何滿月的景象會產生如此舒適、安寧和莊嚴的作用？因爲月亮是觀照的對象，但卻從來不是欲望的對象：

星星，並不是我們所渴望的，
其壯觀讓我們愉悅。

——歌德

再者，這景象是莊嚴、崇高的，亦即讓我們產生莊嚴、崇高的情緒，因爲星星與我們並沒有任何關係，對於塵世間的事務是陌生的，它緩慢、持續地向前移動，看著所有的一切，但卻不參與一切。所以，看到那星星，意欲及其持續不斷的痛苦、壓抑就從意識中消失了，留下的是純粹認知的意識。或許這裡也還夾雜著一種我們與千百萬人共享這一景象的感覺，在這感覺中，那個體的差異性就逐漸消失了，以致在這種觀照中成了一體，而這同樣就提升了崇高、超越的印象。最後，這崇高、超越感也因為月亮只是照亮而並不溫暖而加強了，而人們把月亮稱為貞潔的，並視作與狄安娜為一體，其原因肯定就在這裡。由於月亮給我們的情緒造成舒服的整個印象，月亮也就逐漸成了我們內心的朋友，而相比之下，太陽卻永遠不是這樣子，而就像一個我們永遠無法平視的熱情洋溢的施恩者。

接下來簡短的看法是對我在第一卷 §38 就光亮、反射和色彩的美感所說的增補，也適宜放在此處。那經由金屬光澤，尤其是經由透光度而加強了的顏色印象，其刺激起來的、相當直接的、不摻雜思想的和莫名的愉悅，例如在那有色玻璃窗，或者更明顯的是在那太陽西沉時雲層的光線及其反射，其原因歸根到底就在於在此是以最輕易的方式，亦即以某種近乎身體上必然的反應，爭取了我們對認知的全部興趣和參與，與此同時，又絲毫不會刺激起我們的意欲。這樣，我們就進入了純粹認知的狀態——雖然在此這主要的不過就是視網膜屬性的一種感覺；但這感覺就其自身而言，是完全擺脫了苦痛或者快感的，並沒有對意欲的任何直接刺激，因此是屬於純粹認知的。

第三十一章 論天才❸

「天才」（Genie）一詞的眞正所指，就是在我這之前兩章所描述的認識方式方面某種明顯突出的能力，而所有眞正的藝術、詩歌，甚至哲學作品都源自這種認識方式。由於這種認識方式的對象是事物的（柏拉圖式的）理念，並且把握這些理念並不是在抽象中，而只能在直觀中，所以，天才的本質必然在於完美的和具有力度的直觀知識。與此相吻合，我們聽到人們至爲明確地稱爲天才作品的，就是那些直接發自直觀和訴諸直觀的作品，因而也就是造型藝術和圖畫藝術的作品；其次是詩歌作品——它透過想像把直觀看法傳達給人們。在此，天才與只是人才、能人或者幹才的區別就變得分明了。後者的優勢在於其更靈活、更準確的推理知識，而不是直覺和直觀知識。具備這方面天賦的人，思考比其他人更快捷和準確；相比之下，天才所直觀看到的卻是一個迥然有別於其他人所看到的世界，雖然這只是因爲天才對同樣擺在所有人面前的這一世界看得更深而已，因爲這一世界在天才的頭腦裡顯現得更客觀，因而更純淨和清晰。

智力，根據其使命，只是動因的媒介，所以，智力在事物中所看到的本來就不是別的，只是這些事物與意欲之間直接的、間接的，或者只是可能的關係。在動物那裡，智力幾乎完全停留在事物與動

❸ 本章與第一卷 §36 相關。

物自身意欲的直接關係上面，也正因為這樣，這情形就表現得至為明顯：與動物的意欲無關的東西，對動物來說就是不存在的。因此，我們不時會驚訝地看到，就算是聰明伶俐的動物也不會注意到一些本身是相當顯眼的事情，例如，對在我們身上或者在周圍環境所發生的明顯變化，牠們不會表現出任何詫異。至於常人，雖然其所見增加了事物與他們的意欲那間接的，甚至可能的關係——這些總和也就構成了他們總體的有用知識——但其認知始終只侷限於**關係**方面。因此，在常人的頭腦裡，並沒有對事物的完全純淨和客觀的圖像，因為常人的直觀能力只要沒有受到意欲的推動而活躍起來，就會馬上變得疲倦、懈怠，因為他們的智力並沒有足夠的能量可以出於自身的彈性，在**沒有目**的的情況下純粹客觀地認識這一世界。但如果這樣的事情真的發生，一旦腦髓的表象能力是如此的充裕有餘，以至某一純粹、清晰、客觀的有關外部世界的圖像在沒有實際目的的情況下呈現出來，而這圖像對意欲的目標並沒有用處，達到相當的程度時，甚至對意欲的目標起到干擾乃至破壞的作用——那就起碼已經有了那種我們稱為**天才**的反常素質。「天才」標示著某種對意欲，亦即對我而言根本是陌生的東西，就好像某一從外而至的精靈在此活動。但不打比喻地說吧，天才意味著認知能力得到了極大的發展，超出了**為意欲**服務的需要，而認知能力本來就只是為意欲服務的。所以，嚴格來說，生理學可以把這種盈餘的腦力活動及與之相關的盈餘的腦髓本身，在某種程度上歸入「因過度而變畸形」的一類，而這正如我們所知道的，又可以與「因欠缺而變畸形」和「因錯位而變畸形」並列在一起。因此，天才就是超常的、過度的智力，也只有把它應用在把握生存的普遍性上才算是物盡其用；以這樣的方式，天才就為整個人類服務，一如正常的智力只為個人服務一樣。為了更清楚地表達這一情形，我們或許可以這樣說：如果正常人三分之二是意欲和三分之一是智力，那麼，具有天才的人則三分之二是智力和三分之一是意欲。這種情形同樣可以採用一個化學的比喻來解釋，一種中性鹽的鹼性和酸性是根據這一點劃分的：在這兩者之一，原子團跟氧原子的比例恰好相反。也就是說，鹽呈鹼性是因爲在原子團與氧原子的比例中原子團占優勢；鹽呈酸性則是在這比例中氧原子占了多數。同樣，天才與常人相比全在於意欲和智力之間的比例。由此就產生了天才與常人之間的一種根本性差別——這種差別在天才和常人的整個本性、行爲、做事中就已清晰可見，但只有在他們的成就中才眞正暴露出來。我們還可以補充這一點差別：化學物質之間的完全對立奠定了最強烈的親和力與吸引，但在人類，我們通常看到的卻是相反的情形。

這樣盈餘的認識力導致的首個表現主要在最原初的和最根本的認識，亦即直觀認識，並促使這人把這種直觀認識重現於一幅圖畫、一個形象當中，由此產生了畫家和雕塑家。因此，在畫家和雕塑家那裡，從天才的看法到藝術作品的路徑是最短的；因此，表現他們的天才及其活動的形式是最樸素和最簡單的，其描述也是最容易的。但恰恰在這裡，讓我們看到了每一種藝術、詩歌，甚至哲學的一切眞正作品的源泉，雖然其中的過程並非如此簡單。

讓我們在此回想一下在第一篇裡所獲得的結論：所有的直觀理解都是智力性的，並不僅僅是感官性的。如果現在加上在此的分析，同時，也公平地考慮到上一世紀的哲學把直觀認知功能名爲「靈魂的低級能力」，那麼，當阿德隆不得不沿用他的時代的語言，把天才列爲「超強的靈魂的低級能力」時，我們就不會覺得這種提法荒唐至極，並配遭受約翰·保羅在《美學的基礎》引用阿德隆的這一說法時的尖刻嘲諷。儘管這個了不起的人的上述著作有非常出色之處，但我還是要在這裡指出，如果目的是理論探討和傳授知識，那麼，在表述中，總是說些機智、俏皮的話和只是運用比喻大步跨過，是不適宜的。

但事物的眞正本質首先透露給**直觀理解**，雖然那仍然只是有條件的。一切概念、一切經過思維的東西，的確只是抽象而已，因而是出自直觀理解的、部分的和不完全的表象，只是在思考中去掉了某些東西而形成的。一切深刻的認識，甚至眞正的智慧，都根植於對事物的**直觀**理解。這一點，我們在第一篇的補充裡已作了詳盡的考察。某一**直觀**的理解是一個孕育過程，每一件眞正的藝術作品、每一個不朽的思想，都要在這一過程中獲得生命的火花。一切原初的思維都是以形象進行的。相比之下，從**概念**出發，產生的僅僅是有才華的作品，僅僅是理性的想法、對別人的模仿和一切旨在爲現時需要和同時代事務服務的東西。

但是，如果我們的直觀理解總是繫於現實存在的事物，那直觀的素材就會完全受制於偶然，而偶然卻甚少在合適的時間爲我們帶來合適的事物，也甚少符合我們的目的地安排這些事物，並且展示給我們的通常都是相當殘缺不全的樣品。正因爲這樣，我們需要**想像力**，以根據那深刻的認識和傳達這一認識的作品的要求，去補足、安排、描繪、固定和隨心所欲地重現生活中一切意味深長的畫面。想像力的巨大價值就在這裡，而想像力是天才的一個不可缺少的工具。這是因爲天才只有依靠想像力，才能夠根據形象、詩歌或者思想的連貫性的需要，讓每一對象物或者事件活現在某一鮮明的形象中，並從那直觀認識，亦即從那所有知識的源泉不斷汲取養分。具備了想像力天賦就好比可以召請神靈在恰當的時間向他透露眞理，而赤裸裸的眞實事物則只是依稀模糊地、極爲難得地，並且通常是在不恰當的時間裡表現出這一眞理。因此，與這樣的人相比，欠缺想像力的人就像是黏附著岩石的貝殼類，只能眼巴巴地等待著偶然的機會所帶給它們的，而前一種人則是自由活動，甚至可以飛翔的動物。這

1142　1141

是因爲欠缺想像力的人除了對現實的感官直觀以外，就再沒有任何別的認識；直至直觀認識到來之前，他們只能啃咬著概念和抽象——但這些只是認識的空殼，而非果仁。這樣的人永遠不會有什麼偉大的成就，除非在算術和數學方面。造型藝術和詩歌，還有模仿藝術的成就，都可被視爲幫助那些欠缺想像力的人彌補缺陷的手段；對本身已具備想像力的人而言，可以助其更靈便地發揮自己的想像力。

據此，雖然天才固有的和根本的認識方式是直觀的，但其認識的眞正對象卻完全不是個別的事物，而是在個別事物中表達出來的（柏拉圖式的）理念——對這些理念的把握，我在第二十九章裡已經分析過了。在個別事物中總是看到普遍性的東西——這正是天才的根本特徵。而正常人則在個別事物中只看到了這個別事物，因爲只有這樣的個別事物才屬於現實世界，而唯獨這一現實世界才會吸引常人的興趣，亦即才與他的意欲有了關聯。每個人在個別事物中只看到個別事物，抑或與其說是想到了，還不如說已經確實瞥見和發現了這個別事物的多多少少的普遍性，直至那最普遍的特徵——其中的各級程度就是衡量一個人與天才的距離的尺度。據此，只有事物的本質、事物的普遍性和整體，才是天才認識的眞正對象。對個別現象的研究是一般才具的人的分內工作，在自然科學的範圍所探究的始終是事物相互之間的關係。

在此，我們還記得在前一章所詳細說明了的這一點：把握理念是以認知者認知的純粹主體爲條件的，亦即以意欲完全從意識中消失爲條件。我們從不少歌德的向我們展現風景的歌謠，或者從約翰·保羅描繪大自然的作品中感受到愉悅，就是因爲我們透過這些作品分享了他們的客觀境界，亦即分享了表象的世界與意欲的世界的純粹分開，兩者就好像完全分離了似的。至於天才的認知方式在本質上脫離了所有意欲活動及其關係——從這一點也可得出結論：天才的作品並不是出於某一目的或者主觀隨意，而是在創作的過程中受到一種本能式的必然性的指引。人們所說的精靈活躍、靈光乍現、迷醉狂喜的瞬間，等等，其涵義不是別的，而是智力獲得了自由，在其暫時不用爲意欲效勞的時候，並沒有鬆弛下來或者無所事事，而是在短時間內自發地活躍起來。然後，智力就變得至爲純淨，成了反映這一世界的清晰的鏡子；這是因爲在全然脫離了它的根源，亦即意欲以後，世界現在就作爲表象集中在某一意識之中。在這樣的時刻，不朽作品的靈魂就彷彿成孕了。而在所有帶目的的思考時，智力卻不是自由的，因爲意欲事實上是在指揮、操縱著智力，爲它規定了工作課題。

絕大多數人的臉上都被打上了平庸的印記，都有著俗不可耐的表情，究其實都是因爲從這些印記和表情中，可看出他們的認知嚴格地從屬於他們的意欲活動，這兩者牢固地連接在一起，以及由此造成了人們除了理解與意欲及其目的有關的事物以外，不可能還理解其他。相比之下，天才的表情——這構成了所有極高稟賦的人都有的明顯家族式的相似地方——則讓我們清楚地看出智力獲得了赦免，從爲意欲的服務中解放了出來，認知活動壓倒了意欲活動。因爲一切痛苦都來自意欲活動，而認知本身卻是不帶痛苦和愉快的，所以，這讓他們高聳的額頭和清澈、直觀的眼神帶上了一種巨大的、彷彿脫離了塵世一樣的喜悅氣質，因爲這些並沒有屈從於意欲及其需要。有時候，當這種喜悅穿透而出時，與臉上的其他特徵，尤其是與嘴巴所流露出來的憂鬱很好地並存——這種結合可由喬爾丹諾·布魯諾在一部喜劇中的妙語恰到好處地表達出來：悲哀夾雜著愉快，愉快夾雜著悲哀。

意欲，這智力的根子，反對智力從事任何在意欲的目標以外的其他活動。所以，智力只有在起碼暫時脫離了它的根子的時候，才有能力純粹客觀和深刻地理解那外在世界。只要智力仍然受到意欲的束縛，那智力是無法自發活動起來的，而是呆滯昏睡——每次只要意欲（利益）不把智力喚醒並驅使它行動起來的話。一旦意欲這樣做，智力雖然會非常妥當地根據意欲的利益了解清楚事物之間的關係，就正如精明的頭腦所做的那樣（這些頭腦也得時時被意欲喚醒，亦即受到意欲活動的生動刺激），但這種智力也正因爲這樣而無法抓住事物的客觀本質。這是因爲意欲的活動和目的造成智力如此的片面，以致在事物中只看到與意欲和目的相關的東西，其餘的則部分消失不見了，部分受到歪曲進入意識。例如，一個憂慮不安、匆忙趕路的旅行者，只會把萊茵河及其河岸看成是粗重的一撇而已，而河上的橋梁則是斷開這一大撇的一條細線。在一個腦子裡裝滿目的和打算的人看來，這世界就跟作戰地圖中的一處美麗風景一樣。當然，這些是極端的情形，由於其清晰而用作例子。不過，意欲每次只是輕微的興奮和激動，也會帶來認識上些微的但始終與前面例子相類似的歪曲和變形。只有當智力擺脫了意欲活動的羈絆，自由地審視客體，沒有受到意欲的驅動而又仍然有力地保持活躍，世界才會以其眞正的色彩和形態，以其全部和正確的涵義呈現出來。當然，這種情形有違智力的本質和使命，在某種程度上也就是違反自然的，也正因此是極爲稀有的。但天才的眞實本質正在於此。也只有在天才那裡，上述狀態才會以高的程度持續地出現；但在其他人那裡，與此近似的情形只有偶然地、例外地才會發生。約翰・保羅（《美學的基礎》，§12）把天才的本質定義爲靜思默想，我把這一定義理解爲我這裡所說的意思。也就是說，平常人沉浸於因意欲所屬的紛亂、騷動的生活；他們的智力爲生活中的事物和事件所占據，但他們卻又一點都不曾意識到客觀意義上的這些事物乃至生活本身。這就好比在阿姆斯特丹交易所裡的商人：他們完全聽見他們旁邊的人說話，但卻聽不到那整個交易所發出的酷似大海轟鳴的嗡嗡聲，而這種聲音卻讓遠觀者感到驚訝。相比之下，對天才而言，即對智力是與自己的意欲、因而也就是與自己的個體分離的人而言，那些與自己的意欲和個體相關的事情並沒有遮蔽這世界和事物本身；天才對這世界和事物本身有著清晰的意識，在客觀直觀中感知它們自身的樣子。在這種意義上，天才是**靜思默想**的人。

正是這種**靜思默想**，讓畫家有能力把他眼前的大自然忠實地再現於畫布上，讓文學家透過抽象的概念把直觀理解的現在精確地重新召喚出來，因爲文學家把這現在表達了出來，把這帶到清晰的意識中去，也同樣地說出了一般人只是有所感的東西。動物是沒有任何靜思默想的。動物具有意識，亦即能認出自身及其苦與樂和引致自身苦與樂的東西。但動物的認識始終是主觀的，永遠也不會客觀：其認知中所發生的一切，在動物看來是理所當然、不言自明的，因此永遠既不會成爲有待描繪、表現的題材，也不會成爲需要思考、解決的難題。動物的意識因而完全是**內在性**（經驗範圍之內）的。雖然一般常人的意識與動物的意識並不屬於同一本質，但卻是類似的，因爲常人對事物和世界的感知是主觀占了上風，內在性占據著優勢。常人感知到了這世界上的事物，但卻沒有感知到這世界；感知到了自己的做事和痛苦，但卻沒有感知到自身。隨著意識的清晰度沿著無數的等級上升，靜思默想也就越來越多地出現了。這樣，慢慢就會達到這樣的程度：有時候——雖然這極少發生，並且這裡面也有相當不同的清晰度——這樣的問題就像閃電一樣地掠過腦海：「這一切到底是什麼」，或者「這一切究竟是如何形成的」？如果第一個問題達到了相當的清晰度，並且持續地出現，那就造就了哲學家；第二個問題以同樣的方式造就了藝術家或者文學家。正因此，這兩種崇高的使命都根源於靜思默想，而靜思默想又首要源自人們對這世界和他們自身的清晰意識——這樣，他們也就得以對其回想和琢磨。不過，這整個過程都是由於智力透過其優勢不時地擺脫了意欲的控制——而智力本來是要爲意欲服務的。

在此對天才所作的思考和闡述連接和補充第二十二章的闡述，即在整個生物排列中都可感知的**意欲與智力不斷加大的分離**。在天才那裡，意欲與智力的分離達到了最高一級，直至智力與它的根源——意欲——完全分離，以致智力在此充分地自由，這樣，**世界作爲表象**也就首先達到了完美的客體化。

現在我再補充一些有關天才的個性的看法。根據西塞羅所言，亞里士多德早就說過：**所有天才的人物都是憂鬱的**。這毫無疑問指的是亞里士多德的《論問題》（三十，一）中的一段話。**歌德**也說過：

> 當我事事順遂的時候，
> 我的詩歌之火相當微弱。
> 但在逃離威脅著的災禍時，
> 它卻熊熊燃燒。
> 溫柔的詩歌就像彩虹，
> 只能描畫在陰暗的背景。
> 詩人的才情喜歡
> 憂鬱的處境。

對此可以這樣解釋：由於意欲不斷地一再堅持對智力原初的控制，智力在遇到不妙的個人境遇時，會更容易掙脫意欲的控制，因爲智力巴不得背棄逆境，在某種程度上得到放鬆。這時候，智力就會以更大的能量投向陌生的外在世界，因而更容易變得純粹客觀。優越的個人處境則產生恰恰相反的作用。但從整體和普遍來說，與天才爲伴的憂鬱卻因爲生存意欲越是得到了智力的照明，就越是清晰地看到了自己的悲慘景況。在稟賦極高的人身上經常可見的憂鬱心境，可以阿爾卑斯山最高峰白朗山峰作爲象徵：白朗山峰經常被雲籠罩著，但有時候，尤其在早晨，雲靄被撕裂了，沐浴在紅色太陽光下的高山，從超越雲層的天上高處俯瞰著莎蒙尼高地，那一景象會深深地打動每一位觀者的心。同樣，經常鬱鬱不樂的天才有時候也會展現出上文已經描述的那種只有他們才可能有的、源自至爲完美客觀心態的獨特喜悅，那就像一道燦爛的光芒飄浮在他高聳的額頭上面：悲哀夾雜著愉快，愉快夾雜著悲哀。

所有文學、藝術和哲學的粗製濫造者之所以是這樣的人，歸根到底是因爲他們的智力仍然太過緊密地與意欲相連，也只有受到了意欲的鼓動才活躍起來，所以是完全爲意欲服務的。因此，這些人還無法有個人目標以外的其他目標。與此相一致的是，當需要以虔誠的不誠實把自己引薦給更高權威的時候，他們就會搞出一些蹩腳的油畫、愚蠢無聊的詩歌，以及膚淺、荒謬、通常都不是出於眞心的哲學論題。這些人的一切想法和行爲，因而都只關乎個人利益。所以，他們充其量不過是成功地把別人的眞正作品中屬於外在的、偶然的和隨意的東西作爲風格照搬過來；然後，抓住了皮毛而不是內核，卻誤以爲自己已經大功告成，甚至已經超越了那些眞正的創作。但如果失敗是明顯的，那不少人就希望透過自己的良好意願（意欲）最終獲得成功。但正是這良好的意願（意欲）讓這事情不可能如願，因爲意願（意欲）只會導向個人的目的；而有了個人的目的，藝術、詩歌或者哲學就永遠不會受到嚴肅、認眞的對待。因此，用「自己擋住了自己的光線」這一成語形容這種人就特別恰當。他們沒有料到只有脫離了意欲及其所有目的的控制，因而可以自由活動的智力，才有能力創作眞正的作品，因爲只有這樣的智力才會讓人嚴肅、認眞起來。這對於那些粗製濫造者是一件好事，不然他們就得投河了。在倫理學上，良好、善良的意願就是一切，但在藝術上卻什麼都不是，因爲正如藝術（Kunst）這詞已經顯示的，能力才是關鍵。一切最終都取決於一個人眞正認眞對待的是什麼。幾乎所有的人認眞對待的只是自身的幸福和家庭的安逸。所以，他們能做的就是促進這些，而不是別的，因爲任何決心、人爲和帶目的的努力都無法給予、彌補，或者更精確地說，轉移給他們眞正的、深刻的、根本的嚴肅認眞。這是因爲一個人認眞對待的是什麼，始終是由大自然安排的；缺少了這種認眞，做任何事情都只能敷衍了事。因此，出於同樣的原因，天才的人物在照顧自身安逸方面經常是糟糕的。正如一個鉛造的懸掛物總會重回重心所要求的位置，同樣，一個人的智力及其力度總是集中在這個人的眞正關切之處：對其他的事情都不會眞正嚴肅地對待。所以，只有極少的非一般人物眞正關心的不是個人和實際的事務，而是客觀的和理論性的東西——只有這些人才有能力理解事物和這世界的本質性東西，亦即理解至高的眞理，並且以某種方式方法把這理解再現出來。這是因爲這樣一種對個體之外的、客觀事物的認眞關切，對人的本性來說是陌生的、非自然的和眞正超自然的。不過，也正因爲這樣，這種人才是偉大的；據此，人們把這種人的創作歸因於某一控制和引導他們的精靈。對這種人來說，他們的圖畫、詩歌或者思想就是目的；但對其他人而言，這些只不過是手段而已。其他人透過這些手段追求的是自己的利益，並且一般來說也知道得很清楚，應該如何促進自己的利益，因爲他們緊貼著同時代大眾，隨時準備著爲同時代人變幻不定的心情和需要效勞。所以，這些人的生活境況一般都很不錯，但天才卻經常在非常悲慘的條件下生存。這是因爲天才爲了客觀的目標而犧牲了自己個人的安樂，天才這樣做也是身不由己的，因爲客觀的目標才是他眞心關切的。粗製濫造者的做法卻剛好相反，所以，他們是**渺小**的；天才則是**偉大**的。因此，天才的作品貢獻給所有的時代，但這些作品通常只在後世才開始獲得承認，粗製濫造的作品則與其時代同生共死。總而言之，只有這些人才是**偉大**的，亦即他們的工作和成就，不管這是實際性的還是理論性的，只是追求純粹客觀的目的，而不**是謀取自己的利益**。哪怕在現實生活中，所追求的是被誤解了的目的，哪怕這一目的因此緣故變成了一種過錯或者罪行，這種人仍然是偉大的。他**並沒有追求自身和自己的利益**——這一點，就讓他無論在何種情況下都是**偉大**的了。而所有指向個人目的的行爲和努力都是**渺小**的，因爲受這一目的驅使而活動起來的人只在他那微不足道的和迅速消逝的自身認出和發現自己。相比之下，在每一樣事物中，因此亦即在全體事物中都能認出自身的人就是**偉大**的；他們不像其他人那樣只活在微觀宇宙裡，而是更多地活在宏觀宇宙裡。爲此，事物的整體與他息息相關，而他也試圖領會這一整體，以便把它表現出來，或者解釋這一整體，或者在實際中對這一整體發揮作用。這是因爲對他而言，這一整體不是陌生的；他感覺到這一整體涉及自己。正因爲他擴大了自己的範圍，我們才把他稱爲**偉大**。所以，這一崇高的屬性理應屬於那些無論在何種意義上都是眞正的英雄和天才：那意味著這些人違反人的本性，並沒有追逐自己個人的利益，並不是爲了自己，而是爲了所有人而活著。不過，雖然絕大多數人明顯地**始終**渺小不堪，**從**來就不曾偉大，但反過來說卻是不可以的，亦即一個人是澈底的偉大，亦即在每時每刻都是偉大的：

> 因為人是用普通的材料做成的，

習慣被他稱為乳娘。*

也就是說，每個偉大的人物必然經常只是一個凡人，眼裡也只有他自己，而這就意味著渺小。這一相當正確的說法：「沒有任何英雄在自己的貼身僕人面前仍然是英雄」，就是基於這一道理，而不是說這個僕人不懂得欣賞這個英雄。歌德在《親和力》（第二卷，第五章）中把這道理作爲奧蒂莉突然產生的想法表達了出來。

天才就是這個天才所獲得的獎賞，因爲每一個人都有必要爲了自己成爲最好的自己。「誰要是能夠爲自己與生俱來的才能而活，他就由此找到了最美好的人生。」每當我們回顧往昔的一位偉人時，我們不會想：「這個人至今還受到我們所有人的欽佩，他是多麼的幸運啊！」而會想：「這個人能夠直接享受到那樣的精神思想——其精神思想所留下的印記，在以後的綿綿世紀，仍能讓人精神愉悅和振奮——這個人該是多麼的幸運啊！」價值並不在於名聲，而在於獲取名聲的東西；快樂就在於產出那些不朽的孩子。所以，如果有人試圖表明身後的名聲是空洞無用的，因爲獲得身後之名的人並沒有親身享受到這一名聲，那他就跟這樣一個自以爲聰明的人差不多：在看到有人不斷把羨慕的眼光投向隔壁院子的一堆牡蠣殼時，他就賣弄聰明地一心想向這個羨慕者表明：牡蠣殼其實一點用處都沒有的。

根據我們對天才的本質的描述，只要這天才意味著智力擺脫了爲意欲服務這一天職，自發地活動起來，那它就是違反自然的。據此，天才就是智力不忠於自己的天然職責。與天才相伴隨的種種缺

* 參見席勒。——譯者注

點、不足就由此而來。爲對這些缺點和不足進行一番考察做好準備，我們先把天才與那些智力並不那麼明顯突出的人比較一下吧。

正常人的智力受到嚴格的束縛，必須爲意欲服務，智力因而只是忙於接收動因。這種智力可被視爲一些複雜的線路群：借助於這些線路，在這世界舞臺上的每一個木偶就被牽動起來了。大多數人臉上乾巴、嚴肅的表情就由此而來，也只有動物的表情能在這方面超過這些人，因爲動物是從來不會笑的。相比之下，我們卻可以把擁有不受約束的智力的天才比之於混在聞名的米蘭木偶劇場中與那些巨大木偶一起表演的活人：這個活人是在這些木偶當中唯一看到那一切的，所以，他很高興地離開舞臺一會兒，以便從觀眾包廂中欣賞木偶的表演。這就是天才的靜思默想。不過，就算是極爲明智和理性的、我們幾乎可以稱爲智慧的人，跟天才也有著很大的區別，因爲這種明智的人的智力維持著實際的方向，關注著從眾多的目標和手段中挑選出的最佳者；所以，這種智力還是在爲意欲服務，因此是眞正符合自然地忙於分內的工作。對生活那種堅定的和實際的嚴肅態度——羅馬人把它形容爲嚴肅態度（*gravitas*）——其前提條件是智力不會爲追隨與意欲無關的事情而放棄爲意欲服務，所以，智力與意欲的分離是不被允許的。但這卻是天才的條件。那些頭腦精明、適合在實際事務中做出一番大成就的傑出人物之所以是這樣的人，恰恰是因爲客體事物生動地刺激著他們的意欲，驅使他們無休止地探詢、了解這些客體事物的關聯。因此，這些人的智力與他們的意欲緊密地融爲一體。相比之下，在天才客觀理解事物時，這世界的現象是作爲某種陌生的、供觀照的東西在其頭腦前面浮現，意欲活動被逐出了意識之外。行動實事的能力與創作思想著作的能力之間的差別就在這裡。創作思想著作的能力要求客觀和深刻的認識，其前提條件就是智力與意欲完全分離；而行動實事的能力則需要應用知識、保持清醒的頭腦、鎮定自若和決斷力，而這些就要求智力必須不間斷地爲意欲服務。當意欲對智力的束縛解除了，那偏離了自己的天職的智力就會疏忽爲意欲的服務。例如，甚至在緊急關頭，智力仍要自由、不受約束；在那危險的環境裡，智力仍然不由自主地觀賞這一環境的優美景色。相比之下，理性、明智之人的智力則總是堅守崗位，監察著當時的情勢及其需要。因此，這樣的人無論在任何情況下都會因應形勢做出和實施合適的決定。所以，他們當然就肯定不會有荒唐古怪的想法和行爲、個人特有的走偏和失足，甚至做出極其愚蠢的事情——而所有這些天才都是有可能做出的，因爲天才的智力並不是他那意欲的專心一致的嚮導和守護者，純粹客觀的東西或多或少地占用了他們的智力。我在此抽象描述的這兩種完全不同的能力及鮮明對照，由歌德透過塔索和安東尼奧相反對立的角色，形象、直觀地表現出來。人們通常觀察到的天才與瘋癲之間的相似之處，主要就在於智力與意欲的分離——這是天才的本質，但卻又是違反自然的。不過，這種分離本身肯定不可以歸因於天才沒有強烈的意欲，因爲天才其實是以激烈、狂熱的性格爲前提條件的。這種智力與意欲的分離應該以此來解釋：實際事務的能手、實幹家，只是具備了全部的、足夠的智力配給以應付強力意欲的需要，而大多數人卻連這樣的智力份額都不具備；但天才就在於有完全非一般的、確實超出爲意欲服務所需的超額智力。正是因爲這一點，創作出眞正作品的人要比做出行動業績的人稀有得多。也正是因爲這種智力非一般地超出常規，它才取得決定性的優勢和擺脫意欲的束縛：現在，這智力忘記了自己的原初使命，出於自身的力量和彈性而自由地活動起來了。天才的創造也就由此產生。

再者，正是這一點，即天才意味著智力自由地展開活動，亦即從爲意欲的服務中解脫出來，造成的結果就是天才的創造並不服務於任何有用的目的。天才的作品可以是音樂、繪畫、詩歌、哲學——

這些是沒有實際用處的東西。沒有實際用處就是天才作品的特徵，那是它們的貴族證書。所有其他的人力工作都是爲了維持我們人類的生存和減輕這一生存的負擔。但我們現在討論的這類作品卻不是爲了這一目的：只有這些作品才是因其自身而存在的，並在這一意義上可被視爲生存開出的花朵，或者從這生存中獲得的收成。所以，在享受這些作品時，我們心滿意足，因爲在享受的過程中，我們從那沉重的、全是需求和匱乏的濁世氣氛中冒升出來。另外，與此相類似，我們看到美是極少與實際用處結合在一起的。高大、挺拔的樹木是不結果子的；水果樹都是矮小和難看的；重瓣的花園玫瑰並不結果，但矮小、野生、幾乎沒有香味的玫瑰卻可以結出果子。最美麗的建築物並不實用：一座廟宇並不是適合人住的地方。如果一個具有很高和相當稀有的才華的人被迫做一件只有實際用處的工作——而這工作連最普通的人都可以完成——那就等於把一個飾以最美麗的圖案、價值連城的花瓶當作廚房用具；有用的人與天才之比跟磚頭與鑽石之比差不多。

所以，純實際的人把自己的智力用在大自然所指定的用途上，亦即把握事物的關係，這可以是事物與事物之間的關係，也可以是事物與認知個體的意欲的關係。而天才則把智力作把握事物的客觀本質之用，而這是有違智力本身的使命的。因此，天才的頭腦並不屬於自己，而屬於這個世界，要爲照亮這一世界在某種意義上做出貢獻。由於這一原因，有此天才稟賦的人也就免不了多種多樣的缺點。如果一件工具並不是爲某一用途而設，但卻又偏偏被用作這一用途，那通常都免不了會有不足；同樣，天才的智力也出現了不足。首先，天才的智力好比是需要侍奉二主的一僕，因爲它一有機會就會擺脫與其天職相應的服務以追求自己的目標。這樣，它就會經常相當不合時宜地撇下處於困難之中的意欲。所以，具有天才稟賦的人多多少少在生活中成了無用的人。這種人的行爲有時候的確會讓人想起瘋癲。此外，由於他們那提升了的認識力，他們在事物中更多地看到普遍性的東西，而不是個別單一的事物；但要爲意欲服務的話，需要的卻主要是對個別事物的認識。但有時候，當他們那異常高於常人的認識力突然以其全部力度投向意欲的事務和痛苦，那很輕易就會太過鮮明、生動地理解這些事情，眼睛所見到的一切都帶上了強烈的色彩和處於太過明亮的光線之中，並被放大成了龐然大物。這樣一來，人也就陷入了極端之中。下面將更爲仔細地解釋這種情形。一切偉大的理論性成就，不管在哪一方面，都是由做出成就的人把全部的精神力投向一個點所致。他把這全部力道強勁地和牢固地集中在這一點上，以致除此之外的整個世界，在那一刻對他而言就是消失的，他的對象物對他來說就是全部的現實。恰恰就是這種強而有力的集中——這屬於天才的特權——甚至在面對現實事物和日常生活中的事件時也不時出現。這樣，處於這種審視的焦點之下，這些被審視之物就會被放大至可怕的比例，情形猶如把跳蚤放在高倍顯微鏡下，馬上就獲得了大象的體形。由此就有了這樣的情形：思想的天才有時候會就一些雞毛蒜皮的小事陷入各種不同的強烈情緒之中，而這對其他人來說是不可理解的事情，因爲普通人都會漠然視之的一些事情，卻把這些人引入悲哀、高興、憂心、憤怒等之中。所以，天才缺少實事求是和務實性，因爲實事求是和務實性恰恰意味著我們在事物中只看到屬於這些事物的東西，尤其是在涉及我們可能的目標方面。由此可見，一個實事求是、務實的人不會是個天才。與上述種種缺點、不足結伴的還有極度的敏感，這是神經和腦髓活力得到了不一般的加強所致，甚至與激烈、強勁的意欲活動相連，而這樣的意欲活動同樣是構成天才的條件，在身體上則表現爲心跳的能量。從所有這些很容易就產生出歌德在《塔索》一劇中爲我們展現出來的那種偏激、乖張的脾性，那種激烈的情感，那種快速變化、反覆無常的心境，還有那占主導地位的憂鬱。與天才那時而夢幻一般的沉思，時而又狂熱的激動亢奮相比——正是天才的內在苦悶孕育了不朽的作品——那些有著恰到好處的配備的正常人顯示出了何等的講究理性、鎮定自若、統攬全局、十足的確信、和諧的態度和舉止！此外，天才從根本上就是孤獨的存在。天才人物太過稀有了，以至很難會碰上自己的同類；也太過與眾不同了，以至無法成爲常人的夥伴。在常人那裡，意欲活動占據著主導；在天才那裡，占據主導的則是認知活動。所以，常人的高興和快樂沒有他的份，而他的高興和快樂也不屬於常人。常人只是道德上的人，只有個體的關係；但天才同時也是某一純粹的認識力，而作爲純粹的認識力，他是屬於全人類的。脫離了意欲，脫離了其母親的土壤，只是間歇性地回到意欲那裡的智力，其思維很快就與正常人的智力思維無一例外地有所不同，而正常人的智力是緊緊地黏附著自己的根基。因此，也由於各自步伐不一致，與意欲分離的智力並不適合與常人共同思維，亦即與常人談話。常人從他及他壓迫性的優勢那裡感受不到愉快，正如他從常人那裡也感覺不到快樂一樣。所以，一般來說，常人和與己一樣的人在一起時會更感輕鬆自在，而天才也寧願和自己一類的人談話，雖然這種談話一般來說只有借助那些同類的人所留下的作品才成爲可能。所以，尚福爾的話相當正確：**在阻撓一個人擁有很多朋友方面，沒有哪一樣罪惡能比得上擁有太過偉大的品質**。天才能夠得到的最好運數就是：免除實事和行動，因爲天才不是這方面的人；能夠擁有閒暇創作作品。從所有這些可以得出這樣的結論：雖然天才的稟賦能讓有此稟賦的人在某些時候快樂和幸福，即他在這些時候無拘無束地自得其樂，享受自己的才思妙趣，但這天才的稟賦卻根本不適宜爲這種人鋪平幸福的生活道路，而應該恰恰相反。這一點也可以從人物傳記所記錄的人生經歷中得到證實。除此之外，天才與周圍外在也有一種不協調，因爲天才及其追求和成就通常都是與他的時代水火不容的。但具有才華的人物總會適時而至，因爲正如這些能人受其時代精神的鼓動，被這時代的需要召喚出來，這些人也就恰恰只具備了滿足這一時代需要的能力。所以，這些人與同時代人的文化進展緊密契合，或者與某一專門的科學步調一致地向前進步。為此，他們獲得了報酬和喝彩聲。但對下一代人而言，他們的作品再也無法給人以愉悅，只能被別的作品所取代，而別的作品可是不會缺席的。相比之下，天才出現在他的時代就像彗星闖進了行星的軌道——彗星古怪的運轉軌跡對行星那有條不紊、井然有序的軌道而言，是奇怪和陌生的。天才因而很難契合他同時代的文化步伐，他把自己的作品遠遠地拋在前路上（就像一個準備赴死的大將軍，把手中的長矛投向了敵人），而時間只在隨後才趕得上來。天才與同時代出類拔萃的能人的比較可以用《福音書》上的這一句話表達：**我的時候還沒到來；你們的時候常是方便的**（《約翰福音》，七：六）。**能人**可以取得其他人無法取得的成就，但他們的成就不會超越常人的理解。這樣，這些成就馬上就能找到賞識者。相比之下，**天才**的成就不僅超出其他人的能力，而且也超出他們的理解。所以，這些成就不是其他人能直接意識到的。能人就像一個擊中了無人可及的目標的弓箭手；天才也擊中了他的目標，但這目標距離之遠是其他人甚至無法看見的。因而人們只是間接地、在以後才知道有關這天才的訊息，甚至對此他們也是儘管相信而已。據此，歌德在一封教育信札裡說道：「仿效別人是我們與生俱來的特性，但所要仿效的對象並不容易認清。優秀的東西很少被發現，要得到別人的賞識則更少見。」尚福爾說：**人的價值就跟鑽石的價值一樣**：**某一體積度、純度和完美度的鑽石會有一個確定的價格；但超出這一範圍以後，它就是沒有價格的了，也再不會找到買家了**。培根也表達過同樣的意思：**下德得到民眾的讚揚，中德獲得他們的欽佩，上德則不被理解**（《學術的進展》，第六篇，第三章）。人們可能會對此反駁說：當然了，這些俗類！不過，我必須以**馬基維利**的話支持培根所說的：在這世上，除了庸俗就沒有別的東西了。還有蒂洛（《論名聲》）也說過，每一個人通常都比自己所以爲的更多地屬於大眾。由於對天才作品的承認姍姍來遲，結果就是這些作品很少得到同時代人的欣賞，因而很少在帶有同時代和當代給予的新鮮色彩時被人們欣賞，而是就像無花果和棗子，更多的是已成果乾，而不是新鮮的時候供人們享用。

最後，如果我們從身體構造的角度考察天才，那我們就會發現天才是以具備多項解剖學和生理學的素質爲條件的，而一項這樣的素質達致完美已很少見，多項素質一同達致完美就更少見了；但具備所有這些完美素質卻是必不可少的要求。這也就解釋了爲何天才的出現，完全是個別零星的、近乎怪異的、非自然的例外情形。這根本的條件就是感覺能力相對於肌肉的活動及興奮能力和機體的新陳代謝能力占據著異常的優勢；而且讓這事情更添了難度的是，這根本條件要出現在男性身上（女人可以有傑出的才華，但那不是天才，因爲女人始終都是主觀的）。同樣，腦髓系統必須與神經節系統完全分離，以便腦髓系統與神經節系統恰成對立——這樣，腦髓才得以在機體中明確地過著獨立、活潑的寄生生活。當然，這種寄生生活會容易對機體的其餘部分產生不利，並且提升了腦髓生活及其無休止的活動會提早消耗機體——除非這一機體本身也同樣結構良好，具有很強的生命力。所以，這後者也同樣屬於其中的條件。甚至一個健康良好的胃也是一個條件，因爲這部分與腦髓有著特別的和緊密的一致。不過，主要的條件還是腦髓必須得到超常的發育和具有超出一般的體積，特別的寬和高；而在深度方面要稍遜一籌，大腦在比例上要異常地壓倒了小腦。毫無疑問，腦髓無論是作爲整體還是作爲各個部分，其形狀是非常關鍵的，但我們已有的知識仍不足以準確地弄清楚這一問題，雖然我們輕易就可認出那昭示著高貴、非凡智力的頭骨形狀。腦髓體的組織和質地必須至爲精細和完美，要由最純粹、纖細、敏感和精選的神經物質所構成：白物質與灰物質在數量上的比例肯定也起著決定性的作用——但這個我們現在仍同樣無法說明。對拜倫屍體的剖驗報告❹指出，拜倫腦子裡的白物質與灰物質的比例，前者明顯占優；同樣，他的腦髓也重達六磅。居維爾的腦重為五磅，而正常人的腦重為三磅。相對於主要的和占優的腦髓，脊髓和神經必須異常纖細。一個呈美妙拱頂的頭蓋骨必須高聳、寬闊、骨質細薄，在保護腦髓的同時不會以任何方式擠壓它。腦髓和神經系統的這些特性遺傳自母親，我們在下篇再回頭談論這一問題。不過，僅靠這些仍然完全不足以產生出天才這一現象，除非再加上遺傳自父親的強烈、有活力、狂熱的脾性，在身體上則表現為異乎尋常的心臟能量，也就是血液循環，尤其是通往頭部方向的血流量。這是因為以這樣的方式，腦髓所固有的細胞組織膨脹首先是加大了；這樣，腦髓擠壓著腦壁，並從受到損傷的腦壁湧了出來。其次，腦髓透過心臟所具有的力量獲得了一種內在的運動，而這有別於腦髓伴隨著呼吸而持續的一起一伏；這種內在運動意味著隨著四條大腦動脈的每一次脈動，整個腦髓組織都經受一次震動，而這一震動所產生的能量必然與在此增加了的腦髓量相稱，正如這運動總體而言，就是腦髓活動的一個不可缺少的條件。正因此，矮小的身材，特別是短小的脖子也是有利於這種大腦活動的，因為路徑短了，血液就以更多的能量抵達腦髓。所以，具有偉大頭腦的人很少是身材高大的。但傳送血液的較短路徑並不是必不可少的，例如，歌德就比常人高大。但如果缺少了這一涉及血液循環的、因此也就是遺傳自父親的前提條件，那麼，從母親那獲得的良好大腦素質頂多造就了優異的才能、良好的理解力，但予以支撐的卻是麻木、冷漠的脾性和氣

❹ 見梅德文關於拜倫的談話，第三三三頁。

質；一個麻木、冷漠氣質的天才卻是不可能的。這一來自父親的天才條件解釋了在這之前我已談論的天才的許多性格、氣質上的缺陷。而如果只是具備了這一條件，但又缺乏了母親的智力條件，亦即只有一副在構造上平凡無奇，甚至糟糕差勁的大腦，那就會造成性情活躍有餘但智力捉襟見肘，只有熱卻沒有光，這樣的人躁動不安、衝動易怒。至於在兩兄弟中，只有一個是天才，並且那通常是哥哥，就像康德那樣的情形——這首先可以此解釋：在他母親懷上他的時候，他的父親正是充滿活力和激情的時候，即使另一個、源自母親方面的條件會因爲不利的情勢而打了折扣。

在此，我還想特別就天才的孩子氣性格，亦即天才與兒童時期的某種相似性，補充我的看法。也就是說，在兒童期，大腦和神經系統跟天才的情形那樣，占據著決定性的優勢，因爲大腦和神經系統的發育遠遠早於機體的其餘部分。所以，到了七歲，腦髓就已經獲得其最大的體積和全部的質量。因此，畢夏已經說過：在兒童期，神經系統與肌肉系統相比，在比例上遠遠大於其後的各個時期。但在其後的各個時期，大部分其他系統都占據著對神經系統的優勢。人們都知道，如果要詳細研究人的神經，那都會選擇兒童（《生命與死亡》）。相比之下，生殖系統的發育是最遲開始的，也只有到了成人期，肌肉的活動及興奮能力、身體的新陳代謝機能，以及生殖功能才全力發揮作用。到了這個時候，一般來說，這些功能相對於腦髓功能更具優勢。由此可以解釋爲何孩子們普遍都是那樣的敏感、理性、好學、易教，大體而言，他們甚至比成年人更有興致和更適合於理論性的探究。也就是說，由於那發育程序的原因，他們擁有的智力超過意欲，後者也就是愛慕、欲望和情慾。這是因爲智力與大腦是一體的，同樣，生殖系統與最激烈的欲望也是一體的。所以，我把生殖系統名爲意欲的焦點。正是因爲在兒童期，這生殖系統的可怕和劇烈活動仍在沉睡，而腦髓的活動已經相當活潑和靈活，所以，兒童期是無邪和幸福的時期，是生命中的天堂和失去了的伊甸園。在這之後的生命旅途中，我們始終帶著眷戀回首這一段時間。但那種幸福的基礎就在兒童期，我們的整個存在更多地處於認知而非意欲的狀態。這種認知狀態也由於外在新奇的事物而加強。所以，在生命的晨光中，我們眼前的世界閃耀著新鮮、魔幻般的光彩，那是一個多麼誘人的世界！兒童期那些微小的欲望、搖擺不定的意願和雞毛蒜皮的煩惱，相對於占優勢的認知活動就只是小小的平衡而已。兒童清澈、無邪的眼神使我們的精神爲之一振；個別兒童不時會有的那種莊嚴、靜觀的表情——拉斐爾就以這種表情讚美了他的天使——可以從上述得到解釋。據此，精神能力的發育遠在其服務的需求之前。在此，大自然的行事相當符合其目的，這是她的一貫做法。這是因爲人們在智力占據優勢的時候，就收集和準備了充足的知識以應付將來的但在此時他們仍不知道的需要。因此，兒童的智力總是非常活躍，熱切地去理解和琢磨所有的現象，然後把這些小心儲存起來，以備將來之需，就像蜜蜂一樣採蜜遠超過自己所能食用的，因爲預感到了將來的需要。確實，一個人直到青春期爲止所獲得的見解和知識，就整體而言，要超過在這以後所學到的一切，無論他以後會變得多麼的有學問。因爲那是一切人類知識的基礎。直到那同一時期爲止，孩子身上的成形性（可塑性）占據著優勢；當完成了成形性工作以後，這些力就轉移到了生殖系統中。這樣，伴隨著青春期，性慾也就出現了；現在，意欲逐步占了上風。在以求知好學、理論爲主的兒童期過去以後，接下來是騷動不安的青年期，忽而衝動、暴躁，忽而憂鬱、沮喪。隨後就進入了激烈和嚴肅的成人期。正因爲兒童沒有那種孕育著不幸和災禍的衝動，所以，他們的意欲活動是如此的適度、有節制和服從於認知，而兒童期所特有的無邪、聰明、理性的特質也由此而來。至於兒童與天才的相似基於何種原因——這幾乎已經不需要我多說了，那就是充裕的認識力超過了意欲的需要和由此導致的純粹認知活動占據著優勢。事實上，每個小孩都在某種程度上是一個天才，而每個天才都在某種程度上是一個孩子。這兩者的相似首先表現爲高貴的淳樸和天眞——這是眞正天才的一個基本特徵。此外，這種相似也透過另外幾種特性顯現出來，以致某種程度的孩子氣確實屬於天才的性格。根據里默所寫的《有關歌德的報告》（第一卷，第一八四頁），赫爾德和其他幾個人在背後對歌德頗有微詞，說他總是像一個大小孩。他們當然說得對，但他們這樣責備卻是不對的。人們也說莫札特整個一生都是一個小孩（尼森，《莫札特傳記》，一七九一年，第a卷，第二和五二九頁）。舒利希格羅爾在悼詞中這樣形容莫札特：「在藝術上他很早就是一個成年人，但在其他所有方面他卻始終是一個小孩。」每一個天才爲此就已經是一個大小孩了，因爲他審視這一世界就像審視某樣奇特、陌生的東西，某一齣戲劇因此懷著一種純粹客觀的興趣。據此，他就像小孩一樣，沒有平常人的那種乾巴、乏味的嚴肅和一本正經，而這些平常人除了主觀（主體）的興趣（利益）以外，並無能力還有任何其他別的興趣；在事物中永遠只是看到他們行爲的動因。誰要是在其一生中，不是在某種程度上始終保持像一個大小孩，而是成爲了一個嚴肅、認眞、冷靜、現實、成熟老練、明智和理性的人，那麼，這個人可能是世上一個有用、能幹的公民，但他永遠不會是一個天才。事實上，天才之所以是天才，就是因爲他把兒童期自然的、占優勢的感覺系統和認知活動，以某種非正常的方式持久不斷地保持終生，因而在此也就成了一棵常青樹。在不少平常人那裡，兒童期這些特性的某一痕跡當然也維持至青年時期，所以，例如，在不少大學生身上，一種純粹精神智力方面的努力和某種天才的古怪之處仍然清晰可辨。不過，大自然還是要回到自己的軌道上去：人們從幼蟲成蛹了，到了成人期就變成了固執的庸人和小市民。多年以後重又見到他們時，我們是多麼的震驚！歌德說過的妙語就是基於我們在此所說的整個過程，他說：「小孩不會信守自己的諾言；青年人很少信守自己的諾言，如果他們眞的這樣做，那這世界就不會對他們信守自己的諾言」（《親和力》，第一部，第十章）。也就是說，這個世界把王冠高高地舉起來以獎勵那些爲這一世界做出貢獻的人，但最終卻把王冠授予了那些淪爲實現低下、卑微目的的工具的人，或者懂得欺騙這一世界的人。根據這所說的，正如幾乎每個人都曾經有過青春的美（魔鬼的美），每個人也都曾經有過青春的理智，某種每個人在年少時都有的、傾向於並且適宜於理解、明白和學習的本質；一些人到了青年期仍然保持這種本質，但在這之後就失去了，如同失去了青春美一樣。只有極少數得天獨厚的人，才可以終其一生都保留少年時的思想特性或者青春美，以致到了高齡，仍可看到這方面的某一痕跡。這些是眞正俊美的人和眞正的天才。

我們現在正在討論的這點，即在兒童期，大腦神經系統和智力占據優勢；到了成熟期，就開始衰退了——可以透過考察與我們人類至爲接近的類人猿而得到重要的說明和證實，因爲在類人猿的身上也在相當程度上出現了同樣的情形。人們慢慢才確切地知道：最聰明的猩猩是年幼的猩猩。當小猩猩長大以後，那種與人很相似的面貌、表情和那令人驚訝的智力一併消失了，因爲猩猩臉部的下半部、動物性的部分增大了，前額也就因此退縮了；爲發展肌肉所需的稜角凸顯形成了動物性的頭蓋骨；神經系統的活動減少了，取而代之的是發育出了異常的肌肉力量。因爲這一肌肉力量已經足夠保存動物自己，所以，充裕、高級的智力也就成了多餘。弗雷德里克·居維爾在這方面的論述和弗盧朗在修訂居維爾的《自然歷史》中的闡述非常地重要。這見之於一八三九年九月的《學者日報》。另外，這些論述在補充了若干內容以後，以《居維爾對動物的本能和智力的觀察分析總結》（弗盧朗，一八四一）這一標題單獨印刷出來（一八四一）。在本書的第五十頁寫道：猩猩那如此發達和如此之早就發育起來的智力，隨著猩猩年齡的增加而開始衰減。猩猩在年幼時表現出來的洞察力、聰明、詭計使我們大爲驚訝；但猩猩長大以後，就變成了粗野、殘暴和倔強易怒的動物。所有其他的類人猿也和猩猩一樣。在這些動物身上，智力隨著牠們體力的增加而相應減弱。擁有最高智力的動物也只是在年幼時擁有全部的智慧。然後在第八十七頁寫道：各個種屬的類人猿都向我們顯示了年齡與智力的反比例關係。例如，臞猿（在婆羅門教裡獲得尊榮的一種猴子）在年幼時有寬闊的前額，並不那麼明顯凸出的嘴巴和高、圓的頭蓋骨。但隨著年齡的增加，前額消失、退後了，嘴巴也凸了出來；內在的道德氣質的變化絲毫不亞於體質上的變化。漠然、暴烈和對孤獨的需要取代了理解力、信任和溫和的脾性。「這些變化如此之大，」居維爾先生說，以致如果按照我們的習慣做法，以我們自己的行爲評判動物的行爲，那我們就會把年幼的動物視爲已經具備了其種屬的所有道德素質，而成年的動物則只擁有了身體的力量。但大自然的做法並不是讓這些動物脫離大自然已經爲其定下的狹隘範圍：在這一範圍之內，牠們剛好可以維持生存。爲此目的，當缺乏身體力量時，智力就是必需的；但獲得了體力以後，其他的各種能力就會失去其用處。在第一一八頁寫道：物種得以保存的前提條件既可以是動物的智力素質，也可以是牠們的機體素質。這最後一句話證實了我提出的原則：智力，如同爪、牙一樣，不過就是爲意欲服務的一個工具而已。

第三十二章　論精神失常❺

精神的眞正健康在於完美的回憶。當然，這並不是說我們的記憶能夠保存所有的事情。這是因爲我們走過的人生之路在時間中縮短了，正如一個旅人回望走過的一段路也在空間中縮短了：有時候，我們很難區分其中個別的年分；而具體的日子則通常都記不清楚了。但眞正說來，只有那些完全相似的、經過無數次重複的事情，其圖像就好比互相重疊，據說也是在記憶中混合在了一起，以致其中的個別東西再也無法認得出來。相比之下，每一在某些方面特別的或者意味深長的事情，都必然可以重現在記憶裡──假如那智力是正常、有力和相當健康的話。我在本書第一卷裡形容精神失常爲記憶中的連貫線索扯斷了──儘管那在豐富性和清晰性方面持續遞減的這一記憶仍在均勻地延續著。下面的考察可以證明我這裡所說的。

一個健康的人的記憶力可以就自己親歷的一件事情提供一種明確性和可靠性，其紮實和確切一如此人此刻在目睹一樁事情的發生。所以，這記憶中的事情，經他在法庭面前宣誓確認以後就會被確定下來。相比之下，僅僅懷疑一個證人精神失常，就會馬上削弱其證詞的效力。確切地說，分辨精神健康和精神失常的標準就在這裡。一旦我懷疑我記得的某一事件是否眞的發生過，我就會讓人懷

❺ 本章與第一卷 §36 第二部分相關。

疑我是否精神有問題了——除非我自己並不確定那事件是否就是夢中所見而已。如果有人懷疑我所描述的親眼目睹的一件事情是否眞實，而又沒有猜疑我的誠實，那他就是把我視爲精神失常了。誰要是喋喋不休地重複敘說當初由他杜撰出來的事情，並最終連他自己也相信了這事情，到了這一步，這人實際上已精神失常了。人們會相信一個精神失常的人有新奇的念頭、零星聰明的想法，甚至準確的判斷，但人們卻不會眞的相信他就過去發生的事情的證詞。在《方廣大莊嚴經》中，即眾所周知記載釋迦牟尼佛以往諸世的歷史，是這樣說的：在佛陀誕生的那一刻，世上所有的病者都痊癒，所有的瞎子都能看見，所有的聾人都可聽到，所有的瘋子都「重新恢復了記憶」。有兩處地方提到了最後一點。❻

我自己多年的經驗使我懷疑精神失常和錯亂在比例上最常在演員那裡出現。這些人是如此過度地使用其記憶力。他們每天都要學會一個新的角色或者重溫某一舊的角色：但這些角色全都是沒有相互關聯的，甚至互相牴觸和差別明顯的。每到傍晚，演員就得盡力完全忘掉自己，以便成爲完全另外一個人。諸如此類的這些簡直就是爲變得精神錯亂鋪平了道路。

本書第一卷中對精神錯亂產生的描述將是容易把握的，假如我們回想起我們是多麼地不願意想起那些嚴重傷害到我們的利益、我們的自傲或者我們的願望的事情，就正如我們是多麼難下決心把這些事情擺在那裡，讓我們的智力去細緻和認眞地檢查；相比之下，我們又是多麼容易就無意識地再度放棄檢查這些事情，或者偷偷地開小差；而那些令人愜意愉快的事情卻完全自動地進入我們的感覺，就算是趕走了它們，也始終會偷偷摸摸地再度回來，讓我們數小時之久地沉湎於這些東西。在意欲抵抗

❻《釋迦牟尼佛的故事》，由福科譯自藏文，一八四八，第九十一、九十九頁。

著不讓厭惡的事情得到智力的照耀和說明的過程中，到了某一個點和程度，精神就會突然失常。也就是說，每一個新的變故都必須由智力吸收，亦即在我們的那個與我們的意欲及其利益密切相連的眞理體系中得到一個位置，不管這不得不排斥掉的是那些更讓人高興的東西。一旦這變故被智力吸收了，苦痛就會少許多。但這過程本身常常是相當痛苦的，也大都只是緩慢地和伴隨著牴觸而進行。與此同時，只有當這過程每次都適當完成，精神健康才可以維持。而如果在某一個別的情形裡，意欲對接納某一認知的反對和抵抗到了上述的過程無法乾淨利索地進行；某些事情或者情形就會向智力完全隱瞞了，因爲意欲無法容忍看到這些東西；然後，由於必要的連貫性所需，就隨意地塡塞那所產生的缺口和空白——這就是精神失常了。這是因爲智力放棄了自己的本性以取悅於意欲：這人現在就虛構出些其實沒有的東西。但由此形成的精神失常現在就成了對付不可忍受的苦痛的遺忘水，這對於那害怕、不安的人，亦即意欲是最後的救助手段。

在此順便一提證明我的觀點的一個值得留意的證據。卡洛·戈齊在《藍色怪物》第一幕第二景中爲我們表現了這樣一個角色，他喝了導致遺忘的魔水以後所表現出來的樣子，就如同一個精神失常的人。

根據上面的描述，我們也可以認爲，精神失常的形成是因爲要強力把某樣事情「從感覺中趕走」，但這只有透過把某樣其他東西「放進頭腦中」才有可能。更罕見的是與此相反的程序，即首先是「放進頭腦中」，其次是「從感覺中趕走」。但這卻是在下面這些情形裡發生的事情：一個人對讓其瘋了的事情念念不忘，始終無法忘掉。例如，在許多因愛情而致的瘋痴、因性癖而致的病態失常，那人就持續地沉湎於當初的起因；還有受到某一突然發生的恐怖事情的驚嚇而致的精神失常。這些病人痙攣似地緊抓住那些念頭不放，以致無法接納其他的、至少與那些念頭相抗衡的想法。但在這兩種

1167

1168

情形裡，精神失常的本質卻都是同樣的，亦即不可能有某一一致的、彼此關聯的回憶，而這卻是我們健康、理性地反省思考的基礎。在此所描述的精神失常的兩種完全相反的產生方式，如果加以準確的判斷，或許就可以爲那妄想、臆想提供清晰和深刻的劃分根據。

但我只是考察了精神失常的精神上的原因，亦即由外在的、客觀的機會所引發的精神失常。而精神失常更多的卻是由於身體上的原因，即腦髓或者腦膜的畸形或者部分紊亂所致，也是身體其他得病的部位對腦髓產生的影響所致。特別是在第二類精神失常裡，還會出現感官直觀錯覺、幻覺。但精神失常的兩種原因通常都互相摻合在了一起，尤其是精神心理的原因都會摻有生理的原因。自殺也一樣。自殺極少只是外在原因所致，而是都有某種身體不舒服的基礎，並且這身體不舒服的程度決定了所需的外在原因或機會的大小。只有在身體不舒服達到了最高程度才完全不需外在的原因。所以，並沒有哪種巨大的不幸可以推動每個人都去自殺，也沒有哪種不幸是如此的微不足道以至不會讓人自殺。我已表述了心理原因形成的精神失常，是如何在健康者——起碼從外表上看是這樣——那裡經由某一巨大的不幸所引起。對於那些由於身體上的原因已經有著強烈精神失常傾向的人，一件很小的憎惡事情就足夠了，例如，我記得在一家精神病院裡一個曾經是士兵的病人。他精神失常就是因爲他的長官對他使用了“Er”（「你」，對下屬的稱呼）的稱呼。對於那些有著明確身體狀況和傾向的人，只要其狀況和傾向成熟了，那就根本不需要機會。只是出於心理原因的精神失常，或許可以透過那造成了精神失常的強行顚倒思路，也導致了腦髓某部分的某種癱瘓或者壞死。如果這情況不是很快得到改善，就會以後都保持這個樣子。所以，精神失常只有在開始的時候才能治癒，但經過長時間以後就無法治療了。

皮內爾教導說有一種躁狂是沒有精神失常的，埃斯基羅爾對此說卻有異議。自那以後，支持和反對此說都有許多說法。這問題只以經驗依據就可解決。如果真有這樣的情形，那可以這樣解釋：在此，意欲間歇性地完全擺脫了智力，也因此擺脫了動因的控制和指引，這樣，意欲就表現爲盲目的、激烈的、破壞性的自然力，並因此顯現爲狂躁症，任何擋住其前路的東西都會被其毀滅。如此解除束縛的意欲就像是決堤的激流、摔掉了騎手的烈馬、被拿掉了制動螺絲的鐘錶。但受到影響的只是理性，亦即反省認知，而不是直觀，因爲否則的話，意欲就失去了一切指引，那人就無法活動了。相反，那暴怒者看到和感知到客體對象，因爲他就在它們那裡爆發；他對此刻的所作所爲也有意識，在這之後對這些也有記憶。但他缺少的是一切的反省思維，亦即缺少了理性的指引，結果就是完全沒有能力考慮和顧及不在眼前的、過去的和將來的事情。在爆發過去了、理性重又取得了控制以後，理性的功能又正常了，因爲理性自身的運轉和工作並沒有失常和損壞，而只是意欲找到辦法暫時完全擺脫了理性的控制而已。

第三十三章　論大自然的美❼

看到一處美麗的風景能讓我們感到分外愉快，其中一個原因就是我們看到了大自然普遍的**眞理和前後一致**。大自然在此當然並沒有循著邏輯的主導思想，把認識的根據、（複合或者並列句中的）前句和後置句、前提和結論連貫起來。但大自然卻遵循著與這一邏輯主導思想相類似的因果法則，從原因到結果有著清楚可見的連貫性。景物透過景物的位置、遮蔽、縮短、距離、光線、直線和空氣透視等所獲得的哪怕是每一最細微的變化，都透過其作用於人的眼睛而準確無誤地顯現出來，被我們精確地把握。印度的俗語「每一小粒稻米也會投下影子」，在此得到了證實。所以，在此一切都普遍合乎邏輯和前後一致，精確地符合法則，連貫統一和仔細精確：在此沒有半點投機取巧和狡猾湊合。如果我們考慮到那美麗的遠景純粹只是**腦髓的奇特**現象，那麼，此刻的這一現象，就是在眾多複雜的腦髓現象中唯一始終合乎規則、完美無瑕，因爲所有其他的腦髓現象，尤其是我們自己的思維運作——無論形式抑或素材——都或多或少帶有缺陷和不準確之處。美麗大自然景象的這一優點，首先就解釋了它造成的印象爲何如此和諧、令人滿足。其次，也解釋了爲何大自然美景會對我們的整體思維發揮出最好的影響：我們思維的形式部分由此調校得更準確，並在某種程度上得到了過濾、純淨，因爲這種

1170

❼ 本章與第一卷 §28 相關。

唯一完全沒有瑕疵的腦髓現象使腦髓總體上處於完全正常的活動狀態；這樣，在思維活動經大自然的方法調至正確的運作以後，思維現在就以前後一致、互相關聯、規則、和諧的程序，爭取遵循大自然的方法。因此，一處美麗的風景可以淨化精神和思想，正如音樂——據亞里士多德所言——可以淨化情感。與大自然的美景爲伴，人得以最正確的思維。

驟然呈現在我們眼前的**山脈**景象，會輕易讓我們進入某種嚴肅，甚至莊嚴、崇高的情緒。其中的一個原因就在於山脈的形狀及由此勾勒出的輪廓，是唯一**長久存在**的地形線條，因爲唯獨只有高山才蔑視、抗拒那衰敗和朽壞，而那衰敗和朽壞可是迅速席捲其餘的一切，尤其是我們曇花一現的肉身。這並不是說在面對巍峨群山的景象時，所有這些就會進入我們清晰的意識，而是說對上述的隱約感覺是這種莊嚴、崇高心緒的基本低音。

我很想知道爲何在表現人的形體和面貌時，來自上方的光線絕對會使形體和面貌產生美的效果，而從下面發出的光線則有不好的作用；但在表現大自然風景時，爲何卻是恰恰相反的情形。

大自然多麼的富有美感！每一小塊荒蕪、野生、完全未經種植，亦即聽其自然的地方——哪怕只是小小的一塊地方——只要不曾受到人爪的褻弄，就會馬上被大自然以最雅致、最講究的方式裝扮起來，飾以花草植物；這些花草植物毫不牽強的氣質、自然的風韻及其優雅的布置和編排，顯示出這些東西並不是在膨脹的自我主義者的鞭子下長成，而是在此聽從了大自然的自由調遣。每一受到人們冷落的一小片地方很快就會變得漂亮起來。英國式園藝的指導原則就是基於這一道理，盡可能地藏起人爲的痕跡，以便看上去在此是造化在自由地主宰。這是因爲只有在這種情形下，大自然才會充分顯示其美麗，亦即最清晰地顯示出不具認識力的追求生命的意欲的客體化，這追求生命的意欲在此就極其樸實、天眞地展現自身，因爲在這裡所展現的形體並不像在動物世界那樣受到外在目的的左右和決定，而只是直接受制於土壤、氣候和某種神祕的第三因素。由於這神祕的第三因素的作用，那本來出自相同的土壤、氣候的花草，卻表現出千姿百態、各具韻味。

英式園林，準確地說應該是中國式園林，與越來越少、典型範本所剩無幾的老式法國園林之間的巨大差別，說到底就在於英式園林是以客觀的想法布置的，而法式園林則是以主觀的想法布置的。也就是說，在英式園林裡，那客觀呈現在花、草、樹木、山水的大自然意欲，以盡可能純淨的方式展現了那些花、草、山、水的理念，亦即花、草、山、水的獨特本質。但在法式園林裡，反映出來的只是占有者的意欲。占有者的意欲征服、奴役了大自然，以致這些花、草、山、水現在不是展現自身的理念了，而是背負著與占有者的意欲相符的、強加在它們身上的、作爲奴役標誌的這些形式：修剪整齊的矮籬、裁成各種形狀的樹木、筆直的林蔭道、穹窿等。

第三十四章　論藝術的內在本質❽

不僅只是哲學要努力解開存在的難題，優美藝術從根本上也是如此。這是因爲每一個有思想的人，一旦專心致志於純粹客觀地察看這一世界，某種要抓住事物、生活、存在的眞正本質的傾向就會騷動和活躍起來，儘管這種傾向有可能是潛藏的和無意識的。這是因爲對這些感興趣的，只有具有如此智力的人，亦即智力擺脫了意欲的目標的人，那也就是認知的純粹主體，正如那些作爲單純個體的認知主體，唯獨只對意欲的目標感興趣。因此，對事物的每一純粹客觀的、因而也就是藝術的理解成果，更多的是關於生活和存在本質的表達，更多的是對這問題——「生活是什麼？」——的回答。每一眞正的和成功的藝術作品都以其方式完全恰當地回答了這一問題。不過，所有的藝術都只是以直觀的質樸和小孩子的語言發聲，而不是採用思考的抽象和嚴肅語言：藝術的回答因此是一幅稍縱即逝的圖像，而不是某一永久的普遍知識。所以，每一件藝術品都給我們直觀地回答上述問題，每一幅畫作、每一座雕塑、每一首詩歌、舞臺上的每一場景，甚至音樂也回答上述問題，並且回答得比所有其他藝術都要深刻，因爲音樂以一種完全直接明白的但卻無法翻譯爲理性語言的語言，表達了一切生活和存在的最內在本質。所以，所有其他的藝術都是把一幅直觀圖像擺在發問者的面前，並說道：「看

❽ 本章與第一卷 §49 相關。

吧，這就是生活！」它們的回答儘管可能是恰當的，卻始終只是提供了某種暫時的，而不是完全的和最終的滿足。這是因爲它們始終只是給出了某一片段、某一例子而不是給出了規律，並不曾給出了整體，因爲要這樣做就只能透過普遍性的概念。因此，爲了概念，亦即爲了思考和以抽象的方式，對那上述問題給出某一個因此永久的和持久滿足的回答，就是哲學的任務。同時，我們在此就可看到哲學與優美藝術的親緣關係基於什麼樣的基礎，並由此推論哲學和藝術的能力在多大程度上，歸根到底是同一的——雖然這兩者在方向上和次要方面相當地不同。

據此，每一件藝術作品其實都是在努力爲我們展現生活和事物的眞實樣子，但由於客觀的和主觀的偶然性的迷霧，這些眞實中的樣子卻不是每個人都能直接抓住的。藝術就拿走了這些迷霧。

詩人、雕塑家和表演藝術家的作品，眾所周知是包含了深刻智慧的寶藏：恰恰因爲在這些作品裡，事物本質的智慧本身發聲了，這些作品把這些證詞只是透過清楚的說明和更加純淨的再現而演繹出來。因此，每一個讀到了那首詩歌或者觀看了那件藝術品的人，都當然必須以自己之力幫助發掘出裡面的眞理。所以，每個人只能領會其能力和教育所允許他領會的部分，正如在深海裡，一個水手只能讓鉛錘下沉至這鉛錘線繩的長度所允許的深度。每個人站在一幅畫前，就像站在一個王侯面前，要靜候是否跟他說話和要說些什麼話；並且在這兩種情況下，都不要自己先說話，因爲那樣的話，他就只會聽到自己所說的而已。根據所有這些，表現性藝術的作品裡雖然包含了智慧，但也只是「潛在地」或者「不言明地」；相比之下，把那智慧「事實上」和「明確地」提供給人們，則是哲學努力做的事情。在這一意義上，哲學與表現性藝術相比，就好比是酒與葡萄之比。哲學允諾提供的好比是一筆已經實現的現款收益，一處堅實和永久的財產，而藝術成就和巨作給予我們的只是某種隨時要更新的東西。但作爲交換，哲學不僅對巨作的創作者有著嚇人的、難以滿足的要求，對要欣賞這些巨作的讀者也同樣如此。因此，哲學著作只有小小的讀者群，但藝術作品的讀者群卻很大。

上面講了要欣賞藝術作品就需要觀賞者參與和協作，部分理由就在於每一件藝術作品只能透過想像的媒介產生效果，所以，藝術作品必須激發起想像力，永遠不要讓想像力置身事外和無所事事。這是要產生美學效果的一個條件，並因此是一切優美藝術的根本法則。但從這同一條法則可以得出結論：不要把一切透過藝術作品全都給予感官，而應該只是提供把想像力引往正確的路徑所需要的；始終必須給想像力留下些許的，甚至最後要做的東西。甚至作家也必須隨時留給讀者一些東西供思考，因爲**伏爾泰**說得很對：**變得讓人厭煩的祕訣就是把一切說盡**。但除此以外，藝術中最好的東西是太過思想智力方面的，以致不能完全、直接給予感官：這必須誕生於觀賞者的想像之中——雖然這是透過藝術作品而產生的。就是因爲這個道理，大師的草圖和速寫經常會產生比上完了顏色的圖畫還要大的效果；這當然也由另一個因素所促成，這些速寫是在有了構思的當下**一下子**就完成的，而那完工的油畫，因爲靈感不會持續至這油畫完工之時，所以就只能是在不斷的辛勞、經過巧妙的推敲和持續的目的性才完成。從這所談論的美學法則，也可以更進一步解釋爲何在**蠟製人像**那裡，儘管對大自然的模仿可以達到極致，但卻永遠不會產生美學效果和因此成爲優美藝術的作品。這是因爲蠟製人像沒有給想像力留下任何發揮的餘地。也就是說，雕塑給出的只是形狀（形式），而沒有色彩；繪畫則給出色彩，但那形狀（形式）只是貌似的。所以，這兩者都訴諸觀賞者的想像力。而蠟製人像則給出了一切，同時給出了形狀（形式）和色彩，眞實的假象由此而出，想像力也就無法參與其中了。相比之下，**詩歌**甚至唯獨訴諸人們的想像力，只是透過字詞讓想像力活動起來。

隨意玩弄藝術手段而又並不眞正知道其目的則是拙劣的濫竽充數的根本特質。這一特質就表現在拙劣建築中那些並不承載重量的支撐，那些漫無目的的螺旋飾和突出構件；表現在拙劣音樂中言之無物的華彩經過句和裝飾音，連帶那沒有目的的噪音；表現在意思貧乏的詩歌裡叮噹作響的韻腳，等等。

從之前一章和我關於藝術的整個觀點可知，藝術的目的就是有助於人們認識這世界的理念（就柏拉圖的意義而言，也是我對理念一詞唯一認可的涵義）。但理念在本質上卻是直觀的，因此，在更進一步的定義方面是無法窮盡的。所以，傳達一個這樣的理念，只能採用直觀的方法，而這就是藝術的方法。具體地說，誰要是在腦際縈迴著對某一理念的理解，那他選擇藝術作爲傳達手段就是合情合理的。相比之下，單純的概念是完全可以定義的，因此是可以窮盡的，可以清晰思維的，就其全部內涵而言，是可以透過詞語而冷靜、實事求是地傳達的。但要把這樣一個概念透過一件藝術作品來傳達，則是非常多餘的迂迴方法，並的確屬於我在上面所批評過的玩弄藝術手段而不知目的的行爲。所以，一件藝術品如果從單純的、清晰的概念構思而成，那無論如何就不是貨眞價實的。因此，假如我們在考察某一造型藝術的作品，或者閱讀一部文學作品，或者聆聽一段音樂（那段音樂旨在描述某些明確的東西）時，透過豐富多樣的藝術手段，看到清晰、狹隘、冷靜、客觀的概念隱約可見，最終凸顯出來，而這些概念也就是這些作品的內核，這些作品的整個構思就是因清晰思考這些概念而起，在傳達這些概念以後，作品的意涵從根本上也就耗盡——假如這樣，那我們就會厭煩和反感，因爲我們感到上當了，我們的興趣和注意力被人騙了。只有在藝術品留下了某些我們無論對其如何琢磨都無法歸納爲一個清晰概念的東西，我們才會對這藝術品所造成的印象感到相當的滿足。那種只是出自概念的混雜起源，其特徵就是藝術品的作者在製作他的作品之前，就能夠以清晰的詞語說出他的目的是要表現什麼，因爲用那些話本身就可以達到他的目的了。所以，如果人們要把莎士比亞或者歌德的某一部文學作品歸結爲某一抽象眞理，認爲傳達這一眞理不過就是這作品的目的，就像時下人們常嘗試做的那樣，那就是很沒有價值的，也是幼稚可笑的事情。藝術家們在編排作品時當然是有思考的，但在這些思考之前他的**那個**想法、他所**直觀到**的，才會在以後傳達之時具有激發性之力，並因此成爲不朽之作。在此，我忍不住想要說上這一句：確實，那些**一氣呵成**的作品，就像上面已提到過的畫家在靈感之時就構思完成、無意識地匆匆而就的速寫和草圖；同樣地，未經任何思考、完全就像靈感一樣到來的旋律，最後還有那些眞正抒情的詩歌，單純的曲謠，那深切感受到的此情此景和印象，與自動就有了韻律和節奏的歌詞一道，就像是不由自主地、無意識地傾瀉出來——所有這些，都有成爲瞬間靈感激情、天才自由衝動之作的巨大優勢，而這裡面並沒有夾雜著目的和思考；所以，這些作品完全澈底地給人愉悅和享受，其作用效果比那些精工細雕、慢慢完成的最偉大的藝術品都要確實、可靠得多。也就是說，在後者那裡，即宏大的歷史畫卷、長篇的史詩、偉大的歌劇，等等，思考、目的和深思熟慮的選擇扮演了重要角色：理解力、技巧和嫻熟的經驗必須在此塡補天才的構思和熱情所留下的空隙，各種各樣必要的附帶工作必須像水泥一樣把那事實上唯一眞正光彩生輝的部分貫穿起來。由此可以解釋，所有這樣的作品，除了那些最偉大的大師最完美的作品（例如《哈姆雷特》、《浮士德》、歌劇《唐璜》）以外，都無可避免地夾雜著某些膚淺和無聊的東西，而這些都多少減弱了其魅力。這方面的證明就是彌賽亞敘事詩、《被解放的耶路撒冷》，甚至《失樂園》和《伊尼亞斯紀》。賀拉斯早就說過這大膽的看法：「偉大的荷馬也有打盹的時候。」但這種情況是人力有所不逮的結果。

有用技藝之母是困境，優美之母是盈餘。但技藝的父親是理解力，優美的父親則是天才，而天才本身就是某種盈餘，亦即超出了爲意欲服務所需的認識力盈餘。

第三十五章　關於建築美學❾

在第一卷的文本中，我從意欲或大自然最低級的客體化推導出了建築藝術的純粹美學；建築美學就是要把這客體化的理念清晰、生動、直觀地展現出來。根據這一推論，建築美學唯一和不變的主題就是**支撐和重量**，根本法則就是不能只有重量而沒有足夠的支撐，也不能只有支撐而沒有相應的重量，因此，這兩者的關係是恰好相稱的。最純粹地完成這一主題的就是圓柱和屋梁架構，所以，那井然有序的圓柱子就好比是整個建築造型的基本低音。也就是說，支撐和重量在柱子和屋梁架構那裡是**完全分開**的，兩者之間的相互作用和關係也因此是顯而易見的。當然，就算是一堵簡陋的牆也已經包括了支撐和重量，只不過在此兩者還是混爲一體的。在此，一切都是支撐，一切也都是重量，所以，並不會有美學的效果。也只有在**分開**以後，美學效果才會出現，並隨著**分開**的程度而相應不同。這是因爲在圓柱子排列與簡陋的牆之間，有許多中間階段。在一間房屋的牆上開洞做窗和門，人們就已經至少是透過插入房檐裡的平坦、突出、有其柱頂的壁柱暗示這種分開；確實，在萬不得已的情況下就只用繪畫表現出來，以便用某種方式標示出屋梁和系列圓柱。眞實的牆墩和柱子，以及好幾種牆上的托架和支撐，就更是實現了建築藝術所普遍追求的支撐與重量的純粹分離。在這方面，與圓柱支撐屋

❾ 本章與第一卷 §43 相關。

梁框架最接近的，但卻是獨特的、並非模仿性的建築物，就是帶有墩子的拱頂物。這拱頂建築物所達到的美學效果當然大為遜色於圓柱支撐屋梁框架，因為在拱頂建築物那裡，支撐與重量還不曾完全分開，而是相互交融為一體。在拱頂建築物本身，每一塊石頭都同時是重量和支撐，甚至那些墩子，尤其是在交叉拱頂那裡，也受到對面弧頂的壓力而維持其位置，起碼看上去如此；還有就是正因為這弧形壓力的緣故，不僅那拱頂，就算那弧頂本身，也不應該坐落在圓柱的上面，而是需要體積更大的四角墩子。只有在圓柱子排列那裡，那種分開才是完全的，因為在此，屋梁框架就是純粹的重量，圓柱子就是純粹的支撐。據此，柱廊屋頂與簡陋牆壁的關係，如同一個沿著逐級有規則音程升高的音階，與一個出自同一個低沉度直至同一個高度、逐漸地和沒有層次地上升的音聲的關係，後者發出的只是嚎叫而已。這是因為這兩者的素材都是一樣的，也只有經過**完全的分**開，才會形成很大的差別。

如果承載重量的支撐只是剛剛好而已，那這支撐就不是與重量**相稱**的，而只有可以足夠有餘地承載，以致第一眼看去我們就已經完全安心的才是相稱的。但這足夠有餘的支撐卻不能超出某種程度，因為否則的話，我們就只看到支撐而看不到重量了。而這是有違美學目的的。為了確定那具體的程度，古人想出了一條起調節和規範作用的**平衡**線，辦法就是讓圓柱子從底部向上持續變細，直至最後變成一個尖角；這樣，那圓柱子就變成圓錐體了。現在，圓柱子每一個隨意的橫折面都可以讓底部足夠強力地承載切斷的上部。但一般來說，建築物都是以二十倍的堅固度建起來的，亦即人們在每一支撐物那裡只放置最大承載量的二十分之一的重量。關於重量卻又沒有支撐的一個很清楚的例子，就是在許多屋子轉角處映入眼簾的伸出去的挑樓。這些屋子就是以「當代今天」那缺乏趣味的風格建起來的。人們看不到是什麼承載著這些挑樓，看上去它們就像是懸浮在那裡，讓行人心緒不安。

在義大利，就算是最簡單的和最缺乏趣味的建築物也會產生美感，但在德國卻不是這樣——這主要是因爲在義大利，屋頂是很平的。也就是說，高高的屋頂既不是重量也不是支撐，因爲屋頂的兩半部分互相撐托，但那整個屋頂卻沒有與其擴張相稱的重量。所以，那展現給眼睛的是擴展開來的一大塊，而這之於美學的目的是格格不入的，只是爲了實用而已，因此妨礙了美學的目的，而建築美學的主題始終是支撐和重量。

圓柱子形狀的唯一理由就是圓柱子提供了最簡單的和最合適的支撐。捲繞形的圓柱子就像是故意地和因此放肆地表現出那種違背目的性，也正因此，一看這些東西具有良好的趣味的人就已大加撻伐。四角形的墩柱，因爲那對角線超過了側邊，所以就有了不一樣的厚實範圍，這不是爲了任何某一目的，而是因其簡易的可行性所致。也正因爲這樣，在取悅我們方面，四角墩柱大爲遜色於圓柱子。那七到八個角的墩柱比四角墩柱更能取悅於我們，因爲這樣的墩柱更接近於圓柱子，而圓柱子的形狀是其目的所確定的。其他的所有比例也是如此。首先，在那三列圓柱的差別所允許的限度之內，圓柱的厚實與圓柱的高度的比例。然後，圓柱從其高度的頭三分之一開始往上變細，而且就在這地方的輕微鼓起，是基於那裡的重壓是最強的。在此之前，人們還以爲這樣的鼓起只是爲愛奧尼亞和科林斯的圓柱所獨有。不過，新的丈量也證實了多利安，甚至帕埃斯圖姆的圓柱也是如此。也就是說，圓柱子的一切，無一例外被確定了的形式，其高度與厚度的比例，這兩者與柱子之間間隙的比例，整排柱子與屋梁框架及在這框架之上的重量的比例，都是根據特定的重量與所需的支撐之間的比例而精確計算出來的結果。因爲這重量是均勻分布的，所以，支撐就必須也是這樣；正因此，成群的圓柱子是缺乏審美趣味的。相比之下，那最精美的多利安廟宇，其角落柱子與最旁邊的柱子靠得更近，因爲那屋梁框架的交會在角落處增加了重量，但以此方式，建築學的原則就清楚地表達了出來：結構性的比例，亦即支撐與重量的比例是根本性的東西；對稱性的比例則是次要的，必須隨時爲前者讓路。根據整個重物的重量，人們可以選擇多利安式的或者兩排簡易一點的圓柱，因爲多利安式的圓柱排列不僅透過那增加了的厚實度，而且透過其主要特性，即柱子的更緊密排列，以承載更大的重量；其幾近粗糙的簡易柱頂也是與同樣的目的相符合的。柱頂的目的就是要讓人看見圓柱承載著屋梁，而不是像木栓那樣插進去。與此同時，這些柱頂透過頂板加大了承載的平面。那麼，既然從這人們都明白和堅持實施的概念，即充足、相稱的支撐以承載重量，人們推論出有關圓柱子排列以及圓柱子的形狀和比例的所有法則，包括圓柱子所有的部分和尺寸，直至個別的細節；也就是說，只要這些是先驗確定了的，那人們就可清楚地看到，那個常常被人重複的想法，即樹幹或者甚至（遺憾的是，連維特魯威也這樣說，第四卷，一）人的形體當初就是圓柱子的樣板，就是錯誤、荒謬的。那樣的話，建築學的那些柱子的形狀就是完全偶然的，是取自外在的。但如果眞的是這樣，那這種形狀，在我們一旦瞥見那恰如其分的勻稱、協調的形狀時，就不會如此和諧地讓我們喜歡和滿足；在另一方面，甚至些微的不合比例也就不會馬上讓細膩和訓練有素的感覺感受到不快和反感，就像聽到音樂中的某一不和諧音那樣。這種情形其實只有在這樣的情況下才有可能：根據那既定的目標和手段，所有其餘的從根本上就是先驗確定了的，正如在音樂裡面，根據那既定的旋律和基本低音，從根本上就確定了整部和聲。並且就像音樂那樣，建築也不是模仿性的藝術，雖然音樂和建築都常常被錯誤地當作這樣。

正如我在本書第一卷裡詳細闡明的，美學的快感都是以所把握的某一（柏拉圖式的）理念爲基礎的。對建築來說，僅作爲**優美**藝術考察，在最低自然等級的理念上，因此也就是重力、剛性、內聚

1181

力，本來就是其主題，而和諧勻稱的形狀、比例和對稱卻不是，就像人們至今所以為的那樣，因為這些是純粹幾何學的東西，是空間的特性，而不是理念，因此不會是某種優美藝術的主題。所以，甚至在建築中，這些也只是次要的來源，有的是一種次級的意義。這一點是我馬上就要強調的。假如展示這些眞的就是建築作爲優美藝術所要做的事情，那原型就必然會產生與完成了的作品相似的效果。但實際上完全不是這樣的情形。相反，要造成美的效果，建築作品一定要有相當可觀、巨大的分量；的確，這樣的建築物永遠不會太大，但卻很容易太小。「其他條件不變的情況下」，美學的效果甚至直接與建築物的大小成比例的，因爲只有巨大的體積才會明顯產生出巨大重力的震撼效果。這再度證實了我的看法，即大自然那些基本的力的爭、鬥構成了建築藝術的美學素材，而這些素材本質上就是要求巨大的體積和分量，以便眼見得到，而且還感覺得到。正如上面透過圓柱子所說明的，建築的形狀首先由每一個部分直接的、結構上的目的而確定。那麼，只要這裡面的某些地方是不確定的，那最完美的直觀性的規律、因此也就是易於理解性的規律就會出場，因爲建築物首先存在於我們對空間的直觀中，據此訴諸我們對空間直觀的先驗能力。但這最完美的可直觀性卻始終出自最勻稱、和諧的形狀及其理性比例。據此，優美的建築選擇由筆直的線條或者合乎規則的曲線而成的十分勻稱的外形，還有出自這樣的線條的立方體、平行六面體、圓柱體、球體、角錐體和圓錐體；作爲出口的則有時選取圓圈或者橢圓，但一般都選用正方形和更常見的長方形，後者絕對是理性的，並具有相當容易把握的邊長比例（並非大概六比七，而是例如一比二、二比三那種），最後就是具有勻稱和易把握比例的假窗和壁龕。出於同樣的理由，優美的建築喜歡給予建築物本身及其分隔部分某種在高度與寬度方面理性的和易於把握的比例，例如，高度就是寬度的一半，而圓柱子的擺放則是每三到四個圓柱子連帶其間隙空間，測量出來的距離就與高度等同，也就是造出了一個四角形。這直觀性和易於理解性的同一原則也要求容易一目盡收眼底：這就帶來了**對稱性**，而要把建築作品畫定爲一個整體，把根本的界限與意外的部分區別開來是尤其必要的，正如人們有時候，例如，只是憑著對稱性的要點就認出眼前所見的到底是三個互相靠著的建築物，抑或只是**一**個建築物而已。所以，建築作品只有透過對稱性才可以馬上表明這就是單獨的完整體，形成於一個主要的想法。

那麼，雖然正如在上面所隨便指出的，建築藝術一點都不是要去模仿大自然的**樣子**、**形狀**，諸如樹幹或者人形，但建築藝術卻應該秉承大自然的精神，特別是要把這一法則，**大自然不做徒勞無功的和多餘的事情，其所做的一切都採用了最簡易的方式**，也當作建築藝術自己的法則；據此，一切沒有目的的、哪怕只是看上去沒有目的的東西都要避免，每一個意圖不管是出於純粹的建築上，亦即架構上的考慮，還是涉及實用方面的目的，都始終以最簡捷和最自然的方式來達到，並透過那建築作品而清楚地展示出來。這建築作品以此方式所達致的某種優雅，就類似於鮮活的生物那種輕便和符合目的性的運動與姿勢所構成的優雅。與此相應，在那些優秀的古老建築風格裡，我們看見每一個部分，不管是墩子、圓柱、拱形、屋頂，還是大門、窗戶、階梯、陽臺，其達成目的都是以最直接和最簡單的方式，並且毫無掩飾和直白地表現出這一點，就正如有機大自然對其作品的處理。相比之下，缺乏趣味的建築風格則總是尋求無用的迂迴方式，以隨心所欲的處理手法爲樂，並因此用上了毫無目的斷開的、挪出又挪入的屋梁架構，還有那排在一塊的圓柱子、拱門和三角楣飾上分割的飛檐、毫無意義的螺旋飾、漩渦飾，等等。這些風格肆意玩弄藝術的手段而又不理解這些手段的目的，就像小孩子玩弄大人的工具，而這就是上面所給出的粗工和濫竽充數的特徵。每一條直線的折斷、每一條曲線的弧形變動而又沒有顯而易見的理由，已屬於這一類情形。而上面那種在表現和達到目的時的直白簡單，與大自然創造和塑造時秉持的精神是吻合的，也恰恰是古老的陶器形狀如此美麗和雅致的原因，對此我們經常又感到詫異不已，因爲在我們的現代器具的襯托下，這些古老東西及其原創性是如此的高貴，因爲現代器具帶著庸俗的印記，無論這些是瓷器還是由粗糙陶土製成的器具。看著古人的那些器皿和用具，我們感覺到假如大自然要做這些東西的話，它們就會被做成這個樣子。既然我們看到建築藝術的美主要在於毫無掩飾地表現出目的和以最短的與最自然的途徑達到這一目的，在此我的理論就與康德的理論直接相矛盾了，因爲康德認爲一切美的本質就是在沒有目的的情況下，似乎有著某種符合目的的性。

在此闡述的建築的唯一主題，重量與支撐是如此的簡單，也正因此，這一藝術只要是*優美藝術*（如果爲實用服務的就不是），那早在最好的希臘時期就已經基本上達致完美了，起碼不會還有重大的豐富和充實。相比之下，現代建築師也無法在明顯偏離古人的規則和樣板時不踏上劣質化的路途。所以，現代建築師只能套用古人流傳下來的藝術，在需求、氣候、年代、國家等不可避免地加在現代建築身上的種種侷限之下，盡可能地實施古人的建築藝術規則。這是因爲對於這一藝術和雕塑藝術，追求完美就等同於模仿古人。

我幾乎用不著提醒大家，我在對建築藝術的所有這些考察裡，眼裡唯獨只有古老的建築風格，而沒有那所謂的哥德式建築，即起源於薩拉森人、由西班牙的哥德人引進到歐洲其他地區的建築風格。或許並不可以完全否認這種建築風格有某種程度的美，但如果企圖把這種建築風格與古老的建築風格相提並論，那就是野蠻未開化的大膽妄爲，是我們絕對不會同意的。在看過哥德式的種種華麗以後，看到一處符合規則的、以古典風格建起的建築物，我們感到精神多麼的愉快！我們馬上就感覺到這才是唯一合理的和眞實的。假如我們把一位希臘人引到最著名的哥德式建築前，對此他將會說些什麼呢？野蠻！未開化！我們對哥德式建築的喜歡，完全可以肯定大都是基於聯想和歷史的記憶，亦即基於某種與藝術無關的感覺。我所說過的所有關於眞正的美學目的，關於建築藝術的意義和主題，在這些作品裡都會失去效力。這是因爲那開闊的屋梁構架消失了，連帶消失的是圓柱子：支撐與重物，排列好和分配好以便鮮明地展現出剛性與重力的鬥爭，就不再是這些建築物的主題了。還有普遍、純粹的理性，那讓一切都有了嚴密的說明和解釋，甚至自動把這些說明和解釋呈現給有思想的觀賞者、屬於古老建築風格特徵的理性，在此也沒有了蹤影。我們很快就意識到：在這些哥德式建築裡，某種受奇特的概念所指引的任性在隨意操縱著這一切；因此，許多東西對我們是無法解釋的。這是因爲只有古老的建築風格才是在純粹客觀的意義上構思起來的，哥德式建築的構思則更多的是在主觀的意義上。但正如我們認識到那剛性與重力鬥爭的展現就是古老建築藝術眞正的、美學的根本思想，如果我們也想在哥德式建築裡發現某一類似的根本思想，那必然就是這一點：在此要表現出來的是透過剛性而完全壓倒和戰勝重力。這是因爲與此相應的是，在此那重物的水平線幾乎完全消失了，重力的作用就只是間接地顯現，也就是僞裝爲拱形和穹窿，而支撐的垂直線唯獨占據著上風，那些異常高聳的扶壁、尖塔、塔樓和無數的尖頂，不曾承載重物地往高處走，讓人感知那剛性的勝利效果。在古老建築藝術裡，從上往下的趨勢和擠壓，與從下往上的趨勢和擠壓一道，都同樣得到了代表和展現；在哥德式建築裡，從下往上的趨勢和擠壓明確地占據著上風，由此就有了那時常說的與水晶的相似之處，因爲水晶的形成就同樣伴隨著壓倒了重力。假如我們把這意義和根本思想賦予哥德式建築，並因此要把這根本思想作爲古老建築的、有著同樣理由的對立面，那可要記住：古老建築如此公開和坦白地表現出來的剛性與重力的鬥爭，是眞實存在的鬥爭，是有大自然的基礎的，相比之下，透過剛性完全制服了重力則只是表面現象，一個因錯覺而造成的假象。人們認爲哥德式建築所具有的神祕的和超自然的特徵，是如何出自這所指出的基本思想和上面所提出的哥德式建築藝術的特性，是每一個人都可以輕易明白的。正如已經說過的，這些特徵的產生主要是因爲在此任性隨意取代了純粹理性，即任性隨意取代了手段與目的相吻合的做法。那許多其實並沒有目的但卻是精心做出來的東西，刺激人們設想這些東西有著不爲人知的、玄妙莫測的、祕密的目的，造成了一種神祕的樣子。相比之下，哥德式教堂的內部卻是輝煌的一面：因爲在此，那由細長的、結晶式聳立的圓柱子承載起來、高高舉起的交叉拱頂，在重物消失的情況下許諾著永遠的安全，給心靈造成震撼的效果，而大多數提到過的缺陷卻是在教堂的外面。在古老建築那裡，外面是更加出色的，因爲人們更能對其重力與支撐一目了然，但在內部，那平坦的天花板始終有著某種壓抑的和缺乏詩意的東西。大多數的古老廟宇，雖然有許多和宏大的外部製作，但內部卻是較小的。經由圓頂建築的球形穹頂，就像先賢祠那種，可以獲得一種莊嚴、崇高的樣子，因此，義大利人在以這種風格建造時，至爲廣泛地利用了這一點。與此相吻合，古人是南方人，比偏愛哥德式建築的北方國家的人更多地生活在室外。但誰要想絕對地承認哥德式建築藝術就是一種基本的和合理的建築藝術，那他可以——如果他同時也喜歡類比的話——把這種建築藝術名爲建築學的負極或建築學的小調。爲了良好趣味的利益，我的願望是大量的金錢手段投在客觀的，亦即眞正是好的和對的、本身就是美好的東西方面，而不是花在其價值只是建基於頭腦聯想的東西。當我看到這個無信仰的時代是如何孜孜不倦地完善有信仰的中世紀所留下來的、未完成的哥德式教堂，我就覺得人們好像是想要爲那逝去的基督教塗抹油膏。

第三十六章　造型藝術美學散論❿

對雕塑而言，優美和典雅是首要的事情，但對繪畫來說，表情、情慾、性格則更爲重要，因此，對優美的要求在繪畫中也就必然在同等程度上降低了。這是因爲要求所有的形態都必須優美，就像雕塑所要求的那樣，會損害到獨特性，也會因其千篇一律而讓人審美疲勞。據此，繪畫也可以表現醜陋的面容和憔悴、消瘦的形體，但雕塑則要求優美，雖然那不會始終是完美的形態，但一定是有力度的和豐滿的。所以，在十字架上瘦削的基督，老病纏身、憔悴、垂死的聖熱羅尼莫，就像多美尼基諾的傑作所表現的，是繪畫的合適題材；相比之下，那瘦得皮包骨頭的施洗者約翰，即多納泰羅在佛羅倫斯的大理石塑像，儘管是大師的製作，卻給人印象不佳。從這一觀點出發，雕塑似乎適合肯定生存意欲，繪畫則適合否定生存意欲。由此可以解釋爲何雕塑是古代的藝術，繪畫則是基督教時期的藝術。

在第一卷 §45 我解釋和闡明了：對人的美的典型的發現、認識和確定，是基於對這美的典型的某種程度上的預期，因此是部分先驗地奠定下來的。我在此仍要強調這種預期仍然需要經驗，目的是透過經驗激起這種預期，就類似於動物的本能：雖然這本能先驗地指導著行爲，但仍然需要動因以確定個別的行爲細節。也就是說，經驗和現實生活把人的形態展現給藝術家的智力——在這些人體裡

❿ 本章與第一卷 §§44—50 相關。

面，大自然在某些部分或多或少是成功的——大自然的目的就好比是在徵詢藝術家對這些的意見，並且沿用蘇格拉底的方式，從藝術家的朦朧預期裡，召喚出對理想形態的清楚和確定的認識。所以，希臘雕塑家確實得到了很大的助力，因爲他們國家的氣候和風俗整天都給他們機會目睹半裸的人體，在競技訓練場，甚至是全裸的人體。這樣，人的肢體就要求他們的形象感覺去評判，與潛藏在他們意識中的、還不曾得到發掘的理想形象相比較。他們就是這樣時刻都在各種各樣的形狀和肢體那裡磨煉他們的鑑別力，直至最精細入微之處。以此方式，他們對理想中的人體美原來只是朦朧的預期，就可以逐漸提高至如此清晰的意識，以至有能力把那理想的人體美客體化在藝術作品中。與此相當類似，對一個文學家而言，要表現人物和性格，那他自己的經驗是有用的和必需的。這是因爲儘管這個文學家的寫作並不是根據經驗和來自經驗的注意事項來寫作，而是根據他對人的本質的清楚意識，就像他在自己的內在所發現的那樣，但是，經驗可以爲這意識提供模式和樣板，給予這意識以刺激和練習。據此，他的有關人的本質及其差別的認識，儘管在主要方面是先驗地和預期式地發展，但只有透過經驗才獲得生命、確切性和範圍。希臘人所具有的令人驚嘆的美感，讓他們在地球上所有的民族中唯獨有能力去發現人體的眞正符合標準的類型，並據此爲各個時代樹立了可供模仿的優美和雅致的典範；對希臘人的這種美感，我們可以立足於本卷第二篇和接下來的第四十四章，更深入地探究其根源，並說道那同樣的東西，即在與意欲不可分離的時候，那種讓種屬本能進行精挑細揀，亦即性愛（這在希臘人中，眾所周知是相當混亂的）的東西，也就是在有了異常壓倒性的智力的情況下，會脫離意欲和仍然保持活躍、成了對人體的客觀的美感的東西，而這客觀的美感，首先顯現爲評判和鑑別性的藝術感覺，但可以提升至發現和展現出人體各個部分和各個比例的標準和規範，正如裴迪亞斯、普拉克西特列斯、斯科帕斯等情形。然後，歌德就藝術家所說的得到了實現：

我以神的感覺
加上人手
有能力塑造出，
在我太太那裡，
我的動物性能夠和必然做出的事情。*

與此再度相類似，在文學家那裡，那只給予了文學家世故和精明的東西（假如這東西與意欲密不可分的話），假如由於智力的異常壓倒性而與意欲分離了，那就成了客觀的、戲劇化表述的能力。

現代雕塑，無論其成就爲何，仍然類似於拉丁詩文，並且像拉丁詩文一樣，就是模仿的產物，出自回憶。如果現代雕塑突發奇想，想要有所原創，那就會馬上步入歧途，尤其糟糕的做法就是對著眼前所見的大自然依樣畫葫蘆，而不是根據古人的比例造型。我們可以把卡諾瓦、托瓦爾森等與約翰·塞坤杜斯和奧文奴斯比較一下。建築也是如此，只不過那是以建築藝術本身爲基礎的，其純粹美學的成分占很小的範圍，也已被古人窮盡了；因此，現代建築大師只能在聰明應用那美學部分方面顯現身手；他也應該知道只要偏離了希臘的典範，就始終會遠離良好的趣味。

---

* 參見《藝術：鑑賞家和藝術家》。——譯者注

畫家的藝術只要目的是造成眞實性的假象，那單純地這樣考慮，這藝術說到底就歸結爲：畫家懂得把在視覺中單純的感覺，也就是視網膜所受到的刺激，亦即那唯一直接給出的作用效果，與這些效果的原因純粹分開，這些原因也就是外在世界的東西，對後者在智力上的觀照首先由此而來；因此，如果畫家用上技巧，透過另一種原因，亦即透過塗抹上色彩斑點，給眼睛造成同樣的效果，由此在觀者的智力中，經過不可避免地把效果歸結爲慣常的原因，就再度觀照到同樣的東西。

如果我們考慮到在每一張人臉上，都有某種相當原初的、絕對獨到的東西，並且這樣的東西指示著某種完整性，而這樣的完整性也只能屬於一個完全由必不可少的部分所組成的統一體；借助於這樣的完整性，我們可以在成千上萬人中重又認出一個熟悉的人，就算多年以後也是如此，儘管人的臉部特徵可能有的不同差別侷限在特別狹窄的範圍，尤其屬於同一個種族的話——如果我們考慮到所有這些，那我們必然就會懷疑：某樣有著如此根本的統一性和如此偉大的原初性的東西，除了出自大自然內在的祕密深處，不會另有出處；但由此就會得出結論：並沒有哪個藝術家有能力眞正虛構出一張人臉的原初獨特性，就連憑記憶以合乎自然的方式組合起來也不可能。據此，藝術家以此方式所畫出來的，始終是一種半眞實的，甚至或許是一種不可能的組合，因爲他如何組合起一張眞正的人臉統一體呢——既然這人臉統一體的原理和規則並不眞正爲他所知？因此，對每一幅由藝術家只是虛構出來的人臉，我們都要懷疑這人臉是否在事實上有可能，大自然，這位大師中的大師，是否會宣布這張人臉就是粗劣之作，因爲大自然可以證實這裡面的完全自相矛盾的地方。這確實會導致這一條原則：在歷史繪畫裡面，永遠只可以有肖像，而這些肖像當然是精挑細揀出來的，並且經過了某種理想化。人們都知道，偉大的藝術家總是喜歡照著模特兒活人摹畫，畫出了許多肖像。

儘管正如在第一卷所說的，繪畫藝術和一切藝術，眞正的目的就是幫助我們把握這一世界本質的（柏拉圖式的）理念，與此同時，也讓我們進入了純粹的，亦即沒有意欲的認知狀態，但除此之外，屬於繪畫藝術的還有一種獨立於這些的、獨特的美。這美透過單純的色彩和諧、讓人愉快地編排、分配得很好的光和影，以及整幅畫面的氣氛而表現出來。繪畫藝術這種附加的、次要的美會促進純粹的認知狀態，在畫藝中就等於詩歌中的措辭、韻律和韻腳：兩者都不是關鍵性的，但卻是首先和直接發揮作用的。

我還要爲在第一卷 §50 提出的繪畫中不宜有**寓意**典故的說法多拿出幾個例證。在羅馬的博爾蓋塞宮，有一幅米開朗基羅·卡拉瓦喬的油畫：十歲左右的耶穌，腳踩在一條蛇的頭上，但耶穌毫不畏懼、泰然自若，陪伴著耶穌的母親也同樣鎮定自若，旁邊站著的是聖女伊麗莎白，虔誠地、以悲憫的目光看著上天。那麼，假如一個人從來不曾聽聞有關女人的後裔會踩蛇的頭，看著這樣的象形文字一般的東西，他會想出些什麼呢？在佛羅倫斯，在美第奇宮的圖書館大廳，我們發現盧克·喬爾丹諾繪在天花板上的這一寓意繪畫，即科學把理解力從無知那裡解放了出來：理解力是一個強壯的男人，身上纏繞的繩索正在脫落；一個仙女把一面鏡子放在他的面前，另一個仙女則遞給他一雙翅膀；在他的上方，科學坐在一個球體上，旁邊則是手拿著一個球體的赤裸的眞理。在斯圖加特的路德維希堡，一幅圖畫向我們展示了時間現身爲農神，以鐮刀割掉了愛神的翅膀。如果這據稱是要說：當我們變老了以後，愛情的易變、不專一就會顯現出來——那就肯定說對了。

我下面寫的會加強我對**拉奧孔**爲何不會喊出來這個難題的解答的說服力。透過造型作品這種本質上的啞巴藝術以表現吶喊，不會產生什麼效果，這一點我們可以透過一件作品以事實服人。這件作品是在博洛尼亞藝術學院的《虐殺嬰兒》，作者是圭多・雷尼。在這幅作品裡，偉大的藝術家出了差錯，畫了六個張著嘴巴高聲喊叫的人。誰要想更清楚地了解，那就不妨想像在舞臺上演出一個啞劇：在某一景裡發生了一件緊迫的事情，需要一個角色大聲喊叫。那麼，假如表演這喊叫的舞者採用的方式就是張大嘴巴，站在那一會兒的時間，全場觀眾的大笑就會證明這樣的表現方式是愚蠢的。據此，既然必須避免出現拉奧孔的喊叫，並不是因爲所要表現的題材，而是出於這一表現藝術的本質，那藝術家就要完成由此產生的任務：爲他們不喊叫給出動因，好讓我們信服一個人在這樣的處境下是不會喊叫的。這個任務是以這樣的方式完成的：他就把蛇咬表現爲不是已經發生了，也不是仍在威脅著要發生，而是就在那當下發生，咬住了身體的一側，因爲這樣的話，小腹就會收縮，喊叫也就因此是不可能的了。歌德準確地發現了這事情最接近的、其實卻只是次要的原因，並把這詳述在他的自傳第十一章末尾和他的《山門》第一卷「論拉奧孔」的文章裡。但那更遠的、原初的和造成這一原因的原因，則是我所展示的。我還是忍不住表示：在此，我與歌德在看法上的差異，就跟在顏色理論方面是一樣的。在阿倫伯格公爵在布魯塞爾的藏品中，有一個後來才發現的拉奧孔的古老頭像。但在那世界聞名的群雕中，那頭像卻不是經過修復的頭像，這從歌德在《山門》第一卷末尾所專門列出的這一批次的所有修復作品可以得出結論；此外，那在稍後被發現的頭像與此群雕的頭像極爲相似也證實了這一點。我們也就必須承認還另有一組古老的重複群雕，而阿倫伯格所藏的頭像就屬於那組群雕。依我看來，這頭像無論在優美方面還是表情方面，都勝過屬於這群雕中的那尊頭像：那嘴巴明顯張得比這群雕中的頭像要開，但卻又不至於到喊叫的程度。

第三十七章　論文藝的美學⓫

我認爲，對文學最簡單和最確切的定義是：文學是借用字詞把想像力活動起來的藝術。這個具體的過程我在《作爲意欲和表象的世界》第一卷 §51 已陳述。證實我在那裡所議論的一個特別例子，就是發表了已有相當一段時間的維蘭德致梅克的一封信，其中一段文字如下：「我把這兩天半的時間花在斟酌一節詩歌的字詞上。其實，也就是那麼幾個字詞的事情，我需要合我意思的字詞，但卻又無法找到。我爲此反覆推敲，絞盡了腦汁，因爲涉及某一形象的時候，我自然就希望把我腦海中出現的圖像也確切重現在我的讀者的腦海裡。爲此目的，正如你所知道的，哪怕是某一筆畫、某一印花圖案或者某一反光都是至關重要的。」（《致梅克的信》，華格納編，一八三五，第一九三頁）因爲讀者的想像力就是文學藝術得以展現其形象的材料——所以，文藝所享有的一大優勢就是更詳盡的描寫和更微妙、細膩的筆觸，可以根據讀者參差不一的個性、情緒和知識範圍而至爲貼切地發揮作用，並激發出最鮮明的效果。但造型藝術卻無法如此靈活適應多種讀者，而只是以一幅畫面、一個形狀滿足所有人。但這樣一個畫面或者一個形狀，卻始終在某些部分帶有藝術家本人或者他的模特兒的個性烙印，某些主體的或偶然的、並非有效的附加物——雖然藝術家眼光越客觀，亦即藝術家的天分越高，

⓫ 本章與第一卷 §51 相關。

那這種情形就越輕微。由此可以部分地解釋爲何文藝作品能夠比圖畫和雕塑產生強烈得多、深刻得多和普遍得多的效果。也就是說，圖畫、雕塑通常只給人留下冷冰冰的印象。總的來說，造型藝術是效果最弱的藝術，這方面的奇特證據是，人們在私人的家居，以及各種各樣的場所經常發現和找出大師的作品：這些畫作並不是被藏了起來，而是就掛在這些地方，長年累月歷經許多代人，絲毫不曾引起人們的注意，亦即根本沒有造成效果。我在佛羅倫斯的時候（一八二三年），有人甚至在某一宮殿（在聖神區）的傭人房裡發現了拉斐爾畫的一幅聖母像。多年來，這幅畫就一直掛在房間的牆壁上。並且，這種事情竟然發生在義大利！義大利民族比其他民族更有審美天賦的啊。這一事例顯示和證明了圖畫和雕塑藝術作品並不能造成多少直接和突然的效果：要欣賞這些藝術作品，必須具備比欣賞其他種類的藝術作品所需的更多的知識和薰陶。相比之下，一首動人心弦的旋律肯定能夠傳遍全球，一部優秀的文學作品會在各民族間流行。至於王公大賈給圖畫和雕塑藝術提供了最強力的支持，僅僅爲獲得這些藝術作品就得花費大筆的金錢，確實，時至今日，那些眞正意義上的盲目崇拜者，會爲了某一著名的古老大師的一幅畫而付出偌大一處物業——這首先是因爲這一類傑作相當稀有，擁有這些傑作會迎合人的自豪和驕傲；其次還因爲要欣賞這些作品只需花費很少的時間和精力，隨時看上一眼就可欣賞這些作品，但欣賞文學，甚至音樂卻受到麻煩得多的條件制約。與此相應的事實就是，人們盡可以沒有造型藝術，整個民族，例如，穆罕默德的信眾們，都沒有這些藝術的享受，但卻沒有哪些民族是沒有音樂和文學的。

文學家把我們的想像力活動起來的目的，卻是向我們透露理念，也就是透過某一例子向我們顯示人生是什麼，世界又是什麼。要達到這一目的，其首要條件就是作者本人對這些必須有所認識：根據這些認識是深刻的抑或膚淺的，他們的文學作品也就相應地同樣如此。據此，正如對事物本質的理解有無數的深刻度和清晰度，同樣，文學家也有無數的等級。這裡面的每一個文學家都認爲自己是優秀的——只要他準確地表現了他所認識的，他的圖像也與**自己**頭腦中的原型是對應的：他肯定視自己與最好的作家差不了多少，因爲他在最好作家的圖像裡所認出的東西不會多於從他自己的圖像中所認出的，亦即認出的與他在大自然本身所見的一樣多。這是因爲他的目光無法看得更深。但最好的作家之所以認識到自己就是最好的作家，就是因爲他看到了其他人的眼光是多麼的膚淺，在別人所見的後面還隱藏著如此之多別人無法重現的東西，因爲別人根本就看不見這些東西；他也看到了自己的眼光和圖像卻深遠得多。假如他不理解那些膚淺之人，正如他們不理解他一樣，那他必然就是絕望的：因爲要得到公正評價和待遇的話，他需要有與眾不同的人，但拙劣的作者並不會高度評價他，正如他也不會高度評價他們一樣，所以，在長時間裡，他只能以讚揚自己取得安慰，直至獲得世人的贊賞。與此同時，他卻連這一自我贊賞都要被剝奪了，因爲人們希望他表現出謙虛的樣子。但一個成就了一番業績和貢獻，並且知道這些價值的人，要他對自己的成就視而不見，是根本不可能的，正如一個身高六英尺的人不可能不注意到自己高出常人一截。如果從塔基到塔頂是三百英尺，那從塔頂到塔基也肯定是三百英尺。賀拉斯、盧克萊修、奧維德，還有幾乎所有古老的作家在談起自己時都相當自豪。但丁、莎士比亞、培根等也是這樣。一個人可以是一個偉大的思想者，但對此卻又一無所覺——這一荒謬的想法也只有無藥可救的無能之輩才可以說服自己，這樣，他們也就可以把自己的自卑感視爲謙虛了。一個英國人曾經幽默、正確地指出：「*merits*（**優點、功績**）與 *modesty*（**謙虛**），除了兩詞開首的字母以外，就沒有任何其他相同之處了。」⓬我總懷疑那些謙虛的名人這樣的謙虛或許眞有其理由呢。高乃依直率地說了：

> 虛假的謙虛不會為我平添聲價，
> 我知道自己的價值，也相信人們對我的看法。

最後，歌德直截了當地說了：「只有騙子才是謙虛的。」而這一說法更不會有錯：那些熱切要求別人表現謙虛的人，嘴裡喋喋不休地嚷嚷：「請謙虛一些！看在上帝的分上，請謙虛一些！」這些人就是如假包換的草包騙子，亦即自身完全沒有價值的壞蛋、大自然的批量生產品，也是人類無賴人群中的眞正一員。這是因爲自身具有優點、有所成就的人，也就會承認別人的這些東西——當然，我指的是貨眞價實的優點和成就。但那些一無所長、無所作爲的人卻希望這世上根本就沒有什麼優點和成就。看見他人的優點和成就，只能讓自己備受折磨：那百味雜陳的嫉妒煎熬著內心。能把那些個人素質得天獨厚的人掃蕩乾淨，或者乾脆連根拔除，那該有多好！但如果眞要放他們一條生路的話，那條件就是這些傢伙必須藏起自己的優點，要矢口否認，甚至發誓摒棄那些東西。這就是人們交口讚揚謙虛的根源。而一旦這些讚揚謙虛的人，有機會把別人的長處扼殺於萌芽之中，或者至少阻止其露面，

⓬ 利希滕貝格援引（《合集》新版，哥廷根，一八四四，第三卷，第十九頁）斯坦尼斯洛斯・萊澤辛斯基說過的話：「謙虛應該成為那些並沒有其他優點的人的優點。」

以免被人所知——誰又能懷疑他們做不出這種事情？因為那只是理論被付諸實踐而已。

那麼，雖然文學家如同其他藝術家一樣，始終把單一、個別的事物展現給我們，但他們所認識的並透過其作品想讓我們認識的，卻是柏拉圖式的理念，整個的種屬和類型。因此，在文學家的畫面中，就猶如刻畫了人的性格和處境的典型。敘述性的和戲劇性的文學家從生活中選取了個別之物，精確地把它及其個體性描繪出來，但卻以此表現了整個人類的存在，因為雖然文學家似乎只是專注於個別的人和事，但事實上所處理的東西卻存在於任何地方、任何時候。這就是為什麼文學家，尤其是戲劇作家所寫出的句子，就算成不了流行的俗語，也經常可以套用在現實生活當中。文學之於哲學猶如經驗之於源自經驗的科學。也就是說，生活經驗讓我們了解到在個體中的現象，並且以實例的方式；但科學則涵括整體現象，採用的是普遍概念。這樣，文學就打算透過個別的人和事，透過例子讓我們了解到本質的柏拉圖式理念，而哲學則要教導我們在普遍和總體上認識在個別的人和事中顯現出的事物的內在本質。由此我們已經可以看出，文學更多地承載著青年的特性，而哲學承載的更多是老年人的特質。事實上，文學的天賦才能只在青年期真正開花，對詩歌、文學的感受在青年期也經常是狂熱的。青年人忘情於詩句文字，內容平平也經常能夠讀出味道。隨著年歲的增長，這一傾向就逐步減弱了。到了老年，人們偏好散文了。由於這種文學傾向，青年人對現實的感覺、意識就很容易受到破壞。這是因為文學有別於現實：在文學裡，生活饒有趣味而又沒有痛苦地流過；但在現實中，生活要是沒有痛苦的話，那就是乏味的、不過癮的，而一旦生活變得有趣，那就不會沒有痛苦。進入文學世界早於進入現實生活的年輕人，會要求在現實生活中得到他們只能在文學裡面才可以得到的東西。才具出眾的青年在現實生活中痛感不適，其主要原因正在於此。

韻律和韻腳是鐐銬，但也是面紗——詩人披上這層面紗以後，就可以讓自己以平常不敢採用的方式說話，而正是這一點讓我們感到愉悅。也就是說，詩人對說出的句子只負有一半責任，韻律和韻腳則必須負另一半責任。韻律或速度，作爲單純的節奏，其本質只在於時間，而時間則是一種純粹的先驗直觀，因此只是屬——以康德的話來說——純粹的感覺。而韻腳卻與聽覺器官的感受有關，因此是經驗感覺的事情。所以，節奏是一樣比韻腳更高貴和更有價值的輔助工具。因此，古老的作家是蔑視韻腳的。韻腳是在語言遭到腐蝕、變得有欠完美以後的產物，誕生於野蠻的年代。法語詩歌、詩劇之所以如此貧瘠，其主要原因就在於法語詩歌並沒有韻律，純粹只侷限於韻腳。另外，爲了掩藏表達手段欠缺的窘況，在法語詩歌裡面，不乏死板、學究氣的條條框框，法語詩歌因此就變得更加的貧瘠。例如，法語詩歌其中的一條規定就是，只有拼寫一模一樣的音節才可以配對韻腳，就好像韻腳不是給耳朵聽，而是給眼睛看似的！還有不能在兩個詞或者兩個音節之間重複同一個元音；大量字詞按規定不能入詩，等等。林林總總的這些約束都是新時代法語詩歌流派所試圖揚棄的。但任何語言的韻腳都無法像拉丁語的韻腳那樣，給人如此愉悅和強烈的印象，起碼對我來說是這樣：那中世紀的押韻詩具有某種特有的魔力。對此我們只能這樣解釋：拉丁語比任何一門現代語言都更漂亮、更完美和更高貴，就算用上了拉丁語其實不屑使用的、本屬於現代語言的閃光飾物和盛裝豔服以後，拉丁語照樣顯得風姿優雅和嫵媚。

只要認真思考一下，如果不惜損害思想或者對這思想正確、純粹的表達——不管損害的程度如何——而目的僅僅只是小孩子般地打算要在一些音節之後，讓讀者又聽到相同的詞音，或者讓某些音節組合在一起，造成抑揚頓挫的效果，那這種做法看上去幾乎就是背叛理智功能的。但不經過這樣的勉為其難的湊合，韻詩就無從產生。正因為韻詩這種用詞牽強的特質，在閱讀外文時，韻詩比散文更難懂。假如我們能夠一窺詩人的祕密作坊，那我們就會發現為求押韻而尋找思想的做法十倍於為思想尋找合適的韻腳。就算是為思想而尋找韻腳，不經過思想方面的一番折中、妥協也不容易。詩歌藝術卻對抗這些思考，並且所有的時代和民族都站在詩歌藝術一邊，因為韻律和韻腳對人的情緒發揮著如此巨大的威力，其特有的祕密誘惑力實在無法抵擋。我對此的解釋是：韻腳巧妙的一首詩歌，透過其大為加強了的作用效果而刺激起聽（讀）者的感覺和情緒，就好像這裡面所表達的思想注定要以這語言表達，甚至預先定型在這語言裡面了，詩人所做的只是把這找出來而已。就算是平平無奇的思想也可經由韻律和韻腳的作用而似乎獲得某種深長的意味，戴著這樣的首飾而顯得出眾，就跟樣貌平凡的女子穿戴上華麗服飾以後會吸引人們的眼睛一樣。事實上，甚至膚淺和虛假的思想也可經由詩體化而獲得眞理的外表。相比之下，甚至名家寫的名篇，一旦忠實重寫在散文裡，就會大打折扣，變得毫不起眼。如果眞實的才是美的，而眞理最喜愛的裝飾就是不著裝飾，那在散文裡出現的偉大和優美的思想，其眞正價值就更甚於在詩體裡同樣顯得偉大和優美的思想。像韻律、韻腳這種實在是不足道的，甚至是小孩子的玩意一樣的用詞手段，卻能造成如此強有力的效果，這是相當異乎尋常的，也很值得探究。我對此現象的解釋如下。直接付諸聽覺的東西，亦即只是字音，經由節奏和韻腳就獲得了某種完美和涵義本身，因為字音以此方式成了某種音樂，因此，字音現在似乎就是因自身的緣故而存在，不再只是作為一種手段，只是一種標示某一涵義的符號而存在，亦即不是作為字詞的涵義而存在。以其音聲取悅耳朵，似乎就是使用這一字詞的全部目的。所以，隨著這一目的的達成，所有的目的也都達成了，對這些字詞的所有要求、期待也就都滿足了。但現在，這些字詞卻同時兼備了涵義，表達了思想，這些成了讓人意想不到的附加物，就像音樂中的歌詞一樣；這意想不到的禮物給我們以驚喜，並因此很容易就滿足我們，因爲我們原先根本沒有這方面的要求。但假如這些思想本身就是很有意味的——亦即表達在散文裡也是很有意味的——那我們就會爲之陶醉。我記得在我很小的時候，在還沒有發現字詞都有涵義和思想之前，我就覺得詩歌的音韻相當悅耳。與此相應，所有語言都的確有一種讀來朗朗上口卻幾乎完全沒有意義的順口溜、打油詩一類的東西。漢學家戴維斯在他翻譯的中國劇《老繼承人》（倫敦，一八一七）的序言裡說過，中國的戲劇部分是由唱詞組成的。戴維斯還補充說：「這些唱詞部分經常涵義模糊，而根據中國人自己的說法，這些唱詞的目的主要是讓耳朵聽了舒服；唱詞的涵義人們則不大計較，字詞甚至完全是爲了聲音的和諧服務。」在此，誰不會想起許多希臘悲劇中經常讓人難明其意的合唱部分？

據以識別眞正的詩人——無論級別的高、低——最直接的標誌，就是他們詩句中的韻腳來得絕不勉強，押韻的句子是自動出現的，就像是神靈的安排：詩人的思想降臨之時就已配好了韻腳。相比之下，那些平庸的詩人卻費力地爲思想找出韻腳；而拙劣的詩作者則爲韻腳而尋找合適的思想。我們通常可以從一些押韻的詩句中，發現哪兩句韻詩先有要表達的思想，哪兩句卻先預定了韻腳。藝術就在於把後一種情形掩藏起來，以免這一類詩句顯得幾乎只是按預定的韻腳塡詞而已。

根據我的感覺（證據在此欠奉），韻腳根據本質只是二重的：其效果侷限於再次重複同樣的聲音，比這更多的重複並不會加強已有的效果。所以，一旦那末尾音節有了與其同音的音節，效果就到此爲止了，因爲三度重複發出同一聲音就是意外地再一次碰上了相同的韻腳，並不會增強已有的效果：它與在這之前的韻腳串連著，但卻不會結合起來造成更強的印象。這是因爲第一個聲音不會經過第二個聲音，繼續在第三個聲音中迴響。所以，這是一種美學上的堆砌，實屬沒有幫助的多此一舉。這種堆砌韻腳的做法在八行詩、三行詩和十四行詩中所造成的很大犧牲是最不值得的。這也是我們有時在閱讀這些詩作時感受到精神折磨的原因，因爲經過這一番頭腦折騰，讀詩之樂就不可能了。至於偉大的詩才有時候甚至克服困難重重的詩格條框，輕鬆和優雅地活動於其中，並不等於這些格式值得推薦，因爲這些音韻格式本身既沒有效果又費力。就算最出色的詩人，在應用這些詩格時，我們經常可以看見韻腳與思想之間的爭鬥，有時這一方取得了勝利，有時又是那一方占了上風，因此要麼思想爲韻腳的緣故而削足適履，要麼韻腳只能以某一近似的音節將就。既然是這樣的情形，那我認爲莎士比亞的做法——即在他的十四行詩裡，每隔四行就改換不同的韻腳——並非表明莎翁無知；相反，這恰恰證明了莎翁具有良好的鑑賞力。不管怎麼樣，莎翁這樣處理並不曾減弱音響效果分毫，他的思想也比腿上夾著傳統的西班牙靴子時得到更恰當的表達。

如果某一語言裡有許多字詞只能入詩，但卻不會應用在散文裡，而散文裡的某些用字也不能入詩，那對這一語言的詩歌來說就成了一大不利之處。前一種情況通常見之於拉丁語和義大利語，而後一種情形則在法語中多見——這種情形最近被相當恰當地稱爲*法國語言的假正經*。上述兩種情形在英語中比較少見，在德語裡則甚少看到。也就是說，類似這些唯獨用於詩歌的字詞對我們的心就是陌生的，並不會直接向我們發聲，這些字詞因此是冷冰冰的。這些是詩的一種約定語言，彷佛只是用油彩塗抹出來的感覺，而不是眞情實感，因爲這些字詞把眞摯的、內心的東西拒之門外了。

依我看來，我們當代經常討論的*經典與浪漫*（或幻想）文學之間的差別，根本就在於經典文學只認識到純粹人性的、眞實的和自然的動因，而浪漫（幻想）文學則認爲只是想像出來的、假裝的和習俗的動因，也同樣會發揮作用：屬於這一類動因的包括源自基督教神話的，然後是騎士的、誇張和離奇的騎士榮譽原則方面的，再就是出自基督教時期日耳曼人對女性的愚蠢、可笑崇拜的，最後是那些瞎扯的、患夜遊症似的超越肉體的愛戀。至於上述這些動因會引致多麼扭曲、可笑的人際關係和人性現象，我們甚至在最優秀的一類浪漫、幻想文學作品裡都可看到，例如在卡爾德隆的作品中。那些表現宗教動因的獨幕劇，我就不說了，我只需提到《最壞的並不總是肯定的》《西班牙的最後決鬥》和與這些相似的喜劇《劍與衣》。除了上述那些成分，還有作品中人物談話時經常出現的經院派鑽牛角尖似的討論，而這些在當時卻屬於上流階層的文化薰陶。相比之下，始終忠實於自然的古典文學卻明顯地更勝一籌，並且表明經典文學中的眞實性和精確性是沒有條件的、絕對的，而浪漫、幻想文學所具的眞實性和精確性則是有條件的。這就類似希臘建築藝術與哥德式建築之比。不過，在此需要指出，如果戲劇或者敘述性的作品被安排在古代希臘或古代羅馬的背景下，那就會平添諸多不便，因爲我們對古代社會，尤其是在生活細節方面了解是不夠的、支離破碎的，並非源自直觀的。也就是說，作者就得繞開許多具體的細節，只能籠統地一筆帶過。作者因此就會落入抽象的窠臼，其作品就會失去直觀性和個體化，而這兩者對文學來說卻是絕對重要的。正是這一原因使所有這一類作品看上去都帶上某種特有的空洞和枯燥。只有莎士比亞的這一類描述免除了這些毛病，因爲莎翁毫不猶豫地掛著希臘人和羅馬人之名，行其描述自己同時代英國人之實。

人們對不少**抒情詩**名作頗有批評，尤其是對賀拉斯的詩頌、歌德的八首歌謠（例如〈牧羊人的哀歌〉），說它們欠缺恰當的連貫，跳躍性的思想隨處可見。其實，在這些作品裡，邏輯連貫性是故意被忽略的，讓在這些詩作裡面所表達的統一的基本感覺和情緒取而代之，這樣統一的感受和心境才

1203

1204

因此更凸顯，因爲這就像一條繩線，把分散的一粒粒珍珠貫串了起來，並讓這些被觀照之物快速地變換，就像在音樂裡透過七和弦從一個樂調過渡到另一個樂調。這樣，仍在我們耳朵鳴響的原位和弦的最低一音（根音）就成了新調中的屬音。我在此討論的詩歌特性，在佩脫拉克的抒情短詩裡最清楚不過，即近乎誇張地顯現了出來。他的抒情短詩是這樣開頭的：我多想能像從前一樣地歌唱⋯⋯

因此，正如在抒情詩裡以主觀的成分爲主，在戲劇中則相反，客觀的要素是唯一的存在。在這兩者之間的是敘事史詩及其許多變種和樣式，從敘事謠曲到眞正意義上的史詩之間有廣闊的中間地帶。這是因爲雖然敘事史詩總的來說是客觀的，但也包括了某種不同程度上的主觀成分——這既表現在敘述的語氣、敘述的形式，同時也表現在詩人零散的感想之中。在這些作品裡，我們始終看到詩人的影子，這是和戲劇不一樣的地方。

總而言之，戲劇的目的就是透過一個實例向我們展示人的本質和存在到底是什麼。作者可以讓我們看到這些或悲哀、或歡快的一面，或者這兩者之間的過渡。但是，「人的本質和存在」這一說法就已經包含了引起爭議的種子：到底這兩者何者爲主？是人的本質，亦即人的性格，還是人的存在，亦即命運、事件、行動？此外，這兩者是那樣緊密地糾纏在一起，我們只能在概念上，而不是在描繪和敘述中把兩者分別開來，因爲只有命運、情勢、事件才讓劇中人物（性格）表現其本質；同時，行動也只能出自人物（性格），而行動則組成了連串的事件。當然，在描述和表現的時候，作者會側重、突出兩者之一。在這方面，性格劇與情節劇就構成了兩端。

要實現戲劇與史詩共同的目的，亦即透過在某一具有涵義的環境下某一具有涵義的人物，展現出由這兩者所引出的奇特行動（行爲），如果作者按下面這樣處理，他就將至爲完美地實現其目的：首先，作者要把處於平和狀態的劇中人物介紹給觀眾——在這種平和狀態下，觀眾看到的只是劇中人泛泛的表面；然後，作者讓動因出現了，這些動因引發了劇中人的行動（行爲），從這些行動（行爲）中，又產生了新的、更強有力的動因，而這些新的、更強有力的動因再度引發出更有意味的行動（行爲），而這些行動（行爲）又再度產生出愈加強力的動因——如此這般以後，到了劇中合適的時候，劇中人一開始時的平和已經不復存在了，取而代之的是刺激起來的亢奮激情；在這激情狀態之下，意味深長的行動（行爲）發生了。透過這些行動（行爲），原先還沉睡在人物性格裡面的素質就隨著世事的發展而清楚地暴露出來了。

偉大的文學家化身於所表現的人物，然後一一從這些不同的人物嘴裡發話，就像不動嘴唇的腹語者一樣。剛剛還以一個英雄的身分說話，馬上就又變成了天眞無邪的少女在發言，都說得同樣的眞實和自然。莎士比亞和歌德就是如此。次一級的文學家則把要表現的主人公化身爲自己，拜倫就是如此。但主人公以外的其他次要人物則經常是沒有生氣的，就跟平庸作者筆下的主人公差不多。

悲劇給予我們的快感有別於我們對優美的感覺，而應該屬於對崇高、壯美的感覺，並且的確屬於最高一級的這類感覺。這是因爲，一如我們面對大自然的壯美景色時會背離意欲的利害關係以保持直觀的態度，同樣，面對悲劇中的苦難時，我們也會背離追求生存的意欲。也就是說，在悲劇裡，生活可怕的一面呈現在我們的眼前：人類的痛苦和不幸，主宰這生活的偶然和錯誤，正直者所遭受的失敗，而卑劣者的節節勝利；因此，與我們的意欲直接牴觸的世事本質展現在我們的眼前。此情此景迫使我們的意欲背離生存，不再是渴望和眷戀這一生存。但正是透過這樣的方式，我們才意識到在我們的身上還有某種我們完全無法具體、實在地認識的東西；我們只知道那是不再意欲生存的東西。正如七和弦需要有原位和弦，紅色需要有一個綠色，甚至在眼裡產生這一綠色一樣，每一部悲劇也需要有一個完全是另一種存在、另一個世界——雖然我們對這完全另一個世界的認識始終只是間接的，並且也只是透過這樣的需要才獲得這種認識。在悲慘事件發生的瞬間，我們會比以往都更清楚地確信：生活就是一場噩夢，我們必須從這噩夢中醒來。在這方面，悲劇所發揮的作用與壯美景觀差不多，因爲就像欣賞壯美的景觀一樣，悲劇提升我們超越了意欲及其利害關係，使我們改變了態度，以致在看到與我們意欲直接抵觸的東西時感覺到了愉悅。給予悲劇性的東西——無論以何種形式出現——某種對崇高、壯美特有的傾向，就是能讓觀者生發出這樣一種認識：這一世界、這一人生並不會給予我們眞正的滿足，這不值得我們對其如此依依不捨。悲劇的精神就在於此，這悲劇精神因而引致死心、斷念。

我承認在古人的悲劇裡，這種死心、斷念的精神極少直接顯現和表達出來。伊底帕斯雖然以放棄和順從的心態接受死亡，但他爲能報復了自己的祖國而感到有所安慰。伊芙格尼亞是相當願意赴死的，但其實卻是希臘的福祉安慰著她並使她改變了想法——正是因爲改變了想法，伊芙格尼亞才會心甘情願地迎向此前她還極力逃避的死亡。在偉大的埃斯庫羅斯所寫的《阿伽門農》裡，卡珊德拉自願赴死，我已活夠了！⋯⋯（一三〇六）但使她有所安慰的仍然是復仇的念頭。《特拉基斯婦女》中的赫克利斯屈從於需要並坦然死去，但那並不是死心、斷念。尤里比底斯筆下的希波呂托斯也同樣如此。在這一例子裡，引起我們注意的是阿特米斯現身安慰希波利特斯，向他許諾廟宇和身後之名，但對此生之後的存在卻隻字未提，並且就像所有神靈一樣，在希波利特斯垂死之際把他拋棄了。相比之下，基督教的神靈卻走近垂死者，婆羅門教和佛教也一樣，雖然後者那些神靈其實帶有異國風采。所以，希波利特斯就像幾乎所有的古希臘悲劇英雄一樣，表現了順從不可逆轉的命運和神靈的強硬意志，但卻沒有顯示出放棄生存意欲本身。正如斯多噶學派的沉著鎮定與基督教的死心、斷念，其根本區別在於斯多噶派只是教導人們泰然接受和從容面對不可改變的必然災禍，而基督教則倡導停止和放棄欲求，同樣，古希臘的悲劇人物展現出勇敢接受不可避免的命運的打擊；而基督教時期的悲劇則表現了放棄整個生存意欲，愉快地摒棄這一世界，因爲意識到了這一世界的虛無和毫無價值。我的確認爲現代悲劇要比古代的悲劇高出一籌。莎士比亞要比索福克里斯偉大得多；與歌德的《伊芙格尼亞》相比，人們會發覺尤里比底斯的同名悲劇幾近粗糙和平庸。尤里比底斯的《酒神》是一部附和異教教士的令人反感的劣作。許多古老的劇作都沒有悲劇的傾向，例如，尤里比底斯的《阿爾蓋斯特》和《陶里克的伊芙格尼亞》。一些作品表現了令人討厭，甚至讓人作嘔的行爲動因，例如，《安提根尼》《菲洛特》。幾乎所有古老的劇作都表現了人類處於偶然和錯誤的掌控之中，但我們卻看不到經由這些不幸產生出要獲取解脫的放棄和死心斷念。凡此種種，都是因爲古希臘人還沒能達到悲劇的頂點和目標，並且那也的確就是人生觀的頂點和目標。

因此，要是古希臘人很少在他們的悲劇英雄那裡把死心斷念的精神，把背棄生存意欲作爲這些人物的心境表現出來，那悲劇所特有的傾向和效果卻始終激發起觀眾和讀者上述的悲劇精神，召喚出上述的心境——儘管那只是瞬間即逝。舞臺上駭人、可怕的事情展現給觀眾的是生活的苦難和毫無價值，亦即所有奮鬥、爭取的虛無本質；這些印象效果必須讓觀眾意識到（哪怕這只是一種朦朧的感覺和意識）：讓他們的心掙脫生活的束縛，讓他們的意欲背棄這生存和不再眷戀這俗世紅塵，那就更好；然後，以此方式在他們的內心最深處刺激起這樣的意識：有另一別樣的意願，就肯定也有另一別樣的存在。這是因爲假如事情不是這樣，假如這種超越塵世間的一切目標和好處，這種背棄生活及其誘惑，這種已存在於悲劇之中的轉向另一種存在——雖然對此存在我們還完全不能想像和理解——假如所有這些不是悲劇的方向，那把生活中恐怖、可怕的一面以耀眼的光線展現在我們眼前，又怎麼可能對我們造成舒服、有益的效果，給予我們一種更高級的愉悅？亞里士多德把刺激起恐懼和憐憫視爲悲劇的最終目的，但恐懼和憐憫本身確實並不屬於讓人愉快的感受，因此，恐懼和憐憫不是目的，只能是手段而已。因此，促使我們的意欲背棄生存永遠是悲劇的眞正方向，是故意表現人類苦難的最終目的；就算在悲劇人物身上並沒有表現出這種死心斷念的超越精神，而只是透過讓觀眾看到巨大的苦難、那飛來的橫禍，或者甚至屬於咎由自取的打擊，在觀眾的心中刺激起這種心態，上述仍然是悲劇的眞正方向和目的。就像古人那樣，不少現代悲劇作者也滿足於透過客觀表現人類較大程度和範圍的不幸，把觀眾引入上述心境之中；另有一些作者則透過由苦難所導致的、在悲劇主角身上發生的心境改變表現了上述心境。前一種悲劇好比提供了前提，由觀眾自己得出結論；後一種悲劇則把結論，或者悲劇故事所包含的道德教訓，也一併提供給觀眾——那也就是劇中人的心境轉變或者劇中合唱所發出的評論和思考，例如在席勒的《梅西納的新娘》中：「生活並不是多麼了不起的好。」在此值得一提，苦難的眞正悲劇效果，亦即由此苦難所導致的主人公的死心斷念和精神昇華，極少像歌劇《諾爾瑪》那樣如此純粹地由動因推動和如此清晰地表達出來；這出現在二重唱〈你所背叛的心，你所失去的心〉中。在此，意欲對生存的背棄透過突然出現的平和音樂而清晰地標示出來。除了這劇中出色的音樂和只能是歌劇劇本的文辭以外，單從劇中的動因和劇的內在結構考慮，這已經是一部至爲完美的悲劇了。其對動因的悲劇設計，行動的悲劇性展開，情節悲劇性的急轉直下，以及這些首先對主人公的心境，然後也轉爲對觀眾的心境所產生的效果，即超越塵世的提升效果——所有這些都使這部悲劇成爲眞正的範本：的確，在此所達到的效果更不會令人懷疑，也更典型地體現了悲劇的眞實本質，因爲劇裡並沒有摻雜基督教或其他觀點。

近代戲劇作家經常被指責忽略了時間和地點的一致性，但這種忽略只是在這些作者甚至取消了情節的一致性時才有的缺陷；在那種情況下，剩下的只是主人公的一致性了，例如，莎翁的《亨利八世》。但情節的一致性卻沒必要誇張至劇中說的永遠是同樣的事情，就像法國悲劇那樣的做法。法國悲劇總的來說是那樣嚴格地遵守時間、地點的一致性，以致劇情的發展就像一條欠缺橫向面的幾何線條，永遠「照直往前走！只理會自己的事情！」劇情也就公事公辦似地迅速打發了事，人們不會被無關的枝節所耽誤，也不會左右四周地觀望一番。相比之下，莎士比亞的悲劇卻像兼有橫向面的航線：劇裡有閒小差的時間，有長篇的議論，有時候整整一景戲都不曾推動情節，甚至與情節無關。但透過這些，我們卻可以更仔細地了解行動中人或者他們的處境，據此，我們也就能更透澈地理解那些行動和行爲。雖然這些行動、情節是首要的事情，但這並不是唯一的東西，還不至於讓我們忘記：我們最終關注的是劇中所表現的人的本質和人的存在。

戲劇或者史詩作者應該知道，他們就是命運，因此是強硬、無情的，正如命運那樣；他們也同樣是反映人的一面鏡子，因此會讓非常之多惡劣的、間或卑鄙無恥的人物登場，以及許多傻瓜，瘋子和乖僻古怪的人，但間或也會出現那麼一兩個講理性的或者聰明的，或者正直的，或者好心腸的人，而一個高尚、無私、慷慨的人則是極少有的例外。據我看來，在荷馬的全部作品中都找不出一個眞正高尚的人，雖然會有一些好心腸的、正直的人。在莎翁的所有作品裡，或許表現了那麼寥寥幾個高尚的，但卻一點都不是特別高尚的角色，例如，考狄利婭、科里奧拉努斯，除此之外，再沒其他了，而上面所說的其他人等則數不勝數。但伊夫蘭和科策布的戲劇裡卻有許多心靈高尚、寬宏無私的人物。戈東尼的做法就跟我上述推薦的差不多，戈東尼以此顯示出要比伊夫蘭和科策布高出一籌。相比之下，在萊辛的《米娜．馮．巴恩海姆》一劇裡面，高尚、無私的情操大肆泛濫，單是波薩侯爵一角所表現出來的高尚情懷，就多於在歌德全部作品累加起來的這種東西。另有一部沃爾夫寫的戲劇小品《為了責任而承擔責任》（題目似取自《實踐理性批判》）裡只有三個角色，但三個角色都有著無比高尚、無私的情操。

希臘人的悲劇主人公一般都是國王、王子一類，大部分近代戲劇也一樣。這肯定不是因為地位顯赫就讓主人公、受苦者更有尊貴。在戲劇裡面，關鍵是要把人的激情刺激、活動起來，至於這是以哪一客體道具發生，其相對價值都是差不多的；農舍與王國都是一樣的。市民題材的悲劇也並非理應無條件摒棄。但重權在握、聲威顯赫的大人物卻正是因為他們是這樣子而最適宜作悲劇之用，因為不幸——這我們應該認清就是人生的命運——必須達到一定的程度才可以在觀眾面前——不管這觀眾是誰——顯現其可怕的樣子。⑬但讓一小市民家庭陷入困境和絕望之中的變故，在王公或者巨富看來通常都是芝麻一樣的小事，一點點人力幫助，有時甚至不費吹灰之力就可排除困難。所以，這樣的悲劇是不會讓這些觀眾有所震撼的。相比之下，有權有勢的大人物所遭受的不幸卻是絕對可怕的，也無法獲得任何外來的幫助，因為帝王將相只能依靠自己的力量，否則只有走向毀滅。此外，爬得越高，跌得越慘，而市民角色欠缺的正是這一高度落差。

---

⑬ 尤里比底斯本人就說過：天哪，大人物可得承受大苦痛啊！斯托拜烏斯，《文選》，第二卷，第二九九頁。

那麼，如果我們得出了這樣的結果：悲劇的傾向和最終目的就是走向死心斷念，走向否定生存意欲，那我們可看出其對立面——喜劇——就是要求我們繼續肯定和接受生存意欲。雖然喜劇也得把種種苦難、種種令人厭惡的事情展現在觀眾面前，因爲每一表現人生的作品都不可避免地要這樣做，不過，喜劇卻把這些表現爲匆匆而過且融化在歡樂之中，裡面夾雜著成功、勝利、希望——而這些最終占了上風。在這過程中，喜劇爲我們提供了無盡的笑料。生活，甚至生活中那些讓人不快的事情，就充滿著這些笑料；這些歡笑理應讓我們無論在何種處境下都保持著良好的心情。所以，喜劇的結果就是向觀眾表明：生活總的來說是美好的，並且無一例外都是饒有趣味的。但當然了，喜劇務必要在皆大歡喜的一刻匆匆落幕，這樣，觀眾才不至於看到接下來要發生的事情；而悲劇則一般來說在結尾以後就不會還有要發生的事情了。此外，假如我們認眞審視生活滑稽的一面，審視那些幼稚的言行和舉止，而這些又是由小小的窘迫、個人的害怕、瞬間的憤怒、祕密的嫉妒和許多類似情感，表達了在此反映了現實的、相當地偏離了美的典型形象上面——那甚至從這一面審視，亦即以一種意想不到的方式審視、深思的人也不難認定：這樣的生物存在和所爲不可能就是目的本身；相反，這些只是走了一條錯路才達致這樣的存在，而這所展現的東西其實是有不如無的東西。

第三十八章　論歷史⓮

我在第一卷 §51 已經詳細表明和解釋了爲何對於認識人的本質，文學比歷史貢獻更大，因爲我們可以期望從文學中比從歷史中獲得更多眞正的教誨。亞里士多德也認識到這一點，因爲他說過：詩歌、文學藝術比歷史更具有哲理和價值。⓯不過，爲了避免人們對歷史的價值產生誤解，在此我想說說我對歷史的看法。

在每一種或者每一類事物中，事實是不計其數的，單一、個體之物是無窮無盡之多，它們多種多樣的差別是無法把握的。對這些只需看上一眼，就會讓樂於求知的頭腦感到陣陣眩暈；這些求知者也就會意識到：無論自己如何廣作查詢和探求，都注定是無知的。但科學出現了：科學把數不勝數的事物區別開來，分門別類，次第納入種、類的概念之下。這樣，科學就爲我們打開了認識普遍事物和特殊事物之門。這種認識涵括無數單個之物，因爲這種認識適用於所有事物，我們也就不用逐一考察個別事物了。科學以此方式許諾喜好探究的人以安慰和滿足。然後，各門科學並列起來並覆蓋了單一事物的現實世界，因爲這些單一之物被各門科學瓜分和納入了自己的範圍之內。但盤旋在各門科

⓮ 本章與第一卷 §51 相關。

⓯ 順便在此一說，亞里士多德所用的這兩個詞兩相對照之下，第一個詞的起源及眞正涵義就異常清楚地凸顯出來了，指的是創作的、虛構出來的，與打聽、詢問出來的東西相對照（《詩學》，第九章）。

學之上的卻是哲學，因爲哲學作爲最普遍並因此是最重要的知識，允諾對事物的說明和解釋，而其他學科則只是爲此而做準備功夫而已。不過，歷史**卻**無法眞正躋身科學的行列，因爲歷史無法自詡擁有其他科學的同樣優勢：因爲歷史欠缺了科學把已知的事實歸納、分類的基本特性；歷史能做的只是把已知的事實協調了以後展示出來。因此，並不存在任何的歷史體系，而這與其他所有別的科學都不一樣。所以，歷史雖然是一門知識（Wissen），但不是一門科學（Wissenschaft）。這是因爲歷史始終無法透過普遍的東西認識個別的東西，而必須直接抓住單個的東西，因爲好比沿著經驗的實地匍匐而行。眞正的科學卻盤旋在經驗之上，因爲這些科學獲得了涵括事物的概念，借助這些概念就掌握了個別之物，並且至少在某一限度之內預見到了事物在其範圍內的種種可能，對於也許還要發生的事情心中能夠感到踏實。科學既然是概念的體系，討論的始終是事物的類別；而歷史則討論單個之物。據此，歷史就是關於單個之物的科學了，但這樣的稱呼本身是自相矛盾的。從上述「科學討論的始終是事物的類別」這句話，也可以引出這樣的推論：科學討論的始終是永遠存在的東西，而歷史所討論的則是只存在一次、以後不再的東西。再者，由於歷史所涉及的是全然單一和個別的人或事，而這些單一、個別的人或事根據其本質又是難以深究到底的，所以，歷史對所有東西只知一半、有欠澈底。與此同時，歷史還必須讓平凡無奇的新的每一天教導自己仍然一點都不知道的東西。假設有人要提出反駁，認爲歷史也有把特殊的人或事歸入普遍性之下，因爲各個時期、各個政權，以及其他重要的和社會的變化，一句話，所有在歷史表格上找到位置的東西，都是普遍性的東西，而專門的人或事則隸屬其中，這就錯誤地理解了普遍性的概念，因爲在這裡所提出的歷史中的普遍性東西僅僅是一種**主觀**的普遍性，亦即這樣一種普遍性，只不過由於欠缺對事物的個別**認識**所致，但這卻不是一種**客觀**的普遍性，亦即不是一種的確可用以思考事物的概念。在歷史中就算是最具普遍性的東西，其本身也只是單一、個別之物，也就是說，是某一長的時段或者某一主要的事件。因此，特殊的時段或事件與這長的時段或主要事件的關係，猶如部分之於整體，而不是實例之於規律，正如一切眞正科學的情形，因爲科學提供的是概念，而不只是提交事實。因此，在科學中，正確認識了普遍性的東西以後，我們就可以確切地斷定所出現的個別情形。例如，假設我知道三角形的普遍法則，我也就能根據此法則說出隨便擺在我面前的一個三角形所應有的特質。知道了適用於所有哺乳動物的規律和情形以後，例如，這些動物都有兩個心室，正好七塊頸椎骨，還有肺部、膈膜、膀胱、五感官等，那在我剛剛捕捉到的、陌生的、還沒進行解剖的蝙蝠身上，我也可以說出上述哺乳動物的身體情形。但歷史可不是這個樣子：在歷史裡面，普遍性的東西並不是概念中客觀的普遍性，而只是我的認識中的主觀普遍性。這樣一種普遍性勉強稱得上普遍性的話，那就只能是皮毛、膚淺的普遍性。所以，我或許大致上、就其普遍性知道「三十年戰爭」是發生在十七世紀的一場宗教戰爭，但這一普遍性的認識並非就可以讓我說出這場戰爭的過程中某些更詳細的情形。同樣的對照在此也得到證明，在眞正的科學裡，個別、具體的東西是最確切、最可靠的，因爲這是以直接感知爲基礎的；相比之下，普遍的眞理卻是首先從直接感知那裡抽象出來的，因此，普遍眞理中的某些東西更有可能是錯誤的假定。但在歷史中卻是相反的情形：最普遍的就是最確切、最可靠的。例如，各個時期、各個國王的更迭、爆發的革命、戰爭的年代和天下太平的日子。相比之下，個別事件及其相互間的關聯卻是有欠確切的；人們越是細究個別的情形，對其了解就變得越不確切。所以，雖然歷史的敘述越專門就越有趣，但這也就變得越不可靠，在各方面也就越接近杜撰的小說。此外，自我吹噓的歷史實用主義能有多少價值，我們只需想到這一點就可測量出來：就算是對自己生活中的事件，根據相互間的眞正關聯，有時也要等到二十年以後才能明白，雖然這方面的資料是充足完備的。這是因為在偶然不斷干擾、目的又被隱藏起來的情況下，把多個動因產生的作用組合起來是那樣的困難。只要歷史始終以個別之物、單一的事實作爲關注的對象，並把這些對象視爲唯一的眞實，那歷史恰恰就是哲學的反面和對立面，因爲哲學從普遍的視角審視事物，其審視對象就是那在每一個別之物中都同樣存在的明確的普遍性；因此，哲學在這些個別事物中永遠只看到普遍性的東西，而在個別之物的現象變化則被視爲非本質性的。**哲學家是普遍性的朋友**。歷史教導我們說每時每刻都曾有過不一樣的東西，但哲學則著力幫助我們認識到在任何時候——過去、現在、將來——都只是同樣的東西。眞正說來，人類生活的本質，一如隨處可見的大自然的本質，在每一現時此刻都是完整存在的。因此，要透徹了解人類生活的話，需要做的只是對其深度的理解。但歷史卻希望以長度和寬度來取代深度。對歷史來說，每一現時此刻只是某一斷片，必須以過去來補充，但過去卻是無盡的，與之緊接著的又是無盡的將來。哲學頭腦和歷史頭腦之所以形成對立就在於前者極力深究，後者則打算歷數事情到底。歷史在每一頁都只顯示著在不同形式之下同樣的東西。但誰要是無法認出藏在這某一形式下的同樣的東西，那他就算看遍所有的形式，也難以達致對這同樣的東西的認識。國家、民族歷史的篇章，歸根到底只是在名字上和年號上有所區別，其中的實質性內容永遠是一樣的。

因此，只要藝術的素材是**理念**，科學的素材是**概念**，那我們就會看到兩者所處理的都是永恆存在的，並且始終以同樣的方式存在的東西，而非現在是過一會兒又不是，現在是這樣過一會兒又是那樣的東西。正因此，與藝術和科學相關的，是柏拉圖所提出的眞正學問的唯一對象的東西。相比之下，歷史的素材卻是個別的東西連帶其細節和偶然性，是只存在一次、以後永遠不再的東西，是屬於風中流雲般的人類世界的那些匆匆而逝、錯綜複雜的人事，最微不足道的變故經常就可以完全改變這一切。從這一觀點出發，歷史的素材看上去似乎並不值得人們對其認眞、耗費腦力地思考；而人的腦力，正因爲是那樣的倏忽、短暫，所以就應該選擇並非倏忽、短暫的東西作爲思考的對象。

最後，至於那尤其是由扭曲思想、毒害精神的黑格爾虛假哲學所興起的企圖，亦即企圖把世界歷史理解爲一個有計畫的整體，或者用這些人的話說，要「有機地建構起歷史」——其根源其實就是一種粗糙、庸俗的**現實主義**（*Realismus*）。這種現實主義把現象視爲這一世界的**自在本質**，誤以爲現象及其形態和事件才是重要的。另外，上述追求悄悄地得到了祕而不宣就假定的某些神話基本觀點的支持，否則，人們可能就會提出這一問題：這樣一齣人間喜劇到底是爲了哪一位觀眾而上演？這是因爲既然只有個人而不是人類整體，才有眞正的、直接的意識的統一性，那麼，人類生活進程的統一性只是一種虛構的東西。此外，正如大自然只有物種（Species）才是眞實的，**物類**（*genera*）只是抽象而已，同樣，在人類中也只有個人及其經歷才是眞實的，民族及其生活則只是抽象概念。最後，建構起來的歷史在樂觀主義的引導下，發展到最後無一例外就是這樣的國家：人民食物營養充足、舒適愉快、心寬體胖，國家有井然有序的體制、優秀的司法和警察、發達的工業和技術以及至多是智力得到了完善，因爲這最後者就是事實上唯一可能做到的，而屬於道德上的東西在本質上是無法改變的。但是，根據我們內心意識的證詞，一切都取決於我們內在的道德成分，而這些道德成分唯獨只存在於個人，具體則表現爲這個人的意欲方向。其實，只有個人的人生經歷才會有統一性、關聯性和眞正的涵義：這一生可被視爲一種教訓，其涵義是道德方面的。只有**內在的**事件——只要這些事件涉及**意**

欲——才具有眞正的現實性，才是眞實的事件，因爲只有意欲才是自在之物。在每一微觀世界裡都有完整的宏觀世界，而宏觀世界所包含的也不外乎就是那微觀世界。多樣性是屬於現象的，外在事件只是現象世界的造型，因此既不直接具備現實性也不具備涵義，而只是間接地、經由這些外在事件與個體的意欲的關係才具有了現實性和涵義。據此，企圖直接說明和注釋這些外在事件就好比要在變化多端的雲裡看出人和動物一樣。歷史所講述的，事實上不過就是人類漫長的、沉重的和混亂不清的大夢而已。

那些把歷史哲學甚至視爲所有哲學的首要目標的黑格爾信徒，應該看一看柏拉圖是怎麼說的。柏拉圖不知疲倦地反覆強調：哲學探究的對象是那永恆存在、永遠不變之物，而不是一會兒是這樣，另一會兒又是那樣的東西。所有那些提出世事進程的如此建構（或者按照這些人的說法，歷史的如此建構）的人，並不曾把握一切哲學的這一首要眞理，亦即那同樣的東西在任何時候都存在，一切生、滅、變化只是看上去是生、滅、變化；只有理念才是長駐的，時間是觀念而已。柏拉圖是這樣說的，康德也是這樣說的。所以，我們必須試圖明白存在的是什麼、眞實的是什麼，今天乃至永遠都存在的是什麼，亦即認識（柏拉圖意義上的）理念。相比之下，愚蠢的人們卻以爲首先會有和出現別樣的東西。因此，他們在哲學中爲歷史騰出了首要位置，並根據某一預先假定了的世界計畫而建構起歷史，而一切都依照這一假定的計畫引往最好的結果。然後，據稱這就終於大功告成了：那將是極其壯麗、宏偉的結局。因此，這些人就把這一世界視爲百分之百的眞實，把這個世界的目的設定爲可憐巴巴的塵世幸福，而這種塵世的幸福儘管得到了人們悉心經營，外加命運的垂青，也不過就是某種空殼的、虛幻的、淒涼的和不堪一擊的東西，無論是法律、制度，還是蒸汽機、電報機都無力在本質上改善這種幸福。上述歷史哲學家和歷史頌揚者因此就是頭腦簡單的現實主義者，同時也是樂觀主義者和幸福論者。這些人也就是膚淺的傢伙，是骨子裡的市儈和庸人，此外，也是的確差勁的基督徒，因爲基督教的眞正內核和精神與婆羅門教和佛教一樣，就是看清和徹底蔑視這虛無的塵世幸福，轉而尋求一種完全不同的，甚至相反的存在。我再重複一遍，而這才是基督教的思想和目標，是「個中的精髓」*，而他們所以爲的一神論卻不是。因此，並非一神論的佛教與樂觀的猶太教及其變異——伊斯蘭教——相比，佛教與基督教有著密切得多的淵源。

所以，一門眞正的歷史哲學不應該像上述那些人那樣考察（借用柏拉圖的話說）永遠在**形成**但永遠**不存在**的東西，並把這些東西認定爲事物的眞實本質；而是要著眼於永遠存在的，而不是永遠在形成、在消逝之物。這樣的歷史哲學因而並不會把人們一時的目標奉爲永恆和絕對，然後就把人們向著這些目標的進步以想像力巧妙地建構起來，而是有著這樣的認識：歷史不僅在論述、編排中有違眞實，其實，歷史的本質已經帶有欺騙性，因爲歷史總是把所講述的純粹個人、個別的事情當作某種別樣的東西給予我們。其實，歷史所談論的從開始到結束，翻來覆去不外乎改變了名字和套換了不同外衣以後的同樣的東西。眞正的歷史哲學也就是建立在這樣的認識基礎之上：儘管變化無窮無盡，但我們眼前所見的永遠只是不變的同樣的本質，它一如既往、恆久如一。這種歷史哲學因而應該在發生的所有事件中——無論古今，不管是東方還是西方——都認出那同一性的東西；並且儘管各地之間在風俗、人情、習慣、道德風尚等各有差別，但歷史哲學所看到的始終是同樣的人性。這同樣的、在各種

* 參見《亨利五世》，第二幕，第一景。——譯者注

變化中維持不變的東西就是人的心、腦的基本素質，相當差勁的居多，屬於好的寥寥無幾。歷史所信奉的格言必須是**雖然有變化**，但**始終是同樣的東西**。從哲學的角度看，讀完希羅多德的著作就已經算是學完歷史了，因爲希羅多德的著作已經包括了所有後來的歷史所包括的東西，即出自上述人的素質和自然物質的塵世運數的人類的奮鬥、苦難和命運。

如果我們透過到此爲止的議論，認清了歷史作爲認識人性本質的工具，在這方面遜色於文學藝術；其次，歷史並不是眞正意義上的科學；最後，人爲企圖把歷史建構成有開始、有中間、有結束的一個整體，各個部分之間都有著涵義豐富的關聯，這企圖是注定要落空的，是建立在對歷史的誤解之上——如果我們認識到上面這些，那看上去我們是想要否認歷史有其價值了——除非我們能夠指出歷史的價值所在。但歷史，除了完敗於藝術和不見容於科學的這些不足之處外，的確自有一塊有別於這兩者的、相當獨特的地盤——在這裡，歷史起碼可以堂堂正正地立足。

歷史之於人類猶如理性機能之於個人。也就是說，正是得益於人的理性機能，人類才不會像動物那樣侷限於狹隘、直觀所見的現在，而且還能夠認識到大爲擴張了的過去——現在就與這過去相連接，也是出自這過去；也只有經此方式，人類才可以眞正明白現在本身，甚至推論將來。相比之下，動物那欠缺反省、回顧的認知只是侷限於直觀所見，亦即侷限於現在，所以，動物與人們在一起就頭腦簡單、渾噩、無知、無助、聽天由命，甚至馴服了的動物也是如此。與此情形相類似的就是，一個民族不認識自己的歷史、只侷限於目前一代人的現在，因此，這樣的民族對自己本身和他們的現在都不理解，因爲他們無法把現在與過去聯繫起來，並以過去解釋現在。他們也就更無法預料將來。一個民族只有透過歷史才可以對本民族有一個完整的意識。因此，歷史可被視爲人類理性的自我意識；

歷史之於人類就等於以理性機能爲條件的、周密思考的和連貫統一的意識之於個人，而動物因爲欠缺了這種意識而囿於狹隘的直觀現時。所以，歷史中的每一空缺猶如一個人記憶的自我意識中的某一空缺。面對某一我們已經沒有了相關資料的古代紀念物，例如金字塔、古廟、尤卡坦半島的舊宮殿等，我們會茫然沒有頭緒，就像被人役使的動物看著人的舉動，或者就像看著自己以前寫下的暗號但現在已忘了其涵義的人。這種情形的確就像一個夢遊者在早上醒來的時候，發現自己睡著時所做的事情。因此，在這一意義上，歷史可被視爲人類的理性或者思考意識；它代表著爲全人類所直接共有的自我意識，以致只是由於歷史的作用，我們人類和人性才眞正聯繫成一個整體。這就是歷史所擁有的眞正價値，所以，人們對歷史所普遍共有的、壓倒性的興趣，主要因爲歷史是人類的個人事務。語言之於個人的理性（語言是運用理性不可缺少的條件），就等於文字之於在此指出的整個人類的理性，因爲只是與文字一道，整個人類的理性才開始眞正地存在；正如只是與語言一道，個人的理性才開始眞正地存在。也就是說，文字把那被死亡持續中斷了的，並因此支離破碎的人類意識重新恢復爲一體。這樣，在遠祖那裡就產生的思想可以交由後代子孫繼續思考、完成。人類及其意識被分裂成了無數匆匆即逝的個體，文字則對此作出了補救，並對抗著不可阻擋地匆匆溜走、夾帶著遺忘的時間。那些石頭紀念碑、遺跡一如書寫文字，也可被視爲人們所作出的補救努力，而不少紀念碑、遺跡比文字還要古老。誰又會相信那些人當初動用了成千上萬的人力、耗資巨大、費時多年以建造起現已存在了千年的金字塔、巨雕、墓穴、石塔、城樓、廟宇，誰又會相信那些發起建築這些東西的人，當時眼裡只有他們自己？但這些人短暫的一生並不足以讓他們看見這些建築物的竣工。或者誰又會相信他們這樣做只是爲了排場、炫耀的目的？眞的相信這只是被粗糙、無知的大眾硬逼出來的藉口？很明顯，這些人的眞正目的就是向相隔遙遠的後代傳話，與這些後代搭上聯繫，從而統一起人類的意識。印度、埃及，甚至希臘、羅馬留下來的建築物都是爲能保存數千年而設計的，因爲這些古人具有更高級的文明，他們的視線範圍因此緣故更加地寬廣。相比之下，中世紀和近代建造物卻著眼於保留數個世紀而已，但同時也是因爲文字已經使用普遍，尤其是發明了印刷技術以後，人們更放心留下的文字了。不過，就算是近代建築，我們也可從中看到那種要向後世發話的衝動。所以，損毀或者破壞這些建築物以爲低級、實用的目的服務，是可恥的行徑。文字紀念物與石頭紀念物相比，並不怎麼害怕大自然的風雨侵蝕，但更懼怕人的野蠻、破壞行徑，因爲人的野蠻破壞威力更甚。埃及人打算把兩種紀念物結合在一道，在石頭建造物上加入了象形文字；他們甚至還補充圖畫呢——以防將來無人再能明白那些象形文字所要傳達的內容。

第三十九章　論音樂的形上學⓰

讀者還記得，我在《作爲意欲和表象的世界》第一卷 §52 裡，闡述和解釋了音樂這一奇妙的藝術的眞正涵義；我得出的結論是：音樂作品與作爲表象的世界——亦即大自然——之間雖然沒有任何相似性，但肯定有某種明顯的**平行關係**——這一點我也隨後證明了。我在此要補充的是一些值得重視的，對這種平行關係更仔細的涵義界定。所有和音（Harmonie）的四個聲部，亦即低音、次中音、中音和高音，或者說根音、三度音、五度音和八度音，都對應著存在物序列中的四個級別，亦即礦物王國、植物王國、動物王國和人。這一點在音樂這一基本規則裡得到了引人注目的印證：低音與低音的上三個聲部的間隔必須遠遠大於以上這三個聲部之間的間隔，以致低音與以上聲部至少要保持一個八度音程的間隔，通常留在比這更低的位置。據此，合乎規則的三和弦，位置是在與根音間隔的第三個八度音。與此相應，寬廣和音因爲低音保持與以上聲部較大的間隔，其效果就比那些狹窄和音有力得多和優美得多——在後者，低音移近了低音以上的聲部，這種狹窄和音也只是迫於樂器音域有限而採用的。這一整個基本規則完全不是人們隨意制定出來的，而是有樂音系統的自然起源——也就是說，只要最短的、經由次要振動而產生共鳴的和諧音階就是八度音及其五度音。從這一規則，我們可

⓰ 本章與第一卷 §52 相關。

以看出音樂類似於大自然的基本構成——由於大自然的這種基本構成，有機體生物相互之間密切的程度遠甚於有機體生物與礦物王國裡沒有生命的無機團塊之間；有機體生物與沒有生命的無機物之間，有整個大自然中最明顯的界域和最寬廣的鴻溝。至於歌唱旋律的高音部，當然同時也是和音的一個組成部分，並且在這和音裡面，這一高音部甚至與最深沉的基本低音相連——那可被視爲類似於這一事實：在人的機體裡，支撐起人的理念的同樣物質，同時也必然表現出和支撐著重力和化學性質的理念，亦即意欲在最低級別的客體化。

因爲音樂並不像所有其他藝術那樣表現出理念，或說意欲客體化的級別，而是要直接表現意欲本身，所以，由此也可以解釋爲何音樂直接作用於聽者的意欲，亦即感覺和情緒，以致音樂在頃刻之間就能提升、增強，甚至改變聽眾的感覺和情緒。

正如音樂確實遠遠不只是輔助詩文的工具，而是一門獨立自主的藝術，甚至的確是所有藝術之中的最強有力者，因此全憑自身之力就可達到自己的目的；同樣，音樂也確實不需要得到唱詞或者歌劇中情節的幫助。這樣一種音樂就只知道音聲，但卻不理會產生這些音聲的原因。所以，對音樂來說，甚至人的聲音本來和本質上不是別的，而是經調校了的音聲，就與樂器所彈奏出來的音聲一樣。並且就像所有其他樂器音聲一樣，人的聲音有特定的優點和缺點，而這些優缺點是產生出這些聲音的工具的結果。至於在這種情況下，這一發音的器具也可作其他用途，可以作爲語言工具爲傳達概念服務，那只是一種偶然。音樂雖然可以附帶利用這一偶然，以便把音樂和詩文扯上關聯，但音樂卻永遠不可以本末倒置，讓詩文喧賓奪主；不可以一門心思只放在通常都是，並且（就像狄德羅在《拉摩的侄兒》中所說的那樣）在本質上確實乏味、無力的詩句上面。字詞對音樂來說始終是一種陌生的附加物，只具有次一級的價値，因爲音聲所造成的效果比字詞有力得多、有效得多和快捷得多。所以，如果眞要把字詞與音樂合爲一體的話，那字詞就只能處於全然從屬的位置，並要完全契合音樂。但是，在爲既定的詩文譜曲，因而在爲詠唱詞譜寫音樂方面，音樂與字詞的這種關係卻被顚倒過來了。但一經譜上音樂以後，音樂藝術高出一籌的威力馬上就顯現出來了，因爲音樂現在就把唱詞所要表達的感情或者劇裡所表現的情節、行爲，把所有這些中最幽深、最根本和最隱祕的東西和盤托給我們；把感情和情節的眞正本質明白地表達出來；讓我們了解劇中事件所具有的最內在的靈魂——而舞臺上向我們展現的只是這些事件的肉體和外衣而已。考慮到音樂的這一優勢，並且只要音樂與歌詞和與情節之間的關係保持在普遍與個別、規則與實例的關係上，那爲音樂而作詞似乎就比爲詞而譜曲更妥當。但通常的做法就是讓劇本的字詞和情節，把作曲家引向隱藏在這些字詞、情節後面的意欲刺激和活動，喚起作曲家所要表達的感情，因此，所發揮的作用就是激發起作曲家的音樂想像。此外，音樂加上詩文之所以這樣受到聽眾的歡迎，字詞通俗易懂的某一唱段之所以讓我們感受到內心的喜悅，是因爲以此手段可以同時和一起激發我們最直接的和最間接的認知方式：也就是說，對最直接的認知方式，音樂表達了意欲本身的激動；對最間接的認知方式，字詞則表達了概念思想。在感情語言發聲之時，理性並不喜歡完全無所事事地袖手旁觀。音樂雖然可以全憑自身表達出意欲的每一活動、每一感觸和情緒，但附加了字詞以後，我們就另外獲得了這些意欲活動的對象物、引起意欲活動的動因。一部歌劇中的、由總譜所表現的音樂，有著全然獨立、分開和彷彿是抽象的存在；劇裡的事件、人物對這音樂來說是陌生的，這音樂遵循著屬於自己的、不變的規律。因此，這音樂就算沒有唱詞也可以完美地造成效果。但由於音樂是考慮到了這戲劇而譜寫的，所以也就彷彿是這戲劇的靈魂，因爲音樂把事件、人物、言詞結合一道，表達了所有這些事件的內在涵義，和以這些內在涵義爲基礎的這些事件最終的、祕密的必然性。對此隱約、朦朧有所感覺，其實就是觀眾能夠感受到樂趣的基礎——如果觀眾並非只是張開嘴巴傻看的話。但在歌劇裡，音樂透過全然不關心事件的所有有形素材以顯示出音樂別具一格的特性和更高一級的本質；所以，音樂在表達暴風驟雨般的激情和感覺時，無一例外都採用同樣的方式，都伴以同樣壯觀、華麗的音聲——不管這是阿伽門農、阿基利斯，抑或一個市民家庭的口角提供了戲劇的有形素材。這是因爲音樂只著眼於激情，只著眼於意欲的活動。音樂就像上帝一樣只看內心。音樂從來不會逢迎、適應素材，所以，甚至在伴隨著喜劇性歌劇中最可笑和最離譜的胡鬧場面時，音樂仍保持著自己那本質上的優美、純淨和偉大；與劇中事件的融合並不會把超越的音樂從其與一切可笑的、胡鬧的、格格不入的高度拉下來。這樣，我們存在的嚴肅、深刻的涵義懸浮在人類生活的滑稽胡鬧和無盡痛苦之上，兩者須臾不離。

現在假如我們看一看純粹的器樂。那一首貝多芬的交響樂向我們展現了極爲混亂但卻有著最完美的條理和秩序基礎的樂音、至爲激烈的爭鬥——但這爭鬥轉眼間又化成了優美無比的和諧一致。這是世界不和諧之中的和諧*，是對這一世界本質的忠實和完美寫照；這種和諧一致就翻滾在這無數形態的無邊混亂之中，透過持續不斷的破壞維持自身。與此同時，這一交響樂卻傾訴著人的激情和感受：愛、恨、歡樂、悲哀、恐懼、希望等及其無數細微的差別，但這一切就好比在抽象中進行，並沒有任何個別化和具體化；這也只是形式而沒有內容，就像只是一個精神的世界而沒有物質。當然，我們在

* 賀拉斯語。——譯者注

傾聽的時候，喜歡把這音樂現實化，在想像裡給音樂裏以骨頭、血肉，並在這音樂裡看到生活和大自然的種種畫面。但是，總的來說，這種做法既無助於對音樂的理解，也不會增加音樂的樂趣；其實，這只爲音樂帶來了某種陌生的和任隨人意的累贅。因此，我們更應該直接和單純地理解音樂本身。

以上和在第一卷 §52 僅從形而上一面考察了音樂以後，亦即考察了音樂作品的內在涵義以後，現在是時候也泛泛考察一番音樂作品到底採用了何種手段以作用於我們的精神思想、表現出音樂的內在涵義；因此就要表明音樂形而上的一面，如何與已被充分探究和已爲人所熟悉的有形（物理）的一面結合起來。我先從這一普遍爲人所熟悉、絲毫不會被新的反對意見動搖的理論出發，亦即所有音之和音都以共振爲基礎；當兩個音一齊鳴響時，這種共振發生在例如每一第二、第三或第四振動時，那這兩個音相應的就是彼此的八度音、五度音和四度音等。也就是說，只要兩個音的振動，彼此之間是一種有理數式的、可以用小數字表達的關係，那這些音就可以透過經常重複出現的巧合共振，在我們的理解中互相聯繫起來；這些音也就融合一道，以此形成和諧、共鳴。相反，如果兩個音之間的振動關係是無理數式的，或者說只能以長串數字表達，那就沒有可被我們理解的巧合共振，有的只是「聲音總是喧鬧不停」的情況。這樣，這些音聲就是我們在理解中無法聯繫起來的，這些音聲因此可稱爲不和諧。根據這一理論，音樂就是理解有理數式或者無理數式的數字關係的一個手段，但卻不是像例如算術那樣借助於概念的幫助，而是讓我們完全直接地、同時感官地認識這種數字關係。音樂形而上的涵義與音樂的這一有形（物理）和算術式基礎的結合，就以此爲基礎：妨礙、抗拒我們**理解**的、無理數式的關係，或者說不和諧，變成了妨礙和拂逆我們意欲的自然圖像；反過來，和諧或者說有理數式的關係，由於可以輕易讓我們理解和把握，就成了意欲獲得滿足的圖像。此外，由於在上述振動的數字關係裡的有理數或者無理數，會有無數的等級、次序、花樣和細微差別，所以，音樂憑藉自身的特性就成了一種合適的素材，能夠把人心的活動，亦即意欲的活動——其本質永遠在於滿足和不滿足，雖然這裡面有無數的級別——連帶其所有至爲微妙、細膩的差別和變化，忠實地塑造和重現出來。而這就透過找到旋律來完成。這樣，我們可以看到意欲活動在這裡慢慢過渡到單純是表象的領域，而表象的領域是所有優美藝術作品的唯一場所和舞臺，因爲優美藝術絕對要求意欲本身必須置身局外，而我們則無例外的是純粹認知的態度。爲此，不可以刺激起意欲本身，亦即不能造成確實的苦痛和確實的快感，而只能用它們的替代品，亦即適合智力觀照的、意欲得到滿足的圖像，以及或多或少與意欲相牴觸的、或大或小的苦痛的圖像。只有這樣，音樂才永遠不會給我們造成眞實的痛苦，而就算在最苦痛的和音中，我們也能感受到愉悅；我們也多麼喜歡在語言裡，聽見我們意欲的祕密歷史和意欲的所有激動和追求及其所承受的多種阻礙、延誤和折磨——哪怕我們聽見的是最哀傷的旋律。相比之下，在眞實和驚恐的生活中，是我們的意欲本身受著如此的刺激和折磨，我們關注的不是音聲及其數字關係，我們現在本身毋寧說已成了繃緊、夾緊、顫動的琴弦。

再者，因爲根據音樂形成的物理理論，音的眞正音樂特性在於這些音的振動速度的勻稱、調和，並不在於這些音的相對強度，所以，具有音樂感的耳朵在傾聽和音時，總是寧願追隨最高音，而不是最強音。因此，甚至在最強勁的樂隊伴奏之下，高音演唱者仍然鶴立雞群，並因此取得了演唱旋律的天然特權，與此同時，這也得到了高音那基於相同的振動頻率的極大靈活性的幫助，就像在和聲華彩化的聲部處理所顯示的那樣。因此，高音就成爲提升了的、能夠接收最細微的印象並被這印象所影響的感覺性的合適代表，因而就處於事物序列最高一級的、極大提升了的意識的合適代表。高音部的對立面，出於相反的原因，則是活動笨拙，只在第三音階、第四音階和第五音階進行大音距的上下升降的低音，並且在這個過程中，每移動一步都受到固定規則的指引。低音因此是無機的自然王國的天然代表——這一無機的大自然沒有感覺、與細膩印象絕緣、只受制於最普遍的定律。這低音甚至永遠無法攀升一個音階，亦即從某一第四音階攀升至某一第五音階，因爲這會在高音裡產生不準確的第五音階或第八音階模進（Folge）。因此，低音本來就是永遠不可以演奏旋律的。但如要把旋律交由低音演奏，那就得借助於對位法，亦即這一低音是一**可移動**的低音：亦即把某一上級的聲部下調，只是冒充低音使用，因爲它其實還需要某一第二基本低音的伴奏呢。這種以低音演奏的旋律，其違背自然的地方使得到足夠伴奏的低音詠嘆調不像高音詠嘆調那樣，給我們帶來純淨、不含雜質的享受；而高音詠嘆調與和音的結合才是合乎自然的。附帶一提的是，這種以強行變調的低音演奏旋律的做法，在我們音樂的形上學的意義上而言，可以比擬爲在一塊大理石上強行軋上人的形狀：這因此與《唐璜》中化爲石頭的客人極爲相似。

但現在我們要更深入地探究旋律**創生**的原因，而這工作得透過拆卸構成旋律的要件方可完成，並肯定會給我們帶來樂趣——一旦把我們每個人都具體意識到的東西引入抽象和清晰的意識時，我們都會感受到樂趣，因爲事物由此獲得了全新的一面。

旋律或曲調是由兩要素組成的：節奏與和音。節奏被形容爲數量的特性，和音則是質量的特質，因爲節奏涉及音的持續，而和音關乎音的高低。在記譜時，節奏屬於垂直線，和音則用水平線。這兩者的基礎是純粹算術的關係，亦即時間的關係：對節奏來說，是音的相對持續時間；對和音而言，則是音的相對頻率（振動速度）。節奏要素是最關鍵的，因爲節奏可以純粹依靠自身，在沒有其他要素的情況下表現出某種旋律——例如在擊鼓的時候——雖然完美的旋律需要節奏與和音兼而有之。也就是說，完美的旋律是由這兩者交替著的**不和與和解**構成的——這我馬上就會向大家演示。但既然在上文我已經論及和音，在此我就更仔細地考察一下節奏的因素。

節奏之於時間猶如**對稱**之於空間，也就是分成相等、對稱的各個部分，並且首先是分成大的單位，然後再分爲屬下的小單位。在我所列出的一系列藝術裡，**建築和音樂**構成了藝術系列的兩端。這兩者根據其內在本質、藝術力度、作用的範圍和蘊藏的涵義，也是彼此最不相同的，甚至是眞正的彼此對立者。這種彼此對立甚至擴展至這兩者所呈現的形式，因爲建築唯獨只存在於**空間**，與時間並沒有關聯；而音樂則唯獨存在於**時間**，與空間並沒有聯繫。⑰由此產生了這兩者之間唯一的相似、類比之處，也就是說，正如在建築中，**對稱**起著整合和一統的作用；在音樂中，卻是**節奏**扮演著同樣的角色。這在此也證明了**對立的兩端是相通的**。正如一座建築物的最小組成部分是完全一樣的石塊，同樣，一段音樂的最小組成部分是完全一樣的拍子。但拍子可以由上拍和下拍，或者大體上透過標示節拍的分數而分成相等的單位——這些各自相等的小單位可以勉強與建築物的小石塊相比。由多個拍子組成一個樂段，而一個樂段也有對等的兩半：一半是上升的、追求的、通常都走向自然音階的第五級音；另一半則是下降的、平和的、重又回到基音。兩個或者兩個以上的樂段組成了一個部分，而這

⑰ 如果反駁說雕塑和繪畫也只在空間中，那這說法是錯的，因為這些作品雖然不是直接與時間聯繫在一起，但其關聯卻是間接的，因為這些作品表現了生活、運動和行為。同樣錯誤的說法是詩歌作為話語是唯一屬於時間的。這直接對字詞才是這樣，但詩歌的素材卻是存在的一切，因而是空間性的。

一部分通常經由重複符號同樣在對稱方面被加倍了。這兩個部分組成了一小部的音樂，或者一部大音樂中的一小樂章，正如一部協奏曲或者奏鳴曲經常由三個樂章、交響曲由四個樂章、彌撒曲由五個樂章所組成一樣。這樣，我們就可以看到音樂作品經由對稱分配和重複分割，直至分成拍子及其分數，然後把這些各個單位各自隸屬、統領、並列起來，讓它們合爲一個整體，就像透過對稱而建成一座建築物一樣。只不過建築物的對稱唯獨只在空間，而音樂中的對稱唯獨只在時間。在過去三十年裡經常被人們掛在嘴邊的這一大膽俏皮話，就是感覺到了建築與音樂的這種相似性的結果。這一句俏皮話就是：建築是凝固的音樂。最先說出這話的應該是歌德，因爲根據愛克曼的《歌德談話錄》（第二卷，第八十八頁），歌德說：「我發現在我的一張稿紙上，把建築藝術稱爲凝結的音樂。這一句話確有一定的道理：建築藝術所彌漫的情調，很接近音樂的效果。」歌德很可能比這早得多地在交談中說過這一句俏皮話。我們都知道在這種情形下，總不乏人把任何歌德說過的隻言片語撿起來，然後就把它修飾一番示人。不過，不管歌德說了些什麼，音樂與建築藝術的相似、類比——這唯一的原因我找到了，那就是節奏與對稱的類似性——據此也只是在這兩種藝術的外在形式，而根本不曾擴展至這兩種藝術的內在本質，因爲音樂與建築藝術的內在本質彼此間乃天壤之別。如果把在所有藝術中最有侷限性、力量也最弱的一種藝術，與範圍最廣、極具震撼力的另一種藝術在最根本的方面相提並論，那確實是可笑的。我們還可以補充這一點，作爲對上述音樂和建築藝術類比的發揮：當音樂彷彿有了獨立的衝動，抓住了延長符號的機會，要擺脫節奏的束縛，來一番休止之前自由夢幻的華彩樂段，那這沒有了節奏的音樂就可類比於沒有了對稱的建築物廢墟。這樣，我們就可以套用那句俏皮話的大膽語言說：這一沒有了對稱的建築物廢墟就是凝固的華彩樂段。

在討論完節奏以後，現在我要說明旋律的本質如何在於旋律中的節奏成分與和音成分之間不斷更新的不和與和解。也就是說，旋律的和音成分是以根音爲前提的，就跟節奏成分是以拍子單位爲前提的一樣，就在於從根音的某種偏離，經過音階中的各個音直到在或長或短的迂迴曲折以後，終於抵達和音的音級爲止；而這和音音級通常是屬音（自然音階第五級）或次屬音級。這時候所獲得的是某種並非完全的滿足。然後，接下來就是經過同樣長度的途徑返回根音——抵達根音的時候，完美的滿足方才出現。但要產生這兩種滿足，音聲在達到上述音級和重新回到根音時，必須恰好與節奏的某些最佳時間點碰在一起。否則，就無法造成上述滿足的效果。所以，正如和音的音列需要某些樂音，首先是主音（音階的第一音），其次就是屬音，等等；同樣，節奏方面也需要某些時刻，某些點出的拍子和這些拍子的某些部分——這些我們稱爲重拍或者「好拍」，以對應輕拍或者「差拍」。上述和音、節奏兩種基本成分之間的不和是：當其中之一的要求得到滿足時，另一者卻沒有得到滿足；而和解就是這兩者在同一時間都得到了滿足。即上述那些遊走的一系列樂音，在達到和音程度不一的某一和音音級之前，要經過一定數目的拍子，才會在某一好的分拍與這一和音音級巧遇。而這兩者的巧遇點就成了這系列樂音的間歇點。同樣，這系列樂音在返回主音時，在經過同樣多的拍子以後，會在某一好的分拍找到和音與節奏的巧遇點——這就出現了完全的滿足。只要和音與節奏這兩種基本成分所獲得的滿足不是按照要求恰好在同時發生，儘管節奏正常繼續，而所需的音也足夠頻繁地出現，但卻完全無法產生上述那種效果——而旋律正是由此效果而成。下面至爲簡單的一個例子可以說明我的說法：

在此，和音的音列就在第一拍子的結尾處碰上主音，只不過在這裡卻不曾得到滿足，因爲節奏正困於最差的拍子部分。在緊接下來的第二拍子裡，節奏是在好的拍子部分，但音列卻到了第七音。在此，旋律的兩個基本成分完全**不和**，我們感到了混亂和不安。在這樂段的第二部分，一切都顛倒了過來；在最後的一個音裡，節奏與和音協調、**和解**了。這一過程在任何旋律中都可看到，雖然通常會變換更廣泛的形式。在這裡我們所看到的旋律兩個基本成分之間不斷出現的**不和與和解**，從形而上的角度看，就是對願（欲）望的產生與願望隨後得到滿足的寫照。正因爲這樣，音樂才可以深得人心，總是向我們展示完美達成心意的情形。仔細考察一下，我們就可看到在旋律形成的這一過程裡，某種程度上的**內在**條件（和音）與**外在**條件（節奏）猶如因**偶然**而巧合——這巧合當然是作曲者一手炮製的，並且就此而言，可以與詩的韻腳相比——但這種巧妙結合正好是我們的願（欲）望，與獨立於這些願（欲）望的、外在的和有利實現願望的情勢巧妙結合的寫照；而這也就是幸福的圖景。在此，音樂中延留音（Vorhalt）所發揮的作用也值得我們考察一下。這種延留音是一種不和諧音——它阻撓肯定將至的和諧音的到來；這樣，經此阻撓的作用，對和諧音到來的要求就變得更強烈了；姍姍來遲的和諧音也因此帶來了更大的滿足。這明顯類似於意欲所獲得的滿足因推遲而加強。完美的華彩樂段需要在此之前的七和弦且處於屬音，因爲最深切感受到的滿足和完全的平靜，只會出現在最迫切的要求之後。因此，一般來說，音樂就是這兩種和弦的不停交替：一種是或多或少的擾亂、不安，亦即刺激起需求的和弦，另一種是或多或少給予安慰、滿足的和弦。這種情形恰似心（意欲）的生活就是這兩者永遠不斷的交替：由願（欲）望或恐懼引起的或大或小的擾亂、不安，得到不同的相應的滿足。因此，樂音的和諧向前發展就在於不和諧音與和諧音以合乎藝術規則的方式變換。一連串純粹和諧的

1233

1234

和弦會讓人膩煩、厭倦和顯得空洞，就像所有願望得到滿足以後都會引致的沉悶、倦怠。所以，雖然不和諧音擾亂人心、讓人不安，並且幾乎讓人感受到痛苦，但我們必須引入這些不和諧音，目的只是經過一番準備以後，讓這些不和諧音重又化爲和諧音。確實，在全部的音樂裡也只有這兩種基本和弦：不和諧的七和弦與和諧的三和弦，而一切可能有的和弦都可還原爲這兩種和弦。正好與這一事實相吻合：對意欲來說，歸根到底也只有滿足和不滿足，無論這種滿足和不滿足如何以多種多樣的面目出現。並且正如我們只有兩種普遍的基本心緒，亦即快活或者起碼是健康、活力和煩惱，甚至痛苦，同樣，音樂也有與兩種基本心緒相對應的兩種樂調，大調（Dur）和小調（Moll）。音樂也始終不是大調就是小調。但最爲奇妙的事情是，我們有這樣一種既不造成身體上的痛苦，也不是常規的，但馬上就起作用和讓人無法錯認的痛苦標誌：小調。由此可以讓我們看出音樂如何深深地扎根於我們人和事物的本質。居住在北方的民族，其生活受制於嚴酷的條件，尤其是俄國人，小調就占據了主導的位置，甚至教堂音樂也是這樣。小調快板在法國音樂裡是相當常見的，並且是法國音樂的特色。這種音樂情形猶如一個人在那跳舞，但所穿的鞋子是夾腳的。

我再補充一些附帶的思考。在主音改變，伴隨著所有音階價值作用改變的情況下——因此，同一個音就要擔任二度音、三度音、四度音等——那音階上的音就類似於一個一會兒要扮演這個角色，一會兒又得扮演另一個角色的同一個演員。至於這一演員經常並不與其所扮演的角色精確吻合，那我們可以把這情形與在每一和音系統裡面無法避免的不盡純粹（我在第一卷 §52 結尾處提及過）相比較——這些是由按平均律調音所引致的。

或許有人對這一點感到不滿：這一經常發揮著提升我們精神的作用的音樂，根據現在所講述的音樂的形上學，這在我們看來講述了有別於我們現在的和更好的世界的音樂，究其實也只不過是逢迎那生存意欲，因爲它表現了生存意欲的本質，描畫了生存意欲的成功，並在最後表達了生存意欲的滿足。下面選自《吠陀》的一段話可以幫助打消那些疑慮：**人們把最高的靈魂稱爲極樂**，**那是一種歡樂**，**因爲無論在哪裡**，**只要有某一歡樂**，**那就是這極樂的一部分**（拉丁文本《奧義書》，第一卷，第四〇五頁；第二卷，第二一五頁）。

對第四篇「世界作爲意欲再論」的增補

所有人只渴望從死亡中解脫，
但他們並不懂得要從生命中解脫。

——老子，《道德經》，斯坦尼斯拉·于連編

第四十章　前言

如果那兩個尤其需要補充論述的主要問題，亦即意欲的自由和道德的基礎，不是因爲兩個斯堪的納維亞學士院所提出的有獎徵文問題而由我詳細地進行了專題討論（這些專題以《倫理學的兩個根本問題》在一八四一年呈獻給了讀者），那對這第四篇的補充就相當地可觀。因此，我假定閱讀我的這部分補充的讀者已經了解了我上述的文章，正如我假定閱讀對第二篇的補充的讀者已了解我的《論大自然的意欲》一樣。總之，我要求那些想要了解我的哲學的人，必須讀完我寫的每一行字。這是因爲我不是多產的寫手，不是簡編、大綱的炮製者，不是賺取稿酬的人，不是以寫作旨在獲得某一部長、大臣贊許的人——一句話，我的筆不會受到任何個人目的的影響。我所追求的除了眞理，別無其他。就像古人那樣，我寫作的唯一目的是保存我的思想，將來有朝一日，這些思想能讓那些懂得琢磨和珍惜這些思想的人受益。正因此，我寫的東西不多，但卻經過了深思熟慮和間隔了相當一段時間；也因此把在哲學寫作中由於連貫性的原因，有時候避免不了的重複儘量控制在最小程度——這些重複是任何一個哲學家都無法幸免的；這樣，只在一處地方就可找到大部分我所要說的。所以，誰要想從我這裡學到東西和明白我所說的，那就不要漏過我所寫的任何東西。但要判定我和批評我的話，人們卻可以漏掉不讀我寫的東西，正如現實經驗中所展示的那樣；我也就祝願他們快樂多多吧。

與此同時，由於減除了那兩個話題而在這第四篇中所省下的空間卻是求之不得的。這是因爲既然人們最關心的是那些說明和解釋，那些說明因此在每一個體系中就作爲最終的成果而構成其金字塔的頂點，也集聚在我的最後一篇裡面，那我們就很樂意給予多一些的空間以提出每一個更紮實的根據，或更精確地闡明這些根據。除此之外，在此可以把屬於「對生存意欲的肯定」理論的一個探討納入話題，而這一話題在我的這第四篇裡是沒有觸及的，在我之前的所有哲學家也對此話題完全忽視，即不時會發展爲最狂熱激情的性愛的內在涵義和自在本質。如能認識到此話題的重要性，把這些話題納入哲學的倫理學部分，就不是荒唐的事情了。

第四十一章　論死亡及其與我們的自在本質不滅性的關係❶

死亡是眞正激勵哲學、給哲學以靈感的守護神，或者是那九個繆斯女神的領導者繆斯格特，所以，蘇格拉底給哲學下的定義是：**爲死亡做準備**。的確，如果沒有了死亡這回事，也就很難再有哲學的探討。所以，在本書最後的第四篇，同時也是最嚴肅和最重要的一篇的開首處，專門對死亡進行一番思考是相當合情合理的。

動物並不眞正知道死亡這回事。所以，動物個體直接享受到了種屬的不滅性，因爲動物個體所意識到的自身是沒有盡頭的。在人那裡，伴隨著理性必然知道死亡可怕的確切性。但正如在大自然，凡是有一害就會有針對這一害的解救手段或者至少是補償，同樣，那帶來了對死亡的認識的反省理智思維也幫助人們得到了**形而上**的觀點，讓人們就死亡這一問題獲得安慰，而這些形而上的觀點是動物不需要的，也是沒有能力接受的。一切宗教、哲學的體系都主要是爲了這一目的，因此，這些體系首先是針對確切死亡的一副解毒藥，而這解毒藥是反省性的理性運用自身的手段產生的。但這些哲學或者宗教體系能夠在多大程度上達到這解毒的目的，各自卻很不一樣；某一宗教或者某一哲學的確會比另一宗教或另一哲學更能使人們平靜地直面死亡。婆羅門教和佛教教導人們把自己看作是一切存在的

❶ 本章與第一卷 §54 相關。

源泉，看作是梵——對這源泉來說，其實並沒有生、滅這回事。這兩種宗教在教導死亡方面做出了大得多的貢獻——這是與這樣的宗教相比較而言的：這些宗教宣稱人是從無中生成的，從別人那裡接受的存在的確是與其誕生一道開始的。與我這說法相吻合的，我們發現在印度，人們對待死亡是一種鎮定、藐視的態度——這在歐洲人們是無法想像的。在這一重要問題上，把一些軟弱無力、經不起推敲的概念透過早年的灌輸而強迫人們接受，並由此使人們永遠無力接受更正確和更站得住腳的觀點——這確實是一件令人憂慮的事情。舉個例子說吧，如果教導人們說他們只是在不久前才從無中生成的，所以，恆久以來他們一直就是無，但將來卻可以永生不滅——那這樣就無異於告訴人們：雖然他們徹頭徹尾是由某一其他生物造成的，但現在他們卻得為自己的所作所為永恆地負上責任。但當人們思想成熟、對事情有了深思以後，如果無法避免地看出這些教義欠缺理據，那到了此時，人們卻沒有更加合理的觀點來取代這些教義，甚至已經沒有能力明白那些更合理的觀點了。他們就這樣失去了他們本應獲得的安慰——這種安慰是大自然因爲人類確切知道了死亡而特別對人類作出的補償。由於這種情況，我們現在（一八四四）就看到在英國，在那些墮落的工廠工人中的社會主義者；在德國，在墮落的學生中的青年黑格爾信徒，已墮落至絕對的自然、物理觀點，而這種觀點導致的結果就是：**吃吧，喝吧，玩樂吧，死了以後就什麼都沒有了**。就此而言，這一觀點可稱爲獸性主義。

但是，根據所有那些關於死亡的教導，不可否認的一點是，起碼在歐洲，人們對死亡的看法，並且很多時候甚至是同一個人對死亡的看法，都在這兩者之間重新左右搖擺：要麼死亡是絕對的毀滅，要麼人們可以達致長生不朽，猶如還保留著原來的毛髮和皮膚。這兩種看法同樣都是錯的，但我們與其說需要在這兩端中找到一個正確的中間點，還不如說需要獲得某一更高的角度審視這一問題——

一旦從這更高的角度審視，上述錯誤的觀點就會自行瓦解。

在進行這樣的思考時，我想首先要從完全經驗的立場出發。這樣，首先擺在我們眼前的不可否認的事實是：根據自己那天然的意識，人們相應地不僅懼怕自己的死亡更甚於其他一切，而且親人、朋友的死亡也會讓自己痛哭流涕，並且顯然不是因爲自我的原因，因爲自己有所損失，而是發自對這些親人、朋友所遭受巨大不幸的一種同情。所以，對那些在這種情況下不流淚、沒有顯示出悲傷的人，人們還會指責爲硬心腸、冷酷無情。與這一例子同理，最強烈的報復欲念就是把仇人置於死地——這也是報復者認爲所能造成的最大不幸。人的意見和看法會因時、因地而不同，但大自然的聲音無論何時何地都是一樣的，因此應該受到重視。在此，大自然的聲音似乎在清楚地說：死亡就是一樁極大的不幸。在大自然的語言裡，死亡意味著毀滅，至於人們如此嚴肅地對待死亡，可以由此推斷出來：就正如每個人都知道的，生活並不是一場開心逗樂。或許，我們肯定不配得到比生活和死亡這兩者更好的東西。

其實，對死亡的恐懼與任何認知都是不相干的，因爲動物也恐懼死亡，雖然動物並不認識死亡。所有生物一旦誕生在這一世上，就有了對死亡的恐懼。這種先驗的對死亡的恐懼恰恰是生存意欲的另一面，而我們及所有生物都的確是這一生存意欲。所以，對每個動物來說，懼怕自身毀滅就跟關注維護自身一樣，都是與生俱來的。所以，動物爲了防備危險生物的襲擊，把自己尤其是把自己的幼兒安置穩妥，以避開任何對其造成危險的東西，牠顯現出來的小心、謹慎正是懼怕自身的毀滅，並不只是要避免苦痛。爲什麼動物會逃跑、顫抖和試圖躲藏起來？因爲牠們全然是生存意欲，作爲生存意欲的生物就是要遭受死亡，就是希望爭取時間。人在本性上也是如此。威脅人們的最大不幸和最糟糕的事情就是死亡，無論在哪裡都是這樣；人最大的恐懼就是對死亡的恐懼。沒有什麼比別人正遭受生命危險更能激起我們最強烈的關注；也沒有什麼比被判以死刑更加的可怕。人們在這些情況下表現出來的對生之無限依戀不可能出自人們的認知和思考。對有認識力和深思的人來說，這種對生之依依不捨其實顯得相當愚蠢，因爲生命（生活）的客觀價值相當不確切；這種生存是否優於非生存起碼是有疑問的。的確，如果經驗和深思可以定奪此事，那非生存一定會勝出。假如我們叩問墳墓的死者是否願意重新做人，他們將會搖頭拒絕。在柏拉圖的〈爲蘇格拉底辯護〉裡，蘇格拉底也持這種看法。甚至開朗和可愛的伏爾泰也不得不說：我們愛這生活，但虛無和非存在也有其好處。還有：我不知道永生是何種模樣，但我們此生卻與一場惡作劇無異。此外，這一生不管怎樣，很快就會結束。或許我們還會生存爲數不多的年月，但與我們將不再存在的無盡時間相比，這些甚至還稱不上是滄海一粟。所以，爲了這麼一段生存時間如此緊張擔憂，一旦我們自己或者他人的生命陷入危險就這樣心慌顫抖，而我們寫出的那些悲劇，其可怕之處全在於這些悲劇刺激起我們對死亡的恐懼——這些在反省思考之下，都顯得可笑得很。對生命（生活）的這種強烈的依依不捨因而是非理性的和盲目的，對此的解釋只能是：我們的整個自在本質本身就是生存意欲；對這一生存意欲來說，這生存必然就是至高無上的好處，儘管這一生存始終是那樣的短暫、不確定和充滿苦澀；這一生存意欲本身是沒有認識力的，是盲目的。相比之下，認識力遠遠不是對生之依戀的源頭，認識力所發揮的作用甚至是對抗這種依戀的，因爲認識力揭發了生存的毫無價值，並以此克服對死亡的恐懼。當認識力占得了上風，人們因此能夠勇敢、鎮定地迎向死亡時，人們會把這種態度和行爲尊爲偉大和高貴。我們因而會慶祝認識力戰勝了盲目的生存意欲，但後者卻是我們的本質內核。同樣，我們會鄙視那些認識力打了敗仗的人——

這些人因爲這一原因而無條件地緊抓這一生存不放，拼盡全力反抗那步步逼近的死神，並在絕望中不敢死去。❷但在這後一種人身上表達出來的卻是我們自身和大自然的原初本質。在此不妨順便問一下，爲何對生的無限眷戀，爲能苟延此生而不惜動用一切可能的手段，會被人們視爲低級、可鄙？爲何類似的行爲會被所有宗教的追隨者視爲不配他們的宗教——假如生存就是善良的神靈賜予我們的，是需要我們謝領的禮物？然後，爲何輕視和蔑視這生命會顯得偉大和高貴？這方面的思考同時也向我們證實了：⑴生存意欲就是人的內在本質；⑵生存意欲本身是沒有認識力的，是盲目的；⑶認識力對意欲而言本來就是陌生的，是附加的才能；⑷認識力與生存意欲互相衝突，看到認識力戰勝了意欲，我們的判斷力爲之喝彩。

如果死亡顯得那麼可怕，是因爲我們想到了非存在，那麼，想到我們之前還不曾存在的時候，我們必然也會同樣不寒而慄才對。這是因爲這一確鑿的事實是無可爭辯的：死亡以後的非存在與出生之前的非存在不會有什麼差別，因此，並不更令人悲痛。在我們還沒有存在的時候，已經走過了延綿無盡的時間，但這卻一點都不曾讓我們感到悲痛。相比之下，經過了猶如短暫幕間插曲的匆匆一生以後，緊接著的將是第二次延綿無盡的時間，但我們卻將不再存在了——對此，我們覺得難過，甚至無法忍受。那麼，這種對生存的渴望，其產生是否因爲我們品嘗過了這一生存並且覺得它相當可愛？就像上文已經簡短討論了的，答案肯定不是這樣。從人生中獲得的經驗反倒能夠喚醒對非存在的無限渴

❷在角鬥士格鬥中，對那些向我們乞求和懇請活命的懦夫，我們往往是厭惡的態度；但對於那些勇敢、無畏、帶著激情自願迎向死亡的人，我們卻想保留其生命（西塞羅，《爲米洛辯護》，第三十四章）。

望：那種非存在簡直就是失去了的樂園。人們除了希冀靈魂不朽以外，總會連帶著希望有一「更美好的世界」；這就表明了現時的世界並不那麼美好。撇開這些不算，我們對身後狀態的疑問，在書上的或者口頭上的討論，肯定比就我們生前狀態的討論頻繁萬倍之多。但在理論上，這兩個難題與我們都同樣的密切，也同樣是合理、正當的問題；並且解答了其中一個難題，另一個難題也就清楚易解了。我們聽過很多這樣的感人議論：人的思維擁抱了這一世界，有過如此之多無與倫比的思想，但現在，卻一併埋進墳墓裡去了——想到這些就讓人震驚，云云。但我們卻不曾聽有人這樣感嘆：在這一頭腦思想及其這些素質誕生之前，無盡的時間已經消逝，而這一世界在這一無盡的時間裡卻不得不缺少這位思想者而勉強應付。但如果認識力還不曾被意欲收買和影響，那認識力就再自然不過地面對這一發問：在我誕生之前，已走過無盡的時間；我在這段時間裡是什麼呢？在形而上的層面，或許可以這樣回答：「我始終就是我，亦即所有在這時間裡說出『我』的東西，就是我。」但我們要放棄這層面，轉向現在所採用的完全經驗的角度，並且假設我在此之前並不曾存在。這樣，對於我死後，在綿綿無盡的時間裡我將不復存在，我就可以安慰自己說：在我不曾存在之前，同樣是一段綿綿無盡的時間；那種狀態不是已經相當習慣和非常舒適的嘛。這是因為我將不再存在的無盡時間並不比我不曾存在的生前的無盡時間更可怕，原因在於把這兩者區別開來的只是在這兩者之間有過的一場短暫的人生大夢。所有證明人死後仍繼續存在的證據，也可以應用在生前，以表明生前有過的存在。印度教和佛教對此的看法，顯示出這兩個宗教在這方面的理論是前後相當一致的。但只有康德的時間觀念解答了所有這些謎團，但這不屬於我們現在討論的話題。從上述可以引出這些推論：為我們將不再存在而悲哀，就跟為以前我們不曾存在而悲哀同樣的荒謬，因為我們不在的時間對我們在的時間而言，到底是將來還是過去，都是一樣的。

但就算撇開這些關於時間的考慮不提，把非存在視爲不幸，這本身就是荒謬的，因爲每一不幸就跟每一好處一樣，都以存在爲前提條件，甚至的確以意識爲前提條件，但這意識卻是與生命一道停止的，在睡眠和昏厥時也是停止的。所以，沒有意識並不包含不幸是人們都知道和相信的，其發生肯定是一剎那間的事情。伊比鳩魯就是從這一角度思考死亡的，並因此說出這一正確的見解：死亡並不涉及我們——他的解釋是：我們存在的話，死亡就不存在；死亡存在的話，我們就不存在了（《第歐根尼·拉爾修》，十，二十七）。失去了某樣並不會有所失的感覺和惦念的東西，顯而易見不是什麼不幸。因此，我們不應該對將來不再存在比對過去不曾存在更感不安。所以，從認知的立場審視，我們似乎根本就沒有恐懼死亡的理由，而意識就在於認知；因此，對意識來說，死亡並不是不幸。另外，對死亡深懷恐懼的確實不是自我中的認知部分；那種逃避死亡（*fuga mortis*）只是出於盲目的意欲，而所有的生物都充滿這盲目的意欲。但對這些生物來說，這種逃避是非常重要的，正如上面所述，恰恰因爲這些生物就是生存意欲，其全部本質就在於渴求生命和存在；對生存意欲而言，認知並非原初就寓於生存意欲之中，而只是在生存意欲客體化在動物性個體以後才出現的。這樣，一旦意欲借助於認知看到了死亡就是自己的現象的終結——而意欲已視自己與這一現象爲一體，並因而看到自身侷限於這一現象——那意欲的整個本質就會全力反抗。至於死亡對意欲來說是否眞的那麼可怕，我們稍後將進行深入探討；同時，隨著對我們本質的意欲部分和認知部分應有的區分，我們將重溫這裡已經指出的懼怕死亡的眞正源頭。

與上述說法相應，死亡之所以讓我們如此害怕，與其說是因爲我們的這一生結束了——其實結束這一生對任何人都不會顯得特別令人惋惜——還不如說是機體的敗壞和毀滅，因為實際上，這一機體就是那作為身體顯現的意欲本身。但這種機體毀壞我們只是在患病和高齡體衰時才可以確實感覺到，而死亡本身對主體來說只在於意識消失的瞬間，亦即腦髓活動停止了。接下來擴展至機體其他部分停止運作，其實已經是死亡以後的事情了。所以，死亡在主體方面只與意識相關。至於意識消失是怎樣一回事，每個人都可以從自己睡著以後略知一二；而那些體驗過眞正昏厥的人則對這種意識消失了解得更清楚，因為在昏厥發生時，意識的消失過程並不是逐漸的，也不是由睡夢所促成的，而是在我們仍有充分意識的時候，視力首先消失，然後直接進入深度的無意識狀態。這時候的感覺——只要還有感覺的話——卻一點都不是令人不快的。毫無疑問，正如睡眠是死亡的兄弟，昏厥是死亡的孿生兄弟。橫死或暴卒不會是痛苦的，因為甚至遭受的重創，一般來說，也只是在稍後一點的時間才感覺得到，並經常只是在看到外部跡象以後才被發覺。如果這些重創瞬間就已致命，那意識在發現這些重創之前就消失了；如果延遲一段時間才致死，那這些創傷與其他疾病沒有兩樣了。還有那些因溺水或者吸進炭霧，或者上吊而失去意識的人，眾所周知，說出的是這一事實：在這發生的過程中其實並沒有痛苦。最後，哪怕是自然死亡，即天年已盡的死亡，或者為結束不治之症患者的痛苦而施行的無痛苦致死術，都是以一不知不覺的方式淡出存在。到了老年，激情和欲念，以及對這些激情和欲念的對象物的敏感逐漸熄滅了；情緒再難找到刺激物了，因為產生表象的能力已經變弱，其畫面越來越黯淡模糊，印象再也留不住了，而是轉眼又消失得不留痕跡；日子過去得越來越快，事情也越來越失去意義。一切都變得蒼白、褪色。耄耋之人步履蹣跚地踱來踱去，要不就在一角歇息。他們成了自己過去的影子、幽靈。還剩下什麼留給死亡去毀壞呢？不知哪是最後一天，他就一睡不再醒來，所做的夢就是……所做何夢是哈姆雷特在著名獨白裡追問過的。我相信我們此刻就做著這些夢。

在此順便補充說明一下，生命程序的維持雖然有某一形而上的基礎，但並非不受阻礙，因而可以不費力氣地進行。機體每天晚上正是受制於此，所以，機體要中斷腦髓的運作，減少一些分泌、呼吸、脈動和熱的生成。由此可以得出這樣的結論：生命程序的全部停止對那驅動這一生命程序的生命力來說，必然是如釋重負。大部分死人臉上流露出來的安詳表情或許就有這方面的原因。總的來說，死亡的瞬間就類似於從某一沉重夢魘中醒來。

至此爲止，我們得出了這樣的結果：死亡雖然讓人們不寒而慄，但死亡卻並非眞的是一大不幸。很多時候，死亡看上去甚至是一件好事，是我們渴望已久的東西，是久違了的朋友。所有在生存或者奮鬥過程中碰上無法克服的障礙的人，還有得了不治之症的病人，或者承受了難以排遣的悲痛的人，到最後，起碼還可以有這一通常自動向他們敞開的退路，返回到大自然的懷抱。上述這些人，就像其他一切，在一段短時間裡從這大自然的懷抱中出來，誘惑於和憧憬著比他們所遭遇的要更好的存在條件；對於這些人，走出這一存在的原路永遠是敞開的。那種返回就是生者作爲**負債者爲償還債主而放棄其**財產。但甚至在此，人們也免不了要經過一番身體的或者道德上的掙扎：每個人都是那樣竭盡全力抗拒返回原出處——但當初他們卻是從這一原出處歡快地雀躍而出，進入這一有著如此之多的苦難和如此之少的快樂的存在。印度教教徒給了死神**雅瑪**兩副面孔，一副非常猙獰、可怕，另一副則非常歡快、和善。這情形在我上述的思考裡已得到了部分解釋。

從我們現在仍然所處的經驗角度審視，我們自動會產生下面的這些思想；這些思想因此值得清楚說明，以精確界定其涵義並限定在其界限範圍內。當我看著某一屍體的時候，我就知道這一屍體接受感官印象的能力、肌肉的能力、血液循環、新陳代謝等都已停止。我可以由此確切推斷：在這之前驅動這些機能，但卻始終不爲我所知的東西現在已不再驅動這些機能了，因而是已經消失、離開了。但現在如果我補充說，這之前起驅動作用的東西，肯定是我只視爲意識的東西，因此也就是智力（靈魂），那這一推斷不僅欠缺根據，而且明顯是錯誤的。這是因爲意識始終不曾顯現爲機體生命的成因，相反，意識只是機體生命的產物和結果，因爲意識因爲機體生命而提升和消沉，亦即隨著機體生命在不同的生命階段，在健康和疾病，在睡眠、昏厥、蘇醒等之時而相應變化；因此，意識始終作爲機體生命的結果而從來不是原因出現的，始終顯現爲生、滅、再生的東西——只要有合適的條件的話，但卻不會脫離這些條件而存在。我甚至還看到了意識完全錯亂已瘋癲以後，非但沒有連帶削弱機體的其他力量或者危及生命，相反，機體的其餘力量還得到了加強，尤其是肌肉力量還大爲提高了呢；而生命與其說縮短了，還不如說延長了——如果沒有其他原因參與作用的話。然後，我知道個體性是每一生物體的屬性，因此，如果這一生物體具有對自身的意識，那個體性也是這意識的屬性。現在並沒有任何理由得出這樣的結論：個體性存在於我完全不知道的、給予生命的本原之內；尤其是我看到在大自然，無論哪裡，每一特定的個體現象都是某種普遍的、同時活動在千萬個相似的現象中的力的結果。但在另一方面，我也同樣沒有理由得出結論說，在這例子裡，因爲屍體的機體生命已經終止，所以，在這之前驅動這一機體的力就化爲了烏有，正如沒有理由看到紡車靜止不動就推斷紡紗女工已經死去一樣。如果一個搖擺物重新找到重心而終於靜止不動，這一搖擺物的個體表面上的生命因而停止了，那任何人都不會以爲這一搖擺物的重力現在已被消除了。相反，每個人都會理解這一搖擺物的重力一如既往地有效存在於無數的現象之中。當然，會有人這樣反駁這一比喻：其實在這一搖擺物裡，重力也不曾停止過活動，其活動只是停止明顯表現出來而已。誰要是堅持這一看法，那他可以不看這一例子，而是設想一個帶電體：在放電完畢，電就的確停止活動了。我只想透過這個例子表明，甚至對那些最低級的自然力，我們都直接承認其持續永恆、無處不在的特性；這些低級自然力的倏忽、短暫的現象一刻都不曾騙得了我們。既然如此，我們更不應該把生命停止視為形成生命的本原就此消滅，並因此把死亡當作人的澈底毀滅。三千年前拉開奧德修斯強弓的健壯手臂在今天不再存在了，但任何條理清楚的頭腦、深思熟慮的人都不會把那曾經造出如此強勁效果的力化為烏有了。但再作進一步的思考，人們也同樣不會認為今天張開強弓的力，只是從這強勁的手臂開始存在的。更合乎道理的是這一想法：這之前曾經驅動某一現已消失了的生命的力，與現在正活動於勃勃有生氣的生命中的力是同樣的東西；甚至可以說，產生這一想法幾乎是不可避免的。但我們確切地知道，正如我已在第二篇裡所闡明的，只有包括在因果鏈裡的東西才會消逝，但這些只是形式和狀態而已。而物質和自然力卻不會受到這些由原因所引致的形式和狀態變換的影響，因為物質和自然力是所有那些變換的前提條件。至於那給予我們生命的本原，我們要首先起碼把它作為自然力考慮——直至或許某一更深入的研究能讓我們認識到這一生命本原本身到底是什麼。因此，被假定為至少是自然力的生命力，完全不會受到形式和狀態變換的影響，而這些變換是由因果紐帶所帶來和帶走的，也唯獨這些變換才受制於生和滅，正如我們在生活經驗中隨處可見的。因此，在這一程度範圍之內，我們真正本質的長駐不滅就已經得到確切的證明了。當然了，這不會滿足人們所習慣提出的要求，亦即我們死後繼續存在的明證，也無法讓人們得到只能從這一類明證才可獲得的安慰。儘管如此，這些顯示我們本質不滅的證據始終有其分量，那些恐懼死亡、認為死亡是絕對烏有的人，不應該藐視這一完全確切的事實：他們生命最內在的本原並不會受到死亡的影響。事實上，我們可以提出這麼一個怪論式的說法：甚至上述第二種東西，即和自然力一樣並不受到由因果引出的狀態變化影響的物質，也透過絕對的永恆長駐向我們保證了其不可毀滅性。這樣，那些無力理解另一種不滅道理的人，也可以透過某種長駐不滅而獲得安慰。「什麼？」人們會說，「這些塵埃，這些粗糙的物質，難道就可被視為我們本質的延續？」哦！那你們懂得這些塵埃嗎？你們知道這些塵埃是什麼、能夠發揮什麼樣的作用嗎？了解這些東西以後再輕視它們也不遲。這些物質，這些現作為灰、塵擺在那裡的物質，在水裡溶化以後很快就可以結出晶體，可以作為金屬而閃亮，然後迸發出電火花，可以透過電壓顯現其內力，而這種力可以瓦解最堅固的結構，把土類還原為金屬。這些物質的確自動轉化為動物、植物；生命就從其神祕懷抱中形成，而由於你們的狹隘和侷限，你們就生怕失去這一生命，並為此而緊張、焦慮。那麼，作為這樣的物質而繼續存在完全是虛無的嗎？我甚至可以很認真地說：就算是這樣一種物質不滅也留下了證詞，表明我們的真實本質是不滅的，雖然這還只是以圖像、比喻的方式，或者只是以剪影的方式。要明白這些，我們只需回想一下我在第二十四章對物質的討論。從那些討論得出的結論是：純粹的、不具形狀的物質——這些從來不會單獨被我們發覺，但卻永遠是這一經驗世界的前提和基礎的東西——就是自在之物，亦即意欲的直接反映和可視部分；所以，所有絕對適合於意欲本身的，也適用於在經驗條件下的物質，這些物質以其在時間上不滅的圖像反映了意欲所具有的真正永恆性。因為就像我已經說過的，大自然不會撒謊，所以，只要是純粹客觀理解大自然以後得出的觀點，且經過合乎邏輯的推論，那這一觀點就不會是完全、絕對錯誤的，這一觀點大不了只是相當片面和不完整而已。但這樣產生出來的觀點，毫無疑問是前後一致的唯物主義，例如伊比鳩魯的那種唯物主義，就跟與它相對立的絕對唯心主義差不多，例如貝克萊的唯心主義。其他的每一發自正確領會、經過誠實闡釋的哲學基本觀點也是如此。這些哲學基本觀點只是極爲片面的理解而已。因此，儘管各自對立，但這些觀點同樣都是眞實的，亦即這些觀點各自出於某一特定的視角。只要我們站在比這些視角更高的角度，那就會看出這些觀點的眞實性只是相對的和有條件的。最高的審視角度，只能是絕對眞理的角度，假如絕對眞理可以看到的話；從這角度審視，我們俯瞰所有其他的觀點、看法，認出其相對的眞實性，以及越出這些相對的眞實性之外的錯誤之處。與此相應，正如我們在上文已經指出和說明的，就算是在唯物主義的、的確相當粗糙的並因此相當古老的基本觀點中，我們也看到我們的眞實自在本質的不滅特性，仍猶如透過只是眞實本質的某種影、相——亦即透過物質的不滅——而表現出來，正如在那已經是更高一級的、屬於絕對自然物理的自然主義那裡，是透過無處不在和永恆存在的自然力表現出來的一樣，而生命力起碼可列入這些自然力。因此，甚至這些粗糙的基本觀點也包含了這一見解：有生命之物並不因爲死亡而遭到絕對的毀滅，而是繼續存在於整個大自然。

把我們引至此處的思考和與此思考相連接的更深一步的討論，是發自所有有生命之物對死亡都會有的那種異乎尋常的恐懼。但現在我想變換一下角度，思考一下與個體生物相比，整個大自然是如何對待死亡的。在這思考過程中，我們始終腳踏經驗的實地。

我們當然不知道還會有什麼比生與死更高的賭博，對每一生死攸關的判定，我們都無比緊張、投入和驚恐地注視著，因爲在我們的眼裡，一切的一切都取決於此。相比之下，開誠布公、從不撒謊的大自然卻對這事情有著不一樣的表達，亦即和《薄伽梵歌》中克里希那的說法一樣。大自然的表達是：個體的生、死是無足輕重的。也就是說，大自然表達這態度的方式是聽任每一動物，甚至聽任每一個人遭受最無謂的變故的打擊，而不施以援手。看看在你前路上的昆蟲：無意中的一腳就決定了這隻昆蟲的生死。再看看那些沒有任何自衛、逃生、僞裝、躲藏本領的森林蝸牛，牠們簡直就是現成的獵物。看看那些仍在張開的網裡無憂無慮地遊戲的魚兒；那由於懶惰、沒有成功逃生的青蛙；還有那全然不知鷹隼在自己頭上盤旋的鳥兒，那些已被灌木叢裡的狼盯上和上下打量的綿羊。所有這些動物都只有很少的前瞻能力，牠們漫不經心地活動在種種隨時威脅到牠們生存的危險之中。既然大自然把構造得極其巧妙的生物體不僅無所保留地放棄給貪婪的更強者，而且還讓牠們成爲至爲盲目的偶然變故、蠢人們突發的念頭、小孩調皮搗蛋等的犧牲品，那大自然也就以此表示：這些個體的毀滅對她而言是無所謂的，既不會讓她難過，也不會有絲毫的意義；在上述情形裡，後果並不比原因更稍有意義。大自然相當清楚地表達出這一點，大自然也從來不會撒謊，她只是對這些表達不加評論和解釋而已。非但如此，大自然用以表達的還是簡短的隱語。如果這一眾生之母漫不經心地把她的孩子們拋向各種各樣威脅這些孩子生命的危險之中而不多加保護，那她這樣做只能是因爲她知道孩子們跌落下來的時候，會落入自己安全的懷裡，所以，這些跌落只是母親開的玩笑而已。大自然對待人跟對待動物沒有兩樣。她的表達因此也把人包括在內：個體的生與死於她而言是無所謂的。所以，在某種意義上，這些生、死對我們來說也應該是無所謂的事情，因爲我們本身的確就是這一大自然。假如我們能夠看深一層，肯定會同意大自然的意見，對生、死也就不在乎了，跟大自然一樣。與此同時，運用理智的思考，我們不得不把大自然對待個體生命那種漫不經心和無所謂的態度理解爲：個體生命現象的毀滅一點都不曾觸動這個體生命現象的眞實內在本質。

如果我們進一步考慮到，就像上文所考察過的那樣，不僅生死繫於一線偶然之間，而且有機生物的存在總的來說也是一瞬即逝：動物、植物今天生、明天死，生與死快速地變換；處於低得多的級別的無機物則有著長得多的維持時間；而只有絕對無形的物質才獲得了無限長的維持時間——這一點我們甚至可以先驗地認定——那麼，我想，在對這種事物秩序有了只是經驗的，但卻是客觀的和不帶偏見的把握以後，接下來順理成章的想法是：這種事物秩序只是一種表面的現象，這種永遠不斷的生生滅滅根本沒有觸及事物的根源，這些生滅也只能是相對的，並且的確只是表面上的。每一事物那眞正的、到處都逃過我們眼光的、極其神祕的內在本質並不會受到影響，而是自始至終都保持完好無損，雖然我們既無法感知也無法理解這一切發生的過程。因此，我們也只是泛泛地、大概地把所發生的設想爲某種魔術戲法。這是因爲，即使是最不完美、最低級的無機物，也可以不受影響地持續存在，而恰恰是最完美的有生命之物，亦即極盡複雜、技巧和藝術性讓人無法理解的組織，卻被認爲是永遠從根本上重新生成，過了一段時間以後又將澈底歸於無，以便重新騰出位子，讓新的、像他們一樣的生物從無進入生存——這樣一種看法，實在是如此明顯的荒謬和滑稽，這絕對不可能是事物的眞實情形，而只是遮蔽著事物眞實情形的某種外衣；更準確地說，是某種以我們的智力本質爲條件的現象。的確，這些個體的整個存在和非存在本身——生和死就是與此相關的兩個對立面——只能是相對的：把這些存在和非存在向我們說成是絕對的大自然語言，因此並非是對事物本質和世界秩序的眞正和終極表達，而的確只是某種鄉村方言而已，亦即只是相對的眞實，只是名義上是這樣，是要在理解中打折扣的東西；或者眞正說來是某種以我們的智力爲條件的東西。對此我在此試圖以文字扼要說明的類似道理，每個人都免不了有過某一發自直覺的直接確信。當然，我指的是頭腦思想並不屬於澈底平庸一類的人，因爲頭腦澈底平庸的人，有能力認識的絕對只是個別的事物，嚴格侷限於對個體的認識，依照動物智力的方式。相比之下，誰要是透過稍高一些的能力，即使僅僅開始在個別事物中發現事物的普遍性、事物的理念的人，也會在某種程度上感受到那確信，並且這種確信是直接的，並因此是肯定的。事實上，也只有那些渺小的、狹隘的頭腦的人才會完全緊張兮兮地懼怕死亡，認爲死亡就是自己化爲無。但那些得天獨厚的人卻極少有這種恐懼。柏拉圖非常正確地認爲，整套哲學建基於對理念學說的認識，亦即從個別看到普遍。寫出《奧義書》的那些超凡的、我們也難以想像只是人而已的作者，在他們的頭腦中，我所說的那種直接從認識大自然中獲得的確信肯定是異常鮮明、生動的，因爲他們的確信透過無數極具穿透性的話語向我們述說，我們只能把這種直接開悟、澄明的精神思想，歸因於這些在時間方面更接近於我們人種始源的智者，對事物的本質有著更清晰和深刻的理解——這是相比較我們這些已退化、衰弱了的人種，就像當今的凡人*而言的。當然，印度與我們北方世界在生氣和活力程度上相當不一樣的大自然，也幫助了那些智者對事物的理解。而經由縝密的反省思考，就像康德的偉大頭腦所做的那樣，也可以從另一條途徑得出同樣的結果，因爲反省思維告訴我們，我們的智力反映了快速多變的現象世界，但其實理解不了事物眞正、最終的本質，而只能把握這些事物的現象；確切地說，正如我所補充的，那是因爲這一智力本來的使命只是把動因呈現給我們的意欲，亦即在意欲追尋其渺小的目標時爲其效勞。

讓我們繼續更進一步客觀和不帶偏見地考察這一大自然。假如我殺死了一隻動物，不管這是一條狗、一隻鳥兒、一隻青蛙，或者甚至只是一隻昆蟲，那實在很難想像：這一本質，或者毋寧說這一生

---

* 參見《伊利亞特》。——譯者注

命原動力——正是因爲這一生命原動力，那如此令人讚歎的現象，在這之前的一刻還呈現活蹦亂跳、充分享受生之樂趣的一面——現在卻由於我狠心或者魯莽的行爲而化爲烏有。而在另一方面，數以百萬計的各式各樣的動物在每一刻都以千姿百態充滿活力地爭先進入生存；這些動物在性行爲之前卻永遠不可能是無，並從無達到了一種絕對的開始。這樣，如果我看到了一隻動物以這樣的方式從我的視線中消失，但牠所去何方我卻不知道；而另一隻動物則進入我的視線，但從何而來我也不清楚；並且如果這兩隻動物有同樣的形體、同樣的本質、同樣的性格，只是構成的物質不一樣——而這些物質在這兩隻動物的生存時間裡，卻持續不斷地揚棄和更新——那麼，如果我看到這些，那的確很容易產生這一假設，亦即消失了的和重新出現的是同樣的東西，只不過有了點點的變化，更新了其存在的形式；所以，死亡之於種屬就等於睡眠之於個體。這一假設是那樣的順理成章，我們根本不可能不得出這樣的假設。也只有那些在青少年的時候就被強行灌輸錯誤的基本觀點而變得頭腦扭曲的人，才會帶著迷信的恐懼，打老遠就避開這些想法。而與上述看法相反的假設，即一隻動物的誕生是從無中生成的，這隻動物的死亡相應的就是絕對的根除；此外，那也是同樣從無中生成的人，卻可以有個人的、無盡的延續，甚至還具備了意識，而狗、猿、大象死了以後就被根除，化爲烏有了——對於這樣的假設，任何具有健康思想意識的人都必然拍案而起：這簡直就是荒謬絕倫！正如人們不厭其煩說得夠多的，如果把一個思想體系得出的結果，與人的健康理解力所告訴我們的進行對照比較，就是檢驗眞理的試金石，那我希望支持和追隨上述由笛卡兒傳至康德折中派哲學家，並的確時至今日在歐洲大部分受過教育的人士中仍然很有市場的基本觀點的人，在此就檢驗一下眞理吧。

大自然的眞正象徵普遍都是圓圈，因爲圓圈代表周而復始的圖形，而周而復始事實上就是自然界中至爲普遍的形式。自然界的一切都是一個周而復始的過程，從天體的運轉一直到有機生物的死、生都是如此，也只有以此方式，在永不休止、囊括一切的時間長河中，某一持續的存在，亦即大自然才成爲可能。

假如我們在秋天觀察微小的昆蟲世界，看到一些昆蟲準備好自己的睡床以度過漫長、僵凍的冬眠；另一些昆蟲則吐絲作繭以變蛹度過冬天；而當春天來臨時，就充滿活力、煥然一新地醒來；最後，大多數打算在死亡的懷裡安息的昆蟲，小心翼翼地把卵子放置在合適的貯藏處，以方便將來更新的一代破殼而出——那這些就是大自然關於永生不死的偉大教導，這些教導想讓我們明白：睡眠與死亡並沒有根本的區別，兩者都不會危及存在。昆蟲小心謹愼地準備好一個巢室或者洞穴，在裡面產卵，在卵子旁邊還放置了爲來春孵化出來的幼蟲充飢的食物。在這些工作完成以後，昆蟲才安靜地死去。昆蟲的這種認眞勁兒，一如我們人類晚上認眞準備好第二天早上起來要穿的衣服和要吃的早餐，然後才安靜地睡去。倘若在秋天死亡的昆蟲就其本身和眞實本質而言，與春天破殼而出的昆蟲不是同一的話——正如躺下睡覺與早上睡醒起來的人是同一的——那這樣的事情是根本不會發生的。

經過這一番思考以後，我們現在就返回審視我們自身和我們人類，然後把目光投向遙遠的將來，並試著具體想像一下將來的人及其數以百萬計的個體，還有他們那陌生的風俗形態。然後提出這一問題：所有這些人將從何而來？現在他們又在哪裡？那豐富無比、孕育出多個世界，但現在卻把這些以及將來的人類遮藏得嚴嚴實實的「無」在哪裡？對此問題眞實和微笑的回答難道不就是這「無」還會在哪裡呢——除了在那現實過去和將來始終唯一存在之處，除了在現在及其所包含的內容，因而除了就在你的身上？你這位執迷者，無法認清自己的本質，就像在秋天凋謝並搖搖欲墜的一片樹葉一樣：這片樹葉爲自己的逝去而悲嘆，絲毫沒有因爲想到來春在樹上又長滿了新鮮綠葉而感到有所安慰，而是大聲地訴苦：「那些綠葉與我怎麼會是一樣的呢！那些完全是別樣的樹葉！」啊，愚蠢的葉子！你將要到哪裡去？別的樹葉又從哪裡來？你是那樣害怕墜入無的深淵，那「無」在哪裡？認出你自己的本質，認出那充滿對存在的渴望的東西，然後在樹木的內在、神祕、蓬勃活力裡面，重又認出存在於一批又一批的樹葉裡面、不爲生滅所動這始終是同樣的東西。

人類世代相傳，
就像樹上的葉子。

到底現在正在我周圍嗡嗡地飛來飛去的蒼蠅是在晚上睡覺，第二天早上又再度嗡嗡地飛來飛去，抑或這蒼蠅在晚上就死去，在春天從蒼蠅卵子裡生出了另一隻發出嗡嗡聲的蒼蠅，就其自身而言是同一樁事情。因此，把這些表現爲截然不同的兩樣東西的認識，並不是不帶條件的，而是相對的，是對現象而不是對自在之物的認識。那蒼蠅在第二天早上再度出現了；牠也在春天再度出現。對蒼蠅來說，冬天和夜晚有什麼區別？在伯爾達哈的《生理學》（第一卷，§275）我們讀到：「直到早上十點鐘的時間，仍看不到任何纖毛蟲，而到了十二點鐘，水裡已全都擠滿了這些東西。晚上，這些生物就死了，而第二天早上則又生出一批。尼茨連續六天看到的就是這種情形。」

所有的一切就是這樣只逗留一會兒的時間，接著就得匆匆走向死亡。植物、昆蟲在夏天完結的時候就死去了，動物和人則在若干年以後死亡。死亡就這樣不知疲倦地收割著。但儘管如此，的確，就好像情形一點都不是這樣似的，所有的一切照常在同樣時間、同樣地點存在，似乎事物就是永生不滅。花草不時變綠、開花，昆蟲嚶嚶上下翻飛，動物和人則永葆青春，每個夏天我們又看到了那已被千百次品嘗過的櫻桃。各民族也作爲不死的個體依然存在，雖然有時候這些民族改換了名字。甚至這些民族的行事、奮鬥和受苦也永遠是一樣的，雖然歷史總是聲稱講述著並不一樣的事情，因爲這就像玩萬花筒一樣：每次轉動都會出現新的圖案，但其實我們眼前所見的始終是同樣的東西。因此，還有什麼比接受下面這一想法更自然嗎？亦即認爲那種生、滅並不觸及事物的眞正本質，這一本質不受影響，因而是長駐不滅的；所以，一切意欲存在的東西，確實是持續和無盡地存在。據此，在每一特定的時間，所有各種屬的動物，從蚊子一直到大象，都足數並存著。牠們已經千百次地得到了更新，但卻仍然保持著同一個樣子。牠們不知道在牠們之前或者在牠們之後，還生活過和將生活著跟牠們一樣的其他動物。長存的是種屬，懷著種屬不滅和自己與這種屬同一性的意識，個體心情愉快地存在著。生存意欲就在永無窮盡的現在顯現自身，因爲現在是種屬生命的形式，因此，種屬生命不會變老，而是永遠保持年輕。死亡之於種屬猶如睡眠之於個體，或者猶如眼睛的眨動之於眼睛——當印度的神靈現身人形時，人們可以從他們不眨眼睛而認出這些神靈。正如由於夜幕降臨這一世界就消失不見了，但這一世界其實一刻也不曾停止存在，同樣，人和動物似乎由於死亡而消失了，但其眞正本質卻繼續不受影響地存在。現在讓我們想像誕生和死亡永遠快速地變換，那我們眼前的就是意欲的持續客體化、生物的長駐理念，其屹立不倒就像瀑布之上的一道彩虹。這是時間上的不朽。正因爲這樣，儘管經過了數千年的死亡和腐爛，但什麼都不曾失去，沒有點滴的物質、更沒有屬於內在本質和作爲大自然顯現出來的東西是失去了的。所以，我們可以在每一刻都愉快地喊出，「儘管時間、死亡和腐爛，我們卻仍全在一起！」

誰一旦對這種遊戲從心底裡說出「這遊戲我不想再玩下去了」，那可能就會出現例外的情形。但這裡卻不是討論這種情形的地方。

但我們一定要留意到這一事實：出生的陣痛和對死亡的怨恨就是兩個恆常的條件。在這些條件下，生存意欲在其客體化中維持自身，也就是說，我們自在的本質並不受時間流動和一代代人逝去的影響，就存在於永遠延續的現在和品嘗著肯定生存意欲的結果。這類似於我們只能在每晚睡覺一次的條件下，才能夠在白天保持清醒。這後一種情形甚至就是大自然為幫助我們理解那難懂的段落所提供的一個注釋。❸

現在的根基，或者說塡充、材料，歷經各個時候都是同樣的東西。不可能直接認出這裡面的同一性，恰恰因爲**時間**的緣故，而時間是我們智力的一種形式和侷限。至於由於時間的作用，例如，我們認爲將來的事件在此刻是不存在的——這是基於一種錯覺和假象；當這事件眞的到來時，我們就會意識到這一點。至於我們智力的本質形式會引致這一錯覺，那是因爲出自大自然之手的智力，可一點都不是爲了把握事物的本質，而只是爲了了解動因，因而是爲某一個體的和暫時的意欲現象服務。❹

---

❸ 中止**動物性**功能就是睡眠，中止**有機體**功能則是死亡。

❹ 只有**一個現在**，而這現在是永遠的，因為這是真實存在的唯一形式。我們必須達到這一認識：**過去**本身並不是與現在不同的，而只是在我們的理解中與現在不同，而我們的理解是以**時間**為其形式，而正是因為這緣故，現在才表現出與過去不同。為幫助這一見解，我們就把人生中的一切事情和場景，不管是好的還是壞的，幸運的還是不

假如把我們在此所作的考察串聯起來，我們也就將明白愛利亞學派這一怪論的眞實涵義，亦即根本就沒有生和滅，相反，整體是穩固不動的：巴門尼德和麥里梭否認生、滅，因爲他們把一切視爲穩固不動的（斯托拜烏斯，《物理學和倫理學文選》，一，二十一）。同樣，恩培多克勒的這段美妙文字在此也得到了說明。這段文字是普魯塔克在《反科洛特斯》第十二章爲我們保存下來的：

誰要是誤以為可以從本來的無生成有，
或者，有可以消逝而成為完全的無，
那他們就欠缺深思並且是愚蠢的。
智者可從來不會認為：
只是當我們活著——亦即人們以「活著」所標示的——
我們才會遭受好與壞；
誕生前和死亡後我們的一切都是無。

幸運的，令人高興的還是可怕恐怖的，那些在時間中運行的和在不同的地方接連地以其至為五光十色的多樣性和交替變化向我們展現出來的東西，想像為同時和永恆的存在，而現在這存在、現在那存在只是想像為表面上是這樣，那麼，我們就會明白生存意欲的客體化其實意味著什麼。我們對風俗畫感受到愉悅主要在於那些畫作是把生活中匆匆即逝的場景固定下來了。靈魂轉生的教義就是出自對這所說的真理的感覺。

在狄德羅的《宿命論者雅克及其主人》中，有一段相當奇特的文字同樣值得在此提及：在一個巨大城堡的入口處，人們可以看到這樣的文字：「我不屬於任何人，我屬於整個世界；跨進這門之前，你已在裡面；而走出這門以後，你仍將在裡面。」

如果認爲人的生殖就是從無中生有，那在這意義上，當人死了以後，他當然也將歸於無了。只不過要眞正完全明白這種「無」是非常有趣的事情，因爲只需要很一般的洞察力就足以看清：這種經驗上的無，可一點都不是絕對的，亦即在每一種意義上而言都是無。讓我們得出這樣的見解的，還有這些經驗上的觀察：父母的所有素質再度出現在誕生的孩子身上，這些素質因而跨越了死亡。對此問題我將在專門一章討論。

1263

時間及其囊括的一切無法遏止地流逝，與任何時候都是同一樣東西的穩固不動的眞實存在，兩者所構成的強烈反差是任何其他反差都無法相比的。如果我們從這一觀點出發，眞正客觀地審視生活中貼近的事件，那處於時間之輪中心處的「永恆」就變得清晰可見了。在一雙活了極長一段歲月、可一眼覽盡人類及其全部歷史的眼睛看來，那永遠的生、死交替就像是某種持續不斷的振動；因此，長有這雙眼睛的生物可不會想到他看到的是永遠新的東西，是從無中生成的，然後又歸於無，而是就像把快速轉動的火花看成持續的圓圈，把快速左右搖擺的彈簧看成固定的三角形，把擺動的弦線看成紡錘狀物；同樣，種屬就顯現爲長存、長駐，而死亡和誕生則是搖擺和振動。

關於我們的眞正本質不會因死亡而毀滅，我們永遠會有錯誤的理解——假如我們不是下定決心首先在動物身上研究這一點，而自以爲人類是與動物分開的一類，自誇人類才有資格永恆不朽。但恰恰就是這種自以爲是和由此產生的狹隘觀點，使大多數人都死不承認、頑固抗拒本來再清楚不過的這一

1264

眞相：在本質和主要方面，我們與動物是同樣的；甚至稍微提及我們和動物的親緣關係，那些人就會感到害怕。這種否認眞相和眞理的態度，比任何一切都更有效地阻止人們眞正認識我們不滅的本質。這是因爲如果在某一條錯誤的道路上尋找某物，我們也就因此拋棄了正確的道路，而在那錯誤的道路上我們最終獲得的除了遲到的失望以外，不會還有別的。所以，坦率地說，不要因循先入爲主的古怪想法，而是在大自然的指引下追求眞理！首先，要學會認出在每一年輕動物身上的那永遠不老的種屬存在，而這種屬存在把一段短暫的青春——那是種屬的永恆青春的映象——給予了每一新的動物個體，讓其以如此新鮮、如此活潑的樣子出現，就像這世界是今天才有的。我們只需老實問一問自己：今年春天的燕子是否完全有別於第一個春天裡的燕子？在這兩者之間，神奇的造化是否眞的從無中生有、千百萬次地把牠們更新，目的就是如此一再地把牠們化爲絕對的無？我知道得很清楚，如果我很認眞地向一個人保證：剛才還在院子裡玩耍的貓兒與在三百年前同樣的跳躍等動作的貓兒是相同的一隻，那這個人肯定認爲我瘋了；但我也知道，如果相信今天的貓兒完全、澈底有別於三百年前的那隻貓兒，那將是更加的瘋狂。我們只需忠實、認眞、深入檢視一隻這樣的高級脊椎動物，就會清晰地意識到：這些深不可測的生物體，就總體而言，是不可能歸於無的；但在另一方面，我們也了解其匆匆即逝。這都是因爲在這一動物那裡，其永恆的理念（種屬）就印刻在那有限的個體上面。這是因爲在某種意義上，這一說法當然是眞的，即我們在每一個體身上總是看到一個不同的生物，也就是基於根據律——時間和空間也包含其中，這構成了個體化原理——的意義上理解的話。但從另一意義上理解，那上述說法就不是眞的，亦即假如我們把現實只是理解爲隸屬於事物長駐形式，隸屬於理念的東西。後者對柏拉圖是那樣的清楚明白，這甚至成了柏拉圖的基本思想、柏拉圖哲學的中心，而能否把握這事物的長駐形式、理念，則成了柏拉圖衡量一個人的哲學能力的標準。

正如咆哮直下的瀑布所噴灑的水滴閃電般地快速變換，而以這些水珠支撐起來的彩虹卻紋絲不動地掛在那裡，全然不受水滴永無休止的變化的影響，同樣，生物的每一理念，亦即每一種屬都全然不受個體持續變化的影響。但理念或種屬卻是生存意欲扎根和表現之處，所以意欲眞正關心的唯獨是種屬的延續。例如，不斷出生和不斷死亡的獅子就像瀑布上的水滴，但關於獅子的理念或者獅子的形態，卻類似於瀑布水滴上面不動的彩虹。因此，這就是爲什麼柏拉圖只賦予理念，亦即種屬以眞正的存在，而個體生物只是不息的生滅。正是由於從最內在深處意識到自己的本質不滅，每一動物，甚至人類的個體才會心安、平和、漫不經心地走在隨時奪命的意外和危機叢中，並迎頭走向死亡。正因爲這樣，從牠（他）們的眼睛裡才會流露出種屬的安寧，因爲種屬不會受到個體毀滅的影響。這種安寧是那些不確切的和過一時換一個樣的教條無法給予人類的。不過，就像我已說過的，看到每一隻動物都會教導我們：生命的種子、意欲的展現不會受到死亡的妨礙。在每一隻動物那裡，隱藏著一個多麼深不可測的謎！就看一看你身邊的動物，你的愛犬；牠們是多麼愉快、平和地站在那裡！不知死了多少千萬隻狗才輪到這隻狗進入生活。但那眾多成千上萬隻狗的死亡並沒有影響狗的理念：這一理念並沒有受到所有這些死亡的丁點損害。所以，這隻狗充滿新鮮和原初的生命力站在那裡，好像今天就是牠的第一天，也沒有哪一天是其最後一天。從這隻狗的眼睛裡閃耀出那一不滅原則、原始活力的光芒。那在這千百年裡死了的是什麼？不是那狗——牠完好無損地活在我們面前呢。死了的只是牠的影子，牠在我們那與時間緊密相連的認識方式裡所留下的映象。我們又怎能相信那永遠存在的並塡充著所有時間的東西消逝了呢？當然，這一問題可以在經驗上得到解釋，亦即隨著死亡消滅了個體，繁殖相應又帶來了新的一批。但這種經驗的解釋只是看上去好像解釋了問題，但這種解釋只是以一個謎團代替了另一個謎團。對這一問題的形而上的理解雖然並不那麼容易，但卻是唯一眞實的和令人滿意的。**康德**以其主體的方法，闡明了這一偉大的、雖然是否定性的眞理：時間不會適用於自在之物，因爲時間預先就定型在我們的理解方式裡。死亡則是時間上的現象在時間上的終結，一旦我們把時間拿走，那就再也沒有什麼終結，這個詞也就失去了所有的涵義。但我現在卻循著客體的途徑，盡力說明事情的肯定性的東西，也就是說，自在之物並不受到時間以及只經由時間才成爲可能的東西，即生、滅的影響；時間上的現象除非有一出自永恆性的內核，否則，這些現象甚至連那匆匆地不停消逝、緊緊挨著虛無的存在都不可能有的。當然，**永恆性**（*Ewigkeit*）是一個沒有直觀基礎的概念，這一概念也正因爲這樣才只有否定性的內涵，亦即表明了一種沒有時間的存在。**時間**只是永恆性的一幅圖像，就像普羅提諾所說的，**時間只是永恆性的反映**；同樣，我們的時間上的存在只是我們自在本質的圖像而已。我們的這自在本質肯定存在於那永恆之中，恰恰因爲時間只是我們認知的形式，而由於這一時間形式，我們才會認爲我們及所有事物的存在都是倏忽的、有盡的，都會歸於無。

在第二篇裡，我闡明了意欲作爲自在之物，其足夠的客體化就是各個級別的（柏拉圖式的）**理念**；同樣，我在第三篇裡闡明了與存在物的理念互相關聯的是認知的純粹主體，因此，對那些理念的認識只是例外的情形，是機緣巧合所致，並且是短暫瞬間的事情。而對於個體的認識力，亦即對存在於時間的認識力來說，**理念**是以**種屬**的形式展現的，種屬則是由於進入時間而拉開、分散了的理念。所以，**種屬**就是自在之物，亦即生存意欲的最直接的客體化。因此，每一動物和人最內在的本質就存在於**種屬**之中，那如此強有力活動的生存意欲因而扎根於種屬，而不是個體。相比之下，直接的意識卻只存在於個體，正因此，個體才會誤以爲自己有別於種屬，並因此害怕死亡。生存意欲與個體有關時的顯現是飢餓和恐懼死亡，與種屬有關時的顯現則是性慾和強烈地關注、投入地照料其後代。與此說法相吻合，我們發現大自然是如此小心謹慎地維護種屬，因爲大自然並沒有個體特有的錯覺，但對個體的沉淪則毫不在意。個體對於大自然始終只是手段，種屬才是它的目的。這樣，大自然在裝備個體時的吝嗇與一旦關係到種屬時的不惜揮霍、浪費，兩者構成了鮮明的對照。也就是說，在後一種情形裡，從一個個體那裡，每年經常會取得成千上萬的種子，例如，樹木、蝦蟹、魚類、蟻類，等等，都是這樣的情形；在前一種情形，每一個個體卻只配備了剛剛足夠的器官和體力，並且要不間斷地努力才可以維持生命。正因爲這樣，如果一隻動物缺胳膊斷腿或者體衰力竭以後，一般來說牠就得餓死。如果有時候大自然可以更節省一點的話，亦即在迫不得已的時候可以失去身體的某一部分時，那大自然就會照省不誤，而不管這是否有違正常情形。所以，例如，很多鱗翅目的毛蟲是沒有眼睛的；這些可憐的動物在黑暗中摸索著從一片樹葉爬到另一片樹葉，而由於缺少了觸角，這些毛蟲四分之三的身體就來回擺動在空氣中，直至碰到實物爲止。這樣，牠們也就錯過了經常近在身邊的食物。所有這些都是因爲「大自然的節儉法則」所致——表達這一法則除了大自然不做多餘的事情以外，還可加上這一句，大自然也不會白送禮物。大自然的這同樣的傾向也表現在：個體因其年齡的緣故越適宜繁殖後代的話，那大自然的治癒能力在這一個體身上就越明顯；這一個體所受的創傷就越容易癒合，它（他）也就越容易從疾病中恢復過來。這種治癒能力隨著生殖能力的減弱而減弱；當生殖能力消逝以後，這種治癒能力就降至很低點，因爲現在在大自然的眼裡，這一個體已經變得沒有價值了。

假如現在看一看生物的等級及其相伴隨的各級意識，從珊瑚蟲逐級向上一直到達人的級別，那我們就會看到這一奇妙的金字塔雖然由於不斷的個體死亡而持續搖擺不定，但卻借助生殖鏈帶的作用，歷經無盡的時間而維持種屬不變。正如上文所解釋過的那樣，一方面，那客體的東西、種屬顯現為不可毀滅；另一方面，主體的東西，因為這僅存在於這一生物的自我意識，似乎為時最短，並且永無休止地遭受毀滅，為的是同樣頻繁地以不可思議的方式重又從無中生發出來。但如果我們被這一外表所欺騙，並不明白下面的道理，那我們確實是非常短視的，即雖然在時間上持續的形式只屬於客體的東西，但主體的東西，亦即意欲，那活在和表現在所有一切之物及與其一道認知的主體——在這認知裡，主體呈現出自身——必然是同樣不可毀滅的，因為客體或者外在東西的延續，只能是主體的或者內在的東西不可毀滅性的現象，因為客體的或者外在的東西，不可能擁有它們不曾從主體那裡獲得的東西，不可能在原初和本質上是客體的東西、現象，然後，次要地和偶然地就是某一自在之物、某一自我意識到的東西。這是因為很明顯，客體的東西作為現象，其前提條件是一個產生現象之物，正如對其他人而言的存在是以自身的存在為前提條件、客體以主體為前提條件一樣，而不是顛倒過來，因為無論在哪裡，事物都必然扎根於單獨存在之物本身，因而是扎根於主體的東西，而不是扎根於客體的東西，亦即不會扎根於首先只是對別的其他而言、某一別人的意識而存在的東西。據此，我們在第一篇裡已經發現對哲學而言，正確的出發角度必然和根本上就是主體的角度，亦即唯心主義的，正如與之相反的、從客體出發的角度引致唯物主義。其實，我們與這一世界合為一體的程度遠遠超出我們自己習慣認為的，這一世界的內在本質就是我們的意欲，其現象就是我們的表象、設想、看法。誰要能夠清晰地意識到這種融合一體，那在他死後外在世界的延續與在他死後自身的延續，兩者之間的差別就消失了；在他看來這兩者是同樣的東西。他甚至會笑自己竟然虛妄地把這兩者分開呢。這是因為對我們本質不滅的理解，是與我們對宏觀世界和微觀世界同一性的理解相吻合的。與此同時，我們可以借助一個特別的、經由想像而進行的實驗來闡明這裡所說的道理，這一實驗也可稱為一種形而上的實驗。也就是說，就讓一個人試著生動想像出在某一並不遙遠的將來時間他將死去。然後，他就想像自己不存在了，而這一世界則繼續存在。但很快這個人就會驚訝地發現，這樣一來他仍然存在著。這是因為這個人錯誤地以為可以在自己並不存在的情況下仍可設想這一世界。可是，在意識裡，「我」是直接的，只有透過「我」才有了這一世界，這一世界也唯有對「我」而言是存在的。認為這一所有存在的中心、一切現實的內核就算取消了，但這一世界仍可繼續存在——這樣的看法或許可以在「抽象」裡設想，但卻無法成為現實。如果一定要成功地做出這樣的事情，試圖在沒有第一的情況下想出第二，在沒有條件的情況下想出以這為條件的東西，在沒有支撐者的情況下想出被支撐物——那注定是要失敗的，這大概就類似於要想像出一個等邊直角三角形，或者物質的消失，或者產生等諸如此類不可能的事情。我們不會想像出想要的東西，反而會不由自主地產生這樣的感覺：正如我們活在這一世界，這一世界也同樣活在我們之中；一切現實的源頭就在我們的內在。結果的確是我將不再存在的時間在客體上會到來，但在主體上卻永遠不會到來。所以，人們甚至會發出這樣的疑問：在一個人的心裡，對一樣自己根本無法設想的東西，又能確實相信到什麼程度；或者既然上述人們都曾經做過的純粹智力實驗——雖然清晰度因人而異——與人們內在深處對我們自在本質不滅的意識相伴隨，那自身的死亡是否從根本上或許是這一世界最疑幻不真的事情。

每個人在心底裡都會深信我們不會因死亡而消滅，這一點也可以透過在死亡臨近之時我們會無法避免地感受良心不安而遭證實；這種深信完全是與我們對自己原初和永存的本質的意識聯繫在一起的。所以，**斯賓諾莎**把這種意識表達爲：**我們感覺到**，也**體驗到**：**我們是永存的**。這是因爲只有當一個有理性的人把自己設想爲沒有開始的、永恆的和的確沒有時間的時候，他才可以設想自己是不滅的。而如果一個人認爲自己是從無中產生的，那他肯定認爲自己也將回到這無中去，因爲認爲在這個人存在之前，流逝了一段無盡頭的時光，然後，第二段無盡頭的時光又將開始，但這回，這個人將永遠地存在下去——這樣的想法簡直怪異莫名。的確，關於我們不滅本質的最堅實的理由根據是這一條古老定理：**無只能生出無**，**而無也只能復歸於無**。因此，**柏拉色斯**（《柏拉色斯著作》，斯特拉斯堡，一六〇三，第二卷，第六頁）說得很對：「我身上的靈魂來自某樣東西，所以，這一靈魂不會化爲無，因爲它來自某樣東西。」柏拉色斯給出了眞正的理由。但誰要是把人的誕生視爲一個人的絕對的開始，那死亡對這個人就必然是他的絕對的結束。這是因爲誕生和死亡是同一意義上的誕生和死亡，所以，人們也只是在設想自己**未誕生**（*ungeboren*）的同時，才可以設想自己**長生不死**（*unsterblich*），並且是在同一意義上。誕生是什麼，根據其本質的含意，死亡也就是什麼，這是畫有兩個方向的同一條直線。如果誕生眞的是從無中生成，那死亡也就是眞正的化爲無。但事實上，只能借助我們眞正**本質**的長存才可以想像出這一本質的不滅性，這種不滅性因而不是時間上的東西。認爲人是從無中被製造出來的，必然就會引致這樣的看法：死亡就是人的絕對的終結。在這一問題上，《舊約》倒是前後相當一致的，因爲既然是從無中創造出東西的，那任何關於永生不朽的教義是難以與之相符的。《新約》基督教裡有關於永生不朽的教義，那是因爲它具有印度人的精神，並因此極有可能有印度思想的源頭，雖然那只是經過了埃及這一中介。印度人的這一智慧到了聖地就被嫁接到了猶太教裡。不過，印度人的這一智慧與猶太教本身的難以調和，正如人的意欲是自由的與人是被創造出來的很難調和一樣。或者就像這樣的情形：

畫家想把人頭連接在馬的脖子上。

如果人們不可以從根本上獨具見解，不可以，就像俗語所說「從完整的一塊木頭上雕刻」，那情形就總是相當不妙的。相比之下，婆羅門教和佛教卻能夠自圓其說、前後保持一致：除了死後能有延續的存在，生前也另有存在；前生的罪孽由此生抵贖。下面一段摘自科爾布魯克的《印度哲學史》的文字（見《亞洲倫敦學會學報》，第一卷，第五七七頁），也顯示出印度人非常清楚地意識到在這一問題上必要的前後一致性：對巴枷瓦達這一只是部分異端的體系，毗耶娑重點強調的反駁意見是：如果靈魂是造出來的並因而有一個開始，那靈魂就不會是永恆的。還有厄芬的《佛教教義》第一一〇頁是這樣寫的：在地獄裡被稱爲“*Deitty*”的不虔誠之人，其命運是最慘的；這些人懷疑佛陀提出的證據，堅持異教的學說，認爲所有生物是從其母親的子宮開始的，並在死亡中結束。

誰要把自己的存在理解爲一種純粹偶然的東西，那他當然害怕由於死亡而失去這一存在。相比之下，任何一個人哪怕只是泛泛地看出自己的存在建立在某一原初的必然性之上，就不會相信這一帶來了如此奇妙的存在的必然性，只是侷限於這麼短短的一段時間；相反，他會相信這一必然性在每一段時間裡都在發揮作用。誰要是考慮到直到現在他存在爲止，一段無盡的時間，因此也就是無盡的變化已經過去了；儘管如此，現在他卻存在了，也就是說，各種各樣情形的可能性已經窮盡，但仍然沒能把他消除——誰要是考慮到這些，就會認出自己的存在是一個必然的存在。如果他不可能存在的話，那他現在已經是不存在了。這是因爲已經過去了的無盡時間，以及在這時間裡發生各種事情的可能性已被窮盡，都確保了存在的是必然地存在。所以，每個人都必須把自己理解爲必然存在的一個人，亦即這樣一個人：從對這個人眞正的和可窮盡的定義——假如我們有這定義的話——可得出這個人存在的結論。在這一思路中，的確證實我們本質永恆不滅的、唯一內在的、意識之內的證據，亦即維持在經驗獲得的資料範圍之內的證據，也就是說，存在必然寓於我們的眞正本質之內，因爲這本質顯示出不受所有由因果鏈所可能引致的情形、狀態的影響，原因在於所有這些已經發揮其作用，但我們的存在卻仍不爲這些所動，就像光線穿過狂風而不爲狂風所動一樣。如果時間能夠以自身之力把我們引向某種幸福的狀態，那我們早已達到這樣的幸福狀態了，因爲我們已經走過了無盡的時間。但同樣，如果時間能夠把我們引向毀滅，那我們也早已不復存在了。既然我們現在存在著，那從這一事實仔細思考一番，就可得出我們必定會繼續長存的結論。這是因爲我們就是時間爲了塡充虛空而接納其中的實質，所以，這種實質以同樣的方式充塞整個時間：現在、過去和將來。對我們來說，要脫離存在就跟脫離空間一樣的不可能。精確思考一番，就可找到認爲曾經一度以其全部眞實的力量存在過的東西會化爲無，然後歷經無盡的時間也不會存在的想法，其實是無法設想的。由此產生了基督教萬事重來的理論，印度人關於世界不斷經由梵而更新、再造的理論，以及諸如此類的希臘哲學教義。我們存在和非存在的巨大之謎——所有上述以及其他相關理論，旨在解釋這一巨大之謎——歸根到底建立在客觀上形成無盡時間的序列上，在主觀上則是一個點，是不可分的、永遠都是當下存在的現時。

但誰又明白這個道理呢？康德在關於時間觀念性和自在之物的唯一現實性的不朽學說中，最清晰地解釋此道理。這是因爲從這一學說得出了這樣的結論：事物、人、世界的眞正本質性的東西，持續、牢固地存在於恆久的**現時**；現象和事件的變化，只是我們透過時間的直觀形式把握這些現象和事件的結果。據此，我們不應對人們這樣說，「你們是經由分娩所產生的，但卻從此永恆不朽」，而應該說「你們本來就不是無」，並教育他們在理解這句話時，要根據特里斯瑪吉斯圖下面這句話的意思：**現在存在的，將來也永遠存在**（斯托拜烏斯，《文選》，第一，四十三，六）。但如果這並沒有取得效果，人們恐慌的心還是重唱那古老的哀歌：「我看到所有的生物都經由誕生從無到有，經過短暫的期限以後又重歸於無；甚至我的存在，此刻仍在現時，但用不了多久就會成爲遙遠的過去，而我就成了無！」——如果是這樣，那正確的回答是：「你不是存在了嗎？你難道不是擁有、確確實實地擁有那價值無比的現在嗎？而這一現在難道不是你的那些時間上的孩子夢寐以求的嗎？你又明白你是如何到達現在的嗎？你清楚地知道把你引致此刻存在的途徑，以致你能看出這些途徑在你死亡以後就會堵死嗎？你無法理解在你的身體毀滅以後，你自身存在是否還有可能，但難道那種身死以後的存在，會比你現時的存在以及你如何達到這一存在更難以理解嗎？你爲什麼會懷疑那敞開著的、讓你通往現時的祕密通道，會在將來不是同樣敞開著呢？」

因此，如果這方面的思考至少適合喚醒我們的信念：在我們的身上有某樣東西是死亡無法毀滅的，那這只能透過提高我們的審視角度才得以發生。從那提高了的角度審視，誕生並非我們存在的開始。但由此可以推論，死亡無法毀滅的其實並不是個體，個體經由繁殖而成，承載著父母雙親的素質，以純粹只是種屬範圍內的某種差異而顯現，但作爲這樣的個體只能是有限的。與此相吻合，正如個人並沒有出生前的記憶，他在死後對此刻的存在也同樣沒有記憶。但每個人都把自我定位在**意識**之中，因此，這一意識在這個人看來似乎與個體性聯繫在一起；而連同這一意識的消失，那本來爲這樣的個體所獨有的，並把這一個體與其他個體區別開來的所有一切也都消失了。所以，沒有了個體性的這個人，對這個人來說，繼續存在與其他的繼續存在彼此再分別不出來了；他也看到自我的沉沒了。但誰要是這樣把自己的存在與意識中的身分連接起來，並因此希望在死後這一意識中的身分能夠連綿無盡地持續下去，那就應該記住：要達到這一目的，那無論如何他得在出生前也同樣走過無盡的過去。這是因爲既然他對自己出生前的存在沒有記憶，他的意識因而與他的誕生一道開始，那他肯定把自己的誕生視爲從無中生成自己的存在了。在這之後，他要在死後仍能永遠存在的話，爲此付出的代價是在誕生前也得走過同樣永遠的存在時間；這樣，帳目就扯平了，他也沒有從中賺到什麼。而如果不受死亡影響的存在是某一有別於個體意識中的那一存在，那前者不僅獨立於死亡，而且獨立於誕生；並且在涉及前一種存在的時候，我們的這兩種說法同樣都是眞實的，「我將永遠存在」和「我過去一直存在」。這兩種說法也給出了兩個無盡的時間，而不是一個。但事實上，最大的含糊不清卻在於「我」——只要回想起我們第二篇的內容和我在那裡對我們本質中意欲部分和認知部分的劃分，那任何人都會立即看出這一點。根據我對這一「我」的理解，我可以說：「死亡是我的全部結束。」或者也可以說：「我是這一世界無限小的一部分，我的個人現象是我的眞正本質同樣無限小的一部分。」但這一「我」卻是意識中的黑暗點，正如在視網膜上，視覺神經的進入處恰恰就是盲點，正如大腦本身是全然沒有感覺的，太陽體是黑的，眼睛什麼都看得見卻唯獨看不見自己，等等。我們的認知能力是完全向外作用的，與此相吻合，這認知能力就是腦功能的產物，只是爲了保存、維持自身，因而是爲了尋找食物營養和捕捉獵物這一目的。因此，每個人所了解的自己，僅僅只是那顯現於外在直觀的個體。而如果他還能意識到除這些以外的有關他的東西，那他就會心甘情願地放開自己的個體性，就會覺得自己這樣不依不饒地緊抓這一個體性不放是可笑的，就會說：「失去這樣的個體性對我來說又有什麼損失呢，我不是有無數個體性的可能嗎？」他就會看出，雖然等待他的並非他的個體性的延續，但這跟他眞有這一個體性的延續其實差不了多少，因爲在他那裡，有對此充足有餘的補償。此外，還必須考慮到大部分人的個體性都是那樣的可憐和毫無價值，失去這樣的個體性其實眞的並沒有什麼損失；這些人的身上如果還有那麼一點點的價值，那就是普遍的屬於人的東西，而這些普遍的人的東西是肯定不會消失的。的確，每一這樣的僵化不變的個體性及其本質侷限，如果延續無限的話，必然會變得如此讓人厭煩，到最後，人們爲了求得解脫，寧願化爲虛無也不願意繼續這樣的存在。要求個體性得以永恆不滅，其實就等於希望永遠延續所犯的一個錯誤。這是因爲歸根到底，每一個體性都只是一個特別的錯誤和不該邁出的一步，是某樣本來最好就不曾發生的事情。事實上，生活的眞正目的就是讓我們迷途知返。這一點也在這方面得到了印證：絕大部分，甚至幾乎所有人，其構成決定了他們不可能是快樂的，無論他們如願置身何種世界。也就是說，隨著這一世界排除了匱乏和勞累的程度，人們就相應陷入無聊之中，而隨著無聊得以幸免的程度，他們也就相應落入了匱乏和需求、煩惱和苦痛的魔爪。因此，要達到讓人幸福的狀態，那把人安置於一個「更好的世界」是遠遠不夠的，人自身也非得發生根本的改變不可。因此，人就不再是他原來的樣子，而要變成一個他其實並不是的人。爲此目的，他必須首先停止他此刻的樣子。要達到這一要求就是死亡，這一死亡的道德上的必要性從這一角度已經讓我們看出來了。要置身於另一世界和改變自己的整個本質，兩者從根本上是同一件事情。那種客體對主體的依賴——這在第一篇的唯心論中已解釋過了——也最終基於這裡所說的道理。所以，超驗哲學和倫理學在此找到了切入點。如果我們考慮到這些，那我們就會發現：要從人生大夢中醒來，只能隨著這一大夢讓這大夢的整個纖維組織一道化爲烏有；但這整個纖維組織只是這大夢的器官，只是智力及其形式——因爲以此這一大夢才可以沒完沒了地編織下去；這一大夢與這智力器官已密不可分地糾纏在一起了。那眞正的做夢者卻仍與那夢有別，也唯獨這眞正的做夢者能夠保留下來。相比之下，擔憂死亡了一切都不再存在，就好比一個人在夢裡認爲僅有夢而已，而並沒有做這夢的人。當某一個體意識經由死亡完結以後，那把它重又燃起、以便延續至永遠，就眞的是那麼值得嚮往嗎？就這一個體意識大部分的內容而言，都是流水帳般的渺小、瑣碎、庸俗的念頭和想法，以及無盡的擔憂和煩惱。就讓這些從此安靜下來吧！有感於此，古人在自己的墓碑上寫上：願得永恆的安寧或者願得美好安息。但如果甚至在這所說的情形裡，像習以爲常所發生的那樣，我們希望一個體意識持續地存在，以便把這與在彼岸世界裡所獲得的獎或罰聯繫起來，那歸根到底，我們的目的只在於把美德與自我主義協調起來。但美德與自我主義卻是永遠無法相擁在一起的，這兩者從根本上是相對立的。相比之下，在目睹某一高貴行爲時，我們被喚起的這一直接信念卻有充足的根據，亦即博愛的精神——這博愛的精神吩咐這個人寬恕自己的敵人，命令另一個人不惜冒生命危險救援某一素昧平生的人——是永遠不會消逝和化爲虛無的。

關於個體死後是否繼續存在的問題，最透澈的解答可在康德關於時間的觀念性的偉大學說中找到。康德的這一學說在這裡解決得特別富有成果，因爲這一學說以其全理論性的但卻得到了充分證明的見解，取代了各種從不同的路徑流於荒誕的教條，並因此一舉解決了一個最激動人心的形上學的問題。「開始」、「終止」和「延續」，是唯獨從時間中借取涵義的概念，所以，這些概念只是在時間這一前提條件下才會有效。不過，時間並沒有絕對的存在，時間並不是事物自身存在的方式，而只是我們認知我們以及所有事物的存在和本質的形式，也正因此是相當不完美的，只侷限於現象。因此，唯獨在這認知方面，「終止」、「延續」等概念才可得以應用，但卻不適用於只顯現在現象中的東西、事物的自在本質。因此，應用於事物的自在本質的話，這些概念就不再有任何意義。這一點也反映在要回答那個出自時間概念的問題是不可能的；要回答的每一個說法，不管強調的是哪一邊，都會遭到雄辯、有力的反駁。我們雖然可以宣稱我們的自在本質在死後仍然延續，因爲把這一本質說成隨之消滅是錯誤的，但人們也同樣可以提出人的自在本質在死後就消失了，因爲說它繼續存在是錯的。這兩種說法從根本上都是眞實的。所以，在這一問題上，人們確實可列出類似自相矛盾的東西。不過，這些說法只是以完全的否定性爲基礎。在這些說法裡，人們可以否認判斷句中主詞的兩個相互矛盾、對立的述詞部分；但那只是因爲整類這樣的述詞並不能適用在這一主詞。但如果我們不是把那兩個述詞部分一起否認掉，而是分開否認，那與被否認掉的述詞部分相矛盾的述詞部分，就由此似乎顯得被證明了適用於這一判斷句中的主詞。但這都是因爲在此時不能測量、無法比較的東西在相互比較，因爲那一難題把我們置於這樣一個處境：既要取消時間，又要關心和過問時間上的規定；所以，把這些時間上的規定歸於主詞，或者否認主詞有這些時間上的規定都同樣是錯的；也就是說，那一難題是超驗的。在這一意義上，死亡始終就是一個謎。

相比之下，牢牢地把握住現象與自在之物的差別，我們可以宣稱雖然人作爲現象是會消逝的，但這一現象的自在本質卻不受此影響；因此，雖然因爲取消了與這現象密切相關的時間概念，所以，我們不能認爲這現象還繼續存在，但是，那一自在本質仍是不滅的。據此，我們在這裡就被引到了不滅性（Unzerstörbarkeit）的概念——它卻不是繼續存在（Fortdauer）的意思。這一概念是經過抽象獲得的，也確實可以在抽象思考中運用，但卻不會得到直觀的證明，因此不會變得眞正的清晰。在另一方面，我們必須謹記我們並不像康德那樣直截了當放棄了認識自在之物的可能性，而是知道要透過了解意欲而了解這一自在之物。準確地說，我們從沒有宣稱對自在之物有了絕對的、已經窮盡了的認識，而是看得很清楚：要根據自身本來的樣子認識某樣事物是不可能的。這是因為一旦我開始認知，我頭腦中就有了表象和看法；但這表象和看法正因爲是我頭腦中的表象，所以就不會與被認知之物是同一的，而是以另一全然不同的形式重現，因爲那被認知之物是從獨自的存在（Seyn für sich）變成對於他人的存在（Seyn für Andere）；因此這一表象和看法永遠只能被視爲被認知之物的現象。所以，對於某一認知意識來說，無論這一認知意識是如何構成的，它所能有的永遠是現象。這一點甚至不會因爲我自己的本質是被認知之物而完全消除，因爲只要我的內在本質進入我的認知意識之中，那它就已經是我的本質的一個反射或反映，是一個與我的本質有別的、因而是在某種程度上的現象。因此，只要我直接就是這一本質，那我不是處於認知者的狀態。這是因爲認知只是我們存在的次要的、派生的素質，是由我們的動物性本質所帶來的——這一點在第二篇已經充分證明了。所以，嚴格來說，甚至我們所認知的意欲也只是作爲現象，而不是絕對本來、自在的面目。但在第二篇，還有在《論大自然的意欲》中，我詳細闡述和證明了這一點：爲了深入事物的內在，如果我們放棄那些只是間接的和外在給出的東西，而專注於那些可以讓我們直接了解其內在本質的唯一現象，那我們就會在這些現象裡明確發現意欲是現實中的最終內核。因此，從這意欲我們認出了自在之物——只是這自在之物在此不再以空間，而只是以時間爲其形式；這樣，我們只是了解這自在之物的直接顯示，並因此帶有這樣的保留條件：我們對自在之物的這一認識並非是窮盡的和完全充足的。所以，在這一意義上，我們在此把意欲的概念與自在之物的概念等同起來。

對人這一存在於時間的現象來說，「停止」的概念當然可以適用；經驗知識也明白無誤地讓我們看到，死亡就是這一暫時的或者時間上的存在的終結。一個人的終結跟一個人的開始一樣的眞實；如果說我們在誕生前並不存在，那麼，在這同一意義上，我們死後也不再存在了。但是，死亡所消除的只是透過誕生所確立的東西，而不是那首先讓誕生成爲可能的東西。在這意義上，*natus et denatus*（**誕生和不誕生**）是相當美妙的表達。但是，總體的經驗知識只爲我們提供了現象。因此，只有這些會受到生、滅的時間過程的影響，但那產生出這些現象的東西，亦即自在的本質卻不會受影響。對這一自在本質來說，那以腦髓爲前提條件的生和滅的對照是一點都不存在的，生、滅在這裡失去了意義。因此，這一內在本質並不會因某一時間上的現象在時間上的終止而受到影響，它永遠保有的存在是「開始」、「持續」、「終止」等概念所無法適用的。但只要我們能夠深究這一內在本質，那在這每一顯現的內在本質中的是其意欲，在人那裡也是如此。相比之下，意識則在於認知：認知作爲腦髓的活動，因而作爲機體的功能，正如我已充分證明了的，屬於純粹的現象，所以，是與這現象一道終結的。唯獨意欲才是不可消亡的，而我們的身體就是這意欲的作品，或者毋寧說是意欲的映象。把意欲與認知嚴格區別開來，以及認識到意欲的主導地位——這構成了我的哲學的根本特徵，並因此是破解下面的矛盾的唯一鑰匙。這一矛盾以各種形式出現，每個人的頭腦意識都感覺到這反覆多次重現的矛盾，就算是最粗糙的頭腦意識也不例外：死亡就是我們的終結，但我們卻必然是永恆和不可消亡的，亦即**斯賓諾莎**那一句：**我們感覺到，也體驗到我們是永恆不朽的**。所有的哲學家都犯了這樣一個錯誤：都認爲人的形而上的、不可消亡的、永恆的成分在**智力**那裡；但這樣的成分卻唯獨存在於**意**

欲，而意欲是完全有別於智力的，並且只有意欲才是原初的。正如我在第二篇所澈底討論過的，智力是次要的現象，是以腦髓爲條件的，因此是與腦髓一道開始和終結的。唯獨意欲才是前提條件，是整個現象的內核，所以，意欲不受現象形式的束縛，而時間則是這現象形式中的一種；意欲因而也是不可消亡的。因此，雖然意識隨著死亡而消失，但一起消失的可不是產生和維持這意識的東西；生命熄滅了，但與之一起熄滅的卻不是在這生命裡顯現的、產生生命的本原。所以，某一確鑿肯定的感覺會向每一個人說：在他身上有某樣絕對不會消逝和消亡的東西。甚至對那遙遠的過去，對我們幼時的生動和清新的回憶，也證實了在我們身上有某樣並不曾隨著時間一起流走、衰老的東西；這東西頑固不變，但這一不會消逝的東西究竟是什麼，我們卻又無法說得清楚。這既不是意識，也不是意識所依賴的身體。更確切地說，這是身體和意識所依靠的基礎。但這正好是透過進入意識而表現爲意欲的東西。要越過意欲這一最直接的現象，當然不是我們的能力所能做到的，因爲我們無法超越意識；所以，那並沒有進入意識的，亦即那完全自在的東西，到底會是什麼，始終是一個無法回答的問題。

在現象裡，以及借助於時間、空間的形式和作爲個體化的原理，所表現出來的情形是：人類的個體會滅亡，但人類則持續存留和生活下去。不過，在事物的自在本質——因爲這並沒有這些形式的束縛——個體和種屬的全部差別也取消了，兩者在此直接合爲一體。那完整的生存意欲既在個體也在種屬之中，因此，種屬的延續只是個體不可消滅的反映而已。

既然對我們眞正的本質不會因死亡而消滅這一無比重要的理解，完全取決於分清現象和自在之物的差別，那在此我就把這一差別至爲清楚地展示出來，亦即透過與死亡相反的東西，亦即透過生物體的形成，亦即生殖來闡明。這是因爲生殖這一與死亡同樣神祕的過程，把現象與事物自在本質的根本差別，亦即把表象的世界與意欲的世界之間的差別，以及這兩者的法則的整個不同之處，至爲直接地展現在我們的眼前。也就是說，性行爲以兩種方式向我們展現：一是對我們的自我意識而言，而自我意識的唯一對象，正如我已多次表明的，就是意欲及其所受的所有影響；二是對我們對其他事物的意識而言，亦即對表象世界或者事物的經驗現實的意識。那麼，從意欲一面看，亦即從內在的、主體的角度出發，對自我意識而言，性行爲展現爲意欲最直接和最澈底的滿足，亦即感官的快樂。而從表象一面看，亦即從外在的、客體的、對其他事物的意識的角度出發，這同樣的性行爲卻是編織巧奪天工的織物的基本材料，是爲極其複雜的動物性機體奠定基礎——這一動物性機體只需發育、成長就可顯現在我們詫異的眼前。這一生物體的無窮複雜和完美奧妙之處也只有學過解剖學的人才知道，而從表象的角度出發，這生物體只能被理解和想像爲有周密的計畫和組合的一整個系統，經過超一流的精工細琢而完成，是深思熟慮以後艱辛勞動的結晶。但從意欲的角度看，我們經由自我意識知道這一生物體系統的產生恰恰不是我們深思熟慮以後的結果，而是某一激烈盲目的衝動、某一極盡感官快樂以後的結果。這種反差精確地類似於我們在上文已表明的反差，亦即大自然不費吹灰之力就製作了它的作品，以及與此相應的大自然聽任其作品遭受毀滅而毫不在乎的態度，與這些作品所特有的匠心獨運、幾近鬼斧神工的構造所形成的無限反差。如果根據這些傑作來判斷，那大自然肯定是極其困難地炮製了如此奧妙之物，大自然也必然會處處小心謹慎地百般維護這些妙品。但我們眼前所看見的卻是與此相反的情形。現在，如果我們透過這些當然是相當不尋常的思考，把世界不同的兩面硬拉在一塊，就好比用一個拳頭把它們攥住，那我們現在就要抓緊它們，好讓自己確信：現象的法則或者表象世界的法則，對意欲的世界或者自在之物是完全不適用的。在這之後，我們可以更容易地理解這一道理：正當表象的一面，亦即現象世界的一面，向我們顯示出一會兒是從無生出了有，另一會兒那已生成之物又完全重歸於無；從世界的另一面看或者在我們面前的某一自在的本質：生、滅概念套用上去的話，就全都失去了涵義。這是因爲透過回到根子處——在這裡，借助於自我意識，現象和自在的本質得以碰頭——我們好比是一手掌握了這一眞理：現象和自在本質這兩者是絕對無法採用共同尺度互相比較的，其中之一的整個存在方式與這一存在的所有根本法則，對另一種存在而言根本不具有任何意義。我相信對這最後的思想能夠眞正理解的人很少，而無法明白這一思想的人會對我的思想感到厭煩，甚至氣憤。儘管如此，我不會因爲這樣而省略掉任何能夠有助於闡釋我的根本思想的東西。

在這一章的開頭，我已經說明了對生命的強烈不捨之情，或者毋寧說對死亡的恐懼，一點都不是發自**認知**，因爲如果這是發自認知的話，那這種恐懼就將是認識到生活價值以後所得出的結果。這種對死亡的恐懼其實直接源自**意欲**，是發自意欲的原初本質，在那裡是不具任何認知的，因此，是盲目的生存意欲。正如我們由於對感官肉慾完全是迷幻的渴求而被引誘進入這一生存，我們也的確由於對死亡同等迷幻的恐懼而被牢牢束縛在這一生存。兩者都直接源自意欲，而意欲本身是不具認知的。假如情形恰恰相反，假如人只是**認知**的生物，那死亡對人來說不僅無所謂，而且甚至求之不得。我們到此爲止所作的思考現在就告訴我們：受死亡影響的只是**認知**意識，而**意欲**，只要它是自在之物，是每一個體現象的基礎，就不會受到任何依賴於時間規定的東西的束縛，因此也就是不朽的。意欲對存在和表現的追求——世界也就由此而出——總會得到滿足，原因在於世界伴隨著意欲如影隨形，因爲這一世界只是意欲本質的可見一面而已。至於在我們身上的意欲懼怕死亡，是因爲在這種情形裡，認知只是向這意欲呈現了意欲僅在個體現象中的生命存在；這樣，就產生了迷惑它的這一假象：它會與這個體現象一併消亡，情形就跟鏡子打碎了以後，我在鏡子裡的映象似乎會一併消滅一樣。因爲這有違意欲的原初本質——那也就是盲目地追求生存——所以，這讓意欲充滿了厭惡和抗拒。由此可以推斷：那在我們身上唯獨會恐懼死亡，並且也只恐懼死亡的，亦即意欲，卻偏偏不會受死亡的損害；而受死亡損害並眞正消亡的，卻因其本質的緣故不會恐懼死亡，正如它不會有情緒、欲望等一樣，因此對存在抑或非存在是無所謂的。這後者也就是認知的單純主體、智力，其存在就在於與表象的世界，亦即與客體（觀）的世界的關係方面；這智力也就是這一客體（觀）世界的對應物，智力的存在與這客體（觀）世界的存在歸根到底是同一的。因此，雖然個體的意識不能在死亡以後仍能存活，但能夠存活的，亦即意欲，卻偏偏討厭和反抗死亡。由此也可以解釋這一矛盾：哲學家們從認知的角度出發，總是以確切、中肯的理據證明死亡並非不幸的事情，但對死亡的恐懼卻仍然絲毫不會受到這些理據的影響。這恰恰因爲這種恐懼並非植根於認知，而是唯獨植根於意欲。正因爲只是意欲而不是智力，才是不可消亡的，所以，所有宗教和哲學才唯獨把永垂不朽的獎勵授予具有意欲或心的美德的人，而不是具有智力或腦的優點的人。

下面所寫的有助於闡明我這裡的思考。構成我們自在本質的意欲，其本質是單純的；它只是意欲著，而不會認知。相比之下，認知的主體卻是某一次要的成分，是從意欲客體化中產生的現象，是神經系統中感受能力的統一點，就好比是腦髓各個部分活動的射線都交會在一起的焦點。因此，認知的主體必然伴隨此而消亡。在自我意識裡，作爲唯一有認識能力的認知主體，對意欲來說恰似一個旁觀者；雖然認知主體出自意欲，但認知主體了解意欲卻像是了解某一有別於認知主體、某一陌生的東西，因此只是從經驗、在時間上經由點滴的積累，透過意欲接連的激動和行爲來認識意欲；對意欲所做出的決定，也只是後驗地且經常是相當間接地了解到。由此解釋了爲何我們自身的本質對我們，亦即對我們的智力是一個不解之謎；爲何個人會把自己視爲新的誕生和終將消逝，儘管個人的自在本質是一種沒有時間性的，因而是永恆的東西。正如意欲並不會認知，反過來，智力或者認知主體也唯獨只是認知，而不會意欲什麼。這一點甚至可以在生理上得到證明，正如在第二篇已提到過的，據畢夏所言，各種不同的情緒都會直接影響身體的各個部分，並擾亂它們的功能——除了腦髓之外，因爲腦髓頂多只是間接地受到那些情緒擾亂的影響，亦即只是由於那些擾亂而受到影響（畢夏，《生命與死亡》，六，§2）。由此可以推論：認知的主體，就其本身和作爲這一身分而言，並不會對什麼感興趣；對認知的主體而言，所有一切存在抑或非存在，甚至認知主體自身的存在都是無所謂的。那爲何偏偏這一種事不關己的態度的實質，卻要成爲不朽？這一認知的主體隨著意欲在時間上的現象——亦即個體——的終結而終結，一如其隨著這個體的出現而出現。認知的主體就是燈籠：用完以後就會熄滅。智力跟唯獨存在於智力的直觀世界一樣，只是現象而已：但這兩者的終結都不會影響到那實質性的東西，而智力和這一直觀世界只是這一實質性的東西的現象而已。智力是腦髓神經的功能，而腦髓神經系統則和身體的其餘部分一樣是意欲的客體化。因此，智力依賴機體的身體生命，而機體本身卻依賴意欲。這有機的身體因而在某種意義上可被視爲連接意欲和智力的中介環節，雖然眞正說來，這一身體只是意欲本身在智力直觀之下在空間的展現。死亡和誕生是那本身既沒有盡頭也沒有開始的意欲對其意識的不斷翻新，意欲就好比是存在的物質材料（這些物質材料的每一項翻新都帶來了否定生存意欲的可能性）。意識是認知主體或腦髓的生命，死亡則是其終結。因此，意識是有盡的，永遠都是新的，每次都重新開始。只有意欲才是恆久的；也唯獨只有意欲適合恆久，因爲這意欲就是生存意欲。認知主體自身，對所有一切都是漠不關心的。但在「我」那裡，意欲和認知主體卻結合在了一起。在每一隻動物那裡，意欲獲得了智力——這智力是幫助意欲追尋自己目標的亮光。順便說上一句，對死亡的恐懼也部分是由於個體意欲那樣不情願與它的在自然進程中分配給這個體意欲的智力、與它的嚮導和衛兵相分離——沒有了這些幫助，個體意欲知道自己將是盲目和無助的。

最後，與這一分析相吻合的還有那每天都會有的道德體驗——這些道德體驗告訴我們：唯獨意欲才是眞實的，而意欲的對象物，因爲以認知爲條件，則只是現象，只是泡沫和煙幕而已，就像梅菲斯特在奧爾巴哈的地窖中所敬獻的酒；也就是說，在享受完每次感官的樂趣以後，我們也可以說：「怎麼這就像喝酒似的。」

對死亡感到害怕大都是因爲死亡造成了這樣的假象：「我」從此就要消失了，而這一世界卻依舊存留。其實，與此相反的看法才是眞的：這一世界消失了，而「我」深處的內核卻將永存，它承載和產生出主體——而這一世界唯獨在頭腦表象裡才有其存在。隨著腦髓的消亡，智力以及與智力一道的客觀世界、智力的表象也消亡了。至於在他人的頭腦裡，一個相似的世界現在仍和以往一樣存活和晃動，那消亡的智力是漠不關心的。因此，如果眞正的現實並非存在意欲之中，如果道德性的存在並非擴展至死亡之外的存在，那麼，既然智力以及與之一道的世界已經熄滅，那事物的本質不過是沒完沒了的一連串短小、混濁的夢魘，各自沒有任何的關聯，因爲不具認知的大自然所以長存只在於認知者的時間表象。這樣，一個沒有目標和方向、通常是相當混濁和沉重夢魘的世界精靈，將是一切中的一切。

當某一個體感受到了死亡的恐慌，我們就的確看到一幕古怪並確實令人發噱的情景：這一世界之王——正是他以其本質充斥了一切，一切的存在也唯獨經由他的本質才有了存在——現在卻如此憂心和沮喪，生怕沉沒於永恆的虛無深淵；而與此同時，事實上所有的一切都充滿著他，他可是無處不在、無處不生，因爲不是存在支撐著他而是他支撐著存在。但現在，他卻在那受到死亡恐懼折磨的個體身上感受到了沮喪和氣餒，因爲他被**個體化原理**所引致的假象迷惑了；他誤以爲他的存在就侷限在那現正一步步邁向死亡的生物身上。這一假象屬於那沉重的夢魘，而他作爲生存意欲早已深陷這一夢魘。但是，我們可以對那邁向死亡的個體說：「你將不再是你現在的樣子了，如果當初你不曾成爲你現在這樣，那該多好。」

只要不曾發生任何否定的生存意欲，那死亡留下來的是形成另一個相當不一樣存在的種子和內核；在這另一個存在裡，一個新的個體又看到了自己，那是如此的新鮮和原初，以致它對自己驚嘆不已。所以，當那些高貴的青年在這清新的意識完全展開之時，會有那種心醉神迷、幻夢一般的思想傾向。睡眠之於個體等於死亡之於作爲自在之物的意欲。假如意欲能夠保留記憶和個體性，那意欲就不會忍受歷經無窮無盡同樣的奮鬥和磨難，在毫無得益的情況下一直繼續下去。它甩掉了這些個體性和記憶，這就是陰間的忘河；它經過這種死亡睡眠而得到了更新和配備了另一副智力，以某一嶄新的存在再度出現：「新的一天吸引著新的海岸。」

人作爲自我肯定的生存意欲，存在的根子就在人的種屬之中。據此，死亡就是失去某一個體性和接受另一個體性；所以，死亡是在自己意欲的專門指引下的個體性轉換。這是因爲唯獨在這意欲裡，存在著永恆的力，可以產生出它那帶著「我」的存在。但是，由於這個帶著「我」的存在的特性，其存在卻是無法長久維持的。這是因爲死亡是「恢復本來面目」，是每一**本質**（*essentia*）在要求**存在**（*existentia*）時所得到的東西；死亡是藏在每一個體存在裡的矛盾的凸顯：

所有生成之物，
都配遭受毀滅。

但對這同樣的力來說，亦即對意欲來說，可供支配的是無數這樣帶著它們那「我」的個體存在；但這些也將再度同樣地毀滅和消逝。既然每一個這樣的「我」都有分開的意識，那無數的「我」，在這樣的「我」的方面，與那唯一的「我」是沒有區別的。從這一觀點出發，*aevum, αἰών* 同時表示某一生和無限的時間這兩種意思，那在我看來就不是偶然的。也就是說，從這可以看出，雖然這只是朦朧的，並不清晰：無限的時間和一個人的壽命，這兩者本身和歸根到底都是同樣的東西；據此，我只是過完我這一生抑或會存在無限的時間，其實並沒有差別。

當然了，完全沒有了時間概念的幫助，我們無法對上述有一設想和看法，但一旦涉及自在之物，這些時間概念卻是要被排除掉的。我們智力的一個不可改變的侷限，就是這一智力永遠無法完全擺脫它的這一首要的和最直接的表象和概念形式，以便在沒有這些形式的情況下仍能操作。所以，在此我們自然就陷入某一靈魂轉生的學說，雖然這裡面有這一重要的區別：我們這靈魂轉生學說並非包括整個靈魂，亦即認知者，而是只與意欲有關，那伴隨著靈魂轉生學說的許許多多的無稽之談就被剔除了；然後就意識到時間形式在此只是對我們的智力侷限不得不作出的適應性調整。如果我們以在第四十三章所闡明了的這一事實輔助我們的思考，亦即性格——也就是意欲——遺傳自父親，而智力得之於母親，那這就跟我們下面這一觀點連貫起來了：人的意欲就其本身是個體的意欲，在死亡的時候就與其在受孕的時候從母親處所獲得的智力分離了；現在，與他那性質、構成已經有所改動的意欲相適應，遵循著世事發展的必然進程，經由新的受孕而獲得新的智力。連同這一新的智力，他（它）又成了新的存在；但對此之前的存在他卻再也沒有了記憶，因爲那唯獨具備記憶能力的智力是可朽的部分，或者說只是形式，而意欲卻是不朽的，是物質。據此，要描述這一理論的話，「重生」（Palingenesie）一詞比「靈魂轉生」（Metempsychose）一詞更準確。這種永遠不斷的重生構成了某一本身是不可毀滅的意欲的持續不斷的生活之夢——直至這意欲在經歷持續的、多種多樣的，並且始終以嶄新形式出現的認識以後，得到教誨和進步並取消了自身爲止。

我們透過最新的研究所了解到的眞正的和可以說相當神祕、深奧的佛教學說，也與上述的觀點互相吻合，因爲佛教學說教導的不是靈魂轉生，而是一種奇特的、建立在道德基礎上的重生學說；佛教對這一重生學說的陳述和闡釋極具思想深度。這些見之於斯賓塞·哈代的《佛教指南》（第三九四—三九六頁）對這方面的論述——這些論述相當值得閱讀和思考（還可與書裡第四二九、四四〇和四四五頁比較）。泰萊著《巴拉波達·查德羅·達雅》（倫敦，一八一二）第三十五頁，還有桑格馬諾寫的《緬甸帝國》第六頁，以及《亞洲研究》第六卷第一七九頁和第九卷第二五六頁也都證實了上述描述。另外，科本編的相當有用的德文佛教簡編也對此問題給予了正確的描述。但對大部分佛教信眾來說，這一重生學說太過微妙，太過難以捉摸了，所以，靈魂轉世的理論就成了向他們宣說的可理解的代替品。

另外，我們不能忽略的是，甚至有支持這種重生理論的經驗上的根據。事實上，在新生兒的誕生和逝者的死亡之間有某種聯繫。也就是說，這種聯繫顯現在經受了突然性的瘟疫以後，人們所表現出來的強大生殖力。在十四世紀，在黑死病奪走了舊世界大部分人口以後，人類一個異乎尋常的生育高峰就出現了，並且雙胞胎的出生變得相當頻繁。另外，極爲奇怪的事情是在這一時期出生的孩子都沒有長齊所有的牙齒。那竭盡了全力的大自然在細節上就變得斤斤計較了。這些見之於F．舒努勒寫的《瘟疫編年史》（一八二五）裡。卡斯帕的《論人的大概壽命》（一八三五）也證實了這一原則：在某一特定的人口裡，生育的數量對這一人口中的人的壽命和死亡率有決定性的影響，因爲這一人口的生育量是與死亡數同步的；這樣，無論哪裡和無論何時，死亡數和出生數都以相等的比率增加和減少。卡斯帕透過從許多國家及其不同省分蒐集到的累積證據，使這一點毋庸置疑。但是，在我更早時候的死亡與一對陌生夫婦懷孕生育之間，或者反過來，卻不可能有一有形、物質上的因果聯繫。所以，在此，形而上的東西無可否認地和以一驚人的方式成了這有形東西的直接解釋根據。雖然某一新誕生的生命清新、歡樂地進入存在，並像享受一樣禮物般地享受這一存在，但在這世上卻沒有也不可能有白送的禮物。他那新鮮的存在是以一個不再有活力的人的年老和死亡爲代價——後者已經滅亡，但它卻包含了不可消亡的種子，而新的生命正是從這些種子生成：這兩者是同樣的東西。能夠闡明這兩者之間的過渡，也就當然解開了一個巨大的謎。

我在這裡說出的偉大眞理也不是從來完全不被人們所認識的，雖然人們無法溯源和歸結出精準、正確的涵義，因爲要做到這一點，只能借助於意欲具有首要的和形而上的本質，而智力則只有次要的、只是機體性的本質的理論。也就是說，我們發現了靈魂轉生學說，這起源於人類最古老和最高貴的時代，始終作爲人類中的絕大多數人的信仰在全球傳播和流行，並的確是所有宗教所宣講的教義——猶太教以及兩個出自猶太教的宗教除外。不過，正如我們已經提到過的，把這教義表現得至爲幽深、奧妙，最接近眞理的則是佛教。據此，正當基督徒以在另一世界又將重逢安慰自己——在那裡，人們完好無損、重又相聚，並能馬上彼此認出——在上述其他宗教那裡，那種重逢現在已在進行中，雖然此時大家已隱匿了身分。也就是說，在誕生的循環裡，由於靈魂轉生或者重生的緣故，現在與我們密切相關或者密切接觸的人，在下一輩子也與我們一道出生，與我們有著和現在同樣的或者相似的關係，他們對我們的態度和看法也沒有什麼兩樣，不管這些關係和態度是友好的抑或敵視的（讀者可參考斯賓塞·哈代的《佛教指南》，第一六二頁）。當然，人們彼此認出也只是侷限於某一朦朧的感覺、一種無法清楚意識到的、隱隱約約暗示著某一無限遙遠的東西的回憶。只有佛陀本人例外，只有佛陀才有能力清楚地認出自己和他人的前生。關於這些，在《佛本生的故事》中都有描述。但事實上，如果有幸在某時某刻能夠純粹以客觀的眼睛審視現實中人們的奮鬥和掙扎，我們就會自然而然直覺地確信：我們所看見的這些人在從柏拉圖式的理念方面考慮，不僅始終是同樣的人，而且目前的一代人，就其眞正的內核而言，完全和實質上就是與上一代人同一的。人們只能問道：這一內核到底是什麼。我的學說對此給予的答案是大家都知道的。上面提到的直覺上的確信，我們可以設想是因時間和空間這兩塊複製和幻化的玻璃片暫時失靈而產生的。至於人們普遍相信靈魂轉生，奧比利在出色的著作《印度人的涅槃》第十三頁是這樣說的，並且說得很對：這一古老的信仰傳遍了全世界。在上古時代就已經廣爲流傳了。所以，一個英國聖公會的博學者判斷，認爲這一信仰是無父、無母、沒有任何家族淵源（波蘇伯爾，《摩尼教徒和摩尼教的批評歷史》中的「伯爾內」，第二卷，第三九一頁）。早在《吠陀》和其他所有印度聖書裡就已經教導靈魂轉生學說，人們也都知道靈魂轉生是婆羅門教和佛教的內核，因此，甚至現在，在所有並非信奉伊斯蘭教的亞細亞地區，靈魂轉生學說仍然占據主流位置，因而在全人類過半的人口中是人們最堅實的信仰，並且發揮了令人難以置信的強大的實際影響。埃及人也信仰這一學說（《希羅多德著作》，第二卷，一二三）；奧菲斯、畢達哥拉斯和柏拉圖熱情、激動地從埃及人手中接受了這一學說，畢達哥拉斯學派則尤其篤信這一學說。至於在希臘的祕密宗教儀式中也倡導這一學說，這由柏拉圖《法律篇》書第九篇無可否認地告訴了我們。尼米修斯（《論人的本性》，第二章）甚至說：希臘人都宣稱靈魂是不死的，其學說就是一個人的靈魂從一個身體走到另一身體。古代冰島的神話詩集《埃達》也教導靈魂轉生之說。這也同樣是古時克爾特人中的巫師宗教的基礎（凱撒，《高盧戰記》，第四；皮希特，《不列顛島吟遊詩人之謎》，一八五六）。甚至印度的一個穆罕默德教派，波拉教派——科爾布魯克在《亞洲研究》第七卷第三三六頁及以下，對此教派作了詳細的報導——也信奉靈魂轉生，並因此不吃肉類食品。在美國印第安人和黑人部族裡，甚至在澳大利亞土著人那裡，也可找到上述信仰的痕跡，例如，一八四一年一月二十九日英國《泰晤士報》有一篇文章，準確報導了兩個澳大利亞土著人因犯有縱火罪和謀殺罪而被處以極刑的情形。文章寫道：「較年輕的那名罪犯在迎接自己的末日時，表現出了堅定和毫不退縮的勇氣，就顯現爲意在復仇的那種；他所使用的唯一讓人明白其涵義的話語透露了這樣的意思：他即將轉生爲『一個白小子』。正是這一點使他去意堅決。」烏恩格維特寫的一本名叫《澳大利亞大洋洲》（一八五三）的書告訴讀者：新荷蘭的巴布亞居民把白種人視爲重返陽間的親戚。所有上述種種所引出的結論是：只要一個人不帶偏見地反省、思考，那他自然而然就會確信靈魂再生的道理。據此，這確信的確也就是康德所錯誤斷言的他的三個所謂的理性理念，也就是說，一個對人的理性而言是自然的、出自理性自己的形式的哲學論斷；而假如一個人並沒有這一哲學論斷的話，那是因爲這已被實在的、具體的、有別的出處的宗教教義首先排擠掉了。我也注意到任何人在初次聽到這一信仰時就能馬上清楚明白。我們只需看看，甚至萊辛也是一副嚴肅、認眞的態度，在《人類的教育》最後七個段落中支持這一信仰。利希滕貝格也在《自我描述》中說過：「我無法擺脫這樣的想法：我是死了以後才誕生的。」（《文論選》，一八四四）甚至那過分經驗論的休謨也在討論「不朽」的懷疑論文章中寫道（第三頁）：**靈魂轉生學說因此是哲學可以傾聽的唯一一類系統思想。**[5]與這一信仰，與這一已傳遍全人類、無論智者還是俗人都可通曉明瞭的學說相對立的是猶太教，以及從猶太教衍生出來的另兩個宗教，因爲這些宗教教導說人是從無中創造出來的。這樣，人們就得爲如何把這說法，與將來卻可以無限時存在連接起來而煞費思量。當然，在火與劍的幫助下，他們成功地把那給人們帶來慰藉的人類原初信仰從歐洲和部分亞洲趕走了。這種情形還能持續多久尚未確定。但硬撐下去已是勉爲其難了，這點可由那古老的教會歷史作證：大部分的異端分子對那原初的信仰懷有好感，例子包括西蒙教派、巴西利底安教派、瓦倫丁教派、馬爾西奧尼教派、諾斯替直覺教派和摩尼教派，等等。甚至猶太人自己也在某種程度上接受這一信仰，就像特土良和尤斯蒂努斯（在其對話中）所報導的那樣。猶太法典上說，艾貝爾的靈魂進入了塞思的身體，然後又進入了摩西的身體。甚至《聖經》中《馬太

[5] 這篇休謨死後才發表的文章出自《論自殺》和《論靈魂不滅》的文章集，已故大衛·休謨著，巴塞爾，一七九九，由詹姆斯·德克發售。透過這巴塞爾的重版，英格蘭的一個偉大思想家和作家的上述兩本著作就從被湮沒中搶救了過來，而在此之前，這些著作卻在他的祖國遭受籠罩的和極其可鄙的愚蠢盲信的壓制，這是強大的和狂妄的教士們的影響所致，是英格蘭永久甩不掉的恥辱。這些文章是對上述兩個題材完全不帶激情的、冷靜的、理性的探討。

福音》（十六：十三—十四）中的段落，也只有在我們把它們理解爲在靈魂轉生信條的前提下所說的話，才獲得了理性的涵義。《路加福音》當然也有這樣的段落；路加補充了**古時的一個先知又活了**的話。這樣，路加就以爲這樣的看法是猶太人產生的，即一個古老先知會皮髮俱在、完好無損地復活，但因爲他們知道得很清楚：這一先知已在墳墓裡躺了六百到七百年的時間，因而早就化爲塵土，所以，這一先知會復活的想法明顯是荒唐的。此外，在基督教裡，取代靈魂轉生和今生爲前世贖罪學說的卻是人的原罪教義，亦即爲他人贖罪的教義。也就是說，這兩種學說都把現在的人和以前曾經存在過的人——甚至以道德上的傾向——視爲同一：靈魂轉生學說是直接的，原罪學說則是間接的。

死亡是生存意欲——更精確地說，是生存意欲本質上所特有的自我主義——在大自然的進程中所得到的一大斥責；死亡也可被理解爲對我們存在的一種懲罰。❻死亡就是痛苦地解開我們在享受感官肉慾的性行爲時打上的結子，是從外而至地、暴力地破壞掉我們本質所犯下的一個根本錯誤：那是巨大的失望。從根本上，我們就是某些本來就不應存在的東西，所以我們才會停止存在。自我主義其實就是這個人把全部的現實侷限在他一己之身，因爲他誤以爲唯獨存在於這一肉身，而不會存在於別人那裡。死亡教給這樣的人更正確的道理，因爲死亡把這一個人取消了，以致這個人的眞正本質，亦即他的意欲，從此以後就只存活於別的個體身上，但他的智力——這智力本身只屬於現象，亦即只屬於作爲表象的世界，只是外在世界的形式——則繼續存在於表象裡，亦即對事物的客觀存在裡，因而也同樣只繼續存在於迄今爲止外在世界的存在裡。這個人的整個「我」因而從現在開始只活在他至今爲

❻死亡說：你是一個本來就不應發生的行為的產物，所以，為把它抹去，你必須死亡。

止一直視爲的「非我」，因爲外在和內在的區別終止了。在此，我們還記得：一個更好的人也就是一個在自己與他人之間只有很少差別的人，他不會把他人視爲絕對的非我。但對於一個壞人，自己與他人的差別是巨大的，甚至是絕對的，正如我在〈論道德的基礎〉裡所解釋過的那樣。根據以上所述，一個人是否把死亡視爲人的毀滅，程度如何，是與這種自己與他人的差別相對應的。但如果我們從這一觀點出發——亦即在我之外的與在我之內的差別只是空間上的差別，只建基於現象上，而不是自在之物，因此，這些差別並非絕對眞實的差別——那我們就可以把失去自己的個體性視爲失去某一現象而已；這種失去也就是似乎失去而已。無論這種差別在經驗意識中具有多少現實性，從形而上的角度出發，這兩個說法從根本上並沒有什麼眞正的差別，即「我滅亡了，但這世界仍然存在」和「這一世界滅亡了，但我們仍然存在」。

除了所有這些，死亡卻是一個大好的機會，讓我們不再是「我」——當然，這只是對能夠把握這一機會的人而言。在生活著的時候，人的意欲是沒有自由的：在人的既定不變的性格基礎之上，人的行事隨著動因的鏈條而必然地展開。每個人都會記得自己曾經做過的、自己並不滿意的事情。如果這個人繼續生活下去，由於性格不變的原因，他仍將繼續以同樣的方式行事。因此，這個人必須停止他目前這個樣子的存在，以便從其本質的源泉裡生成新的和另一種樣子的存在。所以，死亡解除了那些束縛，意欲又自由了，因爲自由在於本質（*Esse*），並非在於行動（*Operari*）之中。心結盡開，疑慮盡釋，所做的一切盡歸於虛無。——這是所有《吠陀》的闡釋者經常重複的名言。❼死亡就是掙脫

❼《商羯羅，或者論吠檀多神學》，由F·H·H·溫迪什曼編，第三十七頁：《奧義書》（譯自波斯文的拉丁文

某一個體的片面性的時刻——這一片面性並非構成了我們的眞正本質內核，其實，那可理解爲對我們眞正本質的一種偏離。此刻，眞正、原初的自由重臨了；這一刻在這裡所說的意義上可被視爲恢復之前的狀態。因此，大多數垂死之人的臉上呈現出安詳與平和，其根源似乎就在這裡。每一個好人的死亡，一般來說都是平靜、柔和的，但自願、愉快迎接死亡則只是死心斷念、放棄和否定生存意欲之人的特權。這是因爲只有這樣的人才會願意眞正而並非只是表面現象上地死亡，這些人因而不會要求也不需要自己本人的繼續存在。這樣的人自願放棄的是我們所認識的存在。他們爲此獲得的，在我們看來是無。佛教信仰把這名爲涅槃，亦即寂滅。❽

版本），第一卷，第三八七和七十八頁；科爾布魯克的《雜集》，第一卷，第三六三頁。

❽ 「涅槃」的詞源有不同的說法。根據科爾布魯克（見《亞洲倫敦學會學報》第一卷，第五六六頁），涅槃（Nirwana）來自 *Wa*：就像風一樣地流動；所帶的否定性的前綴 *Nir*，也就是「無風的」，作為形容詞就是「熄滅的」。還有《印度人的涅槃》的作者奧比利，在第三頁說：涅槃在梵文的字面意思就是類似火一樣的「熄滅」。根據《亞洲倫敦學會學報》第二十四卷第七三五頁，那卻是 *Nerawana*，出自 *nera*（沒有）和 *wana*（生命、生活），意思就是滅絕。在斯賓塞．哈代的《東方的修道生活》第二九五頁，「涅槃」出自 *Wana*（有罪的願望），帶著否定性的 *nir*。I．J．施密特在翻譯《東蒙古歷史》第三〇七頁中說，梵文詞涅槃翻譯成蒙古文，意思是「與痛苦分離」、「從痛苦中逃脫」。根據那同一個學者在聖彼得堡科學院所作的講座，涅槃是與輪迴相反的東西，而輪迴就是這持續不斷的再生、欲望和渴求的世界，是迷惑感官和變化著形式的世界，是生、老、病、死的世界。在緬甸語中，涅槃（Nirwana）一詞，根據其他梵文詞的類似性，變成了 *Nieban*，並翻譯成圓滿地消失。參見桑格馬諾對緬甸帝國的描述，由坦迪翻譯，羅馬，一八三三，§27。我在一八一九年第一版，也寫成了 *Nieban*，因為我那時候只從有關緬甸人的寥寥可數的報導中了解到佛教。

第四十二章　種屬的生命

在前一章裡，我們回顧了這一點：不同等級的生物，亦即生存意欲的充分客體化，在個體與時間形式緊密相連的認知中，其（柏拉圖式的）理念就表現為種屬，亦即表現為透過生殖的紐帶而接連不斷的和相類似的多個個體；因此，種屬就是在時間上拉開來的理念。所以，每一個生物的自在本質首先是在它的種屬中，但種屬同時也只在個體中存在。那麼，儘管意欲只在個體那裡達到了自我意識，也就是說，只是作為個體而認識到自己，但那藏於深處的意識，即意識到它的本質其實就客體化在種屬，卻突出表現在這方面：對個體而言，種屬的事務，亦即兩性的關係、生殖和哺育幼小後代，比起所有其他事情都重要得多，也讓個體更加地操心。由此而來的是動物的發情（對這激烈情形的出色描繪，可見於伯爾達哈的《生理學》，第一卷，第二四七和二五七節）和人們在選擇另一個體以滿足其性慾時那種小心、挑剔和任性、執拗——而這可以一直發展成狂熱的愛情。對此更加仔細的探究，我會另闢專門一章。最後，由此而來的是父母對幼小孩子的充溢的愛意。

在第二卷的增補中，我把意欲比之於樹根，智力比之於樹冠，這無論在內在還是心理上都是如此。但在外在或者在生理上，生殖器卻是樹根，頭部則是樹冠。雖然提供營養的部分不是生殖器而是腸子的絨毛，但這些卻不是根子，只有生殖器才是根子，因為只有透過生殖器，個體才能與其所扎根的種屬聯繫起來。這是因為個體在身體的、有形的方面是種屬的產品，在形而上的方面則是理念的多少有點不完美的圖像，是在時間的形式上作爲種屬表現出來的。與我在此所說的關係相一致，腦髓與生殖器官最強的活力和衰弱是同時的和相關聯的。性的衝動可被視爲樹（種屬）的內在推力——依靠這推力，個體生命就萌芽和生長了，猶如樹的葉子是由樹來滋養和反過來幫助滋養那樹一樣。這就是爲什麼性的衝動是如此的強烈和來自我們的本性深處。把一個個體去勢，就等於把他從他所出自的種屬之樹剪了下來，讓他就這樣分開而枯萎。他的精神和身體力量的退化和降級由此產生了。至於在爲種屬服務以後，亦即在授精以後，動物個體會隨之暫時精疲力竭，而絕大部分的昆蟲則隨之，甚至很快死亡，這就是爲什麼**凱爾蘇斯**說射精**意味著損失部分的靈魂**；至於在人那裡，生殖力的消失就顯示那個體現在正走向死亡；至於過分消耗那生殖能力在任何年齡段都會縮短壽命，而節制、禁慾則會提升所有的力量，尤其是提升肌肉的力量，所以，禁慾屬於希臘運動員爲競賽所做的準備；至於那同樣的禁慾可以讓昆蟲的生命，甚至延長至接下來的春天——所有這些，都表明了個體的生命歸根到底只是從種屬生命那裡借來的，所有的生命力好比經過堤壩的攔截而流出的種屬力量。這由此解釋了生命的形而上的基質直接在種屬，並且也只有透過種屬才在個體那裡顯現。與此相應，在印度，陰莖與女陰一道被視爲種屬及其不朽的象徵而受到尊崇，並且作爲對死亡的平衡，被認爲是主管死亡的神靈——溼婆——的屬性。

但是，撇開神話和象徵來說吧，那激烈的性衝動，每一隻動物、每一個人在進行性事時那種熾烈的狂熱和深切的嚴肅勁兒，證明了透過那服務於性事的功能，動物就屬於牠們的眞正本質所在的東西，亦即屬於**種屬**；而所有其他功能和器官都僅僅直接服務於個體，個體存在從根本上也只是次要的。再者，那激烈的性衝動——這是整個動物本質的焦點——表達了這樣的意識：個體不會持續存在，因此，一切都得放在維護種屬上面，因爲個體的眞正本質在種屬裡。

爲說明上述觀點，讓我們具體想像現在一隻動物正在發情，正在交配中。我們在這動物中看到了一種從不曾看見過的嚴肅和狂熱。在這同時，在這動物那裡正發生著什麼呢？牠知道牠是必定要死亡的嗎？知道透過牠此刻所做的事情，一個新的但卻與牠完全相似的個體將會形成以取代牠嗎？所有的一切都是牠不知道的，因爲牠是不思考的。但牠卻操心著牠的種屬在時間上的延續，牠是那樣的熱切，就好像牠知道所有那一切似的。這是因爲牠意識到牠意欲活著和存在，這最高一級的意欲透過生殖行爲而表達出來：這些就是在牠的意識中所發生的事情。這對於有生命之物的持久存在也完全足夠了，恰恰因爲意欲是根本的，認知是附加的東西。正因此，意欲一點都不需要得到認知的指引，一旦意欲以其原初性選擇了，這意願就會自動客體化在這表象的世界。那麼，假如那是我們所想像的動物形態，以這樣的方式意欲生活和存在，那牠不會是意欲那一般的、泛泛的生活和存在，而意欲就是那形態的生活和存在。所以，是在牠同類的雌性中所看到的牠的形態，刺激著動物的意欲要去生殖。牠的這個意欲從外在和在時間的形式下察看，表現爲這樣一種動物形態：那是在無盡的時間中，透過不斷重複的以個體取代個體，亦即透過死亡和生殖的變換來維持；以此看來，這些死亡和生殖顯得只是那永恆的形態所發出的脈搏跳動而已。我們可以把這些比之於吸引力和排斥力：物質是透過這兩種力的對抗而延續存在。這裡在動物身上所證明了的也適用於人類：因爲在人那裡，雖然生殖行爲是伴隨著對其目的原因的充分認知，但卻並不是由認知所指引，而是直接發自生存意欲，是生存意欲的濃縮和集中。生殖行爲因此可以歸爲本能的行爲。這是因爲動物的生殖活動並不怎麼受到對目標的認知的指引，正如動物的本能本領也是如此：在動物的本能本領裡面，意欲也基本上是在沒有認知的媒介之下表現出來的，因爲認知在此與在生殖行爲那裡一樣，只是聽任細節的決定。生殖是在某種程度上最讓人驚嘆的本能本領，其作品是至爲驚人的。

這些考察可以解釋爲何性的慾望會帶有一種與每一種其他慾望都相當不一樣的特性；性的慾望不僅是至爲強烈的，其特定的性慾甚至比起所有其他慾望都要有力。這種慾望無論在哪裡人們都心照不宣地認定爲必然的和不可避免的，而不像其他慾望那樣是趣味的或者心血來潮的事情。這是因爲這是一種甚至構成了人的本質的願望。在與之衝突時，並沒有什麼動因如此強烈地以至可以肯定戰而勝之。這是如此重要的頭等大事，假如這無法獲得滿足，那任何其他享受都無法補償；爲了性慾的緣故，動物和人會不惜冒險和爭鬥。對這種天然品性的直白表達就是在龐貝古城的妓院門上伴以陰莖裝飾的這一行銘文：**在此寄居著快樂**。這句銘文對進入此門者而言是單純質樸的，對走出此門者則是諷刺的，就其自身而言，這銘文則是幽默的。但生殖衝動的洋溢之力則嚴肅和莊重地表達在這一行銘文——這（根據士麥那的賽翁，《論音樂》，第四十七章）由奧西里斯寫在了他爲永恆的神靈而建起的柱子上面：「獻給精神、天空、太陽、月亮、大地、黑夜、白天，獻給一切和將要成爲一切的父親，獻給厄洛斯。」同樣，也表達在**盧克萊修**的著作開首所寫的優美的呼語：

艾尼阿斯的母親，人、神的快樂，
帶來福祉的愛神維納斯

與所有這些相應的，就是兩性關係在人類社會中所扮演的重要角色。在此，男女關係其實就是一切所作所爲的看不見的中心，儘管這上面罩著重重的紗幕，但還是時時處處向外探頭探腦。這是戰爭的原因與和平的目標，嚴肅的基礎和戲謔的目的，是機智調皮的不竭源泉，是一切影射的密碼，是一切祕密暗示、一切不曾宣之於口的提議和一切偷瞟目光的含意，是年輕人甚至經常是老人每天全副的心思所在，是非貞潔之人每個小時的念頭和貞潔之人有違自己意願的揮之不去的遐想，是隨時可做玩笑的素材——恰恰因爲這骨子裡面藏著最嚴肅的東西。但這世界的諷刺和好笑之處，就是這所有人的頭等大事卻在暗中隱祕地進行，表面上卻盡可能顯出不留意的樣子。但事實上，人們可看到這本能在每一刻都是這世界眞正的和世襲的君主，自身充滿著無敵的力量，從那傳承下來的寶座上，以嘲弄的目光笑看人們的種種功夫和事情去制服、囚禁，起碼去限制它，如可能的話，把它完全掩藏起來；或者控制這本能，讓它看上去就像生活中的一樁完全次要的和枝節的事情。但所有這些都是與這一點相符的：性慾是生存意欲的核心，所以，是所有意欲活動的濃縮；也因此，我在第一卷中把生殖器名爲意欲的焦點。的確，我們可以這樣說，人就是具體的性慾，因爲人的起源就是性交，他的願望中的願望就是性交，而這一慾望唯獨使那現象得以長存和固定在一起。生存意欲雖然首先表現爲維護個體而奮鬥，但那只是朝向維護種屬的一個階段；而爲維護種屬的奮鬥必然在程度上更加地激烈，因爲種屬的生命在持久、延伸和價值方面都超出了個體的生命。因此，性的衝動和慾望是生存意欲最完美的外現，是最清楚地表達出來的典型。與此完全一致的是，個體起源於此性慾和性慾對自然人的所有其他願望的優先權。

在此適宜再說一個生理學方面的意見，這幫助說明我在第二卷闡述的基本理論。也就是說，既然性慾是所有慾望中的最強烈者，是願望中的願望，是我們所有意願的濃縮和集中；據此，那性慾的滿足如果精確地符合一個人的個人願望，因而目標指向某一確定的個體，那就是他的快樂的頂點，也就是他的自然追求的最終目標；隨著這一目標的達到，一切目標也就似乎達到了，而錯失了這一目標的話，那一切也似乎都錯失了——那麼，我們就會發現，作爲這些生理學上的對應物，在客體化了的意欲，亦即在人的機體裡面，精子就是分泌物中的分泌物，是一切汁液中的精華，是一切機體功能的最終結果，並在此又多了一道證據：身體只是意欲的客體性，亦即只是在表象形式之下的意欲本身。

與生育相連的是對幼小後代的撫養，與性慾相連的是父母親的愛。種屬的生命也以此而延續下去。與此相應，動物對幼崽的愛，就如性的衝動一樣，其力度遠遠超出那些只是以自己個體爲目標的追求。這表現在這些方面：就算是最溫柔的動物，爲了幼崽的緣故，也會投入實力極爲懸殊的生死搏鬥；在幾乎所有的動物種屬中，母親都會爲了保護幼崽而迎向種種危險，在不少情形裡，甚至迎向確定的死亡。在人那裡，這種本能的父母之愛會得到理性的，亦即反省思考的指導和幫助，但有時候卻因此而受到妨礙，如碰上人性卑劣者，那可以走到完全否定這種愛的地步。所以，我們在動物那裡可以至爲純淨地觀察著父母之愛所發揮的作用。就這種愛本身而言，在人那裡並沒有絲毫的遜色：在此，我們也看到在個別的情況下，父母之愛會完全壓倒對己之愛，甚至會發展至犧牲自己的生命。例如，法國的報紙剛好報導了：在洛特省卡奧爾，一個父親自己結束了生命，目的就是讓已經抽了簽要上戰場的兒子成爲一個寡婦的長子，並以此身分免除這兵役（一八四三年六月二十二日《加利尼亞尼信使報》）。但在動物那裡，由於動物沒有思考的能力，那本能的母愛（雄性動物通常都不知曉自己是父親）就直接和不受歪曲地、因此更加清楚地展現其全部力度。從根本上，母愛就是動物意識的這一表達：它的眞正本質更直接地存在於種屬，而不是個體，因此，在需要的時候就會貢獻出自己的生命，好讓種屬在幼崽那裡得到維持。所以，母愛一如性愛：在這兩種情形裡，生存意欲在某種程度上是超驗的，因爲那爲個體所固有的意識超越了個體，擴展到了種屬。爲了把種屬生命的這第二種外現不僅僅抽象地說出來，而且讓讀者能夠具體地想像到其完整、眞實的外現，我想舉幾個例子以說明本能母愛的超常力度。

海獺在受到追捕時，會抓著幼崽潛入水下。在牠們爲了呼吸而浮出水面時，會以身體護住幼崽，並在逃跑時，以身體攔住獵者的箭矢。人們會獵獲一頭幼鯨，目的只是要誘捕其母親，因爲幼崽的母親會匆忙趕來，並且只要幼崽還活著，就很少會離去，儘管自己已經身中多支捕鯨叉（斯科斯比日記中的《一次捕鯨旅行》，克里斯翻譯，第一九六頁）。在紐西蘭附近的三國王島，生活著一些名爲「海象」的巨形海豹類動物。牠們以有序的隊形環島巡游，以魚類爲食。但在水下卻有著某些我們所不知道的凶狠敵手，海象經常受到重創。所以，海象的集體巡游需要某種獨特的策略。雌性海象就在海岸邊產崽，然後，在哺乳幼崽的時候——而這會持續七到八個星期之久——所有的雄性海象就組成一個圓圈圍著牠們，以防止牠們受飢餓所迫而進入海裡。一旦牠們嘗試這樣做，雄性海象就咬牠們以示禁止。這樣，那所有的海象就一起忍飢挨餓七到八個星期，會變得非常消瘦，那只是爲了不讓年幼海象在學會游泳和遵守巡游的策略之前游進海裡。而那些技巧和規矩，是牠們在遭受一番撞擊和啃咬以後學到的（菲欣納，《澳大利亞遊記》，一八二六）。在此也展示了父母之愛，就像意欲的每一種強力追求（同上書，第十九章，六）一樣，都能提升智力。野鴨、籬雀和許多其他鳥兒在獵人靠近牠們的鳥巢時會飛起來，在獵人面前大聲鳴叫，來回、反覆地拍打著翅膀，好像翅膀受傷了一樣，目的就是要把獵者的注意力從幼崽那裡吸引到牠們自己的身上。雲雀會用犧牲自己的辦法把狗從其鳥巢引開。以同樣的方式，雌鹿和雌麅會吸引敵人追獵自己，好讓牠們的孩子免受攻擊。燕子會飛進燃燒的屋子以救出牠們的雛兒，或者與牠們共赴黃泉。在代爾夫特的一場猛烈火災中，一隻鸛子爲了不拋棄自己那還不會飛的雛兒，就留在巢裡被燒死了（朱尼厄斯，《荷蘭見聞》）。雄松雞和丘鷸在孵蛋時會乖乖就擒。**鶲科**會非常勇敢地保護自己的巢窩，與雕鷹殊死搏鬥。一隻螞蟻已被切成兩段了，但人們還可看到螞蟻的上半段仍要把那蛹放置穩妥。一隻母犬的幼崽被人們剖腹取出，垂死中的母犬爬過去，愛戀地舔著幼崽——直到幼崽被拿走時才開始激烈地哀鳴（**伯爾達哈**，《作爲經驗科學的生理學》，第二、三卷）。

第四十三章　素質的遺傳

透過生殖，在父母那裡結合而成的種子不僅把種屬的素質傳給了後代，而且也傳播了個體的素質——這是日常最普通的經驗教給我們的道理，涉及的是身體的（客體的、外在的）素質；這也是自古以來人們都承認的東西：

每個人都遵循著自然賦予他的天性。

——卡圖盧斯

至於這是否同樣適用於精神的（主體的、內在的）素質，以至也從父母那裡遺傳給孩子，則是一個常常被人提起，也得到了幾乎普遍的肯定回答的問題。但在此，要分清哪些素質屬於父親，哪些素質屬於母親，亦即我們從父親和母親那裡各自遺傳到哪些精神思想素質，則是難度更大的問題。假如我們用我們的基本知識來說清楚這一問題，即**意欲**是人的自在本質、內核、根本的成分，**智力**是這些實體次要的、偶然的部分，那在探詢經驗之前，我們就可以設想這起碼是很有可能的：在生殖中，父親，作爲**第一性**和生殖的本原，給出了新生命的基礎、根本性成分，亦即給出了**意欲**；但母親，作爲**第二性**和只是受孕的本原，是新生命的次要成分，是**智力**；因此，人的道德性的東西、他的性格、他的傾向、他的心遺傳自他的父親，而他的智力的程度、智力的性質和方向則遺傳自他的母親。這一假定現在經驗中的確得到了證實，只不過這事情並不是在桌子上做個物理實驗就可定奪的，而是從多年縝密、細膩的觀察和歷史中引出的結論。

自身經驗的優勢是完全可靠和極其獨特的，這樣也就壓倒了自身經驗所產生的缺點，即自身經驗的範圍比較狹隘，其例子也不是人們都知道的。因此，我要各位首先察看自身的經驗。他首先要觀察自身，坦言自己的傾向和情慾、自己的性格缺陷和弱點、自己的惡習，以及自己的優點和美德——如果他有的話。然後，他再回想一下自己的父親，那就不難在其父親身上也察覺到所有上述那些性格特徵。相比之下，他會時常發現母親是很不一樣的性格，與母親在道德方面的吻合一致是極少有的，眞出現這樣的一致性的話，那也只是由於父母雙方的性格碰巧一致而已。他就檢查這些方面，例如，是否易怒、耐心、吝嗇，或者揮霍、喜好肉慾，或者喜好暴飲暴食，或喜好賭博，是否鐵石心腸抑或心地善良，誠實正直抑或虛假作僞，高傲自大抑或平易近人，勇敢抑或怯懦，和氣抑或好鬥，寬宏大量抑或怨恨記仇，等等，等等。然後，他在他所精確了解其性格、其父母的人那裡做同樣的檢查。假如他專心致志地檢查，伴以準確的判斷和坦誠的心態，那我們的論點就不可避免地得到了證實。例如，他會發現不少人特有的撒謊傾向，在兩兄弟那裡同等程度地存在，因爲他們從父親那裡遺傳了這種撒謊的傾向。因此，喜劇《撒謊者和他的兒子》在心理學上是準確的。但在此，兩個無法避免的侷限是要注意的，也就是說，第一，父親始終無法確定是誰。只有與父親明確的身體上的相似性才能消除這一侷限，而某種表皮上的相似是不足夠的，因爲之前的受精會留下某種影響；有時候由於這一影響，第二次婚姻生下的孩子仍會帶有與第一任丈夫輕微的相似性，而通姦所生的孩子與法律上的父親也有輕微的相似。這樣的影響在動物那裡可觀察得更清楚。第二個侷限是，雖然父親的道德性格在兒子那裡出現，但由於兒子獲得了另一副不一樣的、經常是相當不同的智力（遺傳自母親的素質）而有了修改——這樣的話，就有必要修正所觀察到的東西。這些修改根據那智力的差別可大可小，但不會永遠如此之大，以致經過了這些修改，父親性格的基本特徵依舊不會辨認出來，好比穿上了一件完全陌生的衣服，戴上了假髮和鬍子現身。假如由於得之於母親的遺傳素質，一個人有了壓倒性的理性裝備，亦即有了深思熟慮的能力，那他遺傳自父親的情慾就會由於這理性而部分地收斂、部分地隱藏起來，因此只會有條理地、按部就班地或者祕密地顯露出來；這樣，由此產生的現象就與頭腦思想可能相當狹隘的父親很不一樣。與此相反的情形也同樣可以發生。相比之下，母親的傾向和情慾卻完全不會在孩子的身上重現，很多時候甚至是相反的。

歷史上的事例相對於私人生活中的例子的優勢是，歷史的事例是人們普遍知道的，但相比之下，歷史的事例當然由於有欠確實和所有流傳下來的很多東西都遭受了歪曲而打了折扣，同時也因爲歷史的事例一般只包含公開的而不是私下的生活，因此只包含國家的行爲，而沒有性格的細微展現。但我還是想透過幾個歷史事例來證明這正談論的眞理。那些認眞研究歷史的人，毫無疑問，可以補充更多的同樣有力的例子。

大家都知道，**德西烏斯**·穆斯英勇、慷慨赴死，把生命獻給了祖國：他莊嚴地把自己和敵人奉獻給了地下的神靈，裹著頭顱猛地扎進了講拉丁語的敵軍裡。大約四十年以後，他的兒子，同樣的名字，在與高盧人的戰鬥中，做出了一模一樣的事情（《李維著作》，第八卷，六；第十卷，二十八）。因此，這是賀拉斯所說的一個很好的證明：**勇、善之人也生下勇、善的後代**——而相反的另一面，則是莎士比亞所說的：

怯懦的父親生下怯懦的孩子，卑鄙之人也生下卑鄙的後代。

——《辛白林》，第四幕，第二場

早期羅馬史向我們展示了一整個一整個的家族，其長串的家族成員都以爲國獻身的愛國熱情和勇猛無畏而引人注目，例如法比烏斯家族和法布里西亞家族。再就是亞歷山大大帝嗜好權力、有征服欲，一如其父親菲利普。相當值得注意的是尼祿的家譜——蘇埃托尼烏斯（第四、五章）把這放在了他帶著道德目的對這怪獸的描寫之前。那就是克勞迪亞氏族——這在他的筆下，自六個世紀以來就在羅馬興旺發達，產生了純粹行動性的，但卻狂妄自大和殘酷無情的男人。從這氏族產生了提比略、卡里古拉和最後的尼祿。在尼祿的祖父，尤其是在尼祿的父親那裡，就已經展現出了所有的可怕素質。而這些素質也只有在尼祿那裡才充分形成和鋪開，一是因爲尼祿所處的高位讓這些素質得以發揮，二是因爲尼祿有了沒有理性的狂女阿格里皮娜這個母親：她無法給予尼祿智力以管束其情慾。因此，正是在這一意義上，蘇埃托尼烏斯敘述說：在尼祿出生時，在朋友們給予父親多米提烏斯良好的祝願時，多米提烏斯所說的話就成了預言。他說，他和阿格里皮娜所生下來的不會是別的，只能是一頭殘忍的怪物和公共的禍害。相比之下，米太亞德的兒子客蒙和哈米爾卡的兒子漢尼拔，還有西庇阿家族，形成了一整個家族的保衛祖國的高貴者和英雄。但教皇亞歷山大六世的兒子，凱撒·博爾吉亞，則令人噁心地活像亞歷山大六世。那臭名昭著的阿爾巴公爵，其殘忍和卑劣一如他的父親。那狡猾、不公，尤其是以殘忍刑罰和處決聖殿騎士而聞名的法國的菲利普四世，有一個名爲伊莎貝拉的女兒，是英王愛德華二世的夫人。她忤逆丈夫，並囚禁了他。在愛德華二世簽下了退位詔書以後，將他投進監獄。因爲將他虐待致死的企圖並沒有得逞，所以，就用上了一種手段做掉了他，其手段因太過令人厭惡而讓我無法在此複述。那嗜血暴君和信仰保衛者，英格蘭的亨利八世，有一個第一次婚姻所生的女兒，瑪麗女王。瑪麗女王以迷信、偏執和野蠻而出名，她因爲多次焚燒異端而掙得了血腥瑪麗之名。亨利八世第二次婚生的女兒，伊麗莎白，則從其母親安娜·博林那裡繼承了傑出的理解力。這讓她無法容許迷信，也收斂了但卻並沒有消除在她那裡的父親的性格，以致那性格不時地隱約顯露出來，並在殘暴對待蘇格蘭瑪麗女王時暴露無遺。范·根斯❾根據馬克斯·多納圖斯講述了這樣一個蘇格蘭女孩：她的父親在這女孩只有一歲的時候，由於當街搶劫和吃人肉而被燒死了；雖然這女孩在完全不一樣的人群中長大，但隨著年紀的增長，在她那裡也展現了對人肉的同樣渴求；在滿足她這渴求的當下被抓住以後，她就被活埋了。一八二一年七月十三日《直言報》，我們讀到這樣的報導：在奧布省，警察追捕一個年輕女子，因爲她謀殺了兩個本應送到育嬰堂的孩子，目的只是把那留給孩子的不多的錢據爲己有。警察終於在通往巴黎的路上的羅米伊附近找到了這溺死的女子，而她的謀殺者自首以後，原來就是她的親生父親。最後，在此還要提到最近的一些例子，因此只有報紙爲此作證。在一八三六年十月的匈牙利，一個貝利茨奈伯爵被判了死刑，因爲他謀殺了一個官員和重傷了他自己的幾個親屬。他的哥哥在早些時候也因謀殺父親而被判了死刑，而他的父親也同樣是謀殺犯（一八三六

❾《有關身體與生命、力量關係的辯論》，哈德諾夫，一七八九，§9。

年十月二十六日《法蘭克福郵報》)。一年以後，那伯爵最小的弟弟也在那伯爵謀殺官員的同一條街上，對其財產的管理員開槍射擊，雖然並沒有擊中(一八三七年九月十六日《法蘭克福日報》)。一八五七年一月十九日《法蘭克福郵報》的一封來自巴黎的書信報導了對一個非常危險的街道搶劫犯勒梅爾及其同夥的判刑，另還補充了這句話：「這犯罪的傾向在他及其同夥的家族中似乎是遺傳的，因爲他們中的多人已死於絞刑架下。」❿那罪案偵查年鑑裡面肯定有不少類似的犯罪家譜。自殺的傾向則尤其是遺傳的。

在另一方面，我們卻看到傑出的馬可．奧理略有一個糟糕的兒子，康茂德。但這不會讓我們困惑，因爲我們知道福斯蒂娜是一個臭名昭著的蕩婦。相反，我們要記住這樣的情形，目的就是在類似的情形裡推測出類似的原因。例如，多米提安千眞萬確就是提圖斯的兄弟，這是我永遠不會相信的，我寧願相信維斯帕先是被戴了綠帽子的丈夫。

至於我所提出的基本原理的第二部分，亦即智力遺傳自母親，這比起第一部分有普遍得多的承認，而第一部分就自身而言，那自由的意欲決定，那把兩者分開來認定，是與單一和不可分的靈魂相矛盾的。這一古老和流行的詞語，「天生的機智」*就已證明了人們很早就接受和肯定了這建立在對大大小小的智力優點的經驗基礎之上的眞理，即具有這些智力優點的人，其母親都是智力相對出眾

❿希臘人也知道這些類似的情形，這見之於柏拉圖的《法律篇》中的一段(斯托拜烏斯，《希臘文選》，第二卷，第二一二頁)。

* Mutterwitz，字面上的意思直譯是「母親的機智」。——譯者注

的。但父親的智力素質不會傳給兒子，則由那些具有非凡才能的男人，無論是父親還是兒子而得到證明，因為那些父親或者兒子一般都是智力相當平庸的人，並沒有父系的思想才能的痕跡。但假如這些多方證實了的經驗體會，還真有個別的例外，例如，皮特和他的父親查塔姆勛爵就提供了一個例外；這樣，我們就可以並且的確不得不把這歸之於偶然，雖然這例子由於牽涉罕有的偉大才能，所以，就屬於很不尋常的偶然事情。但在此卻適用這一條規律：難以置信的事情永遠不會發生，這說法本身就是難以置信的。此外，偉大的政治家（正如在第二十二章所提到的）之所以如此，既由於其性格素質，即透過其父親的遺傳，也由於其頭腦的過人之處。而藝術家、文學家和哲學家，其成就也就是人們歸之於眞正的天才，我卻不曾聽聞有過相似的例子。雖然拉斐爾的父親是一個畫家，但不是偉大的畫家；莫札特的父親和兒子一樣，也都是音樂家，但他卻不是偉大的音樂家。但讓我們不得不驚嘆的是，命運給了這兩個在各自領域的偉人只有相當短暫的生命，但命運就像要補償似的，也為此做了這樣的安排：讓他們誕生在他們的工作間裡，讓他們不像其他天才那樣通常都在年輕時虛耗一段光陰，而是從兒童期開始，透過父親的言傳身教，讓其接受他們以後唯一從事的藝術所必不可少的指導。這種似乎引領個體人生的祕密和謎一樣的力量，是我特別考察的課題，我在「論命運」（《附錄和補遺》，第一卷）中已寫了出來。但在此還需指出，某些科學事業雖然要求具備良好的、與生俱來的能力，但那卻不是眞正稀有的和超乎尋常的能力，而努力追求、勤勉耐心、很早就開始和持之以恆地學習研究與多方反覆練習才是主要的要求。由此，而不是因為從父親那裡遺傳了智力，才可以解釋兒子何以樂意走上父親準備好了的道路，幾乎所有的手藝職業何以在某些家族中得到傳承，以及在某些對勤勉和堅持有首要要求的科學中，某些家族能夠接連產生出卓有成就的人。屬於此類家族的有斯卡利傑家族、貝努利家族、卡西尼家族、赫謝爾家族。

證實智力的確遺傳自母親的證據數量本來會比所見的多很多——假如不是因爲女性的性格和天職導致女人甚少公開表現其能力，因此，她們的能力並不曾成爲歷史而讓後世得悉。除此之外，由於女性的本性和構造都較弱，這些能力在她們那裡永遠不會達致在良好的環境下，在其兒子身上所達致的程度。就那能力本身而言，在女性那裡的發揮和成果我們需要以同樣的比例予以更高的評價。據此，我手頭上只有下面的例子可以證明我們的眞理。約瑟夫二世是瑪利亞·特蕾西亞的兒子。卡丹奴斯在《論生活本身》第三章中說，我的母親以記憶力和聰明見稱。盧梭在《懺悔錄》第一部寫道，我母親的美麗、她的智力、她的才能——對她那樣的地位來說，有著太過閃耀的才華，等等，然後提供了她寫的一組極可愛的對句。達蘭貝是克勞汀·德·唐森的非婚生兒子，那是一個具有優異智力的女人，是有多部小說和類似作品的作家，其作品在當時獲得了很大的讚譽，時至今日據說仍然值得一讀（參看《文學消遣》，一八四五年三月，第七十一—七十三期有關唐森的傳記）。至於布豐的母親是一個傑出的女性，下面取自埃羅·德·塞舍爾的《蒙巴遊記》中的一段話可以證明，而這是由弗盧朗的《布豐所做的工作》第二八八頁提供的：布豐持這樣的假說：小孩一般都從其母親那裡遺傳了他們的智力和道德素質。在布豐談論起這一假說時，他當場把這假說套用在自己身上，盛讚母親：她事實上很有思想，有廣泛的知識，思考相當地有條理。至於布豐錯把道德素質與智力素質連在一起，那要麼是敘述者犯了錯，要麼是因爲布豐的母親意外地與布豐及其父親具有同樣的性格。與此相反的卻是無數的母親與兒子性格相反衝突的情形，所以，在《俄瑞斯忒斯》《哈姆雷特》中，最偉大的戲劇作家表現了母親與兒子敵對的矛盾衝突，而兒子則作爲父親的道德代言者和復仇者而出現。而與此相反的情形，即兒子作爲母親的道德代言者和復仇者而出現，則是讓人噁心的，同時也是可笑的。這都是因爲父親與兒子的確具有同一性，那就是意欲。但母親與兒子之間只是智力上同一，並且就算是在智力上，也是有一定條件的。母親與兒子之間可以存在巨大的道德上的差距，在父親與兒子之間則只有智力上的差距。從這一角度審視，也可看出薩利克法的必要性：女性無法延續宗族。休謨在簡短的自傳裡說：我們的母親是一個異常有才的女人。在F．W．舒伯特寫的最新傳記中，是這樣評論康德的母親的：「根據她兒子親身的判斷，她是一個有著極佳天然理解力的女人。在她那時候，很少給女孩受教育的機會，但她卻很有學識，後來自己也更進一步地學習。在散步的時候，她讓兒子注意到大自然各種各樣的現象，並試圖用上帝的能力予以解釋。」歌德的母親是多麼的明理和有見解，現在已是人們都知道的。在文學界她爲人們津津樂道，但歌德的父親卻根本無人提起。歌德本人把他描述爲一個才具次一級的人。席勒的母親對詩歌很有感受力，並且自己寫詩，其中某一片段可見之於施瓦布寫的《席勒傳記》。比爾格，這個在德國詩人中或許應占有歌德之後第一個位置的眞正詩歌天才，因爲與他的詩歌相比，席勒的詩歌顯得冷冰冰兼具斧鑿的痕跡。對我們來說，比爾格就父母給了很有意義的訊息——比爾格的朋友和醫生，阿爾特霍夫在一七八九年出版的傳記中，重複了這些話：「比爾格的父親雖然依照當時學習的模式具備了多方面的知識，並且是一個善良、正直的人，但他如此喜愛寧靜的舒適和抽上幾口菸斗，就像我朋友經常說的，在眞的要花費一刻鐘在兒子的功課上之前，他就始終要先『助跑』一下。他的妻子是一個有著異常的思想素質的女人，但卻由於沒有得到什麼教育，以致不曾學過像樣的書寫。比爾格認爲假如他母親能有足夠的學習，就會成爲女性中聲名最顯赫者，儘管比爾格也多次對母親的道德性格中不同的特質表示了強烈的不滿。儘管如此，他相信從母親那裡遺傳了某些思想天賦，但從父親那卻遺傳了與父親道德性格的一致性。」華特·史考特的母親是一個詩人，與她那時代的才智之士有聯繫，正如在英國《環球》報的忌日冊上有關華特·史考特所報導的。她的詩歌在一七八九年印刷出版了，這是我在一篇登在布洛豪斯編輯的《文學消遣》（一八四一年十月四日）中名爲「天生的機智」的文章中發現的。文章中列出了長串名人有思想的母親的名單，我就從其中只挑出兩個：「培根的母親是一個出色的語言學家，寫作和翻譯了多種著作並顯示了這多方面的學問、眼光和趣味。布爾哈夫的母親則以醫學知識見長。」在另一方面，哈勒爲我們保留了很多從母親那裡遺傳了糟糕的智力的強有力證據，他列舉了：從一個貴族家庭出來的兩姊妹，儘管接近白痴的程度，但卻由於富有而找到了丈夫。正如我們所知道的，這一疾病的種子自一個多世紀以來滲進了至爲顯赫的家族，以致他們所有的後代，直至第四代，甚至第五代人，也仍然是有點低能的（《人體生理學原理》，二十九，§8）。也根據埃斯基羅爾所述，瘋狂通常都遺傳自母親而不是父親。但如果這是遺傳自父親的，那我把這歸之於性情氣質的作用。

從我們的這個基本原理似乎可以推論：同一個母親的兒子有著同樣的思想能力，而如果其中之一思想能力稟賦很高，那另一個也必然同樣如此。有時候是這樣的情況，例子就是卡拉奇、約瑟夫·海頓和邁克爾·海頓、伯恩哈德·隆貝格和安德烈亞斯·隆貝格、喬治·居維爾和弗雷德里克·居維爾。我本來還想補充施萊格爾兄弟的，假如弟弟費里德里希·施萊格爾不是在晚年因與亞當·穆勒一道推行可恥的蒙昧主義，而使得自己不配與其傑出的、無可挑剔和至爲出類拔萃的兄弟——奧古斯特·施萊格爾——並稱。這是因爲蒙昧主義是一種罪惡，或許不是針對聖靈，而是針對人的精神思想而言。所以，我們永遠無法原諒，是與那些犯有這些罪行的人永遠難以調和，利用每一個機會鄙視他們，他們生時是這樣，死後也如此。但上述推論也同樣經常與實情不符，例如，康德的弟弟就是一個相當平庸的人。爲解釋這一點，我回想起在第三十一章所論述的天才的生理學方面的條件。這不僅需要一副異常進化的、絕對符合目的而形成的腦髓（母親的遺傳素質），而且也需要相當有力的心臟搏動去鼓動這一腦髓，亦即需要主體的某一狂熱的意欲，某一活躍的脾性，而這是遺傳自父親的素質。不過，這只有在父親最精壯的時候才處於高峰，母親則衰老得更快。據此，一般來說，高稟賦的兒子是在父母年富力強的時候所生的長子。而康德的弟弟比康德年輕了十一歲。在兩個傑出的兄弟中，哥哥也更爲優異。但在生殖時，不僅父母的年紀，其實，父母生命力的短暫衰弱或者健康出現問題，都會削弱父親或者母親的作用，阻撓了那卓越才華的現象，也正因此這一現象是特別稀有的。順便一說，在孿生子那裡上述的差別取消了，原因是他們的本質的準同一性。

假如出現個別的情形：一個稟賦很高的兒子的母親並非思想出色，那就可以這樣解釋：這個母親本身有一個遲鈍、冷漠的父親，因此，她那尤其發達的腦髓不曾透過相應的血液循環的能量而恰如其分地興奮起來。這一要求是我在前面第三十一章闡述過的。雖然如此，母親極完美的神經和腦髓系統仍遺傳給了兒子，而在兒子那裡，加上一個活潑的、激情的、具有有力脈搏的父親——只有這樣，偉大思想能力的另一個身體條件才算出現了。或許這就是拜倫的情形，因爲我們在哪裡都找不到他的母親的智力優勢。這同樣的解釋可應用在這樣的情形中：一個天才兒子的母親有傑出的思想稟賦，但母親本人卻不曾有過一個思想豐富的母親，因爲這位母親的父親是個遲鈍、冷漠的人。

大部分人的性格中都有不和諧、不一致和搖擺不定的特性，或許可由此找到根源：個體並非有簡單的起源，而是從父親那裡繼承了意欲，從母親那裡繼承了智力。父母雙方越是彼此不同，越是彼此不相適合，那孩子性格裡不和諧和內在衝突就越厲害。一些人以心見長，另一些人則頭腦更加地優秀，但此外也還有這樣的人：他們的優點只在於本質中的某種程度的和諧和統一，而這些則由於他們的心和腦如此高度地互相適宜，以致互相扶持和彼此襯托。這不由得讓人猜測他們的父母彼此特別的適宜、和諧、一致。

在此所闡述的理論就生理學方面，我只想說伯爾達哈錯誤地認爲那同樣的精神心理的素質有時遺傳自父親，有時則遺傳自母親，但卻（《作爲經驗科學的生理學》，第一卷，第三〇六頁）補充說：「總體看來，男的在決定肌肉生命方面發揮著更多的影響，女的則在情感方面有著更多的影響。」林奈在《自然體系》（第一卷，第八頁）所說的也是這個意思：有生殖力的母親在生殖前，會產生一個完全像她的、新動物的、活的、髓狀的總綱，這被稱爲馬爾皮基氏隆線，與植物的胚芽相類似。在生成以後，心就並入這馬爾皮基氏隆線，讓其衍生。這是因爲鳥類孵化的蛋卵中的凸點，在開始的時候展現出一個顫動的心和與髓體一起的腦髓：這個小小的心臟在寒冷之下是靜止不動的，但透過溫暖的氣息就會被刺激活動起來，並利用一個逐漸膨脹的氣泡把液體沿著液體的管道推壓。生命體中的活力點好比是生命從首次生成就開始持續進行的髓類衍生，因爲那蛋卵就是在母親那裡的一個髓類芽體：這芽體從一開始就是活的，雖然其獨立的生活只是與來自父親的心臟一道才開始的。

假如我們把在此獲得的確切見解，即性格遺傳自父親和智力遺傳自母親，聯繫起我們在這之前所考察的大自然在人與人之間，無論在道德方面還是在智力方面所定下的巨大差距，還有我們所認識到的人無論性格還是思想能力都是完全無法改變的事實，那我們就將得出這樣的觀點：要真正和澈底改良人類，與其從外在還不如從內在達到目的，亦即與其透過教導和培養的手段，還不如透過生殖的途徑。柏拉圖早就有過這一意義上的想法，因爲他在《理想國》第五部分就闡述了增加他的戰士階層，使其變得高尚的奇妙計畫。假如人們可以給所有的壞蛋去勢，讓所有的蠢鵝待在修道院裡，讓高尚性格的人士妻妾成群，讓所有具有思想和理解力的女性獲得男人，而且是完整的男人，那很快就會出現一代人，其展現的時代比伯里克利時代更勝一籌。我們可以不同意這樣的烏托邦計畫，但卻可考慮這一點：如我沒搞錯的話，假如在某些古老的民族中，去勢的確就是排在死刑之後最重的刑罰，那這世界就會免去壞蛋的整個譜系。這是相當穩妥的，因爲眾所周知，大部分的罪案都是在二十—三十歲時發生的。⓫同樣，在結果方面，可以考慮這樣的做法是否更有成效：把在某些場合和時候要公開分配的嫁妝，不再授予據稱是最有美德的女子，就像現在所習慣做的那樣，而是授予最聰慧和最有思想的姑娘，尤其是因爲對美德的判斷是相當困難的，因爲正如人們說的，只有上帝才能看到人的內心。能讓高貴的性格暴露出來的機會是很少的，是聽任於偶然的。此外，不少姑娘的美德會得到其醜陋樣貌的有力支撐。而鑑別聰慧的頭腦，那些本身稟賦聰慧的人在經過一些檢驗以後就能得出確切的判斷。另外一個實際應用上述觀點的做法如下。在許多國家，甚至在德國南部，流行著這樣糟糕的風俗習

⓫ 利希滕貝格在《雜文》（哥廷根，一八〇一，第二卷，第四四七頁）中說：「在英國，有人提議給偷竊者施以閹刑。這提議並不讓人反感：這刑罰是非常嚴苛的，會讓人受到鄙視，但卻仍然可以做買賣和工作；假如偷竊是遺傳的，那偷竊就不會繼續遺傳下去。勇氣也就減弱了，並且因為性慾是如此頻繁地誘使人們盜竊，所以，這一誘因也就消失了。但說女人會更加熱切地制止丈夫偷竊，則是惡作劇的說法，因為根據現在的情形，她們正冒著完全失去他們的風險。」

慣：女人把重物，並且經常是相當重的東西放在頭上。這對腦髓必然有不良的影響。這樣的話，民族中的女性的腦髓就逐漸退化，而既然男性是從女性那接受腦髓的，那整個民族就變得越發愚蠢。這種習慣做法，在許多情況下是根本沒有必要的。據此，革除這一習慣就會在總體上增進這民族的智力。而這將是民族財富的極大增加。

但現在，假如我們把諸如此類的實際操作留給其他人，回到我們特有的，亦即倫理和形而上的角度，把現在的這些與第四十一章的內容連接起來，那下面的結果就將展現在我們面前；而這一結果，儘管其種種的超驗性，卻有一個直接的、有經驗依據的支撐。那是同一個性格，亦即同一個個體確定了的意欲，活在源自一個氏族的所有後裔，活在源自一個男祖先一直到現在的長子和繼承人那裡。不過，每一個後裔都被給予了另一種智力，亦即另一種程度和另一種方式的認識力。這樣，在每一個後裔那裡，生活都向其展現生命的另一面和展現在另一種光線之下。他也就獲得了對生活的一個新的基本觀點，一個新的啟發。當然，因為智力隨著個體而熄滅，所以，那個體意欲不可以利用另一生的領悟來直接補充完整這一生的領悟。不過，由於獲得了對生活的新的基本觀點——而這每一個新的觀點也只有一個更新了的人才會給予意欲——他的意欲活動本身也就獲得了一個不一樣的方向，因而以此經受了某種修改；最重要的是，在這新的方向上，他要重新肯定生活，或者否定生活。由於兩性生殖必然性的自然安排，某一意欲與某一智力就持續變換地結合——這就成了解救規則和秩序的基礎。這是因為由於這一安排，生活（生命）就不停地把新的一面轉向意欲（這生活就是意欲的映照和鏡子），就好比不間斷地轉換著讓意欲看到，給意欲嘗試著越發不一樣的審視和思考方式，好讓他在這每一種審視和思考方式之下，選擇要肯定還是否定，而這兩種選擇始終擺在他面前。只不過一旦選擇了否定，那整個現象就會隨著死亡即對他而言停止了。那麼，據此，因爲智力的不斷更新和完全的改變，作爲一種新的世界觀爲意欲敞開著解救之路，但智力又來自母親，所以，這可能是爲何所有的民族（除了相當少的，並的確是可疑的例外）都憎惡和禁止兄弟姊妹間結婚的深層原因，他們之間也的確不會產生愛情——除非那是極少見的、違反自然的變態的性慾所致，要麼並非親生兄妹。這是因爲從一對兄妹那裡除了生出只是同一個意欲伴以同一個智力以外，不會還有其他別的，正如這兩者在父母那裡已經結合存在了，因而是毫無希望地重複已經存在的現象。

但假如我們透過個別的和接近的情形，正視人們性格中那種難以置信的巨大和明顯的差別，發現這個人是那樣的善良、對人友好，而另一個人卻如此惡毒、殘忍；再就是看到一個人是正直、誠實和坦率的，而另一個人卻完全是虛假、奸詐的，是一個僞君子、騙子、叛徒和無可救藥的惡棍，那在我們面前就敞開了審視的深谷，因爲我們對這樣的差別的起源會百思不得其解。印度教和佛教解答此難題的說法是：「這是前生的所作所爲的結果。」這種解答雖然是最古老的，也最容易理解和出自人類的最有智慧者，但只是把難題更往後推了而已。但比這更讓人滿意的解答卻是很難找到的。從我的學說的角度看，我還要說的是，在此，說起作爲自在之物的意欲，僅僅作爲現象形式的根據律就再也派不上用場了，與這根據律一道的所有的爲什麼和從哪裡來也就一併消失了。絕對的自由的意思恰恰在於某樣東西是一點都不會受制於作爲一切必然性原理的根據律。這樣一種自由因此只屬於自在之物，而這自在之物恰恰是意欲。據此，意欲是在其現象中，因而也就是在其**發揮**、**運作**時受制於必然性；但在「存在」、在抉擇了作爲自在之物的時候，意欲是**自由**的。因此，只要我們涉及**存在**（*Esse*），正如在此所發生的情形，那所有透過根據律和結果的解釋就都行不通了，而我們除了這說法以外，就再沒有什麼可說的了：在此表現出來的屬於意欲的眞正的自由——只要它是自在之物的話；也正因此，它是無根據的，亦即不知道爲什麼。但也正因此，我們所有的理解在此就停止了，因爲我們一切的理解都是建立在根據律的基礎之上，所謂的理解只在於運用根據律而已。

第四十四章　性愛的形上學

你們這些有智慧和高深學問的人，
你們想過，並且也知道的，
為何一切都要交配？
這到底是怎樣發生，何時發生的？
為什麼他們會相愛和親吻？
你們這些高貴的智者，告訴我吧！
我這是發生了什麼，
想好了告訴我是何時、何地和如何
為什麼在我的身上會有這樣的事情？

——比格爾

這一章是到此爲止四篇文章中的最後一篇。這四篇文章互相之間有多方面的關聯，而由於這些關聯，這些文章就在某種程度上組成了一個從屬的整體。細心的讀者會認出這一點，而不需我不得不由於援引和重複而中斷我的陳述。

我們習以為常地看到文學家首要著眼於描寫兩性的愛情。這性愛一般是所有戲劇作品的首要題材，既有悲劇也有喜劇，既有浪漫劇也有古典劇，既有印度的也有歐洲的。性愛也同樣是絕大部分抒情詩和史詩作品的素材，尤其是如果我們把汗牛充棟的長篇浪漫傳奇也歸入史詩作品的類別——這些浪漫傳奇自多個世紀以來，在歐洲所有的文明國家年復一年地定期生產出來，就像大地結出的果子。所有這些作品，就其主要內容而言，不外乎對現正談論的激情從多方面或簡短、或詳盡的描寫。而且這方面描寫最成功的作品，諸如《羅密歐與茱麗葉》《新愛洛伊絲》《少年維特的煩惱》，已經獲得了不朽的聲名。雖然拉羅什福科認為狂熱的愛情猶如鬼魂：所有人都談論它們，但卻沒有一個人親眼見過它們；同樣，雖然利希滕貝格在他的文章《論愛情的力量》中反駁和否認這一激情是眞實的和合乎自然的——但是，他們都是大錯特錯的。這是因為某樣對人性是陌生的、有悖於人性的東西，亦即只是某種從空氣中胡搗出來的怪東西，是不可能在各個時代都得到文學天才們不知疲倦的描繪的，人們也不可能帶著不變的興趣領會和接受這些東西。缺乏眞理的東西不會具有藝術美：

只有真實的才是美的；只有真實的才是可愛的。

——布瓦洛

確實，經驗——雖然那不是每天都有的經驗——也證實了：那一般只是熱烈的但仍可控制的喜愛，在某些情形下會發展為一種在激烈性方面超過了任何其他的激情；到了那個時候，人們就會拋開一切顧慮，以令人難以置信的力量和堅持去克服一切阻礙，以致為了滿足這一激情，人們毫不猶豫地甘冒生命的危險；如果這一激情實在無法滿足，甚至會不惜付出生命。維特和雅可布·奧蒂斯並不只是存在於小說之中，而是每年在歐洲我們都至少看到好幾個屬於關於他們的死，我們無從知曉的人，因為他們的苦痛，除了官方報告的記錄人和報紙的記者，別無其他記錄者。讀一下英文和法文報紙所登的警察報告就可證實我並無虛言。不過，被這同樣的激情送進瘋人院的人數就更多了。最後，每年都會有一兩樁相戀者由於外在情勢的阻撓而雙雙殉情的案例。可是，讓我感到費解的，就是這些確信彼此相愛，並且期望在享受這種愛情中得到至高快樂的人，為何不是寧可走出極端的一步，脫離一切關係和忍受各種不便，而是連帶這生命拱手讓出那在他們想像中無法更大的幸福。至於強烈程度較低的那種激情及其對人們的輕微襲擊，每天我們都有目共睹；如果我們還不至於那麼衰老的話，我們通常有心共感呢。

經過這一番的回憶，我們既不可以懷疑這種愛情的實在性，也不能懷疑它的重要性，因此也就不會感到奇怪，一個哲學家也來探討這一屬於所有文學家的永恆主題，而會對此感到不解：這樣一件在人們生活中無一例外扮演如此重要角色的事情，至今為止竟然幾乎完全不曾得到哲學家的思考，這方面的素材仍然未經處理。柏拉圖是對這一問題至為關注的哲學家，尤其是在《會飲篇》和《菲德洛斯篇》。但他就此所表達的看法只侷限於神話、寓言、笑話等，並且絕大部分內容也只涉及希臘人對男孩的愛戀。盧梭在《論人類不平等的起源和基礎》中對這一話題不多的談論既不充分，同時也是錯誤的。康德在《論美感和崇高感》（羅森克蘭茲版本，第四三五頁及以下）第三節對這一話題的討論是相當皮毛的，並沒有多少專業知識，因此某些部分也是不正確的。最後，普拉特納在《人類學》（§1347 及以下）對這一問題的探討，每個人都會發現那既呆板又膚淺。相比之下，斯賓諾莎對這一問題的定義，因爲極其幼稚，足以博取我們一樂而值得一提：**愛情是伴隨著一個外在原因的表象而產生的癢感**（《倫理學》，四，命題四十四，論證）。因此，我沒有先行者可供利用或反駁。這樁事情硬是客觀地擺在了我的面前，是自動與我對這一世界的考察聯繫起來的。此外，對那些本身正受著這一激情的控制，因此在試圖用最崇高和最超凡脫俗的形象來表達他們洋溢的感情的人，我是最不可能寄望得到他們的贊同的：對這些人來說，我的觀點顯得太過肉體、太過物質，儘管我的觀點從根本上是形而上的，甚至是超驗的。假使他們稍稍想一下：假如今天激發他們寫下田園抒情詩和十四行詩的對象早出生了十八年，那他們幾乎不會向她們看上一眼呢。

這是因爲所有的熱戀，無論擺出多麼超凡脫俗的樣子，都只是植根於性慾之中，並的確完全只是一種更清楚明確、具體特定、在最嚴格意義上個人化了的性慾。現在，就讓我們謹記這一點，考察一下性愛以各種程度和細微差別所扮演的重要角色，不僅只在戲劇和浪漫小說那裡，而且也在這眞實世界中：在此，性愛顯示爲所有推動力中最強勁和最活躍者，僅次於對生命的愛；它持續不斷地占去人類中部分年輕人的一半精力和思想，是幾乎所有願望和努力的最終目標；至關重要的人類事務受到它的不利左右，每過一小時就會中斷人們至爲嚴肅、認眞進行的事情；有時候，甚至會讓最偉大的精神頭腦暫時陷入迷惘和混亂之中；它無所顧忌地以其破爛垃圾干擾政治家的談判和學者們的探究，知道如何把愛的小紙條和卷髮束夾進甚至傳道的夾包、哲學的手稿裡面；每天都挑起和煽動糊裡糊塗、惡劣野蠻的爭執鬥毆，損害了人與人之間最珍貴的關係，扯斷了最牢不可破的紐帶；它時而要求爲其獻出健康或者生命，時而又得奉上財富、地位和幸福；它甚至使一向誠實的人變得沒了良心，讓之前一直忠心耿耿的人淪爲叛徒；據此，總的來說，性愛好像是一個充滿敵意的魔鬼，執意要把一切都顚倒過來，弄成混亂的一團糟。這樣，人們就忍不住大聲喊出：爲何這般的喧嘩？這些渴望、吵鬧、害怕、困頓，到底是爲了什麼？不就是漢斯要找到他的格蕾特嘛，⓬爲何這樣的小事扮演了如此重要的角色，並爲井井有條的人類生活帶來這些沒完沒了的煩擾和混亂？不過，眞理的精靈會向嚴肅認眞的探究者慢慢顯露答案：這裡所涉及的可一點都不是雞毛蒜皮的小事；相反，這種事情的重要性是與人們認眞、熱情的努力完全相稱的。所有的情事不管上演的是穿著襪子抑或穿著高蹺鞋，其最終目標的確要比人生中任何其他目標都更重要，這目標因此完全值得人們一絲不苟的追求。也就是說，這些情事所決定的不是別的，而是下一代人的構成。當我們退出舞臺以後，將要登場的人物角色，其存在和內在構成，全由這些風流韻事所決定。正如這些將來的人，其存在完全以我們的性慾爲條件，同樣，這些人的本質也以滿足性慾，即進行性愛而由個人的選擇爲條件，並以此在各個方面不可挽回地確定下來了。這就是解答這問題的關鍵線索。當我們運用這一線索，一一審核熱戀的等級，從只是一般、泛泛的喜歡一直到最狂熱的激情，那我們就會有更精確的了解。這樣，我們了解到這等級的不同源自這種選擇的個人化程度。

現在一代人的總體情事合起來，據此就是整個人類爲將來一代人的構成方面的考慮，而將來的一代人又決定了以後無數代人的構成。這事情極其重要，因爲它並不像其他事情那樣只關乎個體的禍、福，而是關乎將來人類的存在和特定構成；因此，個人的意欲以加強了的能量作爲種屬的意欲出現了。正是基於此，愛情事件才會是莊嚴偉大和崇高感人，那些狂喜和痛苦也才有超驗的特性——而這

⓬ 我不敢在此據實表達，親愛的讀者因此要把這諺語翻譯成阿里斯托芬式的語言。

些，自千百年來就由文學家透過無數的例子永不疲倦地表現出來，因為沒有任何其他題材能像性愛那樣吸引人們的興趣。由於這一題材涉及種屬的命運，而其他各類題材只關乎個體的事情，所以，這題材與其他題材的關係就像一個實體與這一實體的某一表面的關係。正因為這樣，一部戲劇缺少了愛情情節就很難吸引觀眾的興趣；在另一方面，就算人們天天重彈這一老調，這題材也永遠不會窮盡。

在個體意識中表明的，並沒有以異性的某一特定個體為目標的泛泛的性慾，是不折不扣的、就其本身而言的、在現象之外的生存意欲。但在意識中顯現的、目標指向了某一特定個人的性慾，就其本身而言，是作為一個精確確定了的個體而存在的生存意欲。在這後一種情形裡，性慾儘管就其本身是一種主體的需要，但卻知道要非常巧妙地戴上一副客觀贊賞的面具並以此欺騙意識，因為大自然需要這種策略以達到目的。但在每一個愛戀的例子裡，無論男女雙方彼此的贊賞顯得多麼的客觀和帶有崇高的意味，唯一著眼的只是生產一個具有特定構成的個體而已。這一點首先可由此得到證實：關鍵的並不是，例如，對方也愛自己，而是要占有對方，也就是說，要享受對方的身體。所以，就算確信對方也愛自己，但如果無法占有她的身體，那就一點都不會給戀者以安慰。不少碰到這種情形的人，已經開槍了斷自己。相比之下，那些深愛著對方的人，假如無法得到對方同樣的回應，但只要能夠占有對方的身體，亦即得到肉體的歡娛，那也就勉強湊合。證明這一點的，是所有那些強迫性的婚姻，以及雖然女方對男方沒有愛意，但男方透過贈送大量的禮物和做出其他犧牲而換取女方歡心的情形；甚至還有強姦的例子。要生產這一特定的孩子，就是整段浪漫情事的眞正目的，雖然當事雙方並不會意識到這一點；至於為達到這一目的而採用的手段和方法則是枝節的事情。儘管那些高貴和感情細膩的靈魂，尤其是那些熱戀中人在此會大聲反對我的這一說出了粗俗現實的觀點，但他們可都是錯的。這是因爲難道精確確定下一代人的個性不是一個比他們那些洋溢的感情和超感覺的肥皂泡高得多和有價值得多的目標嗎？的確，在這現世上所有的目標中，還有一個更重要和更遠大的目標嗎？也只有這樣的目標才配得上我們對激情之愛的深切感受，才配得上與愛情一道出現的認眞執著，以及愛情甚至對其範圍和情景的微小細節所給予的重要性。只有在認定了這一目的就是眞實的情況下，那爲了得到愛戀的對象而不厭其煩地、沒完沒了地折騰和費心勞力才似乎與整樁事情相稱。這是因爲將來的一代及其全部的個性特質，就是經由那些努力和操勞才得以擠進生存的。事實上，早在人們爲滿足他們名爲愛情的性慾而做出如此謹愼、執拗和具體明確的選擇時，這將來的一代就已經蠢蠢欲動了。兩個戀人間逐漸加深的愛慕實際上就是兩個戀人可以並且想要生產的新的個體的生命意欲；確實，在他們那充滿渴望的四目交投之時，這一新的個體就已經燃起了新生命之火，並且宣告了那將是和諧、構造良好的有個性之人。男女雙方感覺到了要實實在在地結合、融合而造成一個獨特的生命體，目的是在這以後只作爲這獨特的生命體存活下去；這一渴望最終在由他們所生產的孩子身上得到了實現，因爲在孩子的身上，從雙方傳過來的素質融會結合地存活下去。反過來，一對男女互相的、明顯的、持續的反感則顯示：由他們兩人生產的孩子只能是一個結構糟糕，自身有欠和諧、不幸的生命。所以，卡爾德隆雖然稱殘忍、可怕的色米拉彌斯爲出自空氣的女兒，但卻介紹她是在謀殺了丈夫以後實施強姦所生下的女兒——卡爾德隆的做法是別有一番深意的。

但是，最終以如此強力把不同性別的兩個個體專門湊合在一起的，是顯現在整個種屬中的生存意欲：在此，生存意欲期望自身的本質以符合自己目的的方式客體化在這兩人能夠生產的個體。也就是說，這一個體將具備來自父親的意欲或者性格，來自母親的智力，來自雙親的身體構成：但通常這一個體的形狀更多的是跟隨父親，大小則更多地跟隨母親——這一點與雜交動物所表現出來的規律相符，主要是因爲胚胎的體積是由子宮的體積而定的。正如一個人那相當特別的和爲這個人所僅有的獨特個性是如此難以解釋的，同樣，兩個戀人間相當特別的和個人化的激情也是如此。確實，歸根到底，這兩者就是同一樣東西：前者明白顯現了後者隱而不露的東西。當父母開始彼此相愛，亦即像表達得非常精確的英語短語——*to fancy each other**——所說的那樣，那一刻確實可被視爲一個新的個體的最初形成和這個體生命的胚胎之心。就像我已經說過的，在他們充滿渴望的眼神相交和鎖定在一起時，新生命的第一顆種子就產生了——當然，這一顆種子一如所有其他種子，通常都被踐踏浪費了。這一新的個體在某種程度上是一個新的（柏拉圖式的）理念：正如所有的理念都極力爭取進入現象，爲此目的貪婪地抓住因果律分配給所有這些理念的物質，同樣，人的個體性的這一特別理念也異常激烈和貪婪地爭取在現象中實現。這種激烈和貪婪恰恰是那未來雙親相互間的激情。這激情有無數的級別，其兩端人們至少可以用「感官肉慾」和「聖潔愛情」形容，但就其本質而言，所有這些始終是同一樣東西。在另一方面，就其程度而言，這種激情越是個人化，亦即被愛者，因其部位和素質的緣故越能夠專門滿足戀愛者的願望，越投合戀愛者因其自身個性而確定下來的要求，那這種激情就越強烈。但這些到底取決於什麼，隨著下面更進一步的討論，會變得更清晰。首先和從根本上，戀愛者喜歡的是健康、力量和美，即喜歡青春，因爲意欲首先要求展現的是人種的種屬特徵——這是人的一切個性的基礎。一般的短暫戀愛並不會走得比這遠很多。然後，與人的種屬特徵相連的則是更專門

* 即互相想像對方。——譯者注

的要求，這些我們將繼續個別地探討；而伴隨著這些專門要求，一旦看到滿足就在眼前，激情就會提升。但最高程度的這種激情是出自兩個個性的彼此契合：由於這一契合，父親的意欲，亦即性格，與母親的智力結合以後，就恰好圓滿完成這樣一個個體——對這一個體，那在這整個種屬中顯現的生存意欲感受到了渴求，這一渴求是與意欲的大小相應的，因此超出了一個凡夫之心的範圍，其動因也同樣超出了個人智力所能理解的範圍。這也就是眞正的、巨大的激情之魂。那麼，兩個人越是完美地在各式各樣的、稍後再探討的方面契合對方，那這兩個人相互間的激情就會越強烈。因爲在這世上並沒有兩個一模一樣的人，所以，某一確定的女人必然最完美地契合某一確定的男人——這始終是就其所要生產的小孩而言的。眞正的狂熱的愛是那樣的少見，正如兩個這樣的人偶然相遇在一起是很少見的。但因爲這樣一種愛的可能性對每個人來說始終是存在的，所以，在文學作品裡面，關於這種狂熱的愛的描寫就能爲我們所理解。正因爲愛戀激情圍繞著要生產出來的孩子及其素質，其內核就在於此，所以，在兩個年輕和具有一定文化修養的異性之間，由於兩人在氣質、性格和精神思想方面的和諧一致，他們之間可以存在一種不夾雜著性愛成分的友誼，在性愛方面，他們甚至會產生某種反感和厭惡。其中的原因是因爲他們生產出來的孩子在肉體上或者精神上會帶有不和諧的素質，一句話，這小孩的存在與構成不符合在種屬上顯現的生存意欲的目標。在相反的情形中，雖然兩人在氣質、性格和精神思想方面都不同，由此也產生了相互間的反感，甚至敵意，但性愛卻是可以產生和延續的——在此，如果性愛蒙蔽了當事人，對上述那些差異視而不見而導致了婚姻，那這樣的婚姻將是非常不幸的。

現在將更深入、澈底地探討性愛這一問題。自私和利己這一特質如此深植於每一個性之中，以至爲了要刺激某一個體生物活動起來，利己的目標就是我們唯一可以確切信賴的。雖然種屬比弱小的個體性本身對個體有著更早的、更密切的和更大的權利，但當個體需要爲種屬的持續和構成行動起來，甚至犧牲時，個體的智力並不能夠理解事情的重要性，以至可以爲這一目的發揮作用，因爲智力只是爲服務個體而設計的。因此，在這種情況下，大自然要達到自己的目的，只能透過把某種錯覺植入個體之中，好讓事實上只是對種屬有好處的事情，在個體看來成了自己的好事。這樣，個體才會錯覺地以爲在爲自己服務的情況下爲種屬盡力。在這一過程中，某種僅是幻象、隨後馬上消失的東西在一個體的眼前晃動，取代現實成了動因。這一錯覺就是本能。在絕大多數情況下，本能可被視爲種屬的感覺——它把對種屬有益的東西呈現給了意欲。但因爲意欲在此已經成了個體的意欲，所以，必須讓它受騙，以便把種屬的感覺所呈現的東西，讓它透過個體的感覺察覺到，也就是說，讓個體誤以爲在追求自己的目標，而其實這個體只是致力於普遍（“generelle”，在此採用了這個詞的本義）的目的。本能的外在現象，我們在動物身上最清楚地觀察到，因爲在動物那裡，本能的角色是至爲重要的；但本能的內在運作過程，我們卻像了解一切內在的東西那樣，只能在我們的自身去了解。雖然人們會以爲人幾乎沒有任何本能，頂多只有新生嬰兒尋找和緊抓母親乳房的那種本能而已。但事實上，我們有一相當明確、清晰，而且複雜的本能，即精細、認眞、固執、任性地選擇其他個體以獲得性滿足。這一性慾滿足本身，只要是某一基於個人迫切需要的感官享受，那與另一個體的美或醜是根本無關的。但那仍然相當熱切地考慮另一個體的美、醜，以及由此小心、謹愼選擇的做法，因而很明顯是與選擇者本身無關的，雖然選擇者誤以爲與他自己有關；這其實是與那眞正的目的、與要生產的小孩有關的，因爲在這小孩那裡，需要盡可能地維持種屬純粹和正確的典型。也就是說，由於眾多自然、身體的意外和道德上的劣性，形成了人的形態方面的多樣退化和缺陷；儘管如此，人的眞正典型連帶各個部分，總會被重新確立起來，而這無一例外就在指導性慾的美感的指引下進行。缺少了這種美感的指引，性慾就會淪爲一種令人厭惡的需求而已。據此，每個人首先都明確喜歡和熱切追求最美麗的個體，亦即帶著最純粹的種屬特徵的印記的人。其次，每個人都會在其他個體身上特別要求他自身所欠缺的完美；甚至與自己的缺陷恰成相反對照的那些缺陷，在他的眼裡也被看作是美的。例如，矮小的男子會尋找高大的女人，金頭髮的人喜愛黑頭發的人，等等。男人在看到一個符合自己的美感的女人時，會感覺到心醉神迷；與這個女人的結合，在他看來就是這世上至爲美好的事情。這恰恰是種屬的感覺。這種屬的感覺在認出個體清晰凸顯的種屬印記以後，就希望這個男人能把這種屬的印記延續下去。維持種屬典型就得依靠這種對美的明確喜好，所以，這種喜好能有如此強大的作用。稍後，我們將專門考察這種喜好所根據的理由。由此可見，在此引導著人們的的確是一種著眼於種屬利益的本能，與此同時，人們自己卻誤以爲只是在爲自己尋求更高的享受。事實上，我們在此獲得了對所有本能的內在本質的一個具有豐富教益的啟發，而所有的本能幾乎無例外地驅使個體生物爲追求種屬的利益而活動起來，一如這裡的例子。一隻昆蟲只是爲了得到一處產卵的地方而細緻認眞地尋找某一特定的樹木、水果、糞堆或者肉塊，或者像姬蜂那樣，尋找另一隻昆蟲的幼體；爲了達到這一目的，不避勞苦和危險。而這就明顯類似於一個人爲了滿足性慾而細緻認眞、小心謹愼地挑選一個有特定的、在個體上吸引自己的素質構成的女人，並且他是如此熱切地渴望得到她，以致爲了達到這一目的，他經常罔顧一切理性、犧牲自己的生活幸福而締結愚蠢的婚姻，或者捲入一樁風流韻事之中，並爲此賠上自己的財產、榮譽和生命，或者甚至會做諸如通姦、強姦等犯罪行爲。所有的這一切，不過就是爲了根據那無處不在的、君主般的大自然意欲，以最適當的方式爲種屬服務——雖然這以個體爲代價。也就是說，在任何情況下，本能都好像是按照某一目標概念而行事，然而又完全沒有這一目標概念。一旦行動的個體無法理解目標，或者不願意追隨這一目標，那大自然就會把本能植入這一個體之中。因此，本能一般只是給予動物，而且主要是給予最低等的動物，因爲這些動物只有很微弱的理解力。幾乎唯獨在現在考察的這一情形下，本能也才給予了人，因爲人雖然能夠明白那目的，但卻不會以所需的熱情，亦即不會，甚至付出自己個人利益和幸福的代價來追求這一目的。眞相在這裡，一如在所有的本能，變身爲人們頭腦中的錯覺、幻想，目的是對意欲施加影響。那肉慾享受的錯覺欺騙了這個男人：在一個吸引他的美麗女人的懷裡，他所得到的享受更甚於在別的女人懷裡；或者這一錯覺全部和唯一指向某一**特定**的個人，讓這男人確信占有這個女人就會給他帶來無限的幸福。據此，他誤以爲現在是爲了自己的享樂而操勞和犧牲，其實他這樣做只是爲了維持種屬正規的典型，或者只是某一相當特定的、只能出自這對父母的個體現在要求進入生存。在此，本能的特徵都具備了，也就是說，某種行事似乎遵循著某一目標概念，但這一目標概念卻又是完全沒有的；受到那錯覺驅使的人經常，甚至憎惡和阻止那唯一引導著他的目的，亦即生育——幾乎所有非婚姻的私通行爲都是這樣的情形。與我所闡述的本能的特徵相一致，每個熱戀的人在終於得到他的快樂以後，都會體驗到一種莫名其妙的失望，都會驚訝地發現：自己如此渴望的東西並沒有比任何其他別的性的滿足帶來更多的東西，他也看不出這樣一來他又有了什麼非常的好處。也就是說，這一欲望與他的所有其他欲望的關係猶如種屬與個體的關係，因而也就是無限之物與有限之物的關係。而這一滿足本來是爲了種屬的利益，所以並不會進入個體的意識；而這一個體在此受著種屬意欲的鼓動，以種種犧牲爲一個目的服務，而這一目的卻又根本不是他自身的目的。所以，在偉大的工作終於大功告成以後，每一個戀人都會發現自己受騙上當了，因爲錯覺消失了，而在此全憑這一錯覺的作用，個體才會受到種屬的矇騙。因此，柏拉圖相當準確地說過：沒有什麼比性慾更會吹牛的了（《斐萊布篇》，三一九）。

但這一切再一次讓我們了解了動物的本能和遺傳本領。毫無疑問，動物也是受到某種錯覺的影響——這錯覺讓牠們誤以爲是爲了自己的快樂，而其實，這些動物卻是爲了種屬而孜孜不倦地勞作和做出種種自我犧牲：鳥兒建造自己的巢兒；昆蟲尋找唯一適合產卵的地方，或者捕捉一些自己不能食用，但卻必須放置在卵子旁邊作爲將來出生的幼蟲的飼料；蜜蜂、黃蜂、螞蟻埋頭營造那巧奪天工的建築物和異常複雜的系統。牠們肯定都受到某種錯覺的引導，這種錯覺把爲種屬的服務裏上自我目的的外衣。要理解那在本能的表現下面所隱藏著的內在或主觀運作過程，這大概就是唯一的途徑。但從外在或客觀上看，那些主要聽任本能擺布的動物，尤其是昆蟲都表現出了神經節系統，亦即主觀的神經系統相對於客觀的大腦系統的優勢。由此可以推論：這些動物與其說是爲一種客觀的、正確的理解所驅使，還不如說是受到主觀的、刺激起意願的表象的驅使，而這些表象是透過神經節系統作用於腦髓而產生的；因此，這些動物也是受到某種錯覺的驅使。這就是所有本能發揮作用的生理過程。爲解釋這一點，我再舉出另一有關人的本能的例子，雖然這一例子不是很鮮明。懷孕婦女那反覆無常的胃口，這似乎是因爲給予胚胎的營養有時候需要灌輸給胚胎的血液有某一專門的或者特別的變化，於是，能引起這樣的變化的食物馬上就成了孕婦心目中異常誘人的美食。錯覺在此也就產生了。據此，女人比男人有多一樣的本能，女人的神經節系統也更加地發達。從人類腦髓的巨大優勢就可解釋爲何人類的本能比動物少，甚至這些不多的本能也容易被誤導，也就是說，那本能地引導著人們挑選配偶以滿足性慾的美感，在退化爲雞姦的癖好時就遭受了誤導。這類似於某些麗蠅的例子，牠們不是依據本能把卵子產在腐肉上，而是把卵子產在海芋的花朵上面，因爲麗蠅被這種植物的腐肉氣味誤導了。

至於一切性愛歸根到底就是一種本能，完全著眼於要生產的後代——這可以從對這一本能更爲詳細的剖析中獲得完全的證實，所以，這些分析是不可以省略掉的。首先，男人本性上在愛情方面喜歡多變，女人則傾向於專一。男人從獲得了性慾滿足的一刻起，愛情就明顯下降了。幾乎每一個其他的女人都會比他已經占有的女人更能吸引他，因爲他渴望多種多樣。相比之下，女人的愛情卻從上述那一刻起增強了。這是大自然的目的使然：那就是維持和因此盡可能地繁殖種屬。也就是說，一個男人可以在一年裡輕鬆、容易地生育超過一百個孩子，只要他有足夠數量的女人就行；但一個女人，哪怕跟許多個男子在一起，也只能在一年裡給這世上帶來一個孩子（孿生孩子除外）。因此，男人總是尋找其他女人；而女人則相反，女人會緊緊地依附她那一個男人，因爲大自然驅使她本能地、不加思考地留住將來小孩的養育者和保護者。由此看來，婚姻上的忠實對男人來說就是人爲的，但對女人則是自然的。也就是說，女人的通姦行爲比男人的這種行爲更難以原諒：從客觀上看，是因爲女人的通姦行爲所帶來的後果；從主觀上看，因爲這種行爲是違犯自然的。

不過，爲了更透澈和讓人們完全確信，對異性的喜愛，無論在我們看來是多麼的客觀，也只不過是喬裝打扮了的本能，亦即種屬的感覺，其爭取的是維持種屬的典型——那我們就有必要仔細地考察在這種對異性的喜愛裡那些引導著我們的考慮和理由，必須深入專門的個別理由，儘管在此要提到的細節在哲學著作中會顯得很古怪。這些考慮和理由可分爲直接涉及種屬的典型，亦即形體美的一類；著重於精神、心理素質的一類；最後是相對性的一類，即需透過雙方以修正與中和兩人的片面性和不正常素質。我們將逐一討論它們。

引導我們的喜愛和選擇的首要考慮是年齡。總的來說，我們會接受從月經開始到月經結束的一段年齡，但明顯偏愛從十八歲到二十八歲之間的女子。處於這一年齡段之外的女人不再能吸引我們；一個年老的，亦即閉經的女人會引起我們的厭惡。青春但並不貌美的女子永遠有魅力，貌美但不再青春就沒有吸引力了。很明顯，在此，那無意識中引導我們的目的，是那可能的繁殖後代。所以，每個人隨著自己遠離生育或者受孕的最佳時期而相應地失去吸引異性的魅力。引起我們喜愛的第二個考慮因素是健康。急性病只是暫時困擾我們，但慢性病或者體力（智力）的衰退都會嚇倒我們，因爲這些東西是可以遺傳給孩子的。第三個考慮因素是對方的身體骨架，因爲這是種屬形態的基礎。除了高齡和疾病以外，再沒有什麼比畸形的身材更引起我們的反感了，就算配上最美麗的一張面孔也難以彌補；就算是一張至爲醜陋的面孔，只要有一挺拔的身材，那絕對更勝前者一籌。再者，我們對對方身材骨架有欠勻稱是至爲敏感的，例如，短足、矮腿、縮了水似的身材，還有那一瘸一拐的走相——如果這不是外在事故造成的話。相比之下，一副絕妙、勻稱的身材可以彌補所有其他缺陷，會讓我們著迷。大家對小足的珍視也可歸入這一類原因，因爲小足是種屬的基本特徵，沒有動物能有人這樣小的、加在一起的骶骨和蹠骨，而這一特徵又跟人們直著身子走路相關：人是蹠行哺乳動物。據此，耶穌·西拉子說過：「一個挺直身材、有美麗雙腳的女人，就好像是有銀基座的金柱子。」（《耶穌·西拉子智慧書》，二十六：二十三，根據克勞斯那修改的譯本）牙齒同樣是我們所看重的，因爲這些對汲取營養是很重要的，尤其會遺傳給子女。第四個考慮是一定程度的肌肉豐滿，也就是說，身體的植物功能、肉體要占據優勢，因爲這會保證帶給胎兒豐富的養料。所以，女方瘦削無肉會讓人大倒胃口。女人的豐滿胸脯特別能夠吸引男人，因爲女人的胸脯與她的生殖機能直接相關，向新生兒保證了豐富的食物。但異常肥胖的女人卻引起我們的厭惡情緒，原因就是這種身體狀態顯示子宮萎縮，亦即難以受孕——這不是經由大腦，而是透過本能知道的。對方的美貌也是一個因素。在這裡，我們首先關注的是臉部的骨頭，因此主要是察看對方的鼻子是否好看，而短小、鼻孔朝天的鼻子會毀掉臉上的一切好處。鼻子稍微向上抑或向下彎曲決定了不知多少女孩子的生活幸福，並且應該是這樣，因爲這涉及種屬的典型。由上頜骨形成的較小嘴巴，作爲人的臉部種屬特徵是相當關鍵的，與動物的嘴巴恰成對照。向後收縮、好像被人砍削了一截的下巴尤其令人作嘔，因爲明顯突出的下巴是我們人類種屬獨一無二的特徵。最後，我們會察看對方的眼睛和額頭是否漂亮，因爲眼睛和額頭與人的精神素質，尤其是智力素質有關，而智力素質是遺傳自母親的。

在另一方面，女人的無意識中的喜愛理由，我們自然不能那麼精確地羅列出來。大體上，我們可以說出下面這幾點。她們偏愛從三十歲到三十五歲的年齡段，而不是更年輕的小夥子——儘管小夥子事實上顯現了最高的人類之美。原因是女人並不是由審美趣味指揮自己的，而是受著本能的引導——這本能認識到處於上述年齡段的男人達到了生殖力的頂峰。總的來說，女人對男人的美，尤其是俊美的面孔並不那麼重視，似乎她們要把傳給孩子美貌的任務獨力承擔下來。吸引女人的主要是男人的力量及與此相關的勇氣，因爲這些保證生產出強壯的子女，與此同時，也保證了孩子們有一個強壯的保護者。男人身體上的每一樣缺陷，對種屬典型的每一處偏離，那在孩子方面都可以被這女人消除——只要這個女人本身在這些方面是無懈可擊的，或者在這些方面朝著相反方向明顯突出的話。只有那些爲這個男人性別所獨有的、母親因而無法提供給孩子的素質才是例外。屬於這一類的素質包括男人的軀幹骨架、寬闊的肩膀、狹窄的臀部、挺直的腿腳、肌肉力量、勇氣、鬍子，等等。這就是爲什麼女人經常會愛上一個相貌醜陋的男人，但卻永遠不會喜歡一個沒有男子氣的男子，因爲她們無法中和、抵消這個男人在這方面的缺陷。

性愛所依據的第二類考慮是精神方面的素質。在此，我們會發現女人普遍受到男人的心或性格的素質的吸引，因爲這些是遺傳自父親的。男人堅定的意志、果斷和勇敢的作風，或許還有誠實、仁慈的心地，是特別能夠吸引女人的東西。相比之下，智力方面的優勢卻不會對女人發揮直接的和本能方面的作用，這恰恰因爲孩子的這些東西並不遺傳自父親。對女人來說，缺乏理解力並沒有什麼大不了的；更確切地說，超人的思想能力，甚至思想的天才等反常東西反倒會造成不妙的效果呢。所以，我們經常看到一個醜陋、愚蠢和粗野的傢伙在女人那裡擊敗一個聰明、有文化修養和親切可愛的人。出於愛情而成婚的雙方，有時候在智力本質方面差異相當懸殊，例如，男方粗野、孔武有力、思想狹隘，女方則溫柔、思慮細膩、富於審美情趣和文化修養等；或者男方學富五車，甚至是個思想天才，女方則是十足的呆頭鵝：

這就是維納斯女神的意旨；
她開著殘忍的玩笑，喜歡
把不相匹配的形體和精神，
束縛在同一枷鎖之下。

其中的原因是在此發揮主導作用的是完全有別於智力的另外考慮，即本能的考慮。在婚姻中，人們著眼的不是才智見解的消遣，而是生兒育女；婚姻是心、而不是腦的結合。假如女人說愛上了男人的頭腦思想，那是虛榮和可笑的藉口，或者那是本性退化的偏激和乖張表現。相比之下，在男人對女人發自本能的愛情中，男人並不會受到女人的性格素質的決定性影響。因此，那許許多多的蘇格拉底才會娶了他們的珊迪普，例如，莎士比亞、阿爾布希特·杜勒、拜倫等。女人的智力素質在此肯定會發揮某種影響，因為這些東西是由母親遺傳給孩子的，但這種影響卻輕易被美麗的身體所壓倒，因為後者關乎更為關鍵的東西，其影響是直接的。儘管如此，由於感覺到了母親智力的影響，或者對這方面有所經驗，所以，母親們會讓女兒們學習優美藝術、語言，等等，以讓她們在男人的眼裡更有魅力。她們也就想用人為的手段促進智力，就像在需要的時候她們會人為地增大臀部和隆起胸部一樣。大家必須記住：我們在這裡討論的始終是完全出於本能的、直接的兩性間的相互吸引，而眞正意義上的戀愛只能由此產生。至於一個有理解力和有文化思想修養的女人會珍視一個男人表現出來的理解力和思想，以及一個男人出於理性的思考，檢驗和審視新娘的性格——這些與我們現在探討的問題是沒有關聯的，諸如此類的檢驗和審視是理性選擇婚姻對象的理由、根據，但卻不會奠定那充滿激情的性愛，而後者才是我們討論的題目。

到此為止，我只是探討了那些絕對的，亦即適用於每個人的考慮和理由。現在我要談到的是相對的、個人性的考慮理由；因為這些個人性的考慮理由著眼的是修正那已呈現出缺陷的種屬典型；糾正現在已經出現在挑選者身上的種種偏離種屬典型之處，以復原種屬典型的純粹表現。所以，在此，每個人都喜歡自己沒有的東西。出自個人的構成和著眼於個人的構成，以這些相對考慮為基礎而選擇比起只是出於絕對考慮而選擇，更加地明確、堅決和唯一。所以，眞正狂熱的愛情的起源一般都在於這些相對考慮，而起源於絕對考慮因素的則只是平淡無奇的喜愛。據此，燃起巨大激情的人，往往不是那些長得端正、勻稱、無可挑剔的美人。要產生這樣的眞正激情之愛，是需要某些條件的。這只能用一個化學方面的比喻才可以表達：這異性雙方必須能夠互相中和，就像酸和鹼互相中和而成爲一種中性鹽。在此所需的要點基本上是下面這些。首先，所有性別的、性慾的特性都是某種片面性。這種片面性在一個人身上會比在另一個人身上更明確地表達出來、存在的程度會更高，所以，這種片面性在每一個體那裡會更好地經由異性中的這一個體而不是另一個體得到補足和中和，因爲每一個人都需要得到與他自己個體的片面性相反的某一片面性，以便在將新產生的個體身上補足成人類的典型。這一新個體的構成永遠是一切努力所要達到的結果。生理學家知道一個男人身上所具有的男人特性和女人特性是有無數等級的：如果男子特性降至最低程度，那這個人就是令人作嘔的兩性人和畸胎；如果女子特性增至很高的程度，那他又成了嫵媚的雌雄同體、男性女子。經由前者或者後者他都可以變成一個完整的兩性人，而有些人則恰恰處於男、女特性的中間，他們都不可以被歸於男的或者女的性別，因而也就不適合繁殖。我們現在討論的兩種個體性的互相中和，因此就需要他那男性特性的特定程度正好對應著她那女性特性的特定程度——這樣，雙方的片面性也就互相消除了。據此，最有男子氣的男人會尋找最有女人味的女人，反之亦然。同樣，每一個人都會尋找在性別特性程度上與自己相稱的異性一方。至於兩人間在這方面所需的比例達到了何種程度，那就由男女雙方憑本能去感覺；而這方面的比例，與其他相對考慮的理由一道是更高程度的戀愛的基礎。所以，當戀人們充滿激情地談論他們的心靈和諧時，其實大多數是在此所指出的、男女雙方就將要生產的生命及其完美性達成了一致，並且這種一致明顯比他們的心靈和諧重要得多——後者在婚後不久經常會轉變爲煩人、難受的不和諧。接下來的是其他相對考慮的理由，都是基於每個人試圖透過對方以消除自身的弱點、缺陷以及種種偏離典型之處，讓這些東西不會在生下的孩子身上延續下去或者進一步發展為完全反常的東西。一個男人在肌肉力量方面越弱就越想找個身強體壯的女人，女人同樣會做這樣的事情。但因為女人稍欠肌肉力量是合乎自然的和普遍的情形，所以，一般來說，女人都更喜歡強壯的男人。還有身體的大小是重要的考慮因素。小個男人明顯喜歡身材高大的女人，反之亦然。假設這小個男人的父親身材是高大的，只是因為母親的影響才成為現在這個樣子，那這小個男子對高大女子的偏愛就越狂熱，因為他從他父親那裡繼承了能夠供應血液給一副高大身軀的血管系統及其能量；但如果他的父親和祖父已經是身材矮小，那他對高大女子的喜愛就不會那麼明顯了。高大女子對高大男子的厭惡，其根源就是大自然為了避免產生過於高大的種族——假如這一種族因這一女子所給予的力量太過衰弱而不能久活。但如果這樣一個高大的女子選擇一個高大的丈夫——這或許是為了在社會上顯得體面一點的緣故——那麼，一般來說後代將為此愚蠢地付出代價。此外，人們對頭髮和膚色也是相當看重的。金黃色頭髮的人明顯喜歡發色黝黑或者棕色的異性，但後者卻很少喜歡前者。其中的原因就是金髮、藍眼睛形成了變種，幾乎是一種反常的現象，近似於白老鼠或者起碼是白馬一類。這種人並非土生土長於地球的其他地區，甚至不是在南北極的鄰近地區，而唯一出現在歐洲；並且明顯來自斯堪的納維亞。在此我就附帶說出我的看法：白色皮膚對人來說是非自然的；人的自然膚色是黑色或者褐色，正如我們的祖先印度人那樣；所以，白人並非原初出自大自然的懷抱，因此並沒有白人這一人種——儘管人們對此頗多談論，白人的皮膚只是褪色了。當這些人被趕到陌生的北方以後，他們就像移植到那裡的熱帶植物一樣繼續生存，並且就像熱帶植物那樣，在冬天需要一個溫室；經過成千上萬年的時間，這些人就褪成白色了。茨岡人（吉卜賽人），一個在大概四個世紀以前就移民進入歐洲的印度人部族，就讓我們看到了從印度人的膚色過渡到我們現在膚色的情形。⓭因此，在性愛中，大自然爭取回歸黑色頭髮和褐色眼睛，因爲這些屬於人的原型；而白晰的膚色則成爲一種第二天性，雖然印度人的褐色皮膚還不至於讓我們反感。最後，每個人也會在個別的身體部位尋求能夠矯正自己的缺陷和偏離典型之處；這一部位越重要，那這種尋求就越堅決。因此，鼻子扁平的人對鷹鉤鼻子、鸚鵡臉會有說不出的喜歡；對身體的其他部位也一樣。身材、手腳異常高挑、纖細的人，甚至會認為過於矮短、敦實的異性也是美的。對異性脾性的考慮也與此相似，每個人都會偏愛與自己相反的性情，但偏愛的程度則與其性情是否明顯和突出相對應。一個在某一方面相當完美的人，雖然不會追求和喜愛在這一方面的缺陷，但他對這方面的欠缺完美會比其他人更容易遷就和接受，因爲他本人可以確保子女不會獲得這方面的重大缺陷。例如，如果一個人本身膚色相當白晰，那他就不會很反感對方泛黃的臉色；但如果自己是這個樣子，那他就會覺得雪白的膚色簡直美若天仙。有時候會出現稀有的情形：一個男人愛上一個明顯醜陋的女人——這是因爲除了上面所討論的男、女特性程度恰好互相對應和諧以外，女方身上的總體反常之處也與男方身上的反常之處恰成對立，並因此糾正和調整了這些反常之處。一旦出現這種情形，那種愛戀通常就會達到相當強烈的程度。

我們是那樣認眞地檢視女人身體的每一部分，而女人也從她的角度做同樣的事情；對一個開始獲得我們歡心的女人，我們是那樣小心翼翼和一絲不苟地察看；我們在選擇時一意孤行；新郎對新娘

⓭ 對此更詳細的論述，讀者可閱讀《附錄和補遺》，第一版，第二卷，§92。

的密切留意，以防在哪個方面因看走了眼而出錯，以及他對女方身體關鍵部位太過或者不及的高度重視——所有這些是與最終目的的重要性完全相稱的。這是因爲那將出生的新生兒要一輩子背負類似的部位，例如，女方背部只是很輕微的彎曲，這就很容易讓她的兒子駝背，其他的情況也一樣。當然，人們並沒有意識到所有這些；相反，每個人都以爲只是爲了自己的性慾（但這從根本上卻肯定不會參與其中）而做出這樣困難的選擇。但是，在自己身體交合的前提下，他準確無誤地做出了符合種屬利益的選擇，那祕密任務就是盡可能地維護種屬純粹的典型。在此個體是在並不知情的情況下，背負著更高的、種屬的使命行事。正因爲這樣，他才那樣看重那些本身對他可以是，並且的確是無所謂的事情。當兩個年輕異性首次見面時，那種互相打量的無意識的認眞勁，那互相投向對方的探求、銳利的眼神，雙方的所有特質和部位都要承受的那種小心細緻的檢查——這裡面都隱藏著某種相當奇特的東西。這種探求和檢驗也就是種屬守護神對透過這男女雙方有可能生產的個人及其素質組合的思考。男女各自對對方的滿意程度和相互間的渴望就由這種思考的結果而定。這種渴望在已經達到某一相當程度以後，可能會因爲發現了此前不曾注意到的東西而突然減弱和熄滅。因此，種屬守護神就這樣在所有有生殖能力者那裡思考將來的一代。這將來一代的本質構成是丘比特連續操持著、思考著、盤算著的偉大工作。與丘比特的那些重要事務相比，因爲那些是關乎種屬和所有將來的世代，那加在一起也不過猶如白駒過隙的個人事情，是瑣碎的、不足道的；所以，丘比特隨時準備著無所顧忌地犧牲這些個體。這是因爲丘比特之於眾個體猶如不朽之於可朽；丘比特的利益之於個體的利益，猶如無限之於有限。由於丘比特意識到自己掌管的事情比所有其他只涉及個體苦樂的事情都更高一級，所以，在戰亂中或者在熙攘的生意場裡，或者在瘟疫肆虐的間隙，丘比特仍能超然地、不爲所動地忙於自己的職責；甚至在孤獨、冷清的修道院裡，他仍在繼續忙於分內的事情。

在上述討論中，我們已經看到愛戀的強度隨著個人化而增加，因爲我們指出了兩個個體的身體構成可以是這樣的情形：爲了盡可能地確立或者恢復種屬典型，其中一個個體就是另一個個體的專門和完美的補充，後者因此也唯獨渴望前者。在這樣的情形裡，已經出現相當程度的激情，也正因爲這一激情指向了唯一的這個對象，因而好比是肩負著種屬的專門使命似的，所以，這種激情馬上有了某種高貴和崇高的色彩。根據相反的理由，那只是性慾，因爲其並沒有個人化而指向了所有的異性，只是爭取在數量上保存種屬，而很少考慮到質量，所以，就是平庸、粗俗的。不過，個人化及與之相伴的強烈愛戀卻可以達到這樣厲害的程度，以致如果無法得到滿足，那這塵世間的一切好處，甚至生命本身都會失去了價值。到了這個時候，這種願望所達到的激烈程度是任何其他願望都無法相比的，因此會使人不惜做出任何犧牲；並且假使這願望是永遠不會獲得滿足的，就會導致瘋狂或者自殺。這如此過分的激情，其根源除了上述種種考慮以外，肯定還有其他無意識的理由——而這些我們是無法看見的。所以，我們只能假設，在此不僅男女雙方的肉體，而且男方的意欲和女方的智力都特別地彼此匹配，因此，某一相當確定的個體只能經由這一對男女產生，而這一個體的存在是種屬守護神的旨意，其理由藏於自在之物的本質之中，是我們無法得知的。或者更準確地說吧，生存意欲要求在這一精確確定的個體身上客體化，而這一確定的個體只能經由這一父親和這一母親才能產生。意欲本身的這一形而上的渴求，除了首要在那未來雙親的心以外，在系列生物那裡並沒有任何其他的作用範圍；因此，那未來雙親的心就被這一強烈的欲望攫住了，他們誤以爲是爲了自己的緣故而渴望那現在仍只是純粹形而上的，亦即在系列眞實存在的事物之外的目標。也就是說，那發自所有生物本源的、將來的，也只有在此才成爲可能的個體，要進入生存的渴望，在現象中就表現爲那未來雙親互相之間強烈的、別的一切都不能與之相提並論的激情，事實上也就表現爲一個絕無僅有的錯覺——由於這一錯覺，這個戀人才會爲了和這一女人同床共寢，不惜獻出這世上的一切好處。但與這一女人同眠，其實並不比與其他別的女人同眠給他帶來更多的好處。至於不管怎麼樣，他只是著眼於與這女人同眠，可由此清楚地表現出來：甚至這樣強烈的情慾也像每一其他情慾一樣，就在享受的當下消退了。對此，當事人也感到無比的驚訝。這種情慾也會由於，例如，這女子不育（根據胡夫蘭所言，不育可以由十九種偶然的身體構造缺陷引致）而消退，因爲這種不育使那眞正的、形而上的目標無法實現，正如每天都有數以百萬計的種子被糟蹋一樣，但透過這些種子，那同樣的形而上的生命本原也在爭取進入生存，而唯一的安慰是無盡的空間、時間、物質和因此永不枯竭的機會爲生存意欲的重回敞開著。

柏拉色斯並沒有討論過這一話題，我的這整個思路對他來說也是陌生的，但我在這陳述的觀點肯定在某時某刻曾經浮現在他的腦海裡，哪怕只是一閃而過，因爲他在完全另一種上下文裡，以一種隨意的方式，寫下了下面這些值得注意的看法：這些人是上帝結合在一起的，例如，烏利亞斯的妻子和大衛王；雖然這種關係（至少人們相信是這樣）與正當和合法的婚姻關係正好相悖。但爲了所羅門的緣故——所羅門只能經由巴芙絲芭和大衛的精子所產生，除此別無他法，雖然那只是通姦——上帝把他們結合在一起了（《論長壽》，I，五）。

愛情所帶來的渴望和思慕，是各個時代的文學家運用無數方式沒完沒了地抒發，但又永難窮盡的主題；他們所做的甚至還沒滿足這一主題，還沒符合其要求呢。這種渴望和思慕把得到某一確定的女子與享受無盡快樂的想法緊緊地聯結了起來；一旦想到不可能得到這個女子就會感受到無以名狀的痛楚。這種愛情的渴望和痛苦，不可能取材於某一匆匆即逝的個體的需求，而是種屬精靈發出的嘆息，因爲這一種屬精靈在此看到了達致其目的的無可替代的手段，要麼得到，要麼失去。所以，種屬精靈發出了沉重的呻吟聲。唯獨種屬才會有無盡的生命，並因此能夠有無盡的渴望、無盡的滿足和無盡的痛苦。但這些東西現在就被囚困在一個凡夫的狹隘胸膛之內，這也難怪他的心胸似乎要爆裂了，而又無法找到言語抒發胸中充滿的無盡的狂喜和無盡的苦痛。因而這些提供的素材成就了一類崇高的情愛詩篇。這些詩篇相應斗膽採用了超驗的、翱翔於一切塵世事物之上的比喻。這就是**佩脫拉克**寫作的主題，塑造出聖．倍夫、少年維特和雅可布．奧蒂斯的素材，而這些人物除非以我這裡所說的原因解釋，否則，就是無法理解、也無法解釋的。這是因爲對所愛的人那種無以復加的贊賞不可能建立在她所具有的精神素質或者泛泛的客觀、實在的優點之上，因爲墜入情網者經常還沒有對他的戀人精確了解到這個份上，例如，佩脫拉克就屬於這樣的情形。唯獨種屬的精靈才能一眼看出這女子對於**種屬**及其目的所具有的**價值**。巨大的激情一般是在看到對方的第一眼燃起：

深愛的戀人，有誰不是一見就鍾情的呢？

——莎士比亞，《皆大歡喜》，第三幕，第五場

在馬迪奧．阿雷曼所寫的、在這二百五十年間頗負盛名的浪漫愛情小說《阿爾法拉契的古茲曼》裡，有這樣一段在描寫愛情方面值得注意的言論：**人們真要相愛的話，是不需要花費很長時間煞費思量和選擇的，而是只在初次的和唯一的一眼裡，男女雙方之間就已經有了某種投契和一致，或者**

就像我們在日常生活中所習慣說的：*他們本身氣味相投*，而星宿的某種特殊影響促成了這一件事情（第二部分，圖書第三，第五章）。據此，失去了所愛的人，無論是因爲情敵或者死亡的原因，其痛苦對熱戀中的人來說，更甚於任何其他痛苦，恰恰因爲這種痛苦具有超驗的性質，這不僅涉及他個人，而且涉及個人所具有的長久、永恆的本性和種屬的生命：這個人現在受到種屬意欲的召喚而承擔起種屬委派的任務。因此，出於愛情的嫉妒是那樣的狂怒和折磨人，而放棄我們的戀人則是最大的犧牲。一個英雄以訴苦、哀嘆爲恥，但愛情的哀訴除外。因爲在這裡，痛哭流涕的不是他這個人，而是他的整個種屬。在*卡爾德隆*的《偉大的齊諾比亞》一劇第三幕裡，齊諾比亞和德西斯有一段對話；後者說：

1350

> 天啊！你是愛我的嗎？
> 那我寧願放棄
> 千萬場勝仗，
> 我馬上回來……

在這裡，此前一直壓倒了各種利害得失的榮譽和尊嚴，一旦在性愛，亦即種屬的利益加入戰團，並看到了眼前明確的利益所在，就馬上潰敗了。這是因爲種屬的利益相對只是個體的利益占據絕對的優勢，不管後者有多重要。因此，榮譽、責任、忠誠在抵擋住其他的誘惑，甚至死亡的威脅以後，唯獨在性愛面前退縮。同樣，在私人生活裡，沒有哪些方面比性愛方面更欠缺認眞、負責的了。

那些在其他方面相當忠誠、老實和公正的人，一旦強烈的性愛，亦即種屬的利益俘虜了他們，有時也會把認眞、負責甩到一邊去，無所顧忌地通姦。似乎他們相信自己意識到了這樣做有某一比個人的利益還要高的合理性，恰恰因爲他們爲種屬的利益行事。尙福爾在這方面的議論値得注意：當一個男人和一個女人相互之間產生了強烈的激情，我始終是這樣認爲的：不管妨礙他們結合的障礙是什麼，諸如丈夫、父母等，根據大自然，也根據神聖的權利，這兩個戀人就是各自屬於對方的，不管人類的法律和規章是什麼（《格言錄》，第六章）。誰要是對這種說法憤憤不平，那他就看看《聖經·福音書》好了：救世主對待被逮住的通姦婦人表現出了與眾不同的寬容，因爲救世主同樣假定了每一個在場的人都犯了這同樣的罪行。從這一觀點看來，《十日談》的絕大部分似乎只是種屬守護神對個體的權利和利益的嘲笑和諷刺，後者都遭到了前者的踐踏。當社會地位的差異和類似情形妨礙狂熱的戀人結合時，種屬守護神同樣輕而易舉地無視這些東西，隨手把它們推到一邊去。種屬守護神在追求關乎無盡後世的目標時，會把人爲的規章、法令和顧慮像糟糠一樣地吹掉。出於這同樣深藏不露的原因，一旦涉及愛戀激情的目標，人們就會不惜冒險，甚至一向膽小、怯懦的人在此時都會變得勇氣十足。在戲劇和小說裡，年輕的主人公維護自己的愛情，亦即種屬的利益，終於戰勝了那些只關注個體幸福的老一輩人——每當看到這些，我們就感同身受地爲他們高興。這是因爲這些戀人的努力和爭取在我們眼裡比所有妨礙、阻撓他們愛情的東西都更重要、更崇高和更公正合理，正如種屬比個體有分量得多一樣。據此，幾乎所有喜劇的基本主題都是種屬守護神及其目的登場亮相，但這些與劇中個人的自身利益背道而馳，並因此威脅劇中人的個人幸福。一般來說，種屬守護神最終會達到目的——這樣的安排與詩意的合理性相符合，讓觀眾們得到了滿足；因爲觀眾感覺到種屬的目的是遠遠優先於個人目的的。因此，在結尾時，作者會放心地讓有情人贏得勝利，因爲作者和這些有情人一道錯覺地以爲，這些有情人終於奠定了自己的幸福；但實質上，他們只是爲了種屬的利益，罔顧深謀遠慮的長輩的意願，甘願奉獻自己的安樂。在個別、反常的滑稽劇中，作者則試圖把這種情形顚倒過來：主人公以種屬的目的爲代價換取了個人的幸福。但觀眾感覺到了種屬守護神所受到的苦痛，他們不會因個人爲此得到了好處而感到有所安慰。在我的記憶中，屬於這一類的知名玩笑劇有《十六歲的女王》《理智的婚姻》。在愛情題材的悲劇裡，因爲種屬的目的遭受挫折，所以，戀人作爲種屬的工具，通常也就同時沉淪了，例如，《羅密歐與茱麗葉》《旦克里德》《唐·卡洛斯》《華倫斯坦》《梅西納的新娘》等。

一個處於熱戀狀態的人常常會有滑稽性的、時而又是悲劇性的表現。之所以出現這兩種情形，是因爲他一旦被種屬精靈所占據，也就受其擺布，再也不屬於自己了；這樣，他的行爲與他個人就不相一致了。處於強烈的愛戀狀態時，一個人的思想會沾上某種如此詩意和崇高的色彩，甚至會帶有某種超驗的和超自然的傾向；因此緣故，他的眼睛似乎再也完全看不到自己眞正的、非常自然的目的。造成這一切的根本原因，就在於此時此刻的他正受到種屬精靈的鼓動——其事務比起所有那些只是涉及個體的事情不知重要多少倍——要完成種屬精靈分派的特殊任務，要確立一個無限期的後代的存在，這一後代必須具備這一個體的、精確確定的本質特性；但這一本質特性只能從作爲父親的他和作爲母親的他的心上人那裡獲得，否則，如此這般的後代是不可能進入生存的，而生存意欲的客體化堅決、明確地要求這一存在。正是有感於自己所處理的事務具有如此超驗的重要性，所以，才讓戀人們遠遠超越了一切塵世、凡俗的事情，甚至超越了他們自己，並讓他們的那些非常自然的、肉體的慾望裹上了一層如此超自然、超肉體的外衣，以至一個最乾巴、乏味的人，他的愛情仍然構成了他生命中的一段詩意的時光。在這後一種情形裡，事情有時候就會有了某種滑稽的色彩。那要在種屬裡客體化的意欲委托給個體的任務，在戀人的意識裡呈現時，所戴著的面具是，如果與這一女性個體結合，他可期望得到無盡的極樂。在最強烈的愛戀狀態時，這一幻象會照射出如此熠熠的光彩，假如無法達到愛慾的目的，那甚至生命本身也會失去所有魅力，從此就會顯得平淡、乏味、了無生趣，以致對生活的厭惡甚至壓倒了對死亡的恐懼。所以，輕生的事情就時有發生了。這個人的意欲已經陷入了種屬意欲的漩渦，或者說種屬意欲已經遠遠壓倒了個體意欲，以致這個人如果無法作爲種屬意欲發揮作用的話，那他也就蔑視和拒絕發揮個體意欲的作用了。在此，個體是太過弱小的容器，無法承載種屬意欲集中在某一確定對象上的無限渴望。所以，在這種情況下，自殺就是出路，有時則是兩個有情人的雙雙殉情——除非大自然爲了挽救生命的緣故讓瘋癲介入——這樣，瘋癲就以一層紗幕使頭腦無法意識到那種無望的處境。每年都不乏好幾個這種情形的實例，證明這所陳述的眞實性。

但是，不僅無法獲得滿足的愛戀激情有時會導致悲劇性的結局，就算這激情得到了滿足，也經常導致更多的不幸，而不是幸福。這是因爲這種激情所提出的要求經常與當事人的個人利益大爲牴觸，以致損害了後者，這些要求與當事人其他方面的情況無法調和，擾亂了以這些爲基礎的生活計畫。確實，愛情不僅經常與人的外在處境相牴觸，而且與人的自身個性也不協調，因爲愛情所涉及的個人，除了性的關係以外，對那戀人來說，有可能是可憎、可鄙，甚至可怕的。但種屬意欲卻比個體意欲強勁得多，以致情網中的人會對種種他感到討厭的素質閉上眼睛，無視所有的一切，對一切都錯誤判斷，把自己和激情的對象永遠地聯結在了一起。他是那樣完全徹底地陶醉在那種錯覺之中，一旦種屬意欲得到了滿足，那錯覺也就煙消雲散了，留下來的只是讓人厭惡的終身伴侶。只能由此解釋爲何我們經常看到一些相當理性，甚至優秀、傑出的人物，竟然與潑婦、婚內惡魔共結連理，以及無法理解他們如何做出這樣的選擇。正是因爲這一原因，古人把愛情表現爲盲目的。事實上，一個熱戀中人在新娘的身上甚至可以清楚地看出和痛切感受到其性格、脾性方面令人難以忍受的缺點，這些也必將讓他一輩子受苦，但仍然沒能把他嚇倒：1354

我不會問，也無所謂，
如果你心有罪疚；
我知道我愛你，
不管你是什麼樣的人。

這是因爲他追求的，歸根到底不是**他的**利益，而是將要進入生存的第三者的利益，雖然在他錯覺的意識裡，他以爲尋求的是自己的利益。不過，正是因爲沒有追求**他自己**的利益——而這無論在哪裡都是偉大的標誌——所以，這甚至讓狂熱的愛情也帶上了某種崇高的色彩，成爲文學名正言順的題材。最後，性愛甚至與對性愛對象至爲強烈的憎恨相安共處；因此，柏拉圖早就把性愛比作狼對羊的愛。也就是說，當一個狂熱的戀人無論怎樣努力和請求都得不到一個不管怎樣的回應時，這種情形就出現了：

我愛她，但我又恨她。

——莎士比亞，《辛白林》，第三幕，第五場

接下來，對戀人所燃起的憎恨有時候會達到這樣的地步，他甚至動手把她謀殺，然後自殺。每年通常都有好幾個這類例子，登在英文和法文報上。歌德的詩句是相當正確的：

愛情遭到了蔑視！地獄騰起了烈焰！
願我知道更糟糕的東西，好讓我咒罵千遍萬遍！

戀愛的人在形容被愛者的冷淡和對方從自己的痛苦中獲得虛榮心的快感爲殘忍時，的確一點都不誇張。這是因爲他現正處於一種衝動中，這衝動類似於昆蟲的本能，迫使他無條件地追隨自己的目標，不顧理智的分析、根據，把其他一切都置之度外：他無法擺脫這一衝動的控制。不止一個，而是頗多的佩脫拉克帶著未曾滿足的愛慾——那就像拴在腳上的鐐銬和鐵塊——從此艱難吃力地走完一生，在孤獨的林子裡嘆息；同時又兼備詩才的只有佩脫拉克而已。所以，歌德的優美詩句適用於他：

在痛苦中沉寂無語時，
神靈給我本領，好讓我訴說痛苦。

事實上，種屬的守護神與每個人自己的守護神普遍都勢同水火，前者是後者的追捕者和敵人，總是隨時準備著爲達到自己的目的而絲毫不帶憐憫地破壞個人的幸福；有時候，甚至整個國家的福祉也會因爲種屬守護神一時的心血來潮而成爲犧牲品。莎士比亞在《亨利四世》（第三部分，第三幕，第二場和第三場第二、三景）就給了我們這方面的例子。所有這一切都是因爲種屬——我們的本質植根於此——與個體相比，對我們有著更密切和更優先的權利，因此，種屬的事務優先進行。古人正是有感於此，才把種屬守護神擬人化爲丘比特：丘比特雖然長著一副小孩的外貌，但卻是一個敵意的、殘忍的、聲名狼藉的神祇；一個任性、專橫的魔鬼；不管怎麼樣，他是掌管神祇和人類的主人：

你，厄洛斯愛神，是控制神、人的暴君！

可怕的利箭、盲目和翅膀就是丘比特的標誌和特性。翅膀表明了反覆無常，而反覆無常一般只伴隨著失望一道出現；失望則是獲得滿足以後的結果。

也就是說，因爲情慾建立在一種錯覺之上——這種錯覺把只是對於種屬才有價值的東西誤以爲對於個體也有價值——所以，在達到了種屬的目的以後，這一幻象就消失無蹤了。原先占據了個體的種屬精靈現在放過了這一個體。被種屬精靈放棄以後，個體重又恢復到原來的狹隘和匱乏中去，並驚訝地看到自己做出了如此高尙、英勇和不懈的努力爭取以後，他的快樂除了每一性慾滿足所給予的以外，再沒有別的東西；他發現自己並不如原先期待的那樣比以前幸福了。他發現自己被種屬意欲矇騙了。因此，一般來說，一個得到了快樂的第修斯就會拋棄他的阿里阿娜。假如佩脫拉克的情慾得到了滿足，從那一刻起，他的歌唱就會沉寂下來，就像下完了蛋的鳥兒一樣。

在此順便一提，儘管我的性愛的形上學會招致深陷在這一激情之中的人的反感，但如果理性的思考能夠消除一些反感，那麼，我所揭示的基本眞理就肯定比任何其他東西更能幫助人們制服這種情慾。但是，情形仍如那古老的喜劇作家所說的，**誰要是自身既缺乏理性也缺乏節制，那他就不可能受到理性的引導**。

出自愛情的婚姻是爲種屬的利益而非個體的利益締結的。雖然當事人誤以爲在增進自己的幸福，但他們的眞正目的卻不爲他們所了解，因爲這目的只生產一個經由他們才可能生產的個體。他們爲這一目的而走到了一起，本應從此以後儘量彼此和諧共處。但是，經由本能的錯覺——這就是狂熱愛情的本質——而走到了一起的男女雙方，在其他方面卻經常有極大的差異。這些差異在錯覺消失以後——這是必然發生的事情——就會充分暴露出來。據此，出自愛情的婚姻一般來說都會有不幸福的結局，因爲這樣的婚姻是爲了將來的後代而付出了現在的代價。**爲愛而結婚的人將不得不生活在痛苦之中**——一句西班牙諺語如是說。而出自舒適生活考慮而締結的婚姻——這經常是聽從父母的**選擇**——則是相反的情形。在此主要的考慮，不管這些考慮是什麼，起碼是現實的，並不會自動地消失。這種婚姻著眼於現在一代人的幸福，但當然會給後代帶來不利；並且是否眞能確保現在一代人的幸福仍大有疑問。在婚姻方面只看在金錢的分上，而非考慮滿足自己喜好的男人，更多的是活在個體而非種屬之中。這種做法直接與眞理相悖，因此，看上去就是違反自然的，並且會引來人們某種程度的鄙夷。如果一個女孩不聽父母的建議，拒絕了一個有錢、年紀又不老的男人的求婚，把所有舒適生活的考慮擱置一邊，只根據自己的本能喜愛而選擇，那她的做法就是爲了種屬的福祉而犧牲了自己個體的安樂。不過，也正因爲這樣，我們才無法拒絕給予她某種贊許：因爲她優先選擇了更重要的東西，並且以大自然（更準確地說是種屬）的感覺行事；她的父母則本著個體自我的感覺給她出謀劃策。根據以上所述，情況看上去是在締結婚姻時，要麼是我們的個體，要麼是種屬的利益會受到損害。通常都是這樣的情況，因爲生活舒適和狂熱愛情一道結合是至爲罕有的好運。大多數人的身體、道德，或者智力素質都相當地糟糕和可憐——部分原因或許是人們的婚姻一般都不是出自純粹的選擇和喜好，而是各種各樣外在的考慮和根據偶然情形的結果。但如果人們在考慮舒適生活的同時，也在某種程度上考慮自己個人的喜愛，那就好比是和種屬的精靈達成了妥協。眾所周知，幸福的婚姻是稀有的，恰恰因爲婚姻的本質在於其主要的目標不是現在這一代人，而是將來的一代。不過，請讓我加上這一句，以安慰那些溫柔和有愛意的人：有時候，狂熱的性愛與一種出自完全不同源頭的感情結合在了一起，亦即與一種建立在和諧一致的思想意識基礎上的眞正的友誼結合了，但這種友誼通常只在眞正的性愛因獲得滿足而熄滅以後才會出現。這種友誼通常是這樣產生的：兩個個體當初在著眼於將要產生的孩子方面，在身體、道德和智力素質方面的互相對應、互補（由此就產生了性愛），在這兩個個體本身的關係中，也作爲對應的脾性氣質和思想優點同樣發揮了互補的作用，並以此奠定了情感、氣質和諧的基礎。

在此討論的整個關於愛情的形上學與我的總體的形上學精確地聯繫在一起，而前者能夠幫助我們理解後者的地方則可以總結爲下面幾點。

我們得出的結果是，人們爲了滿足性慾而小心翼翼地選擇——這裡包括無數的等級，一直提高至狂熱的愛情——完全是因爲人們至爲嚴肅、認眞地關注其後代專門的個人素質。這種異常奇特的興趣和關注證實了我在這之前數章裡已經闡明的兩個眞理：(1)人的自在本質是不可消滅的，因爲這繼續存活於後代。這是因爲那種如此強烈、熱心，並非出自人爲的思考和意圖，而是出自我們本質的內在衝動和本能的興趣與關注，是不可能輕易根除的，並對人們發揮著如此威力——假如這人類是絕對倏忽、短暫的，假如某一確實和完全不同於這人類的世代只是在時間上跟隨著這人類。(2)人的自在本質更多地存在於種屬，而非個人之中。這是因爲那種對種屬的專門性質的興趣——而這構成了所有情事的根源，從只是一時的喜歡一直到最投入、最認眞的激情——對每個人來說，其實就是最重要的事情；也就是說，這些事情的成功、失敗至爲深刻地觸及每個人。因此，這事情也就被特別稱爲**心的事情**。更有甚者，當這種興趣強烈和明確地表露出來時，所有只涉及自己個人的事情則一概讓路，並在必要的時候做出犧牲。所以，人就以這樣的方式證明了：種屬比個體與人更密切；種屬與個體相比，人更直接地活在種屬之中。據此，爲何熱戀中的人把全副身心交付出去，誠惶誠恐地看著他的意中人的眼色，隨時準備爲她做出種種犧牲？因爲渴求她的是他身上的**不朽**部分；渴求其他任何別的則都永遠只是他身上的可朽部分。所以，那種目標指向某一確定女子強烈、熾熱的渴望，就是證實我們那不可消滅的本質內核及其在種屬延續生存的直接憑據。但把這種延續生存視爲不重要和不充分則是錯誤的，這錯誤出自我們把種屬延續的生存，理解爲只是一些與我們相似的，但在任何一個方面都並非與我們爲同一的生物在以後將來的存在；另外，由於我們的認知是從內投向外，只考慮到種屬的外在形態，正如我們就這些所直觀看到的那樣，而不是種屬的內在本質。但恰恰是這種內在的本質構成了我們自己的意識的基礎，是這意識的內核，所以，甚至比這意識本身還要直接的東西；並且這內在本質作爲自在之物，不受個體化原理的束縛，實際上是存在於所有個體中的同樣的東西，不管這些個體是相互並存抑或分先後依次地存在。那麼，這就是生存意欲，因此恰恰是如此迫切要求生命和延續的東西。據此，它幸免於死亡，不受其影響。但是，這生存意欲也不可以達到比目前更好的狀況和處境了；所以，對連帶著生命的它而言，個體永恆不斷的痛苦和死亡是一定的。要擺脫這些痛苦和死亡的話，那還保留否定生存意欲這一手段，因為透過否定生存意欲，個體意欲就可掙脫種屬的根基，放棄在種屬中的存在。至於到了那個時候意欲成為了什麼，我們缺乏明確的認識，我們甚至缺乏為我們帶來這方面認識的素材。我們只能把它形容為有自由成為或者不成為生存意欲的東西；如果是後一種情形，佛教就把它稱為涅槃。涅槃的詞源，我在第四十一章注釋中給出了。涅槃這一境界始終是人類的任何認識能力都無法探究的。

如果我們現在從這最後的思考角度審視熙攘混亂的人生，我們就看到每個人都在忙於應付生活中的困苦和折磨，竭盡全力去滿足沒完沒了的需求和躲避花樣繁多的苦難；人們所能希望的不外乎維持這一充滿煩惱的個體生存一段短暫的時間。但在此期間，在那一片喧嚷、騷動之中，我們卻看到了兩個戀人互相投向對方充滿渴望的一眼——但卻為何這樣祕密、膽怯、躲躲閃閃？因為這些戀人是叛變者：他（她）們在祕密爭取延續那不這樣做很快就會終結的全部困苦和煩惱；他們打算阻止這一結局的到來，一如其他像他們那樣的人在這之前所成功做了的。這些思考已經涉及接下來的一章了。

《性愛的形上學》附錄

你竟敢這樣不知羞恥，說出這樣的話；
你認為這樣做能逃脫得了懲罰嗎？
我逃脫了；事實可以為我作證。

——索福克里斯

在第一三三六頁*裡，我附帶提到了雞姦行爲，並把它形容爲本能被誤導所致。這種解釋當時在我看來是足夠了——那時我正修改和整理這部著作第二版。在那之後，我對這種性慾錯亂作了更進一步的思考，這讓我發現了一個不同尋常、值得注意的問題，同時也讓我找到了對這一問題的解答。這篇附錄以「性愛的形上學」一章爲前提，但也幫助理解和闡釋這一章的內容，因此屬於對在「性愛的形上學」中所闡述的基本觀點的補充和證明。

也就是說，就其自身考察，雞姦行爲看上去不僅是違反自然的，而且是極度令人反感和厭惡的怪異事情；似乎也只有人性澈底反常、乖僻和退化的人才會某一次做出這種行爲，並且頂多只是在極個別的例子中才會重複這種行爲。但是，如果我們觀察一下實際經驗，就會發現恰恰相反的情形。也

* 指德文原版書的頁碼。——譯者注

就是說，儘管這一惡習是那樣的讓人噁心，但在世界各地和各個時期，這一惡習卻廣為流行、屢見不鮮。我們都知道這種事情在希臘人和羅馬人中相當普遍；人們公開地、不帶半點難爲情地承認和做這些事情。古老的作家都給了我們這方面充足有餘的證據。尤其是詩人的作品無一例外地充斥著這些東西，就算是貞潔、禁慾的維吉爾（《田園詩》，二）也不例外。甚至遠古時代的詩人，奧菲斯（爲此還被酒神戴奧尼索斯的女祭司撕碎了）、塔米利斯，還有神靈本身，據傳都有這種行爲。同樣，哲學家談論這種愛情更甚於談論對女人的愛情，尤其是柏拉圖——他似乎不知道除了這種愛情以外，還另有別的愛情；斯多噶派也同樣認爲這種事情是與智者相匹配的（斯托拜烏斯，《牧歌》，第二部，第七章）。在《會飲篇》裡，柏拉圖甚至把蘇格拉底高傲地拒絕了自動獻身的阿基比亞德斯，看作是一種沒有先例的英雄行爲而贊賞。⓮甚至亞里士多德（《政治學》二，九）談論雞姦就像談論一件平常事一樣，並不指責。他說這種行爲受凱爾特人的公開尊重，而克里特島人和他們的法律把這種行爲當作對付人口過剩的一種手段而加以庇護；他還提到（第十章）立法官菲洛勞斯的斷袖之癖，等等。甚至西塞羅也說過：希臘少年以沒有同性情人爲恥。博學多聞的讀者則不需要這方面的證據，他們可以回憶起上百件同樣的事例，因爲古人留下來的東西充斥著這類事情。就算是在沒有開化的民族，尤其是高盧人，這一惡習也相當盛行。當我們轉而審視亞洲，我們可看到在這一大洲的所有國家，甚至從

⓮ 在色諾芬的《回憶錄》裡，蘇格拉底談論雞姦行為時，那可是一件無可指責，甚至值得讚揚的事情（斯托拜烏斯，《文選》，第一卷，第五十七頁）。同樣，在《回憶錄》（第一部，第三章，§8）裡，當蘇格拉底警告愛情所引致的危險時，他談論的也純粹是對少年的愛，好像這世上沒有女人似的。

最古老的時期一直到今天，同樣的行爲數不勝數，人們也同樣沒有特意掩飾這種事情，這包括印度人和中國人，還有信奉伊斯蘭教的民族——他們的詩人、文學家更著意花費筆墨描繪對少年的愛，而不是對女性的愛。例如，在薩迪的《薔薇園》「論愛情」一篇裡，薩迪抒發的純粹是前者。甚至對希伯來人來說，這一惡習也不是聞所未聞的，因爲《聖經》提到這一惡習是要受到懲罰的。最後，在基督教時期的歐洲，宗教、法律和公眾言論不得不盡全力對抗這種行爲。在中世紀，這種行爲無論在哪裡都要遭受死刑；在法國，到了十六世紀仍要被處以火刑；而在英國，甚至在這世紀的前三分之一時間裡，這種行爲仍然招致毫不留情的極刑，現在的處罰則是終身流放。爲遏制這一惡習，人們不得不採取強硬的措施。雖然這些措施在很大程度上取得了成功，但一點也不曾把這一惡習連根鏟除。相反，這一惡習披著極其祕密的面紗，無論何時何地，都躡手躡腳地混跡於各個國家和各個民族中，並經常在人們最意想不到的地方突然暴露出來。甚至在這之前的世紀，儘管有那極刑處罰，情況仍然沒有兩樣。出自那些時候的作品對這種行爲的提及和暗示就是這方面的明證。如果我們想到所有這些，並認眞地考慮一番，我們就會發現在各個時期各個國家都有這樣的雞姦行爲，其出現的方式與我們在開始時所認爲的有很大不同——在剛開始時，我們只是考察這事情本身，即先驗地看待這種行爲。也就是說，這種行爲是那樣的普遍、根深蒂固和難以消除，證明了這種行爲就是以某種方式發自人的本性自身，也只有這樣的原因才會導致這種行爲時時處處不可避免地出現。這也證明了：

天性被叉子趕跑，
但它仍然會折回頭。

所以，這一結論是我們絕對無法回避的，如果我們正直、誠實地探討這一問題的話。對這些事實視而不見，對這種行爲鞭撻一番，然後就把它打發了事——這種做法固然容易，但不是我處理難題的方式。我會忠於自己與生俱來的天職，處處探索眞理，對每樣事情都窮究到底；在這一問題上也不例外。首先，我承認這出現的和有待解釋的現象，以及從這一現象中不可避免地得出的結論。這種從根本上違反大自然，並的確與大自然最重要和最關注的目的背道而馳的行爲，竟然出自大自然本身——這樣的怪論如此聞所未聞，要對此解釋是一個相當棘手的難題。儘管如此，現在我就揭開作爲這一現象基礎的大自然祕密，以解答這一難題。

我首先要利用亞里士多德的《政治學》（七，十六）中的一段話作爲解答這一難題的出發點。在那段話裡，亞里士多德首先向我們這樣解釋：年紀太輕的人會生下劣質、衰弱、矮小、帶缺陷的孩子；此外，年紀太老的人生下的孩子也是同樣的情況。因爲年紀太大或者太小的父母所生下的孩子，無論在身體方面還是在精神思想方面都欠缺完美，而老年人生下的都是多病、懦弱的人。斯托拜烏斯在表述逍遙學派哲學（《文選．倫理學》，第二部，第七章結尾）的結尾處認爲，亞里士多德在此陳述的、個別少數人應遵守的規則應被制定爲社會的法律：爲了得到身體強壯、完美的人，那些年紀太輕或者太老的人不宜結婚，因爲這兩個年齡段的人只會生下有欠完美的後代，到最後，生下的都只是衰弱的人。所以，亞里士多德規定，一個到了五十四歲年紀的男人，雖然由於健康或者其他緣故，仍能繼續與女子同床，但卻不應該再有小孩子了。至於這件事情如何實施、完成，亞里士多德沒有細說，但他的意思明顯是這兩種年紀的父母懷上的小孩應該採用墮胎的方式處理掉，因爲亞里士多德只在這之前用了短短幾行文字推薦了這一方式。大自然既無法否認構成了亞里士多德這一原則基礎的

1363　1364

事實，也無法把它們消除。這是因爲大自然遵循自己的這一原則：大自然不會跳躍發展，不會讓一個男人突然停止分泌精子，而是在此也一如在其他方面的衰退、死亡，首先必須有一逐漸的衰敗過程。但在這一衰敗過程中的生殖，會把衰弱、呆滯、多病和短命的人帶到這世上。事實上，這種事情發生得也太多了，高齡父母生下的孩子通常年紀輕輕就夭折了，起碼不會活到高齡。他們或多或少都是體質孱弱多病，而由這些人生下的後代也是相似的體質。在還沒有成熟的年齡生下的小孩也遭遇同樣的情形。對於大自然，沒有什麼比維持和保存種屬及其眞正的典型更重要的事情了。體質強壯、精力旺盛的個體是實現這一目的的手段；大自然唯獨鍾情於這些個體。確實，大自然歸根到底只把個體視爲一種手段而已，只有種屬才是她的目的（正如我在第四十一章所表明的）。據此，我們在此看到大自然由於自身的法則和目的而陷入困境和尷尬之中。根據大自然的本質，她不可能依靠某一強行的和聽命於他人主觀意願的解決辦法，就像亞里士多德所暗示的那種；大自然同樣不可以寄望於人們從經驗中獲得教訓，認識到年紀太輕或者太老進行生殖會帶來多種不利，在一番冷靜和理性的思考以後，相應地控制住自己的慾望。所以在如此重大的問題上，大自然不會冒險使用這兩種方法。現在，除了兩害相權取其輕，大自然別無其他選擇了。要達到這一目的，大自然只有爲了自己的利益採用她最喜愛的手段——本能。正如我已經在「性愛的形上學」一章中說明的，本能在各個方面指引著生殖這樣一件重要的事情；在這過程中，炮製了如此奇特的幻想、假象。但在此，大自然只能採用誤導本能的方式。也就是說，大自然只知道物質、身體方面而不是道德方面的事情。事實上，大自然和道德是明確相互矛盾的。大自然的唯一目標就是最完美地保存個體，尤其是種屬。雖然雞姦行爲對於那些受到誘惑進行這些活動的年輕人構成身體上的損害，但這種損害還不至於不是兩害之中的更輕者。大自然因而選擇了這種禍害，目的就是避免種屬退化、變質這一大得多的禍害；這樣，那持久的和不斷惡化的不幸也就早早地避免了。

由於大自然行事小心謹愼的原因，雞姦的傾向一般和大約在亞里士多德所說的年齡慢慢地和悄無聲息地出現了。這一傾向隨著生產強壯小孩能力的下降而變得越來越明顯和堅決。這就是大自然的安排。不過，値得注意的是，從最初出現這一傾向到最後演變成惡習，中間仍有一段相當長的距離。當然，如果制止這一傾向的話——就像古希臘和羅馬，或者各個時期的亞洲那樣——它會經由榜樣的鼓勵作用輕易變成惡習，結果這一惡習廣泛流行。在歐洲，這種行爲受到宗教、道德、法律、榮譽等如此強大的動因的抗衡，幾乎每一個人都會止步於這種行爲的念頭；我們可以相應假定在三百個感覺到這一傾向的人中，至多只有一人會軟弱和瘋狂至屈服於這一傾向，尤其如果這一傾向只在人的老年才出現——到了這個時候，人的血液已經冷卻了，性慾一般來說也已消退了。在另一方面，這一傾向碰上了眾多對手的阻擊，包括成熟的理性、從人生經驗中獲得的審愼態度、經多方鍛鍊的堅定和頑強等。這樣，也只有本性本來就不健全的人才會最終屈服於這一傾向。

與此同時，因爲這一傾向意味著對女人不感興趣，所以，大自然透過人們的這一傾向而達成了她的目的；而這種對女性的無動於衷越發有增無減，然後發展成對女性的不喜歡，到最後則變成了某種反感和厭惡。男人的生殖能力越衰退，這種非自然的傾向越明確，那大自然就越穩當地達到其眞正的目的。與此相應，我們發現雞姦行爲一般都是上年紀男人的惡習。只有把事情弄成了公開醜聞的人才會被人們發現。對正當中年的人來說，這種行爲是陌生的、奇怪的，甚至是不可理解的。如果出現例外的情形，那我想這是人身上的生殖能力偶然和過早地退化和變質所致，而這種退化和變質的生殖能力只能產生糟糕的後代。爲避免產生糟糕的後代，大自然把這種性慾引向別的方向。所以，在大城市，那遺憾地並非很少見的年輕同性戀者總是向老者暗示和挑逗，而不會向身強力壯的人或者年輕人下手。在希臘，或許由於風俗和榜樣的作用，時而會出現這一規律之外的情形，但我們仍然可以看到作家特別是哲學家，尤其是柏拉圖和亞里士多德，把嗜好此道的人明確表現爲上了年紀的人。在這一方面，摘自普魯塔克的《愛慾論辯錄》第五章的一段話特別值得我們注意：對少年之愛不合時宜地出現在生命的黃金期過去以後，那顯現爲一種不眞的和陰暗的愛意，驅走了人眞正的和原初的愛情。甚至在神靈中，我們也發現有男性情人的只是老一輩的神靈，像宙斯、大力神海格立斯，而不是戰神瑪爾斯、太陽神阿波羅、酒神巴克斯，或者商業神墨丘利。同時，在東方，由於多妻制的原因，女性比較缺乏，有時也會強行引致上述規律之外的情形。這些例外情形也出現在新建立起來的、因此沒有女人的殖民地，例如，加利福尼亞等。與此相符的還有不成熟的精子和由於上了年紀而衰敗的精子一樣，只能產生衰弱、劣質和不幸的子女，所以，像上了年紀的人那樣，少年人中也有這種色情性質的喜好，但這種喜好很少眞的發展爲生活中的惡習，因爲這種傾向，除了上文已講過的動機以外，青少年的清白、純潔、認眞和靦腆也都會制約這一傾向的發展。

從上述闡述得出這樣的結果：這裡所考察的惡習表面上看似乎阻礙著大自然的目的，甚至在大自然至爲關心、事關重大的問題上與大自然的旨意背道而馳，但事實上，這惡習恰恰爲大自然的目的服務，雖然那只是採用間接的手段以避免更大的禍害。也就是說，這是衰退了的和還沒成熟的生殖力的一種不尋常現象，這樣的生殖力對種屬構成了危險。雖然從道德的理由出發，這兩種生殖能力理應停止發揮作用，但道德理由是不可以依賴的，因爲大自然在活動中，一般都不會考慮到眞正道德的東西。所以，由於自身法則所使然，迫於無奈的大自然也就把誤導本能作爲權宜之計，其目的正如上文所解釋的，避免兩禍之中的更大者。也就是說，大自然盯著更重要的目標，即防止糟糕、不幸的後代，以免其逐漸讓整個種屬墮落和變質；而在這方面，正如我們已經看到的，大自然可是不擇手段的。在這裡，一如在第二十七章所引的黃蜂受本能驅使叮死自己幼蟲的例子，大自然秉承著同一種精神。因爲在這兩種情形裡，大自然選擇了糟糕的辦法，目的就是避免出現更糟糕的情形；她誤導了性慾，目的是避免這種性慾所帶來的後果。

我闡述這些的目的首先是解答上面所提出的異乎尋常的難題；然後也證實了我在「性愛的形上學」一章中所闡明的這一學說：在所有的性愛裡，本能引導著我們和製造幻象，因爲對大自然來說，種屬的利益是先於任何其他利益的。這一點也適用於我們現在討論的這種令人厭惡的性慾倒錯和退化，因爲即使在此，作爲最終的根據，種屬的目的就是結果——雖然在這種情形裡，這些目的只是否定性質的，因爲大自然在這裡進行的是預防性的運作。所以，這些考察有助於闡明我關於性愛的總體的形上學。總的來說，透過這些闡述，一個在此之前被掩藏了的眞相也就暴露出來了：不管其有多少奇特之處，這眞相仍把新的光亮投向大自然的內在本質、精神和行事。所以，在此並不是要對這一惡習發出道德警告，而是要更好地理解這種事情的本質。此外，抵制這種行爲眞正的、最終的和深層的形而上的理由，就是生存意欲在這種行爲中肯定自己的時候，這種肯定的結果卻是被完全阻止了，而這結果本來是爲人的解救、爲生命的更新敞開道路的。最後，透過闡述這些貌似悖論的思想，我想爲哲學教授們做點善事。他們看到我那被他們小心翼翼掩藏起來的哲學越來越爲人所知而方寸大亂，所以，現在我就授他們以話柄，中傷我爲雞姦爲辯護，並推薦這種行爲。

第四十五章　論肯定生存意欲⓯

如果生存意欲只是表現爲自我保存的本能和衝動，這肯定了在其自然持續的時間段裡的個體現象。這樣一種生存不會有多大的辛勞，因此，這樣的存在將是輕鬆和快活的。但正因爲意欲是絕對地和永恆地渴求生存，所以，意欲同時也就表現爲性慾，盯著的目標是生命的代代無盡相傳。這一性慾本能把一個單純的個體存在才會有的快樂、無憂、無邪一掃而光，因爲這種性慾本能把不安和憂鬱帶進意識，把不幸、擔心和困頓引入生活的進程。而一旦人們自願抑制這種本能，就像我們偶爾所看到的一些例外情形那樣，意欲掉轉了方向，有違初衷。這樣的話，這性慾本能就會消融於個體，而不會走向個體之外。但這種事情只有經過個體自我強力地克制痛苦才可能發生。但如果眞發生這樣的事情，那種單純個體存在的無憂和快樂就重回意識之中，其能量甚至還得到了提升。相比之下，與滿足所有欲求和願望中的最強烈者連在一起的，是一個新的生存的起源，也就是重新一次展開生命及其所有重負、困頓、煩惱和痛苦。雖然這發生在另一個個體身上，但是，如果這兩個在現象上不同的個體，也是絕對的和就自身而言是不同的，那永恆正義又何在呢？生活就呈現爲一項任務、某一必須完成的工作份額，所以，一般來說，生活呈現爲一場持續的與匱乏、困頓的戰鬥。據此，每一個體都想

⓯ 本章與第一卷 §60 相關。

得過且過，盡其所能地渡過難關。生活就像是背負罪責者一定要完成的苦役似的。但是誰招來了這一罪責？是這人的生育者在其享受性慾之時。也就是說，因爲一個人享受了性慾的快感，所以，另一個人就得生活、受苦和死亡。與此同時，我們都知道和記得，同類之間的差別是以時間和空間爲條件的——我把這一事實在這一意義上名爲個體化原理。否則，永恆正義就不可救藥了。正因爲生育者在生育的後代身上重又認出了自身，才有了父愛；由於這父愛，父親就甘願更多地爲了孩子而不是自己去做事、受苦和冒險，並把這視爲應盡的義務或還債。

人的一生及其無休止的辛勞、困頓和苦難，可被視爲對性行爲，亦即對明確肯定生存意欲的說明和解釋。也正因爲這樣肯定生存意欲，人就欠了大自然一份死亡債務；一想到這債務，人就惶恐不安。這難道不就證明了我們的存在本身包含了欠債？但當然，在週期性的清償稅費、出生和死亡之下，我們始終存在著，相繼地品嘗著生活的所有苦與樂而不會漏掉任何東西：這恰恰是肯定生存意欲所結出的果子。所以，就此而言，那對死亡的恐懼根本是虛幻的——這一對死亡的恐懼讓我們深陷生活當中無法自拔，儘管生活充滿種種痛苦、折磨。但那把我們引誘進入生存的性慾本能也同樣地虛幻。這一引誘本身可以從兩個戀人之間互投的渴望眼神中客觀地看出來，這就是生存意欲肯定自身的最純淨的表達。生存意欲在此是多麼的溫柔！它渴望得到幸福，安靜地享受和溫柔地快樂，爲自己、爲別人、爲所有人。這些是阿那克里安歌詠的主題。生存意欲就是如此誘惑和逢迎自己進入生活。可一旦進入了生活，煩惱、折磨就導致了罪孽，而罪孽又導致了煩惱和折磨。那場景盡是恐怖和蒼涼。這些是埃斯庫羅斯的主題。

但是，這讓意欲得以肯定自身，讓人得以生成的性行爲，卻是所有人在內心深處都爲之感到羞恥的，因此是人們要小心翼翼隱藏起來的。事實上，這些行爲被別人發現和撞著，所引起的驚慌猶如在犯罪時被別人逮住一樣。在我們冷靜回想時，這些行爲通常會引起反感，在心境昇華之時則引起厭惡。蒙田在《隨筆集》第三部第五章爲我們提供了對性行爲在這一意義上更深入的討論。蒙田在書頁邊上的注釋對此冠以**這就是**愛情的題目。某種奇特的憂傷和懊悔會在這性行爲完成以後尾隨而至，這在第一次完成這性行爲以後感覺至爲明顯，但總的說來，一個人的本性越高貴，那這感覺就越清晰。所以，甚至異教徒老普林尼也說了：**只有人才會在初次交媾以後感到懊悔。這一點確實挺能說明這一生活：人對自己的起源感到了懊悔**（《自然史》，X，八十三）。此外，在歌德的《浮士德》中，魔鬼和女妖在安息日做些什麼和唱些什麼？淫行和穢語。在同一部著作（《浮士德》精彩的補充篇）裡，那有血有肉的撒旦向聚集的人群宣揚些什麼？淫行和穢語，除此別無其他。但唯有持續進行這種性質的性行爲，人類才得以繼續存在。假如樂觀主義是對的，假如我們的存在是至善在大智慧的指導下給予我們的、需要我們謝領的禮物，因此就其自身而言是珍貴的、榮耀的和令人高興的，那延續這一生存的性行爲應該表現出完全另外一副樣子才對。相比之下，假如這一存在是某種失足或者某種誤入歧途所致，假如這一存在是本性盲目的意欲的作品，其至爲幸運的發展就是自身達致要消除自身的一步——假如是這樣，那延續這種生存的性行爲必然是它現在的這副樣子。

在涉及我的學說中的第一個基本眞理方面，在此值得一提的是，上面提及的對性事所感到的羞恥，甚至還擴展至爲性事服務的身體器官，雖然這些性器官與其他身體部位一樣都是與生俱來的。這再一次令人信服地證明：不僅人的行爲可被視爲人的**意**欲的外現、客體化，是意欲的作品，其實，人的身體就已經可作如是觀了。這是因爲對自己的意欲並沒有牽涉進去的事情或者事物，人是不會感到羞恥的。

此外，性行爲之於這一世界，猶如字詞之於字詞所表達的祕密。也就是說，這世界在空間上是寬廣的，在時間上是古老的，有著無窮無盡、多種多樣的形態。但所有這些只是生存意欲的現象而已，這生存意欲的集中和焦點就是性行爲。因此，透過性行爲，這一世界的內在本質就至爲清晰地表達出來了。在這方面還值得注意的是，性行爲本身在德文這一相當典型的俗語裡，乾脆就稱爲「意欲」（der Wille）：「他渴望她順從他的意欲或意願。」*因此，性行爲作爲意欲的最清晰的表達，就是這一世界的內核、精髓、總綱。所以，透過這性行爲，我們一窺這一世界的本質和驅力：這就是表達那謎的文字。據此，性行爲就被理解爲「知識之樹」名下的東西，因爲對此有了了解以後，每一個人都對生命睜開了眼睛，就像拜倫所說的：

> 知識之樹上的果子被摘下了——一切就都知道了。
>
> ——《唐璜》，I，一二八

與性行爲這一特性同樣吻合的是，性行爲是一個巨大的禁忌 *αρρητον*，是一個公開的祕密——這種事

---

* 原文是 er verlangte von ihr, sie sollte ihm zu Willen seyn。這一委婉說法的意思是他要那女子委身於他。——譯者注

情是我們無論何時無論何地都不可以清楚談論的，但無論何時無論何地，這種事情大家都不言自明地知道是最重要的事情，因此這種事情始終在每個人的思想裡。正因爲這樣，稍稍的一點暗示，大家馬上就能心領神會。性行爲及與之相關的東西在這世上所發揮的重要作用是與這世界巨蛋那關鍵之點的重要性完全相稱的，因爲不管在哪裡，一方面人們沉迷於情愛把戲，另一方面則預先認定了這樣的風流事情。讓人感到滑稽的只是對這一頭等大事，人們卻始終祕而不宣。

但看看吧，當人們那年輕、無邪的頭腦在初次了解到這世界的巨大祕密之時，是多麼的震驚！其中的理由是，原初並不具有認識力的意欲，需要經過漫長的發展路途才可達到智力的程度，尤其是達到人的、理性的智力這一級；在這漫長的過程中，意欲對自己都感到如此的陌生，以至不再知道自己的本原，那讓人懊悔的本原；現在，從純淨的因此無邪的認識力角度觀看，竟爲自己的所見感到了震驚。

既然意欲的焦點，亦即意欲的濃縮、集中和最高表達是性慾及其滿足，那麼，採用大自然象徵性的語言，可以很獨特地把這一事實直白地表達爲個體化的意欲，亦即人和動物都是通過性器官的門戶進入這一世界。

肯定生存意欲，其中心因此是性行爲，對動物來說是不可避免的。這是因爲意欲，這創造性的大自然，只是在人那裡才有了思考和回想。有了思考和回想意味著並不只是認識到個體意欲短暫瞬間的需求，並不只是應付現時此刻的迫切需要，就像動物依照其認識力的完美程度、其需求所做的那樣——而動物的認識力的完美程度和動物的需求是同步發展的。人卻得到了範圍廣泛得多的知識，而這是借助了人對過去的清楚回憶、對將來的大致預計，以及由此對個體的一生、對自己和他人的，甚至對總體的存在的多方面了解。每一動物種屬的生命，雖然歷經了成千上萬年的存在，但在某種程度上的確只像是某一短暫的瞬間，因爲牠們只意識到現時此刻，而不會對過去、將來和因此對死亡有所意識。在這一意義上，我們可把動物的存在視爲一個持久的瞬間，一個停頓的現在。順便一說，在此我們至爲清楚地看到，總的來說，生命或帶有意識的意欲現象，其形式首先和直接就只是現時此刻，只有到了人的級別，才添加了過去和未來，更確切地說，才只在概念裡，在抽象中認識過去和未來，充其量是以想像中的圖像說明的。因此，當生存意欲，亦即大自然的內在本質，永無休止地爭取完美的客體化和完美的享受以後，在歷經了動物的整個序列以後——而這經常是在這同一個星球，在那逐次隨時重新開始的動物序列之間的多個間隙——生存意欲最終在有了理性裝備的生物，在人那裡達致了思考、回想。這樣，對人來說，情形就開始變得讓人疑慮和憂心了，問題不由得升上腦際：所有這一切到底從何而來，目的又是什麼？並且最首要的，他一生中的辛勞和困頓到底是否值得？就像這句法語成語所說的，賭桌上贏來的錢還不夠蠟燭的費用呢。因此，在這也就到了一個點上：在清晰的認識力的映照下，他要就肯定生存意欲抑或否定生存意欲做出決定，雖然後一種情形，一般來說只是裹著一層神祕外衣進入他的意識之中。所以，我們沒有根據可以假設還存在著比人更高一級的意欲客體化現象，因爲到了人的級別，意欲的客體化已經抵達轉折點、拐角處了。

第四十六章 論生活的虛無和痛苦⑯

從沒有意識的黑夜中醒來而進入生命，意欲發現自身作爲一個個體，處於一個無邊無際的世界，是無數個體中的一員，這所有的個體都在奮鬥、受苦、忙亂；然後，就像做了一場嚇人的夢，他又匆匆返回到沒有意識中去——但在這之前，他的願望可是沒有止境的，他的要求層出不窮，每一個滿足了的願望又生出了新的願望。這世上並沒有什麼樣的滿足可以止息他的渴求，給他的追求設定一個最終目標和填滿他那無底洞一般的心。同時，我們看看在各種滿足方面，人們一般來說會得到些什麼，通常那不過是透過不停的操勞和持續的憂心、與匱乏和困境搏鬥，每天所勉強爭取到的微薄來維持這一存在本身，而前景就是死亡。生活中的一切都表明：塵世的幸福注定是落空的，或者終被看出就是幻象而已。個中的緣由深藏於事物的本質之中。與此相應，大多數人的一生到頭來都是悲傷和短暫的。相對比較幸福的人通常只是看上去如此而已，或者就像那些長壽者一樣是稀有的例外；達致這些的可能性必須保留著——作爲某種誘餌鳥。生活所展現的就是某種持續的欺騙，無論是在小的方面還是在大的方面。假如生活許下了諾言，那是不會信守的，除非展示那所渴望的東西是多麼不值得渴望。所以，誘騙我們的有時候是希望，有時候是所希望之物。假如生活給予了，那目的不過就是要

⑯ 本章與第一卷 §§56—59 相關。也可以與《附錄和補遺》第二卷 §11、§12 互相比較。

奪走。距離的魔力爲我們展現出了樂園，假如我們讓其愚弄的話，那就會像視覺之錯覺一樣地消失。與此相應，幸福始終是在將來，或者也在過去，而現在可比之於一小塊烏雲被風吹到了陽光照射著的平原：在這前面或後面，一切都是明亮的，只有這烏雲本身才始終投下陰影。所以，現在總是有不足的，將來卻是不確切的，過去則是一去不復返了。生活及其年年、月月、天天、時時都有大的、中的、小的討厭之事及其成了泡影的希望和讓一切計畫都失算了的變故，是如此清楚地帶著某種印記，某種讓我們敗興的東西，以至讓人很難理解：爲何我們就看不出這一點，讓自己聽信生活就是要讓人感恩享受的，人就是爲了過得幸福才存在的。但那持續不斷的假象和幻滅，以及生活那一貫的特性，表現出來的更像是故意和計畫好了要喚醒我們確信這一點：根本沒有什麼是值得我們追求、爭取和奮鬥的；一切善良、美好的東西都會化爲虛無，這世界無論哪一方面都是失敗的，生活就是一樁虧本的買賣——而所有這些就是要讓我們的意欲背棄這一切。

意欲的所有對象物的這一**虛無性**，讓在個體中扎根的智力明白和理解的方式，首先是**時間**。時間是一種形式——透過這一形式，事物的虛無性顯現爲事物的曇花一現，而由於這種短暫性，我們所有的享受和歡樂都在我們的手下化爲虛無，我們在之後忍不住驚奇地發問：那些享受和歡樂到底還在哪裡。那種虛無性本身因此是時間的唯一客觀成分，亦即在事物的自在本質中與之相應的東西，因而是它所表達的東西。也恰恰因爲這樣，時間是我們所有**直觀**的先驗必然的形式：所有的一切，甚至我們自身都在時間上表現出來。所以，我們的**一生**首先猶如我們得到的付款：人們只是以銅子支付，到時候就必須簽下收條；銅子就是日子，收條則是死亡。這是因爲到最後，對在時間上顯現的一切存在物的價值，時間會宣告大自然的判決，因爲時間毀滅了它們：

那是合理的：因為所有產生的東西，
都值得毀滅。
所以，什麼都不曾產生才更好。

所以，每一個生命都必然奔向老年和死亡，這是出自大自然之手的對生存意欲的詛咒判決——它表明這一意欲是某種必然自我挫敗的追求。「你曾願望過的，」它說：「就是這樣的結束。你就願望一些更好的吧。」因此，每個人的一生所給予的教訓，在總體上就是他所願望的東西永遠是騙人的、搖擺不定的和隨時倒塌的，因此，帶來的是煩惱、折磨甚於歡樂，直至最終這一切所依賴的整個基礎坍塌了，因爲他的生命本身遭受毀滅了，他也就得到了最後的證實：他的所有的爭取和渴求都是錯誤、迷途的：

老齡和經歷聯起手來，
把他引向死亡，讓他明白，
如此痛苦和漫長的探索以後，
他這整個一輩子都是錯的。

但我們想更專門地探究這事情，因爲正是在這方面的觀點，我遭遇最多的反對。首先，我要在下文強調和證實我在第一卷已經指出的這一觀點：所有的滿足都是否定的性質，相比之下，苦痛卻具有肯定的特性。

我們會感覺到苦痛，但感覺不到沒有苦痛的狀態；我們感覺到憂慮，但感覺不到沒有憂慮的狀態。我們感覺到願望，正如我們感覺到飢和渴，一旦這飢或渴得到了滿足，那就像被我們吃掉的一小口食物一樣：這食物在我們咽下的瞬間，就不再被我們感覺到了。享受和愉快一旦沒有了，我們就會痛感失去了它們；一旦沒有了苦痛——哪怕這苦痛存在已久——我們也不會直接感覺到那些苦痛的缺席，而頂多是有目的地、透過回想才想起它們。這是因爲只有苦痛和匱乏才會被肯定和實在地感覺到，並因此宣示出來。相比之下，舒適的感覺卻只是否定的。因此，對那人生的三大好處，健康、年輕和自由，我們並不會察覺到是如此的大好處——只要我們擁有這些的話。只有在我們失去了這些好處以後，我們才會意識到它們，因爲這些好處也是否定性的。隨著享受的增加，享受的感覺就相應地減少：習慣了的享受就不再感覺是享受了。但也恰恰以此方式，對痛苦的敏感性增加了，因爲習慣了的享受一旦消失馬上就會痛苦地感受到。所以，由於占有，必需品的範圍和因此對苦痛的感受就增加了。越是舒服，時間走得就越快；越是痛苦地度過，時間走得就越慢。這是因爲是苦痛而不是快樂，才是肯定的和實在的，其存在也才會被感覺到。同樣，在無聊的時候，我們才會意識到時間，但在娛樂的時候卻不會。這兩種情形都證明了：我們的存在在最幸福的時候，就是當我們越少感覺到這存在之時；由此得出的結論是沒有這一存在會更好。巨大的和強烈的歡樂絕對只能想像爲經歷了巨大的、已經過去了的匱乏和困境的結果，因爲在有了持久的滿意狀態以後，就無法再添加些什麼了——除了點點的消遣或者對虛榮心的滿足以外。這就是爲什麼所有的文學家都有必要把主人公置身於可怕的和痛苦的處境，目的是讓其從中得到解脫：據此，戲劇和史詩無一例外地只描寫在戰鬥中的、受苦受折磨的人，而每一部長篇小說都是某一西洋鏡：從中可看到焦慮、不安的人心那種抽搐和掙扎。關於這種美學上的必要性，**華特·史考特**在《修墓老人》的結尾處有很直白的描述。**伏爾泰**得到了大自然和好運的眷顧，但他也說出了與我這證明了的眞理完全吻合的話：**幸福就是幻夢而已，痛苦卻是眞實的；並且補充說：我對此已有八十年的體會。我除了接受這一事實，並對自己這樣說以外，不曉得還能做些什麼其他的：蒼蠅生下來就是要被蜘蛛吃的，人生下來就是要受苦受難的**。

在人們如此自信地說出生活就是一種讓人羨慕的或讓人感恩的好處之前，先冷靜地比較一下一個人在其一生中只是有可能享受到的歡樂總和，與這個人在其一生中只是有可能遭受的苦痛的總和吧。我相信，平衡是不難取得的。但從根本上，爭論在這世界上到底是好的東西多還是壞的東西多是完全多餘的，因爲那壞東西的存在已經定奪了這樁事情，因爲那壞的東西是永遠不會被與之同時存在或者之後存在的好東西消除的，因此將是無法抵消的：

千椿快事也不及一椿折磨。

——佩脫拉克

這是因爲一千個人活在了幸福和快樂之中，也的確永遠消除不了一個人的恐懼和死亡煎熬，同樣，我現在的快樂也不會使早年所受的苦就像沒有發生過一樣。因此，假如壞事在這世界比事實上的減少了百倍，那壞事的存在仍舊足夠奠定這樣一個眞理——這眞理可以用不同的但始終以間接的方式表達：我們對這世界的存在並沒有什麼可高興的，相反，我們有的是悲傷；不存在要優於存在；這存在是某種從根本上不應該有的東西，等等。拜倫對這事情的表達尤其優美：

我們的生活有某種虛假的特性，
那與事物並不和諧一致，這嚴酷的天意，
這無法去掉的罪孽的汙點，
這一無邊的毒樹，摧毀著一切
其根子就是這地球，其葉子和樹枝
就是天空，把那禍害和災難就像露水一樣灑落人間
疾病、死亡、束縛——所有我們眼見的悲哀苦惱
還有更壞的、我們看不到的哀苦——那顫動
無藥可救的靈魂，伴隨著花樣翻新的頭痛。

假如這世界和生活本身就是目的，並因此在理論上不需理由，在實際上不需賠償和補救，而是正如斯賓諾莎和今天的斯賓諾莎主義者所說的那樣，就是某一上帝的唯一顯現，並且是爲了好玩，或者爲了映照出自身而進行這樣的自身進化，因此，其存在既用不著透過根據以合理化，也不需透過結果而救贖——假如眞的是這樣，那生活中的痛苦和折磨就根本不必透過生活中的享受和舒適以得到完全的補償，因爲正如我說過的，這是不可能的，原因是我現在所受的苦痛永遠不會因爲將來的快樂而消除，因爲將來的快樂有其時間，正如現在的苦痛也有其時間一樣；生活就應該是完全沒有痛苦的，也

不會有死亡或者對我們而言任何可怕的東西。只有這樣，生活才是自我抵償的。

但正因爲我們的處境，更準確地說，是某種有不如無的東西，所以，圍繞我們的一切就都帶著有不如無的痕跡，正如在地獄裡所有的一切都嗅著硫黃的味道。每樣東西都始終是不完美的和虛假、騙人的，令人高興的東西都摻進了讓人不快的成分，每一享受都只有一半而已，每一件消遣樂事都有其煩擾，每一次輕鬆都帶來新的負擔，爲我們在每一天和每一時解困的每一手段隨時都會拒絕服務、棄我們於困境而不顧，我們所踏上的階梯是那樣習以爲常地在我們腳下碎裂，那大大小小的事故的確是我們生活的組成部分，而我們，一句話，則酷似菲紐斯，所有的食物都被人首鳥哈耳庇埃弄髒，無法享用。⑰ 對此要用上兩種手段：第一是 *ευλαβεια*，亦即精明、謹愼和狡猾，這是學無止境的，也並不足夠，到頭來一切都化爲泡影。第二是斯多噶式的沉著、鎮定，想要透過萬全的準備和蔑視一切的態度來化解每一個變故，實際上，這會變成犬儒主義式的放棄和斷念，即寧願一勞永逸地拋開一切救濟手段和舒心方便。那會讓我們變得與狗無異，就像住在木桶裡的第歐根尼。這眞理是我們理應是悲慘的和可憐的，並且也確實如此。人所遭遇的最重大禍害，其首要根源就是人的自身：**人之於他人就是狼**。誰要是謹記這後一個眞理，就會看到這世界是一個地獄，比但丁的地獄更甚，因爲在這世界一個人必然是另一個人的魔鬼；當然了，對這一角色，一個人會比另一個人更加地合適，而這方面最厲害的倒是那魔鬼之首。這魔鬼之首以征服者的姿態出現，要那數十萬的人彼此面對，然後喊道：「受苦和死亡就是你們的命運：現在你們就彼此開槍開炮吧！」而他們就這樣做了。但總的來說，非義、

⑰ 我們抓住的所有東西都抗拒我們，因為它們都有自己的、我們必須克服的意欲。

極度的不公、鐵石心腸，甚至殘忍等字眼都可以形容人與人之間的行爲方式，與此相反的行爲則只是例外。國家和立法的必要性就是基於這一點，而不是基於你們的可笑的念頭。在所有並不在法律範圍之內的情形裡，人馬上就展現出人所獨有的絲毫不會顧忌同類的心，而這源自無邊的自私和自我，間或也源自惡性。人和人是如何打交道的，例如奴役黑人就展示了出來，而這些奴役的最終目的是糖和咖啡。但我們不需舉那麼遠的例子：那些在五歲的年紀就進入紗線廠或者其他工廠的人，從此就開始每天十個小時，然後是十二個小時，最後是十五個小時地坐在那裡做著同樣機械性的工作——這可被稱爲以高昂的代價購買呼吸的樂趣。但這可是數以百萬計的人的命運，而許多其他百萬人的命運也與此差不多。

對於我們其他人，小小的變故可以搞得我們很不幸福；讓我們很幸福的事情，在這世界上卻是沒有的。不管人們怎麼說，幸福之人最幸福的一刻卻是睡著之時，正如不幸之人最不幸的一刻就是醒來之時。證明人們感覺不幸福，因此也就是不幸福的一個間接的但卻是確切的證據，就是那太多的、每個人都有的強烈的嫉妒。在所有的生活情形裡，見到別人的每一個優點或好處，不管其性質和種類爲何，嫉妒就會被刺激起來，忍不住就要噴出毒汁。因爲人們感覺不幸福，所以，在看到他們誤認爲是幸福之人時就無法容忍，而誰要是暫時感覺到幸福的話，就會馬上想讓周圍的所有人也都高興起來，並說道，

就讓這裡的所有人因我的歡樂而幸福吧！

假如生活本身就是一樣有價值的東西，肯定優於非存在，那出口之門就不需由恐怖死亡般可怕的衛兵把守。但誰又願意在這樣的生活裡堅持下去——假如死亡並不是那麼的可怕？誰又可能忍受哪怕只是死亡的念頭——假如生活眞的就是歡樂！但死亡始終有終結生命的好處，我們也就能以死亡來安慰生活中的苦痛，以生活中的苦痛來安慰死亡。眞相是這兩者不可分割地結合在一起，因爲這兩者構成了某種錯亂，由此錯亂中折回既是困難的，也是值得追求的。

假如這世界不是某種實際上本不應存在的東西，那它也就不會是理論上的一個難題，其存在要麼不需要任何解釋，因爲這世界是如此完全的不言自明，以致不會在任何人的頭腦裡生出對這世界的驚訝和疑問；要麼這世界的目的清楚無誤地展現出來。但這世界可不是這個樣子，甚至無法解決的難題，因爲就算是最完美的哲學也仍然始終包含著某一未解的成分，就像某樣無法分解的沉澱物，或者像兩個數值之間的無理數關係所留下的餘數。因此，假如有人膽敢拋出這一問題：爲什麼不寧可什麼都不是也不要這一世界，那這世界是無法以自己本身申辯的，無法在這世界本身找到其存在的理據、最終的原因，無法指出這世界是由於其自身的緣故，亦即會因對己有好處而存在。按照我的理論，對此的解釋當然是：這世界存在的本原是明確沒有理由的，也就是盲目的生存意欲；這生存意欲作爲自在之物，是不會受制於根據律的，因爲根據律只是現象的形式，也唯一只有透過根據律才能爲每一個爲什麼給出理由。這也與這世界的性質和狀況相符，因爲只有某一盲目、瞎眼的意欲才會讓自己置身於我們所看到的我們的處境。某一能見東西的意欲很快就估算出這是一樁虧本的買賣，因爲這樣強力地爭取和追求，竭盡全力，始終處於憂心、害怕和匱乏之中，每一個個體生命都無法避免那毀滅，而在這如此爭取得來的、曇花一現的、在我們的手裡將會化爲烏有的存在本身，卻找不到任何補償。

因此，以阿那克薩哥拉的 *νους*，亦即以受認知指引的意志來解釋這一世界的話，那爲了粉飾的目的必然需要樂觀主義；然後，儘管充滿悲慘的世界大聲呼喊著證詞，樂觀主義還是被提了出來和得到辯護。這樣，生活被假扮爲一個禮物，而與此同時，非常清楚的是每一個人，如果他可以預先察看和檢驗一下這個禮物，就會說：「謝謝，但不必了！」就正如萊辛驚嘆其兒子的智力，因爲他兒子完全不想來到這一世界，是人們用產鉗把他強行夾出來的；但甫一來到這世上，就又匆忙離開了。對此，可能有人反駁說：生活從一端走到另一端，本來只是上了一課。但對此說法，每個人都可以這樣回應：「我正是因爲這樣才寧願留在安靜、自足的虛無裡面，因爲在那裡，我既不需要上課，也用不著做其他事情。」但人們還可以補充，假如他將來要解釋自己生命中的每個小時的話，那他更有理由先解釋爲何他從原先那寧靜中被帶到了這個如此糟糕、黑暗、不安和痛苦的境地。這是錯誤的基本觀點所引往的方向。這是因爲人的存在，遠遠不帶有一種禮物的特性，而是完全澈底具有某種欠債的特徵。而對這債務的催索就具體表現爲由此存在所確定下來的迫切需求、折磨人的願望和沒完沒了的匱乏。一般來說，整個一輩子的時間都花在了償還這一債務，但這償還的僅僅是利息。連本帶息就經由死亡而償還。那是什麼時候欠下這一債務的？就在生殖之時。

據此，如果我們把人視爲這樣一種生物：其存在就是懲罰和救贖，那我們就會在更加準確的光線下看待這人。因犯罪而從天堂墮落的神話（雖然這神話猶如整個猶太教一樣，很可能是從阿維斯陀古經借來的：瑣羅亞斯德教的《創世記》，十五）是《舊約》中唯一的一處地方，讓我可以認爲有某一形而上的、雖說只是寓言式的眞理，這也的確是唯一讓我與《舊約》取得和解之處。也就是說，沒有什麼比走錯一步和犯罪欲望所招致的結果與我們的存在更相似的了。《新約》基督教的倫理精神也就是婆羅門教和佛教的倫理精神，因此，對《舊約》其餘的樂觀部分而言是相當陌生的。《新約》基督教至為聰明地馬上與那原罪神話聯繫起來。的確，要不是這樣的話，那《新約》基督教就在猶太教中找不到任何支點和起點了。想要測量一下我們的存在本身所帶有的罪責，那就看一看與我們的存在相連的苦痛吧。每一巨大的苦痛，不管是肉體上的還是精神上的，都表示了我們理應得到些什麼，因為這苦痛是不會降臨到我們頭上的——假如這不是我們應該得到的話。至於基督教是這樣認為我們的存在，從路德的《加拉太書注釋》第三章中的一段話可以證明。我們所有人，連帶我們的肉體和我們的東西，都是受制於魔鬼的，都是這世界上的生人、異客，而魔鬼則是世界的君王和上帝。這就是為什麼所有的一切都在魔鬼的統治之下，我們所吃的麵包、我們所喝的飲料、我們所穿的衣服，甚至我們的肉身賴以生存的空氣及一切。人們對我的哲學中的憂鬱和讓人沮喪的成分大呼小叫，這只是因為我並沒有編造說：對應所犯的罪孽就是將來投進地獄，而是指出了在這世界上，在那罪孽之所在，已經有了某些地獄般的東西。誰要想否認這一點，可以很容易地親自體驗一下。

而這個世界，這個受折磨和擔驚受怕的生物的活動場，不過就是一個生物吃掉另一個生物而已，因此，在這世界上，每一個捕食動物就是一千個其他動物的活墳墓，維持自身就意味著一連串動物受折磨致死；在這世界上，對苦痛的感受能力隨著認知而增長，所以，到了人那裡，這感受能力達到了最高級，並且人的智力越高，這感受能力就越高。就是這樣一個世界，人們竟想要把樂觀主義硬套上去，並硬要向我們證明這世界是可能中的最好者。這種荒謬是聞所未聞的。與此同時，一個樂觀主義者叫我睜開眼睛看看這個世界，它是多麼的美麗，就在陽光下，那些高山、森林、河流、花草、動物，等等。這難道就是西洋鏡？在觀看的時候，這些事物當然都是美麗的，但在存在時，可就完全不一樣了。然後，又來了一個目的論者向我稱頌那智慧的設置——得益於這精心的安排，那些行星就不會互相迎頭相撞，陸地和大海就不會混在一起成了一團漿，而是很漂亮地彼此分開，所有的一切也都既不是在永恆的嚴寒中凍僵，也不會被酷熱烘烤；同樣，由於黃道的歪斜，就沒有了永遠的春天，而在這永遠的春天裡，沒有什麼東西是可以達致成熟的，等等。但所有這些類似的東西，都的確只是不可缺少的條件而已。也就是說，假如眞的要產生一個世界的話，假如它的行星至少堅持存在長一些時間，即一個遙遠的恆星的光線要抵達它們所需的時間，而不是像萊辛的兒子那樣甫一出生就又啟程離開了，那這世界當然不至於製作得如此笨拙，以致基本框架面臨著倒塌的危險。但如果我們進而檢視那受讚頌作品的成果，審視那在製作得如此持久耐用的舞臺上活動的演員；然後看到苦痛是如何與感覺能力一道出現的，並隨著那感覺能力發展爲智力而在同等程度上提升；然後，與智力同步，貪婪和苦難是如何越發強烈和突出的，直至最終人生除了爲悲劇和喜劇提供素材，再別無其他——如果是這樣，那誰要是不虛偽的話，就都很難會有放聲歌唱「哈利路亞」的意思。這歌唱「哈利路亞」眞正的但卻隱瞞的起源，是由大衛·休謨在《宗教的自然歷史》第六、七、八和十三部分無情地揭露出來的。那可是無懈可擊的眞理。休謨也在《關於自然宗教的對話》第十和十一部分中不加掩飾地、以相當有力的，但卻與我的完全不一樣的論據展示了這一世界的悲慘狀況和一切樂觀論都是站不住腳的。與此同時，休謨一併抨擊了樂觀論及其起源。休謨的這兩部著作是如此值得一讀，但在今天的德國卻如此不爲人知。在德國，另一方面，愛國的民眾卻讓人難以置信地滿足於閱讀本國的那些自高自大的平庸之人所寫的極其噁心的胡說八道，並把那些作者聲嘶力竭地奉爲偉大的人物。但休謨的《關於自然宗教的對話》由哈曼翻譯了，康德也審閱過譯文，在晚年時還想鼓動哈曼的兒子編輯出版這本書，因爲康德對普拉特納的譯本並不滿意（見F·W·舒伯特寫的《康德傳記》，第八十一和一六五頁）。從大衛·休謨書中的每一頁所學到的東西，比從黑格爾、赫爾伯特和施萊爾馬赫所有的哲學著作加在一起還要多。

而系統的樂觀主義的奠基人卻是萊布尼茲，他對哲學的貢獻我無意否定，雖然我始終無法眞正成功設想初始單子論、預定的和諧、無法區分的事物的同一性。他的《人類理智新論》只是一些摘錄，裡面有對洛克那理所當然是世界聞名的著作詳細的、旨在糾正洛克著作的，但卻是虛弱無力的批評。在這部著作裡，萊布尼茲對洛克的反對並沒有遭遇多少運氣，一如他那部旨在反對牛頓的引力體系的《天體運動原因考》。《純粹理性批判》完全是專門針對萊布尼茲—沃爾夫哲學的，與後者是一種論戰性的，並的確是毀滅性的關係，正如《純粹理性批判》與洛克和休謨是一種延續的和發展的關係。至於今時今日哲學教授們在全方位拼命把萊布尼茲及其胡扯重又扶持起來，並且推崇備至，而在另一方面則盡可能地貶低康德，讓其靠邊站，那是有很好的首先要生活的理由的。也就是說，《純粹理性批判》既不允許人們聲稱猶太神話就是哲學，也不允許人們毫不猶豫地把「靈魂」當作某一既定的現實，當作某一眾所周知的和頗得到認可的人物來談論，而又不給出說明和解釋人們到底是如何得出這一概念的，又有什麼合理理由科學地運用此概念。但首先是要生活，然後才是哲學論辯！打倒康德，萊布尼茲萬歲！說回萊布尼茲吧，對於他的《神正論》，這一講究方法的闡述和泛論樂觀主義的作品，我除了承認這一功勞，即在之後爲偉大的伏爾泰提供了契機以產生出那不朽的《老實人》，別無其他；當然，如此一來，萊布尼茲那爲解釋這世界的禍害而經常重複的蹩腳藉口，即壞事有時候會帶來好事，就得到了他意想不到的證明。伏爾泰透過主角的名字已經表明：只需要誠實就可以認識到實情是與樂觀主義的說法相反的。事實上，在這罪惡、苦難和死亡的舞臺上，樂觀主義給人以如此古怪的印象，人們必然會把這只當作諷刺而已——假如休謨不是如上文所述說的讓人高興地揭發出樂觀主義的祕密源頭（亦即虛僞的諂媚，以及那侮辱人的相信其成功），讓人們對此得到了一個足夠的起源解釋的話。

針對萊布尼茲那些明顯詭辯的論據，即這一世界是所有可能的世界中最好的一個，我們甚至可以嚴肅、誠實地提出證據反駁，以表明這一世界是可能之中的最糟糕者。這是因爲所謂的可能，並非意味著一個人天馬行空的想像，而是可以眞實存在和延續的東西。現在這一世界的安排是能勉爲其難地維持其存在所必須的樣子：假設安排得稍稍糟糕一點點，這一世界就已經無法存在了。所以，一個更加糟糕的世界是絕對不可能的——因爲一個更加糟糕的世界無法繼續存在下去。現在這一世界因此就是所有可能的世界當中最糟糕的一個。這是因爲不僅如果行星相互碰撞，甚至只要某一行星軌跡中確實出現的混亂不是逐漸被其他的混亂所平衡，而是繼續增加，那這一世界很快就會完結。天文學家知道這一切得取決於何種偶然的機會才行，亦即在大多數情況下取決於彼此間旋轉週期的非理性關係。他們艱難地計算出了這一星球將繼續維持存在。雖然牛頓持相反的意見，但我們卻希望天文學家沒有計算錯誤，在一個行星系裡所實現的機械持續運動，因而不會像其他星系一樣最終停止下來。再者，在這星球堅固外層之下集結著強大的自然力，只要某一偶然的機會給予其活動空間，這些自然力就必然摧毀這星球的表層以及在這上面的生命，正如這種情況在我們的星球至少已經發生了三次，並且很有可能將更加頻繁地發生。里斯本和海地的大地震、龐貝城被掩埋只是輕微地、玩笑般地暗示了這種可能性。大氣層一個小小的，甚至在化學上無法證明的變化就造成了霍亂、黃熱病、黑死病，等等，並奪走了數以百萬計的人的生命；而稍大一些的變化則會毀滅全部生靈。溫度稍爲升高就會乾涸所有的河流和泉水。動物在器官和力量方面所勉強獲得的，需要竭盡全力才足以覓食維生和餵養牠們幼小的後代；所以，一旦一隻動物失去了某一肢體或者只是喪失了完美運用這一肢體的能力，那這隻動物通常就會遭受滅亡。就算擁有了理解力和理性這些強大工具的人類，仍然十占其九地持續與匱乏做鬥爭，始終用盡全力、艱難地在死亡的邊緣掙扎。因此，要延續無論是整個種屬還是每一個體，其條件都是捉襟見肘的。所以，個體生命的展開就是一場爲生存而展開的沒完沒了的搏鬥，每邁出一步都有毀滅的威脅。正因爲這些威脅屢屢得逞，繁殖後代的種子數量才超出了令人難以置信的程度，以確保個體的滅亡不至於導致種屬的滅亡，因爲種屬才是大自然唯一關注的。所以，這世界的糟糕已達到了可能的極致——假如這世界應該存在的話。曾經一度生活在這一星球的完全不同的動物所留下的化石，就爲我們提供了以前的世界的紀錄，也就是對我們說法的證明：以前的那種世界不可能延續下來，因此，以前的世界就是比可能中最糟糕的還要糟糕。

樂觀主義從根本上是這個世界的作者——這滿意地把自身映照在自己的作品上面的生存意欲——那毫無根據的自我頌揚。據此，樂觀主義不僅是一種錯誤的理論學說，而且還是相當有害的。這是因爲樂觀主義向我們展現生活爲一種令人羨慕的狀態，人的幸福就是這生活的目的。從這一觀點出發，那每個人就都相信自己對幸福和快樂有最正當的要求；而一旦他並沒有得到這些幸福和快樂——而這可是常有的事情——那他就會覺得自己遭受了不公，甚至會認爲錯失了存在的目標。但其實，把勞作、匱乏、磨難、痛苦和最終的死亡加冕視爲我們生活的目的（就像婆羅門教、佛教以及眞正的基督教所認爲的那樣），則是更正確的觀點，因爲正是這些觀點引向否定生存意欲。在《新約》裡，這一世界被說成是苦海，生活則是一個淨化的過程，而基督教的象徵就是某種刑具。所以，在萊布尼茲、薩伏斯伯里、波林布魯克和波普亮出樂觀主義時，所引起的普遍反感主要在於樂觀主義與基督教是水火不相容的。伏爾泰在傑出的詩作《里斯本的災難》的「前言」對這一點做了陳述和解釋，而伏爾泰的這一詩篇也正是明確針對樂觀主義而寫的。與肆意謾罵伏爾泰的德國那些待價而沽的舞文弄墨者相反，我很推崇這位偉大的人物；讓伏爾泰明顯高盧梭一籌的是他所達致的這三個領悟，因爲這些領悟證實了伏爾泰的思想更深刻：⑴惡毒、不幸，在數量和範圍上是壓倒性的，存在充滿著苦難——對此伏爾泰深信不疑；⑵意欲行爲遵循著嚴格的必然性；⑶洛克這一命題包含著眞理，即思維之物也可以是物質的。相比之下，盧梭卻在他的《沙伏雅牧師的信仰表白》，即某種膚淺的新教牧師哲學，以誇誇其談懷疑和否定了所有這些觀點。盧梭還秉承了這一精神，在一七五六年八月十八日致伏爾泰的長信中，以偏差、空泛的議論和邏輯錯誤的推理攻擊伏爾泰上文提及的優美詩篇，爲樂觀主義推波助瀾。這封信純粹就是爲了這樣的目的而寫。的確，盧梭全部哲學的根本特徵和邁出的首要錯誤一步，就是以人的原初美好本性及其可被完善的無窮無盡的可能性，取代了基督教所宣講的人的原罪和人類原初的墮落本性；而人的優良品性則只是因文明及其結果而誤入了歧途。盧梭在此基礎上奠定了他的樂觀主義和人文思想。

正如伏爾泰在《老實人》中以玩笑的方式與樂觀主義開戰，拜倫也以嚴肅和悲劇的方式在不朽的巨作《該隱》中做了同樣的事情，爲此，拜倫也由於蒙昧主義者費里德里希·施萊格爾的痛罵而得到了頌揚。最後假如我爲了加強我的觀點而把各個時期的偉大思想者在這一反對樂觀主義的意義上說過的話搬到這裡，那這引用就不會有盡頭了，因爲幾乎每一個這樣的偉大思想者都以強有力的字眼說出了他對這淒慘的世界的認識。所以，並不是爲了要證實這章所說的，而只是爲了給出一些點綴，在這一章的結尾處，盡可以給出一些這類說法。

首先，在此要說的是，希臘人儘管與基督教的和高地亞洲人的世界觀相差遙遠，儘管明確地站在肯定意欲的立場上，但他們卻深深感受到了存在的不幸。他們所發明的、屬於他們的悲劇已經證明了這一點。這方面的另一個證明就是最先由希羅多德（第四卷）講述的、後來被經常提及的色雷斯人的一個習俗，即以哀訴迎接一個新生兒的誕生，並且列數他現在就將迎面碰到的種種禍害；相比之下，則是帶著歡樂、開著玩笑地埋葬死去的人，因爲死者從現在開始已經擺脫了眾多和巨大的苦痛。這在一首優美的、由普魯塔克（《論聽眾》之「詩人」的最後）爲我們保存下來的詩歌裡是這樣說的：

> 生下來是可嘆的，因為他要面對
> 眾多糟糕的情形，但與死者伴隨的
> 卻是歡樂和祝福，
> 因為他現在逃脫了如此之多的苦難。

至於墨西哥人以這些話迎接新生的孩子：「親愛的孩子，你生來就是要忍耐的，所以，就忍耐、受苦和保持沉默吧。」那並不是因爲歷史的親緣關係，而是要歸因於這事情在道德上的同一性。因爲聽從這同樣的感覺，斯威夫特（正如華特．史考特在斯威夫特的傳記中所說的）很早就習慣了並不把自己的生日當作歡樂的時間點慶祝，而是視那天爲憂傷的日子，並在那天閱讀《聖經》中的這一段：約伯悲嘆和詛咒在他父親的家裡據說生下了一個兒子的那一天。

在《爲蘇格拉底辯護》裡有這樣一段眾所周知的話，在此抄寫就太長了，即柏拉圖讓這位凡人中的最有智慧者這樣說：就算是死亡永遠奪去了我們的意識，那也將是奇妙的好事，因爲深沉、無夢的睡眠比哪怕是最幸福生活中的每一天都要好。

赫拉克利特的一句名言是這樣的：

生活雖然有生活之名，但其結果卻是死亡。

泰奧格尼斯的這些優美詩句是很有名的：

從來就不曾出生，對人就是最好的，
永遠不曾見過太陽神的火辣辣的照射；
但人卻誕生了，然後就迅速地
趕往冥府之門，並在那裡的地下安息。

索福克里斯在《伊底帕斯在科倫納斯》（一二二五）中，有下面這劇的摘要：

從來不曾出生就是最好的，

但人要是活著，
次好的是從哪裡來，
就儘快地回到哪裡去。

尤里比底斯說：

人生充滿不幸
和無盡的悲痛。

——《希波呂托斯》，一八九

荷馬已說過：

在這世上，在所有呼吸和在地面上爬行的生物中，
再沒有比人更充滿悲痛的了。

——《伊利亞特》，十六，四四六

甚至普林尼也說了：

所以，但願每個人都要首先承認這一想法以作為救治其靈魂的手段，即在大自然送給人們的所有禮物中，沒有哪一樣禮物比適時的死亡更有價值。

莎士比亞讓那年老的亨利四世說出這樣的話，

天啊！假如我們能讀到命運之書，
看到時間所帶來的天翻地覆
——看到偶然如何發出嘲笑，
變化又如何斟滿交替之杯
那各式不一的酒液！啊，假如人們看到這些，
哪怕是最幸福的青年人——放眼他的軌跡，
所經受過的危險、接下來的難關——
都會合上這書，坐下和死去。

——《亨利四世》，第二部，第三幕，第一景

最後是拜倫所寫的：

數一下你的時光所見識過的歡愉，

數一下你那些沒有苦惱的日子，
要知道，無論你曾經是怎樣的樣子
什麼都不曾是就是更好。

但是，[18]在我們今日，在從根本上澈底處理這一題材方面，無人比得上列奧帕蒂。他完全透澈地感受到這些事情：這一存在的諷刺和悲慘始終是他的題材，他在著作的每一頁都描述這一題材，但卻以多樣的表達形式，以如此豐富的形象，以致他的作品從來不會引起讀者的厭煩，而無例外的都是那麼的有趣和刺激。

---

[18] 巴爾塔扎爾．格拉西安在《批評家》（第一部分，〈第五次危機〉），以及在開始、〈第七次危機〉和結尾中，也以至暗的色彩把我們存在的淒慘景象呈現在我們的眼前，把生活詳細描繪為一齣異常悲劇性的鬧劇。

第四十七章　論倫理學⑲

在本著作裡，有關倫理學的論述留下了巨大的空缺，因爲我在以「倫理學的兩個根本問題」爲題目出版的兩篇應徵論文中已經討論了狹義上的道德學，就像我已說過的，我是假定讀者知曉了這些以避免無用的重複。這也是這些增補的由來。因此，我現在只需在此增補一些零散的思考，而這些零散的思考是不宜在上述兩篇論文中出現的，因爲那兩篇文章的內容大體是由那學士院預先規定的；而那些需要有更高一級的審視角度（與所有人共有的角度相比）的思考，就更不宜放在那兩篇論文裡，但我在那些文章中被迫採用的是所有人共有的角度。所以，如果讀者發現這些思考相當零碎地集合在此，那不必奇怪。這方面的後續思考讀者可在《附錄和補遺》第二卷第八和九章中找到。

倫理、道德的探究比物理學以及所有其他方面的探究都重要得多，這是因爲前者幾乎直接涉及自在之物，也就是說，前者所涉及的現象，在認知之光的直接映照下，其本質顯現出的是**意欲**。相比之下，物理學的眞理則全都在表象的範圍，亦即都在現象的範圍，只是展示了意欲最低級的現象如何遵循規律在頭腦思想中呈現。再者，從**物理學**一面思考這一世界，無論走得多遠和多成功，結果都是無法予人慰藉的，只有從**道德**一面考察才可找到安慰，因爲在此，我們的考察透露了我們內在的深處。

---

⑲ 本章與第一卷 §§55、62、67 相關。

但我的哲學是唯一讓道德學得到完整和全部權利的哲學，因爲只有在人的本質就是其自身的意欲、因此他在嚴格意義上就是他自己的作品的情況下，人的行爲和做事才的確就是他的，可以算在他的身上。一旦一個人有另一個根源或者一個與他有別的生物的作品，那這個人的所有罪責就歸咎於這一根源或者創造者。這是因爲行爲（或發揮）出自本質。

把那造成了這世界的奇特的現象，並因此決定了這現象的性質和狀況的力，與信念中的道德之心聯繫起來，並以此證明一種道德的世界秩序就是那物質的世界秩序的基礎——這是自蘇格拉底以來哲學的難題。一神論以一幼稚的方式處理了此難題，無法滿足逐漸成熟了的人類。因此，泛神論一旦有了點點的膽量就對抗一神論，論證那產生出大自然的力就在大自然自身。這樣的話，倫理學必將失落。斯賓諾莎雖然在某些地方試圖透過詭辯以挽救倫理學，但在大多數情況下簡直就是放棄，並且以一種引起人們驚訝和反感的放肆與大膽方式宣稱正義與非義以及善與惡的差異只是因襲性的，亦即就其自身而言是空洞、沒有實質內容的（例如《倫理學》，第四部分，命題三十七，注疏二）。斯賓諾莎在無理遭到低估長達百年以後，由於意見鐘擺的反作用，斯賓諾莎在這個世紀再度被高估了。也就是說，所有的泛神論在碰上倫理學的那些無法回避的需要及與此密切相關的這世界上的禍患和苦痛時，最終都必然陷入泥潭。假如這世界就是神的顯靈，那人所做的一切，甚至動物所做的一切，都是同樣神聖、非凡的，不會有任何要特別責備的東西，也沒有任何要特別讚揚之處，那也就不會有任何倫理學了。因此，由於在我們這時代斯賓諾莎理論，亦即泛神論得以復興，人們在倫理學方面淪落到如此低下的水準，變得那樣的膚淺，以致人們從中只能得出如何過上一種正經、規矩的社會生活和家庭生活的指引，而人生的最終目標據說只在於此，即那井井有條的、圓滿的、享受的和舒適的庸俗生活。泛神論之所以導向這樣膚淺的思想，當然是因爲人們（惡劣地濫用這個說法，即「從每一塊木頭都可以雕刻出一個上帝」）把黑格爾這樣一個平庸的人，透過人人都知道的種種手段僞裝成了偉大的哲學家，透過一群開始時受到唆使、之後單純是思想狹隘而又固執的追隨者放出大話。諸如此類對人類思想的謀殺不會逃過懲罰，種子已經發芽了。接著，人們在同一意義上宣稱倫理學的素材不應是個人的行爲，而應該是大眾群體的行爲，只有大眾的行爲才值得成爲倫理學的主題。沒有什麼會比這建基於最膚淺的現實主義的觀點更錯誤的了。這是因爲在每一個個體那裡都會顯現出整個不可分的生存意欲、自在本質，微觀的世界與宏觀世界是相同的、一樣的。大眾群體並不比個人有更多的內涵。倫理學涉及的並不是行爲和結果，而是意願、意欲，而意願、意欲本身始終只在個體那裡發生。在道德學上，決定性的並不是民族大眾的命運，因爲這只存在於現象，而是個體的命運。民族其實只是抽象的概念，個體才是唯一眞正的存在。這也是泛神論與倫理學的關係。這世界的罪惡和折磨已經與一神論不相吻合，因此，這一神論就去尋找各種各樣的藉口和神正論以擺脫困境，但對休謨和伏爾泰所提的論據，卻完全無法招架。面對世界糟糕的一面，泛神論是完全站不住腳的。也就是說，只有完全從外在的一面，唯獨從物理的一面審視這世界，眼睛只盯著那永遠不斷地再度更新的秩序和由此產生的整體相對的永恆性，那或許還可以把這世界稱爲上帝——雖然這始終只是象徵性的說法。一旦進入內在，具體說就是另外還審視主體的和道德的一面，以及那壓倒性的匱乏、苦痛、折磨，還有衝突、惡毒、荒誕和反常，那我們很快就會驚恐地意識到：人們眼前所見不是別的，正是神的顯靈。我已經指出，尤其是在《論大自然的意欲》中證明了，在大自然中，那驅動和作用的力與我們內在的意欲是同一的。這樣，道德性的世界秩序的確與造成這世界現象的力是直接相關的。這是因爲意欲的性質和狀況必然是與其現象精確吻合的：我在第一卷 §§63、64 對永恆正義的闡述就是以此爲基礎的；這世界雖然是由其自身之力所組成的，但卻無例外地獲得了某種道德傾向。因此，那自蘇格拉底以來就發起的難題現在首次得到了眞正解決，也滿足了有思想的理性者針對道德學方面的需求。但我卻從來不曾膽敢認爲提出了一套再沒有留下任何問題的哲學。在這一意義上，哲學的確無法做到這樣，那就成了無所不知的學說了。但「走到某一界限是可以的，雖然過了這界限以後就再無路可走」：思考可以推進到某一個界限，可以把在這界限之內我們存在的黑夜照亮，雖然那天際線始終是黑暗的。我關於生存意欲在其自身現象那裡肯定或者否定自身的學說，就到達了這一界限。但想要走向這一界限之外，在我看來，就好比想要飛向這大氣層之外。我們必須在此止步了——雖然難題解決了以後又生出新的難題。但除此之外，還要注意到根據律的效力只侷限於現象，這是我早在一八一三年就出版的首篇論充足根據律的論文的主題。

現在，我開始增補一些零星的思考，首先爲在第一卷 §67 對哭泣的解釋，即哭泣出自同情，其對象則是那同情者本人，提供一些古典文學作品的佐證。在《奧德賽》第八部結尾，奧德修斯在這之前雖經歷了許多苦難，但根據描述還沒哭過的他終於流下了眼淚：他（當時還沒被人認得）在費阿刻斯國王那裡聽到歌手德莫多克吟唱他以前的英勇一生和事蹟，這些對其輝煌人生時期的懷念與他此刻的淒涼處境形成了鮮明對照。具體地說，並不是這淒涼處境本身直接使他哭泣，讓他流下眼淚的，是透過過去而讓自己更客觀地看到現在的淒涼處境，他的現狀的圖像更突出了：他對自己感到了同情。這同樣的感覺，尤里比底斯也讓無辜被詛咒、爲自己的命運而痛哭的希波呂托斯說了出來：

啊！如果允許我看看我自己
站在那裡的樣子，為自己的困厄而流涕！（一〇八四）

最後，還可把我取自一八三六年七月十六日英國《先驅報》的一件軼事放在這裡，以佐證我的解釋。一個當事人在法庭上聽到律師所描述的情形時，淚如雨下地喊道：「直到今天我聽到這些爲止，我甚至不相信自己承受了一半這所說的損害。」

在性格不變的情況下，亦即在人的根本意欲不變的情況下，又如何可能有眞正的道德上的**悔意**？對此我雖然在第一卷 §55 已經闡明，但還是要補充下面的說明。在這說明之前，我必須先給出若干定義。**傾向**是意欲對某類動因更強的敏感性。**激情**是傾向是如此的強烈，以至刺激起這傾向的動因對意欲所發揮的威力超過所有可能的、對抗這些刺激性動因的動因；因此，這激情對意欲的控制是絕對的，而意欲與這激情是**被動的**、**受苦的**關係。但在此需要指出，激情極少達到與激情的定義完全吻合的程度，只是接近這種程度而擔起了激情之名。所以，仍然會有一些相反的動因或許可以抗衡一下那些刺激性動因的作用——只要這些相反的動因能夠清晰進入到意識。**感情激動**（或感情衝動）則是意欲受到了某一同樣無法抗拒的但只是瞬間即逝的刺激，是經由這樣一個動因：具有如此的威力，並不是因爲某一根深蒂固的傾向，而只是因爲這一動因突然出現，暫時排除掉了所有其他動因的抗衡作用，因爲這一動因由某一表象、想像所構成，由於異常的生動而讓其他動因頓時失色，或者好比由於其太過接近而完全遮蔽了其他動因，讓它們無法進入意識並作用於意欲。這樣，那深思熟慮的能力和與此同時的智力自由[20]也就一併在某種程度上取消了。據此，感情激動之於激情猶如高燒性譫妄之於精神失常。

道德上的悔意是以此爲條件的：在這事情之前，想要做這事情的傾向並沒有讓智力得以自由發揮，因爲並沒有允許智力清楚和完整地看到反對做此事的動因，而是相反地一再把眼光引向敦促做這事情的動因。但這些動因的作用在事情做出以後因做出了事情而被抵消了，因此就不再發揮作用了。現在，現實把那些反對的動因作爲事情做出以後的結果呈現在智力面前；智力現在才開始認識到假如當初給反對做出此事的動因以應有的重視和考慮，那這些動因就會發揮更強的作用。也就是說，這人意識到所做出的事情並不眞正與其意欲相符。認識到這一點，也就是悔意了。這是因爲他並不曾以完全的智力自由行事，因爲並不是所有的動因都發揮了作用。排除掉反對做出這事情的動因，如果是倉促做出的事情，那是感情的一時衝動；如果是多番思考以後做出的，那就是激情。在很多情況下，那也是因爲這個人的理性把反對的動因雖然在抽象中呈現出來了，但卻沒有輔以足夠強烈的想像，好讓那些動因以形象呈現出全部的內涵和眞正的涵義。這方面的例子是那些因復仇欲、嫉妒、貪欲而導致的謀殺，在實施了謀殺以後，這些欲望也就熄滅了，現在，正義、同情、對以往的友誼的回憶就提高了聲音，說出了所有在這之前都會說出的話——假如當時能有機會發言的話。苦澀的悔疚就出現了，說道：「假如這不曾發生，那以後就永遠不會發生了。」一首由赫爾德翻譯的著名的古老蘇格蘭民謠，〈愛德華，愛德華！〉，對此有無與倫比的描述。同樣，忽略了我們自身的安樂也會帶來發自

[20] 對此的討論，參見我討論意欲的自由的獲獎論文的附錄。

私心的悔意。例如，由於愛慾激情而締結了在其他方面都不可取的婚姻，而現在，只有在那愛慾激情透過婚姻而熄滅以後，那出於個人利益而反對婚姻的動因，那失去了獨立性等才進入意識，並說出了假如當初有機會說出的話。所以，所有諸如此類的行為從根本上都源自智力某一相對的弱點，也就是說，這智力在本應不受意欲的打擾、堅持發揮其呈現動因的功能的地方也讓意欲控制著。在這過程中，激烈的意欲只是**間接**的原因——亦即如果意欲妨礙了智力並因此準備好了以後的悔疚。性格中對抗激情的**理性**，σωφροσυνη，究其實，就在於意欲永遠不會控制智力到那樣的程度，以至意欲可以阻礙智力在抽象中為理性、在具體中為想像力而正確發揮其清晰、全面呈現動因的功能。這既可以建立在節制的、溫和的意欲之上，也可以基於很強的智力。所要求的不過是智力**相對**於所存在的意欲足夠強勁而已，也就是兩者的比例是相稱的。

我在第一卷 §62 和應徵論文〈論道德的基礎〉§17 中陳述了**法學**的基本特性，下面是一些補充說明。

那些與斯賓諾莎一道否認在國家之外還有**權利**的人，是把提出和維護權利的手段與權利混淆了。當然，權利只有在國家裡面才能得到**保護**，但權利本身卻是獨立於國家而存在的。這是因為只可以用武力壓制，但卻永遠取消不了權利。因此，**國家**不是別的，只是一個**保護機構**；這保護機構之所以變得必不可少，是因為人們會承受多方侵害，而單獨個人是沒有能力防止那些侵害的，只能與其他人聯結起來才行。所以，國家的目的是：

(1)首先抵禦外在，既有必要抵禦沒有生命的自然力或者野獸，也需抵禦人，即抵禦其他民族，雖然抵禦其他民族是最常見的也是最重要的，因為人最惡劣的敵人就是人：**人對於他人就是**狼。當各個民族出於這個目的而在相互間希望以言辭——雖然不是以行為——提出這基本原則的時候，即民族相互間始終只是防禦性的，永遠不要是侵略性的，他們也就認識到了國際法。國際法從根本上不過是自然法，應用在唯一留給其實際有效的領域，也就是在國家與國家之間有效，因爲其更強悍的兒子，實在法，無法在此提出和執行，因爲實在法是需要法官和執行者的。據此，國際法就包括了在國家與國家之間交往中某種程度的道德成分，維持這種道德則依靠人類的信譽。對這方面訴訟的法官是公眾輿論。

(2)抵禦內在，亦即抵禦一個國家裡成員之間的侵害，也就是保障私人的權利，手段是維持一個誠實的、講法律的狀態，而這也就是集中了所有人之力以保護每個個體，由此造成了一個不尋常的現象，就好像人人都是誠實、正直、守法似的，亦即好像都是公正的，所以不會有人想要侵害別人似的。

但是，正如在人事方面，掃除了一個禍害通常又迎來了一個新的禍害，同樣，提供了那雙重保護就又帶來了對第三種保護的需求，亦即：

(3)抵禦保護者，亦即抵禦受社會委托行使保護工作的人，因此是對公權力的保障。要達到這一目的最完美的方式似乎是把這三合一的保護力量，即立法、司法和行政的權力互相分開，好讓這每一種權力與其他權力分開並獨立地行使。君主國的巨大價值和根本理念，在我看來就在於因爲人始終是人，所以，必須讓一個人身處如此的高位，得到如此之多的權力、財富、安全，絕對的不可侵犯，這個人就他自己而言才會再沒有什麼還想要的、希冀的和害怕的；這樣，這個人身上的那些與其他人一樣的自我、自私，就好比經過中和而消除了。現在，他似乎不再是凡人了，而是有能力實施正義了；他不再盯著自己的利益，眼裡唯獨只有公眾的利益。這就是他那超人般特性的根源，這特性時刻伴隨著他那君王的威嚴，與只是總統的人有天壤之別。因此，這也必須是繼承的，而不是競選出來的，一來是要讓人們看到君王不是與自己等量齊觀的，二來君王要爲自己的後代著想的話，就只能爲國家的利益著想，因爲國家與他的家庭完全是一體的。

如果人們除了這裡所闡述的抵禦目的以外，還把其他的目的強加於國家，那就很容易置國家的眞正目的於危險之中了。

財產權，根據我的論述，唯獨是因對物品所做的**工作**而來的。這已講過很多次的眞理也得到了值得注意的確認，即這眞理甚至在實際方面也得到認可——這見之於北美的前總統**昆西·亞當斯**所發表的看法，刊登在《評論季刊》一八四〇年第一三〇期上，也翻譯成法語刊登在《日內瓦大眾圖書》一八四〇年七月號，第五十五期。我想在此把這看法翻譯成德文，「某些道德學者對歐洲人是否有權在美洲原住民地區定居是存疑的。但他們是否深思過這一問題？就這國家的絕大部分土地而言，印第安人的土地財產權本身基於有疑問的基礎。確實，對於他們所開墾的田地、他們的住屋、足以讓他們賴以爲生的土地和每個人以私人勞動所創造的一切，他們都是擁有自然權利的。但一個獵人在追蹤獵物時偶然穿過的一片大森林，對此，他又有什麼樣的權利呢」，等等。同樣，在我們這時代，那些被促使拿出論據去反對共產主義的人（例如，巴黎大主教，在一八五一年六月主教通告中），始終提出這一說法：財產是勞動的成果，就好比是勞動的體現。這再一次證明了財產權只能透過爲那物品所花費的勞動而奠定，只有具備了此特性，才能得到坦白的承認和產生道德上的效力。

證明這同一個眞理的一個完全另類的證據，則是這一倫理事實：雖然懲罰偷獵行爲的法律很嚴厲，在有些國家甚至比懲罰偷竊還要嚴厲，但隨著偷竊行爲而不可挽回地失去了的公民榮譽，卻不會因偷獵行爲而眞正喪失；相反，只要「偷獵者」並沒有犯下其他過錯，他雖然帶上了汙點，但卻不像小偷那樣被視爲喪失了名譽、人人都爭相回避。這是因爲公民榮譽的原則是以道德上的權利而並非以單純實在的權利爲基礎的。但那些野獸卻不是一番勞動的對象物，因而也不是道德倫理上有效力的占有物；對那些野獸的權利因此完全是一種實在的權利，在道德倫理上是不獲公認的。

根據我的觀點，刑法的基礎原則應該是：要遭受懲罰的其實不是那人，而只是那犯罪行爲，其目的是讓這犯罪行爲不會再度發生。犯罪者只是材料體：犯罪行爲在此接受懲罰。法律（懲罰依此法律而出）以此保持著震懾力。這也是這句話「他受到法律的制裁」的意思。根據康德的表述——這表述所導致的結果是「復仇的權利」——要遭受懲罰的不是那樁罪行，而是那個人。美國的懲教制度與其說是懲罰那樁罪行，還不如說是懲罰那個人，好讓這個人變好。這樣，這種懲教制度就忽略了懲罰的眞正目的（即威懾人們不敢犯下這樣的罪行），即達到很成疑問的改良人的目的。但如果要以一種手段達到兩種不同的目的，這無論在哪裡都會是一件困難的事情，而如果這兩個目的在某種意義上是相互對立的話，就更是如此。教育是一件好事，懲罰則是一件壞事：懲教監獄據稱是要在同一時間成就這兩者。再者，儘管那粗野和無知與外在的困境結合一道，在許多違法犯罪中起了很大的作用，我們卻不可以把那粗野和無知視爲違法犯罪的主要原因，因爲無數的人是同樣的粗野，也活在完全相似的環境之中，但卻不曾作奸犯科。所以，根本的原因還在於那個人的、道德的性格，而這性格正如我在應徵論文〈論意欲的自由〉中所闡明的，是絕對無法改變的。所以，眞正的道德上的改良是根本不可能的，只能震懾其不敢犯罪而已。與此同時，矯正認識和喚醒工作的熱情確實是可以做到的，接下來看看這作用有多大而已。此外，從我在第一卷文本中提出懲罰的目的就可以清楚地知道，懲罰所帶來的表面上的痛苦要盡可能地大於實際上眞正的痛苦，但單獨關押卻做了與此相反的事情。這單獨關押的巨大痛苦卻沒有目擊者，那些還沒經歷過這種關押的人根本不會預期這樣的痛苦，這種懲罰因此不會有震懾作用。這是威脅因匱乏和貧困而走險犯案的人以人生苦難的另一極——無聊，但正如歌德所正確指出的：

> 如果我們將要承受真正的痛苦折磨，
> 那我們就寧願忍受無聊。

所以，這樣的前景並不會嚇倒他們，正如由誠實的人給那些賊骨頭建起的宮殿般的監獄不會嚇退他們一樣。但如果人們想要把這種教養監獄視爲教育機構，那讓人惋惜的是要進入這機構只能透過犯罪，而監獄本來是要在犯罪發生之前阻止這犯罪的。

就像貝卡利亞所教導的，刑罰應與罪行成正確的比例，其道理並不在於刑罰是一種抵罪，而在於抵押品、罰物必須與其擔保之物的價值相匹配。因此，每個人都有理由要求他人的生命作爲保障自己的生命安全的抵押品；但卻不可以爲了保障自己的財產安全而要求他人抵押上生命，因爲對這些財產，他人的自由等已是足夠的罰物了。所以，爲保障公民的生命安全，死刑是絕對有必要的。對那些想要廢除死刑的人，要這樣回應：「先取消謀殺吧，然後就可以取消死刑了。」明顯的謀殺企圖也應與謀殺一樣受到死刑，因爲法律是要懲罰那行爲，而不是要報復那結果。總之，所要防止的侵害給出了阻嚇性量刑的標準，但那被禁止行爲的道德可鄙性卻不會給出這東西。所以，法律可以合理地對讓花瓶從窗臺掉下實施監禁懲罰，還有對夏天在森林裡抽菸處以苦役，但如果冬天的話，抽菸則是允許的。但是，像在波蘭那樣，射殺一隻大野牛就要判死刑則是太過了，因爲保存大野牛這物種並不可以以人命爲代價。在確定量刑標準時，要考慮的除了所要防止的侵害程度以外，還有促使人們做出禁止行爲的動因強度。假如懲罰的眞正理據就是抵罪、復仇、「以牙還牙的報復法」，那量刑的標準就會相當不一樣。但刑罰法典不是別的，應該是對可能發生的犯罪行爲而列下的反對動因一覽表。所以，這些反對動因中的每一個都必須明確壓倒那些驅使犯罪行爲的動因，事實上，所要防止的犯罪行爲造成的損失越大，做出這樣行爲的誘惑越大和給犯罪者定罪越是困難，那就越是要這樣——在此，始終有這樣的正確假設：意欲並不是自由的，而是可以受動因左右的；否則，就沒有辦法對付這意欲了。關於法學，就補充這些。

在我的應徵論文〈論意欲的自由〉（第五十頁以下；第二版，第四十八頁以下）裡，我證明了與生俱來的性格所具有的原初性和不變性，生命歷程中的道德內涵也由此而來。這是肯定的事實。但爲了把握這整個的難題，有時候有必要把互相對立的並置在一起比較。這樣，我們可以生動地看到，人與人之間的與生俱來的差別會是如此巨大，讓人難以置信，無論是在道德方面還是在智力方面。這邊是高尚和智慧，那邊則是卑劣和愚蠢。這邊是眼睛照射出心的善良，或者端莊的容顏帶著天才的印記。而那一邊，卑鄙的面目則刻印著道德劣性和智力呆滯的特徵，那是經大自然之手清清楚楚地和無法消除地印刻了下來。這樣的人似乎應該爲自己的存在而羞愧。但內在的確是與這些外在相吻合的。我們無法設想和認爲這樣的差別，這樣改變了人的整個本質、任何東西都無法消除的差別，這在與形勢的交鋒中決定了這個人的人生走向的差別，可以與帶著如此差別的人的罪疚或者功德無關，而僅僅只是偶然的結果。由此顯而易見，這人在某種意義上就是他自己的作品。但在另一方面，我們可以在經驗中，在父母的構成中證實這種差別的起源；此外，這些父母的相遇和結合明顯是極爲偶然情形的產物。諸如此類的觀察都向我們有力地暗示了現象與事物的自在本質的差別，而這差別唯一包含了對那難題的答案。自在之物唯有透過現象的形式而顯露出來，所以，發自自在之物的一切，都必然以現象的形式、因而也受著因果關係的制約而出現；所以，在此在我們看來，這就是事情受到某種祕密的、我們無法理解的引領和指揮而得出的結果，而外在的、從經驗中了解到的關聯只是手段和工具而已；在那些基於經驗的關聯裡面，所有發生的事情都由原因所引致，其發生也就是必然的和由外在所規定了的，但這一切的眞正原因卻藏在那以此方式顯現出來的內在本質之中。當然，我們在此只能從遠距離遙看對那難題的解決，並且在思考那難題的時候，會陷入思想的深淵，就恰似哈姆雷特所說的：**那些思慮超出了我們的靈魂的**範圍。這種對事物的祕密的，甚至只能以比喻的方式去想像地安排和指揮，我在《附錄和補遺》第一卷〈論命運〉中闡明了我的想法。

在我的應徵論文〈論道德的基礎〉§14 裡，人們可找到我根據其實質對**自私自我**的論述，而下面嘗試找出自私自我的根源的文字，可被視爲對那些論述的補充。大自然本身是赤裸裸自相矛盾的——這取決於大自然發話的角度是單個的抑或普遍的，從內在的抑或外在的，從中央的抑或外圍的。也就是說，大自然的中心就在每個個體中，因爲每個個體都是完整的生存意欲。因此，哪怕生存意欲是一隻昆蟲或者一條蟲子，那大自然本身都透過它這樣發話：「我唯獨是一切中的一切，爲維護我的存在一切都是適宜的，其他的就儘管沉淪吧，那些根本就不是東西。」大自然從**特定的**角度是這樣發話的，也就是從自我意識的角度出發，每個生命體的**自私自我**就基於這一點。相比之下，從**普遍**的角度出發，這就是對其他事物的意識的角度，從客觀認知的角度出發，即認知暫時放下了所附著的個體，因此也是從外在、從外圍出發，大自然是這樣發話的：「個體就是無物，甚至連無物都不是。每天我都毀掉無數個體，就當是遊戲和消遣。我聽任我的變化無常和充滿惡意的孩子擺布其命運，任由偶然對其隨心所欲地作弄和獵殺。我每天都創造出不計其數的個體，而我的創造力不會因此受損分毫，好比一面鏡子不會因爲一次次把太陽的圖像投射到牆上而有所衰竭。個體就是無物。」只有懂得眞正把大自然的這些明顯的矛盾之處統一和協調起來，才會對有關自己本身是可朽的抑或不朽的問題有一個眞正的回答。我相信在第四篇增補的前四章裡給出了幫助了解這些知識的引論。此外，上面所說的也可在下文得到解釋。每個個體在注視著內在時，就在其實質，亦即在他的意欲中認出那自在之物，亦即無論在哪裡那都是唯一實在的東西。據此，這個體就把自己理解爲這世界的內核和中心，覺得自己無比的重要。而一旦向外注視，那就處於表象的領域，只是現象，他自己就成了無數個體中的一個，因而是至爲無足輕重的、完全微不足道的。所以，每個個體無論多麼地無足輕重，每一個「我」，從內在看，就是一切中的一切；從外在看，則是無物，或者形同無物。這就是爲什麼每個人在自己的眼中和在所有其他人的眼中有巨大的差別，所以，這也是爲什麼每個人都會指責其他人自私和自我。

由於這樣的自私和自我，我們就犯下了這最根本的錯誤：我們互相成了對方的「非我」。與此相反，顯示出公正、高尚、與人爲善，恰恰是我的形上學轉化成的行爲。說時間和空間只是我們的現象的形式，而不是自在之物的規定，也就等於說轉生的學說，即「你將來會再生爲你現在所傷害的人，將要承受同樣的傷害」，與經常提到的「這就是你」是同一的。一切眞正的美德，都是出自直接和本能地認識到所有存在物之間的形而上的同一性，正如我經常指出的，尤其是在關於道德的基礎有獎徵

1407

1408

文§22裡面。但這些美德並不因此是優異智力的結果；其實，就算是最不濟的智力也足以看穿個體化原理，而看穿個體化原理才是最關鍵的。所以，甚至在理解力不濟的人那裡也可看到最傑出的性格；再者，刺激起我們的同情並不需要我們的一番智力勞作。相反，那所需的看穿個體化原理的能力似乎是每個人都具備的——假如他們的**意欲**不是在那抗拒的話，因為意欲通常不會讓智力看穿這個體化原理，而意欲對智力有直接的、祕密的和專橫的影響。這樣，所有的罪責最終都歸咎於**意欲**，而這是與實情相符的。

上面所提及的轉生學說只是以此偏離了眞理，即把已經現在的東西移到了將來。也就是說，它把我的自在的內在本質只在我死亡以後才轉到別的存在，而眞相卻是這種本質現在也已活在將來的存在當中——我們沒有意識到這一點是因爲假象的存在，死亡只是取消了那假象而已。這就好比那無數星星隨時都在我們的頭上閃爍，但只是在靠近地球的**那個**太陽下沉以後，我們才看到了那些星星。從這一觀點出發，我的個體存在，不管其如何就像太陽一樣地照射，讓所有其他一切都黯淡失色，但根本上就只是一道障礙，堵在我與認識我的本質的眞正範圍之間。因爲每個個體在認知中都受制於這一道障礙，所以，正是那個體性讓生存意欲錯認自己的本質，那就是婆羅門教說的「幻象」。死亡駁斥和消除了這一錯誤。我相信，我們在死亡的瞬間就會意識到某種假象把我們的存在侷限於我們的個人了。有關這方面的源自實際經驗的跡象，也表現在好些由於消除了腦髓中的意識集中而出現的與死亡相近的狀態。在這些狀態中，催眠則是最突出的，因爲在催眠中，如果睡眠達到了更高一級，我們的存在就超越我們的自身進入了其他存在物——那是透過多種多樣的徵兆宣告了這一點，而其中最異乎尋常的是直接參與另一個個體的思想，最後甚至認知不在眼前的、遙遠的，甚至將來事情的能力，具體說就是某種無所不能。

在意欲的這種形而上的同一性，亦即自在之物的基礎之上，在其無數多樣性的現象中，有三種特異的現象，人們以**感應**——這一共同的概念——概括：⑴**同情**，即公正和仁愛的基礎，正如我已闡明了的；⑵**性愛**，及其執拗、任性的挑揀，「愛情」，這是種屬的生命堅持要求相對於個體生命的優先權；⑶**魔法**、**巫術**，動物磁性和同感治療也屬於此類。據此，**感應**可以定義爲意欲的同一性在經驗上的顯現，其透過意欲的自然多樣性的現象，以此表明另有一種關聯，這關聯是與透過現象的形式而獲得的，透過根據律所理解的那種關聯完全不一樣的。

第四十八章　否定生存意欲的理論㉑

人有了自己的存在和本質，要麼得到其意願，亦即同意，要麼沒有得到其意願。假如是後一種情形，那這樣一種被多種多樣的和不可避免的苦難弄得苦澀不堪的存在，就是一樁極不公正的事情。古人們，尤其是斯多噶派，還有逍遙學派和學院派都徒勞地試圖證明：美德足以讓生活幸福。但經驗對此大唱反調。上述那些哲學家如此地努力，其背後的眞正原因雖然他們沒有清楚地意識到，但卻預設了這整樁事情的公正性：誰要是無過、無罪的，就會免於苦痛，因而就是幸福的。不過，對此難題認眞和深刻的解答卻是基督教的這一學說：功成並不就可成義；據此，一個人就算是行事公正和充滿仁愛，因而是一個善良、有美德的人，也並不像西塞羅以爲的那樣，沒有一切的罪疚（《圖斯庫路姆論辯集》，五，一），而人的最大的罪過就是出生了——正如受了基督教感悟的文學家卡爾德隆所說的。卡爾德隆的這一認識，比上述那些智者的看法都要深邃很多。據此，人是帶著罪疚來到這一世上的說法，也只有那些認爲自己恰好從無中生成，是另一個生物的作品的人才會覺得反感。也就是由於這一罪過、這一必然來自其意欲的罪過，即使這個人有種種美德懿行，也得蒙受肉體上和精神上的苦痛，因而是不會幸福的。這是那永恆正義的結果，我在第一卷 §16 已經討論過了。但是，就像

㉑ 本章與第一卷 §68 相關。也可以與《附錄和補遺》第二卷 §14 比較。

使徒保羅（《使徒保羅致羅馬人書》，三：二十一以下）、奧古斯丁和路德所教導的，功成並不就能成義，因爲我們所有人本質上都是罪人，並且保持不變——這一說法的根據歸根到底是因爲行爲（或發揮）出自本質，所以，假如我們眞的做了應做的行爲，那我們也必然是我們應是的人。但眞那樣的話，我們就不需要從我們現在的狀態中得到解救了，而獲得解救不僅是基督教，而且也是婆羅門教和佛教（亦即英文 *final emancipation* 所表達的）所描繪的最高目標；也就是說，我們不需要成爲某種有別於我們，甚至與我們相反的人。但因爲我們就是我們不應該是的人，所以我們才必然做了我們不應做的行爲。因此，我們需要對我們的思想意識和本質來一個徹底的改變，亦即需要再生，而這樣的結果就是解救。雖然罪過在於行爲，在於「發揮」，但罪過的根子卻在於我們的本質和存在，因爲有了這一本質和存在，才必然有了發揮，就正如我在〈論意欲的自由〉的應徵論文中所闡明的。據此，我們唯一的眞正罪過就是原罪。雖然只是在人已經存在了以後，基督教的神話才產生了原罪的說法，也爲此目的虛構了人有那「不可能」有的自由意願，但這也恰恰只是當作神話說出來的。基督教最內在的核心和精神與婆羅門教和佛教一樣：它們全都表明人類由於其存在本身而背負著沉重的罪孽；只有基督教在此不像兩個古老宗教那樣直接和坦率地說事；所以，基督教並不認爲人經由存在本身而負上罪孽，而只是由於第一對人類夫妻做的事情所致。這樣的看法也只有在那子虛烏有的不受任何影響的自由意願決定的前提下才是可能的，也只是由於猶太教的基本教義的緣故才有其必要，而上述教義是移植到猶太教義裡面的。因爲根據事實，正是人的出現本身即他的自由意願的事情和據此與那原罪爲一體的，那原罪因此早就與人的本質和存在一道出現，所有其他的罪都是這原罪的結果，但猶太教的基本教義卻不容許這樣的描述——因爲這樣，所以，奧古斯丁在《論自由意志》中教導說，人只是作爲亞當在犯下原罪墮落之前才是清白無罪和擁有自由意志的，但自犯下原罪以後就陷入必然的罪孽之中。《聖經》意義上的法律，ὁ νόμος，總是要求我們改變我們的所爲，但我們的本質與此同時卻維持不變。但正因爲這是不可能的，所以，使徒保羅說，任何人都無法因遵守法律而成義；只有在蒙受了恩寵，在耶穌那裡重生，並由此形成新人和除掉舊人（亦即整個根本的思想意識的改變），我們才可以脫離有罪的狀態而進入自由和解救的狀態。這就是基督教在倫理道德方面的神話。但當然，把這一神話移植過來的猶太一神教，必須得到相當神奇的添加內容以方便附加上這一神話。在這方面，那犯罪而從天堂墮落的神話就提供了唯一的地方可以嫁接到古老印度的樹幹上。恰恰因爲那強力克服困難，基督教的那些神祕宗教儀式才有了如此古怪的、讓理解力一般的人感到反感的外觀，而這種外觀使皈依工作更加地困難。因爲這些因素和無力把握其中的深刻涵義，伯拉糾主義和今天的理性主義就反對它們，試圖透過注釋把它們去掉，但以此方式也就把基督教還原爲猶太教了。

但撇開神話來說事吧，只要我們的意欲仍舊一樣，那我們的世界就不會是別的樣子。雖然所有人都希望從痛苦和死亡的狀態中得到解脫，就像人們所說的，他們想要達到永恆的極樂，進入天國，但卻不是以自己的雙腳走過去，而是希望由自然的進程帶往那裡。不過，這是不可能的。這是因爲大自然只是我們的意欲的寫照和影子。因此，雖然大自然永遠不會讓我們倒下和成爲無物，但它也不會讓我們去別的哪裡——除了永遠重回大自然中去。作爲大自然的一部分而存在是多麼不確定的事情，這是每一個人都可從自己的生與死中體會到的。據此，存在確實可被視爲某種誤入歧途，而由此折返就是解救。存在也無一例外都帶有這一特徵。因此，古老的薩滿教就是在這一意義上理解存在的，還有那眞正的和原初的基督教也是如此理解的，雖然以拐彎抹角的方式。甚至猶太教本身在原罪和墮落

（這是猶太教的**彌補性部分**）裡也起碼包含了這種觀點的種子。只有希臘的異教和伊斯蘭教是完全樂觀的，所以，在希臘異教那裡，相反的傾向就必須至少在悲劇裡宣洩，但在伊斯蘭教中，那相反的傾向就作爲蘇菲派而出現：蘇菲派這一異常美麗的現象完全澈底的就是印度的精神和起源，到現在爲止已經持續存在超過千年了。作爲我們存在的目標，事實上，除了認識到如果我們不曾存在更好，就再無法說出其他的了。但認識到這一點，就是認識了所有眞理中的最重要者，因此必須表達出來。儘管這眞理與現今歐洲人的思維方式形成強烈的反差，但在整個沒有伊斯蘭化的亞洲，卻是最得到承認的基本眞理，至今仍是如此，一如三千年前的情形。

假如我們要從整體上客觀審視生存意欲，那根據上述，我們就必須把生存意欲設想爲囿於某一**幻覺**之中，而要從中醒悟過來，亦即要否定生存意欲的整個現有的爭取，就是宗教所稱的**自我否定的東西**，因爲那眞正的自我就是生存意欲。道德上的優秀品質，確切地說，公正和仁愛，正如我已指出的，如果是純粹的，那就是得之於生存意欲看穿了**個體化原理**，在生存意欲的所有現象中重又認出了自身，這些美德因此首先是跡象和徵兆，反映出那顯現爲現象的生存意欲不再是那麼牢牢地囿於那種幻覺之中，而是已經幻滅了，以致人們也可以用比喻的方式這樣說：這生存意欲已經在準備振翅飛離這幻覺了。相反，不義、惡毒、殘忍等跡象則反映了相反的情形，亦即深陷於那種幻覺之中。其次，那些道德上的優秀品質，是促進自我否定和因此是否定生存意欲的一種手段。這是因爲那眞正的正直，那種始終不渝的公正——這一首要的和最重要的基本道德——是一項如此困難的任務，以至誰要無條件地和從內心深處信奉這些就得做出犧牲，就要在生活中失去那些讓生活甜美、讓生活滿意所需的東西；公正也就以此引導意欲掉轉方向，亦即讓意欲死心斷念。但讓誠實、正直如此受人尊敬的正是它所付出的犧牲：如果那是微不足道的就不足以引起讚歎了。誠實、正直的本質就在於正直者並不會把生活所帶來的重負和不幸，以狡猾或者武力的手段轉嫁到別人身上，就像那些不義之人所做的；而是自己扛起自己的份額。這樣，他就一分也不減少地扛起加給人生的全部禍害的擔子。這樣，正直的特性就將是有助於否定生存意欲的手段，因爲困境和不幸，這人生的眞正命運，就是否定生存意欲的結果，而這些卻導向死心斷念。更進一步的優秀品質——仁愛——則確實更加快速地引往那一目的，由於這仁愛的緣故，人們甚至把本來落在了別人身上的苦痛也承擔下來，因此得到了按道理比他自己這一個體所能有的更大的苦痛份額。誰要是內心受到了這一美德的鼓舞，那他就在其他每一個人的身上重又認出了自己的本質。這樣，他把自己的命運與人的總體命運等同了起來：但人的命運卻是殘酷的，是艱辛、苦痛和死亡的命運。所以，誰要是放棄了他幸運得到的好處，想要的只是人的普遍命運，那用不了多長時間，甚至連這普遍的命運也不會想要了：那對生活及其享受的眷戀現在必然很快就會消失，爲某種全面的放棄做準備，因此，否定意欲就將出現。那麼，因爲最完全地實踐美德，相應地就會引致貧窮、匱乏和各式各樣特別的苦況，所以，許多人認爲最狹隘意義上的苦行是多餘的並加以排斥，而這或許是有理由的。那些苦行包括放棄所有的財產、有目的地尋求令人不快和讓人反感的東西、自我折磨、禁食、穿著苦衣和清心寡欲。㉒這也是爲什麼佛教沒有那些在婆羅門教中扮演

㉒ 只要我們承認這些苦行，那在我的〈論道德的基礎〉應徵論文中所列出的人的行為的最終動因，亦即⑴自己的幸福；⑵他人的痛苦；⑶他人的幸福，就要補上這第四個最終動因。在此我僅僅為了體系的連貫性的需要順便提及這一點。也就是說，在我的那篇論文中，因為應徵回答的問題是當時在新教歐洲流行的哲學倫理學的意義上提出

如此重大角色的嚴格的和太過的苦行，亦即沒有那些有目的的自我折磨。佛教只需要僧侶獨身、自願清貧、謙卑和服從、禁止肉食及一切俗務就可以了。再者，因爲美德所引往的目標就是我在此所表明的目標，所以，吠陀哲學㉓說得有道理：在眞正的認識及其所帶來的完全的死心斷念，亦即重生出現以後，前生的道德抑或不道德就是無所謂的了，在此再度用上婆羅門教經常引用的說法，誰要是**一窺其堂奧，就心結盡開，疑惑頓消，他所有的業盡歸於零**（《商羯羅》，詩節三十二）。這一觀點儘管可能會引起不少人的反感，對這些人而言，在天堂得到獎勵和在地獄接受懲罰，是對人的行爲的倫理涵義讓人滿意得多的解釋；正如善良的**溫迪施曼**在分析上述學說時，也是斷然拒絕的——但是，誰要深入探究這事情，就會發現上述學說歸根到底是與那基督教的，尤其是由路德竭力主張的觀點相一致的，亦即不是我們的業績而只能經由神恩的作用才會有的信仰，才可以讓我們得到福樂；因此，我們永遠無法因我們的所爲而稱義，而只能由於中保的功勞才能達致赦罪。甚至輕易就可看出，假如沒有這些設想，基督教就必得列出給所有人的無盡懲罰，婆羅門教列出的則是無盡的再世輪迴；透過這兩種宗教，也就不會達致任何的解救。有罪的行爲及其後果就必須不管是經由別人的恩典還是經由所出現的自己更高的認知而一舉清除和消滅，否則，這世界就沒有什麼解救可希望的了。但在這之後，那些有罪的行爲及其後果就無所謂了。這也是**悔改、赦罪**，救世主在復活以後，就把傳揚這一點作爲傳

來的，所以，這第四個最終動因就不得不略而不提了。

㉓ 參見溫迪施曼的《商羯羅，或者論吠檀多神學》，第一一六、一一七和一二一—一二三頁；以及拉丁文本《奧義書》，第一卷，第三四〇、三五六、三六〇頁。

道使命的全部終於交給了他的門徒（《路加福音》，二十四：四十七）。優秀的品德恰恰不是最終的目標，而只是通往這目標的一個階梯。這一階梯在基督教神話裡透過採吃善、惡知識之樹標示出來，與此相伴的就是道德上的責任與原罪同時出現了。這一原罪其實是肯定生存意欲，而隨著更高認知而來的否定生存意欲則是解救。在這兩者之間的就是良好的道德：這良好的道德就是一盞明燈，伴隨著人們走在從肯定生存意欲，或者用神話說，從原罪的出現，一直到透過信仰上帝化身的中保而獲得解救；或者依照吠陀的學說，歷經每一次的業力所導致的轉生輪迴，直到出現正見及與之相連的解救（*final emancipation*）、解脫，亦即與梵的再度結合。但佛教徒則完全誠實地把這事情否定性地形容為涅槃，那也就是對這世界或對這輪迴的否定。當涅槃被定義為無時，這就說明了輪迴並沒有包含任何可以有助於定義或者構思那涅槃的成分。正因為這樣，只是在名義上與佛教徒有別的耆那教徒，把那些相信《吠陀》的人稱為「可靠的專家證詞」，而這外號據稱是說他們相信聽來的一些既無法知道也無法證明的東西（《亞洲研究》，第六卷，四七四頁）。

當不少古老的哲學家，例如奧菲斯、畢達哥拉斯主義者、柏拉圖（例如在《斐多篇》，第一五一、一八三頁以下，比朋蒂尼版；並參見亞歷山大的克羅門特的《雜綴集》，三，第四〇〇頁以下），還有使徒保羅都為靈魂與肉體的結合而嘆息，並願望靈魂從肉體那裡解放出來，只要我們在本卷第二部分裡認識到肉體就是意欲本身，是我們客觀察看到的、空間上的現象，我們就會明白這嘆息的真正涵義。

死亡時分決定了這人是要回到大自然的懷抱中去，抑或不再屬於這大自然，而是要……描述這種對立對比，我們並沒有形象、概念和字詞，恰恰因為這些形象和字詞都是從意欲客體化那裡拿來的，因此屬於意欲客體化，所以，與此絕對相反的東西和事情無法以任何方式表達出來。據此，這些對我們而言始終只是一種否定性陳述而已。與此同時，個體的死亡就是大自然對生存意欲的一次次不知疲倦的反覆質詢：「你已足夠和滿足了嗎？你想要逃出我的手心嗎？」這問題問得足夠頻繁的原因，就是個體生命太過短暫了。婆羅門在死亡時的那些儀式、祈禱和告誡，正如人們在《奧義書》中看到的有多處保存下來的記載，就是在這一意義上構思的。基督教對恰當利用死亡時分的注重和關心，透過那些告誡、懺悔、聖餐和臨終塗油禮，也是同樣的涵義。所以，也就有了基督徒的祈禱避免突然死亡。至於時至今日，許多人卻恰恰希望這樣的突然死亡，只是證明了他們並不是站在基督教的，亦即否定生存意欲的立場，而是站在了肯定生存意欲的立場，而這卻是異教的。

但這樣一個人將是最不怕死了以後會成為無物的——假如他認識到了他現在已經是無物了，因此對自己的現象不再那麼感興趣和參與，因為在這個人那裡，認識力好比燒毀和耗掉了意欲，以致在其身上再沒有意欲，亦即渴望去追求個體的存在。

個體性雖然首先存在於智力，而這智力反映著現象、屬於現象，以根據律為形式；但是，**個體性**也存在於意欲，因為性格也是個體性的，但這性格在否定生存意欲中被消除了。那與每一個純粹的美好的道德行為聯繫在一起的神聖性，其根據就是這樣的美德行為，歸根到底出自對眾生的內在本質中的數量同一性的認識。[24]但這種同一性只存在於否定意欲的狀態（涅槃）中，因為對意欲的肯定（輪迴），其形式是意欲呈現多種多樣的現象。肯定生存意欲、現象的世界、多種多樣的存在物、個體

[24] 參見《倫理學的兩個根本問題》，第二七四頁；第二版，第二七一頁。

性、自私、仇恨、卑劣都出自一個根源；在另一方面，那自在之物的世界、一切存在物的同一性、公正、仁愛、否定生存意欲，也是出自同一個根源。正如我已經多次指出過的，如果道德的優秀本質是因意識到所有存在物的同一性而起，但這種同一性並不存在於現象，而只是存在於自在之物，存在於一切存在物的根源，那麼，道德高尚的行爲就暫時到過了那一個點——否定生存意欲就是永久地回到這一點。

從以上所說的接著推論：我們並沒有理據可以假設還有某種智力比人的智力更加地完美。這是因爲我們看到人的智力已經足夠給予意欲這樣的認識，在有了這種認識以後，意欲就否定和取消自身，以此方式，個體性和因此那智力也就消失了，因爲智力只是個體本性，亦即動物本性的工具而已。假如我們考慮到下面這一點，那這些就不至於顯得那麼讓人抗拒了，就算我們爲此試驗性地設想出某種盡可能完美的智力，我們也無法想像這樣的智力會延續那無盡的時間，因爲這無盡的時間將會太過貧瘠，無法向那智力持續提供新的、配得上這一智力的東西。也就是說，因爲一切事物的本質從根本上都是同一的，所以，對這本質的一切認識必然是同義重複，這本質一旦被把握了，正如這本質很快被那至爲完美的智力所把握，那還會剩下什麼呢——除了在無盡的時間裡只是重複及其無聊？所以，單從這一面看也向我們表明：所有智力的目標都只是對某一意欲的反應，但因爲所有的意欲活動都是犯錯，所以，智力的最終工作是取消意欲活動——而在此之前，智力是爲意欲的目標服務的。因此，就算是可能的最完美的智力，也只是一個過渡階段，所要抵達之處是任何認知都無法夠著的；的確，這樣一種智力，也只能在某些瞬間就事物的本質獲得完美的領悟。

與所有這些思考和我在第二卷中所證明了的認知起源於意欲、在認知服務於意欲的目標的時候，也就以此映照了意欲的肯定，而眞正的解救卻在於否定意欲——與這些不謀而合，我們看到所有的宗教發展到了頂點就都成了神祕主義，亦即都變得隱晦和遮掩，而這隱晦的地方其實對認知而言，只是一個空白，也就是說，暗示了所有的認知在這裡都不可避免地要停下來，因此這只能以否定性陳述表達，對於感覺直觀則以象徵性的符號、在廟宇裡則以昏暗和沉默標示出來，在婆羅門教，甚至透過要求暫停一切思維和直觀，在默念唵的情況下，幫助內省自己本身的最深處。在最廣泛的意義上，神祕主義者引導直接意識到那無論是直觀還是概念，亦即認知都無法抵達之處。神祕主義者與哲學家在這方面是相對立的：神祕主義者是從內在開始的，哲學家則是從外在開始的。也就是說，神祕主義者從自己內在的、實在的、個體性的經驗出發——在此，他發現自己是永恆的、唯一的存在物，等等。但有關這些卻是無法傳達的——除了那些人們只能姑且信其言的宣稱；所以，他是無法讓人信服的。相比之下，哲學家則從所有人都共有的、客體的東西出發，從擺在所有人面前的現象和從所有人的自我意識裡都有的事實出發。他的方法因此是反思所有這些和組合這裡面所給出的資料。正因此，哲學家能夠令人信服。所以，他應該小心不要墮入神祕主義者的方式方法，比方說，不要透過聲稱智力的直觀或者據稱的直接理性知悉，把一切認知都無法觸及的、頂多只可以用某一否定來描述的東西，佯稱爲實在、具體的知識。哲學所具有的價值和尊嚴就在於它們鄙夷一切沒有理據基礎的設想和看法，所採用的資料也只是那些可以在直觀所見的外在世界，在爲了把握這些資料而建構的我們的智力形式，在人人都共有的自我意識中得到確切證明的東西。爲此原因，哲學必須保持是宇宙學，而不可以成爲神學。哲學的主題必須侷限在這個世界：從各個方面說出這世界是什麼，最深層的內在是什麼，就是哲學所能誠實地做的工作。依照這一點，我的學說在到達其頂點時，就帶上了否定的特徵，亦即以否定結束。也就是說，這學說到此只能說些所要否認的、放棄的東西，為此所換來的、所把握住的，就是迫不得已（在本卷第四篇結尾處）地把那描述為虛無，並且只能補充這樣的安慰：那只是一種相對的、而不是絕對的無物。這是因為如果某樣東西並不是我們所知道的任何東西，總之，那這東西對我們就的確是無物。但不能由此得出結論說這就是絕對的無物，也就是從每一可能的角度看和在每一可能的意義上必定是無物；而只是我們對其偏限在完全否定的認識，而這很有可能是因為我們的角度侷限。在此，恰恰是神祕主義者實在行事之處；因此，從此處開始，除了神祕主義和玄想就再沒有其他的了。誰要想給那唯有哲學才會導致的這類否定性認識增加這類補充，那在《鄔波尼煞曇》中可找到最美和最豐富的內容；然後是普羅提諾的《九章集》、愛留根納的著作、雅克布．伯默的一些段落，尤其是在蓋恩夫人的《靈性的激流》和西勒修斯．安吉奴斯的作品，最後則是蘇菲派的詩歌——圖魯克提供給了我們拉丁語譯本結集和另一德語譯本，以及還有不少其他著作。蘇菲派是伊斯蘭教的諾斯替教派，因此，甚至薩迪也用一個詞來形容它，翻譯過來就是「充滿洞見」的意思。一神論考慮到大眾的能力，把存在的起源置於我們之外，是某一個客體。所有的神祕教或主義，蘇菲派也一樣，在其奧義傳授的不同等級，都把存在的起源逐漸地再度拉回到我們自身，即主體，追隨者最終帶著驚奇和歡樂認得他自己就是這起源。神祕主義都共有的這一過程，我們看到在德國的神祕主義之父埃克哈特大師的描述中，不僅以盡善盡美的苦行者所要遵守的準則表達出來，「他不要在自身之外尋找上帝」（《埃克哈特的著作》，普費勒編輯出版，第一卷，第六二六頁），而且也至為質樸地這樣描述：埃克哈特的精神女兒，在自身體驗了那種轉變以後，找到了埃克哈特，向他歡呼：「大師，與我一道歡樂吧，我已成了上帝！」（同上書，第四六五頁）蘇菲神祕主義也與此精神一致地、一貫地主要表現出沉浸於這樣的意識之中：人本身就是這世界的核心和一切存在的源頭，一切也都回歸到這源頭。雖然在此也經常會要求放棄一切意欲，因爲只有這樣才有可能從個體存在及其苦痛中解放出來，但這要求卻是次等重要的，並且當作某樣輕而易舉的事情。但在印度的神祕主義中，這後一方面則顯現得強烈許多，而在基督教神祕主義中，這後一方面占頭等重要的位置，以致一切神祕主義那本質性的泛神論意識，在此只是次要的，排在放棄一切意欲之後，是作爲與上帝的結合而出現的。與這有差別的理解相對應，伊斯蘭教徒的神祕主義有某種相當快樂的特質，基督教徒的神祕主義的特性則是陰森和苦痛的，印度教徒的神祕主義則處於這兩種神祕主義之上，在這方面也是折中的態度。

寂靜主義（Quietismus），亦即放棄一切的意欲；禁慾主義（Askesis），亦即有目的地壓抑自己的意欲；還有神祕主義（Mysticismus），亦即意識到自己的本體與一切事物本質的本體，或說與世界內核的本體——這三者是至爲緊密相聯的，誰要是承認了其中之一，就會逐漸地接受其他兩者——哪怕那有違自己的初心。沒有什麼比這更讓人驚訝的了：儘管陳述那些學說的作者們，所在的時期、國家，所信仰的宗教都有極大的不同，但他們都是互相吻合一致的；都帶著堅如磐石的確定和發自內在的信念陳述其內在的體驗。他們並不是組成了某一個教派，要堅持、保衛和傳播某一他們掌握了的和理論上受歡迎的教義，而是在大多數情況下，他們都是互相不知道的；事實上，印度教的、基督教的和伊斯蘭教的神祕主義者，以及寂靜派和苦行派等，在各方面都是不同的——除了在其學說的內在意義和精神方面。比較一下蓋恩夫人的《靈性的激流》和《吠陀經》的學說，特別是《鄔波尼煞曇》的段落（第一卷，第六十三頁），就可得到這方面的一個至爲值得注意的例子，《鄔波尼煞曇》極爲簡潔但卻精確地包含了那本法文作品的內容，甚至同樣的形象，而這部著作卻是蓋恩夫人在一六八〇年的時候不可能知悉的。在《德國神學》（唯一並非殘缺的版本，斯圖加特，一八五一）一書中，第二和三章上說，魔鬼的墮落和亞當的墮落同樣都是因為無論是魔鬼還是亞當都給自己用上了「我」、「我的」、「給我」等字詞；在第八十九頁是這樣說的：「在眞正的愛裡面，既沒有我，也沒有我的、你、你的一類字詞。」與這相吻合的是，在格勞爾翻譯自泰米爾語的《蒂魯古拉爾》第八頁：「我那朝向外在的激情與朝向內在的我停止了。」（比較一下詩第三四六句）在斯賓塞．哈代的《佛教手冊》第二五八頁，佛陀說：「我的弟子摒棄『這是我』或者『這是我的』的想法。」總的來說，如果忽略掉外在情形所帶來的形式，只探究事情的根本，那人們就會發現釋迦牟尼佛和埃克哈特大師教導的是同樣的東西，只不過釋迦牟尼佛可以直截了當地說出他的思想，而埃克哈特大師則不得不把他的思想裹以基督教神話的外衣，並讓自己的表達與之相符。但埃克哈特大師在這方面走得如此之遠，以至在他那裡，基督教的神話只是一種形象的語言，幾乎猶如古希臘神話之於新柏拉圖主義者：新柏拉圖主義者無一例外地把那些神話理解為寓意和比喻。在這同一方面，值得注意的是，聖方濟各從生活優裕轉入乞丐生活，與釋迦牟尼佛走出的更大一步，即從王子轉為乞丐則是完全相似的；與此相應，聖方濟各的一生以及創辦組織，恰恰是一種印度出家人、乞士的生活。的確，值得一提的是，聖方濟各與印度精神的相似之處也表現在他對動物的熱愛和他經常與動物為伴，並通常稱牠們為兄弟和姊妹；還有他那美麗的頌歌透過讚頌太陽、月亮、星辰、風、水、火、土而表明了他那與生俱來的印度精神。㉕

㉕《聖方濟各的一生》，聖波拿文都拉，第八章；《佛朗士．馮．阿西西》，K．哈斯，第十章；《聖方濟各的頌

甚至基督教的寂靜主義者之間也常常互相很少，甚至根本就不知道彼此的情況，例如，莫利諾斯和蓋恩夫人對陶勒和《德國神學》一無所知，或者基希特爾並不了解莫利諾斯和蓋恩夫人。同樣，他們所受教育的巨大差別對他們的學說也沒有什麼關鍵性的影響，因爲某些人，例如莫利諾斯是博學的；其他人，例如基希特爾及許多其他人，則沒受什麼教育。這些學說巨大的內在一致性，加上其堅定和肯定的陳述，更證明了他們所說的是發自眞正的內在體驗；這種體驗雖然不是每個人都能有的，而只有少數得天獨厚者才會有幸接觸，所以，這體驗也獲得了「恩典的結果」之名，但基於以上理由對其眞實性卻是不可懷疑的。要明白所有這一切，我們必須閱讀那些著作本身，而不是僅滿足於來自二手的描述，因爲必須聆聽完每個作者本身的闡述才能判斷。所以，要了解寂靜主義，我尤其推薦埃克哈特大師，《德國神學》、陶勒、蓋恩夫人、安托內蒂·布里尼翁、英國人班揚、莫利諾斯、㉖基希特爾；同樣，作爲證實苦行主義的深度和嚴肅性的實際證據和例子，由羅伊希林所編的《帕斯卡爾的一生》和他的《羅亞爾港的歷史》，還有蒙塔朗貝爾伯爵所著《聖伊麗莎白的歷史》和夏多布里昂的《朗賽傳》，都相當值得一讀。但這類所有重要的作品並不就是這些。誰要是讀過這些著作並將其精神與苦行主義和寂靜主義的精神（這交織在婆羅門教和佛教的所有著作中，在著作中的每一頁都表

歌》，施洛舍和斯泰勒編輯，美因河畔法蘭克福，一八四二。

㉖《米格爾·莫利諾斯的精神指引手冊》，西班牙語版，一六七五；義大利語版，一六八〇；拉丁語版，一六八七；法語版至今仍有，書名是《有關寂靜主義和寂靜主義者的多種文章合集，或者莫利諾斯及其弟子》，阿姆斯特丹，一六八八。

達出來）比較一番，就會承認每一套哲學爲能前後一致，就必須摒棄上述思維方式，而這具體的做法只能宣稱這思維方式的代表就是騙子或者瘋子，因此，這些騙子或者瘋子必然是錯誤的。現在所有歐洲的哲學體系——我的哲學體系除外——就處於這樣的情形。那這樣的瘋狂的確是很古怪的一種瘋狂了，因爲如此很不一樣的環境和個人，但卻表達出了這麼一致的東西，並且被這地球上最古老的和最多的民族，亦即被亞洲大概四分之三的居民奉爲其宗教的主要學說。但任何哲學都不可以讓寂靜主義和苦行主義的主題擱在那裡不理不睬——假如人們把那問題擺在了它們面前。這是因爲那主題與所有的形上學和倫理學，就其素材而言是同一的。在這一問題上，我也期待和要求每一套哲學，連帶樂觀主義就此說出看法。而如果在我的同時代人的評判中，我的哲學與寂靜主義和苦行主義那種離奇的和前無例子的一致性明顯就是絆腳石，那我恰恰在這一致性中看到了證實我的哲學是唯一正確的和眞實的證明，這也解釋了爲何在新教的大學，這哲學被精明地忽視和受到祕密的默不作聲的處理。

不僅只是東方的宗教，其實還包括眞正的基督教，都有那完全的苦行基本特性，而這特性在我的哲學裡被清楚地解釋爲對生存意欲的否定，雖然新教尤其是今天的形態的新教試圖隱瞞這一點。甚至在近代出現的基督教的公開敵人也證明了基督教有斷念、否定自我、完全貞潔和禁止意欲的學說，他們也完全正確地以「反宇宙的傾向」之名標示這些東西；並且還從根本上闡明這些東西是原初、眞正的基督教本質所獨有的。在此，他們無可否認是對的。他們提出的這些是對基督教明明白白和赤裸裸的責備，但基督教的至深眞理、更高的價值和崇高的特性恰恰就在此。這證明了某種晦暗不清的頭腦思維，而這只能由此得到解釋：這些人的頭腦，很不幸地正如今天德國許許多多其他人的頭腦一樣，被那可憐的黑格爾勾當、這平庸的學派、這愚昧和無知的發源地、這敗壞頭腦的僞智慧完全破壞掉，從此變得怪誕了。人們現在終於開始認出黑格爾的學說就是這樣的東西，對其尊崇很快唯獨留給了丹麥學術院，在這學術院的眼中，那個笨拙的江湖騙子就是**至高的哲學家**，他們要爲其赤膊上陣：

> 因為所有人都會追隨
> 無知和愚蠢大眾的信仰和選擇
> 最遲鈍者就被奉為評判者
>
> ——拉伯雷

確實，眞正和原初的基督教明顯有禁慾和苦行的傾向，那是源自《新約》的內核，經教會長老的著作進一步發展起來：這是所有一切努力所要達到的頂峰。我們看到這禁慾傾向的首要教條，亦即建議眞正和純粹的獨身（這是否定生存意欲的第一和最重要一步），在《新約》就已經表達出來了。㉗斯特勞斯在《耶穌的一生》（第一卷，第六一八頁，第一版）就《馬太福音》十九：十一及以下所給出的放棄婚姻的建議，也說了這些：「人們爲了不讓耶穌說出一些與當今的看法相抵觸的東西，就夾帶一些私貨，說耶穌只是考慮到當時的情況和爲了掃除傳播福音的障礙，才建議放棄婚姻。不過，在此上下文裡，這樣的暗示比在《哥林多前書》七：二十五以下類似的段落還要少；在此，我們反倒看

㉗《馬太福音》，十九：十一及以下；《路加福音》，二十：三十五－三十七；《哥林多前書》，七：一－十一和二十五－四十；《帖撒羅尼迦前書》四，四：三；《約翰一書》，三：三；《啟示錄》，十四：四。

到又一處地方，那在艾塞尼教派中流行，並且大概在猶太人中也流行更甚的禁慾基本原則，也從耶穌的教導中透射出來。」這一禁慾的傾向在稍後就比一開始時更明顯地顯現出來。在開始的時候，基督教還在尋覓追隨者，不敢把其要求定得太高，隨著第三世紀的到來，就強調要達到這一要求了。在眞正的基督教裡，婚姻只是與人的有罪天性的某種妥協，是對那些缺乏力量爭取最高目標的人的某種特許，是避免更大損壞的某種辦法。在這一意義上，婚姻獲得了教會的同意，所以，那結合也就是不可解除的。但是，獨身和貞潔是基督教提出的更高聖禮：人們以此得以進入受選行列；唯有透過獨身和貞潔，人們才能得到勝利的王冠。甚至時至今日那擺放在未婚者的靈柩上的花環仍然暗示著這一點，恰如新娘在結婚當天脫下了花環。

關於這一點，一個不管怎樣都是出自基督教的原初時期的證明，就是亞歷山大的克羅門特（《雜綴集》，三，六和九）引自埃及人福音書的上帝的言簡意賅、含意深長的回答：當薩樂美問上帝，死亡還要主宰多久，上帝說，只要你們女人還在生孩子。意思是，只要那情慾還取得優勢，克羅門特在第九章補充道。這些話被馬上接到了《羅馬書》五：十二中的著名一段。此外，在第十三章，克羅門特引用了卡西亞努斯的話：當薩樂美問到她所詢問的事情什麼時候會揭示出來時，上帝回答說，當你們把羞愧的外衣踩在腳下，當男女二性成了一個，當男性就像是女性和再也沒有了男性也沒有了女性的時候。亦即當你們再用不著羞恥的外紗了，因爲兩性的一切差別都將消失了。

在這一點上，異端確實走得最遠，早在二世紀，就有塔蒂安派或者禁戒派、諾斯替派、馬西昂派、孟他努派、瓦倫提尼安派和卡西安派，但他們只是始終如一地、不計後果地崇尚眞理，並因此依據基督教的精神，倡導完全的節慾，而教會則把所有有違他們深謀遠慮的政策都精明地宣布爲異端。

奧古斯丁是這樣說塔蒂安派的：他們摒棄婚姻，並把婚姻與淫亂和其他墮落行爲相提並論；他們也不會把結了婚的人，不管是男還是女，接納進他們的行列。他們不吃肉食，並且厭惡這些東西（《論異端》，二十五）。不過，就算是正統的基督教著作家也如上述那樣看待婚姻，並熱切宣講完全的節慾。阿塔納修給出了婚姻的原因：我們遭受著我們祖先所得的詛咒；——因爲上帝所著眼的目標並不是我們要透過結婚和墮落而出生，但由於亞當的不服從，觸犯了上帝的戒律，所以就引發了生育（《闡釋詩篇》，五十）。特土良稱婚姻爲一個小的禍害，因寬容而起（《論謹愼》，第十六章），並且說：婚姻如同淫亂，是一種肉體交合：因爲主已把對此的要求與淫亂等同。所以，人們會提出異議，說你連最原初的、在那時候的唯一的婚姻也摒棄嗎？的確如此，並且是對的，因爲那原初的婚姻也有人們稱爲淫亂的東西的成分（《關於婚姻和再婚》，第九章）。確實，甚至奧古斯丁本人也完全承認這一信條及其所有結果，他說：我知道一些人會嘀咕：假如所有人都要戒除交配，那人類又如何持續存在呢？假如所有人都想這樣就好了！只要那是發自愛、發自純淨的心靈、伴隨著清白的良心和眞誠的信仰，那天國就會更快地實現，這塵世就會加速結束（《論婚姻之益處》，第十章）。再有：但願那些無用的抱怨，不會擾亂你的努力——你透過這些努力，激勵了許多人以你做榜樣。也就是說，那些人問到如果所有人都想要節慾，那人類如何能夠持續下去。就好像這世界還會因爲另一別的理由而得以延長期限似的——除了要等到預先確定了數目的聖者齊備以外；但數目越快完備，那這世界末日就越不需要推遲（《論守寡之益處》，第二十三章）。與此同時，人們可看到他把解救與世界的完結視爲同樣的東西。奧古斯丁的著作中有關這一點的其他段落，我們發現集合在《奧古斯丁的懺悔，選自聖托倫斯編撰的奧古斯丁作品集》（一六一〇）中的《論婚姻》和《論獨身》等，以此我們就可堅信：在古老、眞正的基督教裡面，婚姻只是一種讓步，並且其目的只是生育小孩；而完全的禁慾則是比婚姻遠勝一籌的眞正美德。對那些不願意親自追溯源頭的人，要消除所有有關基督教這裡所說的傾向的疑問，我建議他們閱讀兩部作品，卡洛威的《論獨身的法則》（一八三二）和林德的《論前三世紀基督教的獨身》（哥本哈根，一八三九）。我一點都不是要大家接受這些作者的個人觀點，因爲這些觀點與我的觀點是相反的，只是唯獨要大家注意他們所精心蒐集到的報告和引述；這些自然的報告和引述，恰恰因爲這兩個作者都反對獨身，所以值得我們完全信任。卡洛威是理性的天主教徒，林德則是新教的學生，他們就是以這樣的身分談論這事情的。在奧古斯丁作品集第一卷第一六六頁，我們發現就這方面表達了這樣的結論：「依據教會的觀點，正如在經典的基督教神學家的著作中，在教會會議成員和教皇的教導中和在正統的天主教徒的無數文章中所讀到的，那貫徹始終的禁慾被名爲神靈的、天上的、天使的品德，而能否在這方面獲得神的恩助，則取決於是否對此認眞地懇求。奧古斯丁的這個教義也由凱尼休斯和在特蘭托公會議上宣布爲永遠不變的教會信仰，這一點我們已經證明了。至於這作爲教義被確定下來，直至今日，《天主教徒》一八三一年六月刊就足以證明，在這份期刊第二六三頁是這樣寫的：『天主教教義中，始終謹守禁慾和貞潔，看在上帝的份上，就其本身而言，似乎是人的最高品德。認爲始終謹守貞潔本身就是目的、可以讓人聖化和提升的觀點，是深深扎根於基督教的精神和基督教明確的規定之中，正如每個對這些有所理解的基督徒對此都是深信不疑的。特蘭托公會議已清理了所有有關這方面的可能的疑問。』——確實，每一個不帶偏見的人都必須承認，不僅僅由『天主教』所宣布的教義的確是天主教的，而且所提出的論據對天主教的理性來說也應該是絕對不容辯駁的，因爲那是從教會對生活及其使命的基本觀點中正確汲取來的。」此外，在同一部著作第二七〇頁：「雖然保羅把禁止結婚形容爲異端，而《希伯來人書》的猶太教的作者要求『婚姻，人人都當尊重，床也不可汙穢』（《希伯來人書》，十三：四），但這兩個聖徒傳記作者的首要方向卻不會因此而遭錯判。童貞對這兩個作家而言是完美的，婚姻只是對弱者的一種急需，並且只是作爲急需而不受侵犯。然而，至高的努力卻是投向完全的、物質上的放棄自我。那自我要背棄所有只是給它和只是暫時給它歡樂的一切。」最後，在第二八八頁：「我們同意扎卡利亞神父，他想說的是，獨身（但不是獨身法律）是首先從基督和使徒保羅的教導中推導出來的。」

反對這眞正的基督教基本觀點的，時時處處只是《舊約》，連帶「神看著一切所造的都甚好」。這一點尤其可以從克羅門特的《雜綴集》中重要的第三部看出來——在那裡，在與上述嚴格自控禁慾的異端論戰的時候，克羅門特提出的反對根據始終只是猶太教及其樂觀的創世歷史，而《新約》否定這世界的傾向確實是與這些相矛盾的。不過，《新約》與《舊約》的連接歸根到底只是某種外在的、偶然的，並的確是勉爲其難的連接，只有原罪的故事，就像我已說過的，給基督教的學說提供了唯一的連接點。並且這一連接點在《舊約》那裡是孤立存在的，並沒有得到更多的利用。但根據《福音書》的描述，正是《舊約》的正統追隨者導致了基督教創立者在十字架上的死亡，因爲他們發現他的學說與他們的學說是相矛盾的。在上述克羅門特的《雜綴集》第三部，樂觀主義連帶一神教與悲觀主義連帶苦行、禁慾的倫理學，兩者的互相對立讓人吃驚地清晰凸顯出來。《雜綴集》第三部是針對諾斯替派的，而諾斯替派正是教導悲觀主義和禁慾的，尤其是 *εγκρατεια*（各種禁慾，尤其是禁止一切性慾滿足）；這就是爲什麼克羅門特對諾斯替派予以強烈的批評。但與此同時，《舊約》的精神與《新約》的精神的對立已隱約可見了。這是因爲原罪之說在《舊約》猶如一道開胃菜——除了這原罪以外，《舊約》的精神與《新約》的精神是針鋒相對的：前者樂觀，後者悲觀。克羅門特自己在第十一部的結尾處（「保羅讓自己與造物主對立起來了，等等」）凸顯了這種矛盾，雖然克羅門特作爲一個規矩的猶太人，並不想承認這一點，而是宣稱表面上似乎是這樣而已。總之，相當有趣的就是看到在克羅門特那裡，《新約》與《舊約》始終糾纏不清，克羅門特則竭盡全力把兩者協調起來，但在大多數情況下卻以《新約》排擠了《舊約》。在第三章開首，他批評了馬西昂派，他們仿照柏拉圖和畢達哥拉斯的樣子，認爲所創造的世界很糟糕，因爲馬西昂教導說那是一個由糟糕的素材組成的一個糟糕的自然，所以，人們不應定居在這世界裡，而應放棄婚姻。對此觀點，喜歡和領會《舊約》遠甚於《新約》的克羅門特大爲生氣。他把這看成是對這世界的創造者，對那公正的造物主明顯的忘恩、不滿和敵意，而這些人本身就是這造物主的作品，但卻鄙夷和拒絕應用這造物主的作品，在目無上帝的叛逆中「拋棄了合乎自然的意向」（**在反抗創造者的時候，——他們持續對創造者懷有敵意，不想應用創造者的創造，——在對抗上帝的罪惡鬥爭中，拋棄了合乎自然的意向**）。懷著神聖熱情的克羅門特，連原創性的榮譽也不想給予馬西昂派；相反，克羅門特以聞名的博學多才爲武器批評他們，以優美的旁徵博引證明古老的哲學家、赫拉克利特和恩培多克勒、畢達哥拉斯和柏拉圖、奧菲斯和品達羅斯、希羅多德和尤里比底斯，還有神巫都深切哀嘆這世界的苦難本質，亦即教導悲觀主義。在這熱情洋溢的旁徵博引的同時，克羅門特並沒有留意到這樣做恰恰爲馬西昂派的磨坊增加了水力，因爲他展示了：

任何時候和任何最有智慧的人

都像他們那樣教導和吟唱了同樣的東西，他反而放心、大膽地引用古人在這一意義上最明確、最有力的話語。當然，這些都不會讓他有所困惑或懷疑，智者就儘管慨嘆存在的悲慘吧，文學家就儘管抒發最撼動人心的哀訴吧，大自然和經驗就儘管大聲反對那樂觀主義吧，但所有這些卻不會讓我們的神學家感到不安。他仍然手握猶太啟示錄，充滿信心。造物主創造了這一世界，由此先驗地確信這世界就是很了不起的，不管這世界看上去是何種樣子。至於第二個問題禁慾，也同樣如此。根據克羅門特的看法，馬西昂派透過禁慾暴露了對造物主忘恩和一意孤行地斷然拒絕自己的天賦。既然悲劇作家已經爲自控派提前做了工作（這是不利於他們的原創性的），並說出了同樣的東西；也就是說，在哀嘆存在沒完沒了的苦難的同時，他們補充說在這樣的世界上不要生孩子是更好的事情，那克羅門特現在就再度以最優美的段落證明這所說的，與此同時，指責畢達哥拉斯主義者由於這一緣故而放棄性慾的樂趣。但所有這些都不會讓他有所爲難，他仍然堅持自己的原則：所有的那些禁慾就是對造物者的犯罪，因爲他們的確教導人們不應結婚、不應生育孩子、不應再把不幸的人帶到這一世界上，不應再把新的食物扔給死亡（這是因爲透過禁慾，他們就是對創造物和神聖的創造者、對全能的和唯一的上帝的犯罪，就是教導人們不應締結婚姻和生育小孩，也不應繼續把不幸的生靈帶到這世界上，再把新的食物扔給死亡。亞歷山大的克羅門特，《雜綴集》，第三，六）這有學問的基督教神學家如此譴責禁慾，似乎並不會預料到就在他的時期過去以後，越來越多地引入基督教教士階層不婚的做法並最終在第十一世紀成爲規定，因爲這與《新約》的精神相符。恰恰對於這一點，諾斯替派的把握和理解，要比我們那猶太教徒甚於基督教徒的基督教神學家更深和更好。諾斯替派的理解在第九章開首就清晰展現了——在那裡引用了埃及的《福音書》的話：救世主本人說了，「我到來就是要消除女人的作品」：女人的作品也就是欲望的作品；這些作品就是生育和毀滅。在第十三章結尾和第十四章開首則更是這樣。當然，教會必須著眼於讓一種宗教立足，能夠在這樣一個世界和人群中立足和活動。因此，教會就會把這些人宣布爲異端。在第七章結尾，我們的基督教神學家把他所認爲的糟糕的印度的苦行與基督—猶太教對立比較——這樣，這兩種宗教的精神的根本區別就清楚凸顯了。也就是說，在猶太教和基督教中，所有的一切都可還原爲到底是服從還是不服從上帝的命令——我們這些被創造物，我們這些由全能的意志所創造出來的人（第十四章）。此外，作爲第二個義務，就是侍奉主，讚頌主的作品和心懷感激。當然了，婆羅門教和佛教看上去是相當不一樣的，因爲在佛教中，一切改善、皈依，以及所希望的從這一痛苦的世界，從這一輪迴的解脫，是發自對四個根本眞理（四諦）的認識：⑴痛苦（苦諦），⑵痛苦的起源（集諦），⑶斷滅痛苦（滅諦），⑷實現斷滅痛苦的八正道（道諦）（《法句經》，浮斯伯爾編輯，第三十五和三四七頁）。對這四個眞理的闡釋，大家可看比爾努夫的《佛教歷史入門》（第六二九頁）和對佛教的論述。

事實上，與基督教有親緣關係的，並不是猶太教及其「一切所造的都甚好」，而是婆羅門教和佛教——這是根據其精神和倫理傾向而言的。是精神和倫理傾向，而不是裹著這些東西的神話，構成了一門宗教的本質性東西。所以，我不會放棄相信基督教的學說是從那些原初的宗教以某種方式派生出來的。我在《附錄和補遺》第二卷第一七九節已經指出了這方面的一些蛛絲馬跡。要補充的是，伊皮法紐（《反異端》，十八）說，自稱爲「拿撒勒人」的耶路撒冷的首批猶太人基督徒，節制不吃任何動物。由於這一起源（或至少是這種一致性），基督教屬於人類古老的、眞正的和崇高的信仰，那些信仰與希臘異教、猶太教和伊斯蘭教所表現的虛飾的、平凡的和無益的樂觀主義是互相對立的。瑣羅亞斯德教在某種程度上居中間位置，因爲在阿赫里曼那裡有與奧爾穆茲德相對立的一個悲觀的平衡。正如羅德在《瑣羅亞斯德教民族的神聖傳說》一書中所透澈證明了的，猶太教產生於瑣羅亞斯德教，耶和華出自奧爾穆茲德，撒旦則出自阿赫里曼，而撒旦在猶太教中只是扮演了一個相當次要的角色，並的確幾乎完全消失了——也只有透過如此的安排，樂觀主義才占據上風，並且也只有原罪的神話作爲悲觀的成分留了下來，而這原罪的神話也同樣（作爲米施安和米施安尼的寓言）源自《阿維斯陀經》，但卻已被人遺忘了——直至這寓言以及撒旦被基督教重新撿了起來。但奧爾穆茲德本身卻是出自婆羅門教——雖然那是一個更低的層級：他不是別的，而是因陀羅——那次一級的、經常與人類爭鬥的天空之神，正如傑出的I．J．施密特在《論諾斯替－神智學的學說與東方宗教的淵源》所正確證明了的。這個因陀羅－奧爾穆茲德－耶和華必然是在後來進入基督教的，因爲基督教產生於猶太教，但由於基督教的世界主義的特性，這神靈就放下自己的專有名字，以便在每一個皈依的民族的語言當中，被人們用被他擠掉了位置的個體超人的名字做稱呼，例如「迪烏斯」（*Deus*，上帝），而這是從梵文 *Deva* 而來的（魔鬼，*devil*，也由此而來），或者在哥德－日耳曼民族那裡，就用上源於 Odin 或者 Wodan、Guodan 的 *God*、Gott。同樣，在從猶太教而來的伊斯蘭教，就用上在阿拉伯已經存在的「阿拉」之名。與這些類似的是，當希臘的奧林匹斯山神祇在史前移植到義大利的時候，就採用了在義大利已有的神祇的名字，所以，宙斯在羅馬人就稱爲朱比特，赫拉就稱朱諾，赫爾墨斯則稱墨丘利，等等。在中國，傳教士碰到的第一個尷尬是，在中文裡並沒有表達「創世」之類的名詞或者詞語，❷❽因爲中國的三大宗教並沒有創世主，既沒有複數也沒有單數。

不管其他方面如何，那《舊約》的一切所造的都甚好對眞正的基督教來說是陌生的，因爲在《新約》中，談起這世界就是某樣我們沒有歸屬感、某樣我們不愛的東西，其統治者就是魔鬼。❷❾這是與否定自身和克服這世界的苦行精神相一致的，而這種精神，就像那對鄰人，甚至對敵人的無邊的愛一樣，是基督教與婆羅門教和佛教共有的根本特徵，也證明了它們之間的親緣關係。沒有什麼像基督教那樣，要如此費功夫地區分內核與外殼。正因爲我珍視內核，所以，有時候我就對外殼不客氣了。但這外殼卻比人們通常所想的更厚。

新教在剔除了禁慾及其中心點以後，亦即獨身值得嘉許的特性，其實就已經放棄了基督教最內在的核心，並因而可被視爲對基督教的背離。在我們今天，這表現爲逐漸地從新教演變爲平庸的理性

---

❷❽ 比較《論大自然的意欲》，第二版，第一二四頁。

❷❾ 例如，《若望福音》，十二：二十五和三十一，十四：三十，十五：十八，十九，十六：三十三；《哥羅森書》，二：二十；《厄弗所書》，二：一—三；《若望一書》，二：十五—十七，四：四，五。藉此機會，人們可看看某些理性神學家是如何以符合他們的理性主義的、樂觀主義的和極其平庸的世界觀的方式，極力曲解《新約》文本，甚至到了在譯文中歪曲、作假的地步的。所以，H．A．紹特在附加給格里斯巴赫一八〇五年版新拉丁文本中，把《若望福音》第十五章十八、十九中的 κοσμος（即世界）翻譯成 *Judaei*（即猶太人）；把《若望一書》第四章四的「世界」翻譯成 *profani homines*（即卑鄙的人），把《哥羅森書》第二章二十中的 *στοιχεια του κοσμου*（即世俗的原理）翻譯成 *elementa Judaica*（即猶太的因素）。而路德則都把那字詞誠實和準確地翻譯成「世界」。

主義——這一現代的伯拉糾主義。而這伯拉糾主義最終會淪爲這樣的學說：一個有愛心的父親創造了這一世界，因此，在這世界上一切都是漂漂亮亮、讓人心情愉快的（這他當然是必然不會成功的）；而如果人們只是在某些方面順應他的意願和意志，那以後他就會爲這些人負責安排一個還要漂亮得多的世界（可惜的是，這個漂亮的世界有一個如此痛苦和討厭的入口）。這宗教對那些過著舒適生活、已婚生子和開明的新教牧師來說可能是不錯的，但這可不是基督教。基督教是這樣一種學說：人類由於存在本身而有了深深的罪疚，人的內心有了從此存在得到解脫的渴望，但只有透過付出沉重的奉獻和透過否定自我，亦即透過人性的整個翻轉才可得到解脫。從實際的角度看，亦即聯繫路德想要革除他那個時期的教會暴行，路德有可能是完全對的，但從理論的角度看卻不是這樣。同樣，學說越是崇高，那面對總體上知覺低級和惡劣的人性就越容易被濫用和糟蹋。這就是爲什麼在天主教中，那種濫用和糟蹋比在新教中多得多、厲害得多。例如，修士制，本來是講究方法地讓人們共同在一起否定意欲，彼此互相鼓氣，是一種高貴的機構和院舍。也正因爲這樣，修士制大都是違背其精神的。教會那些氣人的亂七八糟的行徑在路德正直的心靈裡激起了極大的憤慨。但因爲這些惱人的事情，路德最後竟想要盡可能多地「壓價」基督教本身。爲此目標，路德首先把基督教侷限在《聖經》的字詞裡，但之後，路德因受發自良好目的的熱情的鼓動而走得太遠了，因爲他在禁慾的原則上攻擊了基督教的核心。這是因爲在禁慾原則退出以後，樂觀主義必然很快就會代替其位置。但樂觀主義在宗教裡，一如在哲學裡，就是一個根本的錯誤，會擋住通往一切眞理的去路。根據所有這些，在我看來天主教就是被可恥地糟蹋了的基督教，但新教則是退化了的基督教；所以，基督教也就承受了一切高貴、崇高和偉大的東西都會承受的命運——一旦這些要在民眾中立足的話。

但儘管如此，就算是在新教內部，基督教本質上的苦行和禁戒派精神也再度宣洩出來，並由此形成了一個或許是前所未有的如此規模和帶有如此明確性的奇特現象，亦即在北美一個極爲引人注目的**震顫**派分支，由一個英國婦女安娜．李在一七七四年成立。這個教派的信眾已增至六千人之多，分爲十五個堂區，在紐約州和肯塔基州有多個村莊，特別是在拿騷附近的新黎巴嫩區。他們的宗教生活戒條的根本特色就是獨身和完全戒除一切性慾滿足。這一戒條被完全誠實、嚴格地遵守了——這一點，就算是那些在其他各方面持諷刺和嘲弄態度的英國和北美來訪者也是一致承認的，雖然兄弟、姊妹們有時甚至共住一間屋子，在同一張桌子上用餐，做禮拜的時候在教堂一起跳舞。這是因爲誰要是做出了那最艱難的犧牲，就可以在主的面前**跳舞**：他就是勝利者、征服者。他們在教堂的歌唱是喜悅的，部分甚至是輕鬆愉快的歌曲。在布道以後的教堂舞蹈，也得到了其餘眾人的唱和：打著節拍、熱情奔放，最後就是急促奔跑，持續至筋疲力盡爲止。在每一次舞蹈之間，一個導師會高聲喊道：「請謹記：你們在主的面前歡慶消滅了肉體！在此是唯一用得上我們那倔強、反抗的四肢的地方。」其餘大多數規定是與獨身自動地連在一起的。沒有家庭，因此也沒有私人財產，有的只是公共財產。所有人都穿著同樣的貴格會款式的衣服，極其乾淨和整潔。他們都是勤奮和苦幹的：游手好閒是不會被容忍的。他們也有令人羨慕的規定：避免一切沒必要的噪音，例如喊叫、摔門、打響鞭、用力敲打東西，等等。其中一條是這樣表達他們的生活戒條的：「過一種清白、單純的生活，愛你的鄰人，就像愛你自己，與所有人和平共處，放棄戰爭和流血以及一切針對他人的暴行，也放棄爭取世俗的榮名。把別人該得的給予別人，謹守**神聖**性，因爲沒有那神聖性是不會看到天主的。利用一切機會，力所能及地爲所有人做好事。」他們不會勸人加入，但對報名參加者卻以多年的見習期考驗。每個人也都可以退出。極少有人因行爲不檢而被逐出。教徒所帶來的孩子會得到精心的教育和培養。只是在他們長大以後，才由他們自願做入教誓言。有人也提到在他們的牧師與英國聖公會神職人員的爭論中，後者通常都是敗北的，因爲論據出自《新約》的段落。有關這些更詳盡的報導，尤其可以在馬克斯威爾的《走馬看花在美國》中看到；再就是本尼迪克特的《所有宗教的歷史》，一八三〇；還有一八三七年十一月四日《泰晤士報》和德文雜誌《哥倫布》一八三一年五月期。與這些教派很相似的，也同樣是嚴格獨身和禁慾生活的美國的一個德國教派，就是拉普主義者，勒赫的《在美洲的德國人的歷史和處境》報導了這些拉普主義者。在俄國，洛斯可爾尼基教派也應該是一個類似的教派。基希特爾主義者也同樣過著嚴格的禁慾生活。但早在古老的猶太人中，我們就可發現所有這些教派的原型，即艾賽尼派。對此派，甚至普林尼（《自然史》，第五，十五）也有描述，那與震顫派非常地相似，不僅只是獨身不婚，而且在其他方面，甚至在禮拜時的舞蹈也很相似。㉚這讓人猜測震顫派的創立者是否效法了艾賽尼派。與這些事實相比，怎麼看路德的這一宣稱呢：**我們身上的本性是由上帝植入的，假如那被強行拔掉，那在沒有婚姻的情況下，人是不可能貞潔地生活的**（《基督教大教義問答》）。

雖然基督教在本質上只是教導了整個亞洲當時早就知道，並且知道得更清楚的事情，但那對歐洲卻是一個嶄新的和偉大的啟示；因此之故，歐洲人的思想精神也全然改觀。這是因爲基督教向他們透露了存在的形而上的涵義，因此教育了他們把目光超越那狹隘、貧瘠和短暫的塵世一生，不再把這塵世生活當作這塵世生活的目的，而應視爲某種苦難、罪孽和考驗的狀態，是鬥爭和淨化的處境——而

㉚ 貝勒曼，《古代有關艾賽尼派和醫治者的歷史報導》，一八二一，第一〇六頁。

人們透過道德作為、艱難的死心斷念和否定自我就可以從此狀態中飛升至某種更好的、我們無法理解的存在。也就是說，基督教教導有關肯定和否定生存意欲的偉大眞理，但卻裹著寓言的外衣，因爲它說由於亞當的原罪和墮落，所有人都遭受了那詛咒、罪孽來到了這一世界，罪疚遺傳給了所有的人；但在另一方面，由於耶穌的殉難，所有的人贖了罪，罪疚被消除了，正義得到了撫慰。但要理解這神話所包含的眞理本身，我們就必須不僅把人視爲在時間上彼此獨立的生物，而且要理解有關人的（柏拉圖式的）理念——這人的理念之於人的次序排列，猶如永恆本身之於在時間上拉長和鋪排開來的永恆；因此，那在時間上展現爲人的次序排列的人的永恆理念，透過把這些人的排列聯繫起來的生殖紐帶而再度在時間上呈現爲一個整體。那麼，如果我們牢牢把握著人的理念，那就會看到亞當的原罪和墮落表現了人的有限的、動物性的、有罪的本性——據此，人恰恰是要落入有限、罪孽、苦難和死亡之手的生物。相比之下，耶穌基督的生活方式、學說和死亡表現了永恆的、超自然的一面，表現了人的自由、拯救。那麼，每一個這樣的人就潛在可能性而言，既是亞當也是耶穌，這根據他對自己的把握和他的意欲據此對他的限定而定，而這樣的結果就是他要麼落入詛咒和死亡之手，要麼獲得解救和達致永生。這些眞理無論在寓言的意義上還是在本意上，對希臘人和羅馬人都是全新的，因爲他們仍然完全融入生活，並沒有把目光超越生活而認眞往外審視。誰要是對這最後的說法有所懷疑，那就看看西塞羅（《爲克盧安提烏斯辯護》，第六十一章）和撒路斯提烏斯（《喀提林陰謀》，第四十七章）是如何談論死後的狀態的。古希臘人和羅馬人雖然在幾乎所有其他方面都遠遠地走在了前面，但在首要的事情上卻還像小孩一樣。在這方面甚至還不如德魯伊人，因爲德魯伊人還教導形上學呢。至於少數一些哲學家如畢達哥拉斯和柏拉圖想到了別的東西，在整體方面不會改變那事實。

那包含在基督教、婆羅門教和佛教裡偉大的基本眞理，是人們所能有的最重要的、無與倫比的眞理，亦即需要從這注定是苦難和死亡的存在中獲得解救，而實現這一目標則是透過否定意欲，亦即明確與天性作鬥爭。但與此同時，這眞理卻與人類的自然傾向完全相牴觸，也很難依據其眞正的理據把握，正如所有僅僅是在泛泛和抽象思維中的東西都與絕大多數人完全無緣一樣。因此，為了把那一偉大的眞理引入實際運用的範圍，無論如何都需要某一神話載體，好比需要某一器具一樣：缺少了這一承載器具，那一眞理就會消失。所以，眞理無論在哪裡都必須借用寓言的外衣，而且始終要爭取與某一歷史中存在的、已經廣爲人知的和已經受到尊崇的人或事連接起來。一些東西，其本意是各個時期各個地方都有的思想低級、智力呆滯的野蠻大眾所無法明白的，爲了實際需要就以寓言的意思告知他們，以便作爲他們的指路明星。上面所說的教義和信條可被視爲神聖的器皿，以承載自數千年來，甚至自人類開始以來就已被認識和表達出來的偉大眞理，讓對廣大民眾而言始終是祕密學說的眞理本身，以符合大眾能力的方式，能爲大眾所接觸、所理解，能把這眞理保存和傳遞給以後的世紀。但由於一切不是完全澈底由純淨眞理的牢固材料而組成的東西，都有被毀滅、被湮沒的危險，所以，當這樣的器皿時常由於某種與其格格不入的時期而遭遇這一危險時，那承載的神聖內容就必須以某種方式、透過另一種器皿加以搶救並爲人類保存下來。哲學的任務則是爲無論任何時候都只是極少數的有思考能力的人，純淨不帶雜質地、因而只用抽象的概念而不再用那承載物來表達上述神聖的內容，因爲那些內容與純淨的眞理是合一的。與此同時，哲學之於宗教，猶如一條直線之於多條與其旁行的曲線，因爲哲學是以本意說出、因此直接抵達宗教在遮遮掩掩之下所展現的和走了迂迴曲折以後所到達之處。

假如我還想舉出例子以說明我剛剛所說的，與此同時趕一下我這個時代的哲學時髦，嘗試一下用我的哲學的基本概念解開基督教最深的奧祕，亦即三位一體，那運用諸如此類的闡釋所應有的自由，我可以給出下面的解答。聖靈就是堅決否定生存意欲，具體表現出否定生存意欲的人就是聖子。他與那肯定生活並因此創造出這直觀世界的奇特現象的意欲（意志），亦即聖父是同一的，因爲肯定和否定都是那同一個意欲（意志）的彼此相反的行爲，這兩者的能力是那唯一的眞正自由。可是，這些解答只是想法遊戲而已。

在我結束這一章之前，我願意舉出一些例子以說明我在第一卷 §68 形容爲「次好的道路」的東西。這裡所說的「次好的道路」，也就是經由親身的、深切感受到的苦痛所帶來的否定意欲，因而不只透過吸收別人的痛苦和由此認識到我們存在的虛無和悲傷。這類昇華以及由此所肇始的淨化過程，在人的內在的發生過程，可以透過每一個敏感的觀眾在觀看一齣悲劇時所體驗到的來了解，因爲這些特性是彼此相近的。也就是說，大概到了第三和第四幕，觀眾由於看到主人公的幸福越來越受到損害和威脅而感到了痛苦和害怕；而在第五幕，當主人公的幸福被完全破壞和毀滅，觀眾就感到了某種程度上的情緒昇華，這所給予的滿足，其性質遠遠高於看到主人公是如何春風得意時所產生的那種滿足。像這樣一種完全意識到是假象的東西，其刺激起來的淡若水彩般的感同身受，與在沉重的不幸把人們最後推至完全死心斷念的港灣時，人們以眞實的力度感受自己的命運是同樣的事情。所有那些完全轉變人們的觀點、態度，讓人皈依的事情，都是以這些發生過程爲基礎的。正如我在第一卷中已經描述的。一個與我在那裡所講述的雷蒙·盧爾的皈依故事極其相似、其結果也是值得紀念的，就是在此值得約略說一下的朗賽教士。他在青年時代沉迷於快感和肉慾。最後他與一個蒙巴松女士保持著狂熱的關係。一天傍晚，他去拜訪她的時候，發現她的房間空無一人、亂糟糟的和一片昏暗。他的腳踢到了某樣東西：那是被人從人的軀幹上砍下來的，因爲這人在突然死亡以後，不被砍下那人頭的話，屍體就無法放進旁邊的鉛製棺材。在克服了無邊的痛苦以後，從一六六三年開始，朗賽就成了改革在當時已經完全偏離了嚴格戒條的特拉普會的人。他在承受痛苦以後就馬上加入了特拉普會，並讓這修士會恢復到嚇人的棄絕的程度，而時至今日，特拉普修士會仍然堅持這些；並且這種講究方法的否定意欲、爲此所借助的最艱難的棄絕和一種嚴酷與苛刻得讓人無法置信的生活方式，讓來訪者充滿神聖的敬畏；而來訪者在受到這些眞正的修士的接待時，就已經被他們的謙恭打動。這些修士由於忍飢、挨凍、守夜、祈禱和勞作而憔悴，他們就跪在來訪者的面前請求得到他們的祝福。在法國的所有修士會中，這是唯一經過了所有的根本性改革以後仍完全保留下來的一個。這要歸功於那種嚴肅認眞，這在那些修士那裡是顯而易見的，也排除了所有的別的目的。這個特拉普苦修會甚至沒有受到宗教衰敗的影響，因爲它的根子比起任何某一實在的教義和信條，都更深地扎於人性之中。

在此所考察的、到此爲止被哲學所完全忽略的、在人性的內在所發生的巨大和快速的根本性變化，最常在一個人充滿意識地走向暴力和肯定死亡時發生，亦即發生在即將被處死的情形裡。我在第一卷文本裡提到過了。但爲了把這些事情和過程更清楚地展現在眼前，我認爲把一些罪犯在受刑前的表現和看法放在這裡，一點都不會有失哲學的尊嚴，雖然這樣做我會招來嘲笑，說我引向絞刑架下的布道。與此相反，我的確相信絞刑架是獲得特別啟示的地方，是一處瞭望塔：從這往外眺望，如果這人還保留著思考和意識的話，對永恆的所見比大多數哲學家在理性心理學和神學的段落中所展現的，要更加地遠闊、更加地清晰。下面的絞刑架下的布道是在一八三七年四月十五日由巴特列寫的，他謀殺了他的丈母娘：「英國人和同胞們！我只有很少的話要說，但我懇請你們所有人讓這寥寥數語深入你們的心，把這些話保留在記憶裡，不僅在你們旁觀今天這悲慘景象的時候，而且要帶回家，向你們的孩子和朋友重複。我作爲一個行將死亡的人、一個現在已經看到死亡工具的人請求你們。這數語就是：不要再眷戀這一垂死的世界及其虛無的歡樂，不要把心思放在這上面，而是要多想想你們的上帝。記得要這樣做！皈依吧，皈依吧！因爲請確信這一點：沒有深深的和眞正的皈依，不返回到你們的天父那裡，你們就沒有丁點的希望可抵達那極樂天堂和安寧之地，而我堅信現在是在快步趕往那地方了。」（根據一八三七年四月十八日《泰晤士報》）還有更值得注意的是，在一八三七年四月十八日被處死刑的著名謀殺犯格林爾克最後的表態。英國《郵報》對此作了如下報導，這也在《加利尼亞尼信使報》上登了出來：「在行刑的那天早上，一個先生向他推薦說，他可以信任上帝，請求透過耶穌的中保而得到原諒。格林爾克回應說，請求透過耶穌的中保而得到原諒是看法的問題；而他呢，則相信在至高無上的神靈的眼中，一個伊斯蘭教徒和一個基督徒是相等的，對極樂有著同樣多的權利。自從他入獄以來，他就把全副精神投入神學方面的事情，並最終確信：絞刑架是通往天國的關口。」恰恰在此表現出來的對實在宗教的無動於衷，讓他們的這些看法更添了分量，因爲這證明了那些看法並不是錯覺，而是以自己的、直接的認識爲基礎。需要一提的還有下面的扼要描述，一八三七年四月十五日《加利尼亞尼信使報》取自《利默里克紀事報》：「上星期一，瑪利亞·庫尼因殘忍謀殺安娜·安德森而被處死了。這個可憐的人內心是如此深切地感受到自己的大罪，她吻了那放置在她脖子上的繩索，一邊謙卑地祈求著上帝的憐憫。」最後還有這些登在一八四五年四月二十九日《泰晤士報》的多封信件，是因謀殺德拉如而被判死刑的霍克在被處死前一天寫的。在其中一封信裡，霍克寫道：「我深信：除非那自然的心臟破裂了，經神的恩典得到了更新，否則，不管那心在世人眼中如何地高尚和可愛，那終究永遠不會讓人想到了永恆而又不伴隨著內心的戰慄。」這些是我上面提到的從那瞭望塔中所透視永恆的景觀，我就不客氣地把這些放在這裡，尤其是莎士比亞也說過：

從這些皈依者那裡
可以聽到和學到很多東西。

——《皆大歡喜》，最後一幕

基督教也把在此所描述的淨化和神聖化的力量歸之於苦難，把與此相反的作用歸之於基督的舒適和安好——斯特勞斯在《耶穌的一生》（第一卷，第二部分，第六章，第七十二和七十四節）中就證實了這一點。也就是說，《登山寶訓》中的眞福，在《路加福音》（六：二十一）的涵義與在《馬太福音》（五：三）中的不同，因爲只有後者才給「你們貧窮的人有福了」補充了「虛心」，給「飢餓的人」補充了「慕義」：亦即只有在《馬太福音》指的是單純的、謙卑的等，而在《路加福音》那裡，指的是眞正貧窮的人——這樣，在此就有了現在的苦難和將來的好生活的對照，對於以便尼貧聖會，那首要的定理就是：誰要是在這一生得到了他的份額，那在將來就是兩手空空的，反過來亦然。因此，在《路加福音》那裡，福樂之後緊隨的是同樣多的苦痛，而這些苦痛，根據以便尼貧聖會所理解的涵義，是大聲對富足的、飽足的、喜笑的人說的。斯特勞斯在第六〇四頁說，那有關財主和拉撒路的寓言（《路加福音》，十六：十九）也是同樣的意義，因爲那完全既沒有講述財主做了什麼壞事，也沒有說拉撒路的功勞；而將來的報應並不是以在此生中所做的好事或者所犯下的惡行爲標準的，而是根據在此生，在以便尼貧聖會的意義上所承受過的和享受過的好處。斯特勞斯接著說：「其他的以相同觀點敘述《福音書》的作者（《馬太福音》，十九：十六；《馬可福音》，十：十七；《路加福音》，十八：十八）也在富有的少年人的故事和駱駝與針眼的警句中，說耶穌對外在的貧窮有類似的尊重。」

如果我們深究這事情就會認清楚，甚至《登山寶訓》中最著名的段落，也有間接指示自願清貧的內容，並以此否定意欲的內容。這是因爲那要無條件順應別人所有對我們的要求的規定（《馬太福音》，五：四十以下），誰要是爭論說我們的無袖內衣是他的，就把我們的大衣也給他，等等，以及同樣的不要爲將來，甚至不要爲明天憂心，要無憂無慮過日子——要遵守這些人生規條的話，肯定就會導致赤貧，也就因此以間接的方式說了佛陀直接規定弟子要做的、他自己也以身作則的事情，亦即拋棄一切成爲比丘，亦即乞士。還有比這方面更明確的意思，出現在《馬太福音》（十：九—十五）中：在那裡，使徒們不准擁有任何財產，甚至鞋子和步行杖，耶穌指定他們要行乞。這些規定就成了以後聖方濟各行乞修道會的基礎（聖文德的《聖方濟各的一生》，第三章）。這就是爲什麼我說基督教的道德倫理精神與婆羅門教和佛教的道德倫理精神是同一的。與在此所闡述的整個觀點相吻合的，是埃克哈特大師（著作總集，第一卷，第四九二頁）也說過的：「那把我們帶至完美的最快的坐騎，就是痛苦。」

第四十九章 解脫之道

我們只有一個與生俱來的錯誤，即認爲我們來到這一世界，目的是要過得幸福愉快。這一錯誤是與生俱來的，因爲這一錯誤是與我們的存在本身相一致的，我們的整個本質只是對這一錯誤的闡釋，而且我們的身體就是這一錯誤的圖案標記：我們只是生存意欲，而接連不斷地滿足我們的所有意欲，就是「幸福」這一概念所包含的意思。

只要我們堅持這一錯誤，甚至以樂觀主義觀點來鞏固這一錯誤，那這一世界看上去就是充滿矛盾的。這是因爲所邁出的每一步，不管是大事還是小事，我們會體會到這一世界和這種生活一點都不是設計成包含了某一幸福的存在。沒有思想的人在現實中只是感受到煩惱和受罪而已，但對於有思想的人，除了感受到現實的苦痛，還多了某種理論方面的困惑：這一世界和這一生活，既然其存在就是爲讓我們得到幸福，那爲什麼與其目的是如此糟糕地不相匹配？剛開始，這會發洩爲唉聲嘆氣，諸如「啊，爲何月亮之下是如此之多的眼淚」一類。但在感嘆一番後，接下來是讓人不安地懷疑起那些先入爲主的樂觀主義的假定。儘管如此，人們還是把自己個人的不幸時而歸因於環境，時而又歸咎於別人；要不就是埋怨自己運氣不濟；再不然，就怪自己笨拙、欠巧妙；又或者我們已認清自己的不幸其實是所有這些因素共同作用的結果。無論怎樣，這些是改變不了這一結果的：我們並沒有實現人生本來的目的，而這一目的就是得到幸福。一想起這樣的事情，尤其正行將結束自己一生的時候，我們通常都會意興闌珊。因此，幾乎所有老者的臉上都掛著英語所說的 *disappointment*（失望）的表情。除此以外，直到那時，我們所生活的每一天都告訴我們：快樂和享受就其自身而言，就算是得到了，也是騙人的玩意兒，並不會眞的履行其諾言，並沒有讓我們的內心得到滿足；最後，得到了這些快感和享受，也讓與這些結伴而來的或者出自這些本身的不便和煩惱敗壞了味道。相比之下，苦痛和磨難卻是異常眞實的，並且經常超出了我們的估計和預期。所以，生活中的所有一切都的確適合讓我們從那錯誤中醒悟過來並確信：我們生存的目的並不是幸福。的確，如果不懷偏見和更仔細地審視人生，人生更像本來就是要讓我們在這生存中不會感受到幸福，因爲這一生存透過整個本質帶有某種東西的特性，那會敗壞我們的興致，讓我們感到索然無味，我們不得不從這折回頭，就像從犯錯中醒悟了過來——這樣，我們的心就去掉了那要尋歡作樂的狂熱，那甚至要長活下去的病態欲望，就會背對這一世界。因此，在這一意義上而言，把生活的目的定位爲受苦比定位爲享福更爲準確。在上一章的結尾處所作的思考已經顯示：一個人受的苦越多，就越早達到生活的眞正目的；而一個人生活得越幸福，就越發延遲達到這一目的。塞內卡的最後一封信的結尾，也與這裡的說法相吻合：然後，當你看到最幸福者其實是最不幸福的，你還會感覺你自己是幸運的嗎。——這句話也的確好像顯示了基督教的影響。同樣，悲劇的獨特效果就在於從根本上動搖了我們那與生俱來的錯誤，因爲悲劇透過某一個偉大的和引人注目的例子，讓我們活生生地直觀看到人爲的追求終究挫敗、整個生存就是虛無的，並以此揭示出人生的深刻涵義。正因此，人們把悲劇奉爲最高貴的文學形式。誰要是透過這樣或者那樣的途徑，從我們那先驗具有的錯誤，從我們存在的「錯誤的第一步」醒悟過來，那很快就會在另一種光線之下看視所有事情，就會發現這一世界雖然並不合乎自己的願望，但與自己的領悟是和諧一致的。各種各樣的不幸雖然仍會使他痛苦，但卻再也不會讓他驚訝了，因爲他已看出苦痛和悲傷恰恰是服務於生活的眞正目的，使意欲背對生活。這樣，無論他將遭遇到什麼，他都能保持某種奇特的鎮定自若，情形就類似於一個需要長時間和痛苦地治療的病人：他鎮定自若地承受著治療的苦痛，因爲那就是治療有效的標誌。痛苦向人的整個生存足夠清楚地表示：痛苦就是這一生存的宿命。生活深陷於痛苦之中而無法自拔；我們是夾雜著淚水降生的，生活的歷程從根本上永遠都是悲劇性的，而要離開的時候，就更是悲慘的情形。這當中的目的性，其某些跡象是不難看出的。一般來說，命運會在一個人的願望和追求的主要目標處，以一種根本的方式，在這個人的意識和感覺中突然閃現；然後，這個人的人生就獲得了一種悲觀的傾向，而得益於這一悲觀傾向，相對容易地把這個人從那欲望中解放出來——而每一個體的存在就是那一欲望的顯現——並把這個人引往與生活分道揚鑣、不再留戀這生活及其快樂的方向。事實上，苦難就是一個淨化的過程。在大多數情況下，只有經過這一淨化過程人才會神聖化，亦即從生存意欲的迷途中回頭。與此說法相符，基督教的修身讀物是那樣經常地探討十字架和苦難的益處；而總的說來，把十字架這一痛苦的工具，而不是人們所做的功德作爲基督教的象徵，是相當恰當和貼切的。甚至那猶太教的但充滿哲學意味的《傳道書》（七：四），就已經正確地指出：「憂愁更勝喜樂，因爲面帶愁容，終必使心喜樂。」借用第二條最好的途徑的說法，我把痛苦在某種程度上描述爲美德和聖潔的替代品；但在此，我必須大膽說出這樣的話：在仔細考慮所有一切之後，就拯救和解脫而言，我們更有望透過所承受過的痛苦而得到拯救，而不是透過我們所做的事情。拉馬丁在談論痛苦的〈痛苦頌〉裡，優美地表達的正是這一層意思：

你無疑厚待我如天之驕子，
因為你並沒有讓我少流淚。
好！你給我的，我都接受，
你的痛苦將是我的幸福。
你的嘆息將是我的歡樂，
我感覺在你的身上，不用掙扎一番，
就是一種神聖的美德，而不是我的美德，
你並不是靈魂的死亡，而是靈魂的生命，
但願你的臂膀，在拍動時，
能夠復元、充滿生機。

所以，如果痛苦已經有這樣的神聖化力量，那比所有痛苦都可怕得多的死亡就具備更高程度的神聖化力量了。與此相應，面對每個死去的人，我們心裡感受到的是某種近似於巨大痛苦所迫使我們產生的敬畏之情。事實上，每個人的死亡都在某種程度上表現爲一種神化或者聖化，因此，我們在看一個人的屍體時，哪怕這個人是多麼的微不足道，總免不了某種敬畏之情；甚至可以說——雖然在此這樣說聽起來有點古怪——在每一具屍體面前，守衛都會持槍列隊。死亡確實可被視爲生活本來的目的：在死亡的瞬間，一切都有了定奪，而之前的整個一生只是爲此做著準備功夫而已。死亡就是生命的成果、生命的概要。或者這樣說吧：死亡把一生中個別、零星透露出來的教訓集中起來，一下子就全表達了，亦即這一點：這整個的追求——其現象是這一生存——是徒勞的、空洞的和自相矛盾的，從此回頭就是一種解救和解脫。就像植物整體的、緩慢的生長與其果實的關係：果實一下子就百倍地做了之前逐漸地和一點一點做著準備的事情；人的一生連帶其艱難挫折、希望破滅、功敗垂成和接連不斷的痛苦，與死亡也是同樣的關係，因爲死亡一下子就破壞了人們所意欲的一切，使在生命中獲得的教訓達到了極致。即將死亡的人所回顧的已走完的一生，對那客體化在這垂死之人身上的整個意欲的作用，就類似於動因對人的行爲的作用。也就是說，這走完的一生爲那意欲提供了一個新的方向——這一新的方向，因此是這一生的道德性和本質性結果。正因爲**突然**的死亡使我們不可能進行這種回顧，所以，教會把突然的死亡視爲一大不幸，並祈禱避免這種不幸。因爲這種對以往的回顧與對死亡的準確預見一樣，是以理性爲條件的，那只有人而不是動物才有可能做到；也正因此，只有人才眞正飲盡了死亡這杯苦酒，所以，只有到了人這一級別，意欲才可以否定自身和完全從生活中回頭。如果意欲並不否定自身，那對這意欲而言，每一次的誕生都給這意欲帶來新的和不同的智力——一直到這意欲認出生存的眞正本質並因此不再意欲生存爲止。

隨著自然的進程，一個人到了老年，身體的衰敗是與意欲的衰敗同步的。追求享受的欲望輕易地隨著享受的能力的消失而消失。最激烈的意欲活動的理由、意欲的焦點、性慾首先逐漸減弱和消失。這樣，人所恢復到的狀態就相似於在生殖系統還沒有發育之前的無邪狀態。人的頭腦中那種能把種種空想幻變成最誘人好處的錯覺消失無蹤了，取而代之的是認識到在這世間，所有好處其實都是毫無意義的。自私自利被對孩子的愛擠掉了位置，人也就已經開始更多地活在別人的自我而不是活在自己的自我裡面，而自己的自我很快也就不再存在了。這種進程至少是合乎我們的心意的，即意欲的安樂死。婆羅門爲了能有這樣的結局，在度過了最好的年月以後，聽從吩咐放棄自己的財產和家庭，過上隱居者的生活（《摩奴法典》，B，六）。但假如反過來，在享受快感的能力消失以後，貪欲仍苟延殘喘，我們現在就爲那些個別在生活中錯過了的享受而痛感懊悔，而不是看穿一切享受的空洞和虛無的本質；然後，假如那些我們已經無福消受的東西讓位給金錢這一所有快樂之物的抽象代表，並且從此以後，這一抽象代表就跟過去那些能帶來眞正快感享受之物一樣，一如既往地刺激起我們狂熱的激情；也就是說，現在，在感官意識衰弱了以後，對一樣沒有生命的但卻不可毀滅的東西，我們又有了同樣不可毀滅的貪欲；或者假如以同樣的方式，那只是在別人心目中的存在替代了在眞實世界中的存在和活動，並點燃起了同等的激情——那麼，意欲就已昇華和精神化爲吝嗇和沽名釣譽，但以此方式，意欲就退守在這最後的堡壘以負隅頑抗。那樣的話，也只有死亡才可圍攻之。生存的目的也就沒有得到實現。

所有這些思考都爲在前一章裡以 δευτερος、πλους 所表達的淨化、意欲掉轉回頭和解救提供了更進一步的解釋，而淨化等這些，亦即希臘語所說的「第二條最好的途徑」，是由生活中的痛苦所帶來的，並且毫無疑問是最常發生的情形。因爲這是罪人走過的途徑，而我們都是罪人。另一條通往同一個目標的途徑，則純粹透過認識整個世界的痛苦，並隨即把這些痛苦化爲自己的痛苦。這是天之驕子、聖者所走的狹隘路徑，是稀有的例外。所以，如果沒有那前一條途徑，對大多數人來說，解救就沒有希望了。但我們卻抗拒踏上這一條途徑，偏要竭盡全力地爲自己安排某種安全、愉快的生存——這樣，我們也就把我們的意欲與生活越發牢固地鎖在了一起。禁慾者的做法卻與此恰恰相反，他們有目的地使自己的生活盡可能地貧困、艱難和缺少歡樂，因爲這些禁慾者著眼於最終的和眞正的幸福。但是，命運和世事發展卻比我們自己更懂得照顧好我們，因爲命運和事情的發展處處挫敗我們爲過上童話故事中那種極樂鄉生活所做的準備——這是愚蠢的做法，從這種生活的短暫、不確切和最後以痛苦、怨恨的死亡告終就已經可以清楚地看出來——也在我們的前路上撒滿荊棘，讓我們到處面對有益的痛苦，這一治癒我們憤惱和悲傷的萬應靈藥。我們的生活之所以具有某種奇異的和雙重涵義的特性，的確就是因爲在生活中，兩個彼此完全相反的根本目標總是交織在一起：一個是個體意欲的目標，著眼於在這轉瞬即逝、如夢如幻、帶欺騙性的存在中謀取虛幻的幸福，那些過去了的幸福與不幸都是無所謂的，而現在卻每時每刻都在變成過去；另一個則是命運的目標，那足夠明顯的是要破壞我們的幸福，並以此克制我們的意欲和消除那些把我們與這一世上的桎梏拴牢在一起的幻象。

目前這一流行的，特別具有新教意味的觀點，即認爲生存的目的唯一和直接就在於道德的優點，亦即在於實施公正和仁愛，其欠缺和不足透過下面這一事實就已經暴露出來了：在人與人之間，我們所能見到的眞正和純粹的道德少得如此的可憐。我根本不想談論那些更高一級的美德，諸如高尚、慷慨、寬容、自我犧牲，等等，因爲這些東西人們除了戲劇和小說是很難在別處也看到的，而只想說一說每一個人都有義務做出的美德。誰要是上了年紀，那他儘管回顧一下：在不得不與之打過交道的人裡面，到底有多少人是的確和眞正誠實的？直率地說，難道絕大多數的人不是都與誠實恰恰相反嗎？儘管他們只要別人稍稍懷疑其有欠誠實，或者只是與事實不盡相符，就不知羞恥地暴跳如雷，但照直說了吧，難道他們不恰恰是與自己所說的相反的人嗎？難道卑鄙的自私自利、永不饜足的金錢欲、隱藏得天衣無縫的欺騙行爲，還有那帶毒的嫉妒、魔鬼般的幸災樂禍，不是如此的普遍，以致眞有極少數的例外情形就能引起人們的敬佩？至於仁愛，除了把自己多餘的、再也不會惋惜的東西作爲禮物給予別人以外，如果還能擴展至更遠的範圍，那又是多麼的絕無僅有！存在的全部目的難道就在於諸如此類極其少見的和微弱的道德痕跡？如果我們認爲存在的目的就在於借助苦難，讓我們這一本質（這本質結出的是已說過的拙劣果子）完全掉轉頭來，那事情看上去就大不一樣了，並且與我們眼前所見的事實互相吻合了。這樣，生活就表現爲一個淨化的過程，那起淨化作用的強鹼液就是苦痛。一旦這一淨化過程完成以後，那在此之前的卑劣和不道德就作爲爐渣遺留下來，而《吠陀》所說的情形也就出現了：**心結盡開，疑慮盡釋，所做的一切盡化爲無。**㉛

㉛ 與此觀點相吻合的，還有埃克哈特大師頗值一讀的第十五篇布道。

第五十章 結語

在我的闡述的結尾處，或許是時候說說對我的哲學本身的思考了。正如我已說過的，我的哲學並沒有妄稱從根本上解釋這世界；相反，我的哲學只停留在每個人都接觸到的外在和內在經驗的事實，說明這些事實之間眞正的和至深的關聯，但又不會眞的超越這些事實而說起某些外在世界的事情及其與這世界的關係。因此，我的哲學不會對所有可能的經驗之外的事情做結論，而只是對在外在世界和自我意識中已有、已知的東西給予解釋；因而也就是滿足於根據這世界自身的種種內在關聯而理解這一世界。所以，我的哲學是康德意義上的**內在的、固有的**，在經驗和知識範圍之內。但正因爲這樣，這哲學還留下了許多問題，亦即爲什麼那些被證實了的事實是這個樣子而不是另外的樣子，等等。不過，所有這類問題，或更準確地說，對這類問題的回答本來就是超驗的，亦即無法透過我們智力的形式和功能想像和思維的，與這些形式、功能格格不入。因此，兩者之間猶如我們的感官感覺與物體的某樣我們無法感知的特性的關係。在我給出所有分析以後，人們仍然會問道，例如，這一意欲——自由地去肯定自身，所造成的現象就是這一世界；自由地去否定自身，所造成的現象則是我們所不認識的——這一意欲，到底從何而來？超然於所有經驗，又是什麼樣的宿命把這意欲置於這極其艱難的抉擇之中：要麼顯現爲一個以痛苦和死亡爲主宰的世界，要麼否定自己的本質？或者又是什麼能讓意欲放棄那美好得多、屬於極樂虛無的寧靜的？人們或許會加上這一句：一個個體意欲可能由於選擇差錯，亦即因爲認知之過而走向自我毀滅，但意欲本身在一切現象之前，因此在還沒有認知的時候，又是如何會走上錯路的，陷於它現在的敗壞狀態之中？穿透這一世界的那種劇烈的不和諧音從何而來？人們可以進一步問道：在這世界的自在本質中個體性的根子到底扎得有多深？對此的回答或許是：對生存意欲有多肯定，根子就扎得有多深；一旦對生存意欲的否定出現了，個體性就會停止扎根，因爲那是與肯定生存意欲一起產生的。但人們卻可能提出「假如我不是生存意欲，那我會是什麼呢」及更多類似的問題。對所有這類問題，首先要這樣回答：我們智力的最普遍和最一貫的形式，其表現和特徵就是根據律；但這根據律也正因此只適用於現象而不是事物的自在本質；然而所有的從何而來和爲什麼卻偏偏以這根據律爲基礎。得益於康德哲學，這根據律再不是永恆眞理了，而只是我們智力的形式，亦即功能，本質上是某一腦髓工具，本來只是爲我們的意欲服務，因此是以這意欲連帶其所有的客體化爲先決條件的。但我們所有的認知和理解是與這智力形式緊密相連的，所以，我們必然在時間上理解一切，因此就理解爲之前或之後，然後是原因和後果，以及上面、下面、總體和部分等，完全無法越出這一我們認知的所有可能性的範圍。但這些形式與這裡所提出的問題是完全不相對應的；就算有了對這些問題的解答，這些形式也不適宜和沒有能力把握。所以，以這樣的智力、這一單純意欲的工具，我們到處都會碰上無法解決的難題，一如碰到我們牢房的四壁。但除此之外，起碼可以設想這是很有可能的：那被所有追問的東西，不僅對於我們是不可能知道的，而且也是任何人和無論何時無論何地都永遠不可能知道的；也就是說，那些關係不僅相對地無法探究，這無法探究其實是絕對的；不僅無人知道這些事情，其實就其本身而言，這些事情是不可知的，因爲這些與我們的總的認知形式格格不入（這與司各特·愛留根納所說的相符：至於那奇妙、神聖的無知，由於這無知，上帝也不知道他自己是什麼（《自然的分類》，圖書，二）。這是因爲那可知性，連帶其最本質的、因此始終是必不可少的主體和客體的形式，只屬於現象，而不屬於事物的自在本質。涉及認知，亦即涉及想法、看法之處，就只是現象而已，我們在此已經停留在現象的範圍：的確，認知是我們所知的腦髓現象，我們不僅沒有合理的理由，也沒有能力設想認知爲其他別的東西。這世界作爲世界是什麼，是可以讓我們明白的：這世界就是現象，我們可以直接從我們自身，借助對自我意識的詳細分析來認識在這世界顯現的東西；然後，透過這了解世界本質的鑰匙，根據這整個現象裡面的關聯，是可以破譯這整個現象的，而我相信已做出了這樣的成就。但如果我們爲了回答上述問題而脫離這世界，那我們也就脫離了整個根基——但唯有在這根基之上，才不僅有可能依照原因和結果而找出關聯，而且也才有可能得出認識——然後，一切都是「人們無法站立的土地，人們無法游泳的水流」。*在這世界之前的，或者超越了這世界另一面的事物的本質，因而也就超越了意欲的另一面，是無人可以探究的，因爲認知本身總的來說只是很獨特的現象，因此只是發生在這一世界，正如這世界只發生在認知裡面。事物的自在本質並非具有認知之物，並非智力，而是不具有認知的東西：認知只是某一偶然附加之物，是生物現象的一個工具，因此只能根據自己那爲了完全不一樣的目標（個體意欲的目標）而設計的特性，因此也就是相當不完美地領會和理解事物的自在本質。這就是爲什麼要完整地明白這世界的存在、本質和起源，包括最終的原因、滿足每一個要求是不可能的事情。就我的及所有的哲學的侷

* 參見奧維德，《變形記》，一，十六。——譯者注

限，就談這一些。㉜

一和一切的說法，亦即在所有事物中的內在本質完全就是一和一切，經過愛利亞學派、司各特·愛留根納、喬爾丹諾·布魯諾和斯賓諾莎的詳細教導，在謝林把這一學說修整、翻新了以後，我的這一時期已經是把握和領會了。但這「一」是什麼，這「一」又如何表現爲眾多，這是一道首先只有在我的哲學中才能找到答案的難題。同樣，人們很早以來就把人視爲微觀的宇宙。我則把這個命題反了過來，證明了這世界就是宏觀的人，因爲意欲和表象已經透澈地闡明了這世界和人的本質。但很顯然，教導從人那裡出發以理解世界，與從世界出發以理解人相比，前者更爲正確，因爲我們需要從直接現存的已知之物，亦即從自我意識來解釋間接存在的東西，亦即對外在的觀察，而不是相反。

雖然我與泛神論者在一和一切問題上有共同之處，但不是在一切都是神方面；因爲我不會超出（在最廣泛意義上的）經驗，也更不會抗拒擺在面前的事實。司各特·愛留根納與泛神論保持完全一

㉜ 如果我們記住在第一四五五—一四五八頁所闡述的我們的和任何的認知，本質上所具有的那經驗和知識範圍內的內在性，而這內在性源自我們的認知只是次要的東西，是為意欲的目標服務的——那就可以解釋為何所有宗教的所有神祕主義者最終都會達致某種心醉神迷：在這種狀態中，任何每一種認知，連帶那客體和主體的基本形式都完全停止了：也只有在這超然於所有認知之外，才能確保達致他們的最高目標，因為在他們所達致的狀態中，不再有主體和客體，因此也不再有任何形式的認知，恰恰因為已經不再有意欲了，而認知的唯一使命就是為意欲服務。

誰要是理解了這一點，那就不會覺得這樣的事情異常的瘋狂：那些苦行僧坐在那裡，觀想著他們的鼻子尖，盡力摒除一切思維和想像；在《奧義書》中的不少段落給出了指導：在靜默發出神祕的唵的同時，沉浸在自身的內在——在那種狀態下，主體和客體連帶一切認知都消失了。

致，宣稱每一個現象都是神的顯現；但這想法也必須套用於可怕的、駭人聽聞的現象：那可是了不起的神的顯現！此外，把我與泛神論者分別開來的主要是以下幾點：⑴他們的上帝是一個 *x*，是一個未知數，相比之下，意欲卻是所有可能的事物中我們最精確了解的，對我們而言是唯一直接存在的東西，因此特別適合解釋其他事物。這是因爲對未知的東西必須以已知的解釋，而不是相反。⑵他們的神愜意地顯現自身，爲的是展示其宏偉、壯麗，或者讓自己得到讚歎。除了那要歸咎於他的虛榮以外，他們因此遭遇的處境就是不得不以詭辯去解釋世界上那些觸目驚心的禍害；但這世界與他們空想出來的卓越、優秀仍舊形成了明顯的和驚人的反差。相比之下，在我的哲學裡，意欲透過其客體化——姑且不管那是如何做到這一點的——而向自我認識靠近；意欲的取消、轉向、解脫因此成爲可能。只有在我的哲學裡，倫理學才相應地有了確切的基礎，並且完全連貫起來，與崇高的、思想深刻的宗教，亦即與婆羅門教、佛教和基督教吻合一致，而不只是與猶太教和伊斯蘭教相符合。有關美的形上學也由於我的基本眞理才得到了完整的解釋，從此不再需要借助空洞的詞語以逃避。只有在我的哲學裡，世界的禍害才得到完整的、誠實的承認。我的哲學之所以做到這一點，是因爲對那探究禍害源頭的問題的回答，與對探究這世界源頭的問題的回答是重疊的。而在所有其他體系裡，因爲它們都是樂觀主義的，所以，就那些禍害的起源所提的問題是不斷復發的不治之症。這些體系染上了這些疾病以後，就算有了江湖醫生和治標之藥，仍始終是疾病纏綿終身的。⑶我是從經驗出發，從那自然的、每一個人都會有的自我意識出發，引向唯一的形上學的東西，意欲；亦即採用了往上的、分析的路子。相比之下，泛神論者則反過來，採用了往下的、綜合的方法：他們從他們的神出發——雖然這神有時候又被稱爲物質或者絕對，但他們對其是乞求或者軟磨硬泡的；然後，這完全是未知的東西，據說可以解釋一切人們知道得更多一些的東西。(4)在我看來，這世界並不是充滿一切存在的所有可能性，而是還有許多空間留給我們只能描述爲否定生存意欲的東西。相比之下，泛神論則是本質上的樂觀主義：但如果這世界就是最好的，那事情也就這樣算了。(5)對泛神論者而言，這直觀的世界，亦即這表象的世界，恰恰是寄住在這世界的神靈故意的展現。但這並沒有對這世界的出現做任何眞正的解釋，而這本身就需要一個解釋。相比之下，在我的哲學裡，世界作爲表象而出現是偶然的，因爲智力及其對外在的直觀，首先只是動因的**媒介**，是爲更加完美的意欲現象而設；這媒介逐漸地提升至那樣一種直觀客觀性，讓世界得以存在。在這一意義上，我的哲學對這作爲直觀的客體世界的起源，給出了確實的說明、解釋，而不是像泛神論者那樣，給出的是站不住腳的杜撰。

由於康德批評了所有的思辨神學，所以，德國的哲學論辯幾乎都退回到斯賓諾莎那裡，以致在所謂後康德哲學名下的整個一系列的失敗努力，只是打扮得花裡胡哨的、以各式各樣讓人不明所以的詞語包裹起來的，或者是歪曲了的**斯賓諾莎主義**。既然如此，在我闡明我的學說與總體上的泛神論的關係以後，我還想指出我的學說與**斯賓諾莎主義**的關係。我的哲學之於斯賓諾莎主義，猶如《新約》之於《舊約》。也就是說，《舊約》與《新約》的共同之處是那同一個上帝和創世者。與此相類似，在我與斯賓諾莎的學說裡，世界都是出於其內在之力和透過自身而存在。不過，在**斯賓諾莎**的學說裡，他的**永恆的物質**，那世界的內在本質，即他本人稱爲**上帝**的東西，根據其道德性格和價值，也就是耶和華，也就是那對其所創造的東西鼓掌喝彩、看著**一切所造的都甚好**的創世者和上帝。斯賓諾莎只是給他去掉了人格、個性。所以，在斯賓諾莎那裡，這世界及這世界的一切也都是相當不錯的，是該有的樣子；因此，人們不需另做什麼，就只是**生活、行動、維持自己的存在，因爲人本來就是追求自**

身利益的（《倫理學》，第四，命題六十七）。所以，只要人的生命在延續，人就應該只管爲此而高興，完全依照《傳道書》第九章第七—十行所說的。一句話，那就是樂觀主義：其倫理學的一面是薄弱的，如同《舊約》那樣，甚至是錯的，部分是讓人噁心的。㉝但在我的哲學裡，那意欲，或說這世界更內在的本質，卻一點都不是耶和華；更準確地說，彷彿是被釘了十字架的救世主，或者那被釘了十字架的強盜，就依照各人所認爲的而定。所以，我的倫理學與基督教的倫理學完全一致，直至其最高的傾向方面；也同樣與婆羅門教和佛教的傾向相吻合。相比之下，斯賓諾莎卻無法擺脫猶太人的特性：（一件容器）一旦充滿了某種氣味，就會滯留不去。斯賓諾莎對動物的鄙視，他所宣稱的動物只是爲我們所用，是沒有權利的（《倫理學》，第四部分，附錄，第二十七章），是相當猶太式的，與泛神論一道，既荒謬也令人作嘔。儘管所有這些，斯賓諾莎仍然是一個非常偉大的人物。但要正確評價他的價值，我們必須記住他與笛卡兒的關係。笛卡兒把大自然清楚地分爲精神和物質，亦即分爲思維的物質和廣延的物質，也同樣把上帝和世界置於完全對立的位置。斯賓諾莎在還是笛卡兒主義者的時候，也在他的《形上學的思考》第十二章（一六六五）教導了所有這些。只是在他的晚年，斯賓諾莎才看到了那雙重對立的根本錯誤之處。他自己的哲學因此首要是間接地廢除了那兩種對立。但是，

㉝「每個人具有的權利同他的力量一樣大。」《政治論》，第二章第八節。「向他人給出的諾言，只要這給出諾言的人的意願並沒有改變，那就仍是有效的。」（同上書，第十二節）「每一個人的權利都是由他的力量所決定的。」（《倫理學》，第四，命題三十七，說明二）尤其是《神學政治論》第十六章，確實就是不朽的斯賓諾莎哲學的大綱。

斯賓諾莎一爲了不想傷害其導師，二爲了不至於那麼有失體統，就透過某種嚴格的教義形式給了這兩種對立某種肯定的外表，儘管其內容主要是否定性。甚至他把世界等同於上帝也只有這否定的意義。這是因爲把這世界稱爲上帝並不就是解釋了這世界，它仍然是一個未解之謎，不管是帶有這個名字還是帶有另一個名字。但這兩個否定性的眞理對於它們的時代確實有其價值，正如對於每一個仍有意識的或者無意識的笛卡兒主義者的時代也是如此。斯賓諾莎與所有的在洛克之前的哲學家一樣，都犯了這樣一個巨大的錯誤：都是從概念出發，而不是先檢查一下那些概念的源頭，類似例子就是物質、原因等概念。如此行事的話，那些概念就有了太過廣泛的適用範圍。我們最近那些想要拒絕所出現的新斯賓諾莎主義的人，例如，雅各比，主要就是被宿命論的恐怖景象嚇著了。也就是說，人們所理解的宿命論是這樣的學說：把直接的存在和這世界上的人類的危急處境歸因於某種絕對的，亦即無法繼續解釋下去的必然性。但那些害怕宿命論的人相信最重要的是從一個這世界之外的生物的自由意志那裡引出這世界，就好像預先肯定兩種說法中到底哪一種才是更正確的，或者只是在牽涉到我們的時候哪一種才是更好的。尤其是在此已經預設了不會還有第三種可能，每一個至今爲止的哲學相應的不是代表了這一種觀點，就是代表了另一種觀點。我首先從這種情形走了出來，因爲我確實提出了第三種觀點：這世界所出自的意欲行爲，就是我們自己的意欲行爲。那是自由的：因爲那讓一切必然性都具有了涵義的根據律，只是其現象的形式。也正因爲這樣，一旦這現象存在在那裡，其進程就無一例外是必然的：唯獨由於這一點，我們才能從這現象認識到上述那意欲行爲的性質和特性，並相應地有可能意願其他別的。

人名索引

注：人名、主題詞後面的頁碼是德文版頁碼。德文版頁碼列在頁邊空白處。

A

Adam，亞當，1440
Adams，昆西．亞當斯，1401
Adelung, Johann Christoph，阿德隆，約翰．克里斯托弗，1140
Aelian，艾利安，946
Aeschylos，埃斯庫羅斯，1206, 1370
Agamemnon，阿伽門農，1206
Alba, Herzog von，阿爾巴公爵，1310
Alemán, Mateo，馬迪奧．阿雷曼，1349
Alembert, d'，達蘭貝，1314
Alexander der Groß，亞歷山大大帝，1309
Alexander VI. Papst，教皇亞歷山大六世，1310
Alkeste，阿爾蓋斯特，1207
Alkibiades，阿基比亞德斯，1361
Allah，阿拉，1435
Althof，阿爾特霍夫，1315
Amor，愛神，1355
Ampère，安培，1050
Anakreon，阿那克里安，1370
Anaxagoras，阿那克薩哥拉，1010, 1040, 1077, 1382
Antisthenes，安提西芬尼，870
Antoninus (Marcus Aurelius)，馬可．奧理略，874, 881, 1311
Antonius，安東尼，830
Anwari Soheili，安瓦里．蘇哈里，811
Apollo，阿波羅，1366
Ariosto，阿里奧斯托，804
Aristippos，亞里斯提卜，842, 880
Ariston von Chios，阿里斯頓，842
Aristophanes，阿里斯托芬，1326
Aristoteles，亞里士多德，737, 739, 745, 750, 752 及下頁，832, 844, 868, 877, 880, 896, 975, 1040, 1085, 1097 及下頁，1146, 1361, 1363 及下頁，1365 及下頁
Arrianus，亞利安，868, 873 及下頁
Artemis，阿特米斯，1206
Athanasius，阿塔納修，1428
Augustinus，奧古斯丁，867, 885, 928, 1410 及下頁，1428 及下頁

B

Bacchus，酒神巴克斯，1366
Bako von Verulam，培根，746, 947, 961, 1025, 1094,

1096, 1157, 1196, 1316
Baumgärtner，鮑姆格特納，993
Beccaria，貝卡利亞，1404
Beethoven，貝多芬，1226
Belecznai, Graf，貝利茨奈伯爵，1311
Bell, Charles，查爾斯．貝爾，1013
Benedict，本尼迪克特，1439
Berzelius，貝采尼烏斯，1051
Bichat，畢夏，929, 983, 991, 1001 及下頁，1005 及下頁，1007 及下頁，1013, 1160, 1286
Bion，彼翁，842
Biot，必歐，858
Boerhav，布爾哈夫，1316
Böhm, Jakob，雅克布．伯默，1421
Boleyn, Anne，安娜．博林，1310
Bolingbroke，波林布魯克，1389
Borgia, Cäsar，凱撒．博爾吉亞，1310
Bourignon, Antoinette，安托內蒂．布里尼翁，1424
Brandis, Christian August，布蘭迪斯，793
Brandis, J. D.，布蘭迪斯，1000
Brahma，梵天，889
Brockhaus，布洛豪斯，1316
Brougham, Lord，布魯厄姆勛爵，1094
Brown, Thomas，湯瑪斯．布朗，741, 1095
Bruno, Giordano，喬爾丹諾．布魯諾，737, 752, 794, 1057, 1058, 1108, 1458
Buddha，佛陀，888 以下，1166, 1272, 1292, 1423, 1447
Buffon，布豐，777, 1314
Bunyan，班揚，1424
Burdach，伯爾達哈，978, 991 及下頁，1093, 1102, 1104, 1259, 1298, 1305, 1318
Bürger，比爾格，1315
Burke，伯克，770
Burnouf，比爾努夫，1434
Byron，拜倫，787, 862, 972, 1158, 1205, 1318, 1341, 1371 及下頁，1378, 1390, 1392

C

Cabanis，卡班尼，786, 895, 939, 1013
Calderon，卡爾德隆，1203, 1329, 1350, 1410
Campe, Joachim Heinrich，坎普，881
Canisius，凱尼休斯，1429
Canova，卡諾瓦，1190

Caravaggio，米開朗基羅・卡拉瓦喬，1192
Cardanus，卡丹奴斯，1313
Carové，卡洛威，1429
Carracci, die，卡拉奇，1316
Cartesius，笛卡兒，702 及下頁，735, 845, 916, 973, 979, 1005 及下頁，1064, 1461
Casper, Joh. Ludwig，卡斯帕，1291
Cassinis, die，卡西尼家族，1313
Catull，卡圖盧斯，1306
Celsus，凱爾蘇斯，1299
Cervantes，塞萬提斯，776, 805
Chateaubriand，夏多布里昂，1424
Chatham, Lord，查塔姆勛爵，1312
Chamfort，尚福爾，1156, 1157, 1350
Chevreul，謝弗勒爾，1066
Chrysippos，克利西波斯，868
Cicero，西塞羅，798 及下頁，875 及下頁，1361, 1410, 1441
Claudius, Kaiser，克勞德烏蘇皇帝，972
Clemens Alexandrinus，亞歷山大的克羅門特，1427, 1430 及下頁
Colebrooke，科爾布魯克，1271, 1293, 1297
Commodus，康茂德，1311
Condillac，孔狄亞克，713, 723, 1050
Condorcet，孔多塞，723
Corneille，高乃依，1196
Cousin，庫辛，1050
Cuvier，居維爾，737, 841, 992, 1101, 1158, 1163 及下頁，1316

D

Dalton，達爾頓，841
Dante，但丁，838, 1196
Davis, J. F.，戴維斯，1200
Decius Mus, P.，P.，德西烏斯・穆斯，1309
Delamark，德拉馬克，841, 895
Demokritos，德謨克利特，715, 895, 1065, 1098
Diderot，狄德羅，861, 1224, 1263
Diogenes，第歐根尼，869, 1380
Diogenes Laertius，第歐根尼・拉爾修，842, 869, 873, 880
Dionysius Areopagita，亞略巴古的狄奧尼修斯，793
Domenichino，多美尼基諾，I188
Domitian，多米提安，1311

Donatello，多納泰羅，1188
Duns Scotus，鄧斯．司各脫，768
Dürer, Albrecht，阿爾布希特．杜勒，1341

E

Eckhard, Meister，埃克哈特大師，1421及下頁，1424, 1447
Elisabeth, die heilige，聖伊麗莎白，1424
Empedokles，恩培多克勒，1015, 1040, 1098, 1262
Epikuros，伊比鳩魯，715, 895, 1246, 1252
Erigena, Scotus，司各特．愛留根納，842, 1421, 1457 及下頁
Esquirol，埃斯基羅爾，1119, 1169, 1316
Euler，歐拉，723 及下頁，727, 861
Euripides，尤里比底斯，1206 及下頁，1211, 1391, 1397

F

Faustina (Diva Faustina)，福斯蒂娜，1311
Fichte，費希特，713, 1020
Fit Arari，阿拉里，958
Flourens，弗盧朗，932, 983, 992, 1005 及下頁，1164, 1314
Franciscus, S.，聖方濟各，1423, 1447
Frauenstädt，弗勞恩施泰特，756
Freycinet，菲欣納，1305

G

Galenus，蓋倫，822
Gall，戈爾，773, 970, 982, 1005, 1007, 1013
Garrick，加里克，806, 1028
Geoffroy St. Hilaire, Etienne，若夫華．聖．伊萊爾，841, 1085, 1093
Geuns, van，范．根斯，1310
Gichtel, Gichtelianer，基希特爾，1424, 1439
Gleditsch，格萊迪奇，1104, 1112
Goethe，歌德，733, 819, 841, 859, 942, 1044, 1150, 1152, 1157, 1159, 1176, 1196, 1205, 1210, 1231, 1315
詩歌，1133, 1136, 1142, 1146, 1189, 1196, 1203, 1403 及以下
Werther，《少年維特之煩惱》，1324, 1349
Tasso，《塔索》，1026, 1152, 1155, 1355
Iphigenie，《伊芙格尼亞》，1206 及下頁

Faust，《浮士德》，980, 1177, 1287, 1354, 1370
Wahlverwandtschaften，《親和力》，1043, 1150, 1163
Dichtung u. Wahrheit《詩與真》，970, 1193
Propyläen，《山門》，1193
Morphologie，《形態學冊子》，841
Metamorphose der Pflanzen，《植物變形記》，757, 1088
Farbenlehre，《顏色理論》，948
Goldoni，戈東尼，1210
Gorgias，高爾吉亞，809, 812
Gozzi，戈齊，804, 1167
Gracian，格拉西安，780, 945, 959, 1392
Graul，格勞爾，1423
Guicciardini，古齊亞迪尼，961
Guion, Madame de，蓋恩夫人，1422 及下頁

H

Hall, Marshall，馬歇爾・霍爾，995, 996, 997, 1013
Haller, Albrecht von，阿爾布雷希特・馮・哈勒，992, 1316
Hamann，哈曼，1385
Hamilkar u. Hannibal，哈米爾卡和漢尼拔，1310
Hamilton, Sir Willam，漢密爾頓，844
Hardy, Spence，斯賓塞・哈代，1290, 1297, 1423
Hauy，阿羽依，1051
Haydn，Joseph u. Michael，約瑟夫・海頓和邁克爾・海頓，1316
Hegel u. Hegelianer，黑格爾及其學派的信徒，713, 746, 767, 773, 791, 795, 917, 1216 及下頁，1241, 1385, 1395, 1426
Heine, Heinrich，海涅，810
Heinrich VIII. von England，英王亨利八世，1310
Helvetius，愛爾維修，786, 958, 960, 1015
Herakleitos，赫拉克利特，785, 1391
Herbart，赫爾伯特，1385
Herder，赫爾德，1162, 1399
Hermes Trismegistos，特里斯瑪吉斯圖，1274
Herodot，希羅多德，866, 1219, 1390
Herschel, die，赫謝爾家族，1313
Hippolytos，希波呂托斯，1206, 1397
Hobbes，霍布斯，959, 966
Holbach, Baronvon，霍爾巴赫男爵，713

Holberg，霍爾堡，896
Homer，荷馬，972, 1210, 1392
Hooke, Robert，虎克，757
Horaz，賀拉斯，802, 1177, 1196, 1203, 1309
Huber，于貝爾，1104
Hueck, A.，胡埃克博士，743
Hufeland，胡夫蘭，1347
Humboldt, Alexander von，亞歷山大·馮·洪堡，1113
Hume，休謨，710, 741, 743, 1095, 1294, 1314, 1385 及下頁
Hutcheson，哈奇森，798

I

Iffland，伊夫蘭，941, 1210
Indra，因陀羅，1435
Isabella, Tochter Philipps des IV. von Frankreich，伊莎貝拉，法國的菲利普四世的女兒，1310

J

Jachmann，雅哈曼，979
Jacobi, F. H.，雅各比，707, 1462
Jainas，耆那教徒，1417
Jean Paul，約翰·保羅，798, 810, 1140, 1142
Jesaias，《以賽亞書》，951
Johannes der Evangelist，使徒約翰，1156
Johannes Sekundus，約翰·塞坤杜斯，1190
Johnson, Samuel，薩姆爾·約翰遜，960
Joseph II，Kaiser，約瑟夫二世，1313
Julian, Kaiser，尤利安皇帝，868
Junghuhn, Franz Wilhelm，弗朗茨·威廉·容洪，1114
Justinus，尤斯蒂努斯，1295

K

Kant u. seine Lehre，康德及其學說，707 及下頁，711, 721 及下頁，735 及下頁，741, 743, 745 及下頁，755 及下頁，789, 798, 881, 886, 894, 901 及下頁，918 及下頁，942, 979, 1029 及下頁，1160, 1256, 1266, 1273, 1277, 1325
Kassandra，卡珊德拉，1206
Kepler，克卜勒，1047
Kerner, Justinus，尤斯蒂努斯·克爾納，993
Kielmayer，基爾邁爾，841

Kieser，基澤，847, 1101
Kimon，客蒙，1310
Kirby，科比，1094, 1103, 1104, 1105
Knebel, von，涅布爾，942
Koppen, C. F.，科本，1290
Körösi, Csoma，喬瑪．克洛支，888
Kotzebue，科策布，1210
Krates，克拉特斯，870
Krischna，克里希那，1253

L

Lamartine，拉馬丁，1450
Lambert，蘭伯特，756, 828
Laplace，拉普拉斯，756, 1076
Lauk, Eva，伊娃．勞克，743
Lazarus，拉撒路，1446
Lee, Anne，安娜．李，1438
Leibniz，萊布尼茲，768, 1094, 1385 及下頁
Lemaire，勒梅爾，1311
Leopardi，列奧帕蒂，1392
Leroy，勒羅伊，764, 952
Lessing, Gotthold Ephraim，萊辛，1210, 1294, 1382
Leszcynski, Stanislaus，斯坦尼斯洛斯．萊澤辛斯基，1196
Leukippos，留基伯，715, 895, 1065, 1069
Lichtenberg, G. C.，利希滕貝格，710, 733, 960, 1028, 1294, 1319, 1323
Liebig，李比希，1047
Lind，林德，1429
Linné，林奈，1318
Locke，洛克，711 及下頁，721 及下頁，745 及下頁，788, 918, 1012, 1030, 1064, 1386, 1389, 1462
Löher, F.，勒赫，1439
Luca Giordano，盧克．喬爾丹諾，1192
Lukas, Apostel，使徒路加，1295, 1446 及下頁
Lukretius，盧克萊修，1094, 1096, 1302
Lullius, Raimund，拉蒙．柳利，718
Luther，路德，885, 1383, 1410, 1437, 1439

M

Machiavelli，馬基維利，1157
Magendie，馬讓迪，991, 1013
Maine de Biran，邁納．德．比朗，740 及下頁

Manzoni，曼佐尼，871
Markus, Apostel，使徒馬可，1447
Matthäus, Apostel，使徒馬太，1446 以下
Maupertuis，莫佩爾蒂，756
Maximus Tyrius，推羅的馬克西姆斯，793
Melissos，麥里梭，793
Merck, Joh. Heinr.，梅克，960, 1194
Miltiades，米太亞德，1310
Molinos，莫利諾斯，1424
Montaigne，蒙田，838, 979, 1370
Montalembert，蒙塔朗貝爾伯爵，1424
Mozart，莫札特，1162, 1312
Müller, Adam，亞當・穆勒，1316

N

Nemesius，尼米修斯，1293
NeroKaiser，尼祿皇帝，1309
Neumann（“Von den Krankheiten”），諾伊曼，978
Newton，牛頓，757, 797, 858, 1387

O

Obry，奧比利，1293, 1297
Oedipus，伊底帕斯，1206
Oken，奧肯，1090
Olympiodoros，奧林匹奧多羅，1124
Ormuzd，奧爾穆茲德，892, 1434 及下頁
Orpheus，奧菲斯，1293, 1361, 1417
Osiris，奧西里斯，1302
Ovid，奧維德，1196
Owen, R.，歐文，1085
Owenus，奧文奴斯，1190

P

Pander，潘德爾，841
Parmenides，巴曼尼德斯，735，
Pascal，帕斯卡爾，1424
Paulus, Apostel，使徒保羅，1410, 1412
Pelagius, Pelaglaner，伯拉糾，伯拉糾主義者，885 及以下，1412, 1436
Penelope，潘妮洛普，842, 900
Perikles，伯里克利，1319
Pestalozzi，裴斯泰洛齊，738
Petit-Thouars, Admiral，貝蒂—圖阿爾，海軍上將，1060

Petrarka，佩脫拉克，838, 1204, 1349, 1355 及下頁
Phidias，裴迪亞斯，1189
Phineus，菲紐斯，1379
Picus von Mirandola，皮科・德・米蘭多拉，771
Pinel，皮內爾，1169
Pitt，皮特，1312
Platner，普拉特納，798, 1325
Plato，柏拉圖，713, 735, 745, 790, 793, 832, 844, 867, 886, 891, 946, 1040, 1126, 1216, 1218, 1256, 1265, 1293, 1319, 1325, 1335, 1354, 1361, 1366, 1391, 1417, 1441
Plinius，普林尼，1370, 1392
Plotinos，普羅提諾，752, 1056, 1058, 1421
Plutarch，普魯塔克，842, 868, 1126, 1262, 1366, 1390
Pope，波普，784, 961, 1389
Pouchet，普謝，1061
Praxiteles，普拉克西特列斯，1189
Preller, L. 普列勒，875
Priestley，普利斯特里，755, 1051
Proklos，普羅克魯斯，747, 789 及下頁，793, 833, 1124
Ptolemäus，托勒密，1040
Pückler（Fürst），普克勒，1095
Pythagoras，畢達哥拉斯，1126, 1293, 1441

R

Rabelais，拉伯雷，1426
Radius, Justus，尤斯圖斯・拉迪烏斯，727
Rancé, Abbé，朗賽，1424, 1443
Raphael，拉斐爾，973, 1161, 1312
Raskolnik，洛斯可爾尼基教派，1439
Reid, Thomas，湯瑪斯・里德，722, 726, 740, 770
Reni, Guido，圭多・雷尼，1192
Reuchlin, Hermann，羅伊希林，1424
Rhode, J. G.，羅德，1435
Ritter，利特，875
Rochefoucauld，拉羅什福科，938, 975, 1323
Romberg, Bernhard u. Andreas，伯恩哈德・隆貝格和安德烈亞斯・隆貝格，1316
Rösch，羅施，991, 993
Rosenkranz，羅森克蘭茲，738
Rosini，羅西尼，961
Rousseau, J. J.，盧梭，871, 1108, 1313, 1325, 1389

Rutilius Lupus，魯提利烏斯．路配斯，812

S

Sadi，薩迪，1362, 1421
Saint-Hilaire, Auguste，奧古斯特．聖．希萊爾，1060
Sallustius，撒路斯提烏斯，793, 1441
Sangermano Pater，桑格馬諾，1290, 1297
Saphir, Mor. Gottl，薩菲爾，801 及下頁
Schelling und Schellingianer，謝林及其學派的信徒，707, 713, 767, 790, 1067, 1458
Schiller, Friedrich，席勒，804, 843, 1208, 1210, 1315
Schiwa，溼婆，1300
Schlegel, Friedrich，費里德里希．施萊格爾，1316, 1390
Schleiermacher，施萊爾馬赫，791, 1385
Schlichtegroll, Adolf，舒利希格羅爾，1162
Schmidt, Isaak Jakob，施密特，888, 1016, 1297, 1435
Schnurrer, F.，舒努勒，1291
Schubert, F. W.，舒伯特，1315
Schwab，施瓦布，1315
Scipionen, die，西庇阿家族，1310
Scoresby，斯科斯比，1305
Scott, Sir Walter，華特．史考特爵士，942, 970, 1316, 1377, 1390
Semiramis，色米拉彌斯，1329
Seneka，塞內卡，765, 866, 868, 874 及下頁，972, 1449
Shaftesbury，薩伏斯伯里，1389
Shakespeare，莎士比亞，770, 783, 830, 838, 1044, 1202 及下頁，1205, 1207, 1209 及下頁，1309, 1341, 1349, 1352, 1354 及下頁，1392, 1446
Shenstone，申斯通，803
Silesius，西勒修斯．安吉奴斯，1421
Sirach, Jesus，耶穌．西拉子，1338
Skopas，斯科帕斯，1189
Sokrates，蘇格拉底，809, 880, 911, 1010, 1102, 1240, 1243, 1361, 1394, 1396
Sömmering, Sam. Thomas，索默林，1027
Sophokles，索福克里斯，1207, 1391
Southey，騷塞，942
Spallanzani，斯帕蘭扎尼，983
Spinoza，斯賓諾莎，714, 746, 771, 795, 890, 1094, 1096, 1098, 1108, 1270, 1281, 1325, 1394, 1458, 1460 及下頁

Sprengel, Chr. Conr.，施普倫格爾，1093
Steward, Dugald，杜格爾德．斯圖爾特，771
Stobaeus，斯托拜烏斯，752, 842, 868, 869, 973, 1262, 1274, 1361, 1363
Strauß, David，斯特勞斯，1426, 1446 及下頁
Suetonius，蘇埃托尼烏斯，1309
Swift，斯威夫特，942, 1390

T

Tauler, der，陶勒，1424
Taylor，泰萊，1290
Tencin, Claudine v.，克勞汀．德．唐森，1314
Tertullianus，特土良，885, 1295, 1428
Thamyris，塔米利斯，1361
Theo von Smyrna，士麥那的賽翁，1302
Theognis，泰奧格尼斯，1391
Theophrastus Paracelsus，柏拉色斯，1271, 1348
Theresia, Maria，瑪利亞．特蕾西亞，1313
Thilo，蒂洛，1157
Tholuck，圖魯克，1421
Thomas Aquinas，湯瑪斯．阿奎那，745
Thorwaldsen，托瓦爾森，1190
Tiedemann，蒂德曼，983
Tischbein, Maler，蒂施拜恩，810
Titus，提圖斯，1311
Tourtual，圖爾圖阿，723
Treviranus, G. R.，特拉維拉努斯，1041

U

Ungewitter，烏恩格維特，1294
Unzelmann, Schauspielern，恩澤爾曼，801

V

Vanini, Jul. Cäs.，瓦尼尼，1038, 1108
Vauvenargues，沃夫納爾格，781
Vespasian，維斯帕先，1311
Virgil，維吉爾，1361
Vitruvius，維特魯威，1181
Voltaire，伏爾泰，805, 942, 983, 1095, 1174, 1243, 1377, 1386, 1389, 1395
Vyasa，毗耶娑，1272

W

Whewell，威維爾，844

Wieland，維蘭德，942, 1194
Willdenow，韋爾登諾，1093
Windischmann，溫迪施曼，1415
Wülff, Kaspar Friedrich，卡斯帕．沃爾夫，755, 756, 757, 992, 1088
Wolff, Pius Alexander，亞歷山大．沃爾夫，1210
Wordsworth，華茲華斯，942

X

Xantippe，珊迪普，1341
Xenophanes，色諾芬，753, 1016

Y

Yama，雅瑪，1249

Z

Zaccaria, Abt，扎卡利亞神父，1430

Authur Schopenhauer
Die Welt als Wille und Vorstellung
根據 Insel 出版社，1920，萊比錫翻譯

亞瑟・叔本華　年表

Arthur Schopenhauer, 1788-1860

年代	生平記事
一七八八年	二月二十二日，出生於德國城市但澤（Gdańsk，當時的一部分，今波蘭格但斯克）。父親是富商，母親是知名作家。
一七九七年	被派往勒阿弗爾（Le Havre）與父親的商業夥伴格雷戈爾（Grégoire de Blésimaire）的家人一起生活兩年。學會流利的法語。
一八〇二年	叔本華閱讀讓．巴底斯特．羅范．德．高烏雷的《福布拉騎士的愛情冒險》。
一八〇三年	叔本華根據父親的意願決定不上文科學校學習，決定將來不當學者。開始長達數年的旅行，周遊荷蘭、英國、法國和奧地利，並開始學商。 六月－九月，叔本華在溫布爾登的住宿學校學英語。
一八〇五年	父親在漢堡的家中因運河溺水而死。但叔本華和他的妻子認為是自殺，且將之歸罪於其母親，加上生活衝突，叔本華一生和母親交惡。
一八〇九年	離開威瑪，成為哥廷根大學（University of Göttingen）的學生。最初攻讀醫學，但後來興趣轉移到哲學。在一八一〇－一八一一年左右從醫學轉向哲學，離開了哥廷根大學。
一八一一年	冬季學期抵達新成立的柏林大學。並對費希特和史萊馬赫產生濃厚興趣。 以《充足根據律的四重根》（*Über die vierfache Wurzel des Satzes vom zureichenden Grunde*）獲得博士學位。歌德對此文非常讚賞，同時發現叔本華的悲觀主義傾向，告誡說：如果你愛自己的價值，那就給世界更多的價值吧！ 將柏拉圖奉若神明，視康德為一個奇蹟，對這兩人的思想相當崇敬。但厭惡後來費希特、黑格爾代表的思辨哲學。

年代	生平記事
一八一三年	博士論文《充足根據律的四重根》，第二版一八四七年出版。 十一月，歌德邀請叔本華研究他的色彩理論。雖然叔本華認為色彩理論是一個小問題，但因他已接受了邀請。這些研究使他成為他在認識論中最重要的發現：找到因果關係的先驗性質的證明。
一八一四年	五月離開威瑪，搬到德勒斯登（Dresden）。
一八一六年	出版《論視覺和顏色》（*Über das Sehen und die Farben*），又將其翻譯成拉丁文。
一八一七年	在德勒斯登。與鄰居克勞斯（Karl Christian Friedrich Krause，試圖將自己的想法與古印度智慧的想法結合起來的哲學家）結識。叔本華從克勞斯那裡學到冥想，並得到了最接近印度思想的專家建議。
一八一八年	出版代表作《作為意欲和表象的世界》（*Die Welt als Wille und Vorstellung*，以下簡稱 WWV）第一版，作為叔本華最重要的著作 WWV 的第二版在一八四四年出版。發表後無人問津。第二版在第一版一卷的基礎上擴充為兩卷，叔本華對第一卷中的康德哲學批評進行了修訂，第二卷增加了五十篇短論作為對第一卷的補充，第三版經過小幅修訂之後，在一八五九年出版。 叔本華說這本書：「如果不是我配不上這個時代，那就是這個時代配不上我。」但憑這部作品他獲得了柏林大學編外教授的資格。
一八三一年	八月二十五日，柏林爆發霍亂，本來打算與當時的戀人一起離開柏林，但遭對方拒絕，兩人分道揚鑣，叔本華獨自逃離柏林。同年十一月十四日黑格爾因霍亂死於柏林。
一八三三年	移居法蘭克福。
一八三六年	出版《論大自然的意欲》（*Über den Willen in der Natur*）：第二版，一八五四年出版。
一八三七年	首度指出康德《純粹理性批判》一書第一版和第二版之間的重大差異。

年代	生平記事
一八四一年	出版《倫理學的兩個根本問題》（*Die beiden Grundprobleme der Ethik*），內容包括一八三九年的挪威皇家科學院的科學院褒獎論文〈論意欲的自由〉）（Über die Freiheit des menschlichen Willens）和一八四〇年的論文〈論道德的基礎〉（Über die Grundlage der Moral），幾乎無人問津。第二版在一八六〇年出版。 同年，他稱讚倫敦成立防止虐待動物協會，以及費城動物友好協會。甚至抗議使用代詞「它」來指動物，因為「它」導致了對它們的處理，好像它們是無生命的東西。 叔本華非常依賴他的寵物貴賓犬。批評斯賓諾莎認為動物僅僅是滿足人類的手段。
一八四四年	堅持出版《作為意欲和表象的世界》第二版。第一版早已絕版，且未能引起評論家和學術界絲毫興趣，第二版的購者寥寥無幾。
一八五一年	出版對《作為意欲和表象的世界》的補充與說明，就是兩卷本《附錄和補遺》（*Parerga und Paralipomena*），這套書使得叔本華聲名大噪。 麥金泰爾在《倫理學簡史》中對叔本華的描述「對人性的觀察是那麼出色（遠遠超出我所說的）」可以在這套書中得到印證。 《附錄和補遺》第一卷中的「人生智慧錄」更是得到了諸如湯瑪斯．曼、托爾斯泰等人推崇備至。
一八五九年	《作為意欲和表象的世界》第三版引起轟動，叔本華稱「全歐洲都知道這本書」。叔本華在最後的十年終於得到聲望，但仍過著獨居的生活，陪伴他的只有數隻貴賓犬，其中，以梵文“Atman”（意為「靈魂」）命名的一隻最為人熟悉。
一八六〇年	九月二十一日，死於呼吸衰竭，七十二歲。

經典名著文庫 213

作爲意欲和表象的世界 第二卷

Die Welt als Wille und Vorstellung: Zweiter Band

文庫策劃 — 楊榮川
作　　者 — 亞瑟・叔本華（Arthur Schopenhauer）
譯　　者 — 韋啟昌
編輯主編 — 蘇美嬌
特約編輯 — 郭雲周
封面設計 — 姚孝慈
著者繪像 — 莊河源
出 版 者 — 五南圖書出版股份有限公司
發 行 人 — 楊榮川
總 經 理 — 楊士清
總 編 輯 — 楊秀麗
地　　址 — 台北市大安區 106 和平東路二段 339 號 4 樓
電　　話 — 02-27055066（代表號）
傳　　眞 — 02-27066100
劃撥帳號 — 01068953
戶　　名 — 五南圖書出版股份有限公司
網　　址 — https://www.wunan.com.tw
電子郵件 — wunan@wunan.com.tw
法律顧問 — 林勝安律師
出版日期 — 2025 年 7 月初版一刷
定　　價 — 850 元

國家圖書館出版品預行編目資料

作爲意欲和表象的世界第二卷 / 亞瑟・叔本華 (Arthur Schopenhauer) 著；韋啟昌譯 . -- 初版 -- 臺北市：五南圖書出版股份有限公司，2025.06-
面；公分 . --（經典名著文庫；213-）
譯自：Die Welt als Wille und Vorstellung: Zweiter Band
ISBN 978-626-423-103-9（第 2 卷：平裝）

1.CST: 叔本華 (Schopenhauer, Arthur, 1788-1860)
2.CST: 學術思想　3.CST: 哲學

147.53　　113020336